Borsdorff/Seifert
Bundespolizeikostenrecht

# Bundespolizeikostenrecht

**Kommentar und Praxisratgeber zur Besonderen Gebührenverordnung des Bundesministeriums des Innern, für Bau und Heimat**

**Rechtstexte mit Erläuterungen für die Ausbildung, Prüfung und Praxis in der Bundespolizei**

von

**Professor Dr. Anke Borsdorff**
Hochschule des Bundes
für öffentliche Verwaltung
– Fachbereich Bundespolizei –
Lübeck

und

**Erster Polizeihauptkommissar Sascha Seifert**
Bundespolizeiakademie Lübeck

**2. Auflage**

KSV Medien

Medien für die
Bundespolizei

Die Herstellung bei KSV Medien erfolgt weitgehend digital und in dem Bewusstsein, eine möglichst ressourcenschonende Produktion zu gewährleisten.

**Bibliografische Information der Deutschen Nationalbibliothek**

Die Deutsche Nationalbibliothek verzeichnet diese Publikation in der Deutschen Nationalbibliografie; detaillierte bibliografische Daten sind im Internet über http://dnb.dnb.de abrufbar.


Konrad-Adenauer Ring 13 • 65187 Wiesbaden
info@ksv-medien.de • www.ksv-medien.de

Satz: Kumpernatz + Bromann • Schenefeld b. Hamburg
Druck: CPI books

**ISBN 978-3-8293-1883-9**

# Inhalt


| | | |
|---|---|---|
| Vorwort | | 9 |
| Abkürzungen | | 11 |
| Schrifttum | | 21 |
| **1.** | **Allgemeines Polizeikostenrecht** | 23 |
| 1.1 | Grundsätze der Polizeikostenerhebung | 23 |
| 1.1.1 | Primär- und Sekundärebene von Polizeikosten | 23 |
| 1.1.2 | Rechtsstaatliche Grundlagen der Polizeikostenerhebung | 27 |
| 1.1.3 | Prinzip des Steuerstaates | 28 |
| 1.1.4 | Öffentliches Interesse an der Gefahrenabwehr | 29 |
| 1.2 | Landesrechtliche Polizeikostenregelungen | 29 |
| 1.2.1 | Beispiele für landesrechtliche Kostentatbestände | 30 |
| 1.2.2 | Rechtslage in den einzelnen Bundesländern | 31 |
| 1.3 | Polizeikosten im Zusammenhang mit Fußballspielen | 38 |
| **2.** | **Bundespolizeikostenrecht – Allgemeiner Teil** | 45 |
| 2.1 | Bisherige Entwicklung des Bundespolizeikostenrechts | 45 |
| 2.2 | Verfassungsrechtliche Zulässigkeit der Erhebung von Polizeikosten für die Bundespolizei | 46 |
| 2.3 | Bisherige Grundlagen zur Kostenerhebung | 50 |
| 2.3.1 | Bahnpolizeiliche Kosten | 50 |
| 2.3.2 | Kosten der Sicherstellung | 51 |
| 2.3.3 | Kosten der unmittelbaren Ausführung | 52 |
| 2.3.4 | Kostenerhebung für Zwangsmaßnahmen | 54 |
| 2.3.5 | Kostenerhebung für Maßnahmen nach dem AufenthG | 54 |
| 2.3.6 | Kostenerhebung für Maßnahmen nach dem PassG | 55 |
| 2.3.7 | Kostenerhebung für Maßnahmen nach dem LuftSiG | 55 |
| 2.4 | Kosten, Gebühren und Auslagen im Bundesrecht | 59 |
| 2.5 | Gebührenschuldnerschaft | 61 |
| 2.5.1 | Bestimmung der Kostenschuldnerschaft in der Praxis | 64 |
| 2.5.1.1 | Rechtsgrundlagen zur Beurteilung der Aufsichtspflicht | 68 |
| 2.5.1.1.1 | Gesetzliche Aufsichtspflichten | 68 |
| 2.5.1.1.2 | Vertragliche und faktische Aufsichtspflicht | 69 |
| 2.5.1.1.3 | Folgen der Verletzung der Aufsichtspflicht | 70 |
| 2.5.1.2 | Gebührenbefreiung für Behörden | 71 |
| | Übersicht zur landesrechtliche Gebührenbefreiung des Bundes (der Bundesrepublik Deutschland) zur Prüfung der Gegenseitigkeit nach § 8 II BGebG | 72 |
| 2.5.1.3 | Besonderheit Jugendhilfeeinrichtungen | 72 |

2.5.2 Prüfungsschema für die Kostenschuldnerschaft ... 74
2.6 Grundsätze zur Kostenerhebung ... 75
2.7 Kostenpflichtige und kostenfreie Aufgaben der Bundespolizei ... 76
2.7.1 Anwendungsbereich der BMIBGebV ... 78
2.7.2 Verhältnis zu repressiven Maßnahmen der Bundespolizei ... 79
2.7.3 Maßnahmen im Zusammenhang mit Versammlungslagen ... 81
Öffentlicher Diskurs und Kritik an der BMIBGebV für die Versammlungsfreiheit ... 82
2.7.4 Aufenthaltsrechtliche Maßnahmen ... 95
2.7.4.1 Freiheitsentziehungen nach unerlaubter Einreise und unerlaubtem Aufenthalt ... 95
2.7.4.2 Sicherstellungen ... 97
2.7.4.3 Erkennungsdienstliche Behandlungen ... 98
2.7.5 Einsätze zur Unterstützung oder in Eilzuständigkeit für die Landespolizei ... 99
2.7.6 Maßnahmen zur Amtshilfe nach § 4 VwVfG ... 101
2.8 Gebührenarten ... 102
2.8.1 Gebühren ... 103
2.8.1.1 Gebühren nach Zeitaufwand ... 104
Berücksichtigungsfähige Zeiten bei Zeitgebühren ... 109
2.8.1.2 Festgebühren ... 112
2.8.2 Auslagen ... 114
2.8.3 Zusammentreffen mehrerer Gebühren/Überlappungen ... 119
2.9 Rechtspflicht zur Gebührenerhebung ... 122
2.10 Gebühren- und Auslagenbefreiung ... 123
2.10.1 Gebührenerhebung nur für rechtmäßige Maßnahmen? ... 129
2.10.2 Rechtmäßigkeit der Grundverfügung für Vollstreckungskosten ... 130
2.11 Verfahren zur Erhebung von Polizeikosten ... 134
2.11.1 Anhörungsverfahren ... 135
2.11.2 Verwaltungsrechtliche Ermittlungen, Beweiserhebung und Datenverarbeitung ... 137
2.11.3 Begründungspflicht und Kostenakte ... 142
2.11.4 Gebührenfestsetzung per Bescheid ... 144
2.12 Rechtsbehelf, Widerspruchs- und Klageverfahren ... 148
Rechtsmittelbelehrung im Widerspruchsbescheid ... 149
2.13 Vollstreckung festgesetzter Gebührenbescheide ... 152
2.14 Ergänzende und Übergangsvorschriften der BMIBGebV ... 153

**3. Bundespolizeikostenrecht – Besonderer Teil** ... 154
3.1 Vorbemerkungen zum Gebühren- und Auslagenverzeichnis ... 155
Übersicht zu Abschnitt 1: Zuordnung von Gesetzesparagrafen zu Kostentatbeständen ... 156
3.2 Kommentierung der Gebührenziffern ... 159
3.2.1 Abschnitt 1 – Maßnahmen nach dem Bundespolizeigesetz ... 159
Allgemeines zu Ziffer 1.1 ... 163
Auslagen zu den Ziffern 1.1.1–1.1.8 ... 164
Ziffer 1.1.1 – Polizeieinsatz, der durch die vorsätzliche oder fahrlässige Schaffung einer Gefahrenlage veranlasst wurde ... 164
Ziffer 1.1.2 – Polizeieinsatz, der durch das vorsätzliche oder fahrlässige Erwecken des Anscheins einer Gefahrenlage veranlasst wurde ... 173
Ziffer 1.1.3 – Polizeieinsatz, der durch die missbräuchliche Auslösung einer Gefahrenmeldeanlage, Notrufanlage oder durch missbräuchliche Nutzung von Notrufzeichen veranlasst wurde ... 185
Ziffer 1.1.4 – Polizeieinsatz, der durch die Auslösung einer Gefahrenmeldeanlage veranlasst wurde, wenn zum Zeitpunkt der Auslösung keine Anhaltspunkte dafür vorlagen, dass ein sachlicher Grund für die Betätigung einer solchen Anlage bestand ... 188
Ziffer 1.1.5 – Suche oder Rettung einer Person, sofern die Gefahrenlage vorsätzlich oder grob fahrlässig herbeigeführt wurde; ein Einsatz zur Verhinderung eines Suizids ist ausgenommen ... 192
Ziffer 1.1.6 – Suche nach einer als vermisst gemeldeten Person ab dem Zeitpunkt ihrer Rückkehr oder ihres Auffindens bis zur Einstellung der Suchmaßnahmen, wenn die Rückkehr oder das Auffinden der Polizei nicht unverzüglich mitgeteilt wird ... 199
Ziffer 1.1.7 – Aufgreifen oder Auffinden einer betreuten oder unter Aufsicht stehenden abgängigen Person ... 201
Ziffer 1.1.8 – Rettung oder Bergung von Tieren ... 206
Ziffer 1.2 – Auslagen neben den Gebühren zu Nummer 1.1 ... 210
Ziffer 1.3 – Ordnungsverfügungen (Verfügung eines Mitführverbots und Erteilung einer Meldeauflage) ... 216
Ziffer 2 – Unmittelbare Ausführung einer Maßnahme nach § 19 BPolG ... 221
Ziffer 3 – Erhebung von Telekommunikationsdaten nach § 22a BPolG, soweit die Gefahrenlage oder der Gefahrenverdacht vorsätzlich oder fahrlässig herbeigeführt wurde; das Auskunftsersuchen zur Verhinderung eines Suizids ist ausgenommen ... 234
Ziffer 4 – Identitätsfeststellung nach § 23 I Nr. 5 BPolG ... 237

Ziffer 5 – Erkennungsdienstliche Maßnahme nach § 24 I BPolG bzw. § 81b zweite Variante StPO ..... 255
Ziffer 6 – Zwangsweise Durchsetzung einer Vorladung nach § 25 III BPolG ..... 264
Ziffer 7 – Platzverweisung nach § 38 BPolG ..... 266
Ziffer 8 – Gewahrsam nach § 39 BPolG; der Gewahrsam zum Schutz einer Person, die sich erkennbar unverschuldet in einem die freie Willensbestimmung ausschließenden Zustand oder sonst in hilfloser Lage befindet, ist ausgenommen ..... 270
Ziffer 9 – Sicherstellung von Tieren oder Sachen nach § 47 BPolG ..... 297
Ziffer 10 – Amtliche Verwahrung sichergestellter Sachen nach § 48 BPolG ..... 307
Ziffer 11 – Verwertung oder Vernichtung sichergestellter Sachen nach § 49 BPolG ..... 312
Ziffer 12 – Entscheidungen im Aufgabenbereich Grenzschutz nach § 2 BPolG, soweit diese Entscheidungen auf Antrag erfolgen oder sonst i. S. d. § 3 II BGebG individuell zurechenbar sind; ausgenommen ist die Schließung einer Grenzübergangstelle ..... 319
Ziffer 13 – Bei den Gebührentatbeständen der Nummern 1 bis 12.2 sind neben den Gebühren auch die Kosten für Dolmetscher als Auslagen zu erheben ..... 322
3.2.2 Abschnitt 2 – Verwaltungs-Vollstreckungsgesetz ..... 323
Ziffer 1 – Normalvollzug: Vollstreckung eines bereits erlassenen Verwaltungsaktes nach § 6 I VwVG durch die Bundespolizei ..... 328
Ziffer 2 – Verwaltungsvollstreckung ohne vorausgehenden Verwaltungsakt nach § 6 II VwVG durch die Bundespolizei ..... 332
Ziffer 3 – Bei den Gebührentatbeständen der Nummern 1 und 2.2 sind neben den Gebühren folgende Kosten als Auslagen zu erheben ..... 334
3.3 Anhang: ABC der Gebührenerhebung ..... 336

**4. Kostenvorschriften des Bundes im Volltext** ..... 354
4.1 Gesetz über Gebühren und Auslagen des Bundes (Bundesgebührengesetz – BGebG) ..... 354
4.2 Allgemeine Gebührenverordnung (AGebV) ..... 366
4.3 Besondere Gebührenverordnung des Bundesministeriums des Innern, für Bau und Heimat für individuell zurechenbare öffentliche Leistungen in dessen Zuständigkeitsbereich (Besondere Gebührenverordnung BMI – BMIBGebV) ..... 388

**Stichwortverzeichnis** ..... 397

# Vorwort

Mit Inkrafttreten der Besonderen Gebührenverordnung des Bundesministeriums des Innern, für Bau und Heimat (BMIBGebV) am 1. Oktober 2019 ist für die Bundespolizei eine völlig neuartige Rechtsmaterie entstanden, nämlich das Bundespolizeikostenrecht. Was bei Erscheinen der Erstauflage des hier vorgelegten Kommentars nur schemenhaft zur erahnen war, erwies sich im Laufe des zurückliegenden, fast sechsjährigen Wirkbetriebs als erfrischender, aber auch schonungsloser Abgleich mit der Lebenswirklichkeit der Bundespolizei. Sowohl in rechtlicher als auch organisatorischer Sicht ergaben sich zahlreiche Herausforderungen, Fragen und Ideen, die mit kraftvollen Schritten zu einer wachsenden Einheitlichkeit und Klarheit in der Festsetzung und Erhebung von Polizeikosten nach der BMIBGebV durch die Bundespolizei führten.

Insbesondere die Verpflichtung, Polizeikosten ausschließlich für rechtmäßig getroffene Maßnahmen auf Basis des BPolG zu erheben, führte zu zahlreichen Erkenntnissen, die zwar nur mittelbar mit Polizeikosten zu tun hatten, jedoch ganz unmittelbare Grundsatzfragen nach den Rechtsgrundlagen alltäglicher polizeilicher Maßnahmen aufwarfen. Dies betraf beispielsweise die Identitätsfeststellung zum Schutz privater Rechte im Rahmen sog. „Schwarzfahrerfälle" sowie der Frage, ob und in welchem Umfang Personen im Rahmen demonstrativer Blockade- und Anklebeaktionen kostenrechtlich in Anspruch genommen werden können.

Die neuen bundespolizeilichen Kostenregelungen sollen für die Rechtsanwender in praxistauglicher Weise transparent gemacht werden. Der Schwerpunkt liegt dabei auf einer Kommentierung derjenigen Vorschriften der BMIBGebV, die für die Erfüllung der gesetzlichen Aufgaben der Bundespolizei von Bedeutung sind.

Hierbei sollen den Lesern rechtliche und praxisbezogene Handlungshilfen für die Erhebung und Festsetzung von Polizeikosten an die Hand gegeben werden.

Aus den genannten Erfahrungen und Erwägungen heraus enthält die vorliegende Neuauflage neben zahlreichen Änderungen im Aufbau und der Struktur:

- umfangreiche Ergänzungen und eine Fülle neuer Praxisbeispiele zu den Gebührenziffern,
- ausführliche neue Erläuterungen zur Bestimmung der Kostenschuldnerschaft, insbesondere bei aufsichtspflichtigen und untergebrachten Personen,

- ein neues Kapitel zum angewendeten BPolG auf der Primärebene im Verhältnis zu anderen Rechtsgrundlagen der BPOL wie bspw. der StPO, dem LuftSiG, dem Versammlungsrecht oder dem Polizeirecht der Länder,
- ein neues Kapitel zum Widerspruchsverfahren,
- ein neues Kapitel zum Verfahrensrecht im Rahmen kostenrechtlicher Ermittlungstätigkeiten.

Die Verfasser — Lübeck, im Frühjahr 2025

## Abkürzungen

| | |
|---|---|
| a. a. O. | am angegebenen Ort |
| a. A. | anderer Auffassung |
| a. E. | am Ende |
| a. F. | alte(r) Fassung |
| Abs. | Absatz |
| AG VwGO | Ausführungsgesetz zur Verwaltungsgerichtsordnung |
| AG | Amtsgericht; Aktiengesellschaft |
| AGebV | Allgemeine Gebührenverordnung (des Bundes) |
| AllGO LSA | Allgemeine Gebührenordnung des Landes Sachsen-Anhalt |
| Alt. | Alternative |
| AO | Abgabenordnung |
| arg. e | argumentum e (etwa: „dies folgt aus ...“) |
| Art. | Artikel |
| ASOG | Allgemeines Sicherheits- und Ordnungsgesetz (Berlin) |
| AufenthG | Aufenthaltsgesetz |
| Aufl. | Auflage |
| AufsVO | Verordnung über die Aufsicht über Schülerinnen und Schüler (Hessen) |
| AVerwGebO NRW | Allgemeine Verwaltungsgebührenordnung NRW |
| AVwVAufenthG | Allgemeine Verwaltungsvorschrift zum Aufenthaltsgesetz |
| AWaffV | Allgemeine Waffengesetz-Verordnung |
| Az. | Aktenzeichen |
| AZR | Ausländerzentralregister |
| Bay | Bayern, bayrisch |
| BayAllgMBl. | Gesetz- und Verordnungsblatt, Ministerialblatt (Bayern) |
| BayFVGebO | Verordnung über Gebühren und Auslagen für die Verwahrung von Fahrzeugen durch die Polizei (Bayern) |
| BayKG | Kostengesetz (Bayern) |
| BayKVZ | Verordnung über den Erlass des Kostenverzeichnisses zum Kostengesetz (Bayern) |
| BayPAG | Gesetz über die Aufgaben und Befugnisse der Bayerischen Polizei (Bayern) |
| BayPolKV | Polizeikostenverordnung (Bayern) |
| BayVBl. | Bayerische Verwaltungsblätter |
| BayVGH | Bayerischer Verwaltungsgerichtshof |

| | |
|---|---|
| BbgGebG | Gebührengesetz für das Land Brandenburg |
| BbgGebOMI | Verordnung über die Gebühren für öffentliche Leistungen im Geschäftsbereich des Ministers des Innern (Brandenburg) |
| BbgGVBl. | Gesetz- und Verordnungsblatt (Brandenburg) |
| BbgKostO | Kostenordnung für das Verwaltungsvollstreckungsgesetz für das Land Brandenburg |
| BbgPolG | Gesetz über die Aufgaben, Befugnisse, Organisation und Zuständigkeit der Polizei (Brandenburg) |
| BbgVwVG | Verwaltungsvollstreckungsgesetz für das Land Brandenburg |
| BDBOSG | Gesetz über die Errichtung einer Bundesanstalt für den Digitalfunk der Behörden und Organisationen mit Sicherheitsaufgaben |
| BDBOSZertV | Verordnung über das Verfahren zur Erteilung eines Zertifikats für Endgeräte durch die Bundesanstalt für den Digitalfunk der Behörden und Organisationen mit Sicherheitsaufgaben |
| BeckOK BGB | Kommentar zum BGB der Datenbank Beck-Online des Verlags C.H. Beck |
| Beschl. | Beschluss |
| BfDI | Bundesbeauftragter für den Datenschutz und Informationssicherheit |
| BFHu | Beweissicherungs- und Festnahme-Hundertschaft |
| BGB | Bürgerliches Gesetzbuch |
| BGBl. | Bundesgesetzblatt |
| BGebG | Bundesgebührengesetz |
| BGH | Bundesgerichtshof |
| BGS | Bundesgrenzschutz |
| BGSG | Bundesgrenzschutzgesetz (heute: BPolG) |
| BGSGAuslVO | Verordnung zur Festsetzung des Ausgleichs für die Erfüllung bahnpolizeilicher Aufgaben des Bundesgrenzschutzes |
| BKA | Bundeskriminalamt |
| BKAG | Bundeskriminalamtgesetz |
| BKGebV | Besondere Gebührenverordnung der Beschlusskammer Post und Telekommunikation der Bundesnetzagentur |
| BlnGebBeitrG | Landesgesetz über Gebühren und Beiträge (Berlin) |
| BlnGVBl | Gesetz- und Verordnungsblatt (Berlin) |

| | |
|---|---|
| BlnPolBenGebO | Gebührenordnung für die Benutzung bzw. Inanspruchnahme polizeilicher Einrichtungen (Berlin) |
| BMG | Bundesmeldegesetz |
| BMI | Bundesministerium des Innern, für Bau und Heimat |
| BMIBGebV | Besondere Gebührenverordnung des Bundesministeriums des Innern, für Bau und Heimat |
| BMJ | Bundesjustizministerium |
| BPOL | Bundespolizei |
| BPOLABT | Bundespolizeiabteilung |
| BPOLABT BLU | Bundespolizeiabteilung Blumberg |
| BPOLD | Bundespolizeidirektion |
| BPolG | Bundespolizeigesetz |
| BPOLI | Bundespolizeiinspektion |
| BPOLP | Bundespolizeipräsidium |
| BPOLR | Bundespolizeirevier |
| BPolZV | Bundespolizeizuständigkeitsverordnung |
| BRAK | Bundesrechtsanwaltskammer |
| BRAS | Bestimmungen, Richtlinien, Anweisungen, Sammlung von Katalogen und Nachschlagewerke |
| BR-Drs. | Bundesrats-Drucksache |
| BremAllKostV | Bremische Allgemeine Kostenverordnung |
| BremGBl | Gesetzblatt Bremen |
| BremGebBeitrG | Bremisches Gebühren- und Beitragsgesetz |
| BremInKostV | Kostenverordnung für die innere Verwaltung (Bremen) |
| BremPolG | Bremisches Polizeigesetz |
| BremVwVG | Bremisches Verwaltungsvollstreckungsgesetz |
| BSIG | Gesetz über das Bundesamt für Sicherheit in der Informationstechnik |
| bspw. | beispielsweise |
| BT | Besonderer Teil |
| BT-Drs. | Bundestags-Drucksache |
| BtMG | Betäubungsmittelgesetz (Bund) |
| BVerfG | Bundesverfassungsgericht |
| BVerfGE | Amtliche Sammlung der Entscheidungen des Bundesverfassungsgerichts |
| BVerwG | Bundesverwaltungsgericht |
| BVerwGE | Amtliche Sammlung der Entscheidungen des Bundesverwaltungsgerichts |
| BW | Baden-Württemberg, baden-württembergisch |

| | |
|---|---|
| BWGebVO | Gebührenverordnung des Landesinnenministeriums (Baden-Württemberg) |
| BWLGebG | Landesgebührengesetz (Baden-Württemberg) |
| BWLVwVG | Verwaltungsverfahrensgesetz für Baden-Württemberg |
| BWLVwVGKO | Vollstreckungskostenordnung zum Verwaltungsverfahrensgesetz für Baden-Württemberg |
| BWPolG | Polizeigesetz Baden-Württemberg |
| BWVBl | Baden-Württembergische Verwaltungsblätter |
| d. h. | das heißt |
| DAVG | Gesetz zur Verbesserung der Registrierung und des Datenaustausches zu aufenthalts- und asylrechtlichen Zwecken (Bund) |
| DB AG | Deutsche Bahn AG |
| De-Mail-G | De-Mail-Gesetz |
| DÖV | Die Öffentliche Verwaltung (Zeitschrift) |
| DPolBl | Deutsches Polizeiblatt (Zeitschrift) |
| DS-GVO | Datenschutz-Grundverordnung |
| DUZ | Dienst zu ungünstigen Zeiten |
| DVBl | Deutsches Verwaltungsblatt (Zeitschrift) |
| EBO | Eisenbahn-Bau- und Betriebsordnung |
| ED | Erkennungsdienst, erkennungsdienstlich |
| EDDi | Erkennungsdienst Digital |
| EGGVG | Einführungsgesetz zum Gerichtsverfassungsgesetz |
| EL | Ergänzungslieferung |
| EMRK | Europäische Menschenrechtskonvention |
| ESBO | Eisenbahn-Bau- und Betriebsordnung für Schmalspurbahnen |
| etc. | et cetera |
| EU | Europäische Union |
| EVU | Eisenbahnverkehrsunternehmen |
| f. | folgende (Seite oder Randnummern) |
| FamFG | Gesetz über das Verfahren in Familiensachen und in den Angelegenheiten der freiwilligen Gerichtsbarkeit |
| ff. | fortfolgende (Seiten oder Randnummern) |
| FN | Fahrpreisnacherhebung |
| GAV | Gebühren- und Auslagenverzeichnis = Anlage zur BMIBGebV |
| gD | gehobener Dienst |

| | |
|---|---|
| GebFreiVO | Verordnung über Freiheit von Verwaltungsgebühren in bestimmten Fällen |
| GebG NRW | Gebührengesetz für das Land Nordrhein-Westfalen |
| GebG R-P | Landesgebührengesetz Rheinland-Pfalz |
| GebGBbg | Gebührengesetz für das Land Brandenburg |
| GG | Grundgesetz |
| ggf. | gegebenenfalls |
| GOÄ | Gebührenordnung für Ärzte |
| GUK | Grenzunterstützungskraft |
| GV. NRW | Gesetz- und Verordnungsblatt für das Land Nordrhein-Westfalen |
| GV. LSA | Gesetz- und Verordnungsblatt für das Land Sachsen-Anhalt |
| GVBl. | Gesetz- und Verordnungsblatt |
| GVG | Gerichtsverfassungsgesetz |
| GVOBl. M-V | Gesetz- und Verordnungsblatt für Mecklenburg-Vorpommern |
| GVOBl. SH | Gesetz- und Verordnungsblatt für Schleswig-Holstein |
| h | hour (Stunde) |
| h. A. | herrschende Auffassung |
| h. L. | herrschende Lehre |
| h. M. | herrschende Meinung |
| Halbs. | Halbsatz |
| HambGebG | Hamburgisches Gebührengesetz |
| HambGebO | Hamburgische Gebührenordnung für Maßnahmen auf dem Gebiet der öffentlichen Sicherheit und Ordnung |
| HambGVBl. | Hamburgisches Gesetz- und Verordnungsblatt |
| HambSOG | Hamburgisches Gesetz zum Schutz der öffentlichen Sicherheit und Ordnung |
| HambVKO | Hamburgische Vollstreckungskostenordnung |
| HambVwVG | Hamburgisches Verwaltungsvollstreckungsgesetz |
| hD | höherer Dienst |
| HessAllgVwKostO | Allgemeine Verwaltungskostenordnung (Hessen) |
| HessGVBl. | Gesetz- und Verordnungsblatt (Hessen) |
| HessSOG | Hessisches Sicherheits- und Ordnungsgesetz |
| HessVGH | Hessischer Verwaltungsgerichtshof |
| HessVwKostG | Hessisches Verwaltungskostengesetz |
| HessVwKostO | Vollstreckungskostenordnung zum Hessischen Verwaltungsvollstreckungsgesetz |
| HH | Hamburg |

| | |
|---|---|
| HmbOVG | Hamburgisches Oberverwaltungsgericht |
| Hrsg. | Herausgeber |
| hrsg. | herausgegeben |
| HSanG | Gesetz zur Sanierung des Bundeshaushalts |
| HVersG | Hessisches Versammlungsgesetz |
| HVwKostG | Hessisches Verwaltungskostengesetz |
| i. e. S. | im engeren Sinne |
| i. S. v. | im Sinne von |
| i. w. S. | im weiteren Sinne |
| i. S. d. | im Sinne des/der |
| i. V. m. | in Verbindung mit |
| IDF | Identitätsfeststellung |
| IP | Internetprotokoll |
| KB | Kriminalitätsbekämpfung |
| Kfz | Kraftfahrzeug |
| KostVO IM M-V | Verordnung über Kosten im Geschäftsbereich des Innenministeriums (Mecklenburg-Vorpommern) |
| Krad | Kraftrad |
| KSB | Kontroll- und Streifenbeamter |
| KStZ | Kommunale Steuer-Zeitschrift |
| LBAV | Laufbahnbefähigungsanerkennungsverordnung |
| LEZ | Leit- und Einsatzzentrale |
| LGebGBW | Landesgebührengesetz Baden-Württemberg |
| LPK-SGB | Lehr- und Praxis-Kommentar zum SGB |
| LuftSiG | Luftsicherheitsgesetz |
| LuftVG | Luftverkehrsgesetz |
| LVwG SH | Allgemeines Verwaltungsgesetz für das Land Schleswig-Holstein |
| m. w. N. | mit weiteren Nachweisen |
| mD | mittlerer Dienst |
| ME PolG | Musterentwurf für ein einheitliches Polizeigesetz des Bundes und der Länder |
| min | Minuten |
| MKÜ | Mobile Kontroll- und Überprüfungseinheiten |
| MüKoBGB | Münchener Kommentar zum Bürgerlichen Gesetzbuch |
| M-V | Mecklenburg-Vorpommern |

| | |
|---|---|
| n. F. | neue(r) Fassung |
| Nds | Niedersachsen |
| Nds. SOG | Niedersächsisches Gesetz über die öffentliche Sicherheit und Ordnung (seit 2003) |
| NdsAllGO | Allgemeine Gebührenordnung des Landes Niedersachsen |
| NdsGVBl. | Niedersächsisches Gesetz- und Verordnungsblatt |
| NdsOVG | Niedersächsisches Oberverwaltungsgericht |
| NdsSOG | Niedersächsisches Gesetz über die öffentliche Sicherheit |
| NdsVwKostG | Niedersächsisches Verwaltungskostengesetz |
| NdsVwVG | Niedersächsisches Verwaltungsvollstreckungsgesetz |
| NGefAG | Niedersächsisches Gefahrenabwehrgesetz (Vorläufer des heutigen Nds. SOG) |
| NJW | Neue Juristische Wochenschrift |
| NJW-RR | Neue Juristische Wochenschrift – Rechtsprechungs-Report |
| NPOG | Niedersächsisches Polizei- und Ordnungsbehördengesetz |
| Nr. | Nummer |
| Nrn. | Nummern |
| NRW | Nordrhein-Westfalen |
| NVwKostG | Niedersächsisches Verwaltungskostengesetz |
| NVwZ | Neue Zeitschrift für Verwaltungsrecht |
| NVwZ-RR | Neue Zeitschrift für Verwaltungsrecht – Rechtsprechungs-Report |
| NZG | Nicht zuzuordnender Gegenstand |
| OLG | Oberlandesgericht |
| OVG | Oberverwaltungsgericht |
| OVG NRW | Oberverwaltungsgericht des Landes Nordrhein-Westfalen |
| OVG SH | Schleswig-Holsteinisches Oberverwaltungsgericht |
| OWiG | Gesetz über Ordnungswidrigkeiten |
| PAG | Polizeiaufgabengesetz (in Bayern) |
| PassG | Passgesetz |
| PassV | Passverordnung (Bund) |
| PAuswG | Personalausweisgesetz (Bund) |
| PAuswGebV | Personalausweis- und eID-Karten-Gebührenverordnung |
| PDV | Polizeidienstvorschrift |
| PGO | Polizeigewahrsamsordnung |
| PHM | Polizeihauptmeister |
| PHS | Polizeihubschrauber |

| | |
|---|---|
| Pkw | Personenkraftwagen |
| POK | Polizeioberkommissar |
| PolBenGebO | Gebührenordnung für die Benutzung polizeilicher Einrichtungen |
| PolG NRW | Polizeigesetz für Nordrhein-Westfalen |
| PsychKG | Psychisch-Kranken-Gesetze (Landesgesetze) |
| PsychKHG | Psychisch-Kranken-Hilfe-Gesetze (Landesgesetze) |
| PVB | Polizeivollzugsbeamter |
| PZU | Postzustellungsurkunde |
| RAP | Reiseausweis als Passersatz |
| Rdnr. | Randnummer |
| RiStBV | Richtlinien für das Strafverfahren und das Bußgeldverfahren |
| RlpAllGebVZ | Landesverordnung über die Gebühren für Amtshandlungen allgemeiner Art (Rheinland-Pfalz) |
| RlpBesGebVZ | Landesverordnung über die Gebühren der allgemeinen und inneren Verwaltung einschließlich der Polizeiverwaltung (Rheinland-Pfalz) |
| RlpGVBl. | Gesetz- und Verordnungsblatt Rheinland-Pfalz |
| RlpLGebG | Landesgebührengesetz (Rheinland-Pfalz) |
| RlpLVwVG | Verwaltungsvollstreckungsgesetz des Landes Rheinland-Pfalz |
| RlpLVwVGKostO | Kostenordnung zum Landesverwaltungsvollstreckungsgesetz (Rheinland-Pfalz) |
| RlpPOG | Polizei- und Ordnungsbehördengesetz (Rheinland-Pfalz) |
| RTW | Rettungstransportwagen |
| s. o. | siehe oben |
| s. u. | siehe unten |
| S. | Seite(n) |
| s. | siehe |
| SaarlAmtsbl. | Amtsblatt des Saarlandes |
| SaarlGebG | Gesetz über die Erhebung von Verwaltungs- und Benutzungsgebühren im Saarland |
| SaarlPolG | Saarländisches Polizeigesetz |
| SaarlPolKV | Saarländische Polizeikostenverordnung |
| SächsGVBl. | Sächsisches Gesetz- und Verordnungsblatt |
| 9. SächsKVZ | Neunte Verordnung des Sächsischen Staatsministeriums der Finanzen über die Bestimmungen der Verwaltungsgebühren und Auslagen |

| | |
|---|---|
| SächsPVDG | Sächsische Polizeivollzugsdienstgesetz |
| SächsVwKG | Verwaltungskostengesetz des Freistaates Sachsen |
| SächsVwVG | Sächsisches Verwaltungsvollstreckungsgesetz |
| SH | Schleswig-Holstein |
| ShLVwG | Allgemeines Landesverwaltungsgesetz für das Land Schleswig-Holstein |
| ShVVKVO | Landesverordnung über die Kosten im Vollzugs- und Vollstreckungsverfahren (Schleswig-Holstein) |
| ShVwGebV | Verwaltungsgebührenverordnung des Landes Schleswig-Holstein |
| ShVwKostG | Verwaltungskostengesetz des Landes Schleswig-Holstein |
| SiOGebO HA | Gebührenordnung für Maßnahmen auf dem Gebiet der öffentlichen Sicherung und Ordnung der Freien und Hansestadt Hamburg |
| SOG LSA | Gesetz über die öffentliche Sicherheit und Ordnung des Landes Sachsen-Anhalt |
| SOG M-V | Gesetz über die öffentliche Sicherheit und Ordnung in Mecklenburg-Vorpommern |
| sog. | so genannt |
| SprengG | Sprengstoffgesetz (Bund) |
| SRÜ | Seerechtsübereinkommen der Vereinten Nationen |
| st. Rspr. | ständige Rechtsprechung |
| StA | Staatsanwaltschaft |
| Std. | Stunde (¼ und ½) |
| StGB | Strafgesetzbuch |
| StPO | Strafprozessordnung |
| StVollstrO | Strafvollstreckungsordnung |
| ThürAllgVwKostO | Thüringer Verwaltungskostengesetz |
| ThürGVBl. | Gesetz- und Verordnungsblatt für den Freistaat Thüringen |
| ThürPAG | Thüringer Gesetz über die Aufgaben und Befugnisse der Polizei |
| ThürPolKostV | Thüringer Polizeikostenverordnung |
| ThürVwKostG | Thüringer Verwaltungskostengesetz |
| ThürVwKostOVSTPol | Thüringer Verwaltungskostenordnung für die Verwahrung von Sachen und Tieren durch die Polizei |
| TKG | Telekommunikationsgesetz |

| | |
|---|---|
| u. a. | unter anderem |
| UBG | Unterbringungsgesetz (Bund) |
| UnbBeschErtV | Verordnung zur Erteilung von Unbedenklichkeitsbescheinigungen |
| Urt. | Urteil |
| usw. | und so weiter |
| UZwG | Gesetz über den unmittelbaren Zwang bei Ausübung öffentlicher Gewalt durch Vollzugsbeamte des Bundes |
| UZwVwV-BMI | Verwaltungsvorschriften des Bundesinnenministeriums zum Gesetz über den unmittelbaren Zwang |
| VersFG (Berlin) | Versammlungsfreiheitsgesetz Berlin |
| VersFG SH | Versammlungsfreiheitsgesetz Schleswig-Holstein |
| VersG NRW | Versammlungsgesetz Nordrhein-Westfalen |
| VG | Verwaltungsgericht |
| VGebO Berlin | Verwaltungsgebührenordnung Berlin |
| VGH BW | Verwaltungsgerichtshof Baden-Württemberg |
| VGH | Verwaltungsgerichtshof |
| vgl. | vergleiche |
| VO VwVG NRW | Verordnung zur Ausführung des Verwaltungsvollstreckungsgesetzes (Nordrhein-Westfalen) |
| VR | Verwaltungsrundschau (Zeitschrift) |
| VwGO | Verwaltungsgerichtsordnung |
| VwKostG LSA | Verwaltungskostengesetz des Landes Sachsen-Anhalt |
| VwKostG M-V | Verwaltungskostengesetz für Mecklenburg-Vorpommern |
| VwKostG SH | Verwaltungskostengesetz Schleswig-Holstein |
| VwVfG | Verwaltungsverfahrensgesetz (des Bundes) |
| VwVG NRW | Verwaltungs-Vollstreckungsgesetz (Nordrhein-Westfalen) |
| VwVG | Verwaltungs-Vollstreckungsgesetz (des Bundes) |
| VwVKostVO LSA | Verordnung über die Kosten im Verwaltungszwangsverfahren des Landes Sachsen-Anhalt |
| VwVKVO M-V | Verordnung über die Kosten im Verwaltungsvollzugsverfahren (Mecklenburg-Vorpommern) |
| VwZG | Verwaltungszustellungsgesetz |
| WaffG | Waffengesetz (Bund) |
| z. B. | zum Beispiel |
| ZPG | Zentraler Polizeigewahrsam |
| ZPO | Zivilprozessordnung |

## Schrifttum

*Birk, Dieter/Eckhoff, Ralf*, Staatsfinanzierung durch Gebühren und Steuern – Vor- und Nachteile aus juristischer Perspektive in Sacksofsky, Ute/Wieland, Joachim (Hrsg.), Vom Steuerstaat zum Gebührenstaat, Baden-Baden 2000.

*Bockwoldt, Gesine*, Rechtmäßigkeit und Kostentragungspflicht polizeilichen Handelns, Stuttgart 2003.

*Böhm, Monika*, Polizeikosten bei Fußballspielen, NJW 2015 S. 3000–3004.

*Böhm, Monika/Mayer, Marius,* Polizeiliche Aufenthaltsverbote für Fußballfans, DÖV 2017 S. 325–331.

*Borsdorff, Anke*, Bundespolizeigesetz – BPolG/BPolZV, 10. Aufl., Wiesbaden 2022.

*Borsdorff, Anke/Deyda, Christian/Maier, Lennard*, Luftsicherheit für die Bundespolizei – Polizeiliches Einsatzrecht für Ausbildung, Prüfung und Praxis, 2. Aufl., Wiesbaden 2024.

*Borsdorff, Anke/Kastner, Martin*, Modulwissen – Einsatzrecht 2, 2. Aufl., Wiesbaden 2018.

*Borsdorff, Anke/Kastner, Martin*, Definitionskalender polizeiliches Einsatzrecht, 5. Aufl., Wiesbaden 2022.

*Borsdorff, Anke/Nüsser, Marc/Nitze, Kostantin*, Modulwissen – Einsatzrecht 3, 4. Aufl., Wiesbaden 2022.

*Clausen, Gerhard*, Das gebührenrechtliche Kostendeckungsprinzip, München 1978.

*Drewes, Michael/Malmberg, Karl Magnus/Walter, Bernd*, Bundespolizeigesetz (BPolG), Zwangsanwendung nach Bundesrecht (VwVG/UZwG), Kommentar, 6. Aufl., Stuttgart u. a. 2018.

*Giemulla, Elmar/van Schyndel, Heiko*, Luftsicherheitsgesetz, Kommentar, 5. Aufl., Neuwied 2018.

*Gramm, Christof*, Ersatz von Polizeikosten in Sacksofski, Ute/Wieland, Joachim (Hrsg.), Vom Steuerstaat zum Gebührenstaat, Frankfurt/Main 2000.

*Gusy, Christof*, Polizeikostenüberwälzung auf Dritte, DVBl 1996 S. 722.

*Heesen, Dietrich/Hönle, Jürgen/Peilert, Andreas*, Bundesgrenzschutzgesetz, Verwaltungs-Vollstreckungsgesetz, Gesetz über den unmittelbaren Zwang, Kommentar, 5. Aufl., Hilden/Rheinland 2012.

*Kirchhof, Ferdinand*, Die Höhe der Gebühr, Berlin 1981.

*Kirchhof, Paul/Kirchhof, Gregor*, Das Recht auf unentgeltliche Sicherheit, Tübingen 2020.

*Knemeyer, Franz-Ludwig*, Polizeikosten im System von Verwaltungsabgaben und -kosten, JuS 1988 S. 866.

*Lisken, Hans/Denninger, Erhard* (Hrsg.), Handbuch des Polizeirechts – Gefahrenabwehr, Strafverfolgung, Rechtsschutz, 7. Aufl., München 2021.

*Oschmann, Frank*, Die Finanzierung der inneren Sicherheit, München 2005.

*Prömper, Stefan*, Bundesgebührengesetz und Zeitgebühr, DöV 2016 S. 293–297.

*Prömper, Stefan/Stein, Thomas*, Bundesgebührengesetz, Kommentar, München 2019.

*Sailer, Wolfgang*, Haftung für Polizeikosten in Lisken, Hans/Denninger, Erhard (Hrsg.), Handbuch des Polizeirechts – Gefahrenabwehr, Strafverfolgung, Rechtsschutz, 5. Aufl., München 2012.

*Schenke, Wolf-Rüdiger/Graulich, Kurt/Rüthig, Josef*, Sicherheitsrecht des Bundes, 2. Aufl., München 2019.

*Schlabach, Erhard*, Bundesgebührengesetz – Rückblick und Ausblick, NVwZ 2016 S. 1273–1280.

*Schlabach, Erhard*, Gebührenrecht der Verwaltung in Baden-Württemberg, Vorschriftensammlung und Kommentar zum Landesgebührenrecht und zum Gebührenrecht des Bundes, 41. EL 2018.

*Weill, Timm*, Die DFL als Veranstalterin und Schuldnerin von Verwaltungsgebühren im deutschen Profifußball, NVwZ 2018 S. 846.

*Wilke, Dieter*, Gebührenrecht und Grundgesetz, München 1973.

# 1. Allgemeines Polizeikostenrecht

Sobald für polizeiliche Einsätze im Nachhinein Kosten erhoben werden sollen, führt dies bei den Betroffenen nicht selten zu einer gewissen Irritation. Sowohl Betroffene kostenpflichtiger Maßnahmen als auch Angehörige der Bundespolizei, die bislang wenig oder keinen Bezug zu dieser Form des Verwaltungshandelns hatten, haben mitunter Schwierigkeiten, wenn nicht sogar Unverständnis für diese Übertragung der Kostenpflicht auf einzelne Bürger.

Spätestens jedoch, wenn im Rahmen von Großeinsätzen oder gesellschaftspolitisch umstrittener Einsatzmaßnahmen Aufwand, Nutzen und Veranlassung durch die Bevölkerung, die Politik und nicht zuletzt durch die Presse hinterfragt werden, kommt die Diskussion früher oder später auf einen Punkt: „Wer bezahlt den ganzen Einsatz eigentlich?“.[1]

Um sich dieser Frage insbesondere für den Bereich der Bundespolizei zu nähern und grundlegendes Verständnis für das System der Polizeikostenerhebung nach deutschem Verwaltungsrecht zu schaffen, werden in diesem Kapitel zunächst die wesentlichen Grundsätze, Begriffe und Abläufe erläutert.

## 1.1 Grundsätze der Polizeikostenerhebung

### 1.1.1 Primär- und Sekundärebene von Polizeikosten

Bei Polizeikosten i. S. d. Bundesgebührengesetzes und der ergänzend dazu erlassenen Gebührenverordnungen geht es um solche Kostenansprüche der Polizei, die in einem unmittelbaren Zusammenhang mit Maßnahmen der Gefahrenabwehr stehen. Nicht zu den Polizeikosten im vorstehenden Sinne zählen daher die Kostenansprüche für repressive Maßnahmen, also für strafprozessuale Polizeitätigkeit, sowie für Maßnahmen der Bundespolizei im Bußgeldverfahren nach dem Ordnungswidrigkeitengesetz[2] (OWiG). Die Kosten für das polizeiliche Tätigwerden an sich werden grundsätzlich überwiegend durch Steuerbeiträge der Bürgerinnen und Bürger abgedeckt. Es gilt insoweit der Grundsatz der Gebührenfreiheit, demzufolge keine Kosten zu erheben sind für sämtliche Amtshandlungen der Polizei, die im überwiegenden öffentlichen Interesse wahrgenommen werden. Diese Ma-

---

1 Beispielsweise umfangreiche polizeiliche Großeinsätze im Zusammenhang mit Umwelt- und Klimaproteste, wie in Lützerath, Hambacher Forst, CASTOR-Transporte, oder Fußball-Risikospiele, regelmäßige Anklebe- und Blockadeaktionen der „Letzten Generation“ auf Straßen und deutschen Großflughäfen etc.

2 Polizeiliche Aufwendungen im Rahmen eines Straf- oder Ordnungswidrigkeitenverfahrens können gleichwohl auf Grundlage des JVEG geltend gemacht werden. Es handelt sich jedoch nicht um Polizeikosten im eigentlichen Sinne.

xime ergibt sich daraus, dass die Aufrechterhaltung der öffentlichen Sicherheit und Ordnung die originäre Aufgabe der Polizei ist. Gefahrenabwehr gehört zum gesetzlichen **Kernauftrag der Polizei**, dessen Erfüllung im öffentlichen Interesse der Allgemeinheit erfolgt. Damit ist diese Tätigkeit grundsätzlich kosten- und gebührenfrei.

Mit der Erhebung von Polizeikosten sollen keinesfalls die bereits durch die erhobenen Steuern abgedeckten Staatskosten ein zweites Mal über eine (Polizei-)Kostenerhebung abgegolten werden. Vielmehr geht es um die grundsätzliche Frage, ob Kosten der Polizeitätigkeit ausnahmslos über die Steuereinnahmen abgedeckt werden müssen bzw. sollen. Diese Frage stellt sich vor dem Hintergrund, die Steuer in ihrer Eigenschaft als eine hoheitlich auferlegte Geldleistung an den Staat darzustellen, die keiner Gegenleistung bedarf und deren Höhe sich an der individuellen Leistungsfähigkeit des Steuerschuldners misst. Bezogen auf die Aufgabenwahrnehmung durch die Polizei bedeutet dies, dass bei ausschließlicher Steuerfinanzierung der Polizeikosten jeder Bürger die Kosten der Polizei trägt, unabhängig davon, ob er die Polizei explizit in Anspruch nimmt, ob er als Störer bzw. Polizeipflichtiger zum Adressaten polizeilichen Handels wird oder ob er auf eine andere Art und Weise einen individuell zurechenbaren Vorteil aus dem polizeilichen Tätigwerden zieht. Die Erhebung von Polizeikosten für einzelne Maßnahmen kann im Idealfall also dazu beitragen, dass nur derjenige mit den Kosten polizeilichen Handelns belastet wird, der sie auch „veranlasst" hat. Für Anscheinsstörer und Verdachtsstörer ist die Erstattungspflicht der Polizeikosten dabei immer davon abhängig, inwieweit sie den Anschein bzw. Verdacht der Gefahr in vorwerfbarer Weise gesetzt haben[3]. Damit wird eine **übermäßige Beanspruchung der Polizei** durch Einzelne auf Kosten der Allgemeinheit ausgeglichen durch Schaffung einer Möglichkeit zur Refinanzierung.

Durch die Leistung des Steuerzahlers können überdies nicht unbegrenzte potentielle Gefahren abgedeckt werden, sondern nur die Kosten für die Handlungsfähigkeit der Bundespolizei. Maßnahmen, die über die üblichen Kosten der Aufgabenerfüllung hinausgehen, können der Allgemeinheit nicht zugemutet werden. Es kann somit auch nicht als Ungerechtigkeit verstanden werden, wenn einzelne Bürger für Kosten aufkommen müssen, die gerade sie als Verursacher, Antragsteller oder Adressat zu verantworten haben. Es besteht kein allgemeines Interesse am Mittragen übermäßiger und durch Einzelne verursachter Kosten. Des Weiteren kann eine Kostenerhebung beim Kostenschuldner einen gewissen Abschreckungseffekt für die Zukunft beinhalten und auf diese Weise ein „Umdenken" und eine Verhaltens-

---

3 HmbOVG, NJW 1986 S. 2005 f.

änderung bewirken. Auf Dauer werden dann durch eine Kostenerhebung mögliche künftige Gefahren verhindert und damit auch Polizeikosten reduziert.

Ferner stärkt eine Polizeikostenerstattungspflicht in vielen Gefahrenfällen letztlich das Gerechtigkeitsgefühl sowohl bei der Bevölkerung als auch bei den gefahrenabwehrenden Polizeivollzugsbeamten. Dies gilt insbesondere für Fallgestaltungen, in denen Gefahrenlagen leichtsinnig oder sogar vorsätzlich provoziert worden sind.

Im Polizeirecht wird es immer zunächst um die Frage des Einschreitens der Polizei gehen, also um die Frage, ob und ggf. welche Maßnahmen unter Inanspruchnahme welches Adressaten zu treffen sind. Hierbei handelt es sich um die sog. **„Primärebene von Polizeikosten"**. Erst danach geht es um die Frage der Kostentragung, also der Frage, wer für welche Kosten des polizeilichen Tätigwerdens aufkommen muss. Dies ist die sog. **„Sekundärebene von Polizeikosten"**. Bei der Sekundärebene polizeilichen Handelns geht es also um die Folgefrage, wer die finanziellen Kosten des polizeilichen Handelns trägt, wer also für die Kosten des polizeilichen Einsatzes aufkommt und wer etwaig eingetretene Schäden auszugleichen hat.

Der Notwendigkeit, Entscheidungen auf der Sekundärebene zu treffen, geht voraus, dass auf der Primärebene eine polizeiliche Handlung erfolgt ist. Dies bedeutet aber auch, dass auf der Sekundärebene die maßgebliche Gefahr nicht mehr besteht, weil sie bereits beseitigt worden ist. Damit sind auch die Erkenntnisse der Polizei fortgeschritten. Man spricht in diesem Zusammenhang von der sog. **„Ex-Post-Perspektive"**, also von der Sichtweise, die zeitlich nach dem Einschreiten der Polizei möglich ist. Geht es auf der Primärebene, die im Gegensatz zur Sekundärebene aus der sog. **„Ex-Ante-Perspektive"** zu beurteilen ist, noch darum, aufgrund von Anhaltspunkten, Einschätzungen und vorläufigen Erkenntnissen notwendige Entscheidungen zu treffen, so kann auf der Sekundärebene von feststehenden tatsächlichen Umständen ausgegangen werden. Hier ist für die zu treffenden Entscheidungen maßgeblich, ob nach Würdigung aller Umstände tatsächlich eine Gefahr vorgelegen hatte und auch, ob aus der Retrospektive betrachtet tatsächlich der „richtige" Adressat seitens der Polizei in Anspruch genommen worden ist. Unabhängig von der Rechtmäßigkeit der polizeilichen Maßnahmen auf der Primärebene ist dann zu prüfen, ob eine Kostentragungspflicht auf der Sekundärebene vertretbar ist oder ob es unter Umständen sogar umgekehrt Entschädigungsansprüche des Betroffenen gibt.

Nach dem Grundsatzbeschluss des BVerfG zum öffentlich-rechtlichen Kostenrecht setzt die Erhebung einer Gebühr durch den Staat stets eine **individuell zurechenbare öffentliche Leistung** voraus.[4] In dieser *individuellen Zurechenbarkeit* einer bestimmten, vom Staat erbrachten Leistung liegt die innere Rechtfertigung

---

4 BVerfGE 50, 217, 226.

dafür, dass die in Rede stehende Leistung nicht aus den allgemeinen Steuermitteln zu finanzieren ist, sondern ganz oder zumindest teilweise zu Lasten des betroffenen Gebührenschuldners finanziert werden darf. An dieses vom Gericht definierte Kriterium knüpft auch die in § 1 BGebG enthaltene Regelung betreffend die Gebührenerhebung unmittelbar an. Diese gesetzliche Regelung lautet wörtlich:

> *„Der Gebührengläubiger erhebt für individuell zurechenbare öffentliche Leistungen vom Gebührenschuldner Gebühren und Auslagen nach Maßgabe dieses Gesetzes und der Gebührenverordnungen nach § 22 Absatz 3 und 4."*

Daraus ergibt sich für die Gebührenfähigkeit von Maßnahmen der Bundespolizei die folgende Differenzierung:

Die Begründung einer Gebührenpflicht für Maßnahmen der Bundespolizei ist bei speziellen, individualisierbaren Sicherheitsleistungen der Bundespolizei rechtlich zulässig, wie die Ausführungen des BVerfG in der oben zitierten Entscheidung verdeutlichen.[5] Eine spezielle und individualisierbare Sicherheitsleistung und damit eine Gebührenpflicht kommt insbesondere dann in Betracht, wenn eine bestimmte staatliche Leistung dem Einzelnen nach entweder nach dem **Veranlasserprinzip** oder nach dem **Vorteilsprinzip** individuell zurechenbar ist; es geht hier also um die *Sekundärebene von Polizeikosten.*

Leistungen in Wahrnehmung der *allgemeinen*, also nicht individualisierbaren Gefahrenabwehr rechtfertigen dagegen keine Gebührenerhebung. Die Verursachung von Kosten ist in diesem Tätigkeitsbereich als nicht individualisierbar anzusehen, wenn und soweit der Staat sich im Rahmen einer allgemeinen Risikovorsorge oder der jedermann gewidmeten Gefahrenabwehr bewegt, was die *Primärebene von Polizeikosten* betrifft. Diese Art der gewissermaßen objektiven und generell gemeinwohlorientierten Aufgabenerfüllung ergibt sich aus dem in den Grundrechten enthaltenen **Schutzauftrag** und dem **Gewaltmonopol** des Staates.[6]

**Fazit:** Die vergleichsweise enge Festlegung der Voraussetzungen für eine rechtlich zulässige Gebührenpflicht im Sicherheitsbereich soll gewährleisten, dass die – in der Praxis zahlreichen – Maßnahmen der allgemeinen Risikovorsorge oder der jedermann gewidmeten Gefahrenabwehr allein durch die von der Allgemeinheit zu zahlenden Steuern finanziert werden. Demgegenüber sollen solche Kosten, die durch eine spezielle, dem Einzelnen zurechenbare Sicherheitsleistung der Bundespolizei entstanden sind, ihm persönlich und gerade nicht der Allgemeinheit zur Last fallen. Die in diesem Falle bestehende Möglichkeit des finanziellen Rückgriffs auf den Betroffenen selbst soll nicht nur die individuelle Verantwortlichkeit

---

5 Vgl. BVerfGE 50, 217 ff.

6 BVerfGE 49, 24, 54 f.; 115, 320, 346.

für die Kosten von bestimmten polizeilichen Maßnahmen verdeutlichen, sondern sie ist darüber hinaus auch durchaus geeignet, zu einer künftigen Verhaltensbeeinflussung beizutragen.

### 1.1.2 Rechtsstaatliche Grundlagen der Polizeikostenerhebung

Bei der Erhebung von Polizeikosten sind insbesondere der Vorbehalt des Gesetzes und der sich aus dem Rechtsstaatsprinzip ergebende Bestimmtheitsgrundsatz zu beachten. Somit bedarf es für die Auferlegung von Polizeikosten zunächst einer formellen Gesetzesgrundlage. Bei der Erhebung der Polizeikosten handelt es sich insofern um einen belastenden Grundrechtseingriff gegenüber dem betroffenen Bürger, als dass zumindest in die allgemeine Handlungsfreiheit aus Art. 2 I GG eingegriffen wird. Der Vorbehalt des Gesetzes geht indes nicht so weit, dass in dem der Erhebung zugrundeliegenden Gesetz im formellen Sinne sämtliche Regelungen hinsichtlich der Kostenerhebung vollständig und abschließend enthalten sein müssen:

Auch die Erhebung von Polizeikosten auf der Grundlage einer gesetzesergänzenden bzw. gesetzeskonkretisierenden **Rechtsverordnung** ist nicht ausgeschlossen. Jedoch sind dann die besonderen Voraussetzungen des in Art. 80 I GG enthaltenen Anforderungskatalogs zu beachten. Danach muss, soweit es um Rechtsverordnungen des Bundes geht, durch das formelle Gesetz die Bundesregierung oder ein Bundesminister zum Erlass einer Rechtsverordnung ausdrücklich ermächtigt werden, und zudem ist durch das Gesetz selbst der Inhalt, der Zweck und das Ausmaß der erteilten Ermächtigung zu bestimmen. Den rechtlichen Rahmen der in Rede stehenden Regelung muss also stets der Gesetzgeber selbst festlegen; die Befugnis des Verordnungsgebers beschränkt sich darauf, diesen ihm vorgegebenen Rechtsrahmen dann im Detail auszufüllen.

Umstritten ist indes für den Bereich der Erhebung von Polizeikosten, ob sich die Ermächtigungsgrundlage für die Kostenerhebung zwingend aus dem Polizeirecht ergeben muss, oder ob insoweit ggf. auch auf das allgemeine Verwaltungsrecht zurückgegriffen werden darf. In diesem Zusammenhang ist derjenigen Ansicht beizutreten, die den Rückgriff auch auf das allgemeine Verwaltungsrecht als statthaft ansieht. Diese Bewertung begründet sich aus der Erkenntnis, dass es allgemein üblich ist, die primärrechtlichen Eingriffsbefugnisse der Polizei in einem speziellen Polizeigesetz zu regeln und die sich daran ggf. anschließenden sekundärrechtlichen Fragen der Kostenregelung in Rechtsvorschriften, die systematisch dem allgemeinen Verwaltungsrecht zuzurechnen sind.

Die einzelnen Kostentatbestände, welche der Verordnungsgeber normiert, müssen ihrerseits dem sog. **„Bestimmtheitsgebot“** genügen, das sich rechtsstaatlich u. a.

aus Art. 20 III GG ableiten lässt. Dies bedeutet, dass die einzelnen Kostentatbestände klar umrissen sein müssen, und dass auch die Höhe der in Betracht kommenden Kosten für den möglichen Kostenschuldner vorhersehbar sein muss. Diese Anforderungen schließen so etwas wie eine kostenrechtliche Generalklausel aus. So dürfte eine Regelung, wie sie in Nr. 15.15 des Gebührenverzeichnisses des Innenministeriums Baden-Württemberg (GebVerz IM) vom 12.7.2011 enthalten ist, gegen das Bestimmtheitsgebot im obigen Sinne verstoßen:

Dort wird eine Art unspezifischer Auffangtatbestand geschaffen, und zwar durch die Festlegung, dass für *„Maßnahmen, die nicht den Nummern 15.1 bis 15.14 unterfallen, je angefangene Stunde und je eingesetztem Beamten 48* [Euro]*"* als Gebühr zu entrichten sind. Damit ist für den Bürger zwar erkennbar, dass eine Zeitgebühr in Höhe von 48 Euro je Stunde erhoben wird, nicht jedoch für welche konkrete Maßnahme. Es ist für ihn lediglich erkennbar, dass es wesensmäßig eine andere Maßnahme sein muss als die in den Nummern 15.1 bis 15.14 benannten Maßnahmen. Leicht zu erkennen ist, dass hier eine unendliche Anzahl von denkbaren Maßnahmen in Frage kommt, und dass es allein der Verwaltung obliegt, eine beliebige Maßnahme unter den Kostentatbestand der Nummer 15.15 zu subsumieren. Ein Umstand, der mit dem Bestimmtheitsgebot nicht zu vereinbaren ist.

### 1.1.3 Prinzip des Steuerstaates

Eine weitere rechtliche Schranke für die Erhebung von Polizeikosten könnte sich aus dem *Prinzip des Steuerstaates* ergeben. Die Begrifflichkeit „Steuerstaat" lässt sich zwar aus dem Grundgesetz expressis verbis nicht entnehmen. Jedoch ist das Prinzip des Steuerstaates allgemein anerkannt und findet wörtliche Erwähnung sogar in den Ausführungen des Bundesverfassungsgerichts. Dazu das Gericht wörtlich[7]:

> *„Der Finanzverfassung* [des Grundgesetzes] *liegt die Vorstellung zugrunde, dass die Finanzierung der staatlichen Ausgaben in Bund* [...] *in erster Linie aus dem Ertrag der in Art. 105 ff. GG geregelten Einnahmequellen erfolgt* [...]*."*

Also wird auch ohne explizite Erwähnung im Grundgesetz dem Steuerstaatsprinzip eine normative Wirkung zugesprochen. Sein verfassungsrechtlicher Rang wird überwiegend aus den Regelungen der Art. 105 ff. GG hergeleitet. Die Kernaussage des Prinzips lautet, dass der Steuerstaat seinen Finanzbedarf überwiegend aus Steuern zu decken hat. **„Überwiegend"** bedeutet, dass stets mehr als die Hälfte der staatlichen Einnahmen aus den Steuern der Bürger erzielt werden muss. Inso-

7 BVerfG, 2. Senat, Entsch. vom 7.11.1995 – 2 BvR 413/88 –.

fern liegt ein Verstoß gegen das Prinzip des Steuerstaates erst dann vor, wenn der im Gesamtaufkommen der Staatsfinanzierung enthaltene Steueranteil auf 50 % oder weniger absinkt. Neben dem Aspekt des Vorrangs der Steuer gegenüber anderen – nichtsteuerlichen – öffentlichen Abgaben der Höhe nach werden durch das Steuerstaatsprinzip aber auch noch weitere, nämlich **materielle** Anforderungen an die nichtsteuerlichen Abgaben gestellt. Zu diesen Anforderungen gehört namentlich, dass eine nichtsteuerliche Abgabe immer einer besonderen Rechtfertigung bedarf, die über das bloße Bestreben des Staates nach der Erzielung von Einnahmen hinausgeht. Eine solche zusätzliche Rechtfertigung liegt anerkanntermaßen in der individuellen Zurechenbarkeit einer erbrachten staatlichen Leistung.

### 1.1.4 Öffentliches Interesse an der Gefahrenabwehr

Eine weitere rechtliche Schranke könnte das „öffentliche Interesse" an der Gefahrenabwehr darstellen, was sich aus der besonderen Funktion der zu erledigenden (Staats-)Aufgabe der Polizei ergibt. Der Polizei obliegt in erster Linie die Abwehr von Gefahren für die **öffentliche Sicherheit oder Ordnung**; sie handelt also bei der Erfüllung dieser Primäraufgabe erkennbar im öffentlichen Interesse, d. h. im Interesse der Gemeinschaft als solcher. Insofern darf das Handeln der Polizei auch nicht davon abhängig gemacht werden, ob ein Antrag auf Einschreiten gestellt wird bzw. ob die Kosten des Einsatzes von einem Dritten übernommen werden bzw. übernommen werden können. Das Bundesverfassungsgericht hat in seiner Entscheidung zur Luftsicherheitsgebühr[8] hinsichtlich des Spannungsverhältnisses zwischen dem öffentlichen Interesse und der Kostenerhebung zum Ausdruck gebracht, dass selbst die Schutzpflicht des Staates für das Leben und die körperliche Unversehrtheit (mithin für Schutzgüter, die direkt unter den Begriff der öffentlichen Sicherheit zu subsumieren sind) *„primär nur Handlungspflichten der staatlichen Organe im Bereich der Gefahrenabwehr begründet, nicht aber die Frage der Refinanzierung des damit verbundenen Verwaltungsaufwandes determiniert"*. Diesem Spannungsverhältnis wird seitens des Gesetzgebers regelmäßig dadurch Rechnung getragen, dass bei einem überwiegenden öffentlichen Interesse aufgrund einer entsprechend gestalteten Rechtslage von einer Kostenerhebung abgesehen wird.

## 1.2 Landesrechtliche Polizeikostenregelungen

Rechtsgrundlagen für die Erhebung von Polizeikosten bestehen in allen Bundesländern schon seit Jahrzehnten. Die Kostentatbestände sind in Polizeikostenverordnungen, Verwaltungskostenregelungen und teilweise in den Polizeigesetzen

8 BVerfG, Beschl. vom 11.8.1994 – 1 BvR 1270/94 –.

selbst geregelt. Die **Polizeikostenverordnungen** stellen inhaltlich bestimmt geregelte und umfangreiche Rechtsgrundlagen für die Gebührenerhebung dar, wobei die grundsätzliche Möglichkeit besteht, die Gebühren regelmäßig anzupassen. Die betreffenden Rechtsverordnungen können durch das zuständige Innenministerium des jeweiligen Landes erforderlichenfalls jederzeit geändert werden. Damit besteht der erhebliche Vorteil, dass stets eine schnelle Reaktion durch eine zügige Anpassung an sich verändernde Umstände gewährleistet erscheint. Denn gegenüber einem meist eher lang andauernden Gesetzgebungsverfahren ist die Abänderung einer bestehenden Rechtsverordnung vergleichsweise unkompliziert und schnell realisierbar.

### 1.2.1 Beispiele für landesrechtliche Kostentatbestände

In den Ländern sind Kostentatbestände vor allem im Hinblick auf Sicherstellung und Verwahrung, Ersatzvornahme, unmittelbare Ausführung und Ingewahrsamnahme vorgesehen. So verlangt bspw. das Land Baden-Württemberg im Falle einer Ingewahrsamnahme 45 Euro für jeden angefangenen 24-Stunden-Zeitraum und zusätzlich angefallene Transport- und Arztkosten. Des Weiteren ist in den meisten Ländern eine Kostenerhebung vorgesehen für die Begleitung von Schwer-, Groß- oder Gefahrguttransporten, für das Umsetzen von Fahrzeugen und auch für Fehlalarme.

Speziell in Berlin sind ferner Kostentatbestände für sog. „Sicherheitsberatungen" festgeschrieben. Dieses Beispiel einer Gebührenerhebung für individuelle und aufwändige Beratungen durch die kriminalpolizeiliche Beratungsstelle in Berlin zeigt, dass auch für Serviceleistungen Gebühren erhoben werden können, ohne dass diese in einem unmittelbaren Zusammenhang zu einer konkreten Gefahrenabwehrmaßnahme stehen müssen.

In Brandenburg werden Gebühren für den Einsatz von Hubschraubern erhoben und in Sachsen für die Anwendung unmittelbaren Zwanges. So werden z. B. für das Wegtragen von Personen im Rahmen von Räumungen 16 Euro je eingesetztem Beamten und angefangene Stunde berechnet. Auch Kostenerstattungen für die Suche nach Personen und für Rettungsmaßnahmen sind teilweise vorgesehen, ebenso für die polizeiliche Aufnahme von Verkehrsunfällen ohne Personenschäden. Auch gibt es Gebührentatbestände für die Reinigung wegen außergewöhnlicher Verschmutzung. So können etwa Polizeikosten in Rechnung gestellt werden für die Reinigung von Diensträumen, Gewahrsamszellen, Uniformen oder Polizeifahrzeugen.

Gebühren für die Suche, Rettung oder Bergung von Personen oder Tieren liegen zwischen 100 Euro und 50000 Euro. Der gleiche Gebührenrahmen greift, wenn

Verkehrsleiteinrichtungen an Baustellen ausfallen und die Polizei infolgedessen Maßnahmen der Sicherung oder Verkehrslenkung treffen muss. Auch werden teils Gebühren erhoben, wenn die Polizei bei Veranstaltungen, die aus überwiegend wirtschaftlichem Interesse organisiert werden, Ordnungsaufgaben erfüllt, die eigentlich dem Veranstalter obliegen würden. Zudem finden sich auch Gebührentatbestände für Maßnahmen des Kampfmittelräumdienstes.

Für manche polizeilichen Maßnahmen wie z. B. Platzverweis oder Durchsuchung von Personen oder Sachen werden *keine* Gebühren erhoben. Wird jedoch etwa bei einer Wohnungsdurchsuchung notgedrungen ein Schlüsseldienst zum Öffnen der Tür herangezogen, so bleibt der kostenrechtliche Rückgriff auf den Verantwortlichen nach den Bestimmungen über die Ersatzvornahme bzw. über die unmittelbare Ausführung einer Maßnahme möglich.

Außerdem können in allen Ländern sog. „Auslagen" erhoben werden. Dafür gibt es zum Teil spezielle Rechtsgrundlagen. So ist die Geltendmachung von Auslagen z. B. im Land Mecklenburg-Vorpommern in § 10 I Nr. 6 der Verwaltungskostenverordnung des Landes vorgesehen. Fehlt eine solche spezielle Regelung, so bleibt in Ansehung von Auslagen immer noch der Rückgriff auf die allgemeinen verwaltungsrechtlichen Vorschriften im Landesrecht möglich. So kann eine Erstattung von erforderlichen Ausgaben der Polizei für Dritte von dem jeweils für die Maßnahme Verantwortlichen verlangt werden.

### 1.2.2 Rechtslage in den einzelnen Bundesländern

*a)* Die Rechtsgrundlage für polizeiliches Handeln in **Baden-Württemberg** bildet das BWPolG, welches durch das Landesgebührengesetz ergänzt wird (BWLGebG). Letzteres enthält in § 4 I, II eine Verordnungsermächtigung. Für den Aufgabenbereich der Polizei ist hiervon durch die Gebührenverordnung des Landesinnenministeriums Gebrauch gemacht worden (BWGebVO)[9]. Als Anlage ist der BWLGebVO ein Gebührenverzeichnis beigefügt; dort finden sich ab der Nr. 15 die einschlägigen Gebührentatbestände in Verbindung mit der jeweiligen Gebührenhöhe für polizeiliche Maßnahmen. Die Erhebung von Polizeikosten speziell für Zwangsmaßnahmen richtet sich nach dem Verwaltungsvollstreckungsgesetz des Landes (BWLVwVG) und der dazu erlassenen Vollstreckungskostenordnung (BWLVwVGKO). In den §§ 6, 7 BWLVwVGKO werden Gebühren für die Ersatzvornahme und Zwangsanwendung nach dem BWPolG bestimmt.

*b)* Im Bundesland **Bayern** können aufgrund mehrerer Rechtsvorschriften Polizeikosten im Zusammenhang mit der Gefahrenabwehr durch die Polizei erhoben werden. Auf der Grundlage des Polizeiaufgabengesetzes Bayern (BayPAG) kön-

9 BWGBl. 2011, 404.

nen solche Polizeikosten erhoben werden, die durch das BayPAG bestimmt sind. Dies ist der Fall bei der Sicherstellung gemäß Art. 28 BayPAG. Außerdem enthält Art. 76 Satz 3 BayPAG eine Verordnungsermächtigung. Diese Ermächtigung hat das bayerische Innenministerium genutzt und eine Polizeikostenverordnung für Bayern erlassen (BayPolKV)[10]. In § 1 BayPolKV sind einige Maßnahmen mit der dazugehörigen Gebührenhöhe festgeschrieben. Weiterhin besteht die Möglichkeit, die entstandenen Kosten bestimmter Einsätze der Polizei nach dem Kostengesetz Bayern (BayKG) und dem dazugehörigen Kostenverzeichnis (BayKVZ) geltend zu machen. Die Anlage zum BayKVZ enthält unter der Nr. 2.II.5 Gebührentatbestände und Gebührenhöhen speziell für polizeiliche Amtshandlungen. In Art. 21 BayKG befindet sich eine weitere Kompetenz zum Erlass von Gebührenvorschriften, auf deren Grundlage die Gebührenordnung zur Fahrzeugverwahrung erlassen worden ist (BayFVGebO)[11].

*c)* Im Landesrecht von **Berlin** finden sich Polizeikostenregelungen u. a. in dem Allgemeinen Gesetz zum Schutz der öffentlichen Sicherheit und Ordnung (BlnASOG), und zwar für Kosten der unmittelbaren Ausführung (§ 15 II BlnASOG) und zur Sicherstellung und Verwahrung (§ 41 III BlnASOG). § 41 III BlnASOG verweist aber zugleich auf das Landesgesetz über Gebühren und Beiträge (BlnGebBeitrG). Aufgrund des § 6 I dieses Gesetzes wurde die Gebührenordnung für die Benutzung bzw. Inanspruchnahme polizeilicher Einrichtungen erlassen (BlnPolBenGebO)[12]. Die Anlage zu § 1 dieser Gebührenordnung enthält eine umfangreiche Auflistung von Gebührentatbeständen für polizeiliche Maßnahmen auf dem Gebiet der Gefahrenabwehr.

*d)* In **Brandenburg** enthält das Gesetz über die Aufgaben, Befugnisse, Organisation und Zuständigkeit der Polizei (BbgPolG) Kostenregelungen für eine Sicherstellung und Verwahrung (§ 28 III BbgPolG) sowie Regelungen zur Erhebung von Polizeikosten bei der Ersatzvornahme (§ 55 BbgPolG). Dabei verweist § 55 I BbgPolG auf den § 37 des Verwaltungsvollstreckungsgesetzes für das Land Brandenburg (BbgVwVG). Aufgrund des § 37 II BbgVwVG wurde die Kostenordnung zum Verwaltungsvollstreckungsgesetz für das Land Brandenburg (BbgKostO)[13] erlassen, die für die Kostenerhebung bei Ersatzvornahme von Bedeutung ist. Für die Erhebung von Kosten anderer polizeilicher Maßnahmen ist die Verordnung über die Gebühren für öffentliche Leistungen im Geschäftsbereich des Ministers des Innern heranzuziehen (BbgGebOMI)[14], die aufgrund des Gebührengesetzes

10 BayGVBl. 2000, 785.
11 BayGVBl. 2002, 27.
12 BlnGVBl. 2009, 397.
13 BbgGVBl. II/92, Nr. 34, 299.
14 BbgGVBl. II/10, Nr. 46.

für das Land Brandenburg erlassen wurde (BbgGebG). In der Anlage zu § 1 dieser Gebührenverordnung sind Verwaltungsgebühren für polizeiliche Angelegenheiten aufgeführt.

*e)* Im Stadtstaat **Bremen** sind unmittelbar im Bremischen Polizeigesetz (BremPolG) lediglich die Kosten bei der Sicherstellung geregelt (§ 26 III BremPolG). Die Erhebung von Polizeikosten im Übrigen basiert auf der Kostenverordnung für die innere Verwaltung (BremInKostV)[15], die durch ein Kostenverzeichnis ergänzt wird. Für die Polizei ist die Nr. 12 der Anlage zu § 1 der Kostenverordnung für die innere Verwaltung maßgeblich. Dort beginnen die Gebührentatbestände für die Maßnahmen nach dem allgemeinen Polizeirecht bei der Nr. 120. In dieser Anlage sind die Gebührentatbestände und die festgelegten Gebühren für polizeiliche Maßnahmen aufgeführt. Die Bremer Kostenverordnung für die innere Verwaltung beruht auf § 3 I, II des Bremischen Gebührenbeitragsgesetzes (BremGebBeitrG)[16]. Ebenso wurde aufgrund des § 3 I BremGebBeitrG die Bremische Allgemeine Kostenverordnung verabschiedet (BremAllKostV)[17]. In der Anlage zu dieser Allgemeinen Kostenverordnung sind die Gebührentatbestände für allgemeine Verwaltungstätigkeiten aufgelistet. Weiterhin ist in Teilen auch das Bremische Verwaltungsvollstreckungsgesetz von Bedeutung (BremVwVG)[18], da etwa die Ersatzvornahme nicht im BremPolG geregelt ist. Bremen hat zudem als erstes Bundesland überhaupt aufgrund des § 4 IV BremGebBeitrG die ausdrückliche gesetzliche Möglichkeit, entstandene Polizeikosten für **Fußball-Begleitungen** etc. zu erheben. Vgl. dazu unten näher Kapitel 1.3, betreffend die Kosten im Zusammenhang mit Fußballspielen.

*f)* Im Stadtstaat **Hamburg** finden sich für die Polizei Regelungen zur Erhebung von Polizeikosten im Gesetz zum Schutz der öffentlichen Sicherheit und Ordnung (HambSOG). Dies betrifft zunächst die Kosten bei unmittelbarer Ausführung (§§ 7 III, 8, 9 HambSOG) sowie die Kosten für die Sicherstellung und Verwahrung von Sachen (§ 14 III 3 HambSOG). Regelungen für die Erhebung von Gebühren für polizeiliche Maßnahmen lassen sich im HambSOG nicht finden. Das Hamburger Gebührengesetz (HambGebG) ermächtigt jedoch in seinem § 2 I den Senat dazu, Gebührentatbestände und Gebührensätze in einer Gebührenordnung festzulegen. Die auf dieser Grundlage erlassene Gebührenordnung für Maßnahmen auf dem Gebiet der öffentlichen Sicherheit und Ordnung (HambGebO)[19] beinhaltet in ihrer Anlage 1 eine Vielzahl von Gebührentatbeständen und Gebüh-

15 BremGBl. 2002, 455; 2011, 79.
16 BremGBl. 1979, 279; 2010, 566.
17 BremGBl. 2011, 357.
18 BremGBl. 2003, 147.
19 HambGVBl. 2010, 667, 698.

rensätzen für polizeiliche Maßnahmen. Ferner wurde in Hamburg aufgrund der §§ 19 I, 77 des Hamburgischen Verwaltungsvollstreckungsgesetzes (HambVwVG) eine Vollstreckungskostenordnung verabschiedet (HambVKO)[20]. Diese Kostenordnung ist nur für die Kostenerhebung bei der Ersatzvornahme heranzuziehen, da dieser Kostenfall im HambSOG nicht geregelt ist.

*g)* In **Hessen** finden sich im Hessischen Gesetz über die öffentliche Sicherheit und Ordnung (HessSOG) bestimmte Ermächtigungsgrundlagen für die Erhebung von Polizeikosten; dies betrifft die unmittelbare Ausführung, die Sicherstellung von Sachen, deren Herausgabe und Verwertung sowie die Kosten der Ersatzvornahme. Weiterhin gilt das Hessische Verwaltungskostengesetz (HessVwKostG)[21] und die aufgrund des eben genannten Gesetzes ergänzend erlassene Verwaltungskostenordnung (HessVwKostO-MdI)[22]. In der Anlage 5 zu § 1 dieser Verwaltungskostenordnung sind für Amtshandlungen der hessischen Polizei diverse Gebührentatbestände und die jeweils dazugehörige Gebührenhöhe aufgelistet. Als weitere Rechtsgrundlage für die Erhebung von Kosten ist die Allgemeine Verwaltungskostenordnung zu nennen (HessAllgVwKostO)[23]. In dieser Kostenordnung werden Kosten für allgemeine Verwaltungshandlungen für erstattungsfähig erklärt, wie z. B. die Kosten für die Anfertigung von Kopien oder die Erteilung von Auskünften.

*h)* Für das **Land Mecklenburg-Vorpommern** sind im Gesetz über die öffentliche Sicherheit und Ordnung in Mecklenburg-Vorpommern (SOG M-V) Kostenregelungen für polizeiliche Maßnahmen enthalten für den Bereich der Sicherstellung von Sachen (§ 61 III SOG M-V) und für die Ersatzvornahme (§ 89 I SOG M-V). Ergänzend ermächtigt die Vorschrift des § 114 II SOG M-V die obersten Landesbehörden zum Erlass einer Rechtsverordnung für die Erhebung von Verwaltungsgebühren in ihrem Zuständigkeitsbereich. Eine ähnliche Erlasskompetenz beinhaltet § 2 I, II des Verwaltungskostengesetzes für Mecklenburg-Vorpommern (VwKostG M-V). Aufgrund der letztgenannten Ermächtigung im Landesverwaltungskostengesetz hat das Innenministerium des Landes Mecklenburg-Vorpommern die Verordnung über Kosten im Geschäftsbereich des Innenministeriums erlassen (KostVO IM M-V)[24]. In deren Anlage zu § 1, überschrieben als „Allgemeiner Kostentarif", finden sich erstattungsfähige Maßnahmen nach dem SOG M-V. Von oben erwähnter Erlasskompetenz nach Maßgabe des § 114 II SOG M-V hat das Innenministerium ebenfalls Gebrauch gemacht und auf dieser Grundlage

20 HambGVBl. 2010, 667, 698.
21 HessGVBl. I 2009, 462.
22 HessGVBl. I 2009, 462.
23 HessGVBl. I 2009, 763.
24 GVOBl. M-V 2010, 429.

die Verordnung über die Kosten im Verwaltungsvollzugsverfahren erlassen (VwVKVO M-V)[25]. Nach dieser Verordnung können Gebühren u. a. für polizeiliche Maßnahmen im Bereich des Zwangsrechts erhoben werden.

*i)* In **Niedersachsen** enthält das Niedersächsische Gesetz über die öffentliche Sicherheit und Ordnung (NdsSOG – *heute: NPOG*) Bestimmungen zu Polizeikosten für die Sicherstellung gemäß § 29 III NPOG und in § 66 I NPOG für die bei der Ersatzvornahme entstandenen Kosten. Als weitere Rechtsgrundlage für die Erhebung von Polizeikosten ist das Niedersächsische Verwaltungskostengesetz zu nennen (NdsVwKostG)[26]. Die Höhe der Gebühren und Auslagen ist gemäß § 3 NdsVwKostG in der Allgemeinen Gebührenordnung des Landes geregelt (NdsAllGO)[27]. Gemäß § 1 I NdsAllGO sind die Gebühren nach dem Kostentarif in der Anlage zu § 1 NdsAllGO zu erheben. Polizeiliche Maßnahmen sind ab der dortigen Nr. 108 aufgeführt. Weiterhin ist die Nr. 26 von Bedeutung. Diese regelt die Gebühr bei der Durchsetzung von Handlungen, Duldungen und Unterlassungen nach dem Niedersächsischen Verwaltungsvollstreckungsgesetz (NdsVwVG) in Verbindung mit dem NPOG. Hier sind die Gebühren für die Ersatzvornahme und die Anwendung unmittelbaren Zwanges aufgelistet.

*j)* In **Nordrhein-Westfalen** können aufgrund des Polizeigesetzes des Landes (PolG NRW) Kosten für die Maßnahmen der Sicherstellung und der Ersatzvornahme erhoben werden. Da diese betreffenden Ermächtigungsgrundlagen keine genauen Regelungen zu den Gebühren und weiteren polizeilichen Maßnahmen im Zusammenhang mit der Kostenerhebung enthalten, ist darüber hinaus noch das Gebührengesetz für das Land Nordrhein-Westfalen heranzuziehen (GebG NRW). Aufgrund der Verordnungsermächtigung in den §§ 2, 6 PolG NRW ist die Allgemeine Verwaltungsgebührenordnung des Landes erlassen worden (AVerwGebO NRW)[28]; in der Anlage zu § 1 AVerwGebO NRW sind die Gebührentatbestände für Polizeikosten enthalten. Für die polizeiliche Zwangsanwendung können gemäß § 77 I VwVG NRW Kosten nach der Verordnung zur Ausführung des Verwaltungsvollstreckungsgesetzes erhoben werden (VO VwVG NRW)[29].

*k)* In **Rheinland-Pfalz** ist das Polizei- und Ordnungsbehördengesetz (RlpPOG) das einschlägige Gesetz für polizeiliche Maßnahmen. Bei zwei Maßnahmen besteht danach die Möglichkeit, Polizeikosten zu erheben, nämlich nach § 6 II RlpPOG bei der unmittelbaren Ausführung und nach § 25 III RlpPOG bei der Sicherstellung. Eine bedeutendere Rolle bei der Erhebung von Polizeikosten nimmt

25 GVOBl. M-V 2002, 726.
26 NdsGVBl. 2007, 172.
27 NdsGVBl. 2011, 296.
28 GV. NRW 2001, 262.
29 GV. NRW 2009, 787.

das Landesgebührengesetz Rheinland-Pfalz (RlpLGebG) ein. Der Anwendungsbereich dieses Gesetzes umfasst alle öffentlich-rechtlichen Verwaltungstätigkeiten. Gemäß § 2 I RlpLGebG werden Gebühren erhoben, wenn Amtshandlungen zum Vorteil von jemandem vorgenommen werden oder wenn das Verhalten Einzelner das amtliche Einschreiten erforderlich macht. Die Höhe der Gebühren ist bestimmt im Gebührenverzeichnis. Es handelt sich dabei um die Landesverordnung über die Gebühren für Amtshandlungen allgemeiner Art (RlpAllGebVZ)[30], welche die Gebühren für allgemeine Verwaltungstätigkeiten definiert. Daneben gibt es noch die Landesverordnung über die Gebühren der allgemeinen und inneren Verwaltung einschließlich der Polizeiverwaltung (RlpBesGebVZ)[31]. Diese beinhaltet ab der Nr. 14 die Gebührenregelung für Maßnahmen der Polizeibehörden. Im Rahmen der Maßnahmen im Zwangsrecht ist auch das Verwaltungsvollstreckungsgesetz des Landes (RlpLVwVG) anzuwenden. Gemäß § 85 RlpLVwVG und § 57 I RlpPOG können für einige Zwangsanwendungen Kosten erhoben werden. Die Regelungen finden dazu sich in der Kostenordnung zum Landesverwaltungsvollstreckungsgesetz (RlpLVwVGKostO).

*l)* Im **Saarland** bildet die Rechtsgrundlage für die Erhebung von Polizeikosten die Saarländische Polizeikostenverordnung (SaarlPolKV)[32]. Dieses Regelungswerk wurde durch das saarländische Ministerium für Inneres, Familie, Frauen und Sport im Einvernehmen mit dem Saarländischen Ministerium der Finanzen erlassen. Gesetzlich beruht die SaarlPolKV auf § 90 des Saarländischen Polizeigesetzes (SaarlPolG) sowie ergänzend auf § 5 II des Gesetzes über die Erhebung von Verwaltungs- und Benutzungsgebühren im Saarland (SaarlGebG). Somit konnte eine Polizeikostenregelung erlassen werden, die sich speziell nur mit polizeilichen Maßnahmen auseinandersetzt und die für sich in Anspruch nehmen kann, sehr übersichtlich zu sein. In den §§ 1, 2 SaarlPolKV sind die Gebühren für Amtshandlungen der Polizei festgelegt.

*m)* In **Sachsen** ist als Rechtsgrundlage für polizeiliche Maßnahmen das Sächsische Polizeivollzugsdienstgesetz (SächsPVDG) einschlägig. Das SächsPVDG regelt die Ermächtigung zum Erheben von Polizeikosten nur in einigen Spezialfällen, wie z. B. im § 31 SächsPVDG für die Kosten der Sicherstellung, Verwahrung und Notveräußerung von Sachen. Neben dem SächsPVDG ist das Verwaltungskostengesetz des Freistaates Sachsen (SächsVwKG) für die polizeiliche Kostenerhebung von Bedeutung. Aufgrund von § 6 II 1 SächsVwKG wurde die Neunte Verordnung des Sächsischen Staatsministeriums der Finanzen über die Bestimmungen der Verwaltungsgebühren und Auslagen erlassen, auch kurz „Neuntes

30 RlpGVBl. 2007, 277.
31 RlpGVBl. 2002, 38.
32 SaarlAmtsbl. 2006, 1809.

Sächsisches Kostenverzeichnis“ genannt (9. SächsKVZ)[33]. In der Anlage 1 zu § 1 9. SächsKVZ sind unter der Nr. 75 diejenigen Maßnahmen der Polizei aufgeführt, für welche Gebühren erhoben werden können. Da die Ersatzvornahme im SächsPVDG nicht geregelt ist, ist für diese das Sächsische Verwaltungsvollstreckungsgesetz (SächsVwVG) anzuwenden.

*n)* In **Sachsen-Anhalt** findet sich im Gesetz über die öffentliche Sicherheit und Ordnung des Landes Sachsen-Anhalt (SOG LSA) zur Frage der Erhebung von Polizeikosten nur der § 48 III SOG LSA, welcher die Kosten für die Sicherstellung regelt. Der neunte Teil des SOG LSA (enthalten in den §§ 103–106) spricht zwar das Thema Kosten an, regelt jedoch nur den Träger der Kosten. Dieser ist gemäß § 103 I SOG LSA die Körperschaft, deren Behörde zuständig ist. Konkrete einzelne Kosten- bzw. Gebührentatbestände sind hier nicht enthalten. Einschlägig für die Erhebung von Polizeikosten ist deshalb die Allgemeine Gebührenordnung des Landes Sachsen-Anhalt (AllGO LSA)[34], die aufgrund von § 3 VwKostG LSA erlassen wurde. In der durch den sächsisch-anhaltinischen Finanzminister erlassenen AllGO LSA ist die Erhebung von Gebühren und Pauschbeträgen für Amtshandlungen der gesamten Landesverwaltung geregelt. Im Kostentarif, enthalten in der Anlage zu § 1 der AllGO LSA, sind unter der Nr. 76 die Gebührentatbestände für Maßnahmen nach dem SOG LSA aufgelistet. Hier finden sich auch Maßnahmen des unmittelbaren Zwanges. Die in Sachsen-Anhalt geltende Verordnung über die Kosten im Verwaltungszwangsverfahren (VwVKostVO LSA) mit ihren Regelungen zu Mahn-, Pfändungs-, Wegnahme- und Verwertungsgebühren ist für die Polizei nicht einschlägig.

*o)* In **Schleswig-Holstein** ist im Allgemeinen Verwaltungsgesetz für das Land Schleswig-Holstein (LVwG SH) der Bereich der öffentlichen Sicherheit in Abschnitt III geregelt, d. h. beginnend mit § 162 des eben genannten Gesetzes. Befugnisnormen für Maßnahmen zur Aufrechterhaltung der öffentlichen Sicherheit und Ordnung sind ab § 173 LVwG SH vorhanden. Diese gelten jedoch nicht nur für die Polizeibehörden des Landes, sondern auch für die Ordnungsbehörden. Eine spezielle Kostenregelung enthält § 238 II LVwG SH für die Ersatzvornahme. Die §§ 249 III, 227a LVwG SH sowie § 2 des Verwaltungskostengesetzes des Landes Schleswig-Holstein (ShVwKostG) ermächtigen die Landesregierung zum Erlass einer Landesverordnung über Verwaltungsgebühren. Von dieser Ermächtigung hat die Landesregierung Gebrauch gemacht und die ShVwGebV[35] erlassen. In der Anlage zu § 1 ShVwGebV sind Gebührentatbestände für polizeiliche Angelegenheiten aufgeführt. Für Maßnahmen der Verwaltungsvollstreckung und des unmittel-

33 SächsGVBl. 2011, 410.
34 GVBl. LSA 2004, 554; 2011, 572.
35 GVOBl. SH 2008, 383; 2011, 307.

baren Zwanges ist die Landesverordnung über die Kosten im Vollzugs- und Vollstreckungsverfahren (ShVVKVO)[36] maßgeblich. Diese Rechtsverordnung wurde vom schleswig-holsteinischen Innenministerium aufgrund der §§ 249, 322 II ShLVwG erlassen.

*p)* In **Thüringen** können Polizeikosten gemäß § 75 I des Thüringer Gesetzes über die Aufgaben und Befugnisse der Polizei (ThürPAG) erhoben werden, wenn das ThürPAG dies vorsieht. Dies ist u. a. in § 53 II ThürPAG der Fall, und zwar für die Kosten einer Ersatzvornahme. § 75 II 1 ThürPAG enthält zudem eine Ermächtigung zum Erlass einer Rechtsverordnung für die Erhebung von Polizeikosten und zur pauschalen Abgeltung von Auslagen. Von dieser Ermächtigungsgrundlage hat das Thüringer Innenministerium Gebrauch gemacht und die Thüringer Polizeikostenverordnung (ThürPolKostV)[37] erlassen. Gemäß § 1 Satz 2 ThürPolKostV findet zusätzlich die Thüringer Allgemeine Verwaltungskostenordnung Anwendung (ThürAllgVwKostO)[38]. Diese wurde aufgrund des Thüringer Verwaltungskostengesetzes (ThürVwKostG) erlassen. Daneben wurde die Thüringer Verwaltungskostenordnung für die Verwahrung von Sachen und Tieren durch die Polizei geschaffen (ThürVwKostOVSTPol)[39].

## 1.3 Polizeikosten im Zusammenhang mit Fußballspielen

Der Stadtstaat Bremen verfügt aufgrund des § 4 IV BremGebBeitrG über die Möglichkeit, Polizeikosten auch für Begleitungen oder andere Sicherungsmaßnahmen im Zusammenhang mit Fußballspielen zu erheben. Die eben genannte Vorschrift lautet wörtlich:

> *„Eine Gebühr wird von Veranstaltern oder Veranstalterinnen erhoben, die eine gewinnorientierte Veranstaltung durchführen, an der voraussichtlich mehr als 5000 Personen zeitgleich teilnehmen werden, wenn wegen erfahrungsgemäß zu erwartender Gewalthandlungen vor, während oder nach der Veranstaltung am Veranstaltungsort, an den Zugangs- oder Abgangswegen oder sonst im räumlichen Umfeld der Einsatz von zusätzlichen Polizeikräften vorhersehbar erforderlich wird. Die Gebühr ist nach dem Mehraufwand zu berechnen, der aufgrund der zusätzlichen Bereitstellung von Polizeikräften entsteht. Der Veranstalter oder die Veranstalterin ist vor der Veranstaltung über die voraussichtliche Gebührenpflicht zu unterrichten. Die Gebühr kann nach den tatsächlichen Mehrkosten oder als Pauschalgebühr berechnet werden.“*

36 GVOBl. SH 2007, 443; 2008, 506.
37 ThürGVBl. 2001, 465; 2002, 497.
38 ThürGVBl. 2001, 456; 2011, 145.
39 ThürGVBl. 2000, 3; 2002, 498.

Auf dieser Rechtsgrundlage hat die bremische Polizei die Polizeikosten für ein Fußballspiel am 19.4.2015 im Bremer Weserstadion in einem Gebührenbescheid geltend gemacht, und zwar in einer Höhe von immerhin 425718,11 Euro, wobei dieser Betrag später im gerichtlichen Berufungsverfahren auf 415000,00 Euro ermäßigt wurde. Damit wurde im Bereich des Kostenrechts ein neuartiger Präzedenzfall geschaffen, der – erwartungsgemäß – umgehend zu einer gerichtlichen Auseinandersetzung führte. Das im Berufungsverfahren zuständige OVG Bremen[40] hat – anders als das VG in erster Instanz – entschieden, dass der gegen die Deutsche Fußball Liga GmbH ergangene Gebührenbescheid der Bremer Polizei vom 18.8.2015 formell und materiell rechtmäßig ergangen ist. Das OVG Bremen bestätigte dabei auch die Verfassungsmäßigkeit der Rechtsgrundlage für die Erhebung der geltend gemachten Polizeikosten in Gestalt des eben zitierten § 4 IV BremGebBeitrG:

Die Erhebung einer Gebühr für den Einsatz zusätzlicher Polizeikräfte bei einem Fußballspiel knüpfe zulässigerweise an die besondere Verantwortlichkeit der Deutschen Fußball Liga an. Als Veranstalterin ziehe sie einen wirtschaftlichen Nutzen aus der Veranstaltung, an deren störungsfreien Durchführung sie ein besonderes Interesse habe. Die Größe der Veranstaltung und hohe Zuschauerzahlen erhöhten die Attraktivität von Veranstaltungen und seien auch bewusst darauf angelegt. Zudem bergen **Großveranstaltungen** per se ein erhöhtes Gefahrenpotential in sich. Und schließlich stehe der Veranstalter der verursachten Gefahr näher als die Allgemeinheit, wenn sich dasjenige Gefahrenpotential realisiere, welches eine Großveranstaltung üblicherweise und absehbar in sich berge. Zudem verneint das OVG, dass es sich bei § 4 IV BremGebBeitrG um ein nach Art. 19 I 1 GG verbotenes Einzelfallgesetz handele. Die Vorschrift betreffe nämlich nach ihrem Wortlaut nicht nur Fußball-Bundesligaspiele, sondern auch andere Großveranstaltungen. Sie genüge ferner dem aus Art. 20 III GG abzuleitenden Bestimmtheitsgebot. Ihr konkreter Inhalt, insbesondere die Bedeutung der vielfach verwendeten unbestimmten Rechtsbegriffe (wie „Gewalthandlungen“, „zusätzlich“, „Zu- und Abgangswege“, „räumliches Umfeld“ etc.), sei mit den üblichen Auslegungsregeln zu ermitteln. Damit könnten die von der Vorschrift Betroffenen die Rechtslage erkennen und ihr Verhalten daran ausrichten. Das gelte auch im Hinblick auf die Gebührenhöhe, die im Voraus nicht zu beziffern sei, weil sie maßgeblich von der Zahl der notwendigerweise eingesetzten Polizeivollzugskräfte abhänge. Die insoweit zu treffende Prognose der Polizei unterliege der nachträglichen gerichtlichen Kontrolle. Schließlich hat das Gericht auch denkbare Verstöße gegen die

---

40 OVG Bremen, Urt. vom 1.2.2018 – 2 LC 139/17 –, NVwZ 2018 S. 913.

Eigentumsfreiheit nach Art. 14 I 1 GG, gegen die Berufsfreiheit nach Art. 12 I 1 GG und gegen den Gleichheitssatz aus Art. 3 I GG im Ergebnis verneint.

Die Revision zum Bundesverwaltungsgericht gegen diese Entscheidung wurde vom OVG zugelassen und ist später seitens der Klägerin auch eingelegt worden. Das Bundesverwaltungsgericht hat zunächst eine Zwischenentscheidung[41] getroffen und durch diese den Rechtsstreit wegen teilweise unzureichender Sachaufklärung an das OVG Bremen zur erneuten Verhandlung und Entscheidung zurückverwiesen. Das BVerwG stellte fest, dass es die besondere Rechtfertigung für Fußballeinsatzgebühren in dem erheblichen Mehraufwand für die Polizei gerade aus Anlass einer **kommerziellen Hochrisiko-Veranstaltung** sehe[42]. Dieser zusätzliche polizeiliche Aufwand dürfe dem Veranstalter zugerechnet werden, denn dieser sei für den reibungslosen Ablauf der Veranstaltung **auf die zusätzliche Polizeipräsenz angewiesen**. Der Veranstalter werde nicht etwa als Veranlasser einer Störung der öffentlichen Sicherheit in Anspruch genommen, sondern vielmehr als **Nutznießer einer besonders aufwendigen polizeilichen Sicherheitsvorsorge**. Unsicherheiten hinsichtlich der Gebührenhöhe für Fußballeinsätze sah das BVerwG nicht, da sowohl Polizei und Veranstalter über einschlägige Erfahrungen verfügen und die Polizei den betriebenen Aufwand nachträglich rechtfertigen müsse. Zudem sei die Gebühr angesichts des zu erwartenden Gewinns aus der Veranstaltung auch verhältnismäßig. Da der Gesetzgeber ausschließlich an gewinnorientierte Veranstaltungen anknüpfe, stehe die Gebühr regelmäßig in einer angemessenen Relation zu dem wirtschaftlichen Ergebnis, das der Veranstalter auch dank des verstärkten Polizeieinsatzes erzielen kann. Weiteren Klärungsbedarf sah das BVerwG noch, ob und inwieweit bestimmte Einzelkosten, insbesondere für die nicht unerhebliche Zahl polizeilicher Ingewahrsamnahmen anlässlich des fraglichen Fußballspiels, vorrangig gegenüber einzelnen Störern geltend zu machen waren. Daher hat das BVerwG das Urteil des OVG aufgehoben und zurückverwiesen.

Mit Beschluss vom 21.12.2021 entschied das Bundesverwaltungsgericht[43] ein zweites Mal. Es bestätigte abermals die bis dato bereits festgestellte Verfassungsmäßigkeit der Gebührenerhebung für Polizeieinsätze bei *„Hochrisiko-Fußballspielen"*. Zudem stellte das Gericht fest, dass Polizeikosten, die bereits bei einzelnen Störern geltend gemacht wurden, im Wege einer verbotenen *„Doppelabrechnung"* nicht noch einmal beim Veranstalter wegen der gesamtschuldnerischen Haftung in Rechnung gestellt werden können. Hierbei handelte es sich allerdings um eine rein deklaratorische Feststellung, da das Land Bremen nach zwischenzeit-

41 BVerwG, Urt. vom 29.3.2019 – 9 C 4.18 –.

42 S. dazu grds. *Weill*, NVwZ 2018 S. 846 ff. und *Böhm*, NJW 2015 S. 3000 ff.

43 BVerwG, Beschl. vom 21.12.2021 – 9 B 6/21 –.

lichem Rechtsstreit vor dem OVG Bremen[44] all diejenigen Kosten, die bei einzelnen Störern geltend gemacht wurden, in vollem Umfang in Abzug gebracht hatte. Es handelte sich hauptsächlich um Transportkosten von 89 gebührenpflichtigen Ingewahrsamnahmen polizeilicher Störer.

Die Gebührenforderung, die Gegenstand des angegriffenen Urteils war, enthielt somit nur noch denjenigen Mehraufwand i. S. d. § 4 IV BremGebBeitrG, der nicht gegenüber den polizeilichen Störern mittels Verwaltungsgebühr abgerechnet werden konnte. Die Gebührenhöhe belief sich daher von den ursprünglich geforderten 425000 Euro nur noch auf 385906,95 Euro. Eine Doppelabrechnung war demnach ausgeschlossen.

Weiterhin hielt es das Gericht für denkbar, die einzelnen konkurrierenden Gebührentatbestände im Wege einer verfassungskonformen Auslegung derart anzuwenden, dass es vor- und nachrangige Tatbestände geben könne, die die Anwendbarkeit des jeweils anderen ausschlössen. Eine solche Konkurrenzentscheidung sei Aufgabe des Gerichts.

Mittlerweile hat die Deutsche Fußball Liga GmbH **Verfassungsbeschwerde beim BVerfG** gegen die Entscheidungen des BVerwG und des OVG Bremen eingereicht[45]. Am 25.4.2024 fand die mündliche Verhandlung statt. Nach Auffassung der BRAK im Rahmen des Stellungnahmeverfahrens im Rahmen der o. g. Verfassungsbeschwerde seien die Gebühren verfassungsrechtlich nicht zu beanstanden.[46]

Bereits am 6.10.2021 fasste die Präsidentenkonferenz der Rechnungshöfe des Bundes und der Länder den Beschluss, in allen Bundesländern eine vergleichbare Polizeikostenregelung wie in Bremen einzuführen und zu nutzen[47].

Aus dem Beschluss der Präsidentenkonferenz der Rechnungshöfe des Bundes und der Länder:

> *„Daher empfiehlt die Konferenz der Präsidentinnen und Präsidenten der Rechnungshöfe des Bundes und der Länder, diese Rechtsprechung des Bundesverwaltungsgerichts als Anlass zum Handeln zu nehmen. Im Interesse der Allgemeinheit und der Steuerzahlenden gilt es, die Möglichkeit zu nutzen, gewinnorientierte Veranstalter an den Kosten erhöhten Polizeiaufwands bei risikobehafteten Großveranstaltungen zu beteiligen. Die Länder könnten dafür eine einheitliche Gebührenregelung treffen, eine Fondslösung entwickeln oder andere Wege finden, auch um die Leistungsfähigkeit der Veranstalter angemessen zu*

44 OVG Bremen, Urt. vom 11.11.2020 – 2 LC 294/19 –.
45 BVerfG – 1 BvR 548/22 –.
46 Newsletter der BRAK vom 9.8.2023, www.brak.de, zuletzt zugegriffen am 30.8.2023.
47 Präsidentenkonferenz der Rechnungshöfe des Bundes und der Länder, www.senatspressestelle.bremen.de/pressemitteilungen.de. zuletzt zugegriffen am 30.8.2023.

*berücksichtigen. Auf die damit verbundenen Einnahmen für die öffentliche Hand sollte jedoch nicht verzichtet werden.“*

Mit Urteil vom 14. Januar 2025 entschied das BVerfG im o. g. Verfahren, dass die Bremer Polizeikostenregelung **nicht gegen das Grundgesetz verstoße** und schloss sich damit im Ergebnis der Auffassung des BVerwG an.

Aus der Pressemitteilung des BVerfG zur Entscheidung heißt es u. a.:

> *„Der Legitimität des mit § 4 Abs. 4 BremGebBeitrG verfolgten Ziels steht kein verfassungsrechtlich verbürgtes generelles Gebührenerhebungsverbot im Polizeirecht entgegen. Die Verfassung kennt keinen allgemeinen Grundsatz, nach dem die polizeiliche Sicherheitsvorsorge durchgängig kostenfrei zur Verfügung gestellt werden muss. Die Gefahrenvorsorge ist keine allgemeine staatliche Tätigkeit, die zwingend ausschließlich aus dem Steueraufkommen zu finanzieren ist.“*

und weiter:

> *„Indem sie eine Veranstaltung durchführen, bei der erfahrungsgemäß Gewalthandlungen in erheblichem Maße zu erwarten sind (Hochrisikoveranstaltung), veranlassen die Veranstalterinnen und Veranstalter eine deutlich gesteigerte staatliche Sicherheitsvorsorge, nehmen damit begrenzte öffentliche Ressourcen in deutlich übermäßigem Umfang in Anspruch und begründen so ein Näheverhältnis zu der erbrachten staatlichen Leistung, welche ohne die Hochrisikoveranstaltung nicht notwendig wäre.* […]
>
> *Die besondere Nähe zu der kostenverursachenden Bereitstellung zusätzlicher Polizeikräfte ist weiter auch deshalb gegeben, weil die Durchführung einer Hochrisikoveranstaltung eine besondere Gefahrträchtigkeit in sich birgt und dadurch übermäßig die begrenzten öffentlichen Ressourcen bindet. Insbesondere bei Hochrisikofußballspielen ist die Bereitstellung zusätzlicher Polizeikräfte wegen der besonderen Gefahrträchtigkeit plausibel und wird durch langjährige Erfahrungen gestützt.* […]
>
> *Die Veranstalterinnen und Veranstalter sind objektiv, ohne es beantragt oder ausdrücklich erwünscht zu haben, Nutznießerinnen und Nutznießer dieser Bereitstellung von Polizeikräften. Die hierdurch ermöglichte Risikominimierung kommt ihnen zugute, weil sie ohne diese ihre Veranstaltung nicht oder zumindest nicht in der gewählten Form ausrichten könnten.“*

Die Entscheidung ist für die Bundespolizei vor allem deswegen von zentraler Bedeutung, weil sie sich intensiv mit der **kostenrechtlichen Zurechnung eines Polizeieinsatzes** auseinandersetzt, der durch den Kostenschuldner gerade nicht gewollt oder schon gar nicht beantragt, jedoch mittelbar veranlasst wurde. Die Masse der für die Bundespolizei relevanten Gebührenziffern im GAV der BMIBGebV basieren auf diesem als **Veranlasserprinzip** bezeichneten Grundsatz der individuellen Zurechenbarkeit.[48]

Das kostenrechtliche Veranlasserprinzip geht, dem BVerfG zufolge, über die Adressatenregelungen der polizeirechtlichen Primärebene hinaus. In der Urteilsbegründung heißt es:

> *„Entgegen einer in der Literatur vertretenen Ansicht kennt das Grundgesetz keinen Grundsatz, der es geböte, Polizeikosten nur Störerinnen und Störern oder solchen Personen aufzuerlegen, die nach den Vorschriften des Polizeigesetzes anstelle der Störerinnen und Störer in Anspruch genommen werden können oder die sich rechtswidrig verhalten.“*[49]

Für die tägliche Praxis der Polizeikostenerhebung in der Bundespolizei trifft das Gericht anschließend, vmtl. ohne es zu wissen und in Bezug auf die Bundespolizei beabsichtigt zu haben, eine noch **richtungsweisendere, bemerkenswerte Feststellung**:

> *„Die individuelle Zurechenbarkeit einer Leistung, etwa wegen einer konkreten Veranlassung, setzt nicht die Rechtswidrigkeit der Veranlassung voraus. Die Polizeipflichtigkeit beziehungsweise Rechtmäßigkeit eines Verhaltens einerseits und die Kostenpflichtigkeit eines Verhaltens andererseits betreffen unterschiedliche Fragestellungen. Der fehlende Zwang eines Gleichlaufs von polizeirechtlicher Verantwortlichkeit (oder Verhaltensgeboten und -verboten) und gebührenrechtlicher Lastenpflicht folgt schon aus den unterschiedlichen Zwecken, die mit dem jeweiligen Instrument verfolgt werden, sowie aus den unterschiedlichen Belastungen für die Betroffenen, die unterschiedliche grundrechtliche Abwägungsentscheidungen nach sich ziehen.“*

Mehrere Tatbestände des GAV der BMIBGebV basieren auf diesem kostenrechtlichen Veranlasser- und sogar Zweckveranlassungsprinzip. Insbesondere dann, wenn die Bundespolizei aufsichtspflichtigen Personen Einsatzkosten wegen einer Gewahrsamnahme eines Minderjährigen (Ziffer 8 des GAV) oder wegen des Aufgriffs einer vermissten, unter Aufsicht stehenden Person (Ziffer 1.1.7 des GAV) in Rechnung stellen möchte, reagieren diese regelmäßig mit gewisser Irritation und Unverständnis. Oftmals führen Jugendhilfe- oder andere Betreuungseinrichtungen im Rahmen der Widerspruchs- und Klageverfahren an, dass sie selbst ja nicht die polizeilichen Maßnahmen verursacht hätten und die Störer im polizeili-

48 Vgl. hierzu vertiefend Kapitel 1.1.1 und 2.5.
49 BVerfG, Urt. vom 14.1.2025 – 1 BvR 248/22 –, Rdnr. 100.

chen Sinne vielmehr die bei ihnen untergebrachten Minderjährigen oder dementen Betagten selbst seien. Darüber hinaus würde das BPolG in seiner Adressatenregelung gem. § 17 II BPolG ausschließlich aufsichtspflichtige natürliche Personen als hilfsweise Verhaltensstörer vorsehen und eben keine Betreuungseinrichtungen. Zudem wird regelmäßig das Argument ins Feld geführt, dass die Einrichtungen selbst ja keine rechtlich zulässigen Mittel hätten, den Untergebrachten die Freiheit zu entziehen und diese zwangsweise am Verlassen der Einrichtung zu hindern. Sie hätten vielmehr rechtmäßig gehandelt und dürften deswegen nicht als veranlassende Kostenschuldner herangezogen werden.

All diese Argumente **widerlegt das BVerfG** in seiner Entscheidung auf klare und nachvollziehbare Weise und klärt hierdurch neben der eigentlichen Kernfrage auch eine der wichtigsten Fragestellungen im Bundespolizeikostenrecht gewissermaßen en passant. Um als Kostenschuldner für Polizeikosten herangezogen werden zu können, genügt ausschließlich eine **gewisse verantwortliche Nähe** zur polizeilichen Maßnahme. Der Status eines polizeilichen Störers im Sinne der Polizeigesetze ist nicht erforderlich und ebenfalls kein rechtwidriges Verhalten.

Im Polizeikostenrecht der Bundespolizei findet sich **derzeit keine der zitierten Bremer Vorschrift vergleichbare Rechtsgrundlage** zur Erhebung von Polizeikosten gegenüber Vereinen, wenn diese in der Rolle als Veranstalter von Großereignissen in Erscheinung treten. Allerdings können ggf. einzelne Fußballfans als natürliche Personen in ihrer Eigenschaft als Gefahrenverursacher zur Kostentragung nach Maßgabe der BMIBGebV herangezogen werden.

# 2. Bundespolizeikostenrecht – Allgemeiner Teil

Für die Bundespolizei hat sich mit Inkrafttreten der Besonderen Gebührenverordnung des Bundesministeriums des Innern, für Bau und Heimat (BMIBGebV) eine völlig neue Rechtsmaterie eröffnet. Zwar wurden bis dato bereits Kosten auf Basis unterschiedlicher Rechtsgrundlagen erhoben und in Rechnung gestellt. Eine einheitliche und umfassende Gebührenerhebung für präventivpolizeiliche Maßnahmen, wie sie bei der Polizei aller Bundesländer bereits üblich war, fand jedoch nicht statt.

Zunächst werden im Kapitel „Bundespolizeikostenrecht – Allgemeiner Teil" bundesrechtliche Grundsätze und Grundlagen der Gebührenerhebung beleuchtet. Mit Blick auf die Erhebungs- und Festsetzungspraxis in den Dienststellen der Bundespolizei werden vor allem diejenigen Punkte beleuchtet, deren Verständnis für die tägliche Praxis von besonderer Relevanz sind.

Dieser Abschnitt dient insofern als **Kommentierung der allgemeinen Vorschriften der §§ 1–5 der BMIBGebV** unter Berücksichtigung der korrespondierenden Vorschrift des BGebG und der AGebV. Aus Gründen der besseren Lesbarkeit und Übersichtlichkeit wurden die jeweiligen Themen neu gruppiert und thematisch gebündelt.

Anschließend erfolgt im Teil 3 „Bundespolizeikostenrecht – Besonderer Teil" eine umfassende Kommentierung aller für die Bundespolizei relevanten Tatbestände des Gebühren- und Auslagenverzeichnisses (GAV) der BMIBGebV.

## 2.1 Bisherige Entwicklung des Bundespolizeikostenrechts

Mit dem endgültigen Inkrafttreten des Gesetzes zur Einbeziehung der Bundespolizei in den Anwendungsbereich des Bundesgebührengesetzes vom 10.3.2017[50] wurde für die Bundespolizei die Möglichkeit geschaffen, nach Maßgabe des BGebG sowie der AGebV Gebühren für individuell zurechenbare Sicherheitsleistungen in allen Bereichen ihrer präventiven polizeilichen Tätigkeit festzulegen und zu erheben. Das genannte Gesetz normierte auch die erforderlichen Begleitregelungen zur Erhebung von Polizeikosten durch die Bundespolizei, indem es die Aufhebung der bisherigen Kostenregelungen für die Bundespolizei in den §§ 19 II, 50 III BPolG a. F. mit Wirkung zum 1.10.2019 bestimmte. Diese aufgehobenen Altregelungen sind seit dem genannten Datum durch die Regelungen in der BMIBGebV abgelöst worden.

50 BGBl. I 2017, 417.

Die Besondere Gebührenverordnung des Bundesministeriums des Innern, für Bau und Heimat (Besondere Gebührenverordnung BMI – BMIBGebV) ist am 31.7.2019 vom Bundeskabinett beschlossen und am 2.9.2019 als Rechtsverordnung des Bundes formell erlassen worden. Am 5.9.2019 wurde sie öffentlich bekannt gemacht[51]. Die Verordnung trat bereits wenige Wochen später in Kraft, nämlich am 1.10.2019. Sie findet ihre Rechtsgrundlage in § 22 des am 15.8.2013 in Kraft getretenen Bundesgebührengesetzes (BGebG)[52].

Mit der „Verordnung zur Änderung gebührenrechtlicher Regelungen der Allgemeinen Gebührenverordnung und der Besonderen Gebührenverordnung BMI" vom 11.2.2021[53] wurde die BMIBGebV erstmalig geändert. Im Wesentlichen betraf die Änderung die Abkehr von der dynamischen hin zu einer statischen Verweisung auf die pauschalen Stundensätze von Beamten der BPOL aus der Allgemeinen Gebührenverordnung.

Mit der „Ersten Verordnung zur Änderung der Besonderen Gebührenverordnung BMI" vom 10.9.2021[54] erfolgte bereits sieben Monate darauf die zweite (nunmehr ausschließliche) Änderung der BMIBGebV. Im Wesentlichen änderte sich das Datum der statischen Verweisung in § 3 BMIBGebV auf die AGebV sowie die Festkostensätze aller Tatbestände des GAV mit Festgebühren. Dies hatte erhebliche Auswirkungen auf die elektronische Sachbearbeitung bei den Dienststellen der BPOL. Siehe hierzu vertiefend Kapitel 2.8.1.1 zu § 3 BMIBGebV.

## 2.2 Verfassungsrechtliche Zulässigkeit der Erhebung von Polizeikosten für die Bundespolizei

Die Gebührenpflicht von öffentlichen Leistungen der Bundespolizei begegnet keinen grundsätzlichen Bedenken.[55] Das Bundesverfassungsgericht[56] hat bereits 1998 klargestellt, dass es keinen staatlichen Aufgabenbereich gibt, in dem eine Gebührenfinanzierung von vornherein ausscheidet.

Das Bundesverfassungsgericht führt in dem o. g. Beschluss wörtlich aus:

> „[…] *Vielmehr hat auch hier der Gebührengesetzgeber einen weiten Entscheidungs- und Gestaltungsspielraum, welche individuell zurechenbaren öffentlichen Leistungen er einer Gebührenpflicht unterwerfen will (vgl.*

51 BGBl. I 2019, 1359.

52 BGBl. I 2013, 3154.

53 BGBl. I 2021, 204.

54 BGBl. I 2021, 44.

55 *Prömper/Stein*, Bundesgebührengesetz, Kommentar, München 2019, zu § 2, Exkurs Bundespolizei, Rdnr. 18.

56 BVerfG, Beschl. vom 11.8.1998 – 1 BvR 1270/94 –, Rdnr. 1–25.

> *BVerfGE 50, 217 (226); 91, 207 (223)). Dieser Gestaltungsspielraum wird auch nicht durch die Schutzpflicht des Staates für das Leben und die körperliche Unversehrtheit seiner Bürger eingeschränkt. Denn diese Schutzpflicht kann primär nur Handlungspflichten der staatlichen Organe im Bereich der Gefahrenabwehr begründen, nicht aber die Frage der Refinanzierung des damit verbundenen Verwaltungsaufwandes determinieren.* "[57]

Es bleibe demnach dem Gesetz- und Verordnungsgeber überlassen, in den Grenzen und orientiert am Prinzip des **Lastenausgleichs und auf Basis der individuellen Zurechenbarkeit**, einzelne polizeirechtliche Einsätze und Befugnisse als gebührenpflichtig zu definieren.

Überträgt man diesen – im Kontext der Luftsicherheitsgebühren verfassten – Gedanken auf polizeiliche Einsätze und die Rolle der Polizei zum Schutz und zur Wahrung der Grundrechte, ergeben sich jedoch gewisse **Widersprüche**.

Die Bundespolizei ist als Teil der Exekutivgewalt den Verfassungsgrundsätzen nach Art. 20 III GG verpflichtet. Als Grundvoraussetzung des Rechtsstaates gehört es zu den Pflichten seiner staatlichen Organe und insbesondere der Polizei, die öffentliche Sicherheit zu gewährleisten und im Einzelfall die Freiheitsrechte jedes Bürgers zu schützen.[58] Diese **staatliche Schutzpflicht** gehört zum Kernbereich des polizeilichen Auftrages und sollte damit ausschließlich steuerfinanziert sein.

*Buchberger* fasst diesen verfassungsmäßigen Grundsatz in einem Satz zusammen: „Die innere Sicherheit ist kein marktfähiges Gut."[59]

Polizeiliches Handeln soll diesem Gedanken nach also nicht kommerzialisierbar sein und vor allem soll die Inanspruchnahme der Polizei durch hilfsbedürftige Bürger nicht von deren Liquidität abhängen. Wendet man diese These auf den bahnpolizeilichen Aufgabenbereich der Bundespolizei an, ergibt sich bei erster Betrachtung folgender, nicht von der Hand zu weisender Widerspruch, der in der Fachliteratur gern zur **Kritik an gebührenpflichtigen Polizeieinsätzen** angeführt wird:[60]

> *An einem Großstadt-Hauptbahnhof treffen Menschen unterschiedlichster sozialer Herkunft aufeinander. Polizeiliches Einschreiten findet oftmals im Umfeld „sozial eher benachteiligter" Menschen statt, welche sich jedoch polizeiliche Einsätze in der Regel eher nicht leisten könnten, sollte diese umfangreich gebührenfinanziert sein. Am gleichen Bahnhof, im Abteil der 1. Klasse des war-*

---

57 A. a. O, Rdnr. 23.

58 Zur Schutzpflicht des Staates vgl. u. a. BVerfGE 88, 203 (251 ff.), 77, 170 (214).

59 *Buchberger* in Lisken/Denninger L, Rdnr. 106.

60 So u. a. *Buchberger* in Lisken/Denninger L, Rdnr. 106; *Birk/Eckhoff* in Sacksofsky/Wieland, Vom Steuerstaat zum Gebührenstaat, 2000, 183.

*tenden ICE befinden sich mit hoher Wahrscheinlichkeit zahlreiche Reisende, die sich entsprechende Einsätze zwar leisten könnten, erfahrungsgemäß jedoch nicht benötigen.*

Dieser vermeintliche Widerspruch überspitzt das Polizeikostenrecht jedoch deutlich und muss bezugnehmend auf die Kostenerhebung der Bundespolizei sehr differenziert anhand der Kostentatbestände betrachtet werden.

Zuzustimmen ist dem Grundgedanken dahingehend, dass das staatliche Gewaltmonopol und als Ausfluss dessen der **polizeiliche Kernauftrag** zum Schutz und zur Durchsetzung der Grundrechte keiner Monetisierung zugänglich sein soll. Dies erwächst aus der Rechtsstaatsverantwortung und verfassungsmäßigen Pflicht des Staates. Die Primärebene der Polizeikosten muss demzufolge steuerfinanziert bleiben. Dahingehend wäre eine nahezu schrankenlose und jederzeit erweiterbare Ausdehnung der Polizeikosten unzulässig.

Diese Grenze wird von der BMIBGebV jedoch nicht erreicht. Gleichwohl können einige Gebührentatbestände des GAV der BMIBGebV, gemessen an diesem verfassungsrechtlichen Maßstab, zumindest als strittig betrachtet werden.

Zunächst bleibt festzustellen, dass nahezu alle Tatbestände der BMIBGebV an diejenigen Kostenschuldner adressiert sind, welche unnötigerweise, vielleicht sogar vorsätzlich, Polizeieinsätze verursachen. **Opfer und Geschädigte werden durch keine der kostenpflichtigen Maßnahmen und Einsätze mit Gebühren belastet**. Insoweit trifft die These, nach der man sich polizeiliche Hilfe und staatlichen Schutz leisten können müsse, zumindest auf das Polizeikostenrecht der Bundespolizei in diesem Punkt nicht zu. Einzige **Ausnahme bildet die Ziffer 4 des GAV**, nach welcher Identitätsfeststellungen zum Schutz privater Rechte kostenpflichtig sind.

Bereits im Referentenentwurf des BMI zur BMIBGebV werden Leistungen zum Schutz privater Rechte derart beschrieben, dass eine Gebührenpflicht derjenigen Personen entsteht,

*„für die im Rahmen der Aufgabenwahrnehmung nach § 1 Absatz 4 BPolG zum Schutz ihrer privaten Rechte auf Antrag eine Identitätsfeststellung nach § 23 Absatz 1 Nummer 5 BPolG durch die Bundespolizei erfolgt. In der polizeilichen Praxis kommt eine Gebührenerhebung nach dieser Vorschrift insbesondere in Fällen der Identitätsfeststellung auf Antrag von Eisenbahnverkehrsunternehmen in Betracht, um beispielsweise die Personalien von Fahrgästen ohne gültigen Fahrausweis zu erhalten.“*[61]

61 Referentenentwurf des Bundesministeriums des Innern, für Bau und Heimat; Besondere Gebührenverordnung des Bundesministeriums des Innern, für Bau und Heimat, Stand 4.3.2019.

Eine pauschale Handhabung dieser Inanspruchnahme des Antragstellers würde zweifelsohne im Widerspruch zur oben dargestellten Maxime der steuerfinanzierten staatlichen Schutzpflicht stehen. Sowohl aus diesem als auch weiterer Beweggründe verfährt die Bundespolizei in diesem Punkt sehr differenziert und nimmt **vorrangig die Verursacher** des zugrundeliegenden Sachverhalts kostenrechtlich in Anspruch.[62]

Ein weiterer Aspekt, nach dem der oben geschilderte Widerspruch nicht auf die Anwendung der BMIBGebV im Aufgabengebiet der Bundespolizei zutrifft, sind die Gebührentatbestände sowie ihre individuelle Ausgestaltung selbst. Eine differenzierte Betrachtung der einzelnen Gebührenziffern lässt den Schluss zu, dass diese zwar im Einzelfall strittig, aber doch überwiegend **mit den verfassungsrechtlichen Grenzen vereinbar** sind.

So knüpfen alle Gebührenziffern zwar an den Kernauftrag der Bundespolizei zur Gefahrenabwehr in den ihr obliegenden Aufgabenbereichen an, stellen aber ausschließlich solche Maßnahmen und Einsätze unter Gebührenpflicht, die eine **Veranlassung im individuellen Fehlverhalten oder vermeidbaren Mehraufwand** für die Bundespolizei haben. Darüber hinaus finden sich **mehrere explizite Ausnahmen** von der Gebührenerhebung, die eine übermäßige, den verfassungsmäßigen Schutzauftrag der Bundespolizei berührende Gebührenerhebung ausschließen. So ist die Gebührenerhebung für Gewahrsamnahmen ausgeschlossen, sofern die Person unverschuldet in eine hilflose Lage geraten ist. Weiterhin sind Such- und Rettungseinsätze immer dann gebührenfrei, wenn es sich um die Verhinderung eines Suizides handelte.

Unter den o. g. Gesichtspunkten können einige Gebührenziffern jedoch auch **kritisch oder zumindest strittig** betrachtet werden.

So ist nach Ziffer 7 des GAV der BMIBGebV ein Platzverweis nach § 38 BPolG in Verbindung mit einer Identitätsfeststellung nach § 23 I BPolG kostenpflichtig. Zwar erfolgt hier nach dem mutmaßlichen Willen des Verordnungsgebers eine Einschränkung der Anwendbarkeit dahingehend, dass nicht jeder Platzverweis mit einer Gebühr verknüpft wird, sondern ausschließlich diejenigen Fälle, die zusätzlich eine gefahrenabwehrende Identitätsfeststellung erfordern. Betrachtet man allerdings die tägliche polizeiliche Praxis an den Dienststellen der Bundespolizei, stellt sich die Frage, ob Platzverweise nicht vielmehr der Primärebene des Polizeirechts zuzuordnen sind. Denn schließlich gehören Platzverweise und Identitätsfeststellung einzelner Störer zu einem gewissen Kernbereich des Schutzauftrages der Bundespolizei. Die **Schwelle zu einem individuell zurechenbaren kostenpflichtigen Tätigwerden** scheint hier vor allem mit Blick auf die tägliche Praxis

62 Siehe vertiefend hierzu Kapitel 3.2.1 zum Kostentatbestand Ziffer 4.

nur geringfügig, wenn überhaupt, überschritten. Bundespolizisten werden in derlei Fällen oftmals eigeninitiativ tätig, erkennen Personen mit entsprechendem Gefahrenpotential und schreiten entsprechend ein. Eine Zurechnung dieses initiativen Einschreitens zum Störer fällt besonders deswegen schwer, weil sowohl der Platzverweis als auch die Identitätsfeststellung ausschließlich eine konkrete Gefahr voraussetzen und deswegen in besonderem Maße von der individuellen Ermessensausübung der Polizeibeamten abhängen. Anders sähe es sicherlich aus, wenn man die zwangsweise Durchsetzung eines Platzverweises mittels unmittelbaren Zwanges betrachtet. Hier veranlasst das „polizeiliche Gegenüber" (Kostenschuldner) einen über die Kernaufgabe hinausgehenden zusätzlichen Aufwand für die Bundespolizei, in dem er gerade nicht seiner Verpflichtung zum Befolgen des Platzverweises nachkommt und trotz vorheriger Androhung des Zwanges gerade in Kauf nimmt, nunmehr durch körperlichen Zwang (oder andere Zwangsmittel) einen Mehraufwand zu verursachen.

Die gleiche Frage stellt sich für die Kostenpflichtigkeit der erkennungsdienstlichen Behandlung sowie die Identitätsfeststellung zum Schutz privater Rechte.[63]

Eine entsprechende Judikatur zu derlei Gebührentatbeständen fehlt bislang, da die Bundespolizei im Abgleich mit den Kosten- und Gebührenvorschriften der Bundesländer als Einzige derartige Gebührentatbestände hat.

In der bislang ersten und einzigen Entscheidung zu Ziffer 4 GAV urteilte das **VG Köln** mit Beschluss vom 24.7.2023 über die Gewährung von Prozesskostenhilfe und zur Anordnung der aufschiebenden Wirkung des Widerspruchs.[64] Im Rahmen dieser Entscheidung stellte das Gericht fest, dass sich die angegriffene Gebührenforderung der Bundespolizeidirektion Sankt Augustin für eine Identitätsfeststellung nach Ziffer 4 GAV in Höhe von 57,85 Euro nach gebotener summarischer Prüfung als voraussichtlich rechtmäßig erwies. **Grundsätzliche Bedenken an der Zulässigkeit eines solchen Gebührentatbestandes schien das Gericht demnach nicht zu haben.**

## 2.3 Bisherige Grundlagen zur Kostenerhebung

### 2.3.1 Bahnpolizeiliche Kosten

Einige wenige Rechtsgrundlagen für die Erhebung von Polizeikosten haben im Laufe der Zeit Eingang in das heutige Bundespolizeigesetz (BPolG) gefunden. So wurde durch das Gesetz zur Sanierung des Bundeshaushalts[65] (HSanG) vom 22.12.1999 in den – bahnpolizeiliche Aufgaben betreffenden – § 3 des Gesetzes

63 Siehe vertiefend hierzu die jeweiligen Abschnitte im Teil 2 zu den Gebührenziffern.
64 VG Köln, Beschl. vom 24.7.2023 – 20 L 834/23 –.
65 HSanG vom 22.12.1999 (BGBl. I 1999, 2534).

über den Bundesgrenzschutz (BGSG) ein bis dahin nicht vorhandener Absatz 2 eingefügt. Dieser verpflichtet seitdem die durch die staatliche Erfüllung der bahnpolizeilichen Aufgaben begünstigten Verkehrsunternehmen dazu, der Bundespolizei (ursprünglich: dem Bundesgrenzschutz) für die erlangten Vorteile einen angemessenen finanziellen Ausgleich zu leisten. Dabei darf der zu leistende Ausgleichsbeitrag 50% des Gesamtaufwands der Bundespolizei nicht übersteigen. Der konkrete geltende Prozentsatz ist durch eine ergänzend zu erlassende Rechtsverordnung festzulegen.

Das Bundesministerium des Innern erließ mit der Verordnung zur Festsetzung des Ausgleichs für die Erfüllung bahnpolizeilicher Aufgaben des Bundesgrenzschutzes (BGSGAuslVO)[66] vom 6.12.2000 die im Gesetz vorgesehene Rechtsverordnung und setzte in dieser einen entsprechenden Prozentsatz fest, und zwar in einer Höhe von 20,83%. Dieser Prozentsatz sollte gemäß der Verordnung ausschließlich für die Deutsche Bahn AG gelten, ein Umstand, der dazu führen sollte, dass die Erhebung des Ausgleichsbetrags von der Deutschen Bahn AG letztlich gerichtlich nicht durchsetzbar war:

Das Bundesverwaltungsgericht[67] gab nämlich der in Anspruch genommenen und daraufhin klagenden Deutschen Bahn AG Recht und erklärte die BGSGAuslVO für rechtsfehlerhaft und damit den auf ihrer Grundlage ergangenen Leistungsbescheid für rechtswidrig. Zugleich erklärte das Gericht die in § 3 II BPolG getroffene Regelung für rechtswidrig, da nicht die Deutsche Bahn AG alleiniger Nutznießer der Sicherheitsmaßnahmen der Bundespolizei sei. Das BVerwG forderte in seiner Entscheidung eine Neuregelung, die *alle* im Bahnbereich ansässigen Unternehmen differenzierend miteinschließt. Der Erlass einer derartigen Polizeikostenregelung ist allerdings mit etlichen praktischen Schwierigkeiten behaftet; die Forderung des BVerwG erscheint deshalb kaum umsetzbar. Eine modifizierte Nachfolgeregelung, wie vom Gericht verlangt, wurde deshalb bisher noch nicht geschaffen. Die vorhandene und vom Gericht beanstandete Kostenerhebungsregelung aus § 3 II BPolG ist seitdem nicht mehr zur Anwendung gekommen.

### 2.3.2 Kosten der Sicherstellung

Ein weiterer Kostentatbestand betreffend die spezielle Konstellation einer polizeilich-präventiven Sicherstellung von Sachen fand sich in § 50 III BPolG a. F. Danach hatte der verantwortliche Störer die Kosten der Sicherstellung und Verwahrung zu tragen, wobei die Herausgabe der Sache von der Zahlung der geschuldeten Kosten abhängig gemacht werden konnte. Es durfte ggf. auch der Erlös aus der

66 BGBl. I 2000, 1683.
67 BVerwG, Urt. vom 17.5.2006 – 6 C 22/04 –.

Verwertung der sichergestellten Sache zur Kostendeckung herangezogen werden. Im Rahmen der Neuregelung des Bundeskostenrechts wurde diese gesetzliche Kostenregelung in § 50 III BPolG a. F. mit Wirkung zum 1.10.2019 aufgehoben, also zeitgleich mit dem Inkrafttreten der BMIBGebV.

### 2.3.3 Kosten der unmittelbaren Ausführung

Der § 19 II BPolG a. F. regelte bis zum Inkrafttreten der BMIBGebV am 1.10.2019 den Kostenersatz im Falle einer unmittelbaren Ausführung nach Maßgabe des § 19 I BPolG a. F. Ist danach ein Polizeipflichtiger nicht erreichbar oder ist er selbst nicht in der Lage zu handeln, so wird der Polizei durch die Rechtsfigur der unmittelbaren Ausführung ein Handlungsspielraum eingeräumt, der es ihr ermöglicht, notwendige Maßnahmen zur Gefahrenabwehr selbst vorzunehmen bzw. in geeigneten Fällen einen Dritten mit der Ausführung von Maßnahmen zu beauftragen. Es handelt sich insofern beim Rechtsinstitut der unmittelbaren Ausführung um keine eigenständige Kompetenzregelung, aus der sich die Zulässigkeit eines bestimmten Eingriffs ergeben würde. Vielmehr rechtfertigt die in § 19 I BPolG getroffene Regelung lediglich den Verzicht der Polizei auf die eigentlich übliche Inanspruchnahme des Verantwortlichen selbst. Das erklärt auch die systemische Einordnung der Vorschrift in den Kontext der sog. „Störervorschriften“: Die §§ 17–20 BPolG regeln ja bekanntlich schwerpunktmäßig die Frage, welche Personen als mögliche Adressaten einer polizeilichen Inanspruchnahme in Betracht kommen.

Als Beispiele für Maßnahmen, die im Rahmen einer unmittelbaren Ausführung ergehen, werden vielfach Schutz- und Rettungsmaßnahmen angeführt, die auf die Abwendung von solchen Gefahren abzielen, die entweder gar nicht oder jedenfalls nicht effektiv vom eigentlich polizeirechtlich Verantwortlichen abgewendet werden können. Gleichwohl ist die dogmatisch zutreffende Abgrenzung zwischen unmittelbarer Ausführung, die ein polizeiliches Eigenhandeln erlaubt, und den zumindest ähnlichen Rechtsfiguren der Ersatzvornahme in Gestalt der Selbst- oder Fremdvornahme aus dem Verwaltungsvollstreckungsrecht durchaus schwierig und in Teilen bis heute durchaus umstritten geblieben. Diese Thematik bedarf aber hier keiner weiteren Vertiefung, da es an dieser Stelle nur um kostenrechtliche Fragestellungen geht. Und aus dem spezifischen Blickwinkel des Kostenrechts leuchtet ein, dass der eigentlich für die Gefahrenbeseitigung Verantwortliche im Falle einer unmittelbaren Ausführung einen gewissen Vorteil erlangt:

Dieser Vorteil liegt darin, dass der an sich Verantwortliche die Gefahr nicht durch eigenes Handeln beseitigt hat; ihm sind also Zeitaufwand, Mühe und eigene Kosten erspart geblieben. Diese Begünstigung ist der Grund, der es als gerechtfertigt erscheinen lässt, dass der Betroffene im Nachgang (also auf der Sekundärebene) mit ggf. entstandenen Kosten belastet wird. Dies wurde durch den Gesetzgeber ausdrücklich anerkannt, indem er die in § 19 II BPolG a. F. enthaltene Regelung schuf. Diese Vorschrift lautete bis zu ihrer Aufhebung wörtlich:

> *„Entstehen der Bundespolizei durch die unmittelbare Ausführung einer Maßnahme Kosten, so sind die nach § 17 oder 18 Verantwortlichen* [ergänze: also der Verhaltens- oder der Zustandsstörer] *zum Ersatz verpflichtet. Mehrere Verantwortliche haften als Gesamtschuldner. Die Kosten können im Verwaltungsvollstreckungsverfahren beigetrieben werden."*

Weitere Regelungen, insbesondere zur Klärung der Frage, was konkret unter den Kosten einer unmittelbaren Ausführung zu verstehen sei, waren dem Bundespolizeigesetz nicht zu entnehmen. Dieser Umstand führte dazu, dass zumindest einige Gerichte im Rahmen ihrer **Rechtsprechung** zu der Auffassung gelangten, die Vorschrift des § 19 II BPolG a. F. stelle **keine ausreichende Rechtsgrundlage für die Geltendmachung von Kostenersatz** wegen unmittelbarer Ausführung dar[68]. Nach dieser strengen Betrachtungsweise sind die Kostenregelungen zur unmittelbaren Ausführung wie bspw. § 19 II BPolG a. F. zwar als gültiges Gesetzesrecht anzusehen; sie genügen jedoch allein, d. h. ohne weitere konkretisierende Kostentatbestände (wie sie z. B. in einer Polizeikostenverordnung enthalten sein können) nicht zum Erlass eines Kostenbescheids, denn die genannten Gesetzesregelungen sind isoliert zu unbestimmt. Sie können deshalb nicht als ausreichende Rechtsgrundlage für die Erhebung von Polizeikosten angesehen werden. Dazu das NdsOVG[69] wörtlich:

> *„Die Erhebung von Polizeikosten von Privatpersonen stellt einen Eingriff in Freiheit und Eigentum des Bürgers dar und* [...] *bedarf einer Ermächtigung in einem Gesetz. Diese muss nach Inhalt, Gegenstand, Zweck und Ausmaß hinreichend bestimmt sein.* [...] *Die Heranziehung* zu Polizeikosten, insbesondere bei *Großeinsätzen* [...], *stellt nämlich eine besonders bedeutsame Angelegenheit dar,* [...] *zumal dann, wenn das Recht auf* Meinungsäußerung und die Versammlungsfreiheit [...] *berührt werden."*

Durch die generelle Einbeziehung der Bundespolizei in den Anwendungsbereich des Bundesgebührengesetzes ist die isolierte Kostenregelung in § 19 II BPolG **überflüssig geworden**. Vor diesem Hintergrund erscheint die mit Wirkung zum 1.10.2019 erfolgte Aufhebung der Vorschrift konsequent. Ersatzregelungen, die auch i. S. der oben wiedergegebenen kritischen Rechtsprechung hinreichend konkret sein dürften, finden sich insbesondere im Rahmen der BMIBGebV, nämlich

68 Vgl. VG Schleswig, Urt. vom 7.10.2013 – 3 A 96/12 –, betreffend die See-Rettung eines Kite-Surfers; VG Schleswig, Urt. vom 3.7.2014 – 3 A 269/12 –, betreffend einen Castor-Transport; OVG SH, Urt. vom 3.9.2015 – 4 KB 13/14 –, ebenfalls betreffend einen Castor-Transport.

69 NdsOVG, Urt. vom 25.8.1983 – 12 A 120/81 –.

in Gestalt der Nr. 2.1 und Nr. 2.2 GAV, wobei die letztgenannte Nummer ergänzend auf die Nummern 1.21.–1.2.3 GAV verweist, welche eine Reihe von detaillierten Kostentatbeständen beschreiben.

### 2.3.4 Kostenerhebung für Zwangsmaßnahmen

Durch spezialgesetzliche Regelungen waren der Bundespolizei bereits nach früherem Recht einige Befugnisse zur Erhebung von Polizeikosten zugewiesen. Für die Frage der Kostenerhebung für Zwangsmaßnahmen waren bis zum 1.10.2019 (= Zeitpunkt des Inkrafttretens der BMIBGebV) gemäß § 19 I VwVG Kosten in Gestalt von Gebühren und Auslagen nach Maßgabe der §§ 337 I, 338–346 AO zu erheben. Für den Bereich der Anwendung von Verwaltungszwangsmaßnahmen der Bundespolizei erschienen allerdings die dort vorgegebenen Möglichkeiten der Kostenbeitreibung eher ungeeignet. Die umschriebenen Gebührenarten (Pfändungsgebühr, § 339 AO; Wegnahmegebühr, § 340 AO; Verwertungsgebühr, § 341 AO) waren **im Tätigkeitsbereich der Bundespolizei ohne jede Bedeutung**. Lediglich bei den in § 344 AO aufgezählten Auslagen konnten einzelne Kostentatbestände zur Anwendung kommen. Dabei handelte es sich hauptsächlich um Schreib-, Porto- und Telekommunikationsauslagen, die immer dann zur Anwendung kamen, wenn die Verwaltungsvollstreckung in schriftlicher Form erfolgt, also z. B. bei der Festsetzung oder Androhung von Zwangsmaßnahmen (sog. Vollstreckungskosten). Zudem konnten als Auslagen Beträge erhoben werden, die an Dritte gezahlt wurden. Eine Geltendmachung von Eigenkosten war insgesamt gesehen weder über die Gebühr noch über die Auslagen möglich, obwohl diese wohl den Großteil der Kosten ausmachen dürften. Hier sei z. B. an den Einsatz der Beamten gedacht, die die schriftliche Androhung oder Festsetzung von Zwangsmitteln vornehmen. Oder diejenigen Polizeivollzugsbeamten, die im Rahmen des unmittelbaren Zwanges tätig wurden. Im Zusammenhang mit dem unmittelbaren Zwang sei hier auf die sog. „Wegtragegebühr" hingewiesen, also die Durchsetzung der Verfügung, sich z. B. von den Bahngleisen zu entfernen. Nach dem neu eingefügten § 19 III VwVG gilt nunmehr, dass die Bundespolizei, soweit sie nach dem Verwaltungsvollstreckungsgesetz tätig wird, Gebühren und Auflagen nach Maßgabe des Bundesgebührengesetzes erhebt.

### 2.3.5 Kostenerhebung für Maßnahmen nach dem AufenthG

Durch § 71 AufenthG werden der Bundespolizei verschiedene Aufgaben auf dem Gebiet des Ausländerrechts zugewiesen. Die mit dieser Aufgabenwahrnehmung verbundenen Kosten können entsprechend der Vorgaben in Kapitel 6 des Aufenthaltsgesetzes von den Kostenschuldnern zurückgefordert werden. Die notwendigen Konkretisierungen bezüglich der Kostentatbestände, der Kostenschuldner und möglicher Kostenbefreiungen werden in der Aufenthaltsverordnung vorgenommen. Die Rechtsgrundlage für den Erlass dieser Verordnung bildet § 69 II AufenthG. Die im Zusammenhang mit ausländerrechtlichen Maßnahmen von der Bundespolizei erhobenen Kosten sind durch das Gesetz selbst und die zugehörige Verordnung hinreichend bestimmt; die einschlägigen Kostenregelungen werden in der Praxis insbesondere für die Kosten von Rückführungen nach den §§ 66 und 67 AufenthG umfänglich angewendet.

### 2.3.6 Kostenerhebung für Maßnahmen nach dem PassG

Die Vorgaben des Passgesetzes in Verbindung mit der Passverordnung und den ergänzend erlassenen Verwaltungsvorschriften zum Passgesetz erlauben es der Bundespolizei, einen sog. „Reiseausweis" als Passersatz (RAP) auszustellen. Hierfür können aufgrund des § 20 PassG i. V. m. § 15 PassV Gebühren erhoben werden.

### 2.3.7 Kostenerhebung für Maßnahmen nach dem LuftSiG

*a)* Im Aufgabenbereich „Luftsicherheit" nach § 4 BPolG können die aus der Aufgabenerfüllung entstehenden Kosten mittels der sog. **„Luftsicherheitsgebühr"** gegenüber den Luftfahrtunternehmen geltend gemacht werden. Grundlage für diese Geltendmachung ist § 17 II LuftSiG in Verbindung mit der Luftsicherheitsgebührenverordnung. Die Luftsicherheitsgebührenverordnung stellt gegenüber der BMIBGebV das speziellere Gesetz (lex specialis) dar, sodass Kosten im Rahmen der Gewährleistung der Luftsicherheit grundsätzlich nur hiernach und nicht nach der BMIBGebV zu erheben sind. Allerdings stellt das allgemeine Gebührenrecht für bundespolizeiliche Maßnahmen wiederum ein lex specialis gegenüber der Luftsicherheitsgebührenverordnung dar, soweit es um **konkrete Gefahrenabwehrlagen** geht. Erfolgen bei der Aufgabenwahrnehmung im Bereich der Luftsicherheit z. B. Maßnahmen im Rahmen einer NZG-Lage, so erfolgt die Gebührenerhebung nach der BMIBGebV. Maßnahmen zur Gefahrenabwehr erfolgen auch im Aufgabenbereich „Luftsicherheit" in vielen Fällen nach dem Bundespolizeigesetz (vgl. § 14 III 3 BPolG) und fallen dann in den Anwendungsbereich der BMIBGebV, einschließlich des darin enthaltenen Gebühren- und Auslagenverzeichnisses (GAV). Dagegen sind **allgemeine gefahrenunabhängige Maßnahmen** nach dem Luftsicherheitsgesetz ausschließlich von der Luftsicherheitsgebührenverordnung erfasst. Hierzu zählen insbesondere **die routinemäßigen Luftsicherheitskontrollen sowie die Sicherung von Kontrollstellen**.

Die Polizeikostenerhebung im Rahmen der Luftsicherheitsaufgabe ist durchaus von Gewicht. Seit der Schließung der Flughäfen Berlin-Tempelhof und Berlin-Tegel in den Jahren 2008 und 2020 nimmt die Bundespolizei die Aufgabe der

Luftsicherheit auf noch insgesamt zwölf großen und mittelgroßen Flughäfen in Deutschland wahr. Dazu gehören insbesondere die Flughäfen Hamburg, Frankfurt a. M., München und Berlin-Brandenburg.

Die Luftsicherheitsgebühr lässt sich in die Luftsicherheitsgebühr I und II unterteilen. Durch die Luftsicherheitsgebühr I werden den Luftfahrtunternehmen die der Bundespolizei für die Durchsuchung und Kontrolle von Passagieren und deren Gepäck entstehenden Kosten in Rechnung gestellt. Die Rechtmäßigkeit der Erhebung der Luftsicherheitsgebühr I war bereits mit ihrer Einführung 1990 strittig. Das BVerwG hat dazu aber zwischenzeitlich in mehreren Entscheidungen[70] festgestellt, dass die Luftsicherheitsgebühr rechtmäßig erhoben wird. Auch das BVerfG hat die **Rechtmäßigkeit dieser Gebührenerhebung** mittlerweile bestätigt[71]. Maßgeblich für diese Entscheidungen war, dass die Frage der individuellen Zurechenbarkeit i. S. des formellen Gebührenbegriffs geklärt werden konnte. Die Gerichte haben dabei anerkannt, dass die zu entgeltenden Luftsicherheitskontrollen in Gestalt von Passagier- und Gepäckkontrollen als Maßnahmen der Gefahrenabwehr zwar einerseits im Interesse der Allgemeinheit erfolgen, sie aber gleichzeitig andererseits auch den Luftfahrtgesellschaften einen (Sicherheits-)Vorteil bringen, der ihnen individuell zugerechnet werden kann und daher auch von ihnen im Rahmen einer Gebührenzahlung kostenmäßig zu tragen ist. Die Bundespolizei erhebt die Luftsicherheitsgebühr an allen innerdeutschen Flughäfen, für welche ihr die Aufgabe der Gewährleistung der Luftsicherheit übertragen wurde.

Mit der Fünften Verordnung zur Änderung der Kostenverordnung der Luftfahrtverwaltung vom 12.10.2000 wurde der bereits bestehende Gebührentatbestand der Luftsicherheitsgebühr I erweitert und damit die sog. „Luftsicherheitsgebühr II“ eingeführt. Der ursprüngliche Tatbestand, der lediglich die Durchsuchung von Fluggästen und mitgeführten Gegenständen oder deren Überprüfung in sonstiger Weise (§ 29c II LuftVG a. F.) betraf, wurde ersetzt durch „Maßnahmen auf dem Flugplatzgelände zum unmittelbaren Schutz der Fluggäste und Luftfahrtunternehmen vor Angriffen auf die Sicherheit des Luftverkehrs“ (§ 29c I, II LuftVG a. F.). Diese Regelung findet sich heute in § 5 LuftSiG wieder. Sie umfasst die Luftsicherheitskontrolle der Fluggäste, aber auch den bewaffneten Schutz der Kontrollstellen, die Bestreifung der Sicherheitsbereiche sowie den Einsatz bewaffneter Standposten bei gefährdeten Luftfahrzeugen.

Die sich aus der Änderung der Gebührentatbestände ergebenden höheren Gebühren wurden im Detail ebenfalls umgehend zum Gegenstand verschiedener gericht-

---

70 Vgl. u. a. BVerwG, Urt. vom 3.3.1994 – 4 C 1/93 –.
71 Vgl. BVerfG, Beschl. vom 11.8.1998 –1 BvR 1270/94 – Nichtannahmebeschluss.

licher Auseinandersetzungen. Hervorzuheben sind dabei die Entscheidungen des VGH BW[72] und des BVerwG[73]. Beiden Entscheidungen gemeinsam ist die Feststellung, dass die Erhebung **der Luftsicherheitsgebühr II nicht mit Bundesrecht vereinbar** ist, wobei jedoch im Rahmen der Begründung unterschiedliche Ansätze verfolgt werden:

Der VGH BW legte seiner Beurteilung die Erwägung zugrunde, dass es sich bei den (Teil-)Gebührentatbeständen des bewaffneten Schutzes der Kontrollstellen und der Bestreifung von Sicherheitsbereichen nicht um individuell zurechenbare Leistungen handelt. Nach Auffassung des Gerichts besteht keine *„Konnexität zwischen dem Leistungsinhalt und dem individuellen Erfolg"*. Nur für den bewaffneten Schutz von einzelnen und besonders gefährdeten Luftfahrzeugen kann von einer individuell zurechenbaren Leistung ausgegangen werden. Da aber die Kosten des Schutzes dieser individuellen Luftfahrzeuge auf alle Fluggesellschaften gleichermaßen umgelegt wurden, wurde durch das Gericht ein Verstoß gegen den Gleichbehandlungsgrundsatz gesehen, da es nicht gerechtfertigt erscheint, alle Luftfahrtgesellschaften mit den Kosten zu belasten, wenn nur einzelne Luftfahrtunternehmen den Sicherheitsvorteil genießen. Das BVerwG äußerte sich indes nicht zur Frage der individuellen Zurechenbarkeit der Leistung. Es stellte vielmehr darauf ab, dass es **keine geeignete Rechtsgrundlage** für die erweiterte Gebührenverordnung gab. Die Ermächtigung zum Erlass der Gebührenverordnung in § 32 I Nr. 13 Satz 1 LuftVG sieht dabei vor, dass darin maßgebliche Gebührentatbestände für Amtshandlungen der Luftfahrtbehörden geregelt werden können. In diesem Zusammenhang stellte das Gericht fest, dass der bewaffnete Schutz der Kontrollstellen, die Bestreifung der Sicherheitsbereiche und der Einsatz von bewaffneten Standposten bei gefährdeten Luftfahrzeugen eben gerade nicht Aufgaben der Luftfahrtbehörden seien, sondern Aufgaben der Polizei; derartige Maßnahmen seien daher eben nicht von der Verordnungsermächtigung umfasst. Auch wenn die Bundespolizei die routinemäßige Kontrolle der Passagiere und des Gepäcks vornehme und gleichzeitig auch den Schutz der Kontrollstellen und die Bestreifung der Sicherheitsbereiche gewährleiste, so erfolge dies bei den erstgenannten Aufgaben als Luftfahrtbehörde und bei den anderen Aufgaben als Polizei im klassischen Sinn.

Das BVerwG[74] bestätigt diese Aussagen klarstellend nochmals und stellt fest, dass der bewaffnete Schutz der Kontrollstellen auf Flughäfen, die Bestreifung der Sicherheitsbereiche sowie der Einsatz von bewaffneten Standposten bei gefährdeten Luftfahrzeugen **keine umlagefähigen Amtshandlungen** sind. Vielmehr gehören diese Amtshandlungen in den Bereich der allgemeinen Polizeiaufgaben. Die genannten

---

72 VGH BW, Urt. vom 4.4.2003 – 8 S 2702/02 –.
73 BVerwG, Urt. vom 18.3.2004 – 3 C 24/03 –.
74 BVerwG, Urt. vom 18.3.2004 – 3 C 04/03 –.

Maßnahmen sind folglich dem einzelnen Fluggast nicht individuell zurechenbar. Eine Erhebung von Gebühren für die genannten drei Sicherheitsmaßnahmen auf der Grundlage der Luftsicherheitsgebührenverordnung muss daher **ausscheiden**.

Zusammenfassend lässt sich feststellen, dass eine Gebührenerhebung im Rahmen der Luftsicherheitsgebühr für den Schutz der Kontrollstellen und für die Bestreifung des Sicherheitsbereichs sowie für sonstige Maßnahmen zur Gefahrenabwehr für die äußere Sicherheit des Luftverkehrs insgesamt an der individuellen Zurechenbarkeit scheitert. Eine Gebührenerhebung für derartige Gefahrenabwehrmaßnahmen ebenso wie für den bewaffneten Schutz von gefährdeten Luftfahrzeugen kommt nur in Betracht, wenn sich die erforderliche Rechtsgrundlage für die Gebührenerhebung aus bundespolizeilichen Normen ergibt. Eine **geeignete Rechtsgrundlage hierfür stellen nunmehr die neu eingeführten Kostentatbestände** dar, wie sie im Gebühren- und Auslagenverzeichnis (GAV) in der Anlage zur BMIBGebV enthalten sind.

*b)* Aus dem oben Gesagten folgt die Notwendigkeit einer **Abgrenzung** zwischen der Luftsicherheitsgebühr und Kosten, die nach der BMIBGebV zu erheben sind.

Im Aufgabenbereich Luftsicherheit nach § 4 BPolG werden die aus der Aufgabenerfüllung entstehenden Kosten mittels der Luftsicherheitsgebühr gegenüber den Luftfahrtunternehmen geltend gemacht. Grundlagen für die Geltendmachung sind hier § 17 II LuftSiG in Verbindung mit der Luftsicherheitsgebührenverordnung. Die Luftsicherheitsgebührenverordnung stellt gegenüber der BMIBGebV die speziellere Rechtsgrundlage hinsichtlich der Gebührenerhebung für die **allgemeinen Luftsicherheitskontrollen** dar, sodass die Kosten hierfür im Rahmen der Aufgabe „Luftsicherheit" grundsätzlich nur hiernach und nicht nach der BMIBGebV zu erheben sind. Hiervon sind jedoch nur die Kosten für die Maßnahmen nach dem LuftSiG, insbesondere gemäß den §§ 3, 5 LuftSiG umfasst.

Das allgemeine Gebührenrecht für bundespolizeiliche Maßnahmen gemäß der BMIBGebV stellt wiederum das speziellere Recht gegenüber der Luftsicherheitsgebührenverordnung dar, sofern es zur **Gefahrenabwehr auf der Grundlage des BPolG** kommt *und* ein Gebührentatbestand für diese Maßnahme im Gebühren- und Auslagenverzeichnis der BMIBGebV enthalten ist.

Erfolgen so bspw. bei der Aufgabenwahrnehmung Luftsicherheit Maßnahmen im Rahmen einer **NZG-Lage** aufgrund eines unbeaufsichtigten Abstellens von Gepäck im Flughafen, so erfolgen daraufhin getroffene Maßnahmen aufgrund des Bundespolizeigesetzes, etwa das Aufsprengen des Gepäckstücks nach § 19 I BPolG oder die Durchführung von Räumungs- oder Absperrmaßnahmen gemäß § 38 BPolG. Maßgeblich für die Gebührenerhebung ist dann die BMIBGebV. Dagegen sind die allgemeinen gefahrenunabhängigen Maßnahmen nach dem Luftsicherheitsgesetz ausschließlich von der Luftsicherheitsgebührenverordnung erfasst. Maßnahmen zur konkreten Gefahrenabwehr erfolgen auch im Aufgabenbereich Luftsicherheit nach § 4 BPolG nach dem Bundespolizeigesetz und sind damit ausdrücklich Gegenstand der BMIBGebV mitsamt des Gebühren- und Auslagenverzeichnisses. Lediglich Kontrollen aufgrund des Luftsicherheitsgesetzes (z. B. nach den §§ 3, 5 LuftSiG) sind von einer Gebührenerhebung nach diesem Gebühren- und Auslagenverzeichnis ausgeschlossen. Nach Auffassung des BVerwG[75] ist die Luftsicherheitsgebühr ausschließlich individuell zurechenbar für die konkreten Luftsicherheitskontrollen. Selbst beim **Schutz des Sicherheitsbereichs** wird im Rahmen der Luftsicherheitsgebühr die für eine Gebühr individuelle Zurechenbarkeit vom BVerwG verneint. Somit ist im Aufgabenbereich Luftsicherheit lediglich die Luftsicherheitskontrolle als lex specialis gegenüber der BMIBGebV geregelt. Die im Gebühren- und Auslagenverzeichnis dargestellten Gebührentatbestände finden somit auch im Aufgabenbereich Luftsicherheit Anwendung.

## 2.4 Kosten, Gebühren und Auslagen im Bundesrecht

Die Vorschrift zur Gebührenerhebung nach § 1 BGebG ist die zentrale Befugnis zur Erhebung von Gebühren und Auslagen. Der Gebührengläubiger (hier also der Staat) erhebt für individuell zurechenbare öffentliche Leistungen Kosten vom Gebührenschuldner. In § 3 BGebG werden diejenigen Begrifflichkeiten definiert, die für den Bereich der öffentlichen Verwaltung des Bundes maßgeblich sind. Hervorzuheben sind in diesem Zusammenhang zunächst die drei Grundbegriffe Kosten, Gebühren und Auslagen.

*a)* **Kosten** sind nach der in § 3 III 1 BGebG enthaltenen Legaldefinition

> *„nur solche, die nach betriebswirtschaftlichen Grundsätzen als Einzel- und Gemeinkosten ansatzfähig sind, insbesondere Personal- und Sachkosten sowie kalkulatorische Kosten“.*

Umfasst wird dabei der eigentliche Verwaltungsaufwand, also die mit der Amtshandlung verbundenen Kosten (Personal- und Sachaufwand). § 3 III 1 BGebG ist vom Regelungsinhalt darauf angelegt, dass hier maßgebliche Bestandteile für die Berechnung der Gebührenhöhe festgeschrieben werden. Speziell zu den Gemeinkosten zählen nach der in § 3 III 2 BGebG enthaltenen Klarstellung auch die Kosten der Rechtsaufsicht bzw. der Fachaufsicht.

*b)* Der Begriff der **Gebühren** i. S. des öffentlichen Kostenrechts wird in § 3 IV BGebG inhaltlich wie folgt festgelegt:

---

75 BVerwG, Urt. vom 18.3.2004 – 3 C 24/03 –.

*„Gebühren sind öffentlich-rechtliche Geldleistungen, die der Gebührengläubiger vom Gebührenschuldner für individuell zurechenbare öffentliche Leistungen erhebt."*

Bei dieser Definition des Gebührenbegriffs handelt es sich um den sog. „formellen Gebührenbegriff". Wichtigster Anknüpfungspunkt der Gebühr ist danach **die individuelle Zurechenbarkeit der öffentlichen Leistung**. Dieses Merkmal unterscheidet die Gebühr von der Steuer, denn die Letztere wird ohne explizite Gegenleistung geschuldet. Die individuelle Zurechenbarkeit i. S. des BGebG ist in zweifacher Sicht maßgeblich: Sie ist immanenter Bestandteil des formellen Gebührenbegriffs. Aber auch in § 1 BGebG wird der Begriff der individuellen Zurechenbarkeit verwendet, indem dort zum Ausdruck gebracht wird, dass für individuell zurechenbare öffentliche Leistungen Gebühren und Auslagen erhoben werden. Damit wird die individuelle Zurechenbarkeit einer öffentlichen Leistung auch zum Maßstab der Gebührenschuld.

Durch die Anknüpfung der Gebührenschuld an die individuelle Zurechenbarkeit wurden die zuvor zur Begründung einer Gebührenschuld herangezogenen Maßstäbe – wie das Veranlassungs-, das Vorteils- oder das Begünstigungsprinzip sowie das Interessen- und das Verschuldensprinzip – weitgehend ersetzt bzw. sie sind im Prinzip der individuellen Zurechenbarkeit aufgegangen. Danach ist es für die Entstehung einer Gebührenschuld also nicht mehr erforderlich, dass z. B. ein Antrag gestellt wurde oder dass die öffentliche Leistung für eine bestimmte Person überhaupt einen Vorteil mit sich bringt, was z. B. bei einem belastenden Verwaltungsakt regelmäßig nicht gegeben sein wird. Insofern kann eine öffentliche Leistung i. S. der individuellen Zurechenbarkeit auch dann eine Gebührenpflicht auslösen, wenn die Polizei von sich aus einschreitet, ohne dass der spätere Gebührenschuldner dies wollte.

Es ist erkennbar, dass dem Normgeber in diesem Zusammenhang ein weiter Gestaltungsspielraum für die Festlegung von Kostentatbeständen überantwortet sein soll. Überspitzt ausgedrückt sind somit alle diejenigen Leistungen individuell zurechenbar, die der Gesetzgeber per Rechtsvorschrift individuell zurechnet. In § 3 II BGebG definiert der Gesetzgeber näher, in welchen Fällen eine öffentliche Leistung individuell zurechenbar ist. Bei den dort aufgeführten Zurechnungskriterien handelt es sich aber nur um eine beispielhafte, nicht um eine abschließende Aufzählung, sodass es dem Normgeber vorbehalten bleibt, durch weitere spezialgesetzliche Regelungen eine Gebührenpflicht auch aus anderen Gründen festzulegen.[76]

---

76 Vgl. BT-Drs. 17/10422, 95.

*c)* Wie das Gesetz bereits in § 1 BGebG ausführt, werden vom Gebührenschuldner nicht nur Gebühren, sondern ggf. auch Auslagen erhoben. **Auslagen** sind dabei nach den Bestimmungen des § 3 IV i. V. m. § 12 I oder II BGebG diejenigen Kosten, die für den Einzelfall berechnet und nicht in der Gebühr enthalten sind. Es handelt sich dabei u. a. um **tatsächlich entstandene Kosten**, die in den meisten Fällen (aber nicht immer) an Dritte zu leisten sind. Nach der Aufzählung in § 12 I 1 BGebG gehören zu den Auslagen im vorstehenden Sinne insbesondere die Kosten für Zeugen, Sachverständige, Umweltgutachter, Dolmetscher oder Übersetzer, für Leistungen anderer Behörden und Dritter, für Dienstreisen und Dienstgänge, für die Zustellung oder öffentliche Bekanntmachung sowie für Ausfertigungen und Papierkopien, die auf besonderen Antrag erstellt worden sind. Die vorgenannten Auslagen werden nach dem Gesetz in der tatsächlich entstandenen Höhe erhoben; es findet also keine Pauschalierung statt. Die sog. „Spitzabrechnung" dieser Kosten lässt sich auch damit begründen, dass die Auslagen an Dritte in ihrer Höhe regelmäßig erst dann bekannt sind, wenn der Dritte diese der Kosten erhebenden Behörde in Rechnung stellt.

## 2.5 Gebührenschuldnerschaft

Im folgenden Kapitel werden zunächst allgemeine kostenrechtliche Aspekte der Gebührenschuldnerschaft anhand des Prinzips der „Individuellen Zurechenbarkeit" dargestellt. Die Bundespolizei ist in der Praxis immer wieder mit Sachverhalten konfrontiert, in denen sowohl polizeiliche Störer als auch **Sorgeberechtigte** und **Aufsichtspflichtige** für minderjährige oder unter Betreuung stehende Polizeipflichtige als Kostenschuldner in Frage kommen. Um diese zentrale Frage praxisnah und rechtssicher beantworten zu können, wird nach den allgemeinen Erwägungen im Rahmen eines Exkurses ein Schema entwickelt, mit dem die **Bestimmung der Kostenschuldnerschaft** für aufsichtspflichtige Personen Schritt für Schritt erfolgen kann. In Teil 3 erfolgen zu den jeweiligen Tatbeständen des GAV der BMIBGebV nochmals Hinweise zur Bestimmung der Kostenschuldnerschaft, abhängig vom jeweiligen Sachverhalt.

§ 6 I Nr. 1–Nr. 3 BGebG regelt drei Fälle der Gebührenschuld. Danach ist Gebührenschuldner derjenige, dem die öffentliche Leistung individuell zurechenbar ist, der die Gebührenschuld eines anderen durch Erklärung gegenüber der Behörde übernommen hat oder der für die Gebührenschuld eines anderen kraft Gesetzes haftet. Damit gehen die Normen betreffend polizeirechtliche Ansprüche vor allem von der **Haftung des Störers** für von ihm verursachte Polizeikosten aus. Die Polizeipflichtigen sind somit auch die Träger der Polizeikosten. Dennoch kann man die Haftung des Störers für Polizeikosten schlussendlich auch dahingehend beurteilen, dass hier der Störer als derjenige anzusehen ist, dem eine öffentliche Leistung i. S. d. § 3 II BGebG individuell zurechenbar ist. Dieses Prinzip setzt den Gedanken des primären und **sekundären Polizeikostenrechts** fort und definiert mehr oder weniger präzise, in welchen Fällen das Tätigwerden der Bundespolizei nicht von der Allgemeinheit steuerfinanziert sein soll, sondern einer überwiegend **individualisierten Gefahrenabwehr** diente. Die allgemeine Risikovorsorge soll auch weiterhin steuerfinanzierter Grundauftrag der Bundespolizei bleiben.[77] Ausschließlich dort, wo gefahrenabwehrende Maßnahmen der Bundespolizei nach den Prinzipien der **Zweckveranlassung**, der **Begünstigung** oder dem **Vorteilsausgleichs** initiiert wurden, entsteht die Frage, ob und inwieweit eine verhältnismäßige und gerechte **Lastenverteilung der Finanzierung** solcher individualisierbaren Tätigkeiten stattfinden muss.[78]

In der Praxis der Gebührenerhebung der Bundespolizei kommen alle vier kostenrechtlichen Haftungsformen des § 3 II BGebG für polizeiliches Tätigwerden in Betracht.[79]

Nach § 3 II Nr. 1 BGebG ist eine öffentliche Leistung dann individuell zurechenbar, wenn sie ***„beantragt oder sonst willentlich in Anspruch genommen wird“***. Hierunter fallen in aller Regel kostenpflichtige Tätigkeiten der Bundespolizei nach Ziffer 4 des GAV, nämlich die Identitätsfeststellung zum Schutz privater Rechte als auch nach Ziffer 12.1. und 12.2 des GAV, nämlich die Zulassung einer Grenzübergangsstelle sowie die Erteilung einer Grenzerlaubnis.[80] In beiden Fällen wird die Bundespolizei nicht aufgrund eigener Initiative tätig, sondern erst auf Ersuchung in Form eines Antrages und überdies auch zum individuellen Vorteil des Antragstellers.

Nach § 3 II Nr. 2 BGebG ist eine öffentliche Leistung auch dann individuell zurechenbar, wenn sie ***„zugunsten des von der Leistung Betroffenen erbracht wird“***. Hiermit wird einem gerechten Lastenausgleich nach dem Vorteils- oder Interessensprinzip Rechnung getragen. Grundsätzlich soll polizeiliches Handeln und somit das *Rechtsgut „staatliche Schutzpflicht und innere Sicherheit“* jedermann gleichermaßen zugänglich sein.[81] Wo allerdings einzelne Personen oder Institutionen wirtschaftliche Vorteile, finanzielle oder personelle Einsparungen oder organisatorische Aufwendungen einsparen, weil die Bundespolizei entsprechende Tä-

---

77 Vgl. hierzu *Prömper/Stein*, Bundesgebührengesetz, Kommentar, München 2019, zu § 2 Rdnr. 19, S. 19.

78 Vertiefend *Buchberger* in Lisken/Denninger L, Rdnr. 127, mit Verweis auf Entscheidungen zur Verfassungsmäßigkeit der Kostenpflicht u. a. BVerfGE 31, 137 (139); 18, 302 (304).

79 Zur Entstehung und maßgeblichen Prägung der Kriterien des § 3 II BGebG s. insbesondere: BVerfGE 50, 217; BVerwGE 91, 109; 109, 272.

80 Zur Kostenschuldnerschaft beider Tatbestände s. vertiefend Kapitel 3.2.1 m. w. N.

81 Vgl. hierzu *Kirchhof, Paul/Kirchhof, Gregor*, Das Recht auf unentgeltliche Sicherheit, Tübingen 2020, 4 ff., 18.; *Gusy, Christof*, Polizeikostenüberwälzung auf Dritte, DVBl 1996 S. 722.

tigkeiten der Gefahrenabwehr vornimmt, entsteht ein Ungleichgewicht in der Gerechtigkeit der finanziellen Lastenverteilung zwischen der Allgemeinheit und dem Einzelnen. Es wäre bspw. nicht gerechtfertigt, einen Polizeieinsatz für ein Wirtschaftsunternehmen, das die ihr obliegenden Sicherungsmaßnahmen nicht vornimmt und sich auf das Einschreiten der Polizei verlässt, der Allgemeinheit und damit dem Steuerzahler finanziell aufzuerlegen. Wer einen gebotenen Sicherheitsaufwand bspw. für eine Veranstaltung anders als etwaiger Konkurrenten nicht selbst erbringt, hat einen unmittelbaren Vorteil, sofern die polizeiliche Gefahrenabwehr kostenlos für ihn bliebe. Die Gebührenerhebung ist dann gerechtfertigt aufgrund des **Vorteils- oder Veranlasserprinzips**, das die **Konnexität zwischen der Leistung und dem individuellen Erfolg** begründet.[82]

Nach § 3 II Nr. 3 BGebG kommt eine Gebührenerhebung dann in Betracht, wenn das Tätigwerden der Bundespolizei durch den **vor Leistung Betroffenen veranlasst** wurde. Die Veranlassung ist hier in engem Zusammenhang zur polizeilichen Störereigenschaft nach den §§ 17 und 18 BPolG zu verstehen. Demnach kommen zunächst alle Formen der Verhaltensstörerschaft in Frage. Wer also einen (nach dem GAV der BMIBGebV kostenpflichtigen) Einsatz der Bundespolizei durch aktives Tun oder Unterlassen einer gebotenen Handlung willentlich oder zumindest fahrlässig herbeiführt, veranlasst diesen Einsatz auch kostenrechtlich. Auch der Besitz einer Sache, deren Zustand die Erbringung einer öffentlichen Leistung veranlasst, führt zur Kostentragepflicht.[83]

Diese Annahme beruht auf dem Umstand, dass jeden Bürger die Verpflichtung trifft, sein Verhalten und den Zustand seiner Sachen so einzurichten, dass daraus keine Störung oder Gefährdung der öffentlichen Sicherheit oder Ordnung entsteht. Verstößt jemand gegen diese Maxime, so wird er zum Störer. Sofern die Polizei dann im Rahmen der Gefahrenabwehr tätig wird, sei es durch Duldungs- oder Handlungsverfügung, durch Beseitigung der Gefahr durch die Polizei selbst oder durch Beauftragung eines Dritten, so haben diese öffentlichen Leistungen einen Anknüpfungspunkt im Pflichtenkreis des Betroffenen in Gestalt des Störers.

Nach § 3 II Nr. 4 BGebG sind Einsätze der Bundespolizei nämlich auch dann individuell zurechenbar, wenn ein Anknüpfungspunkt im Pflichtenkreis des von der Leistung Betroffenen begründet ist. Gemeint ist hiermit nicht zwingend, dass ein Kostenschuldner auch gegen die ihm obliegenden Pflichten verstoßen haben muss. In der Regel betrifft dieser Punkt die Bundespolizei dann, wenn Maßnahmen durch

---

82 Vertiefend *Buchberger* in Lisken/Denninger L, Rdnr. 96, mit Verweis u. a. auf BVerfG NVwZ 1999, 176; BVerwGE 95, 188 (201).

83 Vertiefend zur individuellen Zurechenbarkeit durch Veranlassung und deren verfassungsrechtliche Verankerung im öffentlichen Interesse: *Prömper/Stein*, Bundesgebührengesetz, Kommentar, München 2019, zu § 3 Rdnr. 32f, S. 32.

Minderjährige oder Betreute ausgelöst wurden und die Gefahrenverursachung maßgeblich auf eine mangelhafte oder gar unterbliebene Ausübung der obliegenden Aufsichtspflichten zurückzuführen ist. Weiterhin obliegen den Infrastruktur- oder Verkehrsunternehmen im Aufgabenbereich der Bundespolizei eigene Verkehrssicherungs- und Gefahrenverhütungspflichten.[84] Sobald Einsätze der Bundespolizei in Bezug auf etwaige Nachlässigkeiten dieser obliegenden Pflichten notwendig werden, sind ebenso Anknüpfungspunkte nach § 3 II Nr. 4 BGebG gegeben.

### 2.5.1 Bestimmung der Kostenschuldnerschaft in der Praxis

Wie bereits dargestellt, werden Polizeikosten in der Regel bei demjenigen erhoben, der als polizeilicher Störer eine polizeiliche Maßnahme oder einen Einsatz individuell zurechenbar veranlasst, verursacht oder beantragt hat.

Im Zuständigkeitsbereich der Bundespolizei werden jedoch auch regelmäßig Maßnahmen gegenüber Personen getroffen, die in irgendeiner Form einer **Betreuung oder Aufsichtspflicht** unterliegen. Insbesondere sind Maßnahmen gegenüber Kindern, Jugendlichen, amtlich untergebrachten Personen und Personen mit anderweitig geregelten Betreuungsverhältnissen betroffen.

Im Rahmen der täglichen Praxis der Gebührenerhebung treten hierbei nicht unerhebliche **Problemfälle mit rechtlichem Klärungsbedarf** auf, wofür folgende Beispiele erwähnenswert erscheinen:

Sofern Minderjährige in Betreuungseinrichtungen untergebracht sind, verweisen diese Einrichtungen regelmäßig auf die Kostentragepflicht der sorgeberechtigten Eltern. Die Heime oder Anstalten treffe nach deren Auffassung keine Gebührenpflicht, weil ihnen nicht die Personensorge übertragen wurde.

Minderjährige oder Erwachsene unterliegen mitunter sehr undurchsichtigen heterogenen Betreuungs- oder Aufsichtsverhältnissen. Die vorübergehende Aufsichtspflicht, das Aufenthaltsbestimmungsrecht, die gesetzliche Vertretung und das Personensorgerecht sind mitunter auf mehrere Personen oder Institutionen verteilt. Die Betroffenen verweisen im Rahmen der Gebührenschuld insoweit auf die jeweils anderen, um nicht zahlen zu müssen.

Sofern Minderjährige oder Erwachsene amtlich oder gerichtlich in Einrichtungen untergebracht sind, verweisen diese Einrichtungen regelmäßig auf die **persönliche Gebührenbefreiung** nach dem entsprechenden Landesrecht, weil die Einrichtungen zu kommunalen oder Landesbehörden gehören (z. B. Jugendämter).

84 Hauptsächlich sind hier Unternehmen des Eisenbahn-, Luft- und Schiffsverkehrs im Rahmen der Aufgaben nach §§ 3, 4 und 6 BPolG gemeint.

Die Polizeipflichtigkeit – also die Fähigkeit, Adressat einer Maßnahme der Gefahrenabwehr zu sein – ist altersunabhängig und Verschuldens-, Schuld- und Zurechnungsfähigkeit spielen für die Verantwortlichkeit keine Rolle. Dies gilt jedoch nicht hinsichtlich der Kostentragungspflicht für polizeiliche Maßnahmen der Gefahrenabwehr, jedenfalls insoweit, als dem Gebührentatbestand eine subjektive Komponente innewohnt. Die Frage, ob und wann eine minderjährige Person selbst oder vielmehr die sorgeberechtigten Eltern oder andere aufsichtspflichtige Personen als Gebührenschuldner in Anspruch genommen werden können, ist **weder im BGebG noch in der AGebV oder der BMIBGebV explizit geregelt**.

Für die Bundespolizei hat das BPOLP diese Frage jedoch im Rahmen einer juristischen Aufarbeitung **klarstellend geregelt**.[85]

Demnach scheidet eine Gebührenpflicht des Polizeipflichtigen (zusammenfassend) immer dann aus, wenn er nicht über die notwendige **Einsichtsfähigkeit und Reife** für die verursachte Maßnahme verfügen konnte. In diesen Fällen ist dann die Inanspruchnahme von aufsichtspflichtigen Dritten (Eltern, Betreuern, Kinderheim, Krankenhaus usw.) zu prüfen. Mangels expliziter Regelung in den einschlägigen Vorschriften hält das BPOLP hier eine Heranziehung des § 17 II BPolG sowie der Strafmündigkeit nach **§ 19 StGB in analoger Weise** für möglich und kommt zu dem o. g. Ergebnis.

Wird die Einsichts- und Einschätzungsfähigkeit bejaht, käme ausschließlich die minderjährige Person als Kostenschuldner in Frage, wobei jedoch immer auf den Einzelfall abzustellen ist.

Das BPOLP verkennt in der herausgegebenen Ausarbeitung jedoch, dass es sich bei dem Prinzip der Strafmündigkeit nach § 19 StGB um **keine geeignete, vergleichbare Interessenslage** handelt, die einen Analogieschluss zuließe. Die Regelung des § 19 StGB befasst sich mit der Frage nach Strafe, Sühne und Buße. Das Polizeikostenrecht soll hingegen einen behördlichen Aufwand, sei er personell oder materiell, im Nachgang finanziell ausgleichen bzw. auf einen Verursacher umwälzen. Dieses Prinzip mag zwar subjektiv als „Strafe" empfunden werden, dient aber völlig anderen Zielen. Vielmehr liegt eine sinnlogische Nähe zum (bürgerlichen) **Haftungsrecht** vor. Denn auch in diesem Rechtsgebiet steht der finanzielle/materielle Ausgleich für einen verursachten Schaden im Vordergrund. Eine entsprechende **analoge Anwendung der deliktischen Haftungsregelung des § 828 BGB** hätte hier nähergelegen, zumal dort auch die gegenwärtige Ausgestaltung der Weisungslage in ähnlicher Form formuliert ist. Auch hier kommt

85 BPOLP, Ref. 81, „Anmerkungen zu Besonderheiten im Zusammenhang mit minderjährigen Personen bei der Anwendung der BMIBGebV"; Stand Februar 2021.

es maßgeblich auf die zur Erkenntnis der Verantwortlichkeit erforderliche Einsicht des Minderjährigen an.

Im Ergebnis bleibt festzustellen, dass die kostenrechtliche Haftung eines Minderjährigen im Geltungsbereich der für die Bundespolizei einschlägigen Abschnitte der BMIBGebV erstens **eine individuelle Einzelfallentscheidung** ist, zweitens nur dann zu bejahen ist, wenn der Minderjährige die **erforderliche Einsichtsfähigkeit und Reife** besaß und er drittens zum Zeitpunkt des polizeilichen Einsatzes grundsätzlich **nicht jünger als 14 Jahre** alt war. Scheidet ein Minderjähriger selbst als Kostenschuldner aus, ist zu prüfen, ob nicht Dritte für den polizeilichen Einsatz kostenrechtlich haften.

Für die Beurteilung des korrekten Kostenschuldners ist die individuelle Zurechenbarkeit entscheidend. Maßgeblich sind hier die für das Bundesrecht einschlägigen Vorschriften des § 6 I i. V. m. § 3 II Nr. 1–4 BGebG.

In den hier in Rede stehenden Fällen kommt erkennbar nur § 3 II Nr. 4 BGebG in Betracht. Es handelt sich hierbei um genau die Fälle, in denen eine polizeiliche Gefahrenlage deshalb entstanden ist, weil Personen, die eine irgendwie geartete **Aufsichtspflicht** innehaben, diese **nur unzureichend ausgeübt** haben und die beaufsichtigte Person deshalb eine Gefahr oder einen Schaden verursacht hat.

Ganz explizit bekennt sich der Verordnungsgeber zu dieser Logik in der amtlichen Begründung zu Ziffer 1.1.7 des GAV der BMIBGebV. Demnach entsteht die Gebührenpflicht für die „[…] *zur Aufsicht oder als Betreuer bestellten Person, die für die Abgängigkeit* […] *verantwortlich ist*“[86]. Hier wird bewusst das Wort **„für die Abgängigkeit“** und gerade nicht „für den Abgängigen“ verwendet. Demnach ergibt sich die Gebührenpflicht eines Dritten maßgeblich daraus, dass die Umstände Abgängigkeit kausal einer Pflichtverletzung des Aufsichtspflichtigen zugeordnet werden können.

Die Frage ist nun, wer konkret als Kostenschuldner in Anspruch zu nehmen ist. Es kommen hier Eltern, Betreuungseinrichtungen (Kinderheim, Schule, Kindergarten, Sozialhilfeeinrichtung, Krankenhäuser, Psychiatrien usw.) oder individuell bestellte Betreuer (Vormund, Pfleger, Betreuer usw.) in Frage.

Für die Frage der gebührenrechtlichen Zurechenbarkeit und damit für die Frage, wer als Kostenschuldner für einen Minderjährigen oder Betreuten in Anspruch zu nehmen ist, kann ausschließlich die **Aufsichtspflicht zum Zeitpunkt der polizeilichen Maßnahme** ausschlaggebend sein. Die Frage, wer die Personensorge oder das

86 BMI, Amtliche Begründung zur Besonderen Gebührenverordnung BMIBGebV, zu Ziffer 1.1.7, S. 62.

Aufenthaltsbestimmungsrecht oder andere Aspekte der Personensorge innehat, kann für das Gebührenrecht nach der BMIBGebV und des BGebG dahinstehen.

Da weder das BGebG noch die AGebV oder die BMIBGebV diesbezügliche Regelungen enthält, muss diese Erkenntnis im Wege der Auslegung hergeleitet werden. Sinn und Zweck der kostenbegründenden Kriterien des § 3 II BGebG ist es zunächst, eine Abgrenzung zwischen Steuern und Gebühren zu schaffen.[87] Wesenskern der individuellen Zurechenbarkeit ist somit eine Kausalität zwischen dem Verhalten einer Person und der daraus resultierenden Gebührenpflicht. Welches Verhalten konkret eine solche Kausalität indiziert, definiert § 3 II BGebG mit Regelbeispielen. Daraus folgt sinnlogisch, dass all diejenigen Konstellationen als *„Pflichtenkreise“* nach § 3 II Nr. 4 BGebG ausscheiden, denen keine auslösende (kausale) Verknüpfung zur polizeilichen Maßnahme innewohnt.

Entscheidend muss demzufolge (bezogen auf die hier fraglichen Sachverhalte) sein, wer durch Verletzung einer ihm obliegenden Pflicht **kausal die polizeilichen Maßnahmen notwendig gemacht** hat. Das reine Innehaben der Personensorge (inkl. der Aufenthaltsbestimmung) oder der Vermögenssorge für die polizeipflichtige Person kann demnach für sich genommen keine Gebührenschuldnerschaft nach sich ziehen. Dies würde dem Wesenskern des Gebührenrechts widersprechen. Vielmehr ist hier die Frage zu stellen, wer für den Zeitpunkt der polizeilichen Maßnahmen konkret die Aufsichtspflicht innehatte und ob vorwerfbar gegen diese Pflicht verstoßen wurde.

**Beispielfall:**

> *Die Eltern des elfjährigen minderjährigen M bringen ihr Kind regelmäßig zum Training des Fußballvereins „FC Sorglos“, der einen Fußballplatz in der Nähe von Bahngleisen betreibt. Der Trainer T lässt die Kinder während einer Trainingseinheit eine Zeit lang unbeaufsichtigt. M schießt währenddessen am Tor vorbei und geht den Ball unmittelbar an den Bahngleisen suchen. Ein vorbeifahrender Lokführer einer Regionalbahn erkennt den M an den Gleisen und informiert die BPOL, die daraufhin vor Ort Maßnahmen ergreifen muss.*

Im vorliegenden Fall hatten die Eltern des M zweifelsohne das Personensorgerecht inne. Gleichwohl wurde die Aufsichtspflicht hier durch Vertrag mit dem Sportverein für die Dauer des Trainings an eben diesen übertragen. Auch ist hieran zu erkennen, dass den Eltern durch das Innehaben des Sorgerechts keinerlei Kausalität zum polizeilichen Einschreiten zugeordnet werden kann. Folglich müsste hier der Fußballverein als Gebührenschuldner herangezogen werden, sofern man davon

87 Vgl. *Prömper/Stein*, Bundesgebührengesetz, Kommentar, München 2019, zu § 3 Rdnr. 29, S. 31.

ausgeht, dass das elfjährige Kind keine ausreichende eigene Einsichtsfähigkeit besaß.

#### 2.5.1.1 Rechtsgrundlagen zur Beurteilung der Aufsichtspflicht

Die Aufsichtspflicht ist in den einschlägigen Rechtsquellen nur für wenige Fälle eindeutig geregelt. Die tatsächliche Art der Ausübung der Aufsicht, die individuellen Grenzen und der Umfang ist im Wesentlichen der Kommentarliteratur zum BGB sowie der Rechtsprechung zu entnehmen.[88]

An dieser Stelle soll hierzu ein knapper Überblick über die wesentlichen Fallkonstellationen gegeben werden, die für das Gebührenrecht Relevanz haben. Die Aufsichtspflicht für eine Person kann sich aus drei wesentlichen Quellen ergeben, aus dem Gesetz, durch Vertrag oder vertraglos durch *„faktische Übernahme"*[89]

##### *2.5.1.1.1 Gesetzliche Aufsichtspflichten*

Die **Aufsichtspflicht für Kinder** ergibt sich aus den §§ 1626 und 1631 BGB. Hiernach üben die sorgeberechtigten Eltern auch die Aufsichtspflicht aus. Art, Umfang und Intensität der Aufsicht bemessen sich am Einzelfall, an der Reife des Kindes und der jeweiligen Lebenssituation.

Hat das Kind keine Eltern oder sind diese nicht berechtigt, die Sorge auszuüben, wird ein Vormund mit der Personensorge betraut. In diesem Fall ergibt sich die Aufsichtspflicht für den Vormund aus den §§ 1773, 1800 i. V. m. §§ 1631 ff. BGB.

**Erwachsene** können nach den §§ 1896, 1901 ff. BGB **unter Betreuung** gestellt werden, wenn sie wegen einer psychischen Krankheit oder einer Behinderung ihre Angelegenheiten nicht selbst besorgen können.

Eine Aufsichtspflicht ist hier explizit nicht genannt. Es kann jedoch insofern von einer Aufsichtspflicht ausgegangen werden, wenn dies in der Bestellung durch das Gericht ausdrücklich geregelt wurde oder die umfassenden Aufgabenkreise „Personensorge" inklusive der damit umfassten Aufenthaltsbestimmung übertragen wurden.

**Betreute Personen** können aufgrund verschiedener Rechtsgrundlagen zusätzlich auch in ihrer Freiheit eingeschränkt werden.

Gemäß § 1906 BGB kann das Betreuungsgericht den Betreuten unter den dort genannten Voraussetzungen unterbringen und ihm somit die Freiheit entziehen. Umgangssprachlich handelt es sich hierbei um die sog. **„Unterbringung nach BGB"**.

---

88 So z. B. MüKoBGB/Huber, 8. Aufl. 2020, § 1631 BGB Rdnr. 8, 9.
89 Vgl. hierzu MüKoBGB/Wagner, 8. Aufl. 2020, § 832 BGB Rdnr. 12–23.

Weiterhin können Personen nach den Vorschriften der Bundesländer nach dem jeweiligen PsychKG, PsychKHG oder UBG (Unterbringungsgesetz) untergebracht werden. Umgangssprachlich handelt es sich hierbei um die sog. **„Unterbringung nach PsychKG"**.

Nach den Voraussetzungen der §§ 63, 64 StGB können Personen strafrechtlich als Nebenfolge eines Strafurteils in einem **psychiatrischen Krankenhaus oder einer Entziehungsanstalt untergebracht** werden.

Nach § 42 SGB VIII können Jugendliche durch das Jugendamt **in Obhut genommen** und in einer entsprechenden Einrichtung vorübergehend untergebracht werden.

In allen Fällen ist die Aufsichtspflicht **nicht ausdrücklich gesetzlich geregelt**. Sie ergibt sich hier jedoch aus der Natur der Sache. Untergebrachte Personen sind ja gerade deswegen gerichtlich in einer Einrichtung untergebracht, weil sie sich selbst nicht ausreichend vor Gefahren schützen können und von ihnen ggf. sogar eine Gefahr für Dritte ausgeht. Die Unterbringung soll eben diese Gefahren verhindern und dies durch eine entsprechende Aufsicht gewährleisten. Die **gesteigerte Aufsicht ist also Wesenskern der Unterbringung**. In beiden Fällen muss davon ausgegangen werden, dass die jeweilige Einrichtung, in der die Person konkret untergebracht ist, die Aufsichtspflicht innehat. Dies gilt unabhängig davon, ob die untergebrachte Person zusätzlich noch einen Betreuer, einen Vormund oder andere Angehörige mit Betreuungs- oder Sorgepflichten hat.

Während der Schulzeit geht die Aufsichtspflicht für Kinder und Jugendliche von den Eltern an die **Schule** über. Dies ergibt sich ausdrücklich aus den jeweiligen **Schulaufsichtsverordnungen** der Bundesländer[90]. Geregelt werden sowohl der Umfang, die Zeiten, die zur Aufsicht bestimmten Personen sowie zahlreiche Besonderheiten für Schulwege, Pausenzeiten etc.

#### *2.5.1.1.2 Vertragliche und faktische Aufsichtspflicht*

Eine Aufsichtspflicht kann sich auch aus einer vertraglichen Vereinbarung ergeben. Dies ist in der Regel bei Kindertagesstätten, Privatschulen, Sport- und Freizeitvereinen, privaten Ferienfreizeiten und Ausflügen, Kindermädchen oder Babysittern usw. anzunehmen. In diesen Fällen ist die Aufsichtspflicht unmittelbar oder zumindest mittelbar durch **Mitglieds- oder Betreuungsverträge** geregelt und geht demnach für den Zeitraum der Betreuung auf die jeweilige Einrichtung über.

90 So z. B. aus der Verordnung über die Aufsicht über Schülerinnen und Schüler (AufsVO) des Landes Hessen.

Auch ohne Vertrag kann die Aufsichtspflicht **„faktisch“** übergehen. Dies kann z. B. der Fall sein, wenn ein Kind für einen Kindergeburtstag zu einem Freund oder einer Freundin für einen gewissen Zeitraum in den Verantwortungsbereich einer anderen Familie übergeben wird.

#### *2.5.1.1.3 Folgen der Verletzung der Aufsichtspflicht*

In allen o. g. Konstellationen umfasst die Aufsichtspflicht die Sorge dafür, dass die beaufsichtigte Person selbst nicht zu Schaden kommt, keiner anderen Person Schaden zufügt oder keine fremden Sachen beschädigt.

Die Folgen der Verletzung der Aufsichtspflicht regelt § 832 BGB. Hiernach haftet der Aufsichtspflichtige für **Schäden**, die die aufsichtspflichtige Person einem Dritten widerrechtlich zufügt. Die Gebühr für polizeiliche Maßnahmen der Bundespolizei ist zwar kein widerrechtlicher Schaden im Sinne des BGB (hier sind vorrangig sog. „deliktische Schäden“ nach §§ 823 ff. BGB gemeint, also bspw. Sach- oder Körperschädigungen), durch den Verweis des § 3 II Nr. 4 BGebG auf die Pflichtenkreise des Betroffenen und der Tatsache, dass die Aufsichtspflicht eine solche Pflicht darstellt, lässt sich jedoch schlussfolgern, dass die Rechtsprechung zu § 832 BGB (zur Haftung der Aufsichtspflichtigen) **analog auf die Gebührenpflicht der Aufsichtspflichtigen angewendet** werden darf. Für die Annahme dieser Analogie spricht auch, dass es sich im BGebG um eine vom Gesetzgeber ungewollte, planwidrige Regelungslücke handelt. Schließlich ist die Aufnahme der Bundespolizei in den Geltungsbereich des BGebG erst 2016 erfolgt. Zuvor waren derlei Fragestellungen in Bezug auf die Gebührenschuldnerschaft von Aufsichtspflichtigen allenfalls rare Einzelfälle. Dass die Bundespolizei nunmehr zahlreiche kostenpflichtige Maßnahmen trifft, für die auch Aufsichtspflichtige als Kostenschuldner in Frage kommen, konnte der Gesetzgeber bei Inkrafttreten des BGebG demnach nicht vorhersehen. Folglich kann die aufsichtspflichtige Person oder Institution unter den Voraussetzungen des § 832 BGB analog als Gebührenschuldner für diejenigen Maßnahmen in Anspruch genommen werden, die die beaufsichtigte Person verursacht hat.

Die Voraussetzungen nach § 832 BGB sind zusammengefasst **Aufsichtsbedürftigkeit** (in den hier relevanten Fällen sind das Minderjährige oder betreute Personen), **Aufsichtspflicht** (zu den verschiedenen Pflichten s. die vorstehenden Ziffern), **tatbestandsmäßige und rechtswidrige unerlaubte Handlung des Aufsichtsbedürftigen** (darunter ist eben die Handlung zu verstehen, die ursächlich für das polizeiliche Einschreiten war; im o. g. Beispiel also die Ballsuche unmittelbar am Gleis) und **Verschulden des Aufsichtspflichtigen**.

Im Haftungsrecht der §§ 823, 832 BGB wird vermutet, dass die Schadensverursachung dadurch entstanden ist, dass der Aufsichtspflichtige seiner **Aufsichtspflicht nicht ausreichend nachgekommen** ist. Hier gilt nach h. M. das Prinzip der **Beweislastumkehr**. Der Aufsichtspflichtige hat also zu beweisen, dass er der Aufsichtspflicht ausreichend nachgekommen ist. Kann er dies beweisen, haftet er nicht.[91] Je „reifer" der Minderjährige ist/erscheint, desto geringere Anforderungen werden an die Aufsichtspflicht zu stellen sein. Bei älteren Minderjährigen können auch Belehrungen und stichpunktartige Kontrollen ausreichen. Bei jüngeren/unreiferen Minderjährigen und im Wiederholungsfalle können stärkere bis hin zu Daueraufsichten erforderlich sein. Aus Sicht der Behörde muss folglich begründet werden können, dass der Aufsichtspflichtige vorsätzlich oder zumindest fahrlässig die ihm obliegende Aufsichtspflicht verletzt hat.

Zur Frage, wann und inwieweit eine Aufsichtspflichtverletzung anzunehmen ist, gibt es eine Fülle an Rechtsprechung. Dies kann nicht pauschal beantwortet werden und bedarf stets der Einzelfallprüfung. Nach h. M. gilt hier eine **„Je desto-Formel"**: Je schwerwiegender der drohende Schaden und je höher die Wahrscheinlichkeit seines Eintritts, desto mehr Mühen sind Eltern und sonstigen Aufsichtspflichtigen zumutbar.[92]

#### 2.5.1.2 Gebührenbefreiung für Behörden

Sofern Behörden als Gebührenschuldner in Betracht kommen, scheidet eine Gebührenerhebung in den allermeisten Fällen nach § 8 II BGebG in Verbindung mit den jeweiligen Verwaltungskostengesetzen der Bundesländer aus.

Befindet sich die Einrichtung (bspw. Jugendheim, Krankenhaus, Psychiatrie) in öffentlich-rechtlicher Trägerschaft als Anstalt des jeweiligen Bundeslandes oder der jeweiligen Gemeinde, fällt sie unter die persönliche **Gebührenbefreiung nach § 8 II BGebG**. Diese Befreiung besteht immer dann, wenn auch die jeweilige Körperschaft dem Bund nach dem Prinzip der **Gegenseitigkeit** ebenfalls Gebührenfreiheit einräumt. Dies ist in den allermeisten Landesverwaltungskostengesetzen der Fall. Demnach scheiden Gebührenbescheide an Landes- oder Kommunalbehörden aus. Gleiches gilt auch für privatrechtlich betriebene Einrichtungen wie z. B. Kliniken, die aber im Wege der Beleihung im Einzelfall mit hoheitlichen Befugnissen betraut werden. Dies findet in einigen Bundesländern statt, wenn gerichtlich angeordnete Unterbringungen nach dem PsychKG in einer privaten Klinik vollzogen werden.[93] In diesen Fällen können auch dieser Einrichtung gegen-

91 MüKoBGB/Wagner, 8. Aufl. 2020, BGB § 832 Rdnr. 25–26.

92 MüKoBGB/Wagner, 8. Aufl. 2020, BGB § 832 Rdnr. 25, 26 mit Verweisen auf BGH NJW 1976, 1145 (1146) und OLG Hamm NJW-RR 2002, 236 (237).

93 Vgl. bspw. § 8 IV BayPsychKHG.

über keine Gebühren für Maßnahmen der BPOL erhoben werden, da es sich formal um ausführende Organe des jeweiligen Landes handelt.

**Übersicht zur landesrechtliche Gebührenbefreiung des Bundes (der Bundesrepublik Deutschland) zur Prüfung der Gegenseitigkeit nach § 8 II BGebG**

| Bundesland | Gebührenbefreiung des Bundes? | Besonderheiten |
|---|---|---|
| Baden-Württemberg | § 10 I Nr. 1 LGebGBW | Gebühren ≤ 500 Euro* |
| Bayern | Art. 4 II Nr. 1 KG BY | |
| Berlin | § 2 I Nr. 1 VGebO Berlin | |
| Brandenburg | § 8 I Nr. 1 GebGBbg | |
| Bremen | § 7 I Nr. 1 BremGebBeitrG | |
| Hamburg | § 1 I Nr. 1 GebFreiVO | |
| Hessen | § 8 I Nr. 2 HVwKostG | Gebühren ≤ 500 Euro* |
| Mecklenburg-Vorpommern | § 8 I Nr. 1 VwKostG M-V | |
| Niedersachsen | § 2 I Nr. 1 NVwKostG | |
| Nordrhein-Westfalen | § 8 I Nr. 1 PolG NRW | |
| Rheinland-Pfalz | § 8 I Nr. 1 GebG R-P | |
| Saarland | § 3 I Nr. 3 SaarlGebG | |
| Sachsen | § 12 I Nr. 1 SächsVwKG | |
| Sachsen-Anhalt | § 2 I Nr. 1 VwKostG LSA | |
| Schleswig-Holstein | § 8 I Nr. 1 VwKostG SH | |
| Thüringen | § 3 I Nr. 2 ThürVwKostG | Gebühren ≤ 500 Euro* |

* Wird dem Bund durch Landesrecht Gebührenfreiheit bis zu einem bestimmten Wert (hier 500 Euro) gewährt, ist dieser als Schwellenwert zu verstehen. Liegt die nach Bundesrecht entstandene Gebühr unterhalb dieses Wertes, entfällt die Gebührenpflicht, liegt sie über dem Wert, ist der volle Gebührenbetrag zu entrichten.[94]

### 2.5.1.3 Besonderheit Jugendhilfeeinrichtungen

Regelmäßig werden polizeiliche Maßnahmen gegenüber Jugendlichen getroffen, die in **freien Jugendhilfeeinrichtungen** untergebracht sind oder durch diese betreut werden. Besonders häufig treten Unklarheiten in der Anwendung der Gebührenziffer 1.1.7 (Aufgriff einer vermissten unter Aufsicht stehenden oder betreuten Person) sowie Ziffer 8 (Gewahrsam nach § 38 BPolG) auf, da hier in besonderem Maße die Verantwortlichkeit Dritter zu prüfen ist.

Ob diese Einrichtungen **in behördlichem Auftrag** und somit in öffentlich-rechtlicher Trägerschaft auftreten oder überwiegend privatrechtlich agieren, ist mitun-

94 Vgl. *Prömper/Stein*, Bundesgebührengesetz, Kommentar, München 2019, zu § 8 Rdnr. 12, S. 56, 57.

ter schwierig zu beurteilen. Agieren die Jugendhilfeeinrichtungen nach entsprechender Aufgabenübertragung in öffentlich-rechtlicher Trägerschaft, verbleibt die Haftung für deren Handeln bei den Trägern der öffentlichen Jugendhilfe, also in der Regel bei den Jugendämtern. Begründet wird dieses Prinzip in der Systematik des Sozialgesetzbuches VIII. Nach **§ 76 II SGB VIII** bleiben die Träger der öffentlichen Jugendhilfe für die Erfüllung der Aufgaben verantwortlich, sofern eine Übertragung der Aufgaben nach § 76 I SGB VIII erfolgt ist. Eine Übertragung kann demnach im Wege einer teilweisen Beteiligung oder kompletten Beleihung der behördlichen Aufgaben erfolgen.[95]

Im Ergebnis handeln die Träger der freien Jugendhilfe in diesen Fällen in Verantwortung einer Behörde und sind somit **gebührenbefreit.** Ob dies der Fall ist, kann nach dem folgenden Schema anhand der Systematik des SGB VIII geprüft werden:

Das SGB VIII unterscheidet zunächst zwischen **„Leistungen der Jugendhilfe"** und **„anderen Aufgaben der Jugendhilfe"**.

**„Leistungen"** sind hauptsächlich private (eher unterstützende, eingriffsärmere) Tätigkeiten und werden vorrangig durch die selbständigen freien Träger der Jugendhilfe angeboten. Diese Leistungen richten sich nach den §§ 11–41a SGB VIII (= 2. Kapitel des SGB VIII).

**„Andere Aufgaben"** sind hoheitliche, staatliche Schutzaufgaben und obliegen ausschließlich den Behörden, also den öffentlichen Trägern der Jugendhilfe. Rechtsgrundlage sind die §§ 42–60 SGB VIII (= 3. Kapitel). Die Wahrnehmung dieser Aufgaben ist den Trägern der öffentlichen Jugendhilfe gemäß § 3 III SGB VIII vorbehalten und wird in der Regel durch die Jugendämter wahrgenommen. Nur ausgewählte Teile dieser anderen Aufgaben, also Tätigkeiten nach §§ 42 ff. SGB VIII, sind von dem Übertragungsrecht nach § 76 I SGB VIII umfasst. Anders als bei der Erbringung von Leistungen nach § 3 II SGB VIII nehmen die freien Träger hierbei keine originäre, sondern die öffentlich-rechtliche Aufgabe im Auftrag des Trägers der öffentlichen Jugendhilfe aufgrund öffentlich-rechtlicher Beteiligung oder Übertragung von Aufgaben wahr. Das Wesen der freien Träger der Jugendhilfe bleibt in diesen Fällen privatrechtlich. Sie wirken lediglich an den öffentlichen Aufgaben der Jugendämter mit, dürfen keine eigenen Verwaltungsakte erlassen und sind insbesondere nicht als beliehene Unternehmer, Verwaltungshelfer oder Erfüllungsgehilfe zu qualifizieren.[96] In der Konsequenz handeln die freien Träger zwar eigenständig und sind dem Jugendamt gegenüber zur pflichtgemäßen Erfüllung der Aufgaben verpflichtet, haften jedoch nicht nach außen für das hoheitliche Betreuungsverhältnis.

---

95 Zum Prinzip der sog. „Letztverantwortlichkeit" vgl. *Schindler* in Münder/Meysen/Trenczek, Frankfurter Kommentar SGB VIII, 9. Aufl. 2022, § 76 Rdnr. 10, 11.

96 LPK-SGB VIII/*Helmut Schindler/Edda Elmauer*, 8. Aufl. 2022, SGB VIII § 76 Rdnr. 15.

Der Gesetzgeber hat klar definiert, welche Aufgaben übertragen werden dürfen, und in der Konsequenz eine Haftungsübernahme festgelegt. Nur die Übertragung der genannten öffentlichen Aufgaben an einen Privaten löst die legal festgelegte Haftungsübernahme nach § 76 II SGB VIII aus. Eine umfassende Haftung der öffentlichen Jugendhilfe für jegliches Tätigwerden der freien Träger (also auch für Leistungen nach § 3 II SGB VIII) besteht nicht.

Es empfiehlt sich daher, die Kostenschuldnerschaft der freien Träger der Jugendhilfe anhand der nachfolgenden Fragen zu prüfen:

Kann die Einrichtung schlüssig belegen, zur Erfüllung einer *„anderen Aufgabe der Jugendhilfe“* nach den §§ 42 ff. SGB VIII durch die öffentliche Stelle bestellt worden zu sein, **scheidet eine Kostenschuldnerschaft aus**, wenn das Prinzip der Gegenseitigkeit nach § 8 II BGebG greift. Üblicherweise erfolgt die Übertragung der Aufgaben im Wege eines öffentlich-rechtlichen Vertrages. Ein solcher ist durch die betroffene Einrichtung vorzulegen.

Wurde die Einrichtung nach den §§ 11–41a SGB VIII tätig, **haftet sie im Falle einer Aufsichtspflichtverletzung selbst**. Es gelten insofern alle sonstigen Regeln für die Haftung einer Institution (vgl. Ziffer 2 und 3).

### 2.5.2 Prüfungsschema für die Kostenschuldnerschaft

Zunächst kommen **polizeipflichtige Personen selbst** als primärer Kostenschuldner in Betracht. Sofern die polizeipflichtige Person nicht selbst Kostenschuldner sein kann, weil sie z. B. nicht einsichtsfähig oder reif genug ist, kann die Gebührenschuldnerschaft eines Dritten wie folgt bestimmt werden:

1. Als Gebührenschuldner kommen nach § 3 II Nr. 4 BGebG diejenigen in Betracht, in deren Pflichtenkreis eine Kausalität zur polizeilichen Maßnahme lag. Maßgeblich ist hierfür nur, wer die **Aufsichtspflicht für die polizeipflichtige Person** innehatte. Andere Sorge- oder Betreuungspflichten sind insofern unbeachtlich.
2. Für die Gebührenpflicht Dritter gelten die Voraussetzungen und die Rechtsprechung zu den §§ 823, 832 Bürgerliches Gesetzbuch (BGB) analog. Sie können demnach nur dann als Gebührenschuldner in Anspruch genommen werden, wenn sie **gegen die ihnen obliegende Aufsichtspflicht vorwerfbar verstoßen** haben.
3. Für die Frage der Aufsichtspflichtverletzung gilt das Prinzip **der Beweislastumkehr** und der individuellen **Einzelfallprüfung**.
4. Trifft die Gebührenschuld eine Behörde oder eine Einrichtung, die in Verantwortung einer Behörde tätig wurde, scheidet die Gebührenerhebung wegen der persönlichen **Gebührenbefreiung** im Rahmen des Gegenseitigkeitsprinzips nach § 8 II BGebG aus.

5. Dic Aufsichtspflichten und Betreuungsverhältnisse sollten zur Vereinfachung der Sachbearbeitung im Wege des **Anhörungsverfahrens** nach § 28 Verwaltungsverfahrensgesetz (VwVfG) aufgeklärt und gezielt abgefragt werden. Die aufwändige zeitintensive Recherche über verschiedene Behörden kann so vermieden werden.

## 2.6 Grundsätze zur Kostenerhebung

Diejenigen Grundsätze, welche das Recht der Kostenerhebung beherrschen, finden sich in § 2 AGebV. Das **Kostendeckungsprinzip** des § 9 BGebG wird durch § 2 I 1 AGebV konkretisiert durch die Bezugnahme auf die durchschnittlichen Kosten aller an der gebührenfähigen Leistungserbringung beteiligten öffentlichen Stellen, die mit der Leistung verbunden und nach betriebswirtschaftlichen Grundsätzen ansatzfähig sind. Durch § 2 I AGebV wird bundesrechtlich erstmals das Kostendeckungsprinzip als wesensimmanenter Bestandteil der Gebührenbemessung im Rahmen eines gebundenen Verwaltungshandelns in einer Rechtsvorschrift verankert und als gebührenrechtliches **Leitprinzip** manifestiert. Das Kostendeckungsprinzip als genereller Grundsatz umfasst im Näheren das *Kostenüberschreitungsverbot* und das zwingend zu beachtende *Kostendeckungsgebot.*

Kosten sind ferner nach dem **Grundsatz der Notwendigkeit** nur dann als gebührenfähig anzuerkennen, wenn sie für die Leistungserbringung als *erforderlich* einzustufen sind. Dieser Grundsatz der Notwendigkeit von Kosten ist hergeleitet aus dem Grundsatz der Wirtschaftlichkeit und Sparsamkeit, den Verfassungsprinzipien der Rechtsstaatlichkeit und der Verhältnismäßigkeit und dem daraus resultierenden Gebot, den Einzelnen vor Übermaß, Willkür und sonstigen unnötigen Eingriffen der öffentlichen Hand zu bewahren. Diese Erforderlichkeit der entstandenen und geltend gemachten Kosten ist bei der Gebührenfestsetzung schlüssig zu begründen. Hieraus resultiert eine **Begründungspflicht** für eine geltend gemachte Gebühr. Gebührenfähig sind nach § 9 I BGebG nur die mit der individuell zurechenbaren öffentlichen Leistung *verbundenen* Kosten. Hierunter fallen nur Kosten, die mit der individuell zurechenbaren Leistungserbringung selbst zusammenhängen oder die für solche Neben- und Zusatzleistungen entstanden sind, welche mit der Leistungserbringung in einem ausreichend engen **Sachzusammenhang** stehen. Darüber hinaus ist auch der **Umfang** der als gebührenfähig anzusetzenden Kosten durch den Grundsatz der Notwendigkeit begrenzt. Auch diese vorgenannten Aspekte unterfallen einer Begründungspflicht bei der Gebührenfestsetzung.

Das Verbot der Beabsichtigung einer **Gewinnerzielung** ergibt sich im Wege der Interpretation aus § 9 I BGebG und § 2 I AGebV.

Bei der Kostenfestsetzung ist zudem das **Verbot der Doppelerhebung** von Kostenbestandteilen aus § 6 I Nr. 1 AGebV zu beachten. Danach darf kein gesonderter Kostenansatz erfolgen, soweit die in Rede stehenden Kosten bereits in anderen Kostenpositionen der zu berechnenden oder einer anderen gebührenfähigen Leistung enthalten sind.

Zum Umgang und zur Konkurrenz mit verschiedenen Gebührentatbeständen wird im Abschnitt 2.8 zu den Gebührenarten noch einmal gesondert und vertiefend eingegangen.

Des Weiteren besteht ein Verbot der Gebührenerhebung für **rechtswidrige Maßnahmen** aus § 13 Satz 3 BGebG: Widerrechtliche Maßnahmen dürfen nicht abgerechnet werden; dies war in der Rechtsprechung seit jeher anerkannt. Vgl. dazu vertiefend Abschnitt 2.7 zum zugrundeliegenden Eingriffsrecht der Bundespolizei auf der Primärebene.

Schließlich regelt § 13 III 1 BGebG das **Verbot der Gebührenerhebung nach Eintritt der Verjährung**. Die Gebührenfestsetzungsfrist beträgt vier Jahre. Sie beginnt mit Ablauf des Kalenderjahres, in dem der Gebührenanspruch entstanden ist.

## 2.7 Kostenpflichtige und kostenfreie Aufgaben der Bundespolizei

Die Eingangsvorschrift der BMIBGebV betrifft die Erhebung von Gebühren und Auslagen im Zuständigkeitsbereich des BMI; sie lautet im Wortlaut wie folgt:

**§ 1 Erhebung von Gebühren und Auslagen:** Im Zuständigkeitsbereich des Bundesministeriums des Innern, für Bau und Heimat werden Gebühren und Auslagen für individuell zurechenbare öffentliche Leistungen (gebührenfähige Leistungen) erhoben, die auf Grund der folgenden Vorschriften erbracht werden:

1. Bundespolizeigesetz,
2. Verwaltungs-Vollstreckungsgesetz,
3. BDBOS-Gesetz,
4. BDBOS-Zertifizierungsverordnung,
5. Laufbahnbefähigungsanerkennungsverordnung,
6. Verordnung (EU) 2016/679 des Europäischen Parlaments und des Rates vom 27. April 2016 zum Schutz natürlicher Personen bei der Verarbeitung personenbezogener Daten, zum freien Datenverkehr und zur Aufhebung der Richtlinie 95/46/EG (Datenschutz-Grundverordnung),
7. BSI-Gesetz,
8. De-Mail-Gesetz,
9. Verordnung zur Erteilung von Unbedenklichkeitsbescheinigungen,
10. Waffengesetz,
11. Allgemeine Waffengesetz-Verordnung

In der amtlichen Begründung zur BMIBGebV heißt es:

> *„Mit dem Gesetz zur Einbeziehung der Bundespolizei in den Anwendungsbereich des Bundesgebührengesetzes vom 10. März 2017 (BGBl. I S. 417) wurde für die Bundespolizei die Möglichkeit geschaffen, nach Maßgabe des Bundesgebührengesetzes sowie der AGebV Gebühren für individuell zurechenbare Sicherheitsleistungen* ***in allen Bereichen ihrer präventiven polizeilichen Tätigkeit*** *zu erheben. Die Gebührenpflicht für individuell zurechenbare Sicherheitsleistungen soll gewährleisten, dass nur die Maßnahmen der allgemeinen Risikovorsorge oder der jedermann gewidmeten Gefahrenabwehr durch die von der Allgemeinheit zu zahlenden Steuern finanziert werden.“*[97]

Diese vermeintlich schlicht gehaltene Formulierung von ***„allen Bereichen ihrer präventiven polizeilichen Tätigkeit“*** klingt zunächst einleuchtend und klar umrissen. Im zurückliegenden Zeitraum des Wirkbetriebs der BMIBGebV entstanden allerdings zahlreiche, mitunter recht komplexe Fragestellungen rund um die Kernproblematik, wann genau die Bundespolizei mit ihren zahlreichen **allgemeinpolizeilichen und spezialgesetzlichen Aufgaben** kostenpflichtige Tätigkeiten auf dem Gebiet der Gefahrenabwehr wahrnimmt. Zu nennen sind hier bspw. die nachstehenden Einzelfragen, deren Beantwortung sich die folgenden Abschnitte widmen:

Entsteht eine Kostenpflicht für Maßnahmen der Bundespolizei im Spannungsfeld zwischen **Strafverfolgung und Gefahrenabwehr**? Welche Rolle spielt der Status einer Person als Beschuldigter oder Tatverdächtiger für die Erhebung von Polizeikosten?

Wie wird mit sog. **„doppelfunktionalen Maßnahmen“** umgegangen, die sowohl gefahrenabwehrrechtliche als auch repressive Zwecke verfolgen?

Entsteht eine Kostenpflicht für Einsatzmaßnahmen der Bundespolizei bei oder im Zusammenhang mit **Versammlungen**? Wie weit reicht die Sperrwirkung des Versammlungsrechts?

In welchem Verhältnis steht die Kostenpflicht für Einsatzmaßnahmen nach dem BPolG zu den zahlreichen **spezialgesetzlichen Aufgaben** und Befugnissen der Bundespolizei außerhalb des BPolG, wie bspw. nach dem AufenthG, LuftSiG, dem WaffG, dem BtMG, dem SprengG oder seefahrtsrechtlichen Aufgaben nach dem SRÜ?

---

97 BMI, Amtliche Begründung zur Besonderen Gebührenverordnung BMIBGebV, veröffentlicht 21.10.2019, BAnz AT 21.10.2019 B1, zu Abschnitt 1, S. 19.

### 2.7.1 Anwendungsbereich der BMIBGebV

Für die Bundespolizei bestimmt sich der konkrete Anwendungsbereich der BMI-BGebV nach den in **Abschnitt 1** und in **Abschnitt 2** des **Gebühren- und Auslagenverzeichnisses (GAV)** festgelegten Kostentatbeständen. Dieses Gebühren- und Auslagenverzeichnis mit seinen zahlreichen Kostentatbeständen ergänzt in Gestalt einer Anlage die §§ 1–5 BMIBGebV, wobei diese Anlage unmittelbar auf der in § 2 I BMIBGebV enthaltenen Regelung beruht. Bei den in Abschnitt 1 und Abschnitt 2 der Anlage zu § 2 I BMIBGebV aufgeführten Kostentatbeständen handelt es sich um Gebühren bzw. Auslagen für im Einzelnen beschriebene **Gefahrenabwehrmaßnahmen**, die entweder nach dem *Bundespolizeigesetz (BPolG)* vorgenommen werden (Abschnitt 1 des GAV) oder auf der Grundlage des *Verwaltungsvollstreckungsgesetzes (VwVG)* erfolgen (Abschnitt 2 des GAV). Dabei wird das VwVG – soweit es speziell um die Anwendung unmittelbaren Zwanges i. S. d. § 12 VwVG geht – im Bundesrecht bekanntlich noch durch die im UZwG enthaltenen Vorschriften ergänzt.

> **Zitationshinweis:** Soweit im Folgenden in abgekürzter Form z. B. „Nr. 3.2.2 GAV" zitiert wird, ist immer automatisch der Abschnitt 1 des GAV gemeint, dem aus Sicht der Bundespolizei die praktisch größte Bedeutung zukommt. Wird eine Nummer aus dem Abschnitt 2 oder aus einem der nachfolgenden Abschnitte zitiert, so wird der in Bezug genommene Abschnitt jeweils konkret genannt, um Missverständnisse zu vermeiden, z. B. also „Abschnitt 2 Nr. 2.1 GAV".

Gemäß den in Abschnitt 1 und in Abschnitt 2 des GAV getroffenen Regelungen bestehen Ermächtigungsgrundlagen für die Erhebung von Gebühren oder Auslagen für bundespolizeiliche Maßnahmen nach dem BPolG, VwVG und UZwG **im gesamten präventiven Aufgabenbereich** der Bundespolizei, wie er in den §§ 1 II 2–6 BPolG beschrieben wird. Hierbei ist ggf. zu beachten, dass es für bestimmte Aufgabenbereiche *spezielle* Kostenregelungen gibt, die den allgemeinen Kostenerhebungsvorschriften in der BMIBGebV vorgehen (s. hierzu vertiefend die Kapitel 2.3.5 bis 2.3.7).

*Ebenso nicht* zu den Regelungsgegenständen der BMIBGebV gehören ferner die nachfolgend genannten Rechtsmaterien. Werden Maßnahmen in diesen Rechtsbereichen durch die Bundespolizei getroffen, so ist eine Kostenerhebung nur nach spezialgesetzlichen Rechtsgrundlagen zulässig – oder aber, bei Fehlen einer solchen, eben gar nicht. Kosten auf der Grundlage der BMIBGebV dürfen dann jedenfalls nicht erhoben werden. Im Einzelnen handelt es sich dabei um die folgenden Rechtsbereiche:

| |
|---|
| § 38 des Staatsangehörigkeitsgesetzes |
| Artikel 2 Satz 2 des Gesetzes zur Verhinderung der Staatenlosigkeit |
| Staatsangehörigkeits-Gebührenverordnung |
| § 20 des Passgesetzes |
| §§ 15 bis 17 der Passverordnung |
| §§ 31 I, 34 Nr. 8 des Gesetzes über Personalausweise und den elektronischen Identitätsnachweis |
| Personalausweisgebührenverordnung |
| §§ 69, 70 des Aufenthaltsgesetzes |
| §§ 44 bis 54 der Aufenthaltsverordnung |
| § 11 I des Gesetzes über die allgemeine Freizügigkeit von Unionsbürgern |
| § 17a des Luftsicherheitsgesetzes |
| Luftsicherheitsgebührenverordnung |

Sofern die **Zollverwaltung** aufgrund spezialgesetzlicher Ermächtigung bundespolizeiliche Aufgaben wahrnimmt und im Zuge dessen ergriffene Maßnahmen als Maßnahmen der Bundespolizei gelten (vgl. die §§ 66, 68 BPolG), sind die einschlägigen Kostentatbestände des Gebühren- und Auslagenverzeichnisses der BMIBGebV maßgeblich. Die Zollverwaltung ist dann anstelle der Bundespolizei für die Geltendmachung und Vereinnahmung solcher Gebühren und Auslagen zuständig.

### 2.7.2 Verhältnis zu repressiven Maßnahmen der Bundespolizei

Die regelmäßig auftretende Frage, ob eine Maßnahme überwiegend der Strafverfolgung oder der Gefahrenabwehr zuzuordnen ist, kann nur im Wege des Berichtswesens durch die eingesetzten Beamten beantwortet werden. Nach aktueller Rechtsprechung des BGH[98] und des BVerfG stehen sich Gefahrenabwehr und Strafverfolgung als **gleichrangige Rechtsgebiete** gegenüber und schließen sich gegenseitig nicht aus. Demnach besteht weder ein Vorrang der Strafprozessordnung gegenüber dem Gefahrenabwehrrecht noch umgekehrt. Bei **Gemengelagen**, in denen sowohl repressives als auch präventives polizeiliches Handeln in Betracht kommt, bleiben strafprozessuale und gefahrenabwehrrechtliche Ermächtigungsgrundlagen grundsätzlich nebeneinander anwendbar. Die Beurteilung, welche dieser Herangehensweisen gewählt wird, kann ebenfalls ausschließlich aus der ex ante-Perspektive, und damit nur durch die PVB vor Ort getroffen werden. Grenzen dieser Entscheidungsfreiheit, ob präventiv oder repressiv vorgegangen wird, lie-

98 BGH, Urt. vom 26.4.2017 – 2 StR 247/16 –, zur Rechtmäßigkeit sog. „legendierter Kontrollen“.

gen in der Gefahr der bewussten Umgehung strafprozessualer Voraussetzungen bzw. von Beschuldigtenrechten.

Auch wenn sich bei einem Sachverhalt mehr oder weniger zügig ein Anfangsverdacht gegen eine Person ergeben sollte, schließt dies Maßnahmen zur Gefahrenabwehr nach dem BPolG nicht aus. In der Folge sind sehr wohl auch Polizeikosten für einen Einsatz zur Gefahrenabwehr zu erheben, obwohl gegen den Polizeipflichtigen parallel ein Strafverfahren eröffnet wurde.

**Beispiel 1: „SWATing“**

*Unter Jugendlichen entwickelt sich auf der Plattform „TikTok“ ein Trend, bei dem es darum geht, durch Fake-Anrufe möglichst viele Polizeikräfte an einen bestimmten Ort zu locken. Dies machen die Jugendlichen durch vorgebliche Amokläufe und Terroranschläge, die sie dem Polizeinotruf mitteilen oder mittelbar über andere Serviceunternehmen streuen.*

Hier wird sehr wohl im Nachhinein ein Ermittlungsverfahren nach § 145d StGB (Vortäuschen einer Straftat) oder § 126 StGB (Störung des öffentlichen Friedens durch Androhung von Straftaten) eingeleitet. Gleichwohl dienen die zunächst getroffenen polizeilichen Einsatzmaßnahmen weit überwiegend der Gefahrenabwehr. Hier ist die Polizei nach der verwaltungsgerichtlichen Rechtsprechung[99] gerade nicht als Hilfsorgan der Staatsanwaltschaft strafverfolgend tätig geworden, sondern präventivpolizeilich zum Schutze der zunächst in Gefahr gewähnten Rechtsgüter. Zunächst gilt es, Leib und Leben der möglichen Opfer zu schützen. Erst im Nachgang steht die beweiskräftige Strafverfolgung für die Fake-Anrufe im Vordergrund.

Daraus lässt sich folgendes Fazit ziehen: Ausschlaggebend für die Kostenpflichtigkeit einer Maßnahme bzw. eines Einsatzes ist immer das unmittelbar mit einer Maßnahme vorfolgte polizeiliche Ziel. Sofern es sich um eine Maßnahme zum Zwecke der Gefahrenabwehr handelt, entstehen (nach GAV) Polizeikosten. Dient das Tätigwerden der Strafverfolgung, kommt die BMIBGebV nicht zur Anwendung.

**Beispiel 2:**

*Ein vorläufig auf frischer Tat festgenommener Taschendieb wird nach Abschluss der strafprozessualen Maßnahmen in Unterbindungsgewahrsam genommen, um weitere Taschendiebstähle zu verhindern.*

---

99 Vgl. BayVGH BayVBl. 1999, 277; HmbOVG DVBl 1998, 841 (844); VGH BW NVwZ 1988, 271; NdsOVG NJW 1986, 2007; vgl. auch OVG NRW DVBl 2000, 1635 und KStZ 2000, 235.

**Beispiel 3:**

*Ein festgestellter Schleuser wird im Rahmen der Strafsachenbearbeitung durch den Ermittlungsdienst nach § 81b I 2. Alt. StPO erkennungsdienstlich behandelt.*

**Beispiel 4:**

*Nach einer Sachbeschädigung im Zug wird ein Fußballfan festgehalten und kontrolliert. Während der Maßnahmen beginnt er, die eingesetzten PVB anzugreifen und Widerstand zu leisten. Zur Unterbindung des Widerstandes und der Angriffe wird er präventiv gefesselt.*

**Beispiel 5:**

*Die Notfallleitstelle der DB AG meldet einer BPOLI einen Bahnbetriebsunfall, bei dem mehrere Kühe einer Herde zunächst entlaufen und zum Teil von einem Zug erfasst wurden. Maßnahmen der Strafverfolgung (Zeugenvernehmung, Beweissicherung vor Ort, Tatortarbeit etc.) unterfallen der Strafverfolgung und sind kostenfrei. Die Absuche der Strecke nach weiteren entlaufenen Tieren jedoch dient der Gefahrenabwehr und ist kostenpflichtig.*

### 2.7.3 Maßnahmen im Zusammenhang mit Versammlungslagen

Insbesondere bei Einsätzen mit Versammlungsbezug stellt sich häufig die Frage nach der Anwendbarkeit des BPolG. Im Aufgabenbereich der BPOL finden regelmäßig unterschiedlichste Versammlungen statt, die Maßnahmen zur Gefahrenabwehr erfordern.

Zu denken ist hier an CASTOR-Transporte, sonstige politische Protestformen mit Gleisblockaden, Demonstrationen gegen Großprojekte der DB AG wie „Stuttgart 21", Kundgebungen im Umfeld und ggf. sogar mit Störung der Schutzobjekte nach § 5 BPolG oder Anklebeaktionen der sog. „Letzten Generation" auf dem Vorfeld von Flughäfen.

Die Bundespolizei wird in Bezug auf Versammlungen in drei grundsätzlichen **Einsatzszenarien** von derartigen Fragestellungen betroffen: Versammlungen **im räumlichen Zuständigkeitsbereich**[100] der Bundespolizei, **An- und Abreise** von Versammlungsteilnehmern durch den Zuständigkeitsbereich der Bundespolizei, Einsätze zur **Unterstützung der Landespolizei** durch verschiedene (meist verbandspolizeiliche) Einsatzkräfte der Bundespolizei.

100 Nach der Entscheidung des BVerfG vom 22.2.2006 („Fraport Urteil" – 1 BvR 699-06 –) können Versammlungen nicht nur auf öffentlichen Straßen, Wegen und Plätzen stattfinden, sondern auch in *„öffentlichen Kommunikationsräumen"*, wenn dort ein Nebeneinander verschiedener Nutzungen besteht, wie dies in größeren Bahnhöfen und Flughäfen üblicherweise der Fall ist. Private Betreiber solcher Einrichtungen haben insofern eine Duldungspflicht für Versammlungen.

Ohne an dieser Stelle zu tief auf das sehr komplexe Rechtsgebiet des Versammlungsrechts einzugehen, lässt sich die Anwendbarkeit des Polizeikostenrechts im Zusammenhang mit Versammlungen im Wesentlichen auf ein Kernproblem reduzieren: die **„Polizeifestigkeit“**[101] des Versammlungsrechts. Hierunter versteht man, dass Maßnahmen gegenüber Versammlungsteilnehmern zunächst nach den speziellen Vorschriften des jeweils geltenden Versammlungsgesetzes zu treffen sind und das allgemeinere Polizeirecht (hier das BPolG) eben nicht angewendet werden darf.[102] Die Bundesländer Bayern, Berlin, Hessen, Niedersachsen, Nordrhein-Westfalen, Sachsen, Sachsen-Anhalt und Schleswig-Holstein haben nach der Föderalismusreform[103] des Versammlungsrechts aus 2006 eigene Versammlungsgesetze eingeführt. In den Bundesländern Baden-Württemberg, Brandenburg, Bremen, Hamburg, Mecklenburg-Vorpommern, Rheinland-Pfalz, Thüringen und Saarland gilt das Versammlungsgesetz des Bundes fort. Auf die „Polizeifestigkeit des Versammlungsrechts“ und deren Auswirkung auf die Erhebung von Polizeikosten wird später näher ein gegangen.

### Öffentlicher Diskurs und Kritik an der BMIBGebV für die Versammlungsfreiheit

Nach Inkrafttreten der BMIBGebV wurde in der öffentlichen Diskussion vermehrt die Frage aufgeworfen, ob und inwiefern allein die Existenz einer Gebührenverordnung für Einsätze nach dem BPolG einen grundsätzlichen Eingriff in die Versammlungsfreiheit darstellen könnte:[104]

> *„Drohende Gebühren könnten Menschen davon abhalten, (halb-)öffentliche Räume im Zuständigkeitsbereich der Bundespolizei aufzusuchen, gerade Menschen mit geringem Einkommen. Im Kontext von Demonstrationen oder Fußballspielen kann die Androhung von Gebühren von der Teilnahme und damit vom Gebrauch der Grundrechte abhalten.“*[105]

---

101 Vgl. u. a. BVerwG, Urt. vom 25.7.2007 – 6 C 39/06 –, NVwZ 2007, 1439 (1440), BVerwGE 129, 147; BVerwG DVBl 2020, 280 = NVwZ 2019, 1281.

102 Zum Vorrang des Versammlungsrechts gegenüber dem BPolG vgl. vertiefend: *Malmberg* in Drewes/Malmberg/Wagner/Walter (Hrsg.), Bundespolizeigesetz, Kommentar, 6. aktualisierte Aufl., Stuttgart/München 2019, § 3 BPolG Rdnr. 65.

103 Grundgesetzänderung zur Reform der bundesstaatlichen Ordnung; Gesetz zur Änderung des Grundgesetzes vom 28.8.2006, BGBl. I 2034.

104 Der Tagesspiegel „Rechnung bei Platzverweis oder Identitätsfeststellung: Wie die Bundespolizei ihre neue Gebührenordnung nutzt“, https://www.tagesspiegel.de/politik/wie-die-bundespolizei-ihre-neue-gebuhrenordnung-nutzt-4159507.html; TAZ, „Bezahlte Repression“, https://taz.de/Gebuehren-fuer-Massnahmen-der-Polizei/!5658040/ [zuletzt abgerufen am 11.9.2023].

105 *Fährmann, Jan/Aden, Hartmut,* Polizeigebühren dürfen nicht den Grundrechtsgebrauch beeinträchtigen! VerfBlog 2020/2/25, https://verfassungsblog.de/polizeigebuehren-duerfen-nicht-den-grundrechtsgebrauch-beeintraechtigen/.

Nach einer ersten rechtswissenschaftlichen Analyse dieser Fragestellung kommt der Wissenschaftliche Dienst des Bundestages[106] zu dem Ergebnis, dass die Existenz der BMIBGebV zunächst zwar einen Einschnitt in die Versammlungsfreiheit nach Art. 8 GG darstellen würde, jedoch im Abgleich mit den verfolgten Zielen gerechtfertigt sei. Begründet wird die Eingriffswirkung mit der Annahme, dass man bei der Teilnahme an einer Versammlung mit einem hohen Kostenrisiko zu rechnen hätte, unabhängig davon, ob man tatsächlich wegen eines Verstoßes gegen das StGB verurteilt werde oder nicht. Allerdings sei dieser Eingriff angemessen und gerechtfertigt, da durch die Kostenumlage einerseits zu einer künftigen Verhaltensbeeinflussung beigetragen werden soll. Weiterhin wird das Interesse des Allgemeinwohls verfolgt, da hierdurch die Anzahl der Straftaten eingedämmt werden soll. Es sei dem Wissenschaftlichen Dienst zufolge

> *„nicht ersichtlich, warum individuell verursachte Einzelfälle während einer ansonsten friedlichen Versammlung durch jeden Bürger finanziell mitgetragen werden sollen. Die Steuergelder können an sinnvolleren Stellen ausgegeben werden, die in einem erheblicheren Maße zum Wohl der Allgemeinheit beitragen. Zudem ist es nicht das Ziel der Verordnung, faktisch die Anzahl an Versammlungen zu reduzieren, sondern Versammlungen sicherer zu gestalten.“*[107]

Zwar lässt sich dem grundsätzlichen Gedanken der **öffentlichen Kritik** an der BMIBGebV im Zusammenhang mit Versammlungen in Teilen folgen. Der Gedanke stimmt vor allem mit einer vermeintlichen „Alltagswahrnehmung“ überein, wonach es als ungerecht empfunden werden kann, wenn die Teilhabe an Versammlungen und das Wahrnehmen eines zentralen Grundrechts mit der potentiellen Gefahr der Festsetzung teils erheblicher Polizeikosten verknüpft sein kann, falls es zu etwaigen Polizeieinsätzen kommen sollte. Gemeint ist ein sog. **„chilling effect“** (Einschüchterungseffekt), also eine Hemmungswirkung potentieller polizeilicher Eingriffsmaßnahmen auf die unbeeinträchtigte Beteiligung an Versammlungen, ohne Angst vor staatlicher Repression haben zu müssen.[108] Besonders deutlich wird dieser Gedanke anhand eines Beschlusses des OVG NRW[109], wonach bereits dann ein Eingriff in die (innere) Versammlungsfreiheit vorliegt, wenn die Polizei einsatzbereite stationäre Videokameras vorhalte, die bloß den Anschein einer möglichen Überwachung erwecken, selbst wenn diese Kameras nicht eingeschaltet werden.

---

106 Deutscher Bundestag, Wissenschaftliche Dienste, WD 4 – 3000 – 028/20, vom 10.3.2020.

107 A. a. O.

108 Vgl. zur Einschüchterungswirkung polizeilicher Maßnahmen im Kontext von Versammlungen insbesondere: BVerfGE 69, 315 (349) – Brokdorf, BVerwG 160, 169 – Tornadoflug G8-Gipfel, OVG NRW Beschl. vom 17.9.2019 – 15A 4753/18 – zu Übersichtsaufnahmen durch die Polizei.

109 OVG NRW Beschl. vom 13.3.2020 – 15 B 332/20 –.

Noch deutlicher und für die Bundespolizei bedeutsamer wird dieser Gedanke, wenn man ihn auf die vom Versammlungsgrundrecht mitgeschützte **An- und Abreisephase** zu Versammlungen ausdehnt. Denn bereits hier greift der Grundrechtsschutz und mithin auch die Ausstrahlungswirkung einer möglichen Einschüchterungswirkung etwaiger polizeilicher Überwachungsmaßnahmen vor und nach einer Versammlung. Die Bundespolizei ist im Rahmen ihrer sonderpolizeilichen Aufgabenzuweisung nach den §§ 1–7 BPolG üblicherweise dort eingesetzt, wo Personen reisen. Dies betrifft hauptsächlich Grenzübergänge, Verkehrswege im Grenzraum, Bahnhöfe, Züge, Flughäfen und Seehäfen. Bezogen auf ihren gesetzlichen Auftrag übt die Bundespolizei an diesen Orten das jeweilige Mandat zur Gewährleistung der öffentlichen Sicherheit und Ordnung aus und ist nach den entsprechenden Vorschriften der §§ 22, 23, 43, 44 BPolG auch befugt, Personen anzuhalten, zu befragen, zu kontrollieren und ggf. auch zu durchsuchen. Reisen Personen nun über eines der von der Bundespolizei überwachten Objekte zu einer Versammlung an, besteht eine hinreichende Wahrscheinlichkeit, auch entsprechend kontrolliert bzw. überwacht zu werden. Diese Form der **sonderpolizeilichen Gefahrenabwehr** tangiert zwar die betroffenen Personen auch in ihrem Grundrecht auf Versammlungsfreiheit, wird aber durch die Rechtsprechung und Fachliteratur weitgehend als **zulässig** bewertet, soweit die Kontrollen einen engen Bezug zur sonderpolizeilichen Aufgabe der Bundespolizei innehaben und überwiegend auf die dort zu schützenden Rechtsgüter ausgerichtet sind.[110] So sind Vorkontrollen bahnreisender Versammlungsteilnehmer in der Anreisephase zulässig, sofern sich die Kontrollen auf eine bahnpolizeiliche Gefahrenlage in Zügen und Bahnhöfen bezieht und somit auch eine sichere, ungestörte Anreise für die Teilnehmer gewährleisten soll. Die Gefahr, im Zug zur Demonstration von Gegendemonstranten angegriffen zu werden, ist hauptsächlich eine bahnpolizeiliche Gefahr und nur mittelbar eine versammlungsrechtliche. Nicht vom BPolG umfasst wären Kontrollen, die eine Gefahrenabwehr mit Schadensverwirklichung am Zielort (der Demonstration) zum Ziel hätten.[111]

Der oben aufgezeigte Gedanke, der in Gestalt einer Einschüchterungswirkung der BMIBGebV für potentielle Versammlungsteilnehmer in deren Versammlungsgrundrecht eingreifen soll, geht jedoch in zwei wesentlichen Punkten fehl. Diesem Gedanken kann vor allem wegen der **besonderen Rechtsstellung der Bundespolizei** nicht gefolgt werden.

---

110 Vgl. hierzu insbesondere *Malmberg* in Drewes/Malmberg/Wagner/Walter (Hrsg.), Bundespolizeigesetz, Kommentar, 6. aktualisierte Aufl., Stuttgart/München 2019, § 3 BPolG Rdnr. 56 f.

111 Derartige (Vor-)Kontrollbefugnisse sehen mehrere junge Versammlungsgesetze einiger Bundesländer explizit vor, so z. B. § 17 I 1 VersFG (Berlin), § 16 HVersG (Hessen), § 15 I VersG NRW, 15 II VersFG SH.

Erstens ist ein überwiegender Eingriff in die innere Versammlungsfreiheit durch Einsätze und Befugnisse nach dem BPolG unzulässig und demnach auch nicht kostenpflichtig.

Zweitens: Geht man von Einsatzsituationen aus, in denen die Bundespolizei im Einzelfall doch einmal Maßnahmen ergreifen muss, die in die Versammlungsfreiheit eingreifen, wird sie wegen ihres Sonderpolizeistatus in aller Regel subsidiär für die an sich zuständige Landespolizei oder für die ansonsten zuständige Versammlungsbehörde am Versammlungsort tätig. In jedem Fall gilt in diesen Fällen das jeweilige Landespolizeigesetz als Ermächtigungsgrundlage des Einschreitens. Eine Anwendbarkeit der BMIBGebV ist selbstredend in diesen Fällen ausgeschlossen.

Aus diesen Gründen ist eine Anwendbarkeit für die BMIBGebV und damit auch eine potentielle **Einschüchterungswirkung für mögliche Versammlungsteilnehmer nicht gegeben**. Das BPolG und damit die BMIBGebV wird im Zusammenhang mit Versammlungslagen im Zuständigkeitsbereich der Bundespolizei immer erst dann anwendbar, wenn einzelne Maßnahmen entweder nicht in die innere Versammlungsfreiheit eingreifen (wie bspw. Vorkontrollen zur Gewährleistung der Sicherheit im Anreisezug oder die grenzpolizeiliche Kontrolle zur Überprüfung des aufenthaltsrechtlichen Status einer Person usw.), oder ein versammlungsrechtlicher Schutz nicht (mehr) besteht. Dies liegt bspw. in Fällen vor, in denen Personen nach erfolgter Beendigung oder wirksamer Auflösung einer Versammlung den Versammlungsort nicht verlassen wollen und aus Gründen der Gefahrenabwehr durch die Polizei zwangsweise verwiesen werden müssen.

Gerade am letztgenannten Beispiel wird deutlich, warum das Bundespolizeikostenrecht gerade kein Hindernis für die Wahrnehmung des Grundrechts der Versammlungsfreiheit darstellt. Die von der BMIBGebV betroffenen Maßnahmen der Bundespolizei greifen während und in Bezug auf die polizeifeste Grundrechtsausübung eben nicht. Erst **nach Wegfall der polizeirechtsfesten Versammlungslage** und mit zusätzlichem Eintritt einer bundespolizeilichen Gefahrensituation „erwacht“ der Geltungsbereich des BPolG und mit ihm die individuelle Kostenpflicht für derlei Einsätze. Auch aus der Perspektive der individuellen Zurechenbarkeit für Polizeikosten, der sekundären Polizeikostenebene, leuchtet dieser Umstand leicht ein.

Ein Polizeieinsatz während einer Demonstration, der diese begleiten, schützen, lenken, ggf. auch einschränken muss, gehört zweifelsohne zum steuerfinanzierten **Kernauftrag der Polizei als Exekutivgewalt**. Der Schutz und die Gewährleistung der Grundrechtsausübung nach Art. 8 GG sowie die Verhinderung von Gefahren, die von gewaltsamen Teilnehmern ausgehen, soll rechtsstaatlicher Anspruch der Bürger an den Staat sein. Hierfür Kosten zu erheben wäre verfassungsrechtlich unzulässig.[112]

Befinden sich einzelne Personen allerdings nicht mehr im Status des Versammlungsteilnehmers, weil die Versammlung beendet oder aufgelöst wurde, endet diese Sperrwirkung und das allgemeinere Polizeirecht kann angewendet werden. Kommen diese Personen nunmehr ihrer Pflicht zum Verlassen einer Örtlichkeit nicht nach (Ordnungswidrigkeit nach § 29 I Nr. 2 VersG (Bund) oder nach den entsprechenden Vorschriften der Bundesländer) und verursachen diese Personen ggf. zusätzlich durch ihr Verhalten eine **bundespolizeiliche Gefahr**, bspw. durch eine **Gleisblockade** oder das **Blockieren einer Start- und Landebahn** am Flughafen, geht dies über den Schutzbereich der Versammlungsfreiheit hinaus. Hier werden individuell zurechenbare Gefahren und Einsatzmaßnahmen verursacht und veranlasst, die dann kostenrechtlich relevant werden. Muss bspw. ein Demonstrationsteilnehmer nach rechtmäßiger und wirksamer Beendigung oder Auflösung der Versammlung durch Polizeikräfte weggetragen werden, weil er dem ergangenen Platzverweis nach mehrfacher Aufforderung und Zwangsmittelandrohung keine Folge leistet, unterliegt dieser ***„zivile Ungehorsam“*** sicherlich der Allgemeinen Handlungsfreiheit nach Art. 2 I GG, gewiss, aber nicht mehr der Versammlungsfreiheit nach Art. 8 GG. Erschwert diese Person das zwangsweise Wegtragen nun auch noch durch allerlei kreative technische Verhinderungsmethoden wie das Einbetonieren der Arme, das Festketten oder Festkleben an der Straße oder an anderen Gegenständen, wird die Polizei besonders intensiv belastet. Dieser personelle und materielle Aufwand, den die Polizei für derlei Blockadeaktionen leisten muss, kann nicht zu Lasten der Allgemeinheit aus dem Steueraufkommen finanziert bleiben. Hier nehmen einzelne Personen als Verhaltensstörer die Polizei für ihre individuellen Interessen, nämlich hauptsächlich wegen der öffentlichkeitswirksamen, aufwendigen Befreiung in Anspruch. Dies dient zwar mittelbar auch der Steigerung der Verbreitung eigener Botschaften im Rahmen der Beteiligung am Willensbildungsprozess, geht aber deutlich über den Schutzauftrag zur Gewährleistung der Grundrechtsausübung durch die Polizei hinaus. Zumal derlei Maßnahmen erstens selbst verschuldet und zweitens erst nach Auflösung der Versammlung durchgeführt werden.

Gerade diese übermäßige und unnötige Inanspruchnahme der Polizei nach rechtmäßiger Ausübung und Wegfall der Versammlungsfreiheit soll durch die BMIBGebV verhindert und eingeschränkt werden, nicht jedoch die Teilhabe an der Grundrechtsausübung selbst.

---

112 Siehe hierzu vertiefend Kapitel 1.1.2.

**Beispiel:**

*Fünf Klimaaktivisten durchtrennen den Außenzaun eines Flughafens, begeben sich auf das Vorfeld, kleben sich dort fest und halten Transparente hoch. Im Einsatzverlauf löst die zuständige Landespolizei nach einer gewissen Zeit die Versammlung auf, die Bundespolizei löst die Aktivisten mit technischen Einsatzkräften einer BPOLABT von der Fahrbahn und nimmt diese anschließend in Unterbindungsgewahrsam. Mitgeführter Klebstoff und weitere Werkzeuge werden sichergestellt. Mehrere weitere Streifen der BPOL sowie ein Polizeihubschrauber suchen das Vorfeld des Flughafens nach weiteren unberechtigt eingedrungenen Personen sowie abgestellten Gegenständen und weiteren Sicherheitslücken im Außenzaun ab.*[113]

**Lösung:**

Grundsätzlich ist die Versammlungsfreiheit nur an Orten zu gewährleisten, an denen allgemein öffentlicher Verkehr stattfindet. Darüber hinaus besteht Versammlungsfreiheit auch an Orten des allgemeinen kommunikativen Verkehrs. Das Bundesverfassungsgericht[114] hat die Einschränkung des Versammlungsrechts durch den Flughafenbetreiber gebilligt, sofern die für einen Flughafen spezifische Gefährdungslage Einschränkungen zugunsten der Sicherheit und Funktionsfähigkeit des Flugbetriebs dies rechtfertigen. Daraus folgen mit Blick auf das o. g. Beispiel die folgenden Gedankengänge: Es handelt sich um eine Versammlung, die im Falle einer Anmeldung zu verbieten gewesen wäre. Die Demonstration auf dem Vorfeld eines Flughafens ist vom Grundrecht des Art. 8 GG nicht erfasst. Es handelt sich demnach um eine **verbotene Versammlung**. Eine Ansammlung von Personen auf dem Vorfeld entfaltet jedoch Versammlungscharakter und ist daher als verbotene Versammlung **aufzulösen** (z. B. nach § 15 IV VersG).[115] Ein Zutrittsrecht zum Vorfeld eines Flughafens kann auf die Versammlungsfreiheit nicht gestützt werden.

Ob im Zuge der Versammlung Sachbeschädigungen, Nötigungen, Hausfriedensbrüche usw. begangen werden, spielt für den versammlungsrechtlichen Status der Person zunächst keine Rolle. Die Art der Straftat ist hier ohne Belang. Die Personen stehen als solche zunächst im **Status des Versammlungsteilnehmers**, auch wenn es sich formell um eine verbotene Versammlung handelt. Konkrete **Gefahrenabwehrmaßnahmen** ihnen gegenüber sind sehr wohl möglich, können jedoch

---

113 Angelehnt an mehrere Protestaktionen der Gruppierung „Letzte Generation“ an den Flughäfen Berlin-Brandenburg, München, Hamburg und Düsseldorf in den Jahren 2002 und 2023 bis 2024.

114 BVerfG vom 22.2.2006 („Fraport-Urteil“ – 1 BvR 699-06 –).

115 So auch sehr deutlich das OVG SH zu einer Blockadeaktion auf Gleisen: „Rechtsverletzende Blockadeaktionen demonstrativen Charakters unterfallen dem Schutzbereich des Art. 8 GG, auch wenn sie aufgrund von Rechtsgüterkollision beschränkt oder beendet werden können“; OLG Schleswig vom 14.2.2006 – 4 LB 10/05 –.

nach bisheriger Auffassung erst nach Auflösung bzw. Ausschluss aus der Versammlung auf das BPolG gestützt und somit gebührenrechtlich abgerechnet werden. Dies betrifft hier insbesondere die Gewahrsamnahme.

Bei den oben aufgeführten Maßnahmen zur Verhinderung einer Schadensvertiefung und zum Aufklären neuer Gefahren für die Luftsicherheit handelt es sich jedoch um präventives Tätigwerden, welches aufgrund einer vorsätzlichen oder fahrlässigen Schaffung einer Gefahrenlage veranlasst wurde und eben nicht in die Versammlungsfreiheit eingreift.

Um hier mit Blick auf die BMIBGebV eine korrekte Kostendeckung zu erreichen, muss beachtet werden, dass die zusätzlichen Kräfte eben nicht versammlungsrechtlich, sondern im Schwerpunkt zur **Gewährleistung der Luftsicherheit** eingesetzt sind: **Absuche des Vorfeldes** nach weiteren Personen und abgelegten Gegenständen, **Absperrung** gegen weiteres Betreten, Absuche nach weiteren **Sicherheitslücken im Außenzaun**. Diese Maßnahmen bzw. das hierfür eingesetzte Personal können trotz bestehender Versammlung und spezialgesetzlicher Aufgaben aus dem Luftsicherheitsgesetz (LuftSiG) auf das BPolG gestützt und folglich nach Ziffer 1.1.1 des (Gebühren- und Auslagenverzeichnisses) GAV der BMIBGebV voll in Rechnung gestellt werden.

Wegen der Häufung solcher Sicherheitsvorfälle gerade in den Jahren 2023 und 2024 mit teils gravierenden Auswirkungen auf den Flugbetrieb, ergab sich in der juristischen Fachliteratur eine bemerkenswerte **versammlungsrechtliche Neubetrachtung** solcher Protestaktionen.[116] Neben zahlreichen Veröffentlichungen zur straf- und haftungsrechtlichen Bewertung solcher Aktionen nahm die kosten- und versammlungsrechtliche Betrachtung im Schrifttum leider nur eine nachrangige, aber nicht minder spannende Rolle ein.

Wie auch in der Fachliteratur vertreten, kommen vorrangig Gebührentatbestände zum zwangsweisen Lösen und ggf. zwangsweisen Wegtragen der Personen in Form des **unmittelbaren Zwangs** in Betracht. Hierzu sieht die BMIBGebV, anders als das Polizeikostenrecht mancher Bundesländer, **ausdrückliche Gebührentatbestände** im Abschnitt II des GAV vor.[117] Polizeirechtlich handelt es sich beim Lösen festgeklebter Personen weder um eine unmittelbare Ausführung nach § 19 BPolG noch um eine Ersatzvornahme nach § 10 VwVG. Wie das VG Berlin[118]

116 Hervorzuheben sind hier v. a. *Enders/Schwier*, Öffentliche Versammlungen und Hausrechtsregime: Rollfeld und Co. als Orte politischer Willensbetätigung?, NVwZ 2024 S. 548 und *Böhm*, Polizeigebühren für Klimaaktionen?, DÖV 12/2024 S. 501.

117 Vertiefend zum Kostenrecht der Bundesländer in Bezug auf Klimaaktionen: *Böhm*, Polizeigebühren für Klimaaktionen?, DÖV 12/2024 S. 501.

118 VG Berlin, Beschl. vom 21.9.2023 – VG 1 L 363/23 –.

und das OVG Berlin-Brandenburg[119] in zweiter Instanz zutreffend festgestellt haben, fehlt es hierfür einerseits an einer zugrundeliegenden „vertretbaren Handlung“ und einem entgegenstehenden Willen des Betroffenen, deren Durchsetzung nun durch die Polizei erfolgte. Die Gerichte qualifizierten das Handeln der Polizeibeamten zweifelsfrei als unmittelbaren Zwang i. S. d. § 12 VwVG, wofür das **Berliner Gebührenrecht jedoch keinen Tatbestand** vorsieht.[120]

Zumindest diejenigen Gebührenbescheide der Berliner Landespolizei zulasten gelöster Aktivisten der „Letzten Generation“ in Höhe von jeweils 241 Euro sind nach Auffassung der Gerichte zu Unrecht erlassen worden. Dies fußt jedoch nicht, wie gelegentlich verzerrt dargestellt[121], auf dem Umstand, dass Polizeikosten die Versammlungsfreiheit in verfassungswidriger Weise einschränken würden, sondern in der schlichten polizeirechtlichen Einstufung des „Lösens“ angeklebter Personen.

Die Erhebung von Polizeikosten der Bundespolizei anlässlich der o. g. Protestaktionen hängt darüber hinaus wesentlich von der **versammlungsrechtlichen Bewertung** solcher Aktionen ab. Schließlich kommt das der BMIBGebV zugrundeliegende BPolG, wie oben hergeleitet, immer dann nicht zur Anwendung, wenn die polizeipflichtigen Personen (noch) im privilegierten Status des Versammlungsrechts stehen. Bislang wurde daher hinsichtlich der festzusetzenden Polizeikosten stets gründlich auf den Zeitpunkt der polizeilichen Versammlungsauflösung geachtet.

Fraglich ist, ob ein präziser Blick auf die konkrete Einsatzsituation, die hierzu einschlägige Rechtsprechung und Literatur sogar eine umfangreichere Kostenfestsetzung ermöglichen könnten. Im Folgenden wird dargestellt, dass hausrechtswidrige Protestaktionen auf dem nicht-öffentlichen Vorfeld deutscher Verkehrsflughäfen weder unter den Grundrechtsschutz des Art. 8 GG, noch in den Anwendungsbereich der Versammlungsgesetze fallen. Diesem Gedanken folgend, unterliegen Einsatzmaßnahmen der Bundespolizei in diesen konkreten Einzelfällen eben **keiner versammlungsrechtlichen Sperrwirkung** und dürfen daher zumindest in der kostenrechtlichen ex-post Betrachtung von Beginn an auf das BPolG gestützt werden. Auf den maßgeblichen Zeitpunkt der Versammlungsauflösung käme es für die Bestimmung der Polizeikosten daher in diesen Fällen nicht an.

Diese Rechtsauffassung ergibt sich im Wesentlichen aus zwei Argumenten: Erstens schließen die **Versammlungsgesetze der Länder Hessen und Berlin** Ver-

---

119 OVG Berlin-Brandenburg, Beschl. vom 10.9.2024, OVG 1 S 81/23.

120 Vertiefend hierzu Kapitel 3.2.1 zu Ziffer 2 des GAV (unmittelbare Ausführung).

121 Pressemitteilung „Letzte Generation“ vom 13.9.2024, „Berlin muss 300.000 € an Letzte-Generations-Aktivist:innen zurückzahlen – Oberverwaltungsgericht bestätigt Rechtswidrigkeit hunderter Gebührenbescheide“, https://letztegeneration.org/pm/38153/ [zuletzt abgerufen am 14.1.2025].

sammlungen auf dem nicht-öffentlich zugänglichen Gelände von Privaten aus. Es handelt sich in diesen Ländern qua Definition um Zusammenkünfte von Personen, die nicht nach dem Versammlungsrecht zum Betrachten sind. Zweitens unterfallen hausrechtswidrige Protestaktionen auf dem nicht-öffentlichen Rollfeld von Flughäfen nach einer in der Literatur vertretenden Auffassung nicht dem Grundrechtsschutz des Art. 8 sowie dem Anwendungsbereich der Versammlungsgesetze, weil es ihnen am **Merkmal der Öffentlichkeit** fehlt und das verletzte Hausrecht des Flughafenbetreibers die versammlungsrechtliche Privilegierung verdrängen würde.

**Anwendungsbereiche der Versammlungsgesetze Hessen und Berlin**

§ 2 IV des Hessischen Versammlungsfreiheitsgesetzes lautet wie folgt

> *„Versammlungen unter freiem Himmel sind solche, die an der Allgemeinheit geöffneten Orten stattfinden, ohne vom allgemeinen Publikumsverkehr räumlich getrennt zu sein. Dies gilt unabhängig davon, ob diese Orte in der freien Natur oder in geschlossenen Gebäuden liegen.“*

§ 20 des Berliner Versammlungsfreiheitsgesetzes lautet wie folgt:

> *(1) Öffentliche Versammlungen dürfen auf privatrechtlich betriebenen Verkehrsflächen von Grundstücken durchgeführt werden, **wenn diese der Allgemeinheit geöffnet sind** und die Grundstücke sich im Eigentum von Unternehmen befinden, die überwiegend oder **ausschließlich im Eigentum der öffentlichen Hand** stehen oder von ihr beherrscht werden.*
>
> *(2) Werden Verkehrsflächen, die der Allgemeinheit geöffnet sind, von Unternehmen betrieben, die **nicht von der öffentlichen Hand beherrscht** werden oder stehen diese Verkehrsflächen überwiegend oder ausschließlich im Eigentum von Privaten, können öffentliche Versammlungen dort nur durchgeführt werden, soweit überwiegende Interessen der privaten Eigentümerinnen und Eigentümer der Durchführung nicht entgegenstehen. Eine Zustimmung der Eigentümerinnen und Eigentümer ist insoweit nicht erforderlich.*
>
> […]

Beide Vorschriften sind im erkennbaren Ansinnen formuliert, die Ausdehnung versammlungsrechtlicher Grundrechtsbindungen für private Unternehmen aus der Fraport-Entscheidung des BVerfG[122] gesetzlich zu normieren. Die hessische Vorschrift beschränkt Versammlungen in Gestalt einer Legaldefinition auf „der Allgemeinheit geöffnete Orte“. Über diese Regelungstechnik schließt das Gesetz Versammlungen auf der Allgemeinheit nicht-geöffneten Orten aus ihrem Anwen-

122 BVerfG vom 22.2.2006, „Fraport-Urteil“ – 1 BvR 699-06 –.

dungsbereich aus. Die Berliner Vorschrift wählt einen handwerklich anderen Weg, nämlich über die Zulässigkeit von Versammlungen auf Privatgrund und deren Voraussetzungen, je nach Trägerschaft der betroffenen Verkehrsfläche.

Die hier in Rede stehenden Protestformen gehören somit in Hessen qua Definition gar nicht erst unter den Regelungsgehalt des Versammlungsfreiheitsgesetzes, während sie in Berlin „nur" unzulässig, gleichwohl jedoch Versammlungen im Anwendungsbereich des Gesetzes sind. Dass dieser Umstand gerade in einer bundesweit agierenden Bundesbehörde, wie der Bundespolizei, zu Unsicherheiten in der Rechtsanwendung führt, mag leicht einleuchten.

**Kein versammlungsrechtlicher Schutz für Rollfeld-Proteste**

Es erscheint durchaus nachvollziehbar und vertretbar, die in Rede stehenden Protestformen ungeachtet des jeweils geltenden Versammlungsgesetzes auch mit Blick auf die Rechtsprechung und das Schrifttum jenseits des Versammlungsrechts anzusiedeln.

Schließlich dehnt auch das BVerfG in seiner o. g. Fraport-Entscheidung die Grundrechtsbindung privater Flughafenbetreiber und damit den Anwendungsbereich der Versammlungsgesetze für Eingriffe in die Versammlungsfreiheit nicht grenzenlos aus. Eine Grenze formuliert das BVerfG nämlich genau dort, wo „der Verkehrsfunktion dienende Einrichtungen" betroffen sind. Hier *„gewinnen die Sicherheit und die Funktionsfähigkeit des Flughafenbetriebs erhebliches Gewicht und können Einschränkungen der Versammlungsfreiheit rechtfertigen. Maßnahmen, die der Sicherheit und Leichtigkeit der Betriebsabläufe sowie dem Schutz der Fluggäste, der Besucher oder der Einrichtungen des Flughafens dienen, können folglich grundsätzlich auf das Hausrecht gestützt werden."*[123]

*Enders* und *Schwier* gehen diesem Gedanken vertieft und mit nachvollziehbaren Argumenten nach.[124] Im Kern kommen sie zum Ergebnis, dass in diesen konkreten Fällen das verletzte Hausrecht sowohl den Grundrechtsschutz aus Art. 8 GG als auch die Anwendbarkeit der Versammlungsgesetze verdrängt. Auch aus polizeipraktischer Sicht würden sich für Einsatzkräfte, anders als sonst, keine Bewertungsprobleme ergeben. Während in anderen Versammlungslagen aus polizeilicher Sicht wegen der enormen Heterogenität, der Dynamik und kreativen Vielfalt der Protestformen, stets im Zweifel von einer Versammlung auszugehen ist, stelle sich die Lage hier anders dar. Das Durchtrennen des Sicherheitszauns und das Betreten des zweifelsfreien Sicherheitsbereichs des Flughafens ermöglichen eine

123 BVerfG, Grundrechtsbindung öffentlich beherrschter Unternehmen – Versammlungsfreiheit im Flughafen, NJW 2011, 1201, Rdnr. 87.

124 *Enders/Schwier*, Öffentliche Versammlungen und Hausrechtsregime: Rollfeld und Co. als Orte politischer Willensbetätigung? NVwZ 2024 S. 548.

zweifelsfreie Beurteilung für einschreitende Polizeibeamte, wo Versammlungsrecht gelte und wo nicht. Darüber hinaus entziehen sich derartige Protestformen, auch wenn sie versammlungstypisch organisiert sein mögen, der üblichen versammlungsrechtlichen Typenbildung (der öffentlichen oder nichtöffentlichen Versammlung unter freiem Himmel oder in geschlossenen Räumen). In jeden Fall sei diesen Protestformen nicht mit den Mitteln des Versammlungsrechts, sondern denen des allgemeinen Polizeirechts zu begegnen.

Dass versammlungsartige Protestaktionen auch in anderen Zusammenhängen regelmäßig unmittelbar mit den Mitteln des Polizeirechts und nicht auf Basis des jeweiligen Versammlungsgesetzes begegnet werden darf, zeigt ein Blick auf die einschlägige Rechtsprechung. Die freie Wahl des Versammlungsortes nach Art. 8 I GG ist nicht völlig uferlos an jedem denkbaren Ort zu gewährleisten. So hielt das BVerfG[125] eine Abseilaktion von einer Autobahnbrücke für überwiegend unzulässig. Wenn

> *„sich Personen von einer Autobahnbrücke abseilen und Transparente gegen den Weiterbau einer Autobahn anbringen wollten, überwiegt angesichts der Gefahr von Personenschäden infolge von Verkehrsstaus und Auffahrunfällen das grundrechtlich durch Art. 2 II GG geschützte Interesse zahlreicher Verkehrsteilnehmer das von Art. 8 I GG umfasste Bestimmungsrecht über den Versammlungsort.“*[126]

Ähnlich argumentiert das VG Gießen[127] in einer Entscheidung anlässlich eines Polizeieinsatzes wegen einer Abseilaktion über der Autobahn BAB 3. Der Einsatz des Höheninterventionsteams des SEK NRW sei unmittelbar auf das Polizeirecht zu stützen und demnach auch kostenrechtlich abzurechnen. Die amtlichen Leitsätze der Entscheidung:

> *„1. Für die Rechtmäßigkeit einer Vollstreckungsmaßnahme kommt es allein auf die Vollziehbarkeit der Grundverfügung und nicht auf deren Rechtmäßigkeit an.*
>
> *2. Das Versammlungsrecht entfaltet gegenüber dem allgemeinen Polizeirecht nur dann seine Sperrwirkung, wenn das Grundrecht auf Versammlungsfreiheit betroffen ist, was bei unfriedlichen Versammlungen nicht der Fall ist.*
>
> *3. Die Durchführung einer sog. “Abseilaktion” im fließenden Verkehr über einer Autobahn stellt eine Handlung von einiger Gefährlichkeit dar, sodass diese als unfriedlich anzusehen ist.“*[128]

125 BVerfG, Beschl. vom 7.12.2020 – 1 BvR 2719/20 –.
126 A. a. O.
127 VG Gießen (4. Kammer), Urt. vom 4.3.2022 – 4 K 2855/21 –.
128 A. a. O.

Das OLG Köln[129] bestätigte die unmittelbare Anwendung des Polizeirechts in Bezug auf eine Protestaktion in der nicht für die Öffentlichkeit zugänglichen Dachkonstruktion des Kölner Hauptbahnhofes. Nach Auffassung des Gerichts fehle es solchen Protestaktionen am Merkmal der „Öffentlichkeit", um in den Genuss der versammlungsrechtlich privilegierten „öffentlichen Versammlung" zu kommen.

> *„Für die Öffentlichkeit einer Versammlung kommt es darauf an, ob die Versammlung inmitten eines allgemeinen Publikums an einem Ort allgemeinen kommunikativen Verkehrs, also im öffentlichen Kommunikationsraum, stattfinde. Eine Protestaktion "in der Dachkonstruktion" des Hauptbahnhofs in 30 m Höhe über dem Niveau der Gleis- und Bahnanlage ist keine öffentliche Versammlung, da sie nämlich gerade in einem dem Gemeingebrauch nicht gewidmeten Teil des Hauptbahnhofs stattfand und allein darauf abzielte, ein relevantes Presse-Echo durch Film- bzw. Foto-Aufnahmen von dem entfalteten Banner hervorzurufen."*[130]

Das BVerwG[131] hielt die polizeiliche „Einkesselung", also die einschließende Absperrung und vorübergehende Freiheitsentziehung, einer von Beginn an und ausschließlich gewalttätigen Personengruppe ebenfalls für polizeirechtlich zulässig, ohne dass die sog. „Verhinderungsblockade" zuvor versammlungsrechtlich aufgelöst wurde. Es handelte sich um eine hochgradig gewaltvolle und in Störungsabsicht durchgeführte Blockadeaktion linker Aktivisten anlässlich eines AfD-Parteitages in der Stuttgarter Messe.

> *„Jedenfalls solche unfriedlichen Versammlungen, die von Beginn an und dann durchgehend einen unfriedlichen Charakter haben, bedürfen vor einer Anwendung des Landespolizeirechts keiner Auflösung nach § 15 Abs. 3 VersG."*[132]

**Schlussfolgerung aus kostenrechtlicher Sicht**

Aus der für die Polizeikostenerhebung maßgeblichen ex-post Betrachtung sprechen die o. g. Argumente eindeutig für eine Abrechnung von Beginn des Einsatzes an ohne Rücksicht auf den Zeitpunkt einer ggf. erfolgten Auflösung der Versammlung. Mit Wissen über die Gesamtumstände des Einsatzes dürfte es sich stets um Aktionen handelt, die weder in den Schutzbereich des Art. 8 GG noch in den Anwendungsbereich des jeweiligen Versammlungsgesetzes fallen. Eine zu berücksichtigende Rechtsprechung für diese Fallkonstellation fehlt leider bislang.

---

129 OLG Köln, Urt. vom 15.2.2019 – 1 RVs 228/18 –, BeckRS 2019, 2364.
130 A. a. O.
131 BVerwG (6. Senat), Urt. vom 27.3.2024 – 6 C 1.22 –.
132 A. a. O.

**Schlussfolgerung aus polizeitaktischer Sicht**

Was für die kostenrechtliche Perspektive durchaus zu überzeugen vermag, muss aus polizeitaktischer Sicht differenzierter betrachtet werden. Für die vor Ort eingesetzten Polizeikräfte sind die entscheidenden Faktoren nämlich oftmals nicht so eindeutig erkennbar.

Deutlich wird dies, wenn man die in Rede stehenden Protestaktionen leicht abwandelt.

**Variante 1:**

> *Aktivisten erwerben zunächst rechtmäßig Bordkarten eines Fluges und gelangen so in den nicht-öffentlichen Abflugbereich des Flughafens. Im Rahmen des Boardings verlassen sie sodann den vorgesehenen Laufweg zum Flugzeug oder Shuttlebus-Verkehr, setzen sich dann unmittelbar vor die Treppe zum Flugzeug oder unmittelbar vor die Räder des Flugzeuges um den Start zu verhindern.*

**Variante 2:**

> *Aktivisten gelangen durch Beschädigung des Außenzauns auf das Vorfeld und kleben sich in Sichtweite zum Flughafengebäude auf das Rollfeld. Weitere, bislang unbeteiligte, Passagiere aus dem Flughafen solidarisieren sich spontan mit den Aktivisten und setzen sich zu ihnen auf das Rollfeld.*

**Variante 3:**

> *Mehrere Aktivisten erwerben zunächst rechtmäßig Bordkarten eines Fluges und begeben sich in die zentrale Luftsicherheitskontrollstelle des Flughafenterminals. Noch bevor sie durch die Torsonden laufen, verteilen sie sich über alle Kontrollspuren und kleben sich an den Torsonden und Röntgenanlagen fest um einen weiteren Zugang zum Sicherheitsbereich zu blockieren.*

An diesen Beispielen wird deutlich, dass eine pauschale versammlungsrechtliche Verneinung wegen der Fülle denkbarer „kreativer“ Protestformen der Realität in aller Regel nicht gerecht wird. Vielmehr erscheint es angezeigt und verfassungsrechtlich geboten, (sicherheitshalber) zunächst zugunsten der Polizeipflichtigen von einem versammlungsrechtlichen Schutz auszugehen und den Personen zumindest vor Ort mit den Mitteln des Versammlungsrechts zu begegnen.[133] In der Regel wird als einzige denkbare Maßnahmen ohnehin nur die Auflösung der Versammlung in Betracht kommen, um im Anschluss auf Basis des Polizeirechts fortzufahren.

---

133 So ähnlich formuliert es das BVerfG in der Entscheidung zur „Fuckparade“/„Love Parade“, wonach im Zweifel, der hohe Rang der Versammlungsfreiheit bewirkt, dass die Veranstaltung zunächst wie eine Versammlung behandelt wird; BVerfG, Beschl. vom 12.7.2001 – 1 BvQ 28/01 und 1 BvQ 30/01 –.

Stellt sich dann später in der Gesamtschau aller bis dahin vorliegenden Informationen heraus, dass die Zusammenkunft nicht den besonderen Schutz einer Versammlung innehatte und die Auflösungsverfügung demnach entbehrlich war, erscheint ein unmittelbares Einschreiten der Polizeibeamten auf Basis des BPolG sowie des VwVG möglich und angezeigt. Sollte ein erkennendes Gericht in diesen Fällen dennoch zu dem Ergebnis kommen, dass die Zusammenkunft doch den Status einer Versammlung innehatte oder zumindest die (sicherheitshalber erfolgte) Versammlungsauflösung eine gewisse Bindungswirkung auch für die spätere kostenrechtliche Betrachtung haben sollte, wäre in diesen Fällen zumindest eine Kostenfestsetzung ab dem Zeitpunkt der Versammlungsauflösung möglich.

Würde man auf polizeilicher Ebene im Vertrauen auf das Nichtvorliegen einer Versammlung pauschal auf eine Versammlungsauflösung verzichten und kämen die erkennenden Gerichte zu dem Schluss, dass doch versammlungsrechtlicher Schutz bestand, wären damit sämtliche Maßnahmen der Bundespolizei als rechtswidrig eingestuft und somit überhaupt nicht kostenrechtlich abrechnungsfähig.

### 2.7.4 Aufenthaltsrechtliche Maßnahmen

Maßnahmen der Bundespolizei richten sich oftmals auch nach aufenthaltsrechtlichen Vorschriften. Hierzu ist die Bundespolizei u. a. nach dem Aufgabenkatalog des § 71 III und IV AufenthG sowie der §§ 18, 19 AsylG für die dort genannten Maßnahmen zuständig.

Zunächst bleibt festzustellen, dass keine der im AufenthG oder AsylG zugewiesenen Befugnisse der Bundespolizei eine Kostenpflicht nach der BMIBGebV auslöst. Die kostenrechtlichen Vorschriften über die ausländerrechtlichen Rückführungskosten nach § 66 und 67 AufenthG sowie die weiteren Gebühren nach § 69 AufenthG stellen **eigenständige Kostenvorschriften** dar, die mit der BMIBGebV nichts zu tun haben.

Im praktischen Wirkbetrieb der BMIBGebV der letzten Jahre hat sich jedoch gezeigt, dass gelegentlich Schwierigkeiten hinsichtlich der Differenzierung von Maßnahmen nach dem BPolG und jenen des Aufenthaltsrechts auftreten. Die bisher aufgetretenen Fragestellungen werden im Folgenden beleuchtet.

#### 2.7.4.1 Freiheitsentziehungen nach unerlaubter Einreise und unerlaubtem Aufenthalt

Personen, die nach entsprechender polizeirechtlicher Kontrolle ohne Aufenthaltsberechtigung festgestellt werden, bewirken ein Tätigwerden der Bundespolizei auf zwei Rechtsgebieten. Einerseits werden mehr oder weniger umfangreiche Maßnahmen zur **Strafverfolgung** ergriffen. Je nach Sachverhalt kann dies umfangreicher oder eher standardisiert knapp geschehen. Anschließend oder ggf. schon parallel dazu trifft die Bundespolizei aufenthaltsrechtliche Maßnahmen zur **Aufenthaltsbeendigung**, Sicherung der Aufenthaltsbeendigung oder zur Weiterleitung an die zuständigen Stellen des BAMF oder der Ausländerbehörden.

Wird einer Person nach unerlaubter Einreise oder unerlaubtem Aufenthalt die Freiheit entzogen, handelt es sich zunächst in aller Regel um Begleiteingriffe der Strafverfolgung. In den allermeisten Fällen dient die Mitnahme einer Person zur Dienststelle zunächst der zweifelsfreien Identitätsfeststellung nach § 163b StPO, der Durchführung einer Vernehmung, der Durchsuchung nach Beweismitteln oder der erkennungsdienstlichen Behandlung (§ 49 AufenthG, § 16 AsylG oder § 81b StPO).

Erst nach Abschluss aller strafprozessualen Maßnahmen stellt sich die Frage, ob die Person gefahrenabwehrrechtlich noch weiter festgehalten werden darf/muss. Soweit mit einer solchen Freiheitsentziehung das Ziel verfolgt werden soll, eine Aufenthaltsbeendigung (**Zurückweisung oder Zurückschiebung**) zu ermöglichen bzw. zu sichern, sind die speziellen Vorschriften des AufenthG einschlägig und nur in Ausnahmefällen der kostenpflichtige § 39 BPolG. § 39 I Nr. 3 BPolG dient im Verhältnis zu den Freiheitsentziehungsbefugnissen des § 62 V AufenthG (Haft zur Sicherung der Abschiebung und Zurückschiebung) oder § 15 V AufenthG (**Zurückweisungshaft**) als allgemeine Auffangvorschrift der Verhinderung der Fortsetzung oder Vertiefung einer Straftat. Insbesondere der § 62 V AufenthG stellt eine spezielle Ermächtigungsgrundlage für einen der Sicherungshaft vorgelagerten vorläufigen Behördengewahrsam dar und schließt daher die Freiheitsentziehung nach § 39 BPolG als lex specialis aus.[134] Im Falle einer Zurückweisungshaft nach § 15 V AufenthG kann es unter gewissen Voraussetzungen zu einer Konstellation kommen, die eine Anwendung des § 39 BPolG erforderlich machen könnte. Die Anordnung der Haft durch den zuständigen Richter setzt einen entsprechenden Antrag voraus. In Eilfällen kann dieser gestützt auf den Antrag in der Hauptsache (§ 15 V AufenthG) nach § 427 FamFG gestellt werden. Eine zwischenzeitlich kurzfristig notwendige Freiheitsentziehung bis zur richterlichen Entscheidung kann nur auf die Befugnis zur Ingewahrsamnahme nach ordnungsrechtlichen Vorschriften (für die Bundespolizei der § 39 I Nr. 3 BPolG) gestützt werden.[135] Anders als bei der Freiheitsentziehung zur Sicherung der Abschiebung/Zurückschiebung fehlt in § 15 V AufenthG nämlich ein Verweis auf den § 62 V AufenthG und somit auf eine aufenthaltsrechtliche vorverlagerte polizeiliche Gewahrsamnahme bis zur Herbeiführung der richterlichen Entscheidung. In diesen Fällen erscheint es jedoch zielführender zu sein, die Aufwendungen der jeweiligen

---

134 *Winkelmann/Broscheit* in Bergmann/Dienelt/Winkelmann/Broscheit, 14. Aufl. 2022, § 62 AufenthG Rdnr. 96.

135 *Kolber* in Bergmann/Dienelt/Kolber, 14. Aufl. 2022, § 15 AufenthG.

BPOL-Behörde im Rahmen der Kostenforderung nach den Vorschriften der §§ 66, 67 AufenthG als **Kosten der Rückführung** einheitlich geltend zu machen. Eine Splittung nach aufenthaltsrechtlichen Kosten und denen nach der BMIBGebV für eine kurzfristige, absichernde Gewahrsamnahme erscheint auch aus Gründen des damit verbundenen Verwaltungsaufwandes wenig zielführend, zumal nach den Regelungen zur Kostenschuldnerschaft nach § 66 III und § 67 AufenthG sowie der hierzu erlassenen Verwaltungsvorschrift ein sehr pragmatischer Weg eröffnet ist: Es werden regelmäßig **Luftverkehrsunternehmen als Gebührenschuldner** für die Rückführungskosten einer mittellosen, unerlaubt eingereisten Person in Anspruch genommen, weil hier die größte Wahrscheinlichkeit für die Begleichung der Kosten zu erwarten ist. Unter Ziffer 67.3.1.2 der AVwVAufenthG wird ausdrücklich die kostenrechtliche Zulässigkeit der Inanspruchnahme derjenigen Kostenschuldner betont, bei denen die Beitreibung der Kosten am aussichtsreichsten ist. Wörtlich heißt es:

„[…] *Haften für die Kosten mehrere Personen gleichrangig (§ 66 Absatz 1, 2 und 3), ist jede von ihnen verpflichtet, die gesamte Leistung zu begleichen. Die Behörde hat jedoch eine Auswahlentscheidung zu treffen, welcher Kostenschuldner in Anspruch genommen werden soll. Es besteht keine Verpflichtung der Behörde, hierfür zunächst alle in Betracht kommenden Kostenschuldner zu ermitteln. Unter Berücksichtigung des Zwecks der Norm könnte der Kostenschuldner in Anspruch genommen werden, bei dem die Beitreibung der Kosten am aussichtsreichsten erscheint. Die Leistung darf nur einmal vereinnahmt werden.*“[136]

#### 2.7.4.2 Sicherstellungen[137]

Stellt die Bundespolizei Ausweise und Pässe sicher, treten mitunter Unsicherheiten hinsichtlich der Rechtsgrundlagen und somit auch der möglichen Kostenpflicht auf. Einerseits bestehen mehrere spezialgesetzliche Vorschriften wie bspw. im PassG zur Sicherstellung deutscher Reisepässe, andererseits erlaubt der kostenpflichtige § 47 BPolG eine präventive Sicherstellung von Sachen zur Verhinderung gegenwärtiger Gefahren. Hier trennscharf zu unterscheiden, fällt mitunter schwer.

Sofern die Voraussetzungen der **Spezialvorschriften für Sicherstellungen** vorliegen, gehen diese dem allgemeinpolizeilichen § 47 BPolG vor. Nicht in den Anwendungsbereich der BMIBGebV fallen demnach Sicherstellungen nach § 21

---

136 BMI, Allgemeine Verwaltungsvorschrift zum Aufenthaltsgesetz vom 26.10.2009, Ziffer 67.3.1.2.

137 Vertiefend s. Kapitel 3.2.1 zu Ziffer 7 GAV.

AsylG (Verwahrung von Unterlagen und ID-Dokumenten), § 48 I Nr. 1 AufenthG (Ausweisdokumente), § 48 III AufenthG (Datenträger), § 13 PassG (deutsche Reisepässe) und § 29 PAuswG (deutsche Personalausweise).

Werden jedoch abhandengekommene oder wiederaufgefundene Ausweisdokumente durch die Bundespolizei **schlichthoheitlich** entgegengenommen und ggf. der zuständigen Behörde zugeleitet, liegen mangels greifbaren Grundrechtseingriffs weder spezialgesetzlich noch allgemeinpolizeilich Sicherstellungen vor.[138]

#### 2.7.4.3 Erkennungsdienstliche Behandlungen[139]

Die Rechtsgrundlagen für erkennungsdienstliche Behandlungen (ED) der Bundespolizei haben sich insbesondere nach Inkrafttreten des Zweiten Gesetzes zur Verbesserung der Registrierung und des Datenaustausches zu aufenthalts- und asylrechtlichen Zwecken (2. DAVG)[140] erweitert und sind mitunter recht unübersichtlich geworden.

Im Rahmen dieser Novellierung erhielt die Bundespolizei auch im Inland die Befugnis und die Verpflichtung, Personen nach § 49 AufenthG und § 16 AsylG zur **Identitätssicherung** erkennungsdienstlich zu behandeln. Gleichwohl bestehen weiterhin die Rechtsgrundlagen nach § 81b StPO und § 24 BPolG, nach denen ED-Behandlungen ebenfalls möglich sind.

Grundsätzlich gilt hier, dass ED-Behandlungen von unerlaubt eingereisten oder aufhältigen Personen sowie Personen mit vorgebrachtem **Asylgesuch** immer dann nach den aufenthaltsrechtlichen Rechtsgrundlagen erfolgen, wenn dort auch der Schwerpunkt des Eingriffs liegt. Dies kann bspw. dann der Fall sein, wenn es sich um eine einfach gelagerte unerlaubte Einreise nach § 95 I Nr. 2 oder § 3 AufenthG handelt. In diesen Fällen erfolgt die ED-Behandlung im Schwerpunkt nach § 49 AufenthG oder § 16 AsylG und ist demnach **kostenfrei**. Rein technisch wird in diesen Fällen jedoch in einem zweiten Schritt eine Kopie des erzeugten Datensatzes generiert und nach § 81b I 2. Alt. StPO gespeichert, sofern die Voraussetzungen hierzu vorliegen.

Wird die unerlaubte Einreise oder der unerlaubte Aufenthalt mit weiteren strafrechtlichen Begleitdelikten wie bspw. einer Urkundenfälschung, Verstoß gegen eine bestehende Wiedereinreisesperre oder Schleusung begangen, lässt sich der **Schwerpunkt des Eingriffs** eher im § 81b I 2. Alt. StPO verorten. In diesen Fällen kann von einer überwiegenden Wiederholungsgefahr für künftige Straftaten in Form erneuter Versuche, unerlaubt in das Bundesgebiet einzureisen, ausgegangen

---

138 Vgl. *Hornung/Möller/Hornung*, 2011, § 13 PassG Rdnr. 4.

139 Vertiefend s. Kapitel 3.2.1 zu Ziffer 5 GAV.

140 Zweites Datenaustauschverbesserungsgesetz vom 4.8.2019 (BGBl. I S. 1131).

werden. Daher wird die Person in diesen Fällen zunächst kostenpflichtig nach § 81b I 2. Alt. StPO ED-behandelt und im zweiten Schritt eine Kopie des Datensatzes nach den aufenthaltsrechtlichen Vorschriften generiert.

### 2.7.5 Einsätze zur Unterstützung oder in Eilzuständigkeit für die Landespolizei

Ebenfalls nicht unter den Anwendungsbereich der BMIBGebV fallen Einsatzmaßnahmen der Bundespolizei zur Unterstützung und in Eilzuständigkeit für die Landespolizei. Diese Maßnahmen richten sich entweder nach § 65 I BPolG in Verbindung mit dem jeweiligen Polizeigesetz des Bundeslandes am Einsatzort oder nach § 11 BPolG, für dessen Ausübung dann ebenfalls das jeweilige Polizeigesetz des unterstützten Bundeslandes gilt.

Bei der **Eilzuständigkeit** nach § 65 I BPolG handelt es sich um mehr oder weniger kurzfristige Einsatzmaßnahmen der Bundespolizei, die auf Ersuchen, auf Anforderung oder mit Zustimmung der betroffenen Landespolizeibehörde getroffen werden, weil diese den Einsatz nicht rechtzeitig oder gar nicht wahrnehmen kann. Ebenfalls unter diese Norm fallen eilbedürftige Einsatzanlässe, die die Bundespolizei selbst feststellt und zunächst ohne vorheriges Benehmen mit der Landespolizei durchführt. In jedem Fall erfolgt eine Information/Abstimmung mit der zuständigen Behörde, sobald dies möglich ist.

Kennzeichnend für solche Einsätze ist, dass sie **eigenständig und vollständig** (Abgrenzung zur ergänzenden Amtshilfe nach § 4 VwVfG), nur kurzfristig und ungeplant (Abgrenzung zur Verwendung nach § 11 BPolG) **von der Bundespolizei wahrgenommen** werden.

**Beispiel 1:**

*Eine Streife am Flughafen erkennt am Taxistand vor dem Flughafengebäude einen herrenlosen Koffer und trifft erste gefahrenabwehrende Maßnahmen, bevor sie die zuständige Landespolizei informiert.*

**Beispiel 2:**

*Eine Streife am Schutzobjekt Bundeskanzleramt stellt auf der Straße vor dem Schutzobjekt eine stark alkoholisierte, nicht mehr gehfähige Person fest, nimmt diese vorübergehend in Schutzgewahrsam und übergibt die Person später der Berliner Polizei.*

**Beispiel 3:**

*Eine Streife der MKÜ fährt von einem Bahnhof zu einem anderen und erkennt auf der Autobahn einen Verkehrsunfall. Zur Absicherung der Unfallstelle tref-*

*fen sie erste Maßnahmen im Straßenverkehr und informieren anschließend die zuständige Landespolizei.*

**Beispiel 4:**

*Die Landespolizei ruft bei der Bundespolizei am Bahnhof an und bittet um Unterstützung am ZOB, die sie selbst keine verfügbare Streife hat. Dort wurde eine Person im Bus ohne gültigen Fahrausweis festgestellt.*

Einsatzmaßnahmen von Bundespolizisten in Eilzuständigkeit für eine Landespolizei werden gemäß § 65 I BPolG in Verbindung mit dem jeweiligen Polizeirecht des Bundeslandes nach dem Polizeigesetz des Landes getroffen und **unterliegen konsequenterweise nicht dem Anwendungsbereich der BMIBGebV**.

Eine besondere Form des Tätigwerdens für die Bundesländer stellt die sog. **„Organleihe“** nach § 11 BPolG dar. Ohne an dieser Stelle zu tief in die verfassungsmäßigen Grundlagen dieser besonderen Unterstützung einzugehen, bleiben kostenrechtlich drei wesentliche Merkmale festzuhalten:

Es handelt sich bei Einsätzen nach § 11 BPolG regelmäßig um Unterstützungsleistungen von besonderer Bedeutung auf Anforderung der jeweiligen Bundesländer. Basis dieser Unterstützung ist die **grundgesetzliche Hilfeleistung** nach Art. 35 oder Art. 91 GG. Einsätze nach § 11 BPolG finden aller Regel nach im Rahmen eines **geordneten, behördlichen Anforderungsverfahren** statt. Die Form der Anforderung ist zwar gesetzlich nicht näher geregelt, muss aber wegen der Darlegungspflicht der Voraussetzungen für die Anforderung und der darauf basierenden Entscheidung zur Unterstützung schriftlich erfolgen.[141]

Rechtsgrundlage des Tätigwerdens der eingesetzten Bundespolizisten ist in jedem Fall das **Recht des unterstützten Bundeslandes**. Zwar für das Kostenrecht weniger relevant, gleichwohl erwähnenswert ist, dass Landesrecht nicht gleich „Recht des Bundeslandes“ sein muss. Werden Polizeibeamte der Bundespolizei nach § 11 BPolG verwendet, wenden sie das Einsatzrecht „im Namen“ oder „als“ Landesbeamte an. Einsätze zur Gefahrenabwehr erfolgen demnach nach den Vorschriften des jeweiligen Polizeigesetzes und repressives Tätigwerden nach der StPO, allerdings in Verantwortung und Haftung des unterstützten Bundeslandes.

**Beispiel 1:**

*Einsatzkräfte der BPOLABT BLU werden durch das Land Berlin anlässlich einer Großdemonstration in Berlin zur Unterstützung angefordert.*

---

141 Vertiefend, auch zur verfassungsrechtlichen Grundlage der Unterstützung nach § 11 BPolG: *Walter* in Drewes/Malmberg/Wagner/Walter (Hrsg.), Bundespolizeigesetz, Kommentar, 6. aktualisierte Aufl., Stuttgart/München 2019, § 11 BPolG Rdnr. 58 f.

**Beispiel 2:**

*Das Land Hamburg fordert für ein Hochrisiko-Fußballspiel Einsatzkräfte der Bundespolizei inkl. der Wasserwerferstaffel an.*

**Beispiel 3:**

*Das Land Bayern fordert anlässlich des G20-Gipfels im bayerischen Elmau Einsatzkräfte der Bundespolizei für den verstärkten Objekt- und Raumschutz an.*

Einsatzmaßnahmen von Bundespolizisten im Rahmen einer Verwendung nach § 11 BPolG für eine Landespolizei **fallen nicht in den Anwendungsbereich der BMIBGebV**.

### 2.7.6 Maßnahmen zur Amtshilfe nach § 4 VwVfG

Anders als in Fällen der Eilzuständigkeit oder der Organleihe können Amtshilfemaßnahmen durchaus **kostenpflichtig nach der BMIBGebV** sein.

Im allgemeinen Sprachgebrauch werden fälschlicherweise sämtliche Unterstützungshandlungen für andere Behörden als Amtshilfe bezeichnet. Echte Amtshilfe (die dann auch gebührenrechtlich dem Kostenschuldner in Rechnung gestellt werden kann) liegt nur bei Maßnahmen nach § 4 i. V. m. § 7 VwVfG vor.

Unter Amtshilfe nach § 4 VwVfG versteht man, wenn die BPOL einzelne, **ergänzende Unterstützungsleistungen** zugunsten einer anderen Behörde trifft, für die die BPOL weder originär (§§ 1–7, 12, 13 BPolG) noch subsidiär (§§ 12 III, 65 I BPolG) zuständig ist.

Keine Amtshilfe liegt also vor, wenn eine Streife der Bundespolizei entweder auf Anforderung oder nach eigener Wahrnehmung im Rahmen der Eilzuständigkeit nach § 65 I BPolG in Verbindung mit dem jeweiligen Landespolizeigesetz tätig wird. Hier fehlt es an dem Element der *„ergänzenden"* Tätigkeit, denn schließlich nimmt die Bundespolizei hier Einsätze in Gänze und namens der an sich zuständigen Behörde wahr.

Ebenfalls liegt keine Amtshilfe nach § 4 VwVfG vor, wenn die BPOL in geplanten oder längerfristigen Einsätzen eigene Kräfte für einen längeren Zeitraum zur Einsatzbewältigung für ein Bundesland auf Ersuchung einsetzt. Hierbei handelt es sich um Fälle der Organleihe nach § 11 BPolG.

**Beispiel 1:**

*Bundespolizisten führen für den Zoll oder die Landespolizei eine Erkennungsdienstliche Behandlung an einem EDDi-Tisch in einem BPOLR durch, da die anfragenden Kollegen selbst keine oder nicht ausreichend entsprechende Technik zur Verfügung haben.*

**Beispiel 2:**

*Im Rahmen einer umfangreichen Suche nach einer vermissten Person, werden einzelne Diensthundeführer mit Diensthund von der zuständigen Behörde angefragt.*

**Beispiel 3:**

*Die Landespolizei bittet im Einzelfall um kurzfristige Unterstützung durch einen Entschärfertrupp der Bundespolizei, da die eigenen Kräfte gegenwärtig gebunden sind.*

Aus § 7 VwVfG ergibt sich, dass sich die Zulässigkeit der Maßnahme selbst nach dem Recht der ersuchenden Behörde (Zoll, Landespolizei) richtet, die Durchführung der Maßnahme selbst nach dem Recht der ersuchten Behörde (BPOL).

Da z. B. ED-Behandlungen nach Ziffer 5 der GAV der BMIBGebV gebührenrelevant sind, sind für solche Amtshilfemaßnahmen Polizeikosten zu erheben. Kostenschuldner ist in dem Fall der Polizeipflichtige selbst und nicht die ersuchende Behörde. Dies ergibt sich aus der Kostenregelung in § 8 II VwVfG, wonach die Kosten **unmittelbar dem Dritten auferlegt** werden können. Hierbei ist es unerheblich, ob die Landespolizei oder der Zoll selbst einen Gebührentatbestand für die ED-Behandlung hat.[142] Gleiches gilt demnach sinngemäß auch für andere kostenpflichtige Tätigkeiten der Bundespolizei auf Ersuchen anderer Behörden, soweit es sich um Amtshilfetätigkeiten i. S. d. § 4 VwVfG handelt.

## 2.8 Gebührenarten

§ 1 BMIBGebV bringt einleitend zum Ausdruck, dass die Besondere Gebührenverordnung des Bundesministeriums des Innern, für Bau und Heimat die im Zuständigkeitsbereich des BMI geltenden **Gebühren- und Auslagentatbestände** definieren soll. In diesem Rahmen bestimmt die Verordnung zugleich auch einzelne **Gebührenbefreiungen** sowie **Gebührenermäßigungen** nach § 9 IV BGebG. Sie enthält ferner die notwendige betragsmäßige Bestimmung von **Fest- oder Zeitgebühren** nach § 11 BGebG sowie Festlegungen betreffend die **Erhebung von Auslagen** nach § 12 II BGebG.

Die Vorschrift des § 2 BMIBGebV betreffend die Höhe der Gebühren und Auslagen lautet im Wortlaut wie folgt:

142 Deutscher Bundestag, Wissenschaftliche Dienste, WD 4 – 3000 – 028/20, vom 10.3.2020 mit Verweis auf *Funke-Kaiser* in BeckOK VwVfG, 46. Ed. 1.7.2019, § 8 Rdnr. 2.

**§ 2 Höhe der Gebühren und Auslagen**

(1) Die Höhe der Gebühren und Auslagen richtet sich nach dem Gebühren- und Auslagenverzeichnis. Das Gebühren- und Auslagenverzeichnis regelt ferner die Tatbestände für eine Gebühren- und Auslagenbefreiung.

(2) Die nach dem Gebühren- und Auslagenverzeichnis zu erhebenden Gebühren und Auslagen umfassen jeweils auch die Kosten für die Festsetzung der Gebühren und Auslagen.

(3) Auslagen, die nicht im Gebühren- und Auslagenverzeichnis aufgeführt sind, sind mit der Gebühr abgegolten.

**§ 2 I BMIBGebV** bestimmt in Ansehung entgeltfähiger Leistungen im Zuständigkeitsbereich des BMI einleitend, dass Gebühren und Auslagen nach dem der Verordnung als Anlage beigefügten **Gebühren- und Auslagenverzeichnis** erhoben werden, welches im Rahmen dieses Kommentars, wie schon erwähnt, mit dem (nicht amtlichen) Kürzel „GAV" abgekürzt wird. Die Verordnung selbst überschreibt das angehängte Verzeichnis wörtlich als *„Anlage (zu § 2 Absatz 1) – Gebühren- und Auslagenverzeichnis"*. In Anknüpfung an die bereits in § 1 I des BGebG geregelte Verpflichtung des Verordnungsgebers, für gebührenfähige Leistungen von Bundesbehörden erstattungsfähige Kosten in Gestalt von Gebühren und Auslagen festzulegen, enthält das GAV eine Vielzahl von einzelnen und konkreten Kostentatbeständen. Für die **Bundespolizei** ergeben sich dabei aus den beiden ersten Abschnitten die für die Aufgabenwahrnehmung der Bundespolizei relevanten Kostentatbestände. **Abschnitt 1** betrifft öffentliche Leistungen, die nach dem BPolG erbracht werden. **Abschnitt 2** regelt Kostentatbestände für Maßnahmen nach dem VwVG. Die nachfolgenden **Abschnitte 3 bis 11** enthalten weitere Kostentatbestände für öffentliche Leistungen nach Maßgabe sonstiger Fachgesetze, deren Vollzug ebenfalls im Zuständigkeitsbereich des BMI angesiedelt ist. Hierbei ist bezüglich der **Gebühren** zwischen den sog. *„Festgebühren"* und den Gebühren nach Zeitaufwand, also den sog. *„Zeitgebühren"*, zu unterscheiden. Überdies sind den Gebührentatbeständen eine Reihe von erstattungsfähigen **Auslagen** zugeordnet (deshalb: „Gebühren- *und Auslagenverzeichnis*" und nicht etwa nur kurz „Gebührenverzeichnis").

### 2.8.1 Gebühren

Im öffentlichen Kostenrecht werden Kosten eingeteilt in Gebühren und Auslagen. Der zentrale Begriff **Gebühren** ist in § 3 IV BGebG legaldefiniert. Danach sind Gebühren öffentlich-rechtliche Geldleistungen (§ 3 IV BGebG), die der Gebührengläubiger vom Gebührenschuldner für individuell zurechenbare öffentliche Leistungen erhebt. Unter einer im vorstehenden Sinne öffentlichen Leistung, die individuell zurechenbar ist, ist nach der in § 3 I Nr. 1 BGebG enthaltenen Begriffsbestimmung eine in Ausübung hoheitlicher Befugnisse erbrachte Leistung zu verstehen, die vom Betroffenen veranlasst, beantragt, willentlich in Anspruch genommen oder zu Gunsten eines Betroffenen erbracht wird. Dies können belastende Verwaltungsakte (Polizeiverfügungen) sein, aber auch Handlungen wie im Rahmen einer öffentlich-rechtlichen Verwaltungstätigkeit erbrachte Leistungen mit Außenwirkung oder die Inanspruchnahme einer vom Bund unterhaltenen Einrichtung oder Anlage, soweit die Ermöglichung der Inanspruchnahme öffentlich geregelt ist. Eine solche öffentliche Leistung ist nach § 3 II BGebG dann individuell zurechenbar, wenn sie durch den von der Leistung Betroffenen veranlasst wurde, sie angefordert oder sonst willentlich in Anspruch genommen wird oder zugunsten des von der Leistung Betroffenen erbracht wird. In § 11 BGebG sind ergänzend die drei anerkannten Gebührenarten bestimmt. Danach ist zu unterscheiden zwischen Festgebühren, Zeitgebühren und Rahmengebühren.

In dem als Anlage zur BMIBGebV enthaltenen **Gebührenverzeichnis** ist bei den für die Aufgabenwahrnehmung der Bundespolizei relevanten Gebührentatbeständen in Abschnitt 1 bzw. Abschnitt 2 festgelegt, ob für eine individuell zurechenbare Leistung eine **Festgebühr** oder eine **Gebühr nach Zeitaufwand** zu erheben ist. Überdies sind den Gebührentatbeständen ggf. **Auslagen** zugeordnet. Grundsätzliche Regelungen für die Berechnung von Festgebühren und Zeitgebühren sind in den §§ 9 und 10 AGebV enthalten. Der in diesem Zusammenhang ebenfalls einschlägige § 11 BGebG beschränkt sich darauf, die verschiedenen Gebührenarten zu benennen und begrifflich im Kern zu definieren. Bei der Bundespolizei wurden für Maßnahmen nach dem Bundespolizeigesetz insgesamt 15 Gebührentatbestände als *Zeitgebühren* und neun Gebührentatbestände als *Festgebühren* in die BMIBGebV aufgenommen. Neben diesen Gebührentatbeständen für Maßnahmen nach dem Bundespolizeigesetz wurden für die Bundespolizei zusätzlich insgesamt vier weitere Gebührentatbestände für Maßnahmen nach dem Verwaltungs-Vollstreckungsgesetz als *Zeitgebühren* in die BMIBGebV aufgenommen.

### 2.8.1.1 Gebühren nach Zeitaufwand

§ 3 der BMIBGebV betrifft die Zeitgebühr und lautet im Wortlaut wie folgt:

**§ 3 Zeitgebühr**

Sofern im Gebühren- und Auslagenverzeichnis nichts anderes bestimmt ist, gelten

1. für den Zeitaufwand von Verwaltungsbeschäftigten in der Bundesverwaltung die in der Anlage 1 Teil A der Allgemeinen Gebührenverordnung in der am 18. Februar 2021 geltenden Fassung bestimmten allgemeinen pauschalen Stundensätze für Verwaltungsbeschäftigte in der Bundesverwaltung und
2. für den Zeitaufwand von Polizeivollzugsbeamtinnen und -beamten des Bundes die allgemeinen pauschalen Stundensätze für Polizeivollzugsbeamtinnen und -beamte des Bundes nach Anlage 1 Teil A der Allgemeinen Gebührenverordnung in der am 18. Februar 2021 geltenden Fassung.

Die Vorschrift des § 3 BMIBGebV unterscheidet hinsichtlich der Berechnung von Zeitgebühren danach, ob die gebührenfähigen Leistungen von Verwaltungsbeschäftigten in der Bundesverwaltung oder von Polizeivollzugsbeamtinnen und -beamten erbracht wird. Je nachdem, welche der genannten Personengruppen tätig geworden ist, gelten entweder die in der Anlage 1 Teil A der AGebV bestimmten allgemeinen pauschalen Stundensätze für **Verwaltungsbeschäftigte** in der Bundesverwaltung oder die allgemeinen pauschalen Stundensätze für **Polizeivollzugsbeamtinnen und -beamte** des Bundes gemäß den Bestimmungen der Anlage 1 Teil A der AGebV.

Bei Tätigwerden von **Polizeivollzugskräften der Bundespolizei** ist also § 3 Nr. 2 BMIBGebV einschlägig. Die darin in Bezug genommenen allgemeinen pauschalen Stundensätze für Polizeivollzugsbeamtinnen und -beamte werden auch der Kalkulation von Festgebühren zugrunde gelegt.[143] Die uniformierten **Anwärter**, die sich als sog. „Einsteiger" noch in der Ausbildung befinden, sind ungeachtet des eben genannten Umstandes gleichwohl als „echte" Polizeivollzugsbeamte des Bundes einzustufen; ihre Tätigkeiten und Maßnahmen sind also uneingeschränkt abrechnungsfähig. Dies folgt für die Polizeimeisteranwärterinnen und Polizeimeisteranwärter aus § 1 I Nr. 1 der Verordnung zu § 1 I BPolBG und für die Polizeikommissaranwärterinnen und Polizeikommissaranwärter aus § 1 I Nr. 8 der eben genannten Rechtsverordnung. Durch die beiden zitierten Vorschriften werden die Anwärter explizit und ohne Einschränkungen als Polizeivollzugsbeamte des Bundes i. S. d. § 1 I 2 BPolBG legaldefiniert; sie haben also im Außenverhältnis zum Bürger die Rechtsstellung eines normalen Polizeivollzugsbeamten. Im Rahmen des öffentlichen Kostenrechts stehen die Anwärter damit den Polizeivollzugsbeamten mit abgeschlossener Ausbildung und bestandener Laufbahnprüfung gleich und werden entsprechend der Laufbahn, die sie anstreben, abgerechnet. Für die Anwärter im höheren Dienst, also für die Polizeiratsanwärterinnen und Polizeiratsanwärter, gilt selbstverständlich eine identische Rechtslage, vgl. § 1 I Nr. 14 der Verordnung zu § 1 I BPolBG.

Die innerhalb der Bundespolizei in beachtlicher Zahl auf der Grundlage von Anstellungsverträgen eingesetzten **Bundespolizeiunterstützungskräfte** (BUK) sind weder verbeamtet noch haben sie die Rechtsstellung eines Polizeivollzugsbeamten. Sie fallen deshalb in die Gruppe der Verwaltungsbeschäftigten i. S. d. § 3 Nr. 1 BMIBGebV.

Die in der Bundespolizei gelegentlich tätig werdenden **Praktikanten** sind nicht fest und dauerhaft in die Organisation integriert; sie sind weder Angestellte noch Beamte, sondern gewissermaßen nur „Gäste" der öffentlichen Verwaltung, mit ei-

---

143 Zur Kalkulation und dem Zustandekommen der Festgebühren vgl. Kapitel 2.8.2.

ner zeitlich beschränkten Verweildauer und ohne einen verfestigten Rechtsstatus. Aus diesem Grunde fallen sie weder unter § 3 Nr. 1 noch unter § 3 Nr. 2 BMIB-GebV. Ihr Tätigwerden kann daher kostenmäßig im Verhältnis zum Bürger gar nicht abgerechnet werden.

Die **Erhebung von Auslagen** erfolgt für den Einsatz eines Hubschraubers, Schiffes, Bootes oder Wasserwerfers (jeweils einschließlich des Bedienungspersonals) nach den Nrn. 1.2.1, 2.2. GAV nach Zeitaufwand, also gemäß § 12 I BGebG in Höhe der tatsächlich entstandenen Kosten. Es handelt sich hierbei zwar um Auslagen im Sinne des GAV, die Kostenhöhe bestimmt sich in diesen Fällen allerdings nach der eingesetzten Zeit, weshalb sie an dieser Stelle aufgeführt werden.

Einschlägig für die Berechnung der zu veranschlagenden Kosten für spezielle Einsatzmittel der Bundespolizei (Hubschrauber, Schiffe, Boote oder Wasserwerfer) ist die Vorschrift **BRAS 640** (Bestimmungen über Leistungen der Bundespolizei zugunsten Dritter – BestüL BPOL). Die Vorschrift ist ausschließlich für den Dienstgebrauch vorgesehen und wird aus diesem Grund hier nicht detailliert erläutert. Im Wesentlichen finden sich die Kostensätze für Betriebsstunden und Einsatzstunden der o. g. Einsatzmittel in der Anlage 1 zur BRAS 640 „Erstattungskostensätze der Bundespolizei“.

Soweit ein Viertelstundensatz für das Transportieren von Personen oder Sachen bestimmt wird (vgl. die Nrn. 8.3.2, 9.2.2, 10.3.2 sowie 12.3 GAV), ergibt sich die Höhe aus der Anlage 1 AGebV.

Die Gebühren werden im **Viertelstunden-Takt** abgerechnet, wobei gemäß § 10 IV AGebV für **jede angefangene Viertelstunde** eine Gebühr in Höhe eines Viertels des Stundensatzes ausgelöst wird. Damit ergeben sich folgende Gebühren im Rahmen von Zeitgebühren:

| **Stundensätze für PVB gemäß Anlage 1 AGebV (Personal- und Sachkosten einschließlich Gemeinkosten** | | |
|---|---|---|
| | Je Stunde | Je ¼ Stunde |
| Pauschaler Satz (Transport) | 67,64 Euro | 16,91 Euro |
| PVB mD | 62,00 Euro | 15,50 Euro |
| PVB gD | 75,19 Euro | 18,80 Euro |
| PVB hD | 96,59 Euro | 24,15 Euro |
| BUK | 59,42 Euro | 11,93 Euro |

Nach den im obigen Beispiel getroffenen Annahmen ergibt sich für die Transportauslage ein pauschaler Kostensatz von 67,64 Euro pro Stunde. Analog zu § 10 IV AGebV errechnet sich somit pro PVB ein Viertelstundensatz in Höhe von 16,91 Euro.

Für den Einsatz von **Personenkraftwagen** der Bundespolizei werden keine Auslagen erhoben, da diese Kosten von den in Anlage 1 Teil A der AGebV bestimmten allgemeinen pauschalen Stundensätzen für Polizeivollzugsbeamtinnen und -beamte des Bundes umfasst sind. Die Kosten für den Einsatz eines Pkw der Bundespolizei sind daher über den Zeitaufwand bei der Bemessung der Gebührenhöhe zu berücksichtigen.

Sofern die BMIBGebV keinen pauschalen Stundensatz, sondern eine Zeitgebühr nach Zeitaufwand festlegt, reduzieren sich die Gebühren gemäß der Anlage 1 Teil A AGebV je Stunde der eingesetzten Einsatzmittel, wenn zusätzlich zu den Gebühren auch Auslagen erhoben werden, wie folgt:

| **Einsatzmittel** | **Kürzung des Stundensatzes um** |
|---|---|
| Hubschrauber | 0,11 Euro |
| Boote, Schiffe | 0,05 Euro |
| Wasserwerfer | 0,02 Euro |

Der überwiegende Anteil der Gebührentatbestände im Gebührenverzeichnis enthält Gebühren nach Zeitaufwand. Diese Gebühren beinhalten pauschale Stundensätze für Polizeivollzugsbeamte und Einsatzmittel. Die Einsatzzeiten und die eingesetzten PVB müssen zur Kostenerhebung erfasst werden. Die Zeitgebühr mit Personalkostensätzen ist gemäß den Anlagen 1 und 2 zur AGebV zu erheben. Da in den Personalkostensätzen auch Sacheinzelkosten aufgehen, erübrigt sich in den meisten Fällen die gesonderte Erhebung von differenzierten Sachkosten, die auch mit einem gewissen Dokumentationsaufwand verbunden wäre. So ist z. B. die Benutzung von Kraftfahrzeugen durch Polizeivollzugsbeamte bei den Zeitgebühren in den pauschalen Stundensätzen der Einsatzkräfte bereits berücksichtigt; dieser Umstand der Fahrzeugnutzung muss also für die Kostenerhebung nicht gesondert aufgeführt werden. Bei den mit einer Zeitgebühr belegten Kostentatbeständen ist abzustellen auf die in der Anlage 1 Teil A zur AGebV hinterlegten Stundensätze mit Zuordnung nach Laufbahngruppen und den Einsatz von Hubschraubern und Booten.

Anders als zahlreiche Bundesländer differenziert die BMIBGebV wegen des Verweises aus § 3 Nr. 1 und 2 BMIBGebV auf die Anlage 1 Teil A der AGebV nach den jeweiligen Laufbahngruppen des am Einsatz beteiligten Personals. Deshalb ist es nach den derzeit gültigen Vorschriften notwendig, aus Sicht der einsatzführenden Dienststelle, sehr präzise zu erfassen, welche Kräfte in welcher konkreten Gliederung (nach Laufbahnen getrennt) eingesetzt waren. Die aktuell erforderliche Differenzierung bei Zeitgebühren nach der jeweiligen Laufbahn der eingesetzten Polizeivollzugsbeamten führt zu hohem und nicht zwingend notwendigem Verwaltungsaufwand bei der Gebührenerhebung.

Die Erfassung der jeweils eingesetzten Laufbahngruppen der PVB erfolgt für polizeiliche Einsatzmaßnahmen in der Regel in Gesamtstärken. Für die Gebührenerhebung ist es jedoch zumeist erforderlich, die jeweiligen Stärken nochmals einzelnen kostenpflichtigen Einzelmaßnahmen oder Maßnahmengruppen zuzuordnen. Diese differenzierte Erfassung und Zuordnung erfolgt bei einer normalen Einsatzdokumentation nicht. Das Erfordernis dieser präzisen Aufschlüsselung für die spätere Gebührenerhebung bedeutet also für die eingesetzten Kräfte, die Einsatzleitstellen und die Kostensachbearbeiter einen Aufwand, der nur durch die Gebührenerhebung bedingt ist und nicht durch den Einsatz selbst.

Dieser erhöhte Verwaltungsaufwand könnte durch die **einheitliche Festlegung eines Mittelwertes** für Zeitgebühren gelöst werden. Die Erfahrung der zurückliegenden Jahre aus dem Bereich der Bundespolizei zeigt, dass eine Differenzierung hinsichtlich der Laufbahn nicht unbedingt einen ebenso differenzierten Aufwand der polizeilichen Maßnahmen abbildet.

Beispielsweise könnte anhand des **Personalschlüssels der BPOL** nach Laufbahngruppen (Anteil PVB im mD, gD und hD) ein Mittelwert aus den jeweiligen Stundensätzen der AGebV gebildet und jeweils pauschal pro eingesetztem Beamten veranschlagt werden.

Der Mittelwert würde mit aktuellem Stand[144] 68,02 Euro betragen.<br>
56 % PVB im mD mit 62 Euro pro Stunde = 34,72 Euro<br>
43 % PVB im gD mit 75,19 Euro pro Stunde = 32,33 Euro<br>
1 % PVB im hD mit 96,59 Euro pro Stunde = 0,97 Euro

**Beispielrechnung:**

Bei einem einstündigen Einsatz mit der Gesamtstärke 1/5/13 käme man bei bisheriger Zählweise auf eine Zeitgebühr von 1278,54 Euro (1 x 96,59 + 5 x 75,19 + 13 x 62,00).

Nach neuer, gemittelter Rechnung käme man auf 1292,38 Euro (19 * 68,02).

Die Beträge sind nahezu identisch. Der zugrundeliegende Verwaltungsaufwand unterscheidet sich jedoch erheblich.

Unter Berücksichtigung der individuellen Belange der Bundespolizei wäre daher empfehlenswert, einen pauschalen Mittelbetrag für Gebühren nach Zeitaufwand einzuführen.[145] Dies könnte bspw. durch Ergänzung des § 3 Nr. 2 BMIBGebV um einen anhand des Planstellenschlüssels festzulegenden Mittelbetrag unter Bezug

144 Zahlen errechnet anhand des Jahresberichts der Bundespolizei 2021, S. 85, Hrsg. Bundespolizeipräsidium LS 2 – Presse- und Öffentlichkeitsarbeit.

145 So auch bspw. das Land Hamburg in der Anlage 1 zur SiOGebO HA 1993, die eine pauschale Stundengebühr von 33,20 Euro pro Bediensteten der Polizei Hamburg vorsieht.

auf die allgemeinen Stundensätze nach der AGebV oder alternativ innerhalb der Gebührenziffern im GAV selbst geschehen. Dies würde ebenfalls die Diskrepanz zwischen der abweichenden Berechnungsgrundlage von Festgebühren und Zeitgebühren obsolet machen. Hierauf wird im folgenden Abschnitt „Festgebühren" näher eingegangen.

**Berücksichtigungsfähige Zeiten bei Zeitgebühren**

Die Zeitgebühr soll nach § 10 I AGebV dem Zeitaufwand Rechnung tragen, der für die Erbringung der gebührenfähigen Leistung im Einzelfall erforderlich ist. Damit ergänzt und konkretisiert § 10 AGebV die in § 11 Nr. 2 BGebG enthaltene Kernregelung zur Zeitgebühr. Nach § 10 AGebV ist die Zeitgebühr zu bestimmen nach dem Zeitaufwand, der für die Erbringung der gebührenfähigen Leistung im Einzelfall erforderlich ist. Die **Dauer der öffentlichen Leistung** bestimmt somit die konkrete Gebühr. Die Zeitgebühr ist Ausfluss des Kostendeckungsgebots aus § 9 I BGebG. Nach Ansicht des BVerfG ist eine Zeitgebühr hinreichend bestimmt durch die Festlegung der Bemessungsfaktoren Zeit und Kostensatz[146]. Für die **Berechnung** des tatsächlich benötigten Zeitaufwands sind nach § 2 I AGebV *sämtliche Zeitanteile aller an der Leistung Beteiligter zu erfassen*. Im Hinblick auf eine mögliche spätere Kontrolle durch die Verwaltungsgerichte sollte eine standardisierte Dokumentation für die polizeiliche Praxis entwickelt werden, um eine nachvollziehbare und überprüfbare Erfassung der zur Erbringung der öffentlichen Leistung aufgewendeten Zeit sicherzustellen. Denn das verfassungsrechtlich verankerte Bestimmtheitsgebot verlangt Regelungen, die eine willkürliche Handhabung im Rahmen der Kostenberechnung durch die Behörden ausschließt.

Ansatzfähig sind im Lichte des § 3 I AGebV betrachtet diejenigen Zeiten, die für die Leistungserbringung *notwendig* sind und durch die Erbringung der gebührenfähigen Leistung selbst *verursacht* werden, oder die für solche Neben- und Zusatzleistungen notwendig sind, die mit der eigentlichen Leistungserbringung in einem ausreichend engen **Sachzusammenhang** stehen. Dazu zählen insbesondere solche Zeiten, die für die unmittelbare **Vor- oder Nachbereitung** der gebührenfähigen Leistung erforderlich sind. Verteilzeiten werden bei der Zeitaufschreibung dagegen nicht berücksichtigt, da nur produktive Zeiten berücksichtigungsfähig sind. Unter *Verteilzeiten* fallen insbesondere Zeiten für eine erforderliche, persönlich bedingte Unterbrechung der Arbeit (Essen, Trinken, private Verrichtungen).

Grundsätzlich sind auch **Reise- und Wartezeiten** Zeiten der Leistungserbringung nach § 3 I AGebV, die bei Zeitgebühren mit dem entsprechenden Stundensatz zu verrechnen sind. Wenn die Reisezeit jedoch die regelmäßig erforderliche Zeit we-

146 BVerfG NVwZ 2003, 1241, 1247.

sentlich übersteigt, sind die Gebühren für die Zeit, die über die regelmäßige Reisezeit hinausgeht, gemäß § 9 V BGebG im Einzelfall zu ermäßigen. Bei erforderlichen Wartezeiten wird die Einzelfallgerechtigkeit über § 9 V BGebG wie folgt gewährleistet: Bei Wartezeiten, welche die Behörde zu vertreten hat oder die durch höhere Gewalt entstanden sind, sind die Gebühren für diese Zeit gemäß § 9 V BGebG im Einzelfall zu ermäßigen. Dies entspricht dem Rechtsgedanken des § 10 VI BGebG.

**An- und Rückmarschzeiten** zum oder vom Einsatzort zählen nach den oben geschilderten Grundsätzen somit immer dann zur kostenpflichtigen Leistungserbringung, wenn die Zeiten in einem unmittelbaren Zusammenhang zur Leistungserbringung stehen, somit dem Kostenschuldner individuell zurechenbar sind, und wenn sie im Umkehrschluss ohne die kostenpflichtige Grundleistung nicht angefallen wären

**Beispiel:**

> *Im Rahmen eines Fußballeinsatzes stellen Einsatzkräfte an einem S-Bahnhaltepunkt ein herrenloses Gepäckstück fest. Es wird sowohl ein Einsatzzug der im Sondereinsatz befindlichen BPOLABT (zur Absperrung und Räumung), also auch ein Entschärfertrupp, angefordert und zum Einsatzort entsandt.*

Ab dem Zeitpunkt der „**Abfahrt zum Einsatzort**“ zählt für beide Einheiten die kostenpflichtige Zeit. Allerdings zählt für die Entschärfer die gesamte Anfahrt von der Dienststelle bis zum Einsatzort zur Zeitgebühr und für die Kräfte der BPOLABT lediglich die Anfahrtszeit von ihrem bisherigen Einsatzort/Bereitstellungsort und eben nicht von der Dienststelle bis zum Einsatzort. Die ursprüngliche Fahrt des Einsatzzuges von der Dienststelle bis zum bisherigen Einsatzort war durch den Fußballeinsatz veranlasst und eben nicht durch das herrenlose Gepäckstück.

Werden Kräfte für einen Einsatz angefordert, kommen jedoch vor Ort nicht zum Einsatz, weil sich die Gefahrenlage inzwischen erledigt hat, spricht vieles dafür, diese Kräfte (zumindest im Rahmen der Gebührenziffer 1) dennoch gebührenrechtlich abzurechnen.

Dies ergibt sich sowohl aus dem Wortlaut als auch aus dem Telos der hier in Betracht kommenden Gebührenziffern des GAV der BMIBGebV.

Der Verordnungsgeber will hier dem Wortlaut nach ganz **bewusst *„Polizeieinsätze“*** und nicht eine ***„Gefahrenbeseitigung“*** mit Polizeikosten unterlegen.

Er hat sich also bewusst für einen recht weiten Begriff entschieden, der in gewisser Weise auf eine **Gesamtbetrachtung der erforderlichen Aufwendungen** zur Bewältigung der Gefahrenlage abstellt. Es soll mithin der Einsatz an sich kostenpflichtig sein und nicht nur die konkreten Tätigkeiten in Bezug auf die Gefahrenbeseitigung. Dies hat zur Folge, dass auch die Bereitstellung einer eigens eingerichteten **Führungs- oder Befehlsstelle** zur Koordination der Einsatzkräfte als auch **mittelbare Aufwendung** zur Gewährleistung der Einsatzfähigkeit der Einsatzkräfte vor Ort kostenpflichtig sein können, wie bspw. das Ausleuchten einer Einsatzstelle.

Schließlich wird in der amtlichen Begründung zur BMIBGebV zur Ziffer 1 ausgeführt, dass sich solche Einsätze zumeist als **Bündel mehrerer bundespolizeilicher Einzelmaßnahmen** darstellen, durch die nicht selten mehrere unterschiedliche Einzelgefahren abgewehrt werden. Die polizeiliche Bewältigung eines solchen Einsatzanlasses kann je nach Einzelfall einfach gelagerte Maßnahmen oder komplexes polizeiliches Handeln nach sich ziehen.[147]

Diesem Gedanken einer komplexen Einsatzbewältigung folgend muss auch die Anfahrt weiterer Einsatzkräfte kostenpflichtig sein. Zweck der Erhebung von Polizeikosten ist ja nach dem Gedanken des Gebührenrechts die Überwälzung individuell verursachter Aufwendung des Staates auf den Verursacher mit dem Ziel, diesen zu einem gefahrenvermeidenden Verhalten anzuhalten und künftiges Fehlverhalten zu verhindern. Würde man nur diejenigen Einsatzkräfte berücksichtigen, die vor Ort an der Gefahrenbeseitigung mitgewirkt haben, entfiele die Kostenpflicht für sämtliche anrückenden (aber eigentlich zur Lagebewältigung erforderlichen) Einsatzkräfte. Es würde also für einen Kostenschuldner gebührenrechtlich keinen Unterschied machen, ob er bspw. zum Scherz eine Sachbeschädigung oder einen Terroranschlag ankündigt.

Da zudem diese anrückenden Einsatzkräfte für den konkreten Zeitraum bis zur „Entwarnung" auch einsatzmäßig gebunden sind und für keinen anderen Einsatz disponiert werden könnten, kann man sicherlich auch von einer vom Polizeikostenrecht umfassten Inanspruchnahme bzw. kostenpflichtigen Aufwendung der Polizei sprechen.

Betrachtet man hingegen andere Gebührenziffern, kann man diesen Gedanken nicht übertragen. So wird bspw. die Identitätsfeststellung zum Schutz privater Rechte nach Ziffer 4 GAV, die Erkennungsdienstliche Behandlung nach Ziffer 5 GAV, oder eine Zwangsanwendung nach Abschnitt 2 immer erst dann abzurechnen sein, wenn die kostenpflichtige Leistung (also die beschriebene Maßnahme selbst) erbracht wurde. Eine notwendige An- oder Rückfahrt kann hier nicht in Rechnung gestellt werden, sofern auch keine zugrundeliegende Maßnahme erfolgt ist. Bei den Ziffern stellt sich diese Frage ohnehin nicht, da hier Festgebühren festgelegt wurden.

147 BMI, Amtliche Begründung zur Besonderen Gebührenverordnung BMIBGebV, veröffentlicht 21.10.2019, BAnz AT 21.10.2019 B1, zu Abschnitt 1, S. 20.

### 2.8.1.2 Festgebühren

Die Gebührenziffern 4, 5, 7, 8, 9, 11.1 und 12.2 des Abschnitts 1 und die Ziffern 1.1 und 1.3 des Abschnitts 2 des GAV sind als Festgebühren ausgestaltet.

Hierbei handelt es sich um unveränderliche Beträge, die für einzelne öffentliche Leistungen nach den Maßstäben und Anforderungen des § 9 AGebV als Konkretisierung des § 11 Nr. 1 BGebG festgelegt werden. Die Behörde hat demzufolge bei der Festsetzung der Gebühren keinen Ermessensspielraum hinsichtlich der Gebührenhöhe.

Für Festgebühren eignen sich aus Gründen des strengen Kostendeckungsprinzips daher nur solche Tätigkeiten, die **weitestgehend standardisiert und regelmäßig erbracht** werden und deren Bearbeitungsaufwand sowie deren durchschnittliche Bearbeitungszeit wiederkehrend annähernd gleich beschaffen ist.[148]

Die Festlegung und Bestimmung solcher Beträge erfolgt hierbei unter sehr dezidierten umfangreichen Prozessen. Ziel dieser Erhebungsprozesse ist es, im Rahmen einer **repräsentativen Datenerhebung** Arbeitsschritte, Bearbeitungszeiten und das notwendige Personal möglichst umfangreich zu erheben und schlussendlich die Frage beantworten zu können, ob man mit einer Festgebühr allen künftig anfallenden Maßnahmen durchschnittlich gerecht würde, oder ob es sich eher um heterogen stattfindende Arbeitsprozesse handelt, die besser „spitz“ im Wege einer Zeitgebühr abgerechnet werden sollten.

Am Beispiel der IDF zum Schutz privater Rechte sieht eine Matrix zur Errechnung der Festgebühr wie folgt aus:[149]

---

128 Vgl. *Prömper/Stein*, Bundesgebührengesetz, Kommentar, München 2019, zu § 9 Rdnr. 2 S. 202, mit Verweis auf OVG NRW, Beschl. vom 15.4.2013 – 9 A 1573/12 –, Rdnr. 9 und NdsOVG, Urt. vom 23.10.2001 – 12 LB 1872/01 –, Rdnr. 21.

149 Aus der amtlichen Begründung zur Besonderen Gebührenverordnung BMIBGebV, veröffentlicht 21.10.2019, BAnz AT 21.10.2019 B1, zu Abschnitt 1, S. 25.

| Bezeichnung der Prozessbausteine | | Ø Zeitaufwand nach Laufbahngruppe in Minuten | | |
|---|---|---|---|---|
| | | mD | gD | hD |
| Prozessbaustein I | Vorbereiten der Entscheidung über eine Identitätsfeststellung | 1,48 | 1,14 | 0,00 |
| Prozessbaustein II | Entscheidung | 0,90 | 0,96 | 0,00 |
| Prozessbaustein III | Durchführung der ID-Maßnahme | 12,73 | 4,92 | 0,00 |
| Prozessbaustein IV | Vorgangserfassung/Dokumentation | 11,71 | 5,40 | 0,00 |
| Prozessbaustein V | Gebührenfestsetzung | 11,06 | 2,53 | 0,00 |
| Insgesamt | | 37,88 | 14,94 | 0,00 |

Bei Anwendung der allgemeinen pauschalen Stundensätze für PVB der Anlage 1 der AGebV ergeben sich die in der nachfolgenden Tabelle dargestellten Kosten:

| Bezeichnung der Prozessbausteine | | Ø Kosten je Prozessbaustein über alle Aufschreibungen in Euro |
|---|---|---|
| Prozessbaustein I | Vorbereiten der Entscheidung über eine Identitätsfeststellung | 2,74 |
| Prozessbaustein II | Entscheidung | 1,98 |
| Prozessbaustein III | Durchführung der ID-Maßnahme | 17,95 |
| Prozessbaustein IV | Vorgangserfassung/Dokumentation | 17,52 |
| Prozessbaustein V | Gebührenfestsetzung | 13,59 |
| Summe | | 53,78 |
| Gebührensatz | | 53,75 |

Bei der Bestimmung der Gebührensätze der fixen **Festgebühren** wurde aus Gründen der Verwaltungsvereinfachung der jeweils kalkulierte Betrag gerundet; zur Vermeidung einer Kostenüberdeckung erfolgt jedoch keine Aufrundung, sondern bei Beträgen unter 100 Euro eine Abrundung auf 5 Cent und bei Beträgen über 100 Euro eine Abrundung auf den vollen Euro-Betrag.

Wie man anhand der oben aufgeführten Matrix erkennen kann, verknüpfen Festgebühren einen einmalig und umfangreich erhobenen durchschnittlichen, weitestgehend einheitlichen **Arbeitsaufwand** mit den zum Zeitpunkt des Inkrafttretens geltenden **pauschalen Stundensätzen** der jeweiligen Laufbahngruppen der Bundespolizei.

Mit der Änderung des § 3 BMIBGebV durch die „Erste Verordnung zur Änderung der Besonderen Gebührenverordnung BMI" vom 10.9.2021[150] wurden dessen statische Verweisungen auf die am 18.2.2021 geltende Fassung von Teil A der Anlage 1 der AGebV bezogen.

Zugleich wurden durch die Neufassung die Höhen der Festgebühren ebenfalls anhand dieser aktualisierten allgemeinen pauschalen Stundensätze nach Teil A der Anlage 1 der AGebV in der Fassung vom 18.2.2021 nachberechnet und geändert. Auf diese Weise war die Anwendung identischer Kalkulationsgrundlagen für die Berechnung von Zeit- und Festgebühren im Anwendungsbereich der BMIBGebV weiterhin gewährleistet.

150 BGBl. I 2021, 44.

Dies führte für die Bundespolizei dazu, dass im Rahmen der Vorgangsbearbeitung streng zwischen Kostenvorgängen vor und nach dem 18.2.2021 unterschieden werden musste. Da auch die technische Umsetzung dieser Unterscheidung im Vorgangsbearbeitungssystem der Bundespolizei seine Zeit in Anspruch nahm, kam es zu einer gewissen **Überlappungszeit**, in der Zeit- und Festgebühren unterschiedliche Berechnungsgrundlagen hatten.

Derartige Überlappungs- und Übergangszeiten dürften sich folglich auch in Zukunft ergeben, sofern die pauschalen Stundensätze der Anlage 1 der AGebV weiterhin regelmäßig angepasst werden und in der Folge auch die Festgebühren der Bundespolizei neu kalkuliert werden müssen.

Die im Februar im Rahmen der ersten „Verordnung zur Änderung gebührenrechtlicher Regelungen der Allgemeinen Gebührenverordnung und der Besonderen Gebührenverordnung BMI“ vom 11.2.2021[151] festgelegte Abkehr von einer dynamischen Verweisung auf *„die jeweils gültige Fassung“* der AGebV hin zu einer statischen Verweisung auf die Fassung zu einem bestimmten Zeitpunkt gewährleistete daher, dass im Anwendungsbereich der BMIBGebV die Kalkulation der Zeit- und Festgebühren nicht auf unterschiedlichen Stundensätzen beruhen. Dies wäre nämlich geschehen, wenn wegen des dynamischen Verweises die Zeitgebühren jährlich steigen, die Festgebühren jedoch auf dem alten (auf Basis geringerer Stundensätze berechneten) Stand verblieben.

### 2.8.2 Auslagen

Die verbindliche Legaldefinition für **Auslagen** ergibt sich aus § 3 V BGebG im Zusammenspiel mit § 12 I, II BGebG. Zunächst bestimmt § 3 V BGebG, dass Auslagen nicht schon von der Gebühr umfasste Kosten sind, welche die Behörde für individuell zurechenbare öffentliche Leistungen im Einzelfall nach § 12 I oder II BGebG erhebt. Damit wird ein Negativmerkmal statuiert: Auslage kann nur sein, was nicht schon von einer Gebühr umfasst ist. Ergänzend bestimmt dann zunächst § 12 I 1 BGebG, dass bestimmte Kosten, die nicht schon in die Gebühr einbezogen sind, als Auslagen gesondert in der tatsächlich entstandenen Höhe erhoben werden. Damit wird ein Positivmerkmal bestimmt: Auslage kann nur sein, was **tatsächlich in einer bestimmten Höhe als Kostenfaktor angefallen** ist. Gleichzeitig enthält § 12 I 1 BGebG eine Auflistung von Kosten, die der Gesetzgeber als Auslagen im gesetzlichen Sinne gewertet wissen will. Dies betrifft im Einzelnen die folgenden fünf Fallgruppen, nämlich Kosten, die erhoben werden für **Zeugen, Sachverständige, Umweltgutachter, Dolmetscher oder Übersetzer, für Leistungen anderer Behörden und Dritter, für Dienstreisen und Dienstgänge, für die**

151 BGBl. I 2021, 204.

**Zustellung oder öffentliche Bekanntmachung und für Ausfertigungen und Papierkopien**, die auf besonderen Antrag erstellt werden.

Dass diese Auflistung nur beispielhaft und nicht abschließend gemeint ist, lässt sich aus § 12 II Nr. 2 BGebG folgern. Danach kann abweichend von § 12 I BGebG bestimmt werden, dass auch *andere* als die in § 12 I 1 BGebG bezeichneten Auslagen gesondert erhoben werden können, mit Ausnahme von einfachen elektronischen Kopien. Die Auflistung der gesetzlichen Beispiele in § 12 I 1 Nr. 1 bis Nr. 5 BGebG lässt zudem erkennen, dass es sich bei Auslagen zumindest häufig um Kosten handelt, die zunächst **bei Dritten entstanden** sind und die vom Bund übernommen werden mussten oder müssen, der sie seinerseits vom Kostenschuldner ersetzt verlangt. Auf der anderen Seite zeigen die Beispiele der Dienstreisen und Dienstgänge, dass sich Auslagen **auch als unmittelbare Eigenkosten** des Kostengläubigers darstellen können.

Als Auslagen im vorstehenden Sinne sind insbesondere zu werten die Kosten, die an eine Reinigungsfirma zu zahlen sind und die durch die Bundespolizei vorverauslagt sind, wie etwa die Reinigung von Gewahrsamsräumen, Fahrzeugen und sonstigen Gegenständen (Mobiliar, Uniformen etc.) durch Dritte, die Kosten für den Transport von Tieren oder Sachen durch Dritte, anlassbezogene Mietkosten für Gerätschaften oder für Fahrzeuge als besondere Transportmittel, Leihgebühren, Kosten für ärztliche Untersuchungen zur Feststellung der Gewahrsamsfähigkeit einer Person, Kosten für die Lagerung von sichergestellten und verwahrten Gegenständen bei Dritten, Vernichtung von Gegenständen durch Dritte (z. B. von Feuerwerkskörpern durch eine geeignete Spezialfirma) sowie Kosten für die Beauftragung von Dritten im Rahmen der unmittelbaren Ausführung einer Maßnahme oder im Rahmen der Ersatzvornahme in Gestalt der sog. „Fremdvornahme“ (z. B. die Einschaltung eines Abschleppunternehmens bei der Entfernung eines Fahrzeugs aus einer Gefahrenzone).

Die vorgenannten Auslagen werden nach dem Gesetz in der tatsächlich entstandenen Höhe erhoben; es findet also **keine Pauschalierung** statt. Die sog. „Spitzabrechnung“ dieser Kosten lässt sich auch damit begründen, dass die an Dritte zu zahlenden Auslagen in ihrer Höhe regelmäßig erst dann bekannt sind, wenn der Dritte diese der kostenerhebenden Behörde in Rechnung stellt.

Wichtig ist in diesem Zusammenhang ebenfalls die in § 12 I 2 BGebG ergänzend enthaltene Festlegung, dass Auslagen auch dann zu erheben sind, wenn die individuell zurechenbare öffentliche Leistung nach den §§ 7, 8, 9 IV oder V, 10 II–VI BGebG gebührenfrei oder die Gebühr ermäßigt ist. Gebührenbefreiung oder Gebührenermäßigung führen also keineswegs automatisch auch zu einer Auslagenbefreiung oder Auslagenermäßigung[152]. Eine Auslagenbefreiung muss ebenso wie eine Gebührenbefreiung durch den Verordnungsgeber bestimmt werden wie in § 2 I 2 BMIBGebV geschehen. So handelt es sich bei den dort bestimmten Gebührenbefreiungen zugleich um **Auslagenbefreiungen** gemäß § 12 III BGebG (zu den einzelnen Ausnahmetatbeständen und grundlegend zur Gebührenbefreiungen s. die ausführlichen Ausführungen unter Kapitel 2.10).

Bei den im GAV vorgesehenen erstattungsfähigen Auslagen handelt es sich um tatsächlich getätigte Auslagen (Aufwendungsersatz) nach § 12 I BGebG und nicht um regelmäßige Leistungen gemäß § 9 I 2 BGebG, welche in die Gebühr einzukalkulieren sind. Bereits einkalkuliert in die Gebühren sind namentlich Personalkosten, Zulagen für Dienst zu ungünstigen Zeiten (DUZ), Zulagen für Überstunden, die Kosten für Verbrauchsmaterialien, Fahrtkosten, Kosten für die Beschaffung und den Unterhalt von Fahrzeugen und Geräten wie Benzin- und Reparaturkosten, Kosten für die Aufrechterhaltung der Infrastruktur, Kosten für den Betrieb von Polizeidienststellen wie Raumbewirtschaftung, Mieten, Nebenkosten, Telefon- und Internetkosten etc. Alles, was im Voraus in eine Gebühr einkalkuliert werden kann, unterfällt nicht dem Begriff der Auslagen.

**Portokosten** für die Versendung der Anhörung oder Kosten für die Postzustellungsurkunde (PZU) im Zusammenhang mit der Zustellung des Gebührenbescheids sind bereits in der Gebühr für die Maßnahmen mit enthalten.

Die im Gebührenverzeichnis im Einzelnen bestimmten Auslagen fallen nicht grundsätzlich regelmäßig bei den jeweiligen Maßnahmen an, sodass sie nicht von vornherein in eine Gebühr einkalkuliert werden können und daher gesondert als Auslagen ausgewiesen sind. Allenfalls die ärztliche Untersuchung bei der Ingewahrsamnahme wird regelmäßig durchgeführt. Da die Kosten hierfür bundesweit sehr unterschiedlich sind, werden sie dennoch als Auslagen erhoben und nicht in die Gebühr für die Gewahrsamnahme gemäß § 9 I 2 BGebG mit einbezogen.

Die in § 3 V BGebG enthaltene Ausgangsdefinition für den Begriff der Auslagen nimmt aber nicht nur auf § 12 I, sondern auch auf § 12 II BGebG Bezug. Die letztgenannte Vorschrift besagt, dass abweichend von § 12 I BGebG bestimmt werden kann,

- dass bestimmte Auslagen nach Absatz 1 Satz 1 nicht gesondert erhoben werden (§ 12 II Nr. 1 BGebG),
- dass auch andere als die in Absatz 1 Satz 1 bezeichneten Auslagen gesondert erhoben werden können; dies gilt allerdings nicht für einfache elektronische Kopien (§ 12 II Nr. 2 BGebG),
- dass Auslagen pauschal oder bis zu einem Höchstbetrag erhoben werden (§ 12 II Nr. 3 BGebG),

152 Vgl. *Prömper/Stein*, Rdnr. 9 f. zu § 12 BGebG.

– dass Auslagen nicht oder nicht in voller Höhe erhoben werden, wenn die individuell zurechenbare öffentliche Leistung gebührenfrei oder die Gebühr ermäßigt ist (§ 12 II Nr. 4 BGebG).

**§ 2 II BMIBGebV** bestimmt, dass die nach dem GAV zu erhebenden Gebühren und Auslagen jeweils auch (gewissermaßen stillschweigend) die Kosten für die Festsetzung dieser Gebühren und Auslagen umfassen. Diese Regelung trägt dem in § 6 I 2 der AGebV enthaltenen Grundsatz Rechnung, dass nämlich mehrere sachlich zusammenhängenden, gebührenfähigen Leistungen zu einem einheitlichen Gebührentatbestand zusammengefasst werden können. Es gilt also die Maxime: **Festsetzungskosten** sind nicht gesondert erhebungsfähig.

**§ 2 III BMIBGebV** legt fest, dass im Geltungsbereich der BMIBGebV keine Auslagen erhoben werden, soweit die Auslagenerhebung nicht ausdrücklich im Gebühren- und Auslagenverzeichnis angeordnet ist. Ansonsten gilt, dass andere als die im GAV explizit genannten Auslagen mit der Gebühr abgegolten sind. Diese Regelung in § 2 III BMIBGebV macht von der in § 12 II BGebG enthaltenen Ermächtigung Gebrauch, wonach Auslagen nicht immer zwingend zu erheben sind. Vielmehr steht dem Verordnungsgeber bezüglich der Geltendmachung oder Nichtgeltendmachung von Auslagen ein größerer Gestaltungsspielraum zu Gebote.

Das **GAV** der BMIBGebV bestimmt zu jedem Kostentatbestand genau diejenigen Auslagen, die ***„neben der Gebühr“*** erhoben werden können. Dies bedeutet einerseits, dass es sich um abschließende Aufzählungen handelt, aber auch um eine zwingende **Verknüpfung zwischen Gebühr und Auslage**. Die Gebühr kann sehr wohl ohne dazugehörige Auslage, die Auslage allerdings nicht ohne die dazu passende Gebühr erhoben werden.

Sollten **Wasserwerfer, Boote, Schiffe oder Hubschrauber** eingesetzt werden, können diese als separate Auslage mit deutlich höheren Kostensätzen in Rechnung gestellt werden. Die Kosten hierfür ergeben sich aus den „Erstattungskostensätzen der Bundespolizei“; Anlage 1 der **BRAS 640**. Wegen des Grundsatzes der individuellen Zurechenbarkeit und der daraus resultierenden Verpflichtung, nur diejenigen Aufwendungen der Polizei in Rechnung zu stellen, die auch dem konkreten Einsatz zuzuordnen sind, werden hier nur die **Mehrkosten** und nicht die Vollkosten berechnet.

Die Allgemeinkosten für den Hubschrauber fallen auch ohne den konkreten Einsatz an und sind als der Primärebene zugehörige Polizeikosten bereits durch das Steueraufkommen abgedeckt. Nach dem Prinzip der Primär- und Sekundärebene von Polizeikosten sind immer nur die Kosten der Sekundärebene abrechenbar, also diejenigen Kosten, die über die ohnehin schon anfallenden Kosten hinausgehen und die zugleich individuell zurechenbar sind. Schon in der Entscheidung zur Luftsicherheitsgebühr hat das BVerwG eine Kostentragungspflicht für Kosten abgelehnt, die nicht schlüssig als individuell zurechenbar begründbar sind. Daher können nur die durch den konkreten Einsatz entstandenen Mehrkosten als Gebühren eingefordert werden.

Hierbei erhebt die verantwortliche Fliegerstaffel die konkreten Einsatzdaten und stellt diese der unterstützten BPOLD als Berechnungsgrundlage zur Verfügung. Da es sich hierbei um Auslagen handelt, die „spitz" in der tatsächlich entstandenen Höhe erhoben werden, gilt hier auch nicht die Berechnung im Viertelstundentakt, wie bei Zeitgebühren. Vielmehr wird für Hubschraubereinsätze der BRAS 640 zufolge die Flugzeit vom Start (Abhebezeitpunkt) bis zur Landung (Aufsetzzeitpunkt) **minutengenau** abgerechnet.

Wird ein Polizeihubschrauber allerdings nach einem kostenpflichtigen Einsatz ohne Zwischenlandung unmittelbar für einen Folgeauftrag (z. B. präventiver Beobachtungsflug über einer Bahnstrecke ohne Anlass) eingesetzt, endet die kostenpflichtige Einsatzzeit mit der Entlassung aus dem kostenpflichtigen Einsatz. Auch deshalb ist im Rahmen der Einsatzdokumentation auf die präzise Erfassung der relevanten Zeiten zu achten.

Bei der Berechnung der Gebühren für Einsatzmaßnahmen, an denen Hubschrauber, Wasserwerfer, Boote oder Schiffe beteiligt waren und deren Kosten in tatsächlicher Höhe geltend gemacht werden sollen, ist außerdem Anlage 1, Teil A, Abschnitt 1 der AGebV zu beachten. Hiernach ist der Stundensatz eingesetzter PVB wie folgt zu kürzen:

Wenn Hubschrauber als Auslage abzurechnen sind, muss der Stundensatz um 0,11 Euro gekürzt werden. Wenn Boote oder Schiffe als Auslage abzurechnen sind, muss der Stundensatz um 0,05 Euro gekürzt werden. Wenn Wasserwerfer als Auslage abzurechnen sind, muss der Stundensatz um 0,02 Euro gekürzt werden.

Betrachtet man den Hintergrund dieser Regelung genauer, ergibt sich, dass diese Kürzungsvorschrift auf alle am Einsatz beteiligten PVB und nicht nur auf das für die Sonderfahrzeuge eingesetzte Betriebspersonal anzuwenden ist. Schließlich entstammt auch diese Kürzungsvorschrift der AGebV dem Grundgedanken des Doppelerhebungsverbotes. Bei der Herleitung der pauschalen laufbahnabhängigen Stundensätze für PVB sind nämlich bereits die Sacheinzelkosten (Anlage 1, Teil B, Ziffer 2) in Gestalt der Ausstattungs- und Ausrüstungsgegenstände, sonstige Gebrauchsgegenstände, Verbrauchsmittel, Haltung von Fahrzeugen und dergleichen berücksichtigt worden. In den pauschalen Stundensätze für alle PVB sind somit gewissermaßen zu einem kleinen Bruchteil immer Sachkosten für die Unterhaltung der Fliegerstaffeln, Schiffsflotten etc. enthalten. Unabhängig davon, ob tatsächlich im konkreten Einsatz auch eines der aufgeführten Fahrzeuge zum Einsatz kam.

Sollte nun im konkreten Einsatz doch ein Hubschrauber, Wasserwerfer, Boot oder Schiff als Auslage in tatsächlicher Höhe nach BRAS 640 in Rechnung gestellt werden, müssen die Stundensätze der eingesetzten PVB logischerweise gekürzt werden, nämlich genau um den Bruchteil, der pauschal in den allgemeinen Stundensätzen auf das jeweilige Fahrzeug entfällt. Ohne die entsprechende Kürzung würden die anfallenden Betriebskosten der Fahrzeuge sowohl pauschal über die Stundensätze als auch „spitz" über die Auslage, mithin doppelt berechnet.[153]

### 2.8.3 Zusammentreffen mehrerer Gebühren/Überlappungen

In der Praxis der Gebührenerhebung entstehen häufig Berechnungsprobleme, wenn mehrere **Zeitgebühren miteinander kombiniert** werden müssen, bzw. wenn diese sich zeitlich **überlappen**. Dieses Problem wird insbesondere durch den Grundsatz der Abrechnung nach angebrochenen Viertelstunden gemäß § 10 IV AGebV besonders deutlich, weil es zu verschiedenen Varianten führen kann, ein und denselben Sachverhalt kalkulatorisch zu berechnen.

Hierzu folgendes Beispiel, ohne an dieser Stelle zu detailliert auf den herangezogenen Kostentatbestand einzugehen:

*Eine Person wird durch die Bundespolizei in Schutzgewahrsam zur Ausnüchterung genommen. Hierbei fallen die folgenden Zeiten/Tätigkeiten an:*

| ***Maßnahme*** | ***von*** | ***bis*** | ***Dauer*** |
|---|---|---|---|
| ***Anordnung der Gewahrsamnahme*** | *15:00 Uhr* | | |
| ***Mitnahme des P zum nahegelegenen BPOLR*** | *15:00 Uhr* | *15:05 Uhr* | *5 Minuten* |
| ***Durchsuchung, Atemalkoholtest, Abnahme von Effekten u. a.*** | *15:05 Uhr* | *15:15 Uhr* | *10 Minuten* |
| ***Einschluss Zelle*** | *15:15 Uhr* | *16:15 Uhr* | *1 Stunde* |
| ***Fahrt zum Gewahrsamsarzt*** | *16:15 Uhr* | *16:35 Uhr* | *20 Minuten* |
| ***Untersuchung Gewahrsamstauglichkeit*** | *16:35 Uhr* | *17:00 Uhr* | *25 Minuten* |
| ***Rückfahrt vom Gewahrsamsarzt*** | *17:00 Uhr* | *17:20 Uhr* | *20 Minuten* |
| ***Einschluss Zelle*** | *17:20 Uhr* | *22:20 Uhr* | *5 Stunden* |
| ***Entlassung*** | *22:20 Uhr* | | |

[153] Zum Zustandekommen der pauschalen Stundensätze anhand der jährlich aktualisierten Personal- und Sachkosten für Kostenberechnungen / Wirtschaftlichkeitsuntersuchungen: vgl. *Prömper/Stein*, Bundesgebührengesetz, Kommentar, München 2019, AGebV Anlagen, zu Anlage 1, Rdnr. 3 ff.

Betracht man in diesem Beispiel allein und isoliert den Kostentatbestand der Ziffer 8.3.2 des GAV, nämlich den notwendigen Transport einer in Gewahrsam genommenen Person, ergeben sich zwei grundlegend unterschiedliche Berechnungsweisen, die auch zu unterschiedlichen Kostensätzen führen:

**Variante 1:**
Es erfolgt eine Berechnung nach einzelnen Blöcken anhand der Chronologie des Sachverhalts.

– 1. Transport 15:00 – 15:05 Uhr = 1 x ¼ Std
– 2. Transport 16:15 – 16:35 Uhr = 2 x ¼ Std
– 3. Transport 17:00 – 17:20 Uhr = 2 x ¼ Std

Im Ergebnis käme man hier auf 5 Viertelstunden nach Ziffer 8.3.2 und somit auf **84,55 Euro Transportkosten**.

**Variante 2:**
Es erfolgt zunächst eine Zusammenrechnung aller angefallenen Transportzeiten und erst anschließend die Aufrundung zu Viertelstunden.

– 1. Transport 15:00 – 15:05 Uhr = 5 Minuten
– 2. Transport 16:15 – 16:35 Uhr = 20 Minuten
– 3. Transport 17:00 – 17:20 Uhr = 20 Minuten
= insgesamt 45 Minuten Transportzeit

Dies entspricht drei Viertelstunden nach Ziffer 8.3.2 und somit einer Transportgebühr von **50,73 Euro**.

Aus dem Gebot der Kostendeckung sowie dem Verbot der Doppelerhebung folgt, dass in beiden Fällen zur Vermeidung verbotener „**Doppelungszeiträume**“ Korrekturen stattfinden müssen. So überlappt die zweite Transportzeit kalkulatorisch (wegen der Aufrundung auf zwei Viertelstunden) mit der Einschlusszeit in der Zelle um fiktive zehn Minuten. Die Einschlusszeit dürfte demnach (fiktiv) erst um 17:30 Uhr beginnen.

Dies führt zu ausgesprochen komplizierten und vor allem für den Kostenschuldner nicht mehr ohne Weiteres nachvollziehbaren Berechnungen.

Vor diesem Hintergrund wird die Auffassung vertreten, die jeweils in Betracht kommenden Kostentatbestände zeitlich zu trennen, für sich genommen zu summieren und erst anschließend eine Aufrundung nach Viertelstunden vorzunehmen (wie oben Variante 2). Dies führt zwar mitunter zu einer geringeren Gebühr, erscheint aber vor dem Hintergrund der kostenrechtlichen Grundsätze rechtsstaatlicher und pragmatischer zu handhaben.

Sofern sich ein Gebührentatbestand im Gebührenbescheid sodann aus mehreren gleichartigen, aber chronologisch getrennten Einzeltätigkeiten zusammensetzt, kann dies im Fließtext des Bescheides ausgeführt werden. Dies setzt allerdings voraus, dass die summierten Zeiten auch von der gleichen Zahl an PVB geleistet wurden.

Im Ergebnis darf durch die Aneinanderreihung verschiedener Zeitgebühren mit entsprechender Aufrundung zur Viertelstunde jedenfalls keine **gebührenpflichtige Gesamtzeit** entstehen, die über der tatsächlich erbrachten öffentlichen Leistung liegt.

Kein Verstoß gegen das Verbot der Doppelerhebung liegt hingegen vor, sofern **neben den Zeitgebühren auch Auslagen** in Rechnung gestellt werden, deren ursprüngliche Erbringung während einer gebührenpflichtigen Hauptmaßnahme der Bundespolizei stattfand. So könnte nach dem o. g. Beispielfall sehr wohl die Auslage der Arztkosten für die Feststellung der Gewahrsamsfähigkeit der inhaftierten Person zusätzlich neben der Gebühr für den Vollzug der Gewahrsamnahme in Rechnung gestellt werden. Hierbei handelt es sich eben gerade nicht um eine Amtshandlung der Bundespolizei, welche über zwei Gebührenziffern veranschlagt werden soll, sondern um eine zusätzliche Leistung eines Dritten, die neben den polizeilichen Maßnahmen anfiel.

Dies wird auch aus dem Wortlaut des GAV deutlich, da hier explizit von einer Auslage die Rede ist, welche **neben den Gebühren** erhoben werden soll. Eine **Kürzung** von Vollzugs- oder Transportzeiten im Rahmen einer Gewahrsamnahme ist daher für die Dauer der Gewahrsamsfähigkeitsuntersuchung durch einen Arzt **nicht erforderlich**.

Dem Gedanken des Doppelerhebungsverbotes folgend müssen auch Sachverhalte mit **mehreren Kostenschuldnern** differenziert betrachtet werden.

Erbringt die Bundespolizei eine Leistung mit identischem Kräfte- und Zeitaufwand gleichermaßen für mehrere Kostenschuldner und ist der eingesetzte Aufwand von der Zahl der Kostenschuldner unabhängig, darf die Leistung nicht allen Kostenschuldnern in voller Höhe in Rechnung gestellt werden. Hier sollte nach dem Prinzip der **gesamtschuldnerischen Haftung** entweder die Leistung in voller Höhe einer Person oder die Gesamtsumme allen Personen zu gleichen Teilen in Rechnung gestellt werden. § 6 II BGebG sieht eine gesamtschuldnerische Haftung für öffentliche Leistungen grundsätzlich vor. In der Kommentarliteratur wird einschlägig auf eine analoge Anwendung der §§ 421 ff. BGB zur zivilrechtlichen Gesamthaftung verwiesen.[154] Hierzu steht der Gläubigerbehörde ein weitreichendes Ermessen zu, ob sie bspw. einen potentiell zahlungsfähigen Gesamtschuldner für mehrere Mitschuldner in Anspruch nimmt oder mehrere Schuldner zu gleichen

154 Vgl. *Prömper/Stein*, Bundesgebührengesetz, Kommentar, München 2019, zu § 6 Rdnr. 9, S. 47.

Anteilen.[155] Das Ermessen der Behörde kann sich sowohl an dem Kriterium bemessen, ob einer der Verursacher der zugrundeliegenden Maßnahme näher steht als andere Schuldner, als auch am Kriterium der potentiellen Zahlungsfähigkeit.[156]

**Beispiel 1:**

*Drei Jugendliche werden in Gewahrsam genommen und mit einem Dienstfahrzeug durch zwei Beamte zur BPOL-Dienststelle transportiert.*

Hier dürfen die anfallenden Transportkosten (zwei PVB à 16,91 Euro pro Viertelstunde) entweder einem der Jugendlichen oder allen drei Personen zu je einem Drittel in Rechnung gestellt werden.

Anders verhält es sich, wenn mehrere Kostenschuldner gerade einen **höheren polizeilichen Aufwand** veranlassen. In diesen Fällen erscheint es vertretbar, eben von keiner unzulässigen Doppelerhebung auszugehen und allen Personen die polizeiliche Leistung eigenständig in voller Höhe in Rechnung zu stellen.

**Beispiel 2:**

*Die drei Jugendlichen aus Beispiel 1 werden im Rahmen der Gewahrsamnahme stationär auf der Dienststelle festgehalten und dort bis zur Abholung durch die Eltern betreut.*

Anders als in Beispiel 1 ist hier der polizeiliche Betreuungsaufwand umso höher, je mehr Personen es zu betreuen gilt. Daher erscheint in dieser Konstellation eine Abrechnung der Vollzugsgebühren jeder Person gegenüber in voller Höhe angezeigt.

## 2.9 Rechtspflicht zur Gebührenerhebung

Durch die BMIBGebV wird für die Bundespolizei die Möglichkeit, aber zugleich auch gemäß § 1 BMIBGebV die Rechtspflicht geschaffen, nach Maßgabe des Bundesgebührengesetzes Kosten in Gestalt von Gebühren und Auslagen für individuell zurechenbare Einsätze und Maßnahmen zur Gefahrenabwehr zu erheben. Diese grundsätzliche **Rechtspflicht zur Kostenerhebung** lässt sich aus der in § 1 I BMIBGebV enthaltenen Formulierung betreffend die Kostenerhebung ableiten. Danach *„werden Gebühren und Auslagen für individuell zurechenbare öffentliche Leistungen* [gebührenfähige Leistungen] *erhoben ...*“. Die Formulierung *„werden* [...] *erhoben*“ stellt eindeutig klar, dass der Bundespolizei *kein Ermessen* eingeräumt ist, frei darüber zu entscheiden, ob überhaupt und welche Gebühren zu er-

---

155 A. a. O. Rdnr. 10 ff., S. 47.

156 A. a. O., Rdnr. 13, mit Verweis auf BVerwGE DöV 1972, 724 Rdnr. 15 und BVerwGE 59, 13 Rdnr. 27.

heben sind. Diese rechtliche Bindung wird durch die Vorschrift des § 2 II BMIB-GebV noch einmal bestätigt, denn die genannte Vorschrift spricht ausdrücklich von den „*zu erhebenden*“ Gebühren und Auslagen. Die Erhebung von Kosten in Form von Gebühren und Auslagen stellt also sog. „gebundenes Verwaltungshandeln“ dar. Eine *Ermessensentscheidung* hinsichtlich der tatsächlichen Erhebung der Gebühr oder Auslage bei Anordnung einer kostenpflichtigen Maßnahme ist nicht vorgesehen. Wird also eine kostenpflichtige Maßnahme durchgeführt, so fallen die im Gebühren- und Auslagenverzeichnis festgelegten Beträge jedenfalls grundsätzlich kraft Gesetzes als Rechtsfolge an.

## 2.10 Gebühren- und Auslagenbefreiung

Die Pflicht zur Gebührenerhebung gilt nur dann nicht, wenn eine **Ausnahme von der Kostenerhebungspflicht** gesetzlich ausdrücklich bestimmt ist. Solche Ausnahmebestimmungen gibt es im Bundespolizeikostenrecht in größerer Zahl:

Ein Ausnahmetatbestand ist zunächst in **§ 2 III BMIBGebV** enthalten. Danach sind Auslagen, die nicht im Gebühren- und Auslagenverzeichnis aufgeführt sind, bereits mit der Gebühr abgegolten. Das bedeutet im Umkehrschluss: Auslagen sind nur dann abrechnungsfähig, wenn sie im Gebühren- und Auslagenverzeichnis ausdrücklich aufgeführt sind.

Weiterhin gibt es eine generelle, unmittelbar im Bundesgebührengesetz angeordnete Gebührenfreiheit in bestimmten Fällen. Dies betrifft zum einen die sog. **sachliche Gebührenfreiheit** nach § 7 BGebG sowie zum anderen die sog. **„persönliche Gebührenfreiheit“** gemäß § 8 BGebG.[157]

Außerdem kann nach **§ 9 IV BGebG** aus Gründen des *öffentlichen Interesses* oder der *Billigkeit* eine niedrigere Gebühr als die nach den Regelmaßstäben gemäß § 9 I–III BGebG festgelegte Gebühr bestimmt werden. In ähnlicher Weise bestimmt **§ 9 V BGebG**, dass die Behörde eine Gebührenbefreiung oder Gebührenermäßigung gewähren kann, wenn die Festsetzung der nach Maßgabe von § 9 I–IV BGebG bestimmten Gebühr *im Einzelfall* unbillig wäre.

Des Weiteren erlaubt **§ 12 II Nr. 4 BGebG** unter Umständen eine Auslagenbefreiung oder zumindest eine Auslagenermäßigung. Nach der eben genannten Vorschrift kann nämlich bestimmt werden (gemeint: im Gebühren- oder Auslagenverzeichnis), dass Auslagen nicht oder jedenfalls nicht in voller Höhe erhoben werden, wenn die individuell zurechenbare öffentliche Leistung gebührenfrei oder die Gebühr ermäßigt ist. Eine im Verzeichnis bestimmte Gebührenbefreiung oder Ge-

157 Zur persönlichen Gebührenbefreiung anderer Behörden im Wege der Gegenseitigkeit vgl. Kapitel 2.5.1.

bührenermäßigung kann also unter Umständen eine parallele Auslagenbefreiung oder -ermäßigung nach sich ziehen.

Auslagen sind zwar grundsätzlich gemäß der ausdrücklichen Regelung in § 12 I 2 BGebG auch im Falle einer nach Maßgabe von § 9 IV oder V BGebG gewährten Gebührenbefreiung oder Gebührenermäßigung abrechenbar, allerdings entfallen die Abrechnungstatbestände in den Ausnahmeregelungen der BMIBGebV grundsätzlich, sodass es sich nicht nur um eine **Gebührenbefreiung** nach § 9 IV, V BGebG, sondern zugleich um eine **Auslagenbefreiung** gemäß § 12 III BGebG handelt. Damit erfolgt keine Polizeikostenerhebung in den folgenden Kostenbefreiungstatbeständen:

In Nr. 1.1.5 und in Nr. 3 GAV findet sich eine Gebührenbefreiung für Einsätze der Bundespolizei zur Gefahrenabwehr und für die Erhebung von Telekommunikationsdaten aufgrund § 22a BPolG, sofern der Einsatz bzw. die Datenerhebung speziell zur **Verhinderung eines Suizids** erfolgte.

Gemäß Nr. 8 GAV ist der **Gewahrsam zum Schutz einer Person** aufgrund von § 39 I Nr. 1 BPolG von der Gebührenerhebung ausgenommen; dies betrifft die Ingewahrsamnahme einer Person, die sich erkennbar unverschuldet in einem die freie Willensbestimmung ausschließenden Zustand oder sonst in hilfloser Lage befindet.

Schließlich zählen auch noch die beantragte **Schließung einer Grenzübergangsstelle** aufgrund der Nr. 12 GAV sowie die Erteilung von **Grenzerlaubnissen für Rettungsflüge** nach Nr. 12.2 GAV zu den Ausnahmen von der Gebührenerhebungspflicht.

Eine Ausnahme von der grundsätzlichen Rechtspflicht zur Gebührenerhebung nach § 1 I BMIBGebV stellt die in § 2 I 2 BMIBGebV bestimmte Gebühren- und Auslagenbefreiungen dar.

**Beispiel 1:**

> *Am Kieler Hauptbahnhof wird jeden Tag dieselbe Person festgestellt, die aufgrund ihres Verhaltens regelmäßig Platzverweise bekommt oder sogar in Gewahrsam genommen wird. Bei einem derartigen Anlass nimmt der zuständige KSB die Maßnahme auf. Nach Prüfung wird der Vorgang zur Bearbeitung an die Direktion weitergeleitet. Vor Erlass des Gebührenbescheids wird eine Anhörung des Betroffenen durchgeführt. Dabei stellt sich heraus, dass der Betroffene nachweisbar mittellos ist und der örtlichen Obdachlosenszene angehört.*

Es stellt sich im Beispiel die Frage, ob die Person eventuell von der an sich fälligen Gebühr befreit werden kann, da die Gebühr aller Voraussicht nach nicht gezahlt werden wird und sich anschließend mit einiger Wahrscheinlichkeit wegen **Mittel-**

**losigkeit** als nicht beitreibbar erweisen wird. Es würde also voraussichtlich durch die Gebührenerhebung und das spätere Vollstreckungsverfahren ein kostenträchtiger Verwaltungsaufwand entstehen bei gleichzeitig zu vermutender Erfolglosigkeit des Erhebungsverfahrens.

Die gesetzlichen Regelungen für Gebührenbefreiungen sowie Gebührenermäßigungen finden sich in **§ 9 IV und V BGebG**. Diese Doppelregelung gilt über § 12 III BGebG entsprechend für die Befreiung oder Ermäßigung von Auslagen und enthält ausschließlich Kann-Ermächtigungen. Für die praktische Rechtsanwendung muss in diesem Zusammenhang richtigerweise wie folgt differenziert werden:

Die in **§ 9 IV BGebV** enthaltene Regelung ermächtigt durch die Formulierung *„kann* [...] *bestimmt werden"* ersichtlich allein den **Verordnungsgeber** (und nicht etwa den Kostensachbearbeiter) dazu, bestimmte Ausnahmen von der Gebührenpflicht aus Gründen des öffentlichen Interesses oder der Billigkeit festzulegen. Hier lässt sich also schon aus dem Wortlaut des § 9 IV BGebG folgern, dass eine Gebührenbefreiung bzw. -ermäßigung auf der Grundlage dieser Vorschrift allein dadurch erfolgen kann, dass der Verordnungsgeber eine entsprechende Privilegierung in die Gebührenverordnung aufnimmt.[158]

Im Falle der BMIBGebV hat der Verordnungsgeber dieser Rechtslage dadurch Rechnung getragen, dass er zunächst in § 2 I 2 die folgende Klarstellung aufgenommen hat:

> *„Das Gebühren- und Auslagenverzeichnis regelt ferner die Tatbestände für eine Gebühren- und Auslagenbefreiung."*

Damit hat der Verordnungsgeber für den Anwendungsbereich der BMIBGebV von der Regelung des § 9 IV BGebV abschließend Gebrauch gemacht und im Weiteren an einigen wenigen Stellen im Gebühren- und Auslagenverzeichnis in den Nr. 1.1.5, Nr. 3, Nr. 8, Nr. 12 sowie Nr. 12.2 GAV **obligatorische Gebührenbefreiungen** ausgesprochen (z. B. bei Polizeieinsätzen zur Suizidverhinderung oder bei unverschuldeter hilfloser Lage). Durch die Normierung dieser Ausnahmetatbestände hat der Verordnungsgeber hinreichend deutlich bestimmt, in welchem Umfang im Rahmen der BMIBGebV von der Möglichkeit einer Gebührenbefreiung i. S. d. § 9 IV BGebG Gebrauch gemacht wird. Damit kommt er den von der Rechtsprechung entwickelten Anforderungen für die Zulassung einer verminderten Finanzierungsverantwortlichkeit abschließend nach.[159]

---

158 So auch *Prömper/Stein*, Bundesgebührengesetz, § 9 BGebG Rdnr. 7 und Rdnr. 52 ff.

159 Vgl. näher zu den Anforderungen an die Ausgestaltung von Gebühren unter sozialen Gesichtspunkten BVerwGE 135, 352 (Rdnr. 13) und BVerwGE 97, 332 (Rdnr. 65 ff.).

Ergänzt wird die Möglichkeit einer Gebührenbefreiung oder Gebührenermäßigung nach § 9 IV BGebG unmittelbar durch den Verordnungsgeber durch die weitere in **§ 9 V BGebG** enthaltene Regelung. Danach kann *die Behörde* – konkret also der zuständige **Kostensachbearbeiter** – Gebührenbefreiungen oder -ermäßigungen dann gewähren, wenn die Festsetzung der an sich vorgesehenen Gebühr *im Einzelfall unbillig wäre*. Diese Vorschrift ist als Ermessensvorschrift ausgestaltet, die in Gestalt des Tatbestandsmerkmals „unbillig" einen **unbestimmten Rechtsbegriff** enthält. Dieser unbestimmte Rechtsbegriff ist erkennbar am Gedanken der *Einzelfallgerechtigkeit* orientiert. Ob eine Unbilligkeit im Einzelfall vorliegt, kann nur unter Berücksichtigung aller Umstände des entscheidungsbedürftigen konkreten Sachverhalts zuverlässig beurteilt werden. Die Unbilligkeit einer bestimmten Gebührenfestsetzung ist damit eine wesentliche Voraussetzung für die Ermessensausübung. Bei Vorliegen einer *unbilligen Härte* wird es regelmäßig zu einer Ermessensreduzierung auf Null kommen. Der in § 9 V BGebG verwendete Begriff der Unbilligkeit stimmt mit dem gleichlautenden Terminus in § 163 AO überein[160]. Bei Vorliegen der tatbestandlichen Voraussetzungen des § 9 V BGebG sind im Rahmen der dann zu treffenden Ermessensentscheidung alle für eine Gebührenbefreiung oder -ermäßigung maßgeblichen Gesamtumstände zu berücksichtigen, zu gewichten und angemessen sowie nachvollziehbar gegeneinander abzuwägen. Bezüglich der Frage der Unbilligkeit wird im Näheren unterschieden zwischen sachlicher und persönlicher Unbilligkeit:

Die **sachliche Unbilligkeit** (§ 7 BGebG) besteht unabhängig von der Person des Gebührenschuldners. Von sachlicher Unbilligkeit ist auszugehen, wenn nach dem erklärten oder mutmaßlichen Willen des Verordnungsgebers unterstellt werden kann, dass dieser, hätte er den konkreten Fall gekannt, sich aus objektiven Gründen im Sinne der Billigkeit für Verzicht oder Nachlass entschieden hätte. Allerdings darf mit einer behördlichen Billigkeitsentscheidung keine Korrektur oder Durchbrechung des gesetzgeberischen Willens erfolgen. Hat der Normgeber bestimmte Folgen einer Gebührenfestsetzung erkennbar in Kauf genommen, so kommt eine Gebührenbefreiung oder -ermäßigung aus Gründen der Billigkeit nicht in Betracht.[161]

Letzteres dürfte im obigen Beispiel zutreffend sein. Die Fallsituation der Mittellosigkeit des Gebührenschuldners stellt ein soziales gesellschaftliches Problem dar, das mit polizeilichen Mitteln nicht zu lösen sein wird. Und diese Problematik ist dem Verordnungsgeber beim Erlass der BMIBGebV durchaus bekannt gewesen. Dennoch hat er keine Regelung i. S. d. § 9 IV BGebG in Form einer Gebührenbefreiung oder -ermäßigung aus Gründen der Mittellosigkeit geschaffen. Eine solche

160 Vgl. BT-Drs. 17/10422, 105.
161 Vgl. *Prömper/Stein*, Bundesgebührengesetz, § 9 BGebG Rdnr. 66 f.

Regelung würde auch bei Licht betrachtet dem Grundgedanken der Gebührenerhebung für Gefahrenabwehrmaßnahmen widersprechen, denn diese spezifische Art der Gebührenerhebung begründet sich aus der Sekundärebene von Polizeikosten und zugleich aus dem Gleichheitsprinzip. Es scheint nicht unbedingt gerecht und billig zu sein, wenn eine als Dauerstörer in Erscheinung tretende mittellose Person wiederholt Gefahren gewissermaßen „kostenfrei" verursachen darf und damit quasi einen „Freibrief" erhält, während ein anderer, liquider Störer in gleicher Lage direkt zur Kasse gebeten wird. Durch das Unternehmen eines Versuchs, die rechtlich bestehende Gebührenpflicht zu realisieren, besteht immerhin noch die Chance, die Gebühren ggf. zu einen späteren Zeitpunkt beizutreiben, sollte die derzeit mittellose Person im Laufe der Zeit doch noch unverhofft zu finanziellen Mitteln gelangen (z. B. durch Arbeitsaufnahme, Erbschaft, Lottogewinn etc.). Es ist auch in anderen Zusammenhängen nicht generell üblich, mittellose Personen stets von Gebühren zu befreien. So ist die Erhebung einer – maßvollen – Gebühr selbst für die Übernachtung in einer Obdachlosenunterkunft durchaus häufiger ausdrücklich vorgesehen.[162]

Demgegenüber regelt § 1 VI der Personalausweis- und eID-Karten-Gebührenverordnung (PAuswGebV) eine ausdrückliche Ermäßigung oder Gebührenbefreiung für bedürftige Personen. Der Grundgedanke einer Berücksichtigung der wirtschaftlichen Verhältnisse gebührenpflichtiger Personen ist dem deutschen Gebührenrecht somit nicht völlig fremd, wenngleich die hier aufgeführten Rechtsgebiete nur schwer vergleichbar sind. So regelt § 1 I PAuswG die grundsätzliche Pflicht eines jeden Deutschen zum Besitz eines Personalausweises, weshalb es auch konsequenterweise nicht vom finanziellen Hintergrund einer Person abhängen soll, dieser Verpflichtung nachkommen zu können oder eben nicht. All dies trifft auf die Gefahrenverursachung im polizeirechtlichen Sinne eben nicht zu.

Neben der Gebührenbefreiung oder -ermäßigung aufgrund sachlicher Unbilligkeit könnte eine behördliche Befreiung nach § 9 V BGebG auch noch aufgrund einer **persönlichen Unbilligkeit** (§ 8 BGebG) erfolgen. Eine solche liegt etwa dann vor, wenn ein Gebührenschuldner sich aufgrund seiner individuellen wirtschaftlichen Verhältnisse als erlassbedürftig und erlasswürdig erweist. Dies soll der Fall sein, wenn die **wirtschaftliche Existenz** des Gebührenpflichtigen durch die Gebührenerhebung völlig vernichtet würde oder zumindest erheblich gefährdet wäre und die prekäre Lage des Gebührenschuldners ohne dessen Verschulden eingetreten ist oder wenn der Gebührenschuldner die Notlage entschuldbar bzw. nur leicht fahr-

162 Vgl. u. a. NdsGVBl. 2010, 576; BayAllgMBl. 1997, 518; GVOBl. SH 1996, 529.

lässig herbeigeführt hat.[163] Aber auch weitere, in der Person des Gebührenschuldners liegende Umstände können ggf. eine persönliche Unbilligkeit begründen.

Auch eine solche persönliche Unbilligkeit wird im obigen Beispiel zu verneinen sein, da der Betroffene der Rechtsordnung beharrlich und unbelehrbar zuwiderhandelt und dadurch polizeiliche Maßnahmen wie Platzverweise und Ingewahrsamnahmen immer wieder neu provoziert. Unter Billigkeit ist eher nicht zu verstehen, einen hartnäckigen Rechtsbrecher von den von ihm verursachten Kosten von vornherein zu befreien. In diesem Fall wird die Erlasswürdigkeit zu verneinen sein. Was den wenig erfolgversprechenden Verwaltungsaufwand anbetrifft, so könnte ein möglicher Kompromiss darin bestehen, dass die Behörde zwar beim ersten Vorkommnis einen Gebührenbescheid erlässt, dessen Vollstreckung im Wege der Beitreibung aber bis auf Weiteres aussetzt. Im Wiederholungsfalle könnte man es dann auf einen Vollstreckungsversuch ankommen lassen.

**Beispiel 2:**

*Es kommt in der Nähe eines Bahnübergangs zu einem Verkehrsunfall. Am Unfallort trifft ein weiteres Fahrzeug ein. Dessen Fahrerin (F) ruft den Rettungsdienst und leistet danach den Verletzten notwendige Erste Hilfe. In ihrem Fahrzeug befinden sich ihre Kinder (vier bzw. fünf Jahre alt). Trotz ihrer Aufforderung an die Kinder, auf jeden Fall im Fahrzeug zu bleiben, gelingt es den Kindern, unbemerkt das Fahrzeug zu verlassen. Nachdem der Rettungswagen die verletzten Unfallbeteiligten abtransportiert hat, bemerkt die F, dass ihre beiden Kinder entschwunden sind. Es kommt zu einem Großeinsatz der Bundespolizei mit einem Hubschraubereinsatz. Die Kinder werden schließlich spielend in den Gleisen gefunden.*

In diesem Beispiel könnte man im Rahmen einer Entscheidung auf der Grundlage des § 9 V BGebG eine Erlasswürdigkeit der F bejahen, sofern diese in schwierigen wirtschaftlichen Verhältnissen lebt, und somit eine Gebührenbefreiung oder ggf. auch nur eine Gebührenermäßigung vor allem im Hinblick auf die besonders kostenintensiven Hubschrauberkosten gewähren. Sofern man im Beispiel überhaupt im Ausgangspunkt den Gebührentatbestand gemäß der Nr. 1.1.5 GAV bejahen will, denn es erscheint zumindest zweifelhaft, ob die F hier die Gefahrenlage, welche zu der Suchaktion führte, überhaupt fahrlässig herbeigeführt hat: Das Vorliegen einer Notlage, wie sie ein Verkehrsunfall mit diversen Verletzten darstellt, bedingt eilige Entscheidungen und schnelle Hilfsmaßnahmen; eine solche Ausnahme- und Stresssituation reduziert anerkanntermaßen den anzuwendenden Sorgfaltsmaßstab gegenüber dem Normalfall erheblich.

---

163 Vgl. *Prömper/Stein*, Bundesgebührengesetz, § 9 BGebG Rdnr. 68.

Aber unabhängig davon ist aufgrund der Regelung in § 2 I 2 BMIBGebV generell nicht ganz eindeutig, ob der Verordnungsgeber in Gestalt des BMI den Kostensachbearbeitern auf Behörden- bzw. Dienststellenebene tatsächlich einen grundsätzlichen Entscheidungsfreiraum einräumen wollte, den sie unter direkter Bezugnahme auf § 9 V BGebG im Wege der Einzelfallentscheidung ausfüllen dürfen. Im Gegensatz zu der doch recht offenen Regelung in der BMIBGebV enthält z. B. die Besondere Gebührenverordnung der Beschlusskammer Post und Telekommunikation der Bundesnetzagentur (BKGebV) vom 13.9.2019[164] eine konkrete Ermächtigung zur *behördlichen* Gebührenbefreiung oder -ermäßigung. Dort heißt es nämlich in § 3 BKGebV wörtlich:

> *„Die Höhe der zu erhebenden Gebühren richtet sich nach den Gebührenverzeichnissen in Anlage 1 und 2. Die Möglichkeit, eine niedrigere Gebühr oder eine Gebührenbefreiung gemäß § 9 Absatz 5 des Bundesgebührengesetzes zu bestimmen, bleibt unberührt.“*

Damit stellt § 3 Satz 2 BKGebV im Gegensatz zur Regelung in der BMIBGebV für den zuständigen Kostensachbearbeiter völlig klar, dass ihm die Entscheidungsbefugnis im Einzelfall nach § 9 V BGebG erhalten bleibt. Darüber hinaus ist die BKGebV gegenüber der BMIBGebV auch insoweit eindeutiger gefasst, als dass in den in § 4 BKGebV aufgeführten Fällen der Verordnungsgeber in zusammenfassender Weise ersichtlich von § 9 IV BGebG Gebrauch gemacht. Irgendwelche Ausnahmen innerhalb der beiden Anlagen tauchen konsequenterweise nicht mehr auf.

Vergleicht man also die BMIBGebV und die BKGebV miteinander, so ergibt sich, dass in Ansehung der erstgenannten Verordnung für die Zukunft noch ein gewisser Optimierungsbedarf besteht. Es wäre wünschenswert, wenn der Wortlaut der Verordnung durch die Aufnahme einer konkretisierenden Regelung so eindeutig gefasst würde, dass eine Auslegungsbedürftigkeit im Hinblick auf § 9 V BMIBGebV künftig nicht mehr besteht.

### 2.10.1 Gebührenerhebung nur für rechtmäßige Maßnahmen?

Einen weiteren Ausnahmetatbestand im Zusammenhang mit der grundsätzlichen Kostenerhebungspflicht regelt **§ 13 I 3 BGebG**. Danach werden Gebühren, die bei einer richtigen Behandlung der Sache gar nicht entstanden wären, auch nicht erhoben. Anders ausgedrückt: Gebühren, die nur aufgrund einer *rechtlich unzutreffenden Sachbehandlung* verursacht worden sind, dürfen nicht geltend gemacht werden. **Behördenfehler** dürfen also nicht zu einer rechtlich an sich gar nicht vorgesehenen Kostenpflicht führen. Für die Frage, ob eine unrichtige Sachbehand-

164 BGBl. I 2019, 1394.

lung vorliegt, ist in erster Linie auf das BPolG und das VwVG zurückzugreifen. Man kann die in § 13 I 3 BGebG enthaltene Regelung auch auf den Grundsatz reduzieren, dass Kosten nur für rechtmäßige polizeiliche Maßnahmen erhoben werden dürfen. Kostenrechtlich setzt ein Gebühren- oder Auslagentatbestand folglich immer die Rechtmäßigkeit der kostenpflichtigen Maßnahme voraus. Somit besteht ein **Verbot der Kostenerhebung für rechtswidrige Maßnahmen**. Dies entspricht der langjährigen Rechtsprechung zur Kostenersatzpflicht bei Ersatzvornahme: Eine Erstattungspflicht des Betroffenen wurde von den Gerichten schon immer davon abhängig gemacht, dass die in Rede stehende Maßnahme polizei- und verwaltungsrechtlich auch rechtmäßig war.[165]

Wird allerdings eine rechtswidrige polizeiliche Maßnahme nicht angefochten und damit bestandskräftig, so ist fraglich, ob die Rechtswidrigkeit der Maßnahme dann quasi automatisch auf die spätere Geltendmachung der Kosten im Bescheidwege durchschlägt. Grundsätzlich ist die Rechtslage wohl so zu deuten, dass § 13 I 3 BGebG nicht zu einer erneuten rechtlichen Streitigkeit über eine bereits bestandskräftige Maßnahme führen soll. Gleichwohl kann nach der Rechtsprechung die Rechtswidrigkeit der bereits bestandskräftig gewordenen Maßnahme eine Auswirkung auf die spätere Kostenerhebung entfalten. Die Rechtswidrigkeit einer Maßnahme soll trotz Unanfechtbarkeit dann zu berücksichtigen sein, wenn die Behörde eindeutig und offensichtlich rechtsfehlerhaft gehandelt hat und dieser Fehler nicht bereits die Nichtigkeit der Maßnahme bewirkt hat.[166]

### 2.10.2 Rechtmäßigkeit der Grundverfügung für Vollstreckungskosten

Etwas komplizierter und rechtlich nicht weniger umstritten verhält es sich mit der Erhebung von Gebühren für Vollstreckungsmaßnahmen. Nach Abschnitt 2 des GAV der BMIBGebV werden für Vollstreckungsmaßnahmen der Bundespolizei auf Basis des VwVG Polizeikosten nach Zeitaufwand und in den Fällen des Zwangsgeldes (Ziffer 1.3) oder der Mahnung (1.1) als Festgebühr erhoben. Solche **Vollstreckungsmaßnahmen der Polizei** werden durch Polizeivollzugsbeamte meistens in Form des unmittelbaren Zwanges nach § 12 VwVG in Verbindung mit dem UZwG (Bund) durchgeführt. Ihrem Wesen nach handelt es sich bei Vollstreckungsmaßnahmen um eigenständige Verwaltungsakte zur zwangsweisen Durchsetzung einer zugrundeliegenden **Grundverfügung**. Diese Grundverfügung wird in der Regel auf dem BPolG oder anderen verwaltungsrechtlichen Fachgesetzen, nach denen die Bundespolizei tätig wird, basieren.

165 Siehe dazu die grundlegenden Ausführungen des OVG SH vom 28.2.2019 – 4 LB 22/18 –.
166 So OVG NRW, Beschl. vom 14.7.2014 – 9 E 289/14 –; Beschl. vom 12.11.2013 – 1 E 1106/13 –.

*Beispielsweise erteilt die Bundespolizei einer Person einen Platzverweis, weil diese sich unberechtigt auf den Bahngleisen aufhält. Kommt diese Person nun der Aufforderung nicht nach und liegen die weiteren Voraussetzungen des § 6 VwVG vor, kann die Grundverfügung zwangsweise, z. B. durch Wegtragen, durchgesetzt werden.*

Gewissermaßen kann man sagen, dass hier kostenrechtlich drei Ebenen entstehen: auf der ersten (Primär-)Ebene erlässt die Polizei eine Grundverfügung „Platzverweis", die sie auf der zweiten (Sekundär-)Ebene mittels Verwaltungszwang gegen den Willen des Betroffenen durch „Wegtragen" durchsetzt und für die sie auf der dritten (Tertiär-)Ebene schließlich Polizeikosten in Form von Gebühren und Auslagen erhebt.

Für die Beurteilung der Rechtmäßigkeit der Vollstreckungsmaßnahme (und somit auch der Rechtmäßigkeit eine Gebührenerhebung hierfür) ist es ohne Belang, ob der vollstreckte Grundverwaltungsakt rechtmäßig ist. Unabdingbare Grundlage einer rechtmäßigen Verwaltungsvollstreckung ist nach h. M. **allein die Wirksamkeit, nicht aber die Rechtmäßigkeit der Grundverfügung.**[167] Wirksamkeit in diesem Zusammenhang bedeutet, dass der Grundverwaltungsakt den Bestimmungen des Verwaltungsverfahrens zufolge zugegangen, also bekanntgegeben sein muss, nicht nichtig sein darf und letztlich vollstreckbar sein muss.

Einen vertieften und sehr lesenswerten Meinungsstreit mit einer letztlich eher kritischen Position zur ständigen Rechtsprechung des BVerfG und des BVerwG führt *Peilert*.[168] Hierin kommt er zu dem Ergebnis, dass zumindest in Bezug auf polizeiliche Zwangsanwendungen im Sofortvollzug oder für sofort vollziehbare Maßnahmen letztlich in der Grundverfügung und dem Vollstreckungsakt eine Einheit zu sehen ist, die in Gestalt einer **Konnexität** rechtlich zusammenhängen. Demnach führe die Rechtswidrigkeit der Grundverfügung doch zu einer Rechtswidrigkeit der Vollstreckungsmaßnahme. *„Bei positiver Kenntnis der Behörde von der Rechtswidrigkeit der Grundverfügung ist keinerlei schützenswertes Interesse an einer das Unrecht vertiefenden Verwaltungsvollstreckung zu erkennen."*[169]

Dem Grundgedanken der h. M. folgend ließe sich an dieser Stelle schließen, dass im dritten Schritt auch die Erhebung von Polizeikosten für Vollstreckungsmaßnahmen ausschließlich an der Rechtmäßigkeit des Verwaltungszwangs und eben

---

167 St. Rspr., vgl. etwa: BVerfG, Beschl. vom 7.12.1998 – 1 BvR 831/89 –, NVwZ 1999, 290, 292 m. w. N.; BVerwG, Beschl. vom 21.4.2015 – 7 B 8.14 –, BeckRS 45627, Rdnr. 4; VGH Baden-Württemberg, Urt. vom 3.5.2021 – 1 S 512/19 –, BeckRS 2021, 11956, Rdnr. 34 m. w. N.

168 *Peilert* in Heesen/Hönle/Peilert, Bundesgrenzschutzgesetz, Verwaltungs-Vollstreckungsgesetz, Gesetz über den unmittelbaren Zwang, Kommentar, 5. Aufl., Hilden/Rheinland 2012, zu § 6 VwVG Rdnr. 8.

169 A. a. O.

nicht an der Rechtmäßigkeit der zugrundeliegenden Polizeiverfügung zu bemessen wären.

Allzu starr sollte dieser sich zunächst aufdrängenden Logik allerdings nicht gefolgt werden. Hier sollte mit Blick auf die Rechtsprechung eine differenzierte Herangehensweise gewählt werden.

*a)* Zunächst kann festgehalten werden, dass weder expressis verbis noch über den Wortlaut der Tatbestände hinaus ungeschrieben oder verfassungsrechtlich überlagernd ein Tatbestandsmerkmal in Abschnitt 2 des GAV der BMIBGebV zu finden ist, der die Rechtmäßigkeit der zwangsweise durchgesetzten Grundverfügung verlangt.[170]

*b)* Werden Polizeikosten für die Vollstreckung bundespolizeilicher Grundverfügungen erhoben, kann nach ständiger Rechtsprechung davon ausgegangen werden, dass es für die nachträgliche Bewertung der Rechtmäßigkeit dieser Vollstreckungsmaßnahmen nicht auf die Rechtmäßigkeit der zugrundeliegenden Grundverfügung ankommt. Diese Logik folgt dem Grundverständnis für die **Situationsgebundenheit** und häufige **Dringlichkeit** polizeilichen Einschreitens. Es ist demnach hinzunehmen, dass dem Betroffenen einer Grundverfügung (z. B. Platzverweis) sowie einer daran anschließenden Vollstreckungsmaßnahme (z. B. Wegtragen) lediglich die Möglichkeit bleibt, im Nachhinein die Rechtmäßigkeit des polizeilichen Handelns überprüfen zu lassen. Letztlich kann es mit dem Grundgedanken einer effektiven Gefahrenabwehr nicht vereinbar sein, mit dem Vollzug einer Verfügung bis zur rechtskräftigen oder vorläufigen gerichtlichen Klärung zu warten.[171]

*c)* Wird der Grundverwaltungsakt allerdings durch ein späteres Urteil nach Widerspruch und Anfechtungsklage nachträglich und **rückwirkend aufgehoben**, entzieht dies der Vollstreckungsmaßnahme und in der Folge auch der Erhebung von Vollstreckungskosten rückwirkend die Grundlage. Ein erfolgreicher Widerspruch nach § 113 I 1 VwGO gegen den Grundverwaltungsakt führt insofern nicht zu einer Durchbrechung des Trennungsgrundsatzes von Verfügungsebene und Vollzugsebene, schlägt jedoch in der nachträglichen Betrachtung auf allen drei Ebenen der Kostenerhebung durch, weil die Sache so behandelt werden muss, als wäre der Grundverwaltungsakt nie erlassen worden.

*d)* Dass man im Nachgang zu einer bereits verfügten und sogar vollstreckten Maßnahme der Polizei noch Anfechtungsklage erheben kann, ergibt sich aus der Tatsache, dass sich diese Grundverfügung trotz Vollstreckung deswegen nicht

---

170 So bereits zum nahezu identisch gelagerten Sachverhalt nach Landesrecht Baden-Württemberg: VGH BW Urt. vom 3.5.2021 – 1 S 512/19 –, BeckRS 2021, 11956, Rdnr. 41 ff., 67 ff. m. w. N.

171 Vgl. BVerfG, Beschl. vom 1.12.1992 – 1 BvR 88/91 u. a. –, BVerfGE 87, 399 (409).

nach § 43 II VwVfG erledigt hat, weil sie als Basis des Kostenbescheids immer noch rechtliche Wirkung entfaltet. Diese sog. **„Titelfunktion“** der Grundverfügung für den Kostenbescheid führt dazu, dass dieser zwar irreversibel, gleichwohl aber in seiner Wirkung noch anhaltend bewertet wird.[172] Dies ist nicht zu verwechseln mit der Frage, ob diese Grundverfügung auch rechtmäßig war. Wie oben gezeigt, kommt es hierauf gerade nicht an. Gleichwohl ist die schlichte **Existenz** einer solchen (wirksamen und vollziehbaren) Grundverfügung Basis für die kostenrechtliche Inanspruchnahme des Betroffenen für die Vollstreckung, weswegen hier von einer belastenden Fortwirkung der Grundverfügung ausgegangen werden kann, was wiederum eine Anfechtungsklage ermöglicht.

*e)* Eben diese **bloße Existenz** einer (wirksamen und vollziehbaren) Grundverfügung wird durch ein **Kassationsurteil** nach § 113 I 1 i. V. m. § 42 I 1. Alt. VwGO aufgehoben. Die Aufhebung wirkt auf den Zeitpunkt des Erlasses der Verfügung zurück.[173] Die Rechtslage ist also so zu bewerten, als hätte die kassierte Grundverfügung nie existiert.[174] Da, wie oben gezeigt, die bloße Existenz einer vollziehbaren und wirksamen Grundverfügung jedoch die Basis für die rechtmäßige Vollstreckung sowie die spätere Kostenerhebung bildet, entfallen beide Ebenen in solchen Fällen mangels existierender Grundverfügung.

*f)* Wenn der Grundverwaltungsakt allerdings mangels Anfechtung bestandskräftig wurde, sind Einwendungen gegen seine Rechtmäßigkeit im Anfechtungsverfahren gegen den Vollstreckungskostenbescheid ausgeschlossen.[175] In diesen Fällen geht die Rechtsprechung von einem überwiegenden Interesse an einer gewissen **Bestandskraft und Verlässlichkeit des Rechtsstaates** aus, dass Rechtsverhältnisse im Sinne einer beiderseitigen Rechtssicherheit nicht unbegrenzt nachträglich angefochten und aufgehoben werden können.

> *„Sowohl die Grundsätze freiheitlich-rechtsstaatlicher Ordnung allgemein als auch der besondere Schutzzweck des Art. 19 IV Satz 1 GG gebieten es, dass Rechtssicherheit auch dort, wo sie über gerichtliche Verfahren herbeigeführt werden soll, binnen angemessener Frist bewerkstelligt werde: dies ist der Sinn von verfahrensrechtlichen (wie auch einer Reihe materiellrechtlicher) Fristen, von Klagefristen, über Fristen für einzelne Prozesshandlungen bis hin zu Rechtsbehelfsfristen. Dieser Sinn trifft auch dann zu, wenn keine Gerichtsver-*

---

172 Vgl. BVerwG, Urt. vom 14.12.2016 – 1 C 11.15 –, NVwZ 2017, 1064; Beschl. vom 21.4.2015 – 7 B 8.14 –, BeckRS 2015, 45627, Rdnr. 4; Urt. vom 25.9.2008 – 7 C 5/08 –; VGH Baden-Württemberg, Urt. vom 3.5.2021 – 1 S 512/19 –, Rdnr. 51 ff. m. w. N.; *Schenke* in Kopp/Schenke, VwGO, 26. Aufl., § 113 Rdnr. 102.

173 Vgl. BVerwG, Urt. vom 28.10.1982 – 2 C 4.80 –, NVwZ 1983, 608.

174 Vgl. *W.-R. Schenke/R. P. Schenke* in Kopp/Schenke, VwGO, 26. Aufl., § 113 Rdnr. 8 m. w. N.

175 VGH BW, Urt. vom 3.5.2021 – 1 S 512/19 –, Rdnr. 73, 74.

*fahren angestrengt werden. Gerade unter einer Verfassung, in der hoheitliches Verhalten so umfassend gerichtlicher Kontrolle unterstellt ist, ist es ein unabdingbares Anliegen der Rechtsgemeinschaft, klare und feste Regelungen darüber zu haben, ab wann ein hoheitliches Verhalten bestandskräftig ist, rechtlich nicht mehr in Frage gestellt werden kann. Im Bereich des Rechtsschutzes dienen neben dem Institut der Rechtskraft* […] *in erster Linie prozessuale Fristen der Rechtssicherheit. An der Bestandskraft von Verwaltungsakten besteht ein vergleichbares rechtsstaatliches, in der Rechtssicherheit begründetes Interesse.* […] *Gerade in einem Staat, der so weitgehend rechtlicher Kontrolle unterstellt ist, ist es unabdingbar, dass die Bestandskraft seiner Verwaltungsakte binnen angemessener Fristen eintritt, soll er nicht handlungsunfähig werden und damit der Freiheit aller Abbruch getan werden.*“[176]

*g)* Dem Gedanken einer „nichtexistierenden“ oder zumindest nachträglich aufgehobenen Grundverfügung folgend, kann für die Gebührenerhebung der Bundespolizei für Vollstreckungsmaßnahmen gefolgert werden, dass auch für Fälle einer gemäß § 44 VwVfG offenkundig nichtigen Grundverfügung eine Gebührenerhebung ausgeschlossen ist.

## 2.11 Verfahren zur Erhebung von Polizeikosten

Im folgenden Abschnitt werden die rechtlich relevanten Prozessschritte im Erhebungsverfahren von Polizeikosten erläutert.

Die Feststellung der Kostenrelevanz von Einsätzen und Maßnahmen der Bundespolizei erfolgt durch die Polizeivollzugsbeamten auf der Ebene der **Bundespolizeiinspektionen** (BPOLI), und zwar anhand der Anlage zur BMIBGebV in Gestalt des Gebühren- und Auslagenverzeichnisses (GAV), wobei vor allem die ersten beiden Abschnitte relevant sind. Der Abschnitt 1 betrifft das BPolG, der Abschnitt 2 das VwVG (ergänzend auch das UZwG). Hierbei sind die kostenrelevanten Positionen und ggf. zugeordnete Auslagen nach der BMIBGebV zu erfassen. Anschließend ist der Vorgang an die zuständige **Bundespolizeidirektion** (BPOLD) abzugeben. Die Bundespolizeidirektion ist gemäß § 58 I BPolG i. V. m. § 1 I BPolZV als Unterbehörde der Bundespolizei eine **Behörde** im verwaltungsorganisatorischen Sinne und zugleich auch im verwaltungsverfahrensrechtlichen Sinne des § 1 IV VwVfG (während es sich bei den Bundespolizeiinspektionen lediglich um Dienststellen handelt). Die Bundespolizeidirektion ist damit zum Erlass von Verwaltungsakten ermächtigt, wozu auch Gebührenbescheide und sonstige Kostenbescheide gehören.

176 VGH BW (1. Senat), Urt. vom 3.5.2021 – 1 S 512/19 –, mit Verweis auf BVerfG, Beschl. vom 20.4.1982 – 2 BvL 26/81 –, BVerfGE 60, 253 m. w. N.

### 2.11.1 Anhörungsverfahren

Anders als auf der Primärebene des polizeilichen Handelns handelt es sich bei der Erhebung und Festsetzung von Polizeikosten um ein schriftliches Verwaltungsverfahren.

Vor Erlass des Gebührenbescheids etc. hat grundsätzlich eine **Anhörung** des Gebührenschuldners als Gebührenpflichtigem gemäß § 28 VwVfG unter Berücksichtigung der Regelungen zur Gebührenbefreiung oder -ermäßigung gemäß § 9 IV, V BGebG zu erfolgen. Dabei ist zu beachten, dass in den in § 28 II VwVfG genannten **Ausnahmefällen** ggf. auch von einer Anhörung abgesehen werden kann. Eine Anhörung erscheint danach u. a. dann nicht geboten, wenn aus Sicht der Behörde der entscheidungserhebliche Sachverhalt bereits vollständig und zweifelsfrei aufgeklärt ist und von einer Anhörung keinerlei weitere Sachverhaltsaufklärung mehr zu erwarten ist. Denn die Anhörung ist nach der gesetzlichen Systematik vor allem als Mittel der Sachverhaltsaufklärung konzipiert.

Die Anhörung dient nicht nur der Gewährleistung eines Grundrechtsschutzes auf rechtliches Gehör als höchst subjektives Verfahrensrecht des Betroffenen vor Erlass eines belastenden Verwaltungsaktes, sondern verfolgt vielmehr auch weitere Funktionen.

Zunächst werden die Beteiligten erstmals über die beabsichtigte Gebührenerhebung informiert. Gerade zu Beginn des Wirkbetriebs einer neu in Kraft getretenen Gebührenverordnung dient dies auch der **Transparenz staatlichen Handelns**. Dieser Aspekt ist insbesondere für die Gebührenerhebung für polizeiliche Einsätze von Relevanz. Die Betroffenen hatten in der Regel zuvor anlässlich des zugrundeliegenden polizeilichen Einsatzes Kontakt zur Polizei, ggf. wurde auch ein Straf- oder Ordnungswidrigkeitenverfahren gegen sie eröffnet, und erhalten nunmehr erstmals von einem weiteren belastenden Verfahren Kenntnis. Die Polizeibeamten sind im Rahmen der Einsatzbewältigung bzw. während des Treffens kostenpflichtiger Maßnahmen nicht verpflichtet, auf die zu erwartende Gebühr hinzuweisen. Gleichwohl erscheint es aus polizeilicher Sicht sinnvoll, einen Betroffenen einer polizeilichen Maßnahme im Rahmen des Gesprächs auf zu erwartende Polizeikosten hinzuweisen. So kann es bspw. förderlich sein, einen Polizeipflichtigen, der vehement gegen Weisungen der Polizeibeamten verstößt und sich weigert, den zuvor erteilten Aufforderungen nachzukommen, höflich darauf hinzuweisen, dass eine nunmehr anstehende zwangsweise Durchsetzung der polizeilichen Aufforderungen mit den Mitteln des unmittelbaren Zwanges auch Polizeikosten nach sich ziehen wird. Insofern könnte der **willensbeugende Aspekt** der Androhung polizeilicher Zwangsmaßnahmen durch das Inaussichtstellen anfallender Polizeikosten unterstützt und ergänzt werden.

Die Anhörung des Betroffenen nach § 28 VwVfG[177] erfolgt **formal schriftlich** unter Bezeichnung der zugrundeliegenden kostenpflichtigen polizeilichen Maßnahmen sowie der Bekanntgabe der vorläufigen errechneten Gebührenschuld. Hierzu wird unter Gewährung einer **Frist** Gelegenheit zur persönlichen Äußerung gegeben. § 28 VwVfG enthält weder zum Zeitpunkt der Anhörung im Verwaltungsverfahren noch zur Fristsetzung eine Angabe. Allerdings sind das **Berücksichtigungsgebot** aus § 24 II VwVfG sowie der Grundsatz der **substanziellen Anhörung**[178] zu beachten. Dies bedeutet, dass die Anhörung einerseits so zeitig zu erfolgen hat, dass sie das Verfahrensergebnis noch beeinflussen kann, jedoch so spät erfolgen muss, dass die Behörde den Sachverhalt hinreichend aufgeklärt und eine Entscheidung in der Sache substantiiert vorbereitet hat.[179] In der Erhebungspraxis ist es daher ratsam, zunächst alle dienstlich verfügbaren Fakten und Erkenntnisse zusammenzutragen, sich ein objektives Bild des Sachverhalts zu verschaffen, die beabsichtigte Gebühr zu berechnen und dann dem Betroffenen Gelegenheit zur Äußerung zu geben. Gleichwohl kann die Anhörung mit individuellen sachverhaltsbezogenen Fragen verbunden werden, die der weiteren Klärung der Umstände dienen. Zu beachten ist hierbei jedoch, dass auch im Verwaltungsverfahren die Grundsätze der **Selbstbelastungsfreiheit** trotz einer gewissen Mitwirkungspflicht des Betroffenen bestehen.[180]

Insbesondere ungeklärte persönliche Verhältnisse der Beteiligten lassen sich im Wege der Anhörung oftmals zielführender in Erfahrung bringen als durch umfangreiche behördliche Ermittlungen. Hierzu zählt bspw. die notwendige Bestimmung von Betreuungs- und Aufsichtspflichten für polizeipflichtige Personen, Unterbringungen und ggf. medizinische Befunde zur Einschätzung der Einsichtsfähigkeit eines Kostenschuldners.

Nach § 28 VwVfG ist keine Fristsetzung für die Anhörung vorgesehen. Gleichwohl erscheint es unter den Gesichtspunkten des Zügigkeitsgebots aus § 10 Satz 2 VwVfG und dem Grundsatz der substantiellen Anhörung geboten, eine angemessene Frist für die Rückäußerung zu gewähren. Schließlich muss ein Betroffe-

---

177 Die Anhörung nach § 28 VwVfG ist klar von der Anhörung Beteiligter nach § 26 I Nr. 2 VwVfG zu unterscheiden. Diese Form der Anhörung betrifft vielmehr die Ermittlung verfahrens- und entscheidungsrelevanter Information. Vertiefend hierzu Kapitel 2.11.2.

178 Zur Pflicht über die substantielle Information über den Verfahrensgegenstand vgl. BVerwGE 142, 205 Rdnr. 12 = NJW 2012, 2823 Rdnr. 12 = NVwZ 2019, 268 Rdnr. 9; HessVGH ZUR 2013, 367 (369).

179 *Schoch/Schneider/Schneider*, VwVfG, 3. EL August 2022, § 28 Rdnr. 47 unter Verweis auf BVerwGE NJW 2009, 2905 (2907).

180 Zu den Mitwirkungspflichten, der Selbstbelastungsfreiheit im Anhörungsverfahren und zu evtl. entstehenden Beweisverwertungsverboten vgl. *Schneider* in Schoch/Schneider/Schneider, VwVfG, 3. EL August 2022, § 28 Rdnr. 5, 6 unter Verweis auf BVerwG NVwZ 1984, 376 sowie zu § 24 VwVfG Rdnr. 93 ff.

ner auch ausreichend Zeit erhalten, sich mit dem Sachverhalt zu befassen, ggf. einen Rechtsbeistand zu konsultieren und eine Äußerung zu verfassen. Welche Frist hier konkret zu bestimmen ist, hängt vom Einzelfall und der Komplexität des Sachverhalts ab. Faktoren zur Bestimmung der Anhörungsfrist können die Bedeutung der Sache sowie Umfang und Dringlichkeit des Verfahrensgegenstandes sein.[181]

Äußert sich der Betroffene nach Ablauf der Anhörungsfrist nicht, darf die Behörde ohne seine Stellungnahme entscheiden. Äußert er sich verspätet oder ggf. nach erneuter Anhörung, sind diese Stellungnahmen dennoch im Rahmen der Amtsermittlungen zu berücksichtigen.

Vor Ablauf der Rückäußerungsfrist darf die Behörde nur dann entscheiden, wenn der Betroffene offenkundig abschließend zur Sache Stellung genommen hat und die Behörde dies auch angemessen berücksichtigt hat.[182]

### 2.11.2 Verwaltungsrechtliche Ermittlungen, Beweiserhebung und Datenverarbeitung

Im Rahmen der Erhebung von Polizeikosten ergeben sich regelmäßig Erfordernisse, weitere Ermittlungen anzustellen, die über die bisherigen polizeilichen Erkenntnisse zum Sachverhalt hinausgehen.

Bspw. ist es regelmäßig erforderlich, eine behördliche **Wohnsitzüberprüfung** der Verfahrensbeteiligten über die Meldebehörden vorzunehmen, um die Postzustellung zu gewährleisten, **Betreuungs-, Aufsichts- und Personensorgeverhältnisse** für Minderjährige oder unter Betreuung stehende Polizeipflichtige festzustellen, **Zeugen** eines Vorfalls zu ihren Wahrnehmungen zu befragen, Örtlichkeiten, **Unterlagen oder Gegenstände in Augenschein** zu nehmen und ggf. zu untersuchen, **Kameraaufzeichnungen** von Schutzobjekten der Bundespolizei (Bahnhöfe, Züge, Flughäfen, Schutzobjekte etc.) in Augenschein zu nehmen, auszuwerten, länger als polizeirechtlich vorgesehen zu speichern und ggf. zu den Akten zu nehmen.

Rechtgrundlage für die o. g. Amtsermittlungen im Verwaltungsverfahren sind die §§ 24 und 26 VwVfG. Hiernach hat die Behörde nicht nur das Recht, sondern § 24 I und II VwVfG zufolge auch die Verpflichtung, **Amtsermittlungen** anzustellen. Hierunter ist jedoch zunächst nur die Aufgabe zur Ermittlung von Amts wegen zu verstehen. Konkrete Eingriffsbefugnisse, die in die Grundrechte der jeweils betroffenen Personen eingreifen, ergeben sich hieraus jedoch noch nicht.[183]

---

181 HessVGH DÖV 1988, 1023 (1024).

182 HessVGH NVwZ-RR 1991, 225 f.

183 *Stelkens/Bonk/Sachs/Kallerhoff/Fellenberg*, 10. Aufl. 2022, § 24 VwVfG Rdnr. 9.

Auch § 26 VwVfG ist trotz der dort genannten **Ermittlungshandlungen** nach herrschender Meinung keine Befugnisnorm für die ermittelnde Behörde.[184] Nach § 26 VwVfG darf die Behörde **Auskünfte** jeder Art einholen, **Beteiligte anhören**, Zeugen und Sachverständige **vernehmen** oder die schriftliche oder elektronische **Äußerung von Beteiligten**, Sachverständigen und Zeugen einholen, **Urkunden und Akten beiziehen**, in **Augenschein** nehmen.

Hierzu ist sie allerdings wegen der Regelungen der Absätze 2 und 3 auf die **freiwillige Mitwirkung** der Beteiligten angewiesen, sofern sich in spezialgesetzlichen Vorschriften keine expliziten Befugnisse finden. Derartige spezialgesetzliche Befugnisse existieren für die Gebührenerhebung der Bundespolizei nach der BMIBGebV nicht. Weder im BGebG noch in der AGebV oder der BMIBGebV finden sich entsprechende Vorschriften. Aus diesem Grund muss zunächst auf Ermittlungsmaßnahmen ohne Eingriffscharakter, wie z. B. Recherchen im Internet, Inaugenscheinnahme von öffentlich zugänglichen Örtlichkeiten etc., zurückgegriffen werden.

Weiterhin kann die Behörde auf **fachgesetzliche Eingriffsbefugnisse** zurückgreifen. Eine solche Befugnis findet sich in § 34 Bundesmeldegesetz (BMG), wonach die Behörde bei den Meldebehörden personenbezogene Daten zum Zwecke ihrer Aufgabenerfüllung abfragen kann. Da der § 34 BMG von „einer öffentlichen Aufgabe“ und nicht bspw. von den „ihr übertragenen Aufgaben“ spricht, kann man von einer weiten Auslegung dieses Begriffs ausgehen und über die Aufgaben der Bundespolizei nach dem BPolG auch die Gebührenerhebung nach der BMIBGebV hierunter fassen. Zu fordern ist hier lediglich, dass sich die Aufgabe aus einer *„die Tätigkeit der öffentlichen Stelle regelnden Norm“*[185] ergeben muss. Das ist für die Bundespolizei mit den §§ 1 und 2 BGebG der Fall.

Die wesentlichen Erkenntnisse und Daten für Ermittlungen im Rahmen der Gebührenerhebung ergeben sich allerdings mittelbar aus dem BPolG als Fachgesetz für die Aufgaben der Bundespolizei. Hiermit ist nicht gemeint, dass zum Zwecke der Verwaltungsermittlung im Rahmen der Gebührenerhebung auf Befugnisse des BPolG zurückgegriffen werden kann, sondern vielmehr, dass ursprünglich polizeilich (auf Basis des BPolG oder anderer Vorschriften) erhobene Daten und Erkenntnisse zum Zwecke der Verwaltungsermittlung **in das Verwaltungsverfahren übertragen** werden können.

Dies ergibt sich aus dem datenschutzrechtlichen Zusammenwirken mehrerer Vorschriften, die hier kurz dargestellt werden.

---

184 Vertiefend *Ramsauer* in Kopp/Ramsauer, § 26 Rdnr. 45; *Schneider* in Schoch/Schneider/Schneider, VwVfG, 3. EL August 2022, zu § 24 VwVfG Rdnr. 78 ff.

185 *Engelbrecht/Schwabenbauer/Sommer*, 1. Aufl. 2022, §§ 34, 34 BMG n. F. Rdnr. 5.

Zur Veranschaulichung dient das folgende **Beispiel:**

> *Einem Kostenschuldner wird vorgehalten, im öffentlichen Bereich eines Flughafenterminals seinen Koffer über eine längere Zeit unbeaufsichtigt stehengelassen zu haben und damit einen Polizeieinsatz wegen eines „Nicht zuzuordnenden Gegenstandes (NZG)“ ausgelöst zu haben. Identifiziert wurde er anhand verschiedener personenbezogener Unterlagen in dem Koffer. In seiner Anhörung gibt er an, gar nicht selbst am Flughafen gewesen zu sein und somit den Einsatz nicht ausgelöst zu haben.*
>
> *Der Sachbereich 33 der zuständigen BPOLD möchte nun die (bei der zuständigen BPOLI noch gespeicherten) Videoaufzeichnungen am Flughafen sichten und im Falle einer Beweiskraft als Beweismittel zu den Akten nehmen.*

Die Befugnis zum Einsatz und zur Aufzeichnung mittels stationärer Überwachungskameras in den Schutzobjekten der Bundespolizei ergibt sich aus § 27 Nr. 2 BPolG. Hiernach ist die Bundespolizei nicht nur berechtigt, entsprechende Kameras einzusetzen, sondern die aufgezeichneten Daten auch bis zu 30 Tage lang zu speichern. Allerdings sieht § 27 Satz 3 BPolG eine **Zweckbindung** zur Gefahrenabwehr oder Strafverfolgung für die **Weiterverwendung** der Daten über die 30 Tage hinaus vor. Ein Abweichen von dieser Zweckbindung könnte sich zunächst aus § 29 I 4 BPolG ergeben, der die Weiterverarbeitung personenbezogener Daten zu anderen Zwecken als zu denen der ursprünglichen Erhebung regelt. Hiernach dürfen personenbezogene Daten nach dem Prinzip der **hypothetischen Datenneuerhebung** dann zu einem neuen Zweck verwendet werden, wenn der Verantwortliche befugt ist, die Daten für den (neuen) Zweck zu verarbeiten und sich die Verarbeitung für den neuen Zweck als verhältnismäßig darstellt.[186] Dieser neue Zweck (**Ermittlung im Gebührenerhebungsverfahren**) muss sich einer Ansicht in der Literatur zufolge allerdings auf die Aufgaben und Befugnisse der Bundespolizei beziehen[187]. Da die Gebührenerhebung nach dem BGebG keine originäre nach § 1 II BPolG zugewiesene oder übertragene Aufgabe, sondern eine eigenständige Form verwaltungsrechtlichen Handelns ist, schiede eine Weiterverarbeitung der Daten nach § 29 I 4 BPolG aus. Die Weiterverarbeitung personenbezogener Daten zu anderen Zwecken müsste sich demnach aus dem allgemeineren Datenschutzrecht ergeben.

Dieser Ansicht kann allerdings in Bezug auf das Polizeikostenrecht **nicht gefolgt** werden. Anerkannt ist, dass Zweckergänzungen und -erweiterungen mit sog. „Ne-

---

186 *Drewes* in Drewes/Malmberg/Wagner/Walter (Hrsg.), Bundespolizeigesetz, Kommentar, 6. aktualisierte Aufl., Stuttgart/München 2019, § 29 BPolG Rdnr. 25.

187 *Arzt* in Schenke/Graulich/Ruthig/Arzt, Sicherheitsrecht des Bundes, 2. Aufl. 2018, § 29 BPolG Rdnr. 26.

benzwecken“ als zulässig anzusehen sind. Genannt werden hier u. a. Aufsichts- und Kontrollbefugnisse der Behörde, Rechnungsprüfungen, Vollstreckungsmaßnahmen etc.[188]

Um einen solchen, in der Literatur bislang nicht erwähnten Nebenzweck handelt es sich bei der Gebührenerhebung für präventivpolizeiliche Maßnahmen.

Dies ergibt sich aus dem **Sinnzusammenhang des Gebührenrechts mit dem Amtsermittlungsgrundsatz** nach § 24 VwVfG. Eine – nach § 1 BGebG verpflichtende – Gebührenerhebung für präventivpolizeiliche Maßnahmen wäre nämlich unmöglich, wenn die hierbei benötigten personenbezogenen Daten nicht aus dem Geltungsbereich des BPolG in das Gebührenverfahren übertragen werden dürften. Die zugrundeliegenden Daten des Kostenschuldners sowie der für die Gebührenerhebung erforderlichen Begleitumstände (Zeugen, Mitteiler, Beweismittel etc.) werden in aller Regel nach dem BPolG erhoben oder zumindest auf zulässige Weise aus einem Strafverfahren nach § 481 StPO i. V. m. § 29 II BPolG für präventivpolizeiliche Zwecke weiterverarbeitet.[189]

Sofern diese Daten mangels zulässiger Transformationsvorschriften nicht aus dem Datenregime des BPolG in das Gebührenrecht übertragen werden dürften, wäre eine Gebührenerhebung für diese Fälle in allen denkbaren Fällen obsolet. Das kann der Gesetzgeber nicht gewollt haben.

Für das Verfahren zur Gebührenerhebung gilt zunächst der Amtsermittlungsgrundsatz aus § 24 VwVfG sowie die Beweismittelerhebung nach § 26 VwVfG. § 26 VwVfG ist somit die Rechtsgrundlage, nach welcher die Bundespolizei Beweismittel und andere für das Verfahren notwendige Erkenntnisse in das Verfahren einzubringen hat. Aus dem Grundsatz der **Aktenführung als Umkehrschluss aus dem Recht auf Akteneinsicht** durch Betroffene gemäß § 29 VwVfG folgt, dass die relevanten Beweismittel auch zu den Akten zu nehmen sind.[190] Nur bei ausreichender **Dokumentation** ist es den Beteiligten und dem Gericht möglich zu überprüfen, auf welcher Tatsachengrundlage die jeweilige Entscheidung beruht, was wiederum für die Überprüfung ihrer Rechtmäßigkeit von entscheidender Bedeutung sein kann. Aus diesem Zusammenhang ergibt sich mithin die Verpflichtung und das Recht, Daten zumindest für die Dauer des Verwaltungsverfahrens zu speichern und zu verarbeiten. Da das VwVfG allerdings bislang auf jegliche Regelung zur Datenverarbeitung verzichtet und zudem nach § 1 III BDSG die Vorschriften des BDSG gegenüber dem VwVfG Vorrang genießen, kommt für die Bundespolizei hier zunächst das BDSG sowie seit 2018 die beiden maßgeblichen

---

188 *Drewes* in Drewes/Malmberg/Wagner/Walter (Hrsg.), Bundespolizeigesetz, Kommentar, 6. aktualisierte Aufl., Stuttgart/München 2019, § 29 BPolG Rdnr. 25.

189 Vgl. *Drewes*, Datenschutz für die Polizei, Wiesbaden 2020, zu § 29 BPolG Rdnr. 273.

190 *Stelkens/Bonk/Sachs/Kallerhoff/Fellenberg*, 10. Aufl. 2022, § 24 VwVfG Rdnr. 9.

europarechtlichen **Datenschutzbestimmungen** der DSGVO[191] sowie der DSRL-JI[192] in Betracht. Da es sich bei den aufgezeichneten Videodaten um Daten aus dem Bereich der Gefahrenabwehr und Straftatenverhütung handelt, sind hier zunächst die Bestimmungen des 3. Teils des BDSG sowie der DSRL-JI zu beachten. Nach § 49 Satz 1 BDSG ist ein Zweckwechsel polizeilicher Daten zunächst zu anderen polizeilichen Zwecken nach § 45 BDSG, also zur Verhütung, Ermittlung, Aufdeckung, Verfolgung oder Ahndung von Straftaten oder Ordnungswidrigkeiten zulässig. Dies ist hier ersichtlich nicht der Fall. Nach § 49 Satz 2 BDSG dürfen Daten zu einem in § 45 BDSG nicht genannten Zweck weiterverarbeitet werden, wenn dies in einer Rechtsvorschrift vorgesehen ist. Eine Rechtsvorschrift zur Datenverarbeitung findet sich im hier einschlägigen VwVfG, wie bereits geschildert, nicht. Es finden somit die allgemeinen Vorschriften des BDSG sowie der DSGVO auf die gesamte Datenverarbeitung im Verwaltungsverfahren zur Gebührenerhebung Anwendung. Nach § 3 BDSG ist die Verarbeitung personenbezogener Daten durch eine öffentliche Stelle zulässig, wenn sie zur Erfüllung der in der Zuständigkeit des Verantwortlichen liegenden Aufgabe oder in der **Ausübung öffentlicher Gewalt**, die dem Verantwortlichen übertragen wurde, erforderlich ist. Die Gebührenerhebung nach dem BGebG ist zweifelsohne eine der Bundespolizei obliegende öffentliche Gewalt. Da eine Gebührenerhebung ohne die Verwendung der oben bezeichneten Kameraaufzeichnungen nicht möglich wäre, ist die Verwendung dieser Daten auch erforderlich.

Abschließend umfasst ein zulässiger Zweckwechsel in der Datenverarbeitung auch immer die Prüfung der **Verhältnismäßigkeit**. Das Gewicht des ursprünglichen Erhebungseingriffs darf demnach nicht in einem Missverhältnis zum neuen Verarbeitungszweck stehen. Erkenntnisse aus schwerwiegenden Maßnahmen der Bundespolizei, wie bspw. Observationen oder Mitteilungen eines Verdeckten Ermittlers, dürfen demnach nur für vergleichbar schwerwiegende Zwecke der Gefahrenabwehr verwendet werden. Das ist bei der Gebührenerhebung nicht der Fall.

Da die Aufzeichnungen der Kameraüberwachung einen eher geringen Grundrechtseingriff darstellen und an den relevanten Gebäuden/Objekten auch regelmäßig auf die Überwachung hingewiesen wird, besteht zumindest kein sich aufdrängendes Ungleichgewicht zum neuen Zweck der Gebührenerhebung. Die Gebüh-

---

191 Verordnung (EU) 2016/679 des Europäischen Parlamentes und des Rates vom 27.4.2016 zum Schutz natürlicher Personen bei der Verarbeitung personenbezogener Daten, zum freien Datenverkehr und zur Aufhebung der Richtlinie 95/46/EG (Datenschutz-Grundverordnung).

192 Richtlinie (EU) 2016/680 des Europäischen Parlamentes und des Rates vom 27.4.2016 zum Schutz natürlicher Personen bei der Verarbeitung personenbezogener Daten durch die zuständigen Behörden zum Zwecke der Verhütung, Ermittlung, Aufdeckung oder Verfolgung von Straftaten oder der Strafvollstreckung sowie zum freien Datenverkehr und zur Aufhebung des Rahmenbeschlusses 2008/977/JI des Rates.

renerhebung ist eine verpflichtende Aufgabe des Staates und findet im öffentlichen Interesse statt. Ohne die Verwendung der Aufzeichnungen wäre diese Aufgabe nicht möglich. Schließlich dient die Sichtung und Auswertung der o. g. Kameraaufzeichnungen auch der objektiven Sachverhaltserforschung und findet somit auch im Interesse des betroffenen Kostenschuldners statt.

**Fazit:** Die Verarbeitung personenbezogener Daten im Rahmen der Gebührenerhebung nach dem BGebG und der BMIBGebV richtet sich nach den Vorschriften des BDSG und der DSGVO. Personenbezogene Daten/Beweismittel, die aufgrund polizeilicher Befugnisse erhoben wurden, können nach § 29 I 4 BPolG, § 24 VwVfG, § 3 BDSG, Art. 5 DSGVO aus dem BPolG unter Beachtung der Verhältnismäßigkeit in das Verwaltungsverfahren transferiert werden. Die weitere Speicherung und Weiterverarbeitung der Daten richtet sich nach § 29 VwVfG, § 3 BDSG, Art. 5 I c DSGVO.

### 2.11.3 Begründungspflicht und Kostenakte

Die sog. **„Kostenakte“** ist vom zuständigen Kostensachbearbeiter anzulegen und zu führen. Sie bildet die Grundlage für eine sachgerechte und zugleich gerichtsfeste Gebührenentscheidung. Die Kostenakte muss alle für die Berechnung erforderlichen Aspekte des Einzelfalles enthalten.

Zunächst wird ein **Sachverhaltsbericht** der handelnden Dienststelle zu erstellen sein, aus dem sich alle relevanten Zeiten, die eingesetzten Polizeivollzugsbeamten mit dazugehöriger Laufbahnangabe, die konkreten Tätigkeiten bzw. Maßnahmen und deren Dauer sowie schließlich die eingesetzten Führungs- und Einsatzmittel ergeben. Ebenso müssen etwaige Fahrt- und Transportzeiten aufgeschlüsselt genannt werden, bezogen auf den Gebührenschuldner und ggf. auf seine Sachen und Tiere und unter Angabe der relevanten Begleitumstände. Die getroffenen polizeilichen Maßnahmen sind mit der jeweils dazugehörigen Rechtsgrundlage aufzuzählen und in Problemfällen auch kurz zu begründen. Insbesondere sind alle für die Höhe der Kosten entscheidenden Aspekte darzulegen und schlüssig nachvollziehbar zu begründen. So kann es je nach Fallkonstellation erforderlich sein, namentlich die folgenden Punkte zu begründen:

Die Anzahl der eingesetzten Polizeivollzugsbeamten bezogen auf jede Einzelmaßnahme, die Transportdauer, der Einsatz besonderer Führungs- und Einsatzmittel, die Dauer des Vollzugs des Gewahrsams etc.

Schon bei der Erstellung des notwendigen Sachverhaltsberichts auf der die Maßnahmen treffenden Dienststelle sind die begründungsrelevanten Umstände zu dokumentieren, da nur diejenigen Polizeivollzugsbeamten hierzu fundiert Stellung nehmen können, die auch die Maßnahmen getroffen haben.

Schließlich sind alle **zahlungsbegründenden Unterlagen** wie bspw. Rechnungen, Ausgabenbelege, Bescheinigungen der Kosten von anderen Behörden oder Dritten als Nachweis für entstandene Kosten in die Kostenakte aufzunehmen. Der Gebührenschuldner erhält ggf. Kopien oder Abschriften hiervon als Anlagen zum Gebührenbescheid; die Originale dieser Unterlagen verbleiben aber in der Kostenakte. Aufgrund einer solchen umfassend angelegten Kostenakte kann dann eine gebührenrechtlich einwandfreie Beurteilung des Anlasses erfolgen, ggf. eine Anhörung des Gebührenschuldners durchgeführt und abschließend ein Gebührenentscheid erlassen werden.

Die (auch) im Zusammenhang mit Kostenbescheiden bestehende Rechtspflicht der Behörde zur **Begründung** der im Einzelnen getroffenen Entscheidungen betreffend die zu erhebenden Gebühren und Auslagen ergibt sich bereits auf verfassungsrechtlicher Ebene aus dem Bestimmtheits- und dem Rechtstaatsgebot, insbesondere aus dem Aspekt der Berechenbarkeit staatlichen Handelns. Ergänzend lässt sich aber auch das gebührenrechtliche Prinzip der Kostendeckung und der individuellen Zurechenbarkeit der öffentlichen Leistung heranziehen, um eine Begründungspflicht rechtlich herzuleiten.

Einfachgesetzlich ist außerdem auf die allgemeine verwaltungsverfahrensrechtliche Vorschrift des **§ 39 VwVfG** zu verweisen. Nach § 39 I 1 VwVfG ist u. a. ein schriftlicher oder elektronischer Verwaltungsakt mit einer Begründung zu versehen. Dabei sind gemäß § 39 I 2 VwVfG die wesentlichen tatsächlichen und rechtlichen Gründe mitzuteilen, welche die Behörde zu ihrer Entscheidung bewogen haben. Die Begründung speziell von Ermessensentscheidungen soll nach § 39 I 3 VwVfG zusätzlich diejenigen Gesichtspunkte erkennen lassen, von denen die Behörde bei der Ausübung ihres Ermessens ausgegangen ist. Die Ausnahmen vom einfachgesetzlich statuierten Begründungserfordernis, die in § 39 II VwVfG aufgelistet sind, werden bei Gebühren- und sonstigen Kostenbescheiden in der Regel nicht zutreffend sein.

Es muss insbesondere bei Zeitgebühren in der Kostenbegründung für den Gebührenschuldner **schlüssig nachvollziehbar** sein, warum bestimmte Kosten überhaupt und jeweils in der konkreten Höhe entstanden sind, und aus welchen Gründen diese ausschließlich dem Gebührenschuldner individuell zurechenbar sind. Es darf kein Zweifel daran bleiben, dass die Maßnahmen tatsächlich nur durch den Gebührenschuldner zurechenbar veranlasst worden sind. Vgl. dazu unten in der Kommentierung zum Gebühren- und Auslagenverzeichnis das Beispiel 4 zu Nr. 11 GAV (Vernichtung von Feuerwerkskörper nach § 49 BPolG) sowie das Beispiel 1 zu Nr. 2 GAV (unmittelbare Ausführung nach § 19 BPolG). Ist nicht auszuschließen, dass eine Maßnahme auch Dritte mit einbezieht oder der Schutz nicht nur für die konkrete Gebührenerhebung zurechenbar ist, ist eine Gebührenerhebung für diese Teile der öffentlichen Leistung nicht zulässig.[193] Es ist dann zu prüfen, ob eine Teilgebühr zu erheben ist oder ob unter Umständen eine Gebührenerhebung vollständig ausscheiden muss.

Das rechtsstaatliche Erfordernis einer ausreichenden Begründung von Kostenentscheidungen resultiert schließlich auch daraus, dass der Bürger nicht willkürlich mit ggf. nicht erforderlichen Kostenforderungen belastet werden darf. Die dem Kostenrecht immanenten Grundsätze der Notwendigkeit und Angemessenheit sichern den Anspruch auf eine nachvollziehbare Begründung.

**Beachte:** Fehlt eine Begründung für die Höhe der Kosten bei Zeitgebühren hinsichtlich der Dauer und der eingesetzten Polizeivollzugsbeamten sowie der eingesetzten Führungs- und Einsatzmittel *individuell bezogen* auf den konkreten Einzelfall und Gebührenschuldner, so würde die Kostenerhebung einer eventuellen späteren Überprüfung durch die Verwaltungsgerichte vorhersehbar nicht standhalten.

Bei der Begründung von Gebührenerhebungen sind vor allem die nachfolgend aufgelisteten **Grundsätze** zu beherzigen:

- Je größer die Anzahl der eingesetzten Polizeivollzugsbeamten und je länger die Dauer der Maßnahmen, desto umfangreicher muss die Begründung ausfallen.
- Die Begründung muss erkennen lassen, warum die gebührenpflichtigen Maßnahmen nach Art und Umfang im konkreten Einzelfall notwendig und angemessen waren.
- Die Begründung muss zum Ausdruck bringen, dass die gebührenpflichtigen Maßnahmen als öffentliche Leistungen ausschließlich für den konkreten Gebührenschuldner individuell zurechenbar erbracht wurden; es geht an dieser Stelle um die notwendige Konnexität zwischen dem Leistungsinhalt und dem individuellen Erfolg.

### 2.11.4 Gebührenfestsetzung per Bescheid

Werden kostenpflichtige Einsätze und Maßnahmen durch die Bundespolizei durchgeführt, fallen die im **Gebühren- und Auslagenverzeichnis** festgelegten Gebühren und ggf. die diesen zugeordneten Auslagen kraft Gesetzes an. Ein gesonderter *Hinweis auf die Gebührenpflicht* ist gegenüber dem Polizeipflichtigen zur Entstehung der Kostenpflicht nicht erforderlich.

Die anfallenden Gebühren und die ggf. zugeordneten Auslagen werden nicht im Vorhinein, sondern immer ausschließlich im Nachgang durch einen rechtsmittelfähigen **Kostenbescheid** erhoben. Hierbei ist zu beachten, dass gemäß § 13 III BGebG die **Verjährungsfrist** für die Erhebung von Gebühren bzw. Auslagen **vier**

193 VGH BW, Entscheidung vom 4.4.2003 – 8 S 2702/02 –.

**Jahre** beträgt. Danach dürfen keine Gebühren oder Auslagen mehr erhoben werden, weil Verjährung eingetreten ist.

Die Kostenfestsetzung muss gemäß der Formvorschrift des § 13 I 1 BGebG unter Berücksichtigung einer möglichen Gebühren- oder Auslagenbefreiung (gemäß den §§ 7, 8, 13 I 3 BGebG) von Amts wegen entweder **schriftlich** oder aber **elektronisch** erfolgen. Dabei ist auch die Gebühren*art* zu bestimmen, wobei § 11 BGebG zwischen Fest-, Zeit- und Rahmengebühren unterscheidet. Nähere Festlegungen zu diesen drei Gebührenarten sind in den §§ 9–10 der Allgemeinen Gebührenverordnung (AGebV) enthalten. Nachweise über Auslagen müssen dem Vorgang als Aufzeichnungen angefügt werden. Mit der Erfassung der polizeilichen Maßnahmen erfolgt zugleich die Feststellung der Gebührenpflicht gemäß § 1 I BMIBGebV.

Sodann erfolgt die **Ausfertigung** des Gebührenbescheids und dessen **Bekanntgabe** an den Gebührenpflichtigen. Im Rahmen der Bekanntgabe genügt mangels anderweitiger gesetzlicher Bestimmung grundsätzlich die sog. **„einfache Bekanntgabe“**, die für schriftliche und elektronische Verwaltungsakte in § 41 I–III VwVfG näher geregelt ist. Die einfache Bekanntgabe eines schriftlichen Verwaltungsaktes erfolgt mittels einfachen Postbriefes, für den die in § 41 II 1 VwVfG geregelte Zustellungsfiktion sowie die ergänzend in § 41 II 3 VwVfG normierten Zugangs- und Beweisregeln gelten. Nach § 1 II 2. Alt. des Verwaltungszustellungsgesetzes (VwZG) kann aber auch im Wege der behördlichen Anordnung eine Bekanntgabe von schriftlichen oder elektronischen Verwaltungsakten durch **förmliche Zustellung** „bestimmt“, also vorgesehen werden. Dies gilt auch für kostenrechtliche Bescheide. Eine derartige behördliche Anordnung kann auch in der Form einer Dienstanweisung ergehen; eine solche Dienstanweisung ist derzeit im Hinblick auf die BMIBGebV in Vorbereitung befindlich. Förmliche Zustellung bedeutet nach der in § 2 I VwZG enthaltenen **Legaldefinition**, dass die Bekanntgabe eines schriftlichen oder elektronischen Dokuments speziell in einer der im VwZG vorgesehenen Formen erfolgt. Zu diesen gesetzlich vorgegebenen Zustellungsformen gehören bei schriftlichen Verwaltungsakten wie einem Gebührenbescheid vor allem die Zustellung an den Gebührenpflichtigen durch die Post **mittels Postzustellungsurkunde** (PZU) sowie die Zustellung durch die Post **mittels Einschreiben**. Bei der letztgenannten Zustellungsart ist zusätzlich zu beachten, dass das Gesetz in § 4 I VwZG allein das Einschreiben durch Übergabe sowie das Einschreiben gegen Rückschein als zulässige Zustellungsvarianten vorsieht. Das von der Deutschen Post AG ebenfalls angebotene sog. Einwurfeinschreiben als weitere Einschreibenvariante kommt hier also nicht in Betracht. Unabhängig davon erkennen viele Gerichte auch in anderen Zusammenhängen das Einwurfeinschreiben *nicht* als gerichtsverwertbaren Zugangsnachweis an. Bei der Zustellung eines schriftlichen Gebührenbescheids an eine Adresse **im Ausland** kann die förmliche Zustellung nach § 9 I Nr. 1 VwZG insbesondere durch *Einschreiben mit Rückschein* erfolgen, soweit die Zustellung von Dokumenten unmittelbar durch die Post völkerrechtlich zulässig ist. Bei Gebührenpflichtigen ohne festen Wohnsitz kann eine sog. „öffentliche Zustellung" nach Maßgabe des § 10 VwZG erfolgen. Als öffentliche Zustellung bezeichnet das Gesetz die förmliche Zustellung im Wege der öffentlichen Bekanntmachung, die wiederum in unterschiedlichen Erscheinungsformen realisiert werden kann.

**Portokosten** für die Versendung des Anhörungsbogens, Kosten für die Postzustellungsurkunde, für das Einschreiben oder für die öffentliche Zustellung im Zusammenhang mit der Bekanntgabe des Gebührenbescheids sind bereits in der Gebühr für die abgerechneten Maßnahmen enthalten. Denn nach § 2 II BMIBGebV umfassen die nach dem Gebühren- und Auslagenverzeichnis zu erhebenden Gebühren und Auslagen jeweils auch die Kosten für die Festsetzung der Gebühren und Auslagen. Zur Festsetzung in diesem Sinne gehören neben der Ausfertigung des Gebührenbescheids und der Durchführung der Anhörung auch die Bekanntgabe des Bescheids. Zudem verbietet § 2 III BMIBGebV ausdrücklich die Erhebung von Auslagen, die nicht explizit im Gebühren- und Auslagenverzeichnis enthalten sind; solche ungenannten Auslagen gelten stets als mit der Gebühr abgegolten.

Die Erhebung von **Sicherheitsleistungen** für Polizeikosten entsprechend der Sicherheitsleistung zur Sicherung des Strafverfahrens ist weder im BGebG noch in der BMIBGebV vorgesehen. Es bedürfte einer konkreten Rechtsgrundlage zur Erhebung von Sicherheitsleistungen, bspw. im Falle von Grenzgängern oder sonstigen Personen, die einen Gebührentatbestand des GAV verwirklicht haben und im Ausland wohnen oder ohne festen Wohnsitz sind. Allein der Umstand, dass es kompliziert und die Chance sehr gering ist, einen Gebührenbescheid in solchen Fällen zuzustellen, berechtigt nicht dazu, Geld, das diese Personen mit sich führen, einfach sicherzustellen. Hierfür müsste das Gebührenrecht eine konkrete Rechtsgrundlage enthalten.

Zwar enthält § 15 BGebG eine Vorschrift zur Erhebung einer Sicherheitsleistung und Vorschusszahlung, hier sind allerdings ausschließlich solche behördlichen Tätigkeiten gemeint, die auf Antrag und dann nur unter Zahlung einer Vorschusszahlung erbracht werden. Solche Konstellationen treten bei der Bundespolizei nur äußerst selten auf.

Insbesondere für Polizeikostenfälle an deutschen Flughäfen, bei denen Personen mit Sitz im Ausland verschiedene Einsatzmaßnahmen der Bundespolizei verursachen (z. B. NZG-Einsätze oder Alarmauslösungen) und in der Regel anschließend ausreisen, könnte eine solche Befugnis zur Erhebung einer Sicherheitsleistung sinnvoll erscheinen. Ein Vollstreckungsverfahren im Ausland ist gemeinhin weder mit Blick auf den Verwaltungsaufwand noch auf die Erfolgsaussichten besonders zielführend.

Im Falle einer künftigen Implementierung einer Befugnis zur Erhebung einer Sicherheitsleistung im Polizeikostenrecht erscheint es zudem empfehlenswert, diese auf solche Gebührensachverhalte zu beschränken, die mit einer Festgebühr oder zumindest vereinfacht kalkulierbaren Zeitgebühr verknüpft sind. Unter einer vereinfacht kalkulierbaren Zeitgebühr könnte man eine behördliche Schaffung von Einsatzkategorien verstehen, die zwar immer noch eine Zeitgebühr vorsehen, diese allerdings in zuvor definierte Kategorien zusammenfassen. Die Sicherheitsleitung für NZG-Lagen könnte man bspw. wie folgt festlegen[194]:

- NZG-Einsatz mit geringem Kräfteaufwand (weniger als 10 PVB): 350 Euro
- NZG-Einsatz mit mittlerem Kräfteaufwand (10–20 PVB): 500 Euro
- NZG-Einsatz mit hohem Kräfteaufwand (mehr als 20 PVB): 1000 Euro

Somit könnte in jedem Fall gewährleistet werden, dass die Sicherheitsleistung weitestgehend an der zu erwartende Gebühr ausgerichtet ist, keine Überdeckung der angefallenen Polizeikosten zu erwarten ist und somit auch keine haushälterisch aufwendige Rückzahlung erfolgen muss. Weiterhin muss eine solche Sicherheitsleistung in der Regel durch Polizeibeamte festgelegt und erhoben werden, die binnen kurzer Zeit eine zügige Entscheidung über die Höhe der Sicherheitsleistung treffen müssen. Eine umfangreiche, detaillierte Kalkulation der zu erwartenden Polizeikosten mittels Zeitgebühren in einer recht komplexen Rechtsmaterie wäre hier weder zielführend noch praktikabel.

Als denkbare Alternative zur Erhebung einer gebührenrechtlichen Sicherheitsleistung käme für die o. g. Sachverhalte eine **sofortige und unmittelbare Festsetzung der Gebühren** unter Verzicht auf die erforderliche Anhörung nach § 28 II Nr. 1 VwVfG, Anordnung der sofortigen Vollziehbarkeit nach § 80 II Nr. 4 VwGO sowie der sofortigen Fälligkeit nach § 14 2. Halbs. BGebG in Frage. Unter der notwendigen Bedingung, dass für diese Fälle operative Einsatzkräfte vor Ort binnen kurzer Zeit und mit einem Mindestmaß an Verwaltungsaufwand die angefallenen Polizeikosten rechtssicher berechnen können, käme dieser Variante eine hohe Praxistauglichkeit zu. Diese Bedingungen könnten durch Einführung einer laufbahnunabhängigen Mittelgebühr (s. Kapitel 2.8.1.1) oder durch Umwandlung bestehender Gebührentatbestände in Festgebühren unterstützt bzw. ermöglicht werden. Dieser Verfahrensweg hat gegenüber der Einführung einer gebührenrechtlichen Sicherheitsleistung jedoch den entscheidenden Nachteil, dass auf die-

194 Es handelt sich hierbei um Beispiele, die ausschließlich der Veranschaulichung des Gedankens dienen. Die Werte und Kategorien müssten im Falle einer Anwendung zuvor maßvoll und belastbar anhand der Erfahrungswerte bestimmt werden.

sem Wege lediglich der vollstreckbare Titel eines sofort wirksamen und fälligen Gebührenbescheids ermöglicht wird. Der zweite, im Grunde viel bedeutendere Schritt, nämlich die zwangsweise Vollstreckung (Beitreibung) der festgesetzten Gebühren, würde sich auch hier wieder nach den umständlichen Vorschriften der Abgabenordnung richten.[195] Die Anordnung einer Sicherheitsleistung würde eben diesen zwangsweisen Zugriff auf mitgeführte Barmittel oder anderer Wertgegenstände pragmatisch, übersichtlich und normenklar ermöglichen.

## 2.12 Rechtsbehelf, Widerspruchs- und Klageverfahren

Die Bundespolizeidirektion ist in ihrer Eigenschaft als Ausgangsbehörde zugleich auch die Einlegungsbehörde im Falle eines **Widerspruchs** im Kostenverfahren. Ihr obliegt also bei Einlegung eines Widerspruchs gegen einen Gebührenbescheid die Entscheidung darüber, ob sie dem Widerspruch durch den Erlass eines **Abhilfebescheids** ganz oder teilweise stattgeben will oder ob der angefochtene Bescheid unverändert aufrechterhalten bleiben soll. Im letztgenannten Falle muss ein **Widerspruchbescheid** ergehen. Für dessen Erlass ist aber nach den Regeln der §§ 68 ff. VwGO nicht die Bundespolizeidirektion, sondern das Bundespolizeipräsidium (BPOLP) als nächsthöhere Behörde zuständig. In diesem Zusammenhang fungiert das Bundespolizeipräsidium also als Widerspruchsbehörde. Bei einem Widerspruch gegen den Gebührenbescheid geht es allein um die Rechtmäßigkeit der Gebührenentscheidung und nicht etwa um eine erneute Prüfung der Rechtmäßigkeit der der Gebührenentscheidung zugrundeliegenden polizeilichen Maßnahmen.[196] Gleichwohl steht es dem Petenten frei, im Rahmen des üblichen Rechtsweges, auch die dem Gebührenbescheid zugrundeliegende polizeiliche Maßnahme auf ihre Rechtmäßigkeit überprüfen zulassen. Hierbei handelt es sich dann allerdings um ein separates Rechtsbehelfsverfahren. Während ein Abhilfebescheid gebührenfrei ergeht, ist nach der in § 10 III 1 BGebG enthaltenen Grundregel für den Erlass eines Widerspruchsbescheids eine Gebühr zu erheben.[197] Deren Höhe richtet sind nach § 10 III 2 BGebG. Ist aber ein Widerspruch nur deshalb erfolglos geblieben, weil die tatsächlich geschehene Verletzung einer Verfahrens- oder Formvorschrift gemäß § 45 VwVfG unbeachtlich ist, so ist nach der Sondervorschrift des § 10 III 3 BGebG ausnahmsweise keine Gebühr zu erheben.

---

195 Vgl. § 5 I VwVG unter Verweis auf die §§ 77, 249–258, 260, 262–267, 281–317, 318 I–IV, §§ 319–327 AO.

196 So auch OVG SH vom 28.2.2019 – 4 LB 22/18 –; sowie betreffend die Bundespolizei VG Berlin – V G 1 K 339/21 –.

197 S. grundlegend zu den Kosten für den Widerspruchsbescheid OVG SH vom 28.2.2019 – 4 LB 22/18 –, juris.

Danach beträgt die Gebühr bis zu 25 Prozent des Betrags, hinsichtlich dessen dem Widerspruch nicht abgeholfen wurde.

Für die in § 10 BGebG genannten besonderen Gebühren ist *kein* gesonderter Gebührentatbestand im Gebühren- und Auslagenverzeichnis erforderlich, da es ja hierzu bereits eine gesetzesunmittelbare Ermächtigungsgrundlage im Bundesgebührengesetz gibt. Solche Kostenentscheidungen beruhen demzufolge auf § 73 III 3 VwGO i. V. m. § 80 I 3 VwVfG und § 10 I Nr. 1 und III 2 BGebG.

**Rechtsmittelbelehrung im Widerspruchsbescheid**

Der Widerspruchsbescheid ist gemäß § 73 III 1 VwGO mit einer Rechtsmittelbelehrung zu versehen.

Da im Falle eines Widerspruchsbescheids zur Grundentscheidung bzgl. der zugrundeliegenden Gebührenfestsetzung zusätzlich eine Gebühr für den Erlass des Widerspruchsbescheids nach § 10 BGebG hinzukommt, muss die für diese zusätzliche Gebührenfestsetzung ebenfalls erforderliche **Rechtsmittelbelehrung** sorgfältig von derjenigen für die Grundentscheidung getrennt werden.

Bei der Kostenentscheidung ist zwischen der **Kostengrundentscheidung**, also der Frage, wer die Kosten des Widerspruchverfahrens zu tragen hat, und der **Kostenfestsetzungsentscheidung**, nämlich der Entscheidung, in welchem Umfang Kosten für das Widerspruchsverfahren anfallen, zu differenzieren. Bei der Kostenfestsetzungsentscheidung handelt es sich um einen eigenständigen belastenden Verwaltungsakt, der wiederum mithilfe von Widerspruch und Anfechtungsklage isoliert angegriffen werden kann. Insoweit hat konsequenterweise im Hinblick auf die Kostenfestsetzungsentscheidung eine eigene Rechtsmittelbelehrung zu erfolgen.

Die Rechtsmittelbelehrung müsste demnach wie folgt formuliert sein:

> *„Gegen diesen Bescheid kann innerhalb eines Monats nach Bekanntgabe Klage bei dem Verwaltungsgericht xy* [gefolgt von der vollständigen Anschrift des jeweiligen Verwaltungsgerichts] *erhoben werden. Die Klage ist gegen die Bundesrepublik Deutschland, vertreten durch das Bundesministerium des Innern und für Heimat, dieses vertreten durch die jeweilige Bundespolizeidirektion* [gefolgt von der Anschrift] *zu richten.*
>
> *Gegen diesen Bescheid kann, soweit er sich auf die Festsetzung der Widerspruchsgebühren bezieht, innerhalb eines Monats nach Zustellung Widerspruch erhoben werden. Der Widerspruch ist an das Bundespolizeipräsidium, Heinrich-Mann-Allee 103, 14473 Potsdam, zu richten."*

Das Bundesverwaltungsgericht[198] vertritt die Auffassung, dass die Belehrung über den Rechtsbehelf eine Belehrung über das **Formerfordernis** des § 70 I 1 VwGO nicht mit einschließt. Sollte allerdings über die obligatorische Belehrung hinaus auch über die Form der Rechtsbehelfseinlegung belehrt werden, muss diese selbstverständlich richtig und vollständig sein. Die bloße Wiedergabe des Gesetzestextes von § 70 I 1 VwGO genügt im Hinblick auf § 3a VwVfG dann nicht mehr, da in diesem Fall suggeriert würde, die Einlegung des Rechtsbehelfs mit einfacher E-Mail könne genügen. Eine solche Rechtsbehelfsbelehrung wäre unrichtig i. S. d. § 58 II VwGO, verbunden mit der Rechtsfolge, dass sich die Widerspruchsfrist auf ein Jahr seit der Zustellung des Verwaltungsaktes erstrecken würde.

Vor diesem Hintergrund hat das BPOLP für die Bundespolizei verfügt, dass über die Form gar nicht zu belehren ist, um rechtliche Folgeprobleme zu vermeiden.

Widersprüche gegen Gebührenbescheide der Bundespolizei auf Basis des BGebG sowie der BMIBGebV entfalten **keine aufschiebende Wirkung** gemäß § 80 I VwGO, da diese nach § 80 II Nr. 1 VwGO kraft Gesetzes entfällt.

Gegenteiliger Auffassung ist die 20. Kammer des VG Köln, das in einem einstweiligen Rechtschutzverfahren nach § 80 V 1 VwGO mit Beschluss vom 24.7.2023[199] darauf hinwies, dass der durch den dortigen Antragsteller erhobene Widerspruch gegen einen von der Bundespolizeidirektion Sankt Augustin erlassenen Gebührenbescheid für individuell zurechenbare öffentliche Leistungen nach der „Besonderen Gebührenverordnung des Bundesministeriums des Innern, für Bau und Heimat für individuell zurechenbare öffentliche Leistungen in dessen Zuständigkeitsbereich“ (BMIBGebV) möglicherweise aufschiebende Wirkung nach § 80 I VwGO entfalte, da es sich bei den Kosten für die unmittelbare Ausführung einer polizeilichen Gefahrenabwehrmaßnahme nicht um Kosten zur Deckung des allgemeinen Finanzbedarfs der öffentlichen Hand im Interesse einer ordnungsgemäßen Haushaltsführung i. S. d. § 80 II 1 Nr. 1 VwGO handele.

Dieser Auffassung kann aus nachfolgenden Gründen nicht gefolgt werden.

Kosten i. S. d. § 80 II 1 Nr. 1 VwGO sind die (öffentlich-rechtlichen) Gebühren und Auslagen, die in einem förmlichen Verwaltungsverfahren (einschließlich des Widerspruchsverfahrens) nach den Vorschriften der Verwaltungskostengesetze auferlegt werden. Demnach fallen Kosten für die unmittelbare Ausführung einer präventiv-polizeilichen Maßnahme zutreffenderweise auch nicht unter den **Kostenbegriff** i. S. d. § 80 II 1 Nr. 1 VwGO.[200]

---

198 BVerwG, Urt. vom 25.1.2021 – 9 C 8.19 –.

199 Beschl. des VG Köln vom 24.7.2023 – 20 L 834/22 –.

200 Vgl. hierzu BeckOK VwGO/*Gersdorf* VwGO § 80 Rdnr. 53–54.1; VGH BW NVwZ 1986, 933; *Eyermann/Schmidt* Rdnr. 23; *Kopp/Schenke* Rdnr. 57; *Schoch/Schneider/Schoch* Rdnr. 144.

Bei den nach der BMIBGebV erhobenen Polizeikosten könnte es sich allerdings um **Abgaben** i. S. d. § 80 II 1 Nr. 1 VwGO handeln. Unter dem Begriff der öffentlichen Abgaben sind alle hoheitlich geltend gemachten öffentlich-rechtlichen Geldforderungen zu verstehen, die den Zweck haben, den Finanzbedarf des Hoheitsträgers für die Erfüllung seiner öffentlichen Aufgaben zu decken.[201]

Dabei genügt es, wenn Geldleistungspflichten neben der Deckung des allgemeinen Finanzbedarfs des Staates auch weiteren Funktionen dienen. Zwar erfüllen Steuern dieses Merkmal und sind von der Allgemeinheit der Staatsbürger zu leisten. Gebühren und Beiträge jedoch, die nach einhelliger Meinung ebenfalls zu den *„öffentlichen Abgaben"* des § 80 II 1 Nr. 1 VwGO zählen[202], werden zur Deckung eines besonderen Finanzbedarfs von einzelnen Bürgern oder bestimmten Gruppen erhoben. Es kann daher nicht auf die Allgemeinheit der Finanzierung durch eine Abgabe ankommen, sondern es ist auf die **Finanzierungsfunktion** der Abgabe abzustellen. Die Abgabe muss danach nicht primär auf die staatliche Einnahmenerzielung ausgerichtet sein. Es reicht aus, wenn die öffentliche Geldlast neben anderen Funktionen – etwa einer Lenkungs-, Antriebs-, Zwangs- oder Straffunktion – auch die der Deckung des öffentlichen Finanzbedarfs besitzt. Die Finanzierungsfunktion darf allerdings gegenüber den übrigen Zwecken der Abgabe nicht so weit in den Hintergrund treten, dass sie nur noch als Nebeneffekt erscheint. Die Rechtsprechung bewertet die Finanzierungsfunktion bei den einzelnen Abgaben teilweise sehr uneinheitlich.

Die dem GAV der BMIBGebV zu entnehmenden Gebühren- und Auslagentatbestände sollen einerseits präventiven Charakter entfalten, indem sie dafür Sorge tragen sollen, den einzelnen Bürger von polizeipflichtigen Handlungen abzuhalten. Neben dieser Funktion als Druckmittel kommt ihnen andererseits eine nicht unerhebliche und wenigstens gleichrangige Finanzierungsfunktion in der Form eines Ausgleichs für die in dem jeweiligen präventiv-polizeilichen Einsatz gebundenen Polizeikräfte zu. Sie sind daher im Ergebnis ebenfalls als *„öffentliche Abgaben"* mit der Rechtsfolge einzustufen, dass dem Widerspruch gegen einen in diesem Zusammenhang ergangenen Gebührenbescheid der Bundespolizeidirektionen grundsätzlich **keine aufschiebende Wirkung** zukommt.

Als hiervon abzugrenzendes Negativbeispiel werden in der Literatur Kostenbescheide für Ersatzvornahmen oder unmittelbare Ausführungen erwähnt.[203] Schaut man allerdings genau in die hierfür herbeigezogene Rechtsprechung, werde Kos-

201 BVerwG DVBl 1993, 441, 442; BayVGH BayVBl 1990, 469, 471.

202 *Schenke* in Kopp/Schenke, VwGO, 27. Aufl., München 2021, § 80 Rdnr. 58.

203 S. hierzu VGH BW NvwZ-RR, 512 und VGH BW vom 9.6.1986, NVwZ 1986, 933, zitiert unter „Einzelbeispiele" in *Schoch/Schneider* Rdnr. 144 zu § 80 II Nr. 1 VwGO, 43. EL August 2022; *Schenke* in Kopp/Schenke, VwGO, 27. Aufl., München 2021, § 80 Rdnr. 63.

tenbescheide behandelt die eben nicht auf Basis der Verwaltungskosten- oder Gebührengesetze für individuell zurechenbare Leistungen erlassen wurden, sondern als Vollstreckungskosten z. B. nach § 31 Landesverwaltungsvollstreckungsgesetz BW sowie § 8 II PolG BW entstehen. Vergleichbar wäre dies nach Bundesrecht mit dem § 19 VwVG und § 19 II BPolG a. F. Hierbei handelt es sich eben nicht um öffentlich-rechtliche Gebühren, sondern um eine Rückforderung der Polizei für die ihr entstandenen finanziellen Aufwendungen, für die sie in Vorleistung getreten ist.

Durch die Schaffung einer Rechtsgrundlage für die Gebührenerhebung der Bundespolizei auf Basis des BGebG und der BMIBGebV wechselt gewissermaßen der verwaltungsrechtliche **„Status“** dieser Geldforderungen. Was zuvor als Kosten der unmittelbaren Ausführung nach § 19 II BPolG geltend gemacht wurde und nach herrschender Meinung weder unter den Begriff der *„öffentlichen Abgaben“* noch unter *„Kosten“* des § 80 II 1 Nr. 1 VwGO fiel, erhält nunmehr die **Rechtsgestalt einer Gebühr**, welche anerkanntermaßen unter die Ausnahmeregelung des § 80 II 1 Nr. 1 VwGO fallen.

Die in der Literatur als Aluid erwähnten Kostenbescheide, die nicht unter den Kostenbegriff des § 80 II Nr. 1 VwGO fallen und der gegen sie gerichtete Widerspruch demnach keine aufschiebende Wirkung entfaltet, treffen auf Gebührenbescheide nach BGebG/BMIBGebV nicht zu. Das VG Köln scheint irrig davon auszugehen, dass es sich um Kosten der Verwaltungsvollstreckung/der unmittelbaren Ausführung handelt.

## 2.13 Vollstreckung festgesetzter Gebührenbescheide

Bei Nichtzahlung innerhalb der dem Gebührenschuldner gesetzten Zahlungsfrist erfolgt nach Feststellung der **Bestandskraft** des Gebührenbescheids eine **Mahnung** und nach Ablauf der darin gesetzten Frist bei weiterem Ausbleiben der Zahlung die Beitreibung der Forderung im Verwaltungsvollstreckungsverfahren. Dabei ist zu beachten, dass für dieses sog. **„Beitreibungsverfahren“** nicht etwa wie sonst bei der Verwaltungsvollstreckung die §§ 6 ff. VwVG, sondern die vorrangigen Spezialvorschriften der **§§ 1–5 VwVG** gelten. Denn der Gebühren- bzw. sonstiger Kostenbescheid stellt einen *Leistungsbescheid* i. S. d. § 3 II Buchstabe a) VwVG dar. Als Leistungsbescheid bezeichnet man in der Rechtssprache jede schriftliche oder elektronische Einforderung einer öffentlich-rechtlichen Geldforderung beim Zahlungspflichtigen. Ergänzend verweist § 5 VwVG auf zahlreiche Bestimmungen aus der Abgabenordnung (AO), die im Rahmen des Beitreibungsverfahrens entsprechende Anwendung finden. Die Vorschriften der Abgabenordnung wiederum verweisen in manchen Zusammenhängen weiter auf bestimmte

Normen aus der Zivilprozessordnung (ZPO). Bei einem Gebührenpflichtigen mit Wohnsitz im Ausland erfolgt im Falle der Nichtzahlung nach Eintritt der Bestandskraft des Gebührenbescheids und nach erfolgter vergeblicher Mahnung ein Vollstreckungsersuchen zur Grenzausschreibung. Bei einem Gebührenpflichtigen mit Wohnsitz außerhalb der Europäischen Union wird zudem ein sog. „Einreisebedenken“ im Ausländerzentralregister (AZR) eingetragen.

Nach aktueller Praxis erfolgt die Vollstreckung der Gebührenbescheide auf Basis der BMIBGebV durch den Zoll.

## 2.14 Ergänzende und Übergangsvorschriften der BMIBGebV

§ 4 BMIBGebV enthält eine Übergangsregelung und lautet im Wortlaut wie folgt:

> **§ 4 Übergangsvorschrift:** Für die Erhebung von Gebühren und Auslagen für eine gebührenfähige Leistung, die vor dem 1. Oktober 2019 beantragt oder begonnen, aber noch nicht vollständig erbracht wurde, ist das bis einschließlich 30. September 2019 geltende Recht weiter anzuwenden.

§ 4 BMIBGebV schafft aus Gründen des Vertrauensschutzes eine Übergangsregelung für die vor dem Inkrafttreten der BMIBGebV am 1.10.2019 beantragten oder begonnenen gebührenfähigen Leistungen, sofern die Leistungserbringung bei Inkrafttreten dieser Verordnung noch nicht abgeschlossen war. Für diese Fälle bestimmt die Vorschrift übergangsweise, dass die Gebühren und Auslagen auf der Grundlage und nach Maßgabe des bisherigen Rechts zu erheben sind. Anders als bei der Entstehung der Gebührenschuld nach § 4 I 2 BGebG kommt es dabei auf den Zeitpunkt der Zustellung, Eröffnung oder sonstigen Bekanntgabe der gebührenfähigen Leistung nicht an.

Der fünfte und letzte Paragraf der BMIBGebV regelt das Inkrafttreten der Verordnung und enthält die folgende Festlegung:

> **§ 5 Inkrafttreten:** Diese Verordnung tritt am 1. Oktober 2019 in Kraft.

§ 5 BMIBGebV bestimmt, dass die Verordnung am 1. Oktober 2019 in Kraft tritt und damit wirksam wird. Zum gleichen Zeitpunkt treten nach Art. 7 II des Gesetzes zur Aktualisierung der Strukturreform des Gebührenrechts des Bundes vom 18.7.2016[204] die früheren kostenrechtlichen Bestimmungen im Zuständigkeitsbereich des Bundesministeriums des Innern, für Bau und Heimat zugunsten dieser Verordnung außer Kraft.

204 BGBl. I 2016, 1666.

## 3. Bundespolizeikostenrecht – Besonderer Teil

Die Vorschrift des § 2 BMIBGebV betreffend die Höhe der Gebühren und Auslagen lautet im Wortlaut wie folgt:

> **§ 2 Höhe der Gebühren und Auslagen**
> (1) Die Höhe der Gebühren und Auslagen richtet sich nach dem Gebühren- und Auslagenverzeichnis. Das Gebühren- und Auslagenverzeichnis regelt ferner die Tatbestände für eine Gebühren- und Auslagenbefreiung.
> (2) Die nach dem Gebühren- und Auslagenverzeichnis zu erhebenden Gebühren und Auslagen umfassen jeweils auch die Kosten für die Festsetzung der Gebühren und Auslagen.
> (3) Auslagen, die nicht im Gebühren- und Auslagenverzeichnis aufgeführt sind, sind mit der Gebühr abgegolten.

**§ 2 I BMIBGebV** bestimmt in Ansehung entgeltfähiger Leistungen im Zuständigkeitsbereich des BMI einleitend, dass Gebühren und Auslagen nach dem der Verordnung als Anlage beigefügten **Gebühren- und Auslagenverzeichnis** erhoben werden, welches im Rahmen dieses Kommentars, wie schon erwähnt, mit dem (nicht amtlichen) Kürzel „GAV" abgekürzt wird. Die Verordnung selber überschreibt das angehängte Verzeichnis wörtlich als *„Anlage (zu § 2 Absatz 1) – Gebühren- und Auslagenverzeichnis"*. In Anknüpfung an die bereits in § 1 I des BGebG geregelte Verpflichtung des Verordnungsgebers, für gebührenfähige Leistungen von Bundesbehörden erstattungsfähige Kosten in Gestalt von Gebühren und Auslagen festzulegen, enthält das GAV eine Vielzahl von einzelnen und konkreten Kostentatbeständen. Für die **Bundespolizei** ergeben sich dabei aus den beiden ersten Abschnitten die für die Aufgabenwahrnehmung der Bundespolizei relevanten Kostentatbestände. **Abschnitt 1** betrifft öffentliche Leistungen, die nach dem BPolG erbracht werden. **Abschnitt 2** regelt Kostentatbestände für Maßnahmen nach dem VwVG. Die nachfolgenden **Abschnitte 3 bis 11** enthalten weitere Kostentatbestände für öffentliche Leistungen nach Maßgabe sonstiger Fachgesetze, deren Vollzug ebenfalls im Zuständigkeitsbereich des BMI angesiedelt ist. Hierbei ist bezüglich der **Gebühren** zu unterscheiden zwischen den *Festgebühren* und den Gebühren nach Zeitaufwand, also den *Zeitgebühren*. Vgl. hierzu näher die Ausführungen in der Kommentierung unter Kapitel 2.8. Überdies sind den Gebührentatbeständen eine Reihe von erstattungsfähigen **Auslagen** zugeordnet (deshalb: „Gebühren- *und Auslagenverzeichnis*" und nicht etwa nur kurz „Gebührenverzeichnis").

## 3.1 Vorbemerkungen zum Gebühren- und Auslagenverzeichnis

Die Anlage zur BMIBGebV enthält das sog. **„Gebühren- und Auslagenverzeichnis"** (GAV). Dieses Verzeichnis beruht auf § 2 I BMIBGebV, der im Näheren betrachtet zwei Regelungen enthält:

Nach § 2 I 1 BMIBGebV richtet sich die Höhe der zu erhebenden Gebühren und Auslagen nach dem Gebühren- und Auslagenverzeichnis. Ergänzend bestimmt § 2 I 2 BMIBGebV, dass dieses Verzeichnis auch die Tatbestände für eine Gebühren- und Auslagen*befreiung* regelt.

Das Gebühren- und Auslagenverzeichnis enthält insgesamt **elf Abschnitte**, wobei sich jeder Abschnitt auf eine spezifische, fachgesetzlich definierte Rechtsmaterie bezieht, die jeweils in einem bestimmten Gesetz oder sonstigen Regelungswerk normiert ist. Diese elf Abschnitte werden in der **Inhaltsübersicht** am Anfang des Gebühren- und Auslagenverzeichnisses wie folgt aufgelistet:

| | |
|---|---|
| **Abschnitt 1:** | Bundespolizeigesetz (BPolG) |
| **Abschnitt 2:** | Verwaltungs-Vollstreckungsgesetz (VwVG) |
| **Abschnitt 3:** | BDBOS-Gesetz (BDBOSG) |
| **Abschnitt 4:** | BDBOS-Zertifizierungsverordnung (BDBOSZertV) |
| **Abschnitt 5:** | Laufbahnbefähigungsanerkennungsverordnung (LBAV) |
| **Abschnitt 6:** | Verordnung (EU) 2016/679 (Datenschutz-Grundverordnung – DS-GVO) |
| **Abschnitt 7:** | BSI-Gesetz (BSIG) |
| **Abschnitt 8:** | De-Mail-Gesetz (De-Mail-G) |
| **Abschnitt 9:** | Verordnung zur Erteilung von Unbedenklichkeitsbescheinigungen (UnbBeschErtV) |
| **Abschnitt 10:** | Waffengesetz (WaffG) |
| **Abschnitt 11:** | Allgemeine Waffengesetz-Verordnung (AWaffV) |

Für die Bundespolizei sind ersichtlich lediglich die ersten beiden Abschnitte belangreich. Deshalb werden im Nachfolgenden auch nur diese beiden Abschnitte, betreffend das **Bundespolizeigesetz** und das **Verwaltungsvollstreckungsgesetz** des Bundes, näher erläutert; die übrigen Abschnitte bleiben unberücksichtigt. Ein vollständiger Textabdruck der BMIBGebV ist unten im 4. Teil unter dem Gliederungspunkt 3 zu finden.

## Übersicht zu Abschnitt 1:<br>Zuordnung von Gesetzesparagrafen zu Kostentatbeständen

| BPolG | | Gebühr | | Auslagen | Beachte | Ausnahme |
|---|---|---|---|---|---|---|
| | | Zeit | Fest | | | |
| § 14 | Konkrete Gefahr<br>– Vorsatz<br>+ Fahrlässigkeit | 1.1.1 | | 1.2.1<br>bis<br>1.2.3<br>+ 13 | | |
| § 14 | Anscheinsgefahr<br>– Vorsatz<br>+ Fahrlässigkeit | 1.1.2 | | 1.2.1<br>bis<br>1.2.3<br>+ 13 | NZG | |
| § 14 | Missbräuchlicher Notruf | 1.1.3 | | 1.2.1<br>bis<br>1.2.3<br>+ 13 | | |
| § 14 | Fehlalarm<br>(Alarm ohne Grund) | 1.1.4 | | 1.2.1<br>bis<br>1.2.3<br>+ 13 | | |
| § 14 | Suche/Rettung von Personen<br>Vorsatz<br>+ Fahrlässigkeit | 1.1.5 | | 1.2.1<br>1.2.2<br>1.2.3<br>1.2.4<br>1.2.5<br>+ 13 | | 1.1.4 Satz 2<br>(Suizid)<br>§ 9 IV + V<br>BGebG |
| § 14 | Suche von vermisst gemeldeter Person nach Rückkehr ohne Mitteilung | 1.1.6 | | 1.2.1<br>bis<br>1.2.3 | Gebührenschuldner = Melder, da individuell zurechenbar, § 6 I Nr. 1 + § 3 II Nr. 4 BGebG | |
| § 14 | Aufgreifen abgängiger Personen (betreut oder unter Aufsicht stehend) | 1.1.7 | | 1.2.1<br>bis<br>1.2.3<br>und<br>1.2.4<br>sowie<br>1.2.5<br>+ 13 | Gebührenschuldner = Heim/Betreuer, da individuell zurechenbar, § 6 I Nr. 1 + § 3 II Nr. 4 BGebG | |

| BPolG | | Gebühr | | Auslagen | Beachte | Ausnahme |
|---|---|---|---|---|---|---|
| | | Zeit | Fest | | | |
| § 14 | Rettung oder Bergung von Tieren | 1.1.8 | | 1.2.1 bis 1.2.3 | Gebührenschuldner = Tierhalter, § 3 II Nr. 2 BGebG | |
| § 14 | Mitführverbot | 1.3.1 | | 13 | | |
| § 14 | Meldeauflage | 1.3.2 | | 13 | | |
| § 19 | Unmittelbare Ausführung (Anordnung und Vollzug) | 2.1 | | 1.2.1 bis 1.2.3 (gemäß 2.2) + 13 | | |
| § 22a | Erhebung von Telekommunikationsdaten (Vorsatz + Fahrlässigkeit) | 3.1 | | 3.2.1 und 3.2.3 + 13 | | Nr. 3 Halbs. 2 (Suizid) § 9 IV, V BGebG |
| § 23 I Nr. 5 | Identitätsfeststellung | | 57, 85 (Nr. 4) | 13 | § 1 IV Schutz privater Rechte | |
| § 24 I § 81b I 2. Alt. StPO | ED-Maßnahme | | 64,05 (Nr. 5) | 13 | | |
| § 25 III | Zwangsweise Vorladung | 6.1 | | 6.2 + 13 | | |
| § 38 | Mündlich mit IDF | | 48,05 (7.1) | 13 | | |
| § 38 | Schriftlich erstmalig | | 96,05 (7.2.1) | 13 | | |
| § 38 | Schriftlich wiederholt | | 56,15 (7.2.2) | 13 | | |
| § 39 | Anordnung des Gewahrsams | | 79,80 (8.1) | 8.3.1 bis 8.3.7 (gemäß 8.3) + 13 | | Nr. 8 unverschuldeter Schutzgewahrsam nach § 39 I Nr. 1 |

| BPolG | | Gebühr | | Auslagen | Beachte | Ausnahme |
|---|---|---|---|---|---|---|
| | | Zeit | Fest | | | |
| § 39 | Vollzug des Gewahrsams | | 7,00 je ¼ Std. (8.2) | 8.3.1 bis 8.3.7 (gemäß 8.3) + 13 | Zusätzlich zu 8.1 | Nr. 8 unverschuldeter Schutzgewahrsam nach § 39 I Nr. 1 |
| § 39 | | | 16,91 je ¼ Std. pro PVB | 8.3.2 + 13 | Begleitung und Transport von Personen, Sachen, Tieren | Nr. 8 unverschuldeter Schutzgewahrsam, § 39 I Nr. 1 |
| § 47 | Anordnung der Sicherstellung von Sachen oder Tieren | | 55,55 (9.1) | 9.2.1 und 9.2.3 (gemäß 9.2) + 13 | | |
| § 47 | | | 16,91 je ¼ Std. pro PVB | 9.2.2 | Transport von Sachen oder Tieren durch PVB | |
| § 48 | Verwahrung von Kfz | | 1,20 je Tag (10.1) | 10.3.1 und 10.3.3 (gemäß 10.3) | | |
| § 48 | Verwahrung von Krad | | 0,60 je Tag (10.2) | | | |
| § 48 | | | 16,91 je ¼ Std. pro PVB | 10.3.2 | Transport von Sachen durch PVB | |
| § 49 II 1 | Versteigerung (Anordnung + Vollzug) | | 77,10 (11.1) | 11.3.1 und 11.3.2 | | |

| **BPolG** | | **Gebühr** | | **Auslagen** | **Beachte** | **Ausnahme** |
|---|---|---|---|---|---|---|
| | | **Zeit** | **Fest** | | | |
| § 49 | Anordnung + Vollzug | 11.2 | | (gemäß 11.3) + 13 | | |
| § 61 I | Zulassung einer Grenzübergangsstelle | 12.1 | | 13 | | Nr. 12 Halbs. 2 Schließung GÜSt ist kostenfrei |
| **§ 61 III** | Grenzerlaubnis | | 84,30 (gemäß 12.2) | 13 | | Nr. 12.2 Halbs. 2 Grenzerlaubnis für Rettungsflüge = kostenfrei |
| § 61 III | | | 16,91 je ¼ Std. pro PVB | 12.3 | Transportkosten für PVB und Führungsmittel | |

## 3.2 Kommentierung der Gebührenziffern

### 3.2.1 Abschnitt 1 – Maßnahmen nach dem Bundespolizeigesetz

Der Abschnitt 1 des Gebühren- und Auslagenverzeichnisses enthält eine abschließende Regelung aller Gebühren- und Auslagentatbestände für Tätigkeiten bzw. Maßnahmen der Bundespolizei auf der Grundlage und nach Maßgabe des Bundespolizeigesetzes (BPolG). Es geht hier also um das gefahrenabwehrende Einschreiten der Bundespolizei. Fraglich ist, ob unter Umständen auch einzelne Maßnahmen nach der Strafprozessordnung (StPO) von diesen Kostentatbeständen erfasst sein können, sofern dabei im konkreten Einzelfall ausnahmsweise ein *präventiv-polizeiliches* Handeln auf strafprozessualer Grundlage in Rede steht, was nach immer noch h. M. etwa im Falle des § 81b I 2. Alt. StPO anzunehmen ist.

Eine ebenso in der StPO verortete, jedoch weitgehend in ihrem Wesen als präventiv-polizeilich anerkannte Eingriffsbefugnis ist die DNA-Untersuchung und -speicherung nach § 81g StPO. Der Verordnungsgeber hat sich nach aktuellem Stand jedoch nicht für eine Aufnahme in den Kanon des GAV entschieden.

Hinsichtlich der Einsätze und Maßnahmen der Bundespolizei, die einer Kostenpflicht nach dem GAV unterliegen, sowie der hierfür notwendigen Abgrenzung zu den sonstigen, nicht unter die BMIBGebV fallenden Aufgaben der Bundespolizei wird auf die Ausführungen im Kapitel 2.7 „Kostenpflichtige und kostenfreie Aufgaben der Bundespolizei“ verwiesen.

Die in der Nr. 1 in Abschnitt 1 GAV geregelten Kostentatbestände begründen eine Kostenpflicht für individuell zurechenbare öffentliche Leistungen der Bundespolizei zur **Abwehr von Gefahren nach § 14 BPolG**. Im Hinblick auf die sich aus den Grundrechten und dem Gewaltmonopol ergebende Verpflichtung des Staates, im Interesse seiner Bevölkerung die öffentliche Sicherheit und Ordnung umfassend zu gewährleisten, ist eine Kostenerhebung nur bei vorwerfbar veranlassten Maßnahmen der Bundespolizei zur Gefahrenabwehr vorgesehen. Nicht vorwerfbar veranlasste Maßnahmen der Bundespolizei zur Gefahrenabwehr sind dagegen – unabhängig von der individuellen ökonomischen Leistungsfähigkeit des Veranlassers – immer aus dem allgemeinen Steueraufkommen zu finanzieren.[205]

Die Nr. 1.1 GAV betrifft **Polizeieinsätze**. Aus der übergreifenden Nr. 1 GAV folgt, dass es dabei um solche Polizeieinsätze gehen muss, die der *Abwehr von Gefahren nach § 14 BPolG* dienen. Die Wendung „nach § 14 BPolG“ wird in diesem Zusammenhang richtigerweise so auszulegen sein, dass nicht unbedingt jede im Rahmen des Polizeieinsatzes zur Gefahrenabwehr getroffene Einzelmaßnahme zwingend auf der gesetzlichen Grundlage des § 14 BPolG beruhen muss. Vielmehr ist von einer Abwehr von Gefahren „nach § 14 BPolG“ bereits dann auszugehen, wenn es bei dem polizeilichen Einsatz insgesamt im Kern um die Bekämpfung einer Gefahr i. S. d. § 14 BPolG geht. Die im Rahmen der Nr. 1.1 GAV in Betracht kommenden Gefahrfälle werden im Nachfolgenden in den Nrn. 1.1.1 bis 1.1.8 GAV näher konkretisiert.

Häufig, aber nicht immer geht es dabei um Gefahrensituationen, die jemand vorsätzlich oder fahrlässig herbeigeführt hat. Ein möglicher Gebührenschuldner ist damit bei der Kostenerhebung vor allem der Gefahrenverursacher. § 6 I Nrn. 1–3 BGebG regelt drei unterschiedliche Fälle der Gebührenschuldnerschaft. Danach ist Gebührenschuldner derjenige, dem die öffentliche Leistung individuell zurechenbar ist oder derjenige, der die Gebührenschuld eines anderen durch Erklärung gegenüber der Behörde übernommen hat oder derjenige, der für die Gebührenschuld eines anderen kraft Gesetzes haftet. Individuell zurechenbar ist eine öffentliche Leistung, welche der Gefahrenabwehr dient, vor allem dem im Sinne des Polizeirechts jeweils Verantwortlichen. Dies lässt sich aus den in § 3 II Nr. 3 und Nr. 4 BGebG enthaltenen Regelungen ableiten:

205 Vgl. vertiefend zum Gedanken der individuellen Zurechenbarkeit Kapitel 2.5.

Nach § 3 II Nr. 3 BGebG ist eine öffentliche Leistung dann individuell zurechenbar, wenn sie durch den von der Leistung Betroffenen *veranlasst* wurde. Versteht man unter Veranlassung in diesem Sinne die in einer zurechenbaren Art und Weise erfolgte Verursachung der Leistungserbringung, so lässt sich bereits auf diesem Wege ableiten, dass die sog. **„Störer i. S. d. polizeigesetzlichen Adressatenregelungen"** als Gebührenschuldner im Zusammenhang mit Polizeieinsätzen in Betracht kommen. Ferner ist gemäß § 3 II Nr. 4 BGebG eine öffentliche Leistung auch dann individuell zurechenbar, wenn im Hinblick auf die Leistung **im Pflichtenkreis** des von der Leistung Betroffenen ein **Anknüpfungspunkt** rechtlich begründet ist. Jeden Bürger trifft die rechtliche Verpflichtung, sein Verhalten und den Zustand seiner Sachen so einzurichten, dass daraus keine Störung oder Gefährdung der öffentlichen Sicherheit oder Ordnung entsteht. Verstößt jemand gegen diese Maxime, so wird er nach den Regelungen in den Polizeigesetzen von Bund und Ländern zum *Verantwortlichen* bzw. zum *Störer*, der konsequenterweise als richtiger Adressat von der Polizei auf Abhilfe in Anspruch genommen werden kann, soweit dies der Verhinderung oder Beseitigung der Gefahr dient. Sofern die Polizei im Rahmen der Gefahrenabwehr dann tätig wird, sei es durch Duldungs- oder Handlungsverfügung, durch Beseitigung der Gefahr durch die Polizei selbst oder im Wege der Beauftragung eines Dritten, so haben diese öffentlichen Leistungen einen Anknüpfungspunkt im Pflichtenkreis des Betroffenen, also des Polizeipflichtigen oder Störers. Im Ergebnis lässt sich damit festhalten, dass in Ansehung entstandener Polizeikosten eine kostenrechtliche Haftung von Störern bejaht werden kann: Die sog. „Polizeipflichtigen" sind auch die Träger der Polizeikosten. Ausnahmsweise kann jedoch auch eine Kostenschuldnerschaft Aufsichtspflichtiger oder eine Sekundärschuldnerschaft im Wege der **gesamtschuldnerischen Haftung** in Frage kommen.[206]

Damit sind auch die unter den Nrn. 1.1.1 bis 1.1.12 GAV konkret aufgelisteten Polizeieinsätze bzw. Maßnahmen der Bundespolizei dem Gefahrverursacher bzw. dem Zustandsverantwortlichen individuell zurechenbar, da diese Personen, wie eben aufgezeigt, von der Leistung betroffen sind und in ihrem Pflichtenkreis jeweils ein Anknüpfungspunkt rechtlich begründet ist. Einen solchen Anknüpfungspunkt stellt sowohl die Verantwortlichkeit für eigenes und teilweise sogar für fremdes Verhalten **nach § 17 BPolG** dar als auch die Verantwortlichkeit des Inhabers der tatsächlichen Gewalt nach **§ 18 BPolG** für solche Gefahren, die von seinen Tieren oder Sachen ausgehen. Polizeiliche Maßnahmen gegen den Verhaltens- bzw. Zustandsverantwortlichen sind dem Pflichtenkreis der Genannten zuzurechnen, da diese ihrer gesetzlichen Verpflichtung, eine Gefahrenverursachung im Sinne des BPolG zu vermeiden, nicht nachgekommen sind und dadurch eine

206 Vgl. hierzu vertiefend Kapitel 2.5.1.

gebührenpflichtige polizeiliche Maßnahme in ihrem Verantwortungsbereich veranlasst haben.

In diesem Zusammenhang sei daran erinnert, dass § 17 BPolG neben der Verantwortlichkeit für eigenes Verhalten eine zusätzliche Verantwortlichkeit für das **Verhalten anderer Personen** vorsieht und dies sogar in doppelter Weise: Es besteht eine Verantwortlichkeit des *Aufsichtspflichtigen* oder *Betreuers* für das Verhalten der beaufsichtigten oder betreuten Person nach § 17 II BPolG sowie eine Verantwortlichkeit des *Geschäftsherrn* für das Verhalten der zu einer Verrichtung bestellten Person nach § 17 III BPolG.

In denjenigen Fällen, in denen eine Gefahr tatsächlich nicht bestanden hat, ist demjenigen der Polizeieinsatz individuell zurechenbar, der i. S. d. §§ 17, 18 BPolG dafür verantwortlich ist, den **Anschein der Gefahr** hervorgerufen zu haben. Soweit neben der Zurechenbarkeit nach § 17 oder § 18 BPolG noch andere Zurechnungsgründe i. S. d. § 3 II BGebG in Betracht kommen oder soweit die Zurechenbarkeit im Einzelfall eingeschränkt sein kann, wird auf die Erläuterungen zu den einzelnen Gebührentatbeständen verwiesen.

Die diversen Polizeieinsätze zur Abwehr von Gefahren nach § 14 BPolG, die der Nr. 1.1 nachfolgend zugeordnet sind, stellen sich in der Praxis häufiger als **Bündel mehrerer bundespolizeilicher Einzelmaßnahmen** dar, durch die nicht selten mehrere unterschiedliche Einzelgefahren abgewehrt werden. Die polizeiliche Bewältigung eines solchen Einsatzanlasses kann je nach Einzelfall einfach gelagerte Maßnahmen erfordern oder aber ein komplexes polizeiliches Handeln nach sich ziehen. Die im Rahmen der Gesamteinsatzbewältigung zu treffenden Maßnahmen können Realakte oder Verwaltungsakte sein, jeweils mit oder ohne grundrechtseinschränkende Wirkung. Die kostenfähige Leistung umfasst hierbei alle gefahrenabwehrenden Maßnahmen zur Bewältigung des Einsatzanlasses.[207] Allerdings muss bei komplexen Sachverhalten, die sich als Maßnahmenbündel darstellen, schlüssig begründet werden, warum sich die konkrete öffentliche Leistung dem Gefahrenverursacher individuell zurechnen lässt.

Bei den Gebührentatbeständen i. S. d. Nr. 1.1 GAV, die eine Auslagenerhebung für den Einsatz eines *Hubschraubers, Schiffes, Bootes* oder *Wasserwerfers* vorsehen, erfolgt eine Kürzung des jeweiligen Stundensatzes nach Maßgabe des entsprechenden Kürzungsbetrages nach Anlage 1 Teil A der AGebV.

207 BMI, Amtliche Begründung zur Besonderen Gebührenverordnung BMIBGebV zu Ziffer 1.1, S. 20, 21.

**Allgemeines zu Ziffer 1.1**

Bei diesen mit Zeitgebühren belegten Kostentatbeständen ist abzustellen auf die in der Anlage 1 Teil A zur AGebV hinterlegten Stundensätze mit Zuordnung nach Laufbahngruppen und den Einsatz von Hubschraubern und Booten. Es fallen an je Stunde und eingesetzten PVB im mittleren Dienst 62,00 Euro, bei PVB im gehobenen Dienst 75,19 Euro und bei PVB im höheren Dienst 96,59 Euro.

Gebühren können auch im Rahmen der Aufgabenwahrnehmung **Luftsicherheit** durch die Bundespolizei für die Abwehr von Gefahren nach § 14 BPolG nach der BMIBGebV erhoben werden. Lediglich Kontrollen aufgrund des LuftSiG (z. B. gemäß den §§ 3, 5 LuftSiG) sind von einer Kostenerhebung nach dem Gebühren- und Auslagenverzeichnis ausgeschlossen.[208] Nach der Rechtsprechung des BVerwG ist die Luftsicherheitsgebühr ausschließlich individuell zurechenbar für die *allgemeinen* Luftsicherheitskontrollen, die ihre Rechtsgrundlage unmittelbar im Luftsicherheitsgesetz finden[209] Selbst beim Schutz des Sicherheitsbereichs wird im Rahmen der Luftsicherheitsgebühr die für eine Gebühr individuelle Zurechenbarkeit dieser Sicherheitsleistung vom BVerwG verneint. Somit sind im Aufgabenbereich Luftsicherheit lediglich solche Kontrollen oder sonstigen Maßnahmen kostenmäßig von der BMIBGebV erfasst, die sich als Reaktion auf eine konkrete Gefahrenlage darstellen und die auf der Grundlage des Bundespolizeigesetzes erfolgen. Bei einer solchen Fallgestaltung genießt die BMIBGebV als Lex specialis Anwendungsvorrang gegenüber dem Luftsicherheitsrecht. Damit lässt sich feststellen, dass die im Gebühren- und Auslagenverzeichnis dargestellten Kostentatbestände unter der genannten Voraussetzung auch im Aufgabenbereich Luftsicherheit Anwendung finden können.

An Flughäfen wird der Gebührentatbestand insbesondere in Fällen der **Vermischung** von kontrollierten abfliegenden Fluggästen und nicht kontrollierten Personen verwirklicht. Dies kann mit **Vorsatz** herbeigeführt werden, etwa im Wege eines Durchbruchs an der Luftsicherheitskontrollstelle oder durch das Überklettern oder Aufschneiden des Außenzauns des Flughafens, aber auch durch das unbefugte Öffnen von Sicherheitstüren. **Fahrlässig** kann der Gebührentatbestand z. B. durch ein versehentliches Nichtverschließen von Türen durch Flughafenmitarbeiter sowie durch fehlerhafte elektronische Passagierlenkungen verwirklicht werden. Ein solcher Vorfall hat dann regelmäßig umfängliche Sicherheitsmaßnahmen zur Folge, wie insbesondere Absperrung, Räumung, anschließende Absuche sowie die Durchsuchung des betroffenen Sicherheitsbereichs oder den Einsatz von Sprengstoffspürhunden, um zu gewährleisten, dass keine verbotenen Gegenstände

---

208 Vgl. dazu näher oben im 2. Teil unter 2.3.7, betreffend Kostenerhebungen für Maßnahmen nach dem LuftSiG.

209 BVerwG, Urt. vom 18.3.2004 – 3 C 24/03 –.

in den Bereich eingebracht worden sind. Nach der Räumung muss eine erneute Luftsicherheitskontrolle von allen abfliegenden Passagieren und deren Handgepäck durchgeführt werden.

### Auslagen zu den Ziffern 1.1.1–1.1.8

Allen Gebührentatbeständen der Ziffer 1 sind nach Ziffer 1.2 konkrete Auslagentatbestände zugeordnet. Die Formulierung *„Neben den Gebühren“* ist dahingehend auszulegen, dass die davor bezeichneten Gebührentatbestände alternativ vorliegen müssen. Dies ergibt sich aus der Systematik der Ziffern zueinander. Schließlich findet sich der Wortlaut *„Neben den Gebühren* [...]“ in allen Auslagentatbeständen zu den Gebührenziffern des GAV.

Sofern im Rahmen der Auslagenerstattung besondere Einsatzmittel der Bundespolizei wie Wasserwerfer, Hubschrauber, Boote und Schiffe zum Einsatz kommen, gelten die besonderen Erstattungskostensätze nach der BRAS 640.[210]

### Ziffer 1.1.1 – Polizeieinsatz, der durch die vorsätzliche oder fahrlässige Schaffung einer Gefahrenlage veranlasst wurde

| | **Gegenstand** | |
|---|---|---|
| | **Bundespolizeigesetz (BPolG)** | |
| **Nr.** | **Gebühren- oder Auslagentatbestand** | **Gebühren/ Auslagen in Euro** |
| 1 | Abwehr von Gefahren nach § 14 BPolG | |
| 1.1 | Polizeieinsätze | |
| 1.1.1 | Polizeieinsatz, der durch die vorsätzliche oder fahrlässige **Schaffung einer Gefahrenlage** veranlasst wurde | nach Zeitaufwand |

Der in der Nr. 1.1.1 GAV normierte Kostentatbestand betrifft die Fallgestaltung, dass ein Polizeieinsatz durch die *„vorsätzliche oder fahrlässige Schaffung einer Gefahrenlage veranlasst wurde“*. Hier lässt bereits der Wortlaut der Vorschrift erkennen, dass nach § 3 II Nr. 3 BGebG eine Gebührenpflicht derjenigen Person begründet ist, die den Polizeieinsatz in vorwerfbarer Weise herbeigeführt hat, indem sie – je nach den tatsächlichen Gegebenheiten – entweder als Verhaltensstörer i. S. d. § 17 BPolG oder als Zustandsstörer i. S. d. § 18 BPolG in Erscheinung getreten ist.

Wegen der Systematik der Gebührenziffern 1 kommen selbstverständlich ausschließlich **Gefahrenlagen im originären Zuständigkeitsbereich** der Bundespo-

210 Vgl. hierzu vertiefend Kapitel 2.8.2.

lizei in Frage. Nicht gebührenfähig sind demnach Einsätze in Eilzuständigkeit oder in Form einer Organleihe für die Landespolizei.

Praxisbeispiele für bundespolizeiliche Einsätze in Gefahrenlagen i. S. d. Nr. 1.1.1 GAV gibt es in beachtlicher Zahl. Dazu gehören typische Anlässe wie Anschlagsdrohungen gegen Luft- oder Schienenfahrzeuge, Anschlagsdrohungen gegen Flughafeneinrichtungen oder Bahnanlagen oder die Androhung von Flugzeugentführungen. Weiterhin ist an dieser Stelle zu nennen das unberechtigte oder unkontrollierte Betreten des Sicherheitsbereichs an Flughäfen, bspw. mittels Durchbruchs an der Luftsicherheitskontrollstelle oder durch Aufschneiden bzw. Überklettern des Außenzauns oder durch das Überwinden von baulichen Vorrichtungen im Terminal. Auch die vorschriftswidrige Verwendung von Pyrotechnik auf dem Gebiet der Bahnanlagen der Eisenbahnen des Bundes oder in den dort verkehrenden Zügen kann einen gebührenpflichtigen Polizeieinsatz i. S. d. Nr. 1.1.1 GAV erforderlich machen, ebenso wie das erforderliche Ablöschen von bengalischem Feuer, wenn „Seenotrettungsfackeln" oder „Rauchtöpfe" von Fußballfans in Bahnhöfen oder Zügen entzündet wurden.

In allen hier aufgezählten Praxisbeispielen werden parallel auch Straftaten einschlägig sein bzw. repressive Maßnahmen zur Verfolgung der festgestellten Straftaten getroffen. Dies schließt das parallele Ergreifen **gefahrenabwehrender Maßnahmen** der Bundespolizei jedoch nicht aus. Es wird ausdrücklich auf die Ausführungen zum Verhältnis kostenpflichtiger Gefahrenabwehrmaßnahmen zur Strafverfolgung in Kapitel 2.7.2 verwiesen.

**Beispiel 1:**

> *Der Fahrer eines Pkw verwechselt bei einem Rangiervorgang auf einem Parkplatz in Gleisnähe das Gaspedal und die Bremse. Hierdurch gerät das Fahrzeug auf das Gleis, wodurch ein herannahender Personenzug gerade noch mittels Schnellbremsung einen Aufprall verhindern kann.*

Unbestritten wird in diesem Fall ein Strafverfahren gegen den Fahrzeugführer zumindest nach § 315 I Nr. 2 StGB eingeleitet. Hierzu trifft die Bundespolizei vor Ort die erforderlichen repressiven (kostenfreien) Maßnahmen, wie bspw. die Identitätsfeststellung von Tatverdächtigen und Zeugen, die Beweissicherung, Tatortfotos, Vernehmung von Tatverdächtigen oder Zeugen etc. Gleichwohl treffen die Bundespolizisten ebenso unstrittig Maßnahmen zur Gefahrenabwehr: Die Gleise müssen bahnbetrieblich zur Verhinderung einer weiteren Gefahrensituation gesperrt werden, das verunfallte Fahrzeug muss aus den Gleisen geborgen werden, um den Bahnbetrieb wieder aufnehmen zu können, Schaulustige und ggf. anwesende Dritte könnten unbefugt in den Gefahrenbereich der Gleise gelangen etc. Bei der anschließenden Verschriftung des polizeilichen Berichts sollte also sorgsam darauf geachtet werden, die kostenpflichtigen Maßnahmen der Gefahrenabwehr von den kostenfreien repressiven Tätigkeiten zu differenzieren.

Als polizeiliche Einzelmaßnahmen, die im Rahmen von Polizeieinsätzen i. S. d. Nr. 1.1.1 GAV getroffen werden, kommen z. B. Videodatensicherungen, Absperrungen, Räumungen, Durchsuchungen und Evakuierungen in Betracht.

Für den in der Nr. 1.1.1 GAV geregelten Gebührentatbestand kommt wegen der offensichtlichen Heterogenität der denkbaren Einsatzkonstellationen nach den Vorgaben des öffentlichen Kostenrechts lediglich die *Zeitgebühr* als Gebührenart in Frage.



Der Gebührentatbestand in der Nr. 1.1.1 GAV erfasst sowohl vorsätzliches als auch fahrlässiges Handeln des Veranlassers. **Vorsätzliches** Handeln ist nach allgemeinen Grundsätzen zu bejahen, wenn jemand wissentlich und willentlich die Gefahrlage bewirkt hat, welche dann den Polizeieinsatz auslöste.

**Beispiel 2:**

> *Rivalisierende Fußballfans im Zug bedrohen sich gegenseitig, bei Einfahrt in den Bahnhof werden Pyrotechnik und Flaschen aus dem Zug auf den Bahnsteig geworfen.*

**Beispiel 3:**

> *Angehörige einer Klima-Protestgruppierung begeben sich mit einem Presslufthammer auf das frei zugängliche Gelände des Bundesverfassungsgerichts in Karlsruhe und beabsichtigen allem Anschein nach mit diesem Presslufthammer den Schriftzug „Bundesverfassungsgericht" von dem repräsentativen Steinblock vor dem Gebäude herauszumeißeln.*[211]

Aber auch nur **fahrlässig** herbeigeführte Gefahrenlagen lösen die Gebührenpflicht für erforderliche Gefahrenabwehrmaßnahmen aus. Kennzeichnend für den Begriff der Fahrlässigkeit ist im Kern die Missachtung von rechtlich bestehenden Sorgfaltspflichten. Dabei genügt bereits das Vorliegen der sog. „*einfachen* Fahrlässigkeit", weil der Wortlaut der Vorschrift keinen erhöhten Grad der Fahrlässigkeit in Gestalt der groben Fahrlässigkeit bzw. Leichtfertigkeit verlangt.

Geraten Personen aufgrund einer **medizinischen/gesundheitlichen Notsituation** in hilflose Lagen, stürzen bspw. in das Gleis oder müssen anderweitig erstversorgt werden, schließt dies eine Gebührenerhebung selbstredend aus. Derlei Gefahrenlagen unterfallen zwar zweifelsohne dem Gefahrenabwehrgedanken des BPolG,

---

211 *„Aktivisten von "Letzte Generation" am Bundesverfassungsgericht in Karlsruhe vorübergehend festgenommen"*, https://www.swr.de/swraktuell/baden-wuerttemberg/karlsruhe/letzte-generation-bundesverfassungsgericht-karlsruhe-104.html [zuletzt abgerufen am 5.10.2023].

werden aber in aller Regel **nicht vorsätzlich oder fahrlässig** verursacht. Zudem wird es neben der Nichterfüllung des Tatbestandes in diesen Fällen auch regelmäßig an einer vorwerfbaren Verursachung des Einsatzes im Sinne der individuellen Zurechenbarkeit mangeln.

**Beispiel 4:**

*Schafe werden im Gleisbereich durch die DB AG um 17:50 Uhr festgestellt und der Bundespolizei gemeldet. Es wird ein Langsamfahrbefehl erteilt. Streifen der Bundespolizei verlegen um 17:55 Uhr ihren Einsatzort und treffen dort um 18:33 ein, wo sie sieben Schafe im Gleisbereich feststellen. In unmittelbarer Nähe zum Gleisbereich befindet sich der Weidezaun, der Schäden aufweist und deshalb einen Durchschlupf für die Tiere ermöglicht. Die Schafe werden von 18:51 Uhr bis 19:51 Uhr zurück auf die Koppel getrieben und der Tierhalter wird um 19:10 ausfindig gemacht. Der Tierhalter repariert von 19:25 Uhr bis 19:40 Uhr den eigenen Weidezaun vor Ort und wird anschließend nochmals von den PVB, die während der Reparatur vor Ort verblieben sind, über seine Pflichten belehrt. Eingesetzt sind drei PVB mD und ein PVB gD. Die Beendigung des Einsatzes erfolgt um 19:51 Uhr.*

Als mögliche Gebührentatbestände kommen hier in Frage zum einen die *Nr. 1.1.1 GAV = Schaffung einer Gefahrenlage*, zum anderen aber auch die *Nr. 1.1.8 GAV = Rettung von Tieren*. Sieht man den Schwerpunkt der Maßnahme hier in der bahnpolizeilichen Gefahrenabwehr, so würde nur eine einmalige (durchgängige) Kostenerhebung geltend gemacht werden für den Zeitraum 17:55 Uhr bis 19:25 Uhr nach der Nr. 1.1.1 GAV wegen der fahrlässigen Schaffung einer Gefahrenlage. Dem Tierhalter sei dabei zu seinen Gunsten unterstellt, dass er nichts von dem beschädigten Weidezaun wusste und lediglich seine Sorgfaltspflichten vernachlässigt hat, indem er keine regelmäßigen Kontrollen des Zauns durchgeführt hat. Überdies ergibt sich eine Gebührenschuld auch schon aus der Tierhalterhaftung. Die Gebühr beginnt schon mit der Verlegung zum Einsatzort, da auch vorbereitende Maßnahmen, die durch die individuell zurechenbare Leistung bedingt sind und mit ihr im engen Zusammenhang stehen, gemäß § 3 I AGebV der Zeitgebühr mit zuzurechnen sind. Lediglich nicht im Zusammenhang stehende Zeiten (z. B. Pausen für die Verpflegung der Einsatzkräfte) sind herauszurechnen[212]. Mit dem Eintreffen des Tierhalters endet die Zeitgebühr, da dieser in der Lage ist, seine Schafe zu beaufsichtigen und auch während der Reparatur von den Gleisen fernzuhalten. Herdentiere wie Schafe laufen ihrem Naturell nach üblicherweise vor

212 Vgl. dazu näher die obige Kommentierung zu Gebühren nach Zeitaufwand nach § 3 BMIBGebV im 2. Teil Kapitel 2.8.1.2.

ihrem Tierhalter nicht weg, sondern folgen ihm und lassen sich leiten. Mit Eintreffen des Tierhalters bestand die Gefahrenlage also nicht mehr.

Für diese Gebührenerhebungsvariante ergibt sich die folgende Dokumentation als vorbereitende Maßnahme der Kostenerhebung:

| **Nr. in GAV** | **Zeit + Dauer** | **Anzahl PVB + Laufbahn** | **Maßnahme Auslagen** | **Kurzbegründung** *ggf. Dauer/Anzahl/ Besonderheiten = Abweichungen vom Normalfall* | **Summe 391,80 Euro** |
|---|---|---|---|---|---|
| (–) | 17:55 | 1 PVB mD | Information an BPOL | | |
| 1.1.1 | 17:55 bis 19:25 01 h 30 min | 3 PVB mD<br>1 PVB gD | Polizeieinsatz zur Gefahrenabwehr für den Bahnverkehr | Begründung: Fahrlässigkeit des Tierhalters!<br>PVB mD<br>je Std. 62,00 Euro<br>(= 15,50 je ¼ Std.)<br>3 x 6 x 15,50 Euro<br>= 279 Euro<br>PVB gD<br>je Std. 75,19 Euro<br>(= 18,80 je ¼ Std.)<br>1 x 6 x 18,80 Euro<br>= 112,80 Euro | 391,80 Euro |

Alternativ kann die Gebührenforderung auch differenziert erfolgen. Dann würden Kosten gemäß der Nr. 1.1.1 GAV aufgrund der fahrlässigen Schaffung einer Gefahrenlage für den Zeitraum von 17:55 Uhr bis 18:50 Uhr geltend gemacht. Für 18:51 Uhr bis 19:25 Uhr nach der Nr. 1.1.8 GAV, betreffend die Rettung von Tieren. Bei dieser Splittung der Gebührentatbestände ergibt sich allerdings ein Problem aufgrund der Vorgabe in § 10 IV AGebV, dass Gebühren für jede angefangene Viertelstunde anfallen. Der Gebührentatbestand in Nr. 1.1.1 GAV dauert tatsächlich 55 Minuten, also dreimal Viertelstunde plus zehn Minuten, die grundsätzlich zu einer weiteren Viertelstunde aufzurunden sind. Gleiches passiert beim anschließenden Gebührentatbestand Nr. 1.1.8 GAV, der tatsächlich 34 Minuten dauert, folglich zweimal eine Viertelstunde plus vier Minuten, die wiederum aufzurunden wären auf eine volle Viertelstunde. Würde man also die zweite Gebührenerhebungsalternative wählen und den Gesamteinsatzraum splitten auf die Nrn. 1.1.1 und 1.18 GAV, sieht dies auf den ersten Blick so aus, als könnte man einen polizeilichen Einsatz von einer tatsächlichen Dauer von 1 Stunde und 30 Minuten nun rechnerisch verlängern auf 1 Stunde und 45 Minuten. Eine solche Gebührenerhebung wäre allerdings rechtswidrig, wenn nicht sogar wegen der Offensichtlichkeit des Fehlers nichtig. Denn Zeiten dürfen nicht doppelt erfasst werden. Dies wäre willkürlich und verstößt auch gegen das Kostendeckungsprinzip. Denn es sind tatsächlich nur Polizeikosten für 1 Stunde 30 Minuten entstanden, als einheitlich erbrachte Leistung. Zudem unterfällt eine solche Gebührenrechnung dem Verbot der Doppelerhebung von Polizeikosten und muss daher korrigiert werden auf die tatsächliche Zeit. Die Dokumentation könnte dann folgendermaßen aussehen:

| **Nr. in GAV** | **Zeit + Dauer** | **Anzahl PVB + Laufbahn** | **Maßnahme Auslagen** | **Kurzbegründung** *ggf. Dauer/Anzahl/ Besonderheiten = Abweichungen vom Normalfall* | **Summe Korrektur auf Einsatzzeit 391,80 Euro (*457,10 Euro*)** |
|---|---|---|---|---|---|
| (–) | 17:55 | 1 PVB mD | Information an BPOL | | |
| Nr. 1.1.1 | 17:55 bis 18:50 55 min PROBLEM (4 x ¼ Std.) | 3 PVB mD 1 PVB gD | Polizeieinsatz zur Gefahrenabwehr für den Bahnverkehr | Begründung: Fahrlässigkeit des Tierhalters (!!!) PVB mD je Std. 62,00 Euro (= 15,50 je ¼ Std.) 3 x 4 x 15,50 Euro = 186 Euro PVB gD je Std. 75,19 Euro (= 18,80 je ¼ Std.) 1 x 4 x 18,80 Euro = 75,20 Euro | 261,20 Euro |
| Nr. 1.1.8 | 18:51 bis 19:25 34 min PROBLEM (3 x ¼ Std.) | 3 PVB mD 1 PVB gD | Rettung oder Bergung von Tieren | PVB mD je Std. 62,00 Euro (= 15,50 je ¼ Std.) 3 x 3 x 15,50 Euro = 139,5 Euro PVB gD je Std 75,19 Euro (= 18,80 je ¼ Std.) 1 x 3 x 18,80 Euro = 56,40 Euro | 195,90 Euro |

**Beachte:** Unzulässig ist es, wegen des Verbots der Doppelerhebung von Gebühren die beiden in Betracht kommenden Gebührentatbestände *überlappend* abzurechnen. Es ist somit *nicht* möglich, die Kosten gemäß der Nr. 1.1.1 GAV für den Zeitraum von 17:55 Uhr bis 19:25 Uhr und zusätzlich noch einmal für den Zeitraum von 18:51 Uhr bis 19:15 Uhr nach der Nr. 1.1.8 GAV zu erheben.

Eine weitere Variante wäre es, wenn insgesamt eine Gebührenerhebung lediglich nach der Nr. 1.1.8 GAV für die Rettung von Tieren vorgenommen würde. Diese Kostenberechnung käme dann in Betracht, wenn bspw. der Tierhalter nachweisen kann, dass er den Zaun gerade erst am selben Tag kontrolliert hat und alles in Ordnung war und der Zaun durch Sachbeschädigung oder Unfall erst danach ohne mitwirkendes Verschulden des Tierhalters beschädigt worden sein muss. In diesem Fall greift seine Tierhalterhaftung als Grundlage der Kostenschuld ein. Dies hat dann bei der Kostenerhebung zur Folge, dass ein Verschulden des Tierhalters in Form von Fahrlässigkeit nicht Voraussetzung für die Kostenerhebung ist und auch nicht begründet werden muss. Die Gebühr könnte dann wie oben in der ersten Variante für den Zeitraum von 17:55 Uhr bis 19:25 Uhr berechnet werden. Auch für den in der Nr. 1.1.8 GAV geregelten Gebührentatbestand gilt, dass die Verlegung zum Einsatzort für die Rettung von Tieren eine zwingende Voraussetzung ist und damit die Zeitgebühr zu laufen beginnt. Eine Dokumentation hierfür gestaltet sich dann bspw. wie folgt:

| **Nr. in GAV** | **Zeit + Dauer** | **Anzahl PVB + Laufbahn** | **Maßnahme Auslagen** | **Kurzbegründung** *Dauer/Anzahl/ Besonderheiten = Abweichungen vom Normalfall* | **Summe 391,80 Euro** |
|---|---|---|---|---|---|
| (–) | 17:55 | 1 PVB mD | Information an BPOL | | |
| 1.1.8 | 17:55 bis 19:25 01 h 30 min | 3 PVB mD<br>1 PVB gD | Rettung oder Bergung von Tieren Tierhalterhaftung | PVB mD je Std. 62,00 Euro (= 15,50 je ¼ Std.) 3 x 6 x 15,50 Euro = 279,00 Euro PVB gD je Std 75,19 Euro (= 18,80 je ¼ Std.) 1 x 6 x 18,80 Euro = 112,80 Euro | 391,80 Euro |

Je nach Begründung des Schwerpunkts und der Zielrichtung der polizeilichen Maßnahmen wird die Gebührenerhebung auf die jeweils einschlägige Berechnungsvariante zu stützen sein. Die Gebührenhöhe ist letztlich in allen Varianten identisch, sodass der dritten Variante letztlich der Vorzug zu geben sein wird, da hier aufgrund der Tierhalterhaftung die Begründung einer Gefahrenverursachung und Gebührenschuld aufgrund fahrlässigen Verhaltens des Tierhalters vollends entfällt. Somit ist sie auch im Falle einer rechtlichen Überprüfung unproblematischer als die beiden anderen Varianten.

**Beispiel 5:**

*Eine Person verursacht am Flughafen einen Polizeieinsatz durch die fahrlässige Schaffung einer Gefahrenlage. Die Person gelangt nämlich durch einen nicht für das Publikum allgemein zugelassenen Zugang (entsprechend beschriftet und als Notausgang gesichert) ohne Kontrolle in den abgesicherten luftseitigen Flughafenbereich. Durch das Öffnen der alarmgesicherten Tür wird prompt ein Alarm ausgelöst. Durch den daraufhin erfolgenden Polizeieinsatz werden acht PVB für acht Stunden gebunden.*

Das obige Fallbeispiel fällt unter die Nr. 1.1.1 GAV und nicht etwa unter die Nr. 1.1.4 GAV, da die Tür *nicht versehentlich* geöffnet wurde und der Sicherheitsbereich somit wider besseres Wissen – also vorsätzlich – unkontrolliert betreten wurde. Die Nr. 1 GAV mitsamt ihren Untergruppen ist als sog. **„Auffangtatbestand“** konzipiert, der immer gilt, wenn einerseits keine speziellere Nummer passt und es andererseits um die Bekämpfung einer Gefahr i. S. d. § 14 BPolG geht. Da sich § 14 BPolG auf bundespolizeispezifische Gefahren bezieht und damit auch auf Gefahren für die (äußere) Luftsicherheit, ist der Kostentatbestand der Nr. 1.1.1 GAV im obigen Beispiel anwendbar, und zwar undifferenziert auf den Gesamteinsatz. Die Luftsicherheitsgebühr umfasst diesen Sachverhalt nicht, da sie als Gebühr für die Durchführung der routinemäßigen und gefahrenunabhängigen Luftsicherheitskontrollen konzipiert ist. Die Nr. 1.1.1 GAV regelt demgegenüber den Spezialfall einer vorsätzlich oder fahrlässig herbeigeführten Gefahrenlage, die individuell bezogene Polizeikosten verursacht, während die Luftsicherheitsgebühren nur für die allgemeinen Luftsicherheitskontrollen erhoben werden dürfen. Maßnahmen im Aufgabenbereich Luftsicherheit, die der Abwehr konkreter Gefahren dienen, unterfallen somit undenklich den der Nr. 1 GAV zugeordneten Fallkonstellationen gemäß den Nrn. 1.1.1 ff. GAV.

**Beispiel 6:**

*Ein Fahrzeug wird auf einem Bahnübergang auf den Gleise abgestellt. Der Fahrer verschließt das Fahrzeug und verlässt sein Fahrzeug.*

Die im Beispiel beschriebene Gefahrenlage wird vorsätzlich herbeigeführt, da es sich hier um ein bewusstes und gewolltes Abstellen des Fahrzeugs auf den Bahngleisen handelt.

**Beispiel 7:**

> *Anlässlich eines Nukleartransports blockieren Störer die Weiterfahrt von Zügen mit diversen Aktionen, wie bspw. Anketten, Abseilen und Aufbau von Barrieren im Gleisbett. Die Bundespolizei setzt in solchen Fällen technische Mittel zum Lösen der Barrieren und Ankettungen ein. Im Winter werden zudem üblicherweise Heizgeräte zum Schutz der angeketteten Personen eingesetzt, weil die Polizei aufgrund ihrer Garantenstellung gehalten ist, auch Störer im Rahmen des Möglichen vor drohenden Gesundheitsgefahren zu schützen.*

Für einen derartigen Einsatz von Heizgeräten gibt es keinen gesonderten Gebühren- oder Auslagentatbestand. Da nur Gebühren aufgrund eines vorhandenen und dem Bestimmtheitsgebot genügenden Gebührentatbestandes erhoben werden können, ist bei Nichtvorliegen eines solchen die öffentliche Leistung vom Grundgebührentatbestand abgedeckt und kann daher nicht zusätzlich abgerechnet werden.

**Beispiel 8:**

> *Ein Betrunkener läuft unsicher und schwankend über den Bahnsteig; er stürzt schließlich in den Gleisbereich und muss aus diesem gerettet werden.*

Hier fällt der zu rettenden Person mindestens ein fahrlässiges Verhalten zur Last, was bereits zur Gebührenpflichtigkeit des Betrunkenen für den von ihm ausgelösten Rettungseinsatz führt.

**Beispiel 9:**

> *Es werden durch einen Triebfahrzeugführer der DB AG spielende Kinder am Gleis und sogar teilweise im Gleis bei Einbruch der Dämmerung gemeldet. Die Einsatzauslösung erfolgt durch die Einsatzzentrale. Es werden acht PVB für zwei Stunden eingesetzt und es kommt für die Dauer von 50 Minuten zu einem Hubschraubereinsatz. Fünf der eingesetzten PVB gehören dem mD an und die übrigen drei dem gD.*

Die Abrechnung erfolgt hier nach Zeitaufwand gemäß der Anlage 1 Teil A Abschnitt 1 der AGebV: fünf PVB mD zu je zwei Stunden à 62,00 Euro = 620 Euro und drei PVB gD zu je zwei Stunden à 75,19 Euro = 451,14 Euro.

Da außerdem ein Hubschrauber eingesetzt wurde, ist der Stundensatz um 0,11 Euro zu kürzen: Eine Stunde Hubschraubereinsatz für acht PVB = 8 x 0,13 Euro = 1,04 Euro. Der Hubschrauber ist zwar tatsächlich nur für 50 Minuten eingesetzt worden, allerdings sind Zeitgebühren für *jede angefangene Viertelstunde* zu berechnen, sodass letztlich eine volle Stunde zu berechnen ist (vgl. § 10 IV AGebV). In Ansehung des Hubschraubereinsatzes sind nicht die in der BRAS 640 enthaltenen Vollkosten für eine Stunde in Höhe von 7.551,46 Euro abzurechnen, sondern lediglich die Mehrkosten über 1.130,93 Euro, die durch den Einsatz verursacht wurden:

Insgesamt wird im Beispielsfall ein Gebührenbescheid über 2.202,07 Euro erstellt werden. Hierbei ist dann darauf zu achten, dass insbesondere der hohe Personaleinsatz von acht PVB ausreichend begründet wird, was angesichts der besonderen Gefahrenlage aber nachvollziehbar dargelegt werden kann. Das Erfordernis eines Hubschraubereinsatzes lässt sich zusätzlich aufgrund der einsetzenden Dämmerung begründen, weil sich dieser Umstand gefahrerhöhend auswirkt. Sind unterschiedliche Eltern der diversen Kinder verantwortlich, so haften diese gemäß § 425 BGB als Gesamtschuldner.

### Ziffer 1.1.2 – Polizeieinsatz, der durch das vorsätzliche oder fahrlässige Erwecken des Anscheins einer Gefahrenlage veranlasst wurde

| | **Gegenstand** | |
|---|---|---|
| | **Bundespolizeigesetz (BPolG)** | |
| **Nr.** | **Gebühren- oder Auslagentatbestand** | **Gebühren/ Auslagen in Euro** |
| 1 | Abwehr von Gefahren nach § 14 BPolG | |
| 1.1 | Polizeieinsätze | |
| 1.1.2 | Polizeieinsatz, der durch das vorsätzliche oder fahrlässige **Erwecken des Anscheins einer Gefahrenlage** veranlasst wurde | nach Zeitaufwand |

Die Nr. 1.1.2 GAV betrifft Polizeieinsätze, die durch das vorsätzliche oder fahrlässige Erwecken des **Anscheins einer Gefahrenlage** veranlasst wurden. Erfasst werden dabei vor allem Einsätze infolge des Vortäuschens einer vermeintlichen Gefahrenlage oder einer angeblich bevorstehenden Straftat. Der in Nr. 1.1.2 GAV geregelte Gebührentatbestand begründet nach § 3 II Nr. 3 BGebG eine Gebührenpflicht derjenigen Person, welche den Polizeieinsatz in vorwerfbarer Weise verursacht hat; diese verantwortliche Person kann je nach den tatsächlichen Gegebenheiten entweder ein Verhaltensstörer i. S. d. § 17 BPolG oder aber ein Zustandsstörer i. S. d. § 18 BPolG sein.

Eine polizeiliche Anscheinsgefahr liegt immer dann vor, wenn durch äußere Umstände und bei verständiger Würdigung des Sachverhalts der Eindruck erweckt wird, es läge eine Gefahr für die öffentliche Sicherheit oder Ordnung vor, die sich jedoch im Nachhinein betrachtet, als nicht existent erweist.[213] Hierbei ist auf die Betrachtung eines besonnenen und sachkundigen Polizeibeamten abzustellen. Dieser muss folglich nicht über ein spezielles einzelfallbezogenes Fachwissen verfügen, dass der durchschnittliche Beamte nicht hätte. Polizeirechtlich stellt sich das Einschreiten zur Abwehr einer Anscheinsgefahr immer als rechtmäßiges Einschreiten dar, auch wenn im Nachhinein Erkenntnisse gewonnen werden, dass eine tatsächliche Gefahr nie bestand.

Eine besondere Relevanz bzw. leicht eingängiges Verständnis bei der Bevölkerung entfaltet dieser Gebührentatbestand, wenn eine derartige Anscheinsgefahr durch eine Person mit Vorsatz erweckt wird.

Hierbei handelt es sich nämlich um eine bewusste **Irreführung** und Kräftebindung der Polizeibeamten aus meist völlig sachfremden Erwägungen.

**Beispiel „SWATing“[214]**

*Auf verschiedenen Video-Plattformen, wie z. B. „TikTok“, „twitch“ oder „Instagram“, entwickelt sich eine sog. „Challange“ oder ein Trend, bei dem Nutzer durch bewusste irreführende Informationen den Eindruck erwecken, dass an markanten Orten wie bspw. einem Bahnhof aktuell ein Amoklauf oder ein terroristischer Anschlag stattfinden würde. Ziel dieses Trends ist es dann schließlich, so viele Polizei- und Spezialkräfte an einen bestimmten Ort herbeizurufen und dies dann per Video als Beweis online zu posten.*

Anhand dieses Beispiels lassen sich zwei wesentliche Erkenntnisse zum Polizeikostenrecht und zum Tatbestand 1.1.2 selbst ableiten:

Erstens liegen auch hier Sachverhalte vor, die aller Wahrscheinlichkeit nach im Nachgang z. B. nach § 126 StGB oder § 145d StGB strafrechtlich verfolgt werden. Gleichwohl dient das Gros des Einsatzaufkommens zunächst der **Gefahrenabwehr**, zumindest bis zu dem Zeitpunkt, an dem mit gewisser Sicherheit von einem Nichtbestehen einer Gefahr ausgegangen werden kann und die verbleibenden Einsatzkräfte nunmehr Beweise und Erkenntnisse erheben, die für eine spätere Strafverfolgung von Relevanz sind. Zwar sind hier gewissermaßen präventives und repressives Tätigwerden der Polizei miteinander untrennbar verbunden und der Übergang erscheint schwer greifbar. Wenn eine erkennbar präventive Maßnahme jedoch neben-

---

213 *Walter* in Drewes/Malmberg/Wagner/Walter (Hrsg.), Bundespolizeigesetz, Kommentar, 6. aktualisierte Aufl., Stuttgart/München 2019, § 14 BPolG Rdnr. 54 m. w. N.

190 U. a. „Doppelter Amok-Alarm in Karlsruhe: Steckt erneut ein TikTok-Trend dahinter?“ https://www.ka-news.de/region/karlsruhe/doppelter-amok-alarm-in-karlsruhe-steckt-erneut-ein-tiktok-trend-dahinter-art-2932372 [zuletzt abgerufen am 5.10.2023].

bei auch der Strafverfolgung dient, ändert dies nach der Rechtsprechung[215] die Rechtsnatur der Maßnahme nicht: Sie behält ihren präventiven Charakter, auch wenn sie im Sinne einer Nebenwirkung zugleich die Strafverfolgung fördern mag.

Zweitens tritt durch derartige Beispiele der Wesenskern und der innere polizeiliche Zweck von Polizeikosten ausgesprochen deutlich zum Vorschein. Hier werden (mitunter sehr rar verfügbare) Polizeibeamte und Spezialeinheiten der Polizei aus Gründen der eigenen Selbstdarstellung und Ansehenssteigerung in sozialen Netzwerken geradezu **missbraucht**. Derartige Einsatzzwecke sind nicht durch das von der Allgemeinheit getragene Steueraufkommen zu finanzieren und sind im Wege der gebührenrechtlichen Umwälzung allein durch die Veranlasser zu tragen.

### Problem „Falschinformanten“

Anders verhält es sich bei Personen, die nach verständiger und vernünftiger Bewertung als **Hinweisgeber** die Polizei über eine Situation informieren, von der sie zurecht annehmen dürfen, dass es sich um eine polizeiliche Einsatzlage handelt. Sollte sich nach Eintreffen der Polizei herausstellen, dass eine Gefahr tatsächlich nicht bestand, kann allenfalls der Verursacher der Anscheinsgefahr kostenrechtlich in Anspruch genommen werden, nicht jedoch der Hinweisgeber, welcher vernünftigerweise von einer Gefahr ausgegangen ist und den Polizeieinsatz letztlich mit seinem Anruf auslöste.

Die BMIBGebV verfügt über keinen Tatbestand wie z. B. das „ungerechtfertigte Alarmieren der Polizei“, wie es in einigen Bundesländern explizit der Fall ist.[216] Eine Inanspruchnahme von **bewusst irreführenden Fehlinformanten** als Kostenschuldner kann für die Bundespolizei daher ausschließlich auf Basis der Ziffer 1.1.2 stattfinden, und nicht etwa nach den ansonsten in Frage kommenden Tatbeständen 1.1.3 und 1.1.4. Diese sind ausschließlich auf technische Alarmgeber und entsprechende Einrichtungen, nicht jedoch auf verbale Äußerungen ausgerichtet.

Würde man hier streng nach dem Wortlaut des Tatbestandes bereits ab dem einfachen fahrlässigen Erwecken einer Anscheinsgefahr Gebühren erheben, könnte dies die Bevölkerung von einer effektiven, rechtzeitigen und unvoreingenommenen Verständigung der Bundespolizei aus Angst vor etwaigen Gebührenbescheiden abschrecken.

Demnach ist auch mit Blick auf die gegenwärtige Rechtsprechung und Fachliteratur zu Falschinformanten und Fehlalarmen ein **strengerer Maßstab** an das Ver-

215 Bezogen auf Fehlalarme vgl.: BayVGH BayVBl 1999, 277, OVG Hamburg DVBl 1998, 841, VGH BW NVwZ 1988, 271, OVG Lüneburg NJW 1986, 2007.

216 Vgl. z. B. Brandenburg: Tarifstelle 9.3.2 Anlage zu § 1 BbgGebOMI; Schleswig-Holstein: Tarifstelle 18.6 Anlage zu 1 § 1 VerwGebVO; Tarifstelle 3.2 Anlage zu § 1 PolBenGebO.

schulden der sich irrenden Hinweisgeber zu stellen, als es der Wortlaut des Tatbestandes vorsieht.

> *„Als Störer kommt der Falschinformant nur bei bewusster, das heißt* ***vorsätzlicher oder grob fahrlässiger Fehlinformation*** *unter dem Gesichtspunkt einer möglichen Straftat oder der Beeinträchtigung der Funktionsfähigkeit der Polizei als staatlicher Einrichtung in Betracht.“*[217]

Insofern dient das Polizeikostenrecht an dieser Stelle eben nicht der Abschreckung von irrtümlichen Anrufen, sondern ganz bewusst der Abwehr von missbräuchlichen, den Dienstbetrieb und die Funktionsfähigkeit der Dienststellen störenden Handlungen auf Basis des **öffentlich-rechtlichen Selbstschutzrechts** der Bundespolizei als originäre Aufgabe nach § 1 III BPolG.

Die Abgrenzung eines sich irrenden Hinweisgebers zu einem kostenrechtlich in Anspruch zu nehmenden vorwerfbaren Falschinformanten liegt in der schuldhaften Verkennung der Lage.[218] Die Bevölkerung soll keine Hemmungen haben, sich auch in unklaren Situationen vertrauensvoll und hilfesuchend an die Polizei wenden zu können.

Das NdsOVG führte hierzu aus: *„Soweit die Gebührenhaftung ohne nähere Differenzierung auf das Verschulden abstellt, sollte Vorsatz oder grobe Fahrlässigkeit gefordert werden.“*[219] Das scharfe Schwert der Kostenhaftung darf auch im Interesse der rechtzeitigen Benachrichtigung der Polizei durch die Bevölkerung nicht schon bei leichter Fahrlässigkeit über jedem Informanten schweben. Immerhin handelt er auch im Interesse der Allgemeinheit und nimmt in gewisser Weise Aufgaben der Polizei selbst wahr. Eine schärfere Kostenhaftung wie sie in Ziffer 1.1.2 normiert ist, würde die für eine schnelle und effektive Gefahrenabwehr erforderliche **beherzte Mithilfe der Bevölkerung** erschweren.[220]

Insofern lässt sich für die Bundespolizei festhalten, dass eine Kostenpflicht nach Ziffer 1.1.2 in Bezug auf übermittelte Fehlinformationen durch Dritte nicht bereits ab einfacher Fahrlässigkeit, sondern nach enger Auslegung des Tatbestandes mindestens ab grober Fahrlässigkeit und erst recht bei vorsätzlicher Falschinformation einschlägig ist.

---

217 *Buchberger* in Lisken/Denninger L Rdnr. 193 mit Verweis auf VGH BWVBlBW 2014, 56, Rdnr. 26 ff.

218 *Buchberger* in Lisken/Denninger L Rdnr. 193.

219 NdsOVG NVwZ-RR 2013, 145; auch HessVGH NVwZ 2011, 893.

220 VG Bremen DVBl 1981, 782.

## Sonderfall herrenlose Gegenstände

Im Zuständigkeitsbereich der Bundespolizei sind immer wieder Einsatzmaßnahmen im Zusammenhang mit zurückgelassenen Gepäckstücken und sonstigen herrenlosen Gegenständen erforderlich.

Hier gilt es regelmäßig, die Gefährlichkeit von zurückgelassenen Gegenständen zu beurteilen, erforderliche Maßnahmen zur Sicherheit betroffener Reisender zu treffen, einen Schadenseintritt für die zu schützenden Personen und Sachwerte zu verhindern und den betroffenen Gegenstand näher zu untersuchen, ggf. sogar mit Spezialtechnik gewaltsam zu öffnen bzw. zu entschärfen.

An diesen Einsatzmaßnahmen sind meist zahlreiche Einsatzkräfte und zum Teil auch Angehörige des Entschärfungsdienstes der BPOL beteiligt. Wegen der zahlreichen Einsatzkräfte und der mitunter umfangreichen Einsatzzeiten entstehen hier häufig Gebührensätze von mehreren tausend Euro. Wegen der meist erheblichen Gebührenforderungen der Bundespolizeidirektionen an die Verursacher derartiger Einsätze ist hier ein besonderes Augenmerk auf die Rechtmäßigkeit der Gebührenerhebung zu legen. Insbesondere die korrekte Anwendung der Tatbestände des GAV sowie der rechtlich korrekten Bestimmung von Einsatzkräften und deren gebührenrelevante Einsatzzeiten sind hier entscheidend, um gerichtsfeste Gebührenbescheide erstellen zu können.

Für die Beurteilung der Gebührenrelevanz entsprechender Einsätze ist zunächst eine Einordnung der zugrundeliegenden Eingriffsbefugnisse auf der Primärebene erforderlich. Unabhängig von der betroffenen Infrastruktur (bspw. Flughafen, Bahnhof, Zug, Grenzübergang, eigene Einrichtungen) und der damit zusammenhängenden Frage der Zuständigkeit, kommen in allen Einsätzen die identischen Eingriffsbefugnisse zur Anwendung. Die nachfolgenden Ausführungen gelten demnach für alle Einsatzlagen im Zusammenhang mit NZG oder USBV-verdächtigen Gegenständen im originären Aufgabenbereich der BPOL.

In der retrograden Betrachtung der o. g. Einsätze bestätigt sich eine Gefährlichkeit der betroffenen Gegenstände in den allermeisten Fällen nicht. Glücklicherweise werden in Deutschland nur sehr selten USBV oder ähnliche Gegenstände mit tatsächlicher Gefährlichkeit aufgefunden. Dies hat für die Lagebeurteilung durch die Bundespolizei und damit letztlich für die Rechtmäßigkeit der mitunter umfangreichen Maßnahmen zur Gefahrenabwehr jedoch keine Auswirkungen.

Eine absolute Sicherheit ist dem Gefahrenabwehrrecht fremd. Es gilt vielmehr der vom BVerwG bereits mehrfach bestätigte Rechtsgrundsatz der sog. **„Je-desto Formel“**[221]. Demnach sind an die Wahrscheinlichkeit eines Schadenseintritts

221 Vgl. u. a. BVerwG, NJW 1970, 1892; NJW 1974, 807; NJW 2005, 2610.

umso weniger Ansprüche zu stellen, je höher der zu erwartende Schaden ist. Je gravierender und höher die gefährdeten Rechtsgüter zu bewerten sind, desto unsicherer darf sich die Polizei also sein, dass es auch tatsächlich alsbald zum Eintritt dieses Schadens kommt. Es ist mithin vollkommen unerheblich, ob sich im Nachhinein eine Ungefährlichkeit des untersuchten herrenlosen Gegenstandes herausstellt. Soweit die Bundespolizei und deren Einsatzleiter eine Gefährlichkeit des Gegenstandes nicht ausschließen können und somit in den allermeisten Fällen anhand der Gefährdungslage ein Sprengstoffanschlag zumindest denkbar ist, bemisst sich die Rechtmäßigkeit der Einsatzmaßnahmen an diesem Gefahrenverdacht für erhebliche Rechtsgüter. Sollte sich der Gefahrenverdacht im Nachhinein als Anscheinsgefahr herausstellen, bleiben die zuvor getroffenen Maßnahmen gleichwohl rechtmäßig.

Abhängig von der individuellen Einsatzlage kommen sehr heterogene Einsatzvarianten in Frage. In der Regel lassen sich die **Maßnahmen** in drei grobe Gruppen zusammenfassen.

**Aufklärung:** Zunächst werden in den allermeisten Fällen Maßnahmen ergriffen, die der Informationsgewinnung in Bezug auf den zu beurteilenden Gegenstand dienen. Hierzu kommen insbesondere folgende Eingriffsbefugnisse in Frage: **Befragung** anwesender Reisender, Bediensteter der betroffenen Infrastruktur (Flughafen- oder Bahnpersonal) zur Herkunft, Eigentümer, Standort usw. des betroffenen Gegenstands gemäß § 22 I BPolG[222], Auswertung der Aufzeichnungen vor Ort installierter **Überwachungskameras**, falls der Einsatzort kameraüberwacht ist gemäß § 27 Nr. 2 BPolG i. V. m. § 29 I 1 BPolG, Veranlassen von **Lautsprecherdurchsagen** und Ausrufen zur Feststellung des Eigentümers.

**Räumen und Absperren des Einsatzraums:** Unabhängig von Umfang und Ausmaß der Räumung und Absperrung kommen die gleichen Eingriffsbefugnisse zur Anwendung. Sie gelten einerseits für Maßnahmen zur Ermöglichung der ungestörten Dienstausübung von Spezialkräften, wie z. B. die Absuche durch Diensthundeführer mit Sprengstoffsuchhunden oder Röntgenaufnahmen der Entschärfer. Weiterhin kommen entsprechende Maßnahmen auch für eine weitreichende **Absperrung** bei angenommener Gefährlichkeit des Gegenstandes in Frage: **Platzverweise** zur Räumung und Verhinderung des Betretens eines Gefahrenbereichs gemäß § 38 BPolG (Freimachen und Freihalten)[223], Aufforderung an Betreiber von Geschäften oder sonstigen Einrichtungen, vorübergehend deren Betriebsstätten zu verlassen und

222 Dies gilt, sofern konkret einzelne Personen befragt werden. Die allgemeine „informatorische" Frage „Hat jemand was gesehen? Weiß jemand, wem dieser Koffer gehört?" ist auch noch kein Eingriff und stützt sich als eingriffsloses Handeln auf die jeweilige Aufgabenzuweisung.

223 Am Flughafen ergibt sich die Befugnis für Verweise aus dem Sicherheitsbereich präzise zitiert aus § 3 V LuftSiG i. V. m. § 14 III 3 BPolG i. V. m. § 38 BPolG.

diese ggf. für die Dauer der Einsatzmaßnahmen zu verschließen gemäß §§ 38, 14, 20 I BPolG, Anordnungen an Verkehrsunternehmen, den **Betrieb vorübergehend einzustellen**, Anordnung von **Gleis- und Streckensperrungen**, **Start- bzw. Abfahrtsuntersagung** für einzelne oder mehrere Fahrzeuge, Anordnung, einzelne Fahrzeuge (Züge, Flugzeuge, Kfz) aus dem Gefahrenbereich zu fahren oder umzusetzen, vorübergehend nicht zu bewegen, als materiellen Splitterschutz o. ä. zur Verfügung zu stellen gemäß § 14 I BPolG i. V. m. § 20 I BPolG. Am Flughafen stützen sich diese Maßnahmen auf § 3a LuftSiG und ggf. auch § 3 II LuftSiG zur Durchsetzung der Pflichten des Luftfahrtunternehmens aus § 9 LuftSiG.

**Untersuchung und ggf. Entschärfung des herrenlosen Gegenstandes:** Maßnahmen, die unmittelbar am herrenlosen Gegenstand stattfinden, haben rechtlich eine andere Qualität als solche Maßnahmen, die in dessen Umfeld bspw. gegen unbeteiligte Reisende getroffen werden. Zunächst müsste eigentlich der Besitzer oder Eigentümer des Gegenstandes als Störer unmittelbar in Anspruch genommen werden. An ihn gingen die Aufforderungen, den Koffer zu entfernen oder eine Inaugenscheinnahme bzw. Durchsuchung zu dulden. Da dieser Störer üblicherweise gerade nicht anwesend bzw. erreichbar ist, kommt hilfsweise eine sog. **„unmittelbare Ausführung"** nach § 19 BPolG in Betracht. § 19 BPolG bildet gewissermaßen zwei Rechtsfunktionen ab: Adressatenregelung und Eingriffsermächtigung in Gestalt eines Realaktes.[224] Er ist eine Ersatzadressatenregelung für Fälle, in denen ein Verhaltens- oder Zustandsstörer faktisch nicht erreicht werden kann. Für die Vollziehbarkeit von Verwaltungsakten ist deren wirksame Bekanntgabe erforderlich.[225] Dies würde allerdings bedeuten, dass die effektive Wahrnehmung des polizeilichen Gefahrenabwehrauftrages nicht möglich wäre, sobald Störer nicht anwesend, wegen Volltrunkenheit nicht aufnahmefähig oder anderweitig nicht erreichbar sind.

Bei der unmittelbaren Ausführung handelt es sich gewissermaßen um eine **Adressatenregelung in Form des Selbsteintritts** der Behörde.[226] Die BPOL führt eine vertretbare Handlung, deren Ausführung eigentlich dem nicht erreichbaren Besit-

---

224 Zur Abgrenzung der Rechtsnatur der unmittelbaren Ausführung zum Verwaltungsakt, zur Ersatzvornahme und zur Zwangsanwendung nach § 6 VwVG s. auch *Schenke* in Schenke/Graulich/Ruthig (Hrsg.), Sicherheitsrecht des Bundes, Kommentar, 2. Aufl., München 2019, § 19 BPolG Rdnr. 4 ff.; *Malmberg* in Drewes/Malmberg/Wagner/Walter (Hrsg.), Bundespolizeigesetz, Kommentar, 6. aktualisierte Aufl., Stuttgart/München 2019, § 19 BPolG Rdnr. 4 ff.; sowie *Borsdorff*, Bundespolizeigesetz, 9. Aufl., Wiesbaden 2019, S. 59.

225 Vgl. § 41 I VwVfG i. V. m. § 43 I 1 VwVfG.

226 Vgl. u. a. *Malmberg* in Drewes/Malmberg/Wagner/Walter (Hrsg.), Bundespolizeigesetz, Kommentar, 6. aktualisierte Aufl., Stuttgart/München 2019, § 19 BPolG Rdnr. 6 ff.

zer des Gegenstandes obläge, selbst aus.[227] Diese fiktive Grundverfügung könnte bspw. lauten „Öffnen Sie Ihren Koffer!“, „Lassen Sie mich in Ihre Tasche schauen!“, „Entfernen Sie die Laptoptasche aus der Gepäckablage!“ und gründet sich in der Regel auf § 14 BPolG. Da der Besitzer eben üblicherweise nicht anwesend und erreichbar ist, führt die BPOL die o. g. Handlungen selbst aus. Dies erfolgt wegen der zugrundeliegenden Gefährdungsbeurteilung mit der gebotenen Vorsicht und unter Beachtung der hierfür festgelegten Verfahrensweise.



Folgende Maßnahmen dienen der Gefahreneinschätzung und -beseitigung, würden bei Erreichbarkeit des Eigentümers obsolet und sind demnach als unmittelbare Ausführungen nach § 19 BPolG zu bewerten: **Untersuchung des Gegenstandes** durch den Entschärfungsdienst der BPOL, Durchführung einer Sprengstoffspurendetektion, z. B. mittels EGIS (nur an Flughäfen), **Absuche** des Gegenstandes und seiner unmittelbaren Umgebung durch einen Sprengstoffsuchhund, **Öffnen** des Gegenstandes zur Inaugenscheinnahme des Inhalts, **Durchsuchung** des Gegenstandes zur Beurteilung seines Inhalts, **Entfernen**, Wegtragen, Abgabe bei einem Fundbüro nach der Einstufung als „ungefährlich“, **gewaltsames Öffnen** des Gegenstandes.

Für die oben beschriebenen polizeirechtlichen Maßnahmen kommen aus der BMIBGebV die Tatbestände 1.1.2 sowie 2.1 – „Anordnung und Vollzug der unmittelbaren Ausführung einer Maßnahme“ in Frage. Bei beiden Gebührentatbeständen handelt es sich um Zeitgebühren nach § 3 BMIBGebV i. V. m. § 11 Nr. 2 BGebG, die entsprechend der zugrundeliegenden Stundesätze pro PVB viertelstündlich abzurechnen sind. Sollte einer der wenigen Fälle vorliegen, bei denen es sich tatsächlich um einen echten Sprengsatz handelt, greift der Gebührentatbestand der Nr. 1.1.1 GAV.

Entscheidend für Polizeikosten nach Ziffer 1.1.2 ist, dass ein Sachverhalt zugrunde liegt, bei dem jemand **vorsätzlich oder fahrlässig Gefahrenabwehrmaßnahmen verursacht** hat, die sich im Nachgang als Anscheinsgefahr darstellen.

**Fahrlässigkeit** ist nach der in § 276 II BGB enthaltenen Legaldefinition die Außerachtlassung der im Verkehr erforderlichen Sorgfalt. Damit ist die im Verkehr objektiv erforderliche Sorgfalt gemeint, oder mit anderen Worten: wenn der Betreffende dasjenige außer Acht lässt, was im gegebenen Fall jedermann ohne Weiteres hätte einleuchten müssen.[228] Aufgrund der individuellen Zurechenbarkeit des Gebührenrechts muss bei der Gebührenerhebung – ähnlich wie im Strafrecht – zu der Außerachtlassung der objektiv erforderlichen noch die dem Täter subjektiv

---

227 Besonders wichtig ist in diesem Zusammenhang die Vertretbarkeit der fiktiven Grundverfügung. Zur schwierigen Abgrenzung der unmittelbaren Ausführung zur Ersatzvornahme und zum unmittelbaren Zwang: vgl. auch die Ausführungen zur Gebührenziffer 2.

228 *Borsdorff/Kastner*, Definitionskalender, 4. Aufl., Wiesbaden 2018, S. 133–135.

mögliche und zumutbare Sorgfalt hinzukommen. Die kostenrechtliche Fahrlässigkeit besitzt also eine objektive und eine subjektive Komponente. Abzustellen ist folglich immer auch auf die individuellen Kenntnisse, Fähigkeiten und Fertigkeiten des konkreten Gebührenschuldners, in dem gefragt wird, ob gerade diesem Gebührenschuldner sorgfaltsgerechtes Verhalten überhaupt möglich und zumutbar war. Hier kommen insbesondere die Sachverhalte in Betracht, bei denen Polizeipflichtige ihr Gepäck unbeaufsichtigt zurückgelassen haben, obwohl mittlerweile jedermann über die besondere Sicherheitslage an Bahnhöfen und Flughäfen informiert sein müsste. Zudem erfolgen fortwährend Durchsagen an Bahnhöfen und Flughäfen, das Gepäck nicht unbeaufsichtigt stehen zu lassen. Die **erhöhte Sorgfaltspflicht**, auf das eigene Gepäck in besonderem Maße zu achten, sollte inzwischen durch zahlreiche Medienberichte und Lautsprecherdurchsagen jedermann bekannt sein. Ausnahmen: Gehörgeschädigte, Ausländer, die weder Deutsch noch Englisch verstehen.

**Achtung:** Bei der späteren Gebührenerhebung sollte hier besonders auf die Darstellung der Fahrlässigkeit geachtet werden. Wichtig in diesem Zusammenhang ist die besondere Berücksichtigung der individuellen Zurechenbarkeit einer Gebührenpflicht (§ 6 I Nr. 1 BGebG i. V. m. § 3 I und II BGebG). Verursacht jemand einen Polizeieinsatz durch Fahrlässigkeit und beruht dieser Einsatz zudem auch nur auf einer Anscheinsgefahr, muss hier besonders intensiv begründet werden, welche Sorgfaltspflichtverletzung dem Gebührenschuldner belastbar vorgeworfen werden kann.

Unter die **vorsätzliche** Schaffung von Gefahrenlagen fallen solche Einsätze, bei denen Polizeipflichtige **willentlich und wissentlich** Polizeieinsätze ausgelöst haben, für die es augenscheinlich keinen Anlass gab. Bspw. kann hier die vermeintlich scherzhafte Äußerung „Ich habe eine Bombe im Gepäck“ genannt werden, die bei Luftsicherheitskontrollkräften jedoch aufgrund der Gesamtumstände durchaus als ernsthaft eingestuft wird.

Das vorsätzliche „scherzhafte“ Aufstellen einer Bombenattrappe oder eines ähnlichen Gegenstandes, der geeignet ist, polizeiliche Maßnahmen auszulösen, zählt hier ebenfalls dazu.

*Abgrenzung der gebührenrelevanten Maßnahmen:* Unter Ziffer 1.1.2 fallen (in Abgrenzung zu Ziffer 2) all diejenigen polizeilichen Maßnahmen, die darauf gerichtet sind, **Sicherheit vor Ort** herzustellen. Es kommen hierfür Absperrungen, Räumung und Verschluss von Geschäften, Befragungen, Maßnahmen gegenüber den Verkehrsträgern etc. in Betracht. Nicht unter Ziffer 1.1.2 fallen all die Maßnahmen, die oben unter „Untersuchung und ggf. Entschärfung des herrenlosen Gegenstandes“ genannt sind. Wegen der unterschiedlichen Rechtsnatur gehören diese Maßnahmen zur unmittelbaren Ausführung nach § 19 BPolG und sind wegen des Grundsatzes der Spezialität unter Ziffer 2.1 des GAV abzurechnen.

Ebenfalls nicht unter Ziffer 1.1.2 sind Maßnahmen zu rechnen, die noch vor der Gefährdungsbewertung des herrenlosen Gegenstandes durchgeführt werden. Gemeint ist hier bspw. die Anfahrt von Kräften zu einem etwas außerhalb gelegenen Einsatzort und die Einnahme einer ersten minimalen „Arbeitsabsperrung" solange noch keine Einstufung als NZG erfolgt ist. Ebenfalls nicht abrechnungsfähig sind die eingebundenen Kräfte in der Leitstelle, die üblicherweise die Meldung über einen herrenlosen Gegenstand annehmen, dokumentieren und die Kräfte disponieren.

Diese Maßnahmen und Kräfte gehören zwar untrennbar zum üblichen Einsatzgeschehen, können dem Kostenverursacher aber nicht individuell zugerechnet werden. Diese Maßnahmen gehören zur **Primärebene**, sind durch das Steueraufkommen der Bürger bereits gedeckt und zählen zu den üblichen Aufgaben der Polizei.

Erst sobald Maßnahmen ergriffen werden müssen, die **über das übliche Maß** hinausgehen und bei denen ein Gebührenschuldner durch vorwerfbares Handeln eine Anscheinsgefahr verursacht hat (fahrlässig oder vorsätzlich), entsteht eine Gebührenschuld nach der BMIBGebV. Als denkbarer Richtwert könnte hier der Zeitpunkt der Ergreifung **umfangreicher Absperrmaßnahmen** zugrunde gelegt werden, die über eine minimale Arbeitsabsperrung vor Ort hinausgehen. Zu diesem Zeitpunkt entscheidet sich der Einsatzleiter in seiner Lagebeurteilung ganz bewusst für eine potentielle Gefährlichkeit des Gegenstandes. Zumindest kann er eine Ungefährlichkeit nicht ausschließen. In der Regel werden ab diesem Zeitpunkt umfangreichere Maßnahmen mit entsprechendem Kräfteaufwuchs erforderlich. Ob diese Einstufung vor Ort oder unter Zuhilfenahme von Übermittlungstechnik (bspw. nach Inaugenscheinnahme der Überwachungskameras eines Bahnhofs und Erkennen der Ablagesituation durch einen nervös wirkenden Reisenden) erfolgt, ist hierfür unerheblich. Auch in Fällen, in denen die erste Streife vor Ort wegen der individuellen Besonderheit des Gegenstandes sofort von einer Gefährlichkeit ausgeht, beginnt die gebührenrelevante Zeit unmittelbar mit dem Zeitpunkt der Feststellung durch diese Streife.

Diese Orientierung am gebührenrelevanten Zeitpunkt der sog. „umfangreichen Absperrungen" erscheint insbesondere deswegen sinnvoll und richtig, weil ansonsten sämtliche Tätigkeiten und kleineren Einsätze der BPOL im Zusammenhang mit zunächst nicht zuzuordnenden Gepäckstücken immer kostenpflichtig wären. Das Gegenteil ist jedoch der Fall. Es fällt vielmehr unter die von Steuern finanzierte Primärebene der Polizeiarbeit, im Streifenbereich „nach dem Rechten zu schauen", sich herausstechende Gegenstände einmal genauer anzuschauen und ggf. auch mal kurzzeitig kleine Maßnahmen zur Gefahrenerforschung zu treffen. Erst ab einem gewissen Maß der **Einsatzintensität** und demnach auch einem gewissen Mitverschulden des Gepäckeigentümers wird die Schwelle zur Sekundärebene der Polizeikosten überschritten.

Unter **Ziffer 2.1** fallen alle Maßnahmen, die aufgrund § 19 BPolG getroffen werden. Hierunter fallen all diejenigen Maßnahmen, die die Polizei ersatzweise für den eigentlichen Störer trifft. Demnach zählen hierzu insbesondere: das intensive **Untersuchen des Gegenstandes** (auch mit Spezialtechnik), das **manuelle Öffnen** des Gegenstandes zur Inaugenscheinnahme des Inhalts, die ggf. erforderliche **Zerstörung** eines vermeintlichen Zünders, das anschließende **Entfernen des Gegenstandes** und Übergabe an eine geeignete Verwahrstelle (z. B. Fundbüro).

Nicht unter 2.1 können Einsatzzeiten von **Diensthundeführern mit Sprengstoffspürhunden** abgerechnet werden, die andere Bereiche des Einsatzorts nach potentiellen weiteren deponierten Gepäckstücken oder gefährlichen Gegenständen absuchen. Diese Einsatzzeiten unterfallen vorrangig der Ziffer 1.1.2.

Da sowohl Maßnahmen nach Ziffer 1.1.2 als auch nach Ziffer 2.1 Zeitgebühren mit identischen Gebührensätzen abgerechnet werden, lässt sich auch eine pragmatischere, aber weniger differenzierte Abrechnungsvariante begründen. Hiernach bildet die unmittelbare Ausführung nach § 19 BPolG den Kern des Einsatzes. Demnach dienen auch die flankierenden Maßnahmen wie bspw. Absperrungen, Zugräumungen, Lautsprecherdurchsagen etc. letztlich der Herstellung von gefahrenfreien Arbeitsbedingungen für die unmittelbare Ausführung durch Entschärfer am herrenlosen Gegenstand selbst. Die flankierenden Maßnahmen lassen sich somit letztlich ihrem Zweck nach aus der unmittelbaren Ausführung ableiten. Somit könnten alle am Einsatz beteiligten Kräfte unabhängig von ihrem individuellen Auftrag nach Ziffer 2.1 abgerechnet werden. Das Ergebnis der vom Verursacher geforderten Gebühr wird identisch sein.

Einziger, rechtlich jedoch nicht ganz unwesentlicher Unterschied dieser Verfahrensweise ist, dass Ziffer 2.1 anders als 1.1.2 keine gesonderte Form des Verschuldens (Vorsatz oder Fahrlässigkeit) auf Tatbestandsebene voraussetzt.

**Praxisbeispiele** für bundespolizeiliche Einsätze bzw. für einschlägige Gefahrenlagen i. S. d. Nr. 1.1.2 GAV sind unbeaufsichtigt zurückgelassene Gepäckstücke, Anschlagsdrohungen gegen Bahnanlagen, Flughafeneinrichtungen, Schienen- oder Luftfahrzeuge, wenn diese wie meistens lediglich einen Bluff darstellen, die nicht ernst gemeinte Androhung einer Luftfahrzeugentführung oder gegenüber dem Kontrollpersonal bzw. Amtsträgern auf Flughäfen getätigte Äußerungen, wonach sich im Gepäck vermeintlich eine Waffe oder Sprengstoff befinden soll. Die aufgrund der nur vorgetäuschten Gefahr = Anscheinsgefahr ggf. erforderlichen Maßnahmen sind potentiell identisch mit denen bei Bestehen einer tatsächlichen Gefahrenlage.

Als polizeiliche Maßnahmen, die im Rahmen der Polizeieinsätze nach der Nr. 1.1.2 GAV getroffen werden, kommen z. B. Videodatensicherungen, Absperrungen, Räumungen, Durchsuchungen und Evakuierungen in Betracht. Für diesen Gebührentatbestand wurde wegen der offensichtlichen Heterogenität der denkbaren Einsatzverläufe nach den Vorgaben des Gebührenrechts eine **Zeitgebühr** als Gebührenart festgelegt. Die meisten Praxisfälle stellen sich als *vorsätzliche* Veranlassung des Anscheins einer Gefahrenlage dar:

**Beispiel 1:**

*Jemand deponiert im Flughafen Düsseldorf absichtlich einen Koffer mit Mehl, Stärke und Zimt, ruft anschließend bei der LEZ an und verkündet, dass zu einer bestimmten Zeit im Flughafen eine Bombe detonieren wird. Dies hat einen Großeinsatz der Bundespolizei mit Räumung des gesamten Flughafens zur Folge. Der eher unterdurchschnittlich begabte Anrufer kann aufgrund der Telefonnummernanzeige umgehend ermittelt werden.*

**Beispiel 2:**

*Ein Anrufer meldet bei der Polizei eine Amoktat. Dieser Hinweis auf eine bestehende Amoklage erfolgt, obwohl aus Sicht des Anrufers tatsächlich keinerlei Anhaltspunkte für eine Gefährdung von Menschen vorliegen.*

**Beispiel 3:**

*Eine Person behauptet gegenüber der Bundespolizei wider besseres Wissen, sie habe eine Hakenkralle in die Oberleitung der Bahn geworfen.*

Gerade im Bereich der **Luftsicherheitskontrollstellen** kommt es trotz der bestehenden und wohl jedermann bekannten latenten Gefährdungslage auf Flughäfen immer noch vor, dass Fluggäste durch unbedachte oder „lustig" gemeinte Äußerungen während der Kontrolle polizeiliche Schutz- und Vorbeugungsmaßnahmen provozieren. So ist regelmäßig eine Gefahreneinschätzung vorzunehmen, wenn ein Fluggast gegenüber der Kontrollperson z. B. äußert: „*Die Bombe in meinem Gepäck finden Sie eh nicht*!" oder „*Ich sage Ihnen gleich, ich habe einen Sprengsatz dabei, seien Sie also vorsichtig und lassen Sie mich unkontrolliert rein – sonst knallt es.*" In einer derartigen Lage ist je nach Bewertung des konkreten Sachverhalts unter Umständen eine Schließung des betroffenen Kontrollstellenbereichs vorzunehmen. Dies beinhaltet die Räumung der dort wartenden Personen, die Verlagerung des Kontrollpersonals in andere Kontrollbereiche und den Einsatz von Entschärferdiensten.

## Ziffer 1.1.3 – Polizeieinsatz, der durch die missbräuchliche Auslösung einer Gefahrenmeldeanlage, Notrufanlage oder durch missbräuchliche Nutzung von Notrufzeichen veranlasst wurde

| | Gegenstand | |
|---|---|---|
| | **Bundespolizeigesetz (BPolG)** | |
| **Nr.** | **Gebühren- oder Auslagentatbestand** | **Gebühren/ Auslagen in Euro** |
| 1 | Abwehr von Gefahren nach § 14 BPolG | |
| 1.1 | Polizeieinsätze | |
| 1.1.3 | Polizeieinsatz, der durch die missbräuchliche Auslösung einer Gefahrenmeldeanlage, Notrufanlage oder durch missbräuchliche Nutzung von Notrufzeichen veranlasst wurde | nach Zeitaufwand |

### Zur Gebührenart:

Bei diesem mit Zeitgebühren belegten Kostentatbestand ist abzustellen auf die in der Anlage 1 Teil A zur AGebV hinterlegten Stundensätze mit Zuordnung nach Laufbahngruppen und den Einsatz von Hubschraubern und Booten. Es fallen je Stunde und eingesetzten PVB im mittleren Dienst 62,00 Euro an, bei PVB im gehobenen Dienst 75,19 Euro und bei PVB im höheren Dienst 96,59 Euro.

### Zum Kostenschuldner:

Der Kostentatbestand der Nr. 1.1.3 begründet nach § 3 II Nr. 3 BGebG oder nach § 3 II Nr. 3 und 4 BGebG eine Gebührenpflicht derjenigen Person, welche den Polizeieinsatz durch ihr missbräuchliche Verhalten in vorwerfbarer Weise verursacht hat.

### Zum Tatbestand:

Hierunter fallen Polizeieinsätze, welche entweder durch die **missbräuchliche Auslösung einer Gefahrenmelde- oder Notrufanlage** oder aber durch die missbräuchliche **Nutzung von Notrufzeichen** bedingt sind. Der Anwendungsbereich des Kostentatbestands betrifft technische oder institutionalisierte Notrufeinrichtungen aller Art. Das missbräuchliche Auslösen einer Gefahrenmelde- oder Notrufanlage kann nicht nur durch den Betreiber der Anlage als Zustandsstörer i. S. d. § 18 BPolG, sondern auch durch einen Dritten als Verhaltensstörer i. S. d. § 17 BPolG geschehen.

Eine **Gefahrenmeldeanlage** soll zuverlässig über bestimmte Gefahren für Personen und Sachen informieren. Eine solche Anlage erfasst eingetretene Störungen bzw. sich abzeichnende Risiken, indem sie aus selbsttätig erfassten oder von Personen gelieferten bzw. verursachten Informationen eine Gefahrenmeldung bildet und diese in geeigneter Weise ausgibt bzw. weiterleitet. Der Terminus „Gefahrenmeldeanlage“ ist letztlich ein zusammenfassender Oberbegriff für Brand-, Einbruchs- und Überfallmeldeanlagen sowie für vergleichbare Einrichtungen.

Unter einer **Notrufanlage** ist eine Ein- oder Vorrichtung zu verstehen, die zur Auslösung bzw. Übermittlung von Hilferufen dient. Der Zweck einer solchen Anlage besteht darin, in einer Not- oder Gefahrenlage auf direktem Weg professionelle Helfer zu alarmieren, damit diese anlassbezogen und schnell eingreifen können. Ein Beispiel für eine solche Notrufanlage stellen die in unterschiedlichen Varianten existierenden *Notrufsäulen* dar, die teils in Ortschaften, teils an Straßen und auch teils in Bahnhöfen und Flughäfen aufgestellt sind und die von jedermann kostenfrei bei Bedarf benutzt werden können, um bei Eintritt einer Notlage über diese zu informieren bzw. um Hilfe herbeizurufen.

**Notrufzeichen** sind fest definierte Signale, mit denen jemand auf eine Notlage aufmerksam machen kann, z. B. die bekannte Meldung „SOS“ oder auch nur der schlichte akustische Ruf eines Menschen um Hilfe. Unerheblich ist, ob das Signal schriftlich, mündlich, fernmündlich, per Funk oder durch sonstiges menschliches Verhalten abgesetzt wird, solange es sich dabei nur um einen Kommunikationsvorgang handelt, der unter Zugrundelegung von Verkehrsanschauung, Gepflogenheiten oder rechtlichen Vorgaben für jedermann oder zumindest für Eingeweihte erkennbar auf eine bestehende Not- oder Gefahrenlage hindeutet. Ggf. kann in diesem Zusammenhang in Zweifelsfällen auf die umfängliche zu § 145 StGB bestehende Rechtsprechung zurückgegriffen werden.

Von einem **Missbrauch** kann man ausgehen, wenn die angezeigte Not gar nicht besteht oder der Handelnde nicht berechtigt ist, die Anlage oder das Zeichen zu verwenden, und wenn außerdem in den beiden genannten Fällen das erkennbare Risiko besteht, dass nunmehr durch Dritte Hilfs-, Schutz- oder Rettungsmaßnahmen ergriffen werden, die rein objektiv gar nicht erforderlich sind, weil tatsächlich weder eine Not- noch eine Gefahrenlage besteht. Unter „Missbrauchen“ wird im allgemeinen Sprachgebrauch normalerweise *„(vorsätzlich) falsch, der eigentlichen Bestimmung zuwiderlaufend gebrauchen“* verstanden (Duden, Das Bedeutungswörterbuch, 2. Aufl.). „Missbräuchlich“ bedeutet danach *„einen Missbrauch darstellend; zu einem schlechten, falschen Zweck“*.

Die missbräuchliche Verwendung der o. g. Anlagen ist das kennzeichnende Element dieses Tatbestandes. Es grenzt ihn insofern vom nachfolgenden Tatbestand 1.1.4 ab, der eine bloße Auslösung einer Gefahrenmeldeanlage ohne triftigen Grund (also versehentlich) fordert. Demnach stellt 1.1.3 den spezielleren Tatbestand zu 1.1.3 für solche Fälle dar, in denen eine missbräuchliche Nutzung hinzukommt.

Der Wortlaut legt bereits nahe, dass der Verordnungsgeber mit der Verwendung des Begriffs „missbräuchlich“ sicherstellen wollte, dass eine Veranlassung eines Polizeieinsatzes erst dann gebührenpflichtig ist, wenn der Verursacher absichtlich oder unbedingt oder jedenfalls bedingt vorsätzlich gehandelt hat. Unüberlegtes, fahrlässiges Handeln unterfällt daher vorrangig der Ziffer 1.1.3. Bei der Sachverhaltsbegründung sollte daher u. a. auf die mutmaßliche Motivation des Kostenschuldners bei der Auslösung der Anlage eingegangen werden.

**Nicht unter den Tatbestand** können sämtliche telefonischen oder persönlich übermittelten Mitteilungen an die BPOL gefasst werden, die für sich genommen einen Einsatz der Polizei auslösen. Die Durchwahlen der Bundespolizei, selbst die Hotline im BPOLP, gelten anerkanntermaßen nicht als Notrufnummern i. S. d. § 145 I Nr. 1 StGB. Ein entsprechender Anruf unterfiele allenfalls dem § 145 I Nr. 2 StGB im Sinne eines „Vortäuschens“. Demnach unterfallen derartige Einsatzmaßnahmen, die aufgrund missbräuchlicher oder anderweiter Falschinformationen ausgelöst werden, allenfalls den Ziffern 1.1.1 oder 1.1.2, nicht jedoch der Ziffer 1.1.3.

Es wird auf die Ausführungen zu **Falschinformanten** und den dadurch ausgelösten Einsätzen unter Ziffer 1.1.2 verwiesen.

Bundespolizeiliche Praxisbeispiele für das missbräuchliche Auslösen einer Gefahrenmelde- oder Notrufanlage bzw. für die missbräuchliche Nutzung von Notrufzeichen i. S. d. Nr. 1.1.3 GAV gibt es in größerer Zahl. Dazu gehört etwa im Bahnbereich das missbräuchliche Geben des sog. *„Kreiszeichens“* (ein eisenbahninternes Notzeichen) durch Atomkraftgegner.

**Beispiel 1:**

> *Ein Nukleartransport wird durch Atomkraftgegner dadurch gestoppt, dass sie sich das Notanhaltezeichen in Gestalt des Kreiszeichens der Bahn zunutze machen. Durch Armkreisbewegungen eines Szeneangehörigen, in diesem Fall mit einer Taschenlampe, wird dem Triebfahrzeugführer ein tatsächlich nicht bestehender Notfall signalisiert. Der Triebfahrzeugführer leitet daraufhin wie erwartet umgehend eine Schnellbremsung ein.*

Aber auch etliche andere Verhaltensweisen lassen sich dem in Nr. 1.1.3 GAV umschriebenen Kostentatbestand zuordnen.

**Beispiel 2:**

> *Jemand drückt aus bloßer Langeweile auf den Knopf einer Notrufsäule auf dem Bahnsteig eines abgelegenen Bahnhofs und schreit gleichzeitig „Bitte helfen Sie mir!“ Eine tatsächliche Gefahrensituation ist nicht vorhanden. Der Bahnsteig ist nicht videoüberwacht. Daraufhin alarmiert die 3-S-Zentrale die*

*Bundespolizei. Eine Streife verlegt zu diesem Bahnhof und kann dort die Person stellen.*

**Beispiel 3:**

*Eine Person zieht ohne wirklichen Grund die Notbremse in einem fahrenden Zug, etwa als Mutprobe oder zum Spaß oder zur Schikane.*

**Beispiel 4:**

*Jugendliche, die vor ihrem Abflug nach Mallorca reichlich „vorgeglüht" haben, machen sich einen Spaß daraus, den Feueralarm im Flughafen-Terminal auszulösen. Eine Notsituation besteht zu keinem Zeitpunkt. Von den eintreffenden Kräften nach dem Grund für die Auslösung des Alarms befragt, antworten sie: „Hier brennt es nicht, aber wir wollten sehen, wie lange es dauert, bis ihr da sein!"*



In der Praxis begegnet gelegentlich ferner die bewusst unbefugte oder sonst ungerechtfertigte Nutzung eines *alarmgesicherten Notausgangs*, bspw. an Zugängen zu Sicherheitsbereichen von Flughäfen. Es fragt sich damit, ob sich die illegale Benutzung eines solchen Notausgangs ebenfalls unter die Nr. 1.1.3 GAV subsumieren lässt. Allerdings liegt der **Schwerpunkt** in diesem Falle erkennbar in der Schaffung einer Gefahrenlage für die Luftsicherheit. Hierdurch können erfahrungsgemäß aufwändige Maßnahmen wie Videodatensicherung, Absperrung, Räumung, Absuchung, Durchsuchung und Evakuierung ausgelöst werden, die jeweils einen entsprechenden Kräfteeinsatz bedingen. Das beschriebene Verhalten wird deshalb richtigerweise eher der Nr. 1.1.1 GAV zuzuordnen sein.

### Ziffer 1.1.4 – Polizeieinsatz, der durch die Auslösung einer Gefahrenmeldeanlage veranlasst wurde, wenn zum Zeitpunkt der Auslösung keine Anhaltspunkte dafür vorlagen, dass ein sachlicher Grund für die Betätigung einer solchen Anlage bestand

| | **Gegenstand** | |
|---|---|---|
| | **Bundespolizeigesetz (BPolG)** | |
| **Nr.** | **Gebühren- oder Auslagentatbestand** | **Gebühren/ Auslagen in Euro** |
| 1 | Abwehr von Gefahren nach § 14 BPolG | |
| 1.1 | Polizeieinsätze | |
| 1.1.4 | Polizeieinsatz, der durch die Auslösung einer Gefahrenmeldeanlage veranlasst wurde, wenn zum Zeitpunkt der Auslösung keine Anhaltspunkte dafür vorlagen, dass ein sachlicher Grund für die Betätigung einer solchen Anlage bestand | nach Zeitaufwand |

**Zur Gebührenart:**

Bei diesem mit Zeitgebühren belegten Kostentatbestand ist abzustellen auf die in der Anlage 1 Teil A zur AGebV hinterlegten Stundensätze mit Zuordnung nach Laufbahngruppen und den Einsatz von Hubschraubern und Booten. Es fallen je Stunde und eingesetzten PVB im mittleren Dienst 62,00 Euro an, bei PVB im gehobenen Dienst 75,19 Euro und bei PVB im höheren Dienst 96,59 Euro.

**Zum Kostenschuldner:**

Der Kostentatbestand der Nr. 1.1.3 begründet nach § 3 II Nr. 3 BGebG oder nach § 3 II Nr. 3 und 4 BGebG eine Gebührenpflicht derjenigen Person, welche den Polizeieinsatz durch ihr unachtsames oder nachlässiges Verhalten in vorwerfbarer Weise verursacht hat.

**Zum Tatbestand:**

Die Nr. 1.1.4 GAV betrifft Polizeieinsätze, welche durch die **Auslösung einer Gefahrenmeldeanlage** veranlasst sind, sofern zum Zeitpunkt der Auslösung keine Anhaltspunkte dafür vorlagen, dass ein sachlicher Grund für die Betätigung der Anlage bestand. In diese Sachverhaltskategorie fallen insbesondere **Fehlalarme** unterschiedlichster Art. So kommt es erfahrungsgemäß bei Alarmanlagen durchaus häufiger zu Fehlalarmierungen, etwa aufgrund falscher Bedienung oder wegen eines technischen Defekts, was dann einen entsprechenden Polizeieinsatz zur Folge hat.

Der in der Nr. 1.1.4 GAV geregelte Kostentatbestand knüpft an die Pflichten des Betreibers einer Gefahrenmeldeanlage an und begründet nach § 3 II Nr. 4 BGebG eine Gebührenpflicht des zustandsverantwortlichen Anlagenbetreibers, dem der vermeidbare Polizeieinsatz zuzurechnen ist. Derjenige, der seinen Betreiberpflichten nicht nachkommt, bspw. durch mangelnde Sicherung oder Kontrolle der ausgelösten Alarmierungsanlage oder durch unzureichende Wartung, ist als Zustandsstörer gemäß § 18 BPolG verantwortlich. Auf ein Verschulden in Form von Vorsatz oder Fahrlässigkeit, bezogen auf die Ursache der Auslösung, stellt diese Kostenhaftung nicht ab. Es entscheidet allein die objektive Sachlage: Bestand im Zeitpunkt der Auslösung ein sachlicher Grund für die Betätigung der Anlage oder nicht? Im Falle einer durch eine dritte Person ausgelösten Gefahrenmeldeanlage kann eine Verantwortlichkeit als Verhaltensstörer gemäß § 17 BPolG begründet sein.

Im **Unterschied** zum Kostentatbestand i. S. d. Nr. 1.1.3 GAV wird im Falle der Nr. 1.1.4 GAV die in Rede stehende Gefahrenmeldeanlage nicht *missbräuchlich* ausgelöst, sondern aus anderen Gründen aktiviert, z. B. durch ein Versehen oder ein technisches Versagen. Hierbei ist es unerheblich, ob die Bundespolizei durch eigene Wahrnehmung (unmittelbar vor Ort oder durch aufgeschaltete Alarmmelder in der Dienststelle) oder nach einem Hinweis durch Dritte (z. B. per Anruf, Funk, Email usw.) von einem Alarm Kenntnis erlangt.[229]

In der bundespolizeilichen Praxis der Anwendung des Tatbestandes hat sich gezeigt, dass häufig Alarme nach **ungeklärter oder zumindest nicht weiter nachvollziehbarer Ursache** ausgelöst wurden. Nachvollziehbarerweise berufen sich die mit Gebührenbescheid belasteten Anlagenbetreiber regelmäßig darauf, für die Auslösung keinerlei Anlass gegeben zu haben. Sie seien deswegen auch nicht kostenrechtlich in Anspruch zu nehmen.

**Beispiel 1:**

*Über die Störungshotline der DB AG wird der Leitstelle einer BPOLI mitgeteilt, dass an einem Fahrausweisautomaten in deren Zuständigkeitsbereich „Aufbruchalarm" ausgelöst wurde. Der Automat stünde am Bahnsteig XY, eine Kameraüberwachung sei dort nicht verfügbar.*

*Die ausrückende BPOL-Streife stellt vor Ort lediglich fest, dass der Automat wegen eines Software-Updates gegenwärtig außer Betrieb ist. Aufbruchspuren oder andere Anzeichen einer Fremdeinwirkung sind nicht erkennbar.*

Unproblematisch und daher kostenrechtlich einfach zu bewerten sind diejenigen Fälle, in denen objektive Anhaltspunkte gewonnen werden können, die für eine **belegbare Fehlauslösung** sprechen. Dies könnte bspw. über eine Zeugenaussage oder Kameraauswertung geschehen, bei der im Nachgang eine Auslösung des Alarms durch torkelnde Reisende, ein Wildtier, herabfallende Äste oder nachweisbare technische Mängel belegt werden kann.

In diesen Fällen ist (mit Ausnahme eines unachtsamen alarmauslösenden Reisenden) die DB AG als Anlagenbetreiberin als Kostenschuldnerin in Anspruch zu nehmen. Dies erfolgt kostenrechtlich zurecht, weil die polizeilichen Maßnahmen durch sie veranlasst worden sind (**Veranlasserprinzip** nach § 3 II Nr. 3 BGebG), ihr zugutekommen und sie sich einen aufwändigen personellen Überprüfungsmechanismus der Anlagen erspart (**Begünstigungs- und Vorteilsausgleichsprinzip** nach § 3 II Nr. 2 BGebG).[230] Schließlich könnte sie anstatt der BPOL auch eigene Techniker zur Überprüfung des Alarms einsetzen.

Selbstverständlich scheidet eine kostenrechtliche Inanspruchnahme des Anlagenbetreibers in denjenigen Fällen aus, bei denen nachweislich Dritte (unachtsame Reisende o. ä.) für die Auslösung verantwortlich sind. Allenfalls könnte hier nach

229 OVG NRW NJW 2001, 1152 m. w. N.

230 *Buchberger* in Lisken/Denninger L Rdnr. 189 mit Verweis auf OVG NRW NJW 2001, 1152 und KStZ 2000, 235.

dem Prinzip der gesamtschuldnerischen Haftung die DB AG als Sekundärschuldnerin in Anspruch genommen werden, wenn ein Verursacher nicht namentlich ermittelt werden kann, oder die Gebührenschuld bei ihm aus anderen Gründen (z. B. wegen Mittellosigkeit oder eines Wohnsitzes im Ausland) nicht eintreibbar ist.

Das Wesen und die Funktion von Alarmanlagen aller Art liegt darin, dass diese äußere Reize (Rauch, Bewegung, Licht, Geräusche, Temperatur etc.) erfassen und mit einem Sollzustand abgleichen. Kommt es zu einer irgendwie gearteten Abweichung lösen die Anlagen einen Alarm aus. Betreiber solcher Anlagen machen sich eben diesen Umstand zunutze, weil es den Einsatz eigenen Personals ersetzt. Die Gefahr einer Fehlfunktion oder zumindest ungerechtfertigten Auslösung gehören untrennbar zu diesem **Betriebsrisiko**. Der Betreiber macht sich eben genau diese Eigenschaft zunutze, dass die technische Anlage unterscheidungslos auf sämtliche äußeren Einwirkungen reagiert. Auf ein Verschulden des Betreibers kann es deshalb grundsätzlich nicht ankommen.[231]

Zu dieser Logik bekennt sich auch das BVerwG[232], dass eine Gebührenschuldnerschaft des Anlagenbetreibers nicht nur wegen technischen Versagens oder falscher Einstellung, sondern auch bei letztlich **ungeklärter Ursache** anerkannt hat. Zum einen sei das besondere Fehlerpotential dieser Anlagen der Sphäre des Betreibers zuzurechnen, auch wenn sich der Einsatz primär nicht gegen ihn, sondern vorrangig gegen den vermeintlichen Täter richten würde.

Bundespolizeiliche Praxisbeispiele sind in diesem Zusammenhang die versehentlich unberechtigte oder unsachgemäße Öffnung von alarmgesicherten Türen, z. B. auf Flughäfen durch Flughafenpersonal, in deren Folge eine Vermischung von kontrollierten Fluggästen und nichtkontrollierten Personen erfolgt. Aber es gibt auch etliche weitere Anwendungsbeispiele für die Nr. 1.1.4 GAV.

**Beispiel 2:**

*Der X bewegt sich durch den Flughafen Köln/Bonn. Im Bereich der bekannten „Fressmeile“ nimmt er einen angebrannten Geruch wahr. Dieser wird tatsächlich nur durch angebranntes Essen hervorgerufen. Ohne zu zögern und ohne weiter zu schauen, wo der Geruch herkommt, löst X die Brandmeldeanlage aus. Es kommt zu einem Großaufgebot der Bundespolizei.*

**Beispiel 3:**

*Die sich im Bahnhofsgebäude befindliche Reisebank hat eine Alarmaufschaltung auf die örtlich zuständige Dienststelle der Bundespolizei. Aus nicht erklärbarem Grund wird ein Fehlalarm der Alarmanlage der Bank ausgelöst und es kommt folgerichtig zu einem umgehenden Polizeieinsatz.*

231 Vgl. HessVGH DÖV, 2007, 1061.

232 BVerwG NJW 1992, 2243; vgl. auch OVG Bremen NJW 1994, 1170.

**Beispiel 4:**

*Bei der Fahrt einer historischen Dampflok mit sehr starker Rauchentwicklung wird unverhofft ein im Bereich der Bahnstrecke installierter Brandmelder ausgelöst. Daraufhin werden Streifen und ein Hubschrauber eingesetzt.*

**Beispiel 5:**

*Eine Familie ist am Flughafen Frankfurt im luftseitigen Bereich unterwegs zu ihrem Gate. Kurz vor der zentralen Luftsicherheitskontrolle betätigt deren Kind den Feueralarmknopf. Die Feuerschutztüren schließen sich, sodass kein Fluggast mehr zu den Gates gelangen kann.*

**Beispiel 6:**

*Im Bahnhof befindliche Kundenzentren der DB AG, DB-Stores, Reisebüros etc. sind zum Teil alarmgesichert. Infolge des Alarms einer Überfall- und Einbruchsmeldeanlage verlegen mehrere Streifen der Bundespolizei unter Nutzung von Wege- und Sonderrechten zum Einsatzort.*

Obwohl die Nr. 1.1.4 GAV kein Verschulden in Bezug auf die unnötige Auslösung der Gefahrenmeldeanlage voraussetzt, besteht doch die Erfahrungstatsache, dass Fehlalarme häufig durch die vorsätzliche oder grob fahrlässige Nichtbeachtung vorgegebener Vorschriften, Empfehlungen oder Prozesse verursacht sind und bei einem sorgfaltspflichtgemäßen Verhalten hätten vermieden werden können. Schon deshalb erscheint die aus der zitierten Nummer folgende Kostenpflicht letztlich gerechtfertigt. Die Gebührenerhebung soll und kann hier vielmehr einen Anreiz zur Optimierung der Wartung und Einstellung der Anlagen schaffen.[233]

## Ziffer 1.1.5 – Suche oder Rettung einer Person, sofern die Gefahrenlage vorsätzlich oder grob fahrlässig herbeigeführt wurde; ein Einsatz zur Verhinderung eines Suizids ist ausgenommen

| | **Gegenstand** | |
|---|---|---|
| | **Bundespolizeigesetz (BPolG)** | |
| **Nr.** | **Gebühren- oder Auslagentatbestand** | **Gebühren/ Auslagen in Euro** |
| 1 | Abwehr von Gefahren nach § 14 BPolG | |
| 1.1 | Polizeieinsätze | |
| 1.1.5 | Suche oder Rettung einer Person, sofern die Gefahrenlage vorsätzlich oder grob fahrlässig herbeigeführt wurde; ein Einsatz zur Verhinderung eines Suizids ist ausgenommen | nach Zeitaufwand |

233 BayVGH BayVBl. 1999, 277 (278).

**Zur Gebührenart:**

Bei diesem mit Zeitgebühren belegten Kostentatbestand ist abzustellen auf die in der Anlage 1 Teil A zur AGebV hinterlegten Stundensätze mit Zuordnung nach Laufbahngruppen und den Einsatz von Hubschraubern und Booten. Es fallen je Stunde und eingesetzten PVB im mittleren Dienst 62,00 Euro an, bei PVB im gehobenen Dienst 75,19 Euro und bei PVB im höheren Dienst 96,59 Euro.

**Zum Kostenschuldner:**

Der Kostentatbestand der Nr. 1.1.3 begründet nach § 3 II Nr. 3 BGebG oder nach § 3 II Nr. 3 und 4 BGebG eine Gebührenpflicht derjenigen Person, die je nach den tatsächlichen Gegebenheiten entweder als Verhaltensstörer i. S. d. § 17 BPolG oder als Zustandsstörer i. S. d. § 18 BPolG die Gefahrenlage vorsätzlich oder grob fahrlässig herbeigeführt hat. Bei der Suche oder der Rettung von strafunmündigen oder betreuten Personen kann im Rahmen des § 17 BPolG speziell eine Gebührenpflicht des Aufsichtspflichtigen oder des Betreuers nach der in § 17 II BPolG enthaltenen Sonderregelung bestehen, wenn die Gefahrenlage durch eine vorsätzliche oder grob fahrlässige Verletzung von Aufsichtspflichten entstanden ist.

**Zum Tatbestand:**

Nach Nr. 1.1.5 GAV ist die **Suche oder Rettung einer Person** nur dann gebührenpflichtig, wenn die **Gefahrenlage** vorsätzlich oder grob fahrlässig herbeigeführt wurde. Dieser Kostentatbestand stellt letztlich einen besonderen Anwendungsfall der Nr. 1.1.1 GAV dar. Bei gezielten polizeilichen Such- oder Rettungseinsätzen wird regelmäßig von einer hinreichend wahrscheinlichen Lebensgefahr oder zumindest von einer erheblichen Gefahr für die körperliche Unversehrtheit ausgegangen. Im Hinblick auf die sich aus den Grundrechten und dem Gewaltmonopol ergebende Verpflichtung des Staates, die Sicherheit seiner Bevölkerung zu gewährleisten, sind Polizeieinsätze bei nur leicht fahrlässig verursachter Gefahrenlage sowie Polizeieinsätze zur Verhinderung eines Suizids von der Gebührenpflicht ausgenommen.

**Beispiel 1:**

*Bei einem Halt des Zuges aufgrund verzögerter Einfahrt außerhalb eines Bahnhofs öffnen Reisende trotz anderslautender Warnungen über Lautsprecher gewaltsam eine Tür und steigen aus dem Zug aus. Sie laufen in den Gleisen und suchen nach einer Möglichkeit, in die nächste Stadt zu gelangen. Einer der Reisenden soll abgeholt werden und wird von seinen Angehörigen im Bahnhof nicht angetroffen. Daraufhin folgt eine Absuche des Gleisbereichs durch Streifen.*

**Beispiel 2:**

*Eine leicht angeheiterte Person klettert auf das Dach des Bahnhofs und kann dann das Dach nicht mehr selbstständig verlassen.*

Die *nur fahrlässige* Herbeiführung einer Gefahrenlage genügt für die Entstehung einer Kostenhaftung nicht. Leichte oder normale Fahrlässigkeit scheidet also für die Begründung einer Kostenpflicht aus: Es muss **grobe Fahrlässigkeit** feststellbar sein, also eine Verletzung der im Verkehr erforderlichen Sorgfalt in einem besonders hohen Ausmaß. Dies ist regelmäßig anzunehmen, wenn jemand gegen ausdrückliche Hinweise, eindeutige Aufforderungen oder unmissverständliche Warnungen verstößt oder in sonstiger Weise erkennbar gesteigert nachlässig und unverantwortlich handelt und dadurch völlig unnötig in eine Gefahrenlage gerät, deren Eintritt der Betreffende bei sorgfaltsgerechtem Verhalten leicht hätte vermeiden können.

**Beispiel 3:**

*Ein alkoholisierter Nordsee-Urlauber möchte unbedingt mit einem Surfbrett aufs Wasser hinausfahren. Trotz einer ihm bekannten Unwetterwarnung und entgegen den ausdrücklichen Warnungen seiner Freunde begibt er sich aufs Wasser. Er treibt zu weit vom Ufer ab und befindet sich alsbald in einer hilflosen und prekären Lage. Er muss deshalb von der Bundespolizei See gerettet werden.*

**Beispiel 4:**

*Eine kleine Gruppe von segelbegeisterten Bootsfahrern entschließt sich dazu, während eines Segeltörns ein kühlendes Bad zu nehmen. Dabei vergessen die Schwimmer, vor dem Sprung ins kalte Nass wie geboten eine Leiter für die sichere Rückkehr an die Bordwand zu hängen. Die daheim gebliebenen Ehefrauen machen sich gegen Abend Sorgen angesichts des Ausbleibens der Hobbysportler und alarmieren die Bundespolizei See. Diese führt umgehend weitreichende Suchmaßnahmen durch und setzt dabei unter anderem auch einen Polizeihubschrauber ein. Die schwimmenden Segler können schließlich gerettet werden.*

Eine **Ausnahme** von der grundsätzlich geltenden, in § 1 II BMIBGebV statuierten **Gebührenerhebungspflicht** findet sich im Rahmen der Nr. 1.1.5 in Halbsatz 2. Diese Ausnahme gilt für polizeiliche Gefahrenabwehrmaßnahmen, die speziell auf die **Verhinderung eines Suizids** abzielen. Eine derartige Ausnahmeregelung darf aufgrund von § 1 I Halbs. 2 BMIBGebV nur getroffen werden, wenn das Gebühren- und Auslagenverzeichnis eine *Gebührenbefreiung* oder *Gebührenermäßigung* entsprechend § 9 IV, V BGebG explizit bestimmt. Die in der Nr. 1.1.5

Halbs. 2 enthaltene Regelung stellt eine solche Ausnahmebestimmung in Gestalt einer ausdrücklichen Gebührenbefreiung dar. Diese Regelung entspricht den Grundsätzen über die *Primär- und Sekundärebene* von Polizeikosten: Die Verhinderung von Suiziden gehört zu den allgemeinen Gefahrenabwehraufgaben, die aus den vom Staat eingenommenen *Steuermitteln* zu finanzieren sind. Daher entfällt in der beschriebenen Konstellation eine Kostenerhebung.

**Beispiel 5:**

> *Eine Person kündigt an, dass er demnächst im Bahnbereich Suizid begehen wird. Diese Ankündigung wird der Bundespolizei gemeldet, die sofort eine Absuche mit mehreren Streifen und einem Hubschrauber in dem in Betracht kommenden Bahngebiet durchführt.*

Auch wenn im Zusammenhang mit einer gebührenfreien Maßnahme zur Verhinderung eines Suizids weitere Kosten und Auslagen entstehen, die für sich betrachtet nach Nr. 1.2 GAV grundsätzlich abrechenbar wären, so sind diese Kosten dennoch als erhebungsfrei zu betrachten. Auslagen bleiben zwar grundsätzlich gemäß § 12 I 2 BGebG selbst im Falle einer Gebührenbefreiung (§ 9 IV, V BGebG) weiterhin abrechenbar. Dies gilt allerdings dann nicht, wenn zusätzlich durch Rechtsvorschrift *auch* eine Auslagenbefreiung angeordnet wird. Hier nimmt die in der Nr. 1.1.5 Halbs. 2 GAV enthaltene Regelung den Sonderfall einer Suizidverhinderung von der Polizeikostenerhebung vollständig aus. Ein weiteres Argument lässt sich in diesem Zusammenhang aus Nr. 1.2 GAV ableiten, der als vorrangige Sonderregelung gegenüber § 12 I 2 BGebG aufgefasst werden kann: In der Nr. 1.2 GAV ist im Hinblick auf die Gebührentatbestände der Nr. 1.1 GAV ausgesagt, dass Auslagen *„neben den Gebühren* [...] *zu erheben sind*". Fällt die Gebühr weg, kann folglich auch nichts daneben erhoben werden.

Damit handelt es sich hier im Ergebnis um eine **umfassende Ausnahme** von der grundsätzlich geltenden Polizeikostenerhebungspflicht: Es liegt nicht nur eine *Gebührenbefreiung*, sondern zugleich eine *Auslagenbefreiung* vor. Dass derartige Auslagenbefreiungen in Einzelfällen unbedenklich statthaft sind, folgt über § 12 III BGebG aus einer entsprechenden Anwendung des § 9 IV, V BGebG. Damit sind im Falle von Gefahrenabwehrmaßnahmen zur Verhinderung eines Suizids keinerlei Polizeikosten zu erheben. Für das Beispiel 3 bedeutet dies, dass weder Polizeikosten für den Einsatz der Streifen noch die Auslagen für den Hubschrauber abrechenbar sind.

**Beispiel 6:**

> *Ein Ehemann, der von seiner Frau verlassen wurde, möchte sich umbringen. Zu diesem Zweck kettet er sich mit einer starken Eisenkette an die Schienen*

> *einer viel befahrenen Zugstrecke an. Die alarmierte Bundespolizei muss eine ortsansässige Firma mit der Befreiung beauftragen.*

Auch hier besteht gemäß den obigen Ausführungen eine Gebühren- *und* Auslagenbefreiung, sodass die zusätzlich entstandenen Kosten für die beauftragte Firma nicht als Auslagen erhoben werden können.

**Problem: Vorgetäuschte und ungeklärte Suizidabsichten**



In der täglichen Praxis der Gebührenerhebung in der Bundespolizei stellen sich die Sachverhalte leider oftmals nicht so konkret und eindeutig dar, wie oben geschildert. Klare und vor allem belegte/beweisbare Suizidabsichten einer Person führen zur unmittelbaren persönlichen Gebührenbefreiung der Person. Doch wie verhält es sich mit Fällen, die zunächst unklar erscheinen? Problematisch und deswegen an dieser Stelle näher zu beleuchten sind diejenigen Fällen, in denen nicht eindeutig und ggf. auch nicht belegbar ist, dass eine Person Suizidabsichten hatte. Ggf. liegen sogar Fälle vor, in denen die Person ganz deutlich abstreitet, jemals Suizidgedanken gehabt zu haben oder im anderen Extrem im Nachgang wider besseren Wissens nachdrücklich behauptet, Suizidabsichten gehabt zu haben, um einer Gebührenschuld entgehen zu können.

**Beispiel 7:**

> *Die Leitstelle einer BPOLI erhält eine Mitteilung über den Notruf der Landespolizei. Dort hätte sich eine aufgeregte Jugendliche gemeldet. Ihr Ex-Freund, von dem sie sich kürzlich getrennt hat, hat auffällige „Statusmeldungen" in einem sozialen Netzwerk veröffentlicht, die auf einen bevorstehenden Suizid schließen lassen. Die Polizei stuft diese Statusmeldungen ebenfalls als ernstzunehmend ein und sucht nach dem jungen Mann. Den Nachrichten zufolge soll er sich in der Nähe eines bestimmten Bahnhofs und der Gleise in dessen Nähe aufhalten. Die Bundespolizei löst einen umfangreichen Sucheinsatz aus.*
>
> *Nach Antreffen des Gesuchten stellt sich heraus, dass dieser die Statusnachrichten nicht ernst gemeint hat und dies lediglich veröffentlicht hat, um die Aufmerksamkeit seiner Ex-Freundin wiederzuerlangen. Auch eine Vorstellung beim örtlichen psychiatrischen Notdienst ergibt keine akute Suizidgefahr.*

Würde man derartige Sachverhalte nach dem schlichten Wortlaut des gebührenbefreienden Tatbestandes bewerten, würde man der Lebenswirklichkeit und dem Zweck des Tatbestandes sicherlich nur unzureichend gerecht. Dies würde nämlich bedeuten, dass die Gebührenbefreiung stets nach dem ex ante betrachteten Einsatzziel **„Verhinderung eines Suizides"** auch in vorgetäuschten Fällen vorliegen würde. Andererseits gerieten Personen in eine Kostenschuld, die zunächst

„nur" als Vermisste gesucht würden und bei denen sich erst im Nachhinein herausstellt, dass die Abgängigkeit auf einem Suizidversuch beruhte.

Demnach spricht einiges dafür, diese Form der persönlichen Gebührenfreiheit nach ihrem Telos, also dem vom Verordnungsgeber beabsichtigten **Zweck der Befreiung**, zu bewerten und anzuwenden. Hiernach sollen eben solche Fälle nicht unter das Gebührenrecht bzw. in die Sekundärebene der Polizeikosten fallen, bei denen Personen **unverschuldet** oder zumindest in Form einer **persönlichen Notlage** in eine hilfsbedürftige Situation geraten. Dies unterscheidet gerade die primäre von der sekundären Ebene der Finanzierung polizeilichen Handelns. Wer auf Grund einer Krankheit, eines Unglücksfalls oder gar durch Dritte verursacht in eine solche Lage gerät, erhält selbstverständlich Hilfe durch die Polizei – und das kostenfrei. Wer allerdings achtlos und unter besonderer Missachtung einer gewissen Sorgfalt im Alltag gefährliche Situationen aufsucht und bewusst derartige Folgen, wie z. B. einen Einsatz der Polizei, in Kauf nimmt, hat dies auch individuell zu verantworten und muss demnach auch individuell für die Kosten dafür aufkommen. Personen mit akuten Suizidgedanken, die sich ggf. sogar in der unmittelbaren Ausführungsphase befinden, leiden zweifelsohne an einer ernstzunehmenden psychischen Krankheit. Ihr Tun sowie die daraus resultierenden Folgen können demnach nicht mehr kostenrechtlich als vorwerfbar oder zurechenbar bewertet werden.

Im Kern betrifft dieser Gedanke genau die unter Kapitel 1.1 sowie 2.2 beschriebenen Schranken zwischen den von der Allgemeinheit zu tragenden **fundamentalen staatlichen Schutzaufgaben** der Polizei und denjenigen, die überwiegend im Individualinteresse liegen. Im Hinblick auf die sich aus den Grundrechten und dem Gewaltmonopol ergebende Verpflichtung des Staates, die Sicherheit seiner Bevölkerung zu gewährleisten, dürfen für solche Fälle keine Gebühren erhoben werden.[234] Schließlich erscheint es auch aus menschlicher Sicht wenig nachvollziehbar, eine Person in einer schweren Lebenskrise nunmehr auch noch mittels Gebührenbescheid zusätzlich zu belasten.

Empfehlenswert erscheint vor diesem Hintergrund eine Betrachtung des Einsatzes aus der **„ex post"-Perspektive**. Konnten bei der betroffenen Person im Laufe des Einsatzes oder im Nachhinein belegbare, nachvollziehbare Suizidabsichten festgestellt werden, sollte von einer Gebührenerhebung abgesehen werden. Dies kann bspw. eine ärztliche Aufnahme in einer Psychiatrie oder Auskünfte der Angehörigen sein. In der Regel werden Personen in solchen Einsätzen einem Notarzt oder dem psychiatrischen Notdienst vorgestellt. Sollte hier eine Bestätigung dieser Absichten festgestellt werden, kann von dem Vorliegen des Ausnahmetatbestandes

234 BMI, Amtliche Begründung zur Besonderen Gebührenverordnung BMIBGebV zu Ziffer 1.1.5, S. 22.

ausgegangen werden. Liegen hingehen Hinweise darauf vor, dass die betroffene Person diese Suizidabsichten entweder bewusst vorgetäuscht hat oder bspw. durch ein Missverständnis der Irrtum über diese Suizidabsichten entstand, liegt der Ausnahmetatbestand gerade nicht vor. Im Zweifelsfall können die genauen Umstände auch im Wege der Anhörung in Erfahrung gebracht bzw. durch ein Attest oder anderweitige Diagnose belegt werden. Bei der mutwilligen Auslösung eines Polizeieinsatzes durch bewusst (ggf. auch scherzhaft) **vorgetäuschte Suizidlagen** handelt es sich gerade um die Art polizeilicher Einsätze, die mithilfe der Polizeikosten verhindert oder zumindest kostenrechtlich auf die Verursacher übertragen werden sollen. Solche Einsätze sind unnötig, binden zahlreiche Polizeikräfte, die andernorts sinnvoller eingesetzt werden könnten und gefährden ggf. sogar Dritte, weil die Person nicht rechtzeitig zu einem echten Notfall ausrücken kann.

Eine Besonderheit für die Bundespolizei stellt die **Seenotrettung** im Rahmen der Aufgabe nach § 6 BPolG dar. Hiernach ist die Bundespolizei für alle erforderlichen polizeilichen Maßnahmen zur Gefahrenabwehr zuständig, die jenseits des deutschen Küstenmeeres entstehen. Eine Beschränkung auf besondere sachliche Aufgabengebiete existiert hier nicht. Die Bundespolizei ist somit jenseits der sog. **„12-Seemeilenzone“** allgemeine Polizei und demnach auch für die Seenotrettung verantwortlich. Eine spezielle (und auch nach § 6 Satz 1, 2. Halbs. BPolG geforderte) völkerrechtliche Vorschrift für die bezeichnete Seenotrettung findet sich in Art. 98 des Seerechtsübereinkommens der Vereinten Nationen (SRÜ). Aus Art. 98 SRÜ ergibt sich allerdings ausschließlich die Aufgabe und die Verpflichtung des Kapitäns zu entsprechenden Hilfeleistungen. Mit welchen konkreten Maßnahmen und Befugnissen dies im Einzelfall geschieht, richtet sich jedoch nach den Vorschriften des BPolG. Dies hat zur Folge, dass unter den besonderen Voraussetzungen der Ziffer 1.1.5, nämlich, dass die Seenotlage vorsätzlich oder grob fahrlässig herbeigeführt wurde, auch eine Seenotrettung durch die Besatzungen der BPOL-See **kostenpflichtig** ist. Rettungsmaßnahmen innerhalb der 12-Seemeilenzone erfolgen in Eilzuständigkeit für die an sich zuständige Wasserschutzpolizei (Landespolizei) und sind demnach nach der BMIBGebV nicht kostenpflichtig.[235]

**Beispiel 8:**

> *Ein Hobbysegler bricht mit seiner Familie trotz allgemein bekannter Sturm- und Unwetterwarnung mit seinem Segelboot von Helgoland auf und gerät kurze Zeit später in Seenot. Die Bundespolizei reagiert auf seinen Notruf per Funk und kann alle Personen retten. Das Segelboot wird notdürftig gesichert und ebenfalls vor dem Untergang gerettet.*

235 Vgl. zur Abgrenzung der Eilzuständigkeit vertiefend Kapitel 2.7.5.

**Beispiel 9:**

*Mehrere Monteure eines deutschen Energieunternehmens führen Reparaturarbeiten an einem Offshore-Windrad auf hoher See aus. Sie begeben sich auf die Arbeitsplattform in über 100m Höhe. Da alle Monteure jedoch deutlich alkoholisiert sind, stürzen zwei Personen und verletzen sich derart, dass die aus eigenen Kräften den Rückweg herab nicht mehr allein antreten können. Die Besatzung eines Polizeihubschraubers der Fliegerstaffel Fuhlendorf rettet die Personen mittels Seilwinde von der Plattform und bringt sie ein das nächste Krankenhaus.*

## Ziffer 1.1.6 – Suche nach einer als vermisst gemeldeten Person ab dem Zeitpunkt ihrer Rückkehr oder ihres Auffindens bis zur Einstellung der Suchmaßnahmen, wenn die Rückkehr oder das Auffinden der Polizei nicht unverzüglich mitgeteilt wird

| | **Gegenstand** | |
|---|---|---|
| | **Bundespolizeigesetz (BPolG)** | |
| **Nr.** | **Gebühren- oder Auslagentatbestand** | **Gebühren/ Auslagen in Euro** |
| 1 | Abwehr von Gefahren nach § 14 BPolG | |
| 1.1 | Polizeieinsätze | |
| 1.1.6 | Suche nach einer als vermisst gemeldeten Person ab dem Zeitpunkt ihrer Rückkehr oder ihres Auffindens bis zur Einstellung der Suchmaßnahmen, wenn die Rückkehr oder das Auffinden der Polizei nicht unverzüglich mitgeteilt wird | nach Zeitaufwand |

**Zur Gebührenart:**

Bei diesem mit Zeitgebühren belegten Kostentatbestand ist abzustellen auf die in der Anlage 1 Teil A zur AGebV hinterlegten Stundensätze mit Zuordnung nach Laufbahngruppen und den Einsatz von Hubschraubern und Booten. Es fallen je Stunde und eingesetzten PVB im mittleren Dienst 62,00 Euro an, bei PVB im gehobenen Dienst 75,19 Euro und bei PVB im höheren Dienst 96,59 Euro.

**Zum Kostenschuldner:**

Der Kostentatbestand der Nr. 1.1.3 begründet nach § 3 II Nr. 3 BGebG oder nach § 3 II Nr. 3 und § 4 BGebG eine Gebührenpflicht derjenigen Person, welche den Polizeieinsatz durch ihr nachlässiges Zögern/Nichtinformieren der Polizei in vorwerfbarer Weise verursacht hat.

**Zum Tatbestand:**

Bei der Suche nach einer als **vermisst gemeldeten Person** sind Kosten nur ab dem **Zeitpunkt ihrer Rückkehr** oder ihres Auffindens zu erheben, und dies auch nur dann, wenn die Bundespolizei nicht über die Rückkehr informiert wird und dadurch unnötigerweise weitere Suchmaßnahmen erfolgen. Grundsätzlich aber bleibt die Suche nach vermisst gemeldeten Personen *gebührenfrei*.

Maßnahmen der Polizei im Rahmen der Suche nach vermissten Personen gehören grundsätzlich zu der **Primärebene der Gefahrenabwehrmaßnahmen** und sind deshalb durch das allgemeine Steueraufkommen abgedeckt. Erfolgt jedoch nach der Rückkehr oder nach dem Auffinden der vermissten Person keine Information an die Polizei, dann sind die Kosten für die weiteren polizeilichen Maßnahmen individuell zurechenbar, veranlasst durch das Fehlverhalten des Verantwortlichen, der die Polizei hätte informieren müssen, und damit sind die nunmehr entstehenden Kosten als Sekundärkosten auch erhebbar. Der maßgebliche Zeitpunkt des Beginns der Kostenpflicht sollte hier mit ausgewogener Kulanz gewählt werden. Schließlich wäre es unverhältnismäßig, von den umsorgten und nunmehr erleichterten Angehörigen in der gleichen Sekunde nach Rückkehr/Auffinden einer vermissten Person sofort die Polizei anrufen zu müssen. Eine **sachverhaltsangepasste Kulanzzeit** kann und sollte also gewährt werden.

**Beispiel 1:**

*Im Bahnbereich wird ein Suizid angekündigt und die Bundespolizei daraufhin von einem Angehörigen alarmiert. Die Absuche mit Streifen und Hubschrauber führt zu keinem Ergebnis. In der Zwischenzeit hat sich die Person anders entschieden und ist noch während des laufenden Einsatzes wieder zu ihrem Angehörigen zurückgekehrt. Dieser unterlässt es jedoch, die Bundespolizei über die glückliche Heimkehr zu unterrichten.*

**Beispiel 2:**

*Ein Vater meldet seinen Sohn gegen 20:30 Uhr als vermisst und gibt an, dass dieser zu seiner Mutter nach Belgien reisen wollte und dort nicht angekommen ist. Die Bundespolizei löst eine Grenzfahndung nach dem Jungen aus. Dieser kehrt um 23 Uhr von einem Freund zu seinem Vater zurück. Dieser informiert allerdings die Bundespolizei nicht über die Rückkehr des Jungen. Am nächsten Morgen um 7 Uhr wird dieser, als er mit der Bahn zur Schule fahren will, von einer Streife der Bundespolizei aufgegriffen.*

Die **Kostenpflicht** trifft in den obigen Beispielen sowie in vergleichbaren Fällen nach § 3 II Nr. 4 BGebG stets diejenige Person, die es als **Verhaltensstörer** nach § 17 BPolG pflichtwidrig unterlassen hat, die Beendigung der Gefahrenlage der

Bundespolizei rechtzeitig (d. h. ohne schuldhaftes Zögern) bekanntzugeben, und die durch dieses Fehlverhalten die unnötige Fortdauer der polizeilichen Suchmaßnahmen verursacht hat. Diese Beispiele bestätigen gleichzeitig den allgemeinen Grundsatz, dass nicht nur ein positives Tun, also ein aktives Verhalten, sondern ggf. auch ein pflichtwidriges Unterlassen, also ein bloßes Untätigbleiben, die Eigenschaft begründen kann, im Sinne der polizeigesetzlichen Regelungen ein Verhaltensstörer zu sein, mit allen daraus folgenden negativen Konsequenzen.

**Beispiel 3:**

*Frau F ruft um 20:30 Uhr völlig aufgelöst bei einer bahnpolizeilichen BPOLI an: „Sie müssen mir helfen! Seit vier Stunden warte ich auf meine Tochter. Sie trifft sich in letzter Zeit immer mit ihren Freunden am Umschlagbahnhof. Sie schrieb mir um 16:39 Uhr per SMS, dass sie jetzt nach Hause kommen würde. Seitdem habe ich nichts mehr von ihr gehört. Sie ist ansonsten immer pünktlich und absolut zuverlässig!" Die BPOLI veranlasst umgehend eine Fahndung am Umschlagbahnhof mit drei Streifen sowie eine luftbewegliche Absuche des unübersichtlichen Bereichs. Die Maßnahmen bleiben ergebnislos. Um 23 Uhr kontaktiert die Bundespolizei die F, um ihr mitzuteilen, dass man ihre Tochter bisher nicht gefunden habe. Daraufhin meint die F zögerlich: „Ja – das hat sich bereits erledigt. Kaum dass ich Sie angerufen hatte, kam sie schon zur Tür herein. Sie war noch bei ihren Freunden. Naja – Sie wissen ja, wie Kinder so sind."*

Im obigen Beispiel sind auch die Kosten für den Einsatz des Hubschraubers ab dem Zeitpunkt der Rückkehr – hier also ganz kurz nach dem Anruf der F bei der BPOLI – und somit für praktisch den gesamten Einsatz *als Auslagen* nach der Nr. 1.2.1 GAV i. V. m. der Nr. 1.1.2 GAV abzurechnen.

### Ziffer 1.1.7 – Aufgreifen oder Auffinden einer betreuten oder unter Aufsicht stehenden abgängigen Person

| | **Gegenstand** | |
|---|---|---|
| | **Bundespolizeigesetz (BPolG)** | |
| **Nr.** | **Gebühren- oder Auslagentatbestand** | **Gebühren/ Auslagen in Euro** |
| 1 | Abwehr von Gefahren nach § 14 BPolG | |
| 1.1 | Polizeieinsätze | |
| 1.1.7 | Aufgreifen oder Auffinden einer betreuten oder unter Aufsicht stehenden abgängigen Person | nach Zeitaufwand |

**Zur Gebührenart:**

Bei diesem mit Zeitgebühren belegten Kostentatbestand ist abzustellen auf die in der Anlage 1 Teil A zur AGebV hinterlegten Stundensätze mit Zuordnung nach Laufbahngruppen und den Einsatz von Hubschraubern und Booten. Es fallen je Stunde und eingesetzten PVB im mittleren Dienst 62,00 Euro an, bei PVB im gehobenen Dienst 75,19 Euro und bei PVB im höheren Dienst 96,59 Euro.

**Zum Kostenschuldner:**

In diesen Fällen ist der primäre *Gebührenschuldner* nicht die abgängige Person selbst, sondern der für diese Person Verantwortliche. Der Tatbestand begründet nämlich über § 3 II Nr. 4 BGebG eine Gebührenpflicht desjenigen, der zur **Aufsicht** oder **Betreuung** der abgängigen Person bestellt und damit gemäß § 17 II BPolG für die Abgängigkeit der zu beaufsichtigenden oder zu betreuenden Person verantwortlich ist.[236] Dies sind im Falle von weggelaufenen Kindern und Jugendlichen die Eltern als Erziehungsberechtigte. Aber auch die Träger von Pflegeheimen oder psychiatrischen Einrichtungen kommen als Gebührenschuldner in Betracht. Dabei ist nicht entscheidend für die Entstehung der Gebührenschuld, ob die Verantwortlichen im Einzelfall ihre Sorgfaltspflichten verletzt haben, ob also z. B. ein Pflegeheim keine ausreichende Sicherungsmaßnahmen getroffen hat. Denn weder § 3 II Nr. 4 BGebG noch § 17 II BPolG setzt ein schuldhaftes Verhalten voraus. Nur hilfsweise kann ggf. nach Maßgabe des § 3 II Nr. 2 BGebG auch eine Gebührenpflicht der abgängigen Person selbst in Betracht kommen, zugunsten derer der Einsatz durchgeführt wurde. Zur präzisen Abgrenzung der Kostenschuldnerschaft für Aufsichtspflichtige, der abgängigen Person selbst und Einrichtungen in öffentlich-rechtlicher Trägerschaft wird auf die ausführlichen Ausführungen unter Kapitel 2.5.1 verwiesen.

**Zum Tatbestand:**

Der in Ziffer 1.1.7 GAV geregelte Gebührentatbestand betrifft das **Aufgreifen** oder **Auffinden** einer betreuten oder unter Aufsicht stehenden **abgängigen Person**.

In **Abgrenzung zu Ziffer 1.1.5 GAV** bedarf es bei dem in der Ziffer 1.1.7 geregelten Gebührentatbestand *keines Rettungs- oder Sucheinsatzes*. Nach der Nr. 1.1.7 GAV werden allein die der Bundespolizei entstandenen Kosten für Maßnahmen *bei* oder *nach* einem (z. B. zufälligen) Aufgreifen oder Auffinden der abgängigen Person geltend gemacht. In welchem Zusammenhang diese Feststellung erfolgt, ist unerheblich. In der bundespolizeilichen Praxis erfolgen derlei Feststellungen in der Regel anlässlich verschiedener Personenkontrollen in den unter-

---

236 BMI, Amtliche Begründung zur Besonderen Gebührenverordnung BMIBGebV zu Ziffer 1.1.7, S. 23.

schiedlichen Aufgabengebieten der Bundespolizei. Für diesen Gebührentatbestand kommt wegen der offensichtlichen Heterogenität der denkbaren Einsatzverläufe nach den Vorgaben des Gebührenrechts lediglich die *Zeitgebühr* als Gebührenart in Frage.

Besonders abzugrenzen ist der Tatbestand darüber hinaus von **der Ziffer 8 GAV**, nämlich von **Gewahrsamnahmen** nach § 39 BPolG. Schließlich werden abgängige Vermisste regelmäßig mittels Fahndungsausschreibung zur „Ingewahrsamnahme – vermisst" oder „Aufenthaltsermittlung – vermisst" ausgeschrieben oder es handelt sich um Kinder, für die § 39 II BPolG in Gestalt des sog. „Zuführungsgewahrsams" eine eigenständige Form der Freiheitsentziehung vorsieht. Darüber hinaus befinden sich abgängige vermisste Personen regelmäßig in einer besonderen Gefährdungslage, weil sie bspw. an Demenz oder anderen geistigen Krankheiten leiden oder orientierungslos sind. Zur klaren Abgrenzung zwischen den o. g. Tatbeständen gibt es keine sich aufdrängende Formel. Vielmehr bedarf es einer konkreten Einzelfallprüfung nach den folgenden Orientierungshilfen:

Es empfiehlt sich zunächst zu betrachten, ob im vorliegenden Sachverhalt eine **Freiheitsentziehung** vorgenommen wurde. Dies sollte sich aus dem verschriftlichten Sachverhalt ergeben. Die Legaldefinition und die Wesenselemente einer Freiheitsentziehung in Abgrenzung zu einer bloßen Freiheitsbeschänkung ergeben sich aus § 415 II FamFG sowie der einschlägigen Fachliteratur zu §§ 39 und 40 BPolG. Hiernach liegt eine Freiheitsentziehung dann vor, wenn *„einer Person gegen ihren Willen oder im Zustand der Willenlosigkeit insbesondere in einer abgeschlossenen Einrichtung, wie einem Gewahrsamsraum oder einem abgeschlossenen Teil eines Krankenhauses, die Freiheit entzogen wird."* Liegt eine solche Freiheitsentziehung vor, spricht viel dafür, die Maßnahmen vorrangig nach Ziffer 8 GAV als Gewahrsamnahme abzurechnen. Insofern fungiert Ziffer 1.1.7 in diesen Fällen als **Auffangtatbestand**, sofern (noch) keine Freiheitsentziehung angeordnet wurde.

Ein weiterer Aspekt, der eher für eine Abrechnung nach Ziffer 8 GAV sprechen würde, ist eine Ausschreibung der vermissten abgängigen Person mittels **Freiheitsentziehungsbeschluss eines Richters**. In diesen Fällen käme eine Gewahrsamnahme auf Basis des Beschlusses selbst oder nach § 39 IV BPolG in Frage.

Liegen hingegen die Voraussetzungen einer Freiheitsentziehung nicht vor oder sehen die eingesetzten Beamten von einer Gewahrsamnahme ab, greift Ziffer 1.1.7. Dies dürfte wohl in den allermeisten Konstellationen vorliegen, in denen Personen zwar abgängig oder vermisst sind, sich jedoch grundsätzlich **frei bewegen** dürfen. Zu denken ist z. B. an jugendliche **„Streuner"**, die in einer Jugendhilfeeinrichtung untergebracht sind, abends häufig nicht oder zu spät in die Einrichtung zurückkehren und deshalb von der jeweiligen Einrichtung dauerhaft als vermisst ausgeschrieben werden. Werden diese Jugendlichen tagsüber (z. B. auf dem Weg von oder zur Schule) angetroffen, gilt es zwar, die Umstände der Ausschreibung aufzuklären und zumindest Rücksprache mit der ausschreibenden Stelle zuhalten, eine Freiheitsentziehung dürfte aber in den wenigsten Fällen einschlägig sein.

**Beispiel 1:**

*Eine Mutter lässt ihr Kind einen kurzen Moment unbeaufsichtigt und es läuft weg. Das Kind spielt im Gleisbereich. Dort wird es von einem Triebfahrzeugführer gesehen, der eine Warnmeldung absetzt. Eine Streife wird zur Absuche in diesem Gleisabschnitt eingesetzt und findet das Kind wenig später. Zu einer Freiheitsentziehung kommt es nicht, da das Kind nach kurzer Zeit wohlbehalten an die Mutter übergeben werden kann.*

**Beispiel 2:**

*Eine ältere verwirrte Frau irrt augenscheinlich desorientiert durch den Bahnhof. Die bundespolizeilichen Ermittlungen ergeben, dass die Betreffende in einem örtlichen Pflegeheim untergebracht ist, welches sie unbemerkt verlassen konnte.*

In den obigen Beispielen sind sowohl das entlaufene Kind als auch die aus dem Pflegeheim stammende ältere Dame im Rechtssinne abgängige Personen.

**Beispiel 3:**

*Eine unter schweren psychischen Störungen leidende Person, die in einer geschlossenen psychiatrischen Einrichtung untergebracht ist, entweicht aus dieser durch eine nicht verschlossene Sicherheitstür und wird später in der Nähe von Bahngleisen gesichtet. Die Bundespolizei setzt Streifen und einen Hubschrauber für die Suche ein. Dadurch wird die Person gefunden und aufgegriffen. Aufgrund fehlenden Personals in der Klinik muss die Person von der Bundespolizei dorthin gebracht werden.*

Hier fallen neben den Gebühren nach der Nr. 1.1.7 GAV auch Kosten an für die nach dem Aufgriff erfolgte Ingewahrsamnahme der entwichenen Person nach den Nrn. 8.1 und 8.2 GAV. Die Kosten für den Transport in die Klinik sind nach der Nr. 8.3.2 GAV abzurechnen; diese Nummer regelt die Kostentragung bei polizeilicher Begleitung bzw. Transportierung im Zusammenhang mit einem Schutzgewahrsam.

### Kritik und Probleme in der Rechtsanwendung des Gebührentatbestandes

Ziffer 1.1.7 des GAV wirft, wie kaum ein anderer Gebührentatbestand, die Frage nach der Drittverantwortlichkeit für die polizeilichen Maßnahmen auf. Bereits der

Verordnungsgeber erkennt eine Kostenschuldnerschaft primär bei denjenigen an, die für die Abgängigkeit einer Person verantwortlich sind.[237] Hieraus ergeben sich in der Praxis zahlreiche Fragestellungen und Widersprüche, denen es im Wege des Anhörungsverfahrens und der Einzelfallprüfung zu begegnen gilt. Der Tatbestand stößt in der aktuellen Fassung regelmäßig auf Unverständnis bei den Betreuungseinrichtungen, die darauf verweisen, dass sie grundsätzlich nicht dazu berechtigt sind, freiheitsentziehende Maßnahmen zu vollziehen. Bisher erlassene Gebührenbescheide sind rechtlich ggf. wenig tragfähig, da die polizeiliche Tätigkeit in Zusammenhang mit dem Aufgreifen einer vermissten Person regelmäßig dem polizeilichen Kernauftrag und somit nicht der kostenpflichtigen Sekundärebene der Polizeikosten zuzurechnen ist.

Entscheidend für die Unterscheidung primärer und sekundärer Polizeikosten ist, wie bereits im Kapitel 1.1 ausgeführt, die Nähe zum originären staatlichen Schutzauftrag sowie der individuellen Veranlassung des polizeilichen Einsatzes durch einzelne Verursacher. Nach hiesiger Auffassung ist es unbestrittener polizeilicher Kernauftrag, Vermisste und insbesondere Minderjährige zu suchen, aufzugreifen und diese wohlbehalten ihren Sorgeberechtigten zuzuführen. Für dieses polizeiliche Handeln Polizeikosten in Gestalt des Tatbestandes 1.1.7 zu erheben, wird daher kritisch gesehen. Problematisch gestaltet sich die Gebührenziffer 1.1.7 vor allem deswegen, weil sie bereits den Aufgriff selbst als kostenpflichtige Handlung erfasst. Mithin haben die Bundespolizeidirektionen in jedem Einzelfall zu prüfen, ob und inwieweit die aufsichtspflichtigen Personen kausal die Abgängigkeit des Vermissten und im nächsten Schritt die polizeilichen Aufwendungen verursacht haben. In der Konsequenz ist nicht auszuschließen, dass Angehörige von Vermissten mit Blick auf die potentiell anfallenden Polizeikosten künftig von der Inanspruchnahme der Polizei absehen und die staatliche Hilfe (aus nachvollziehbaren Gründen) nicht mehr in Anspruch nehmen. Gerade dies soll ja nicht Ziel der Einführung von Polizeikosten sein.

Aus dieser Überlegung heraus erscheint es sinnvoller, den Tatbestand 1.1.7 wie folgt neu zu fassen:

> *Rücktransport einer betreuten oder unter Aufsicht stehenden abgängigen Person zu den Sorgeberechtigten oder in eine Betreuungseinrichtung*

Mit der Neuformulierung wäre klargestellt, dass es insoweit nicht um das Aufgreifen oder Auffinden per se geht, sondern um den Mehraufwand, der im Zusammenhang mit dem Rücktransport der Person entsteht. Insofern müsste der Betreuungseinrichtung oder den Sorgeberechtigten auch nicht mehr eine kostenrechtliche

---

237 BMI, Amtliche Begründung z Vgl. hierzu vertiefend die Ausführungen zu Ziffer 1.1.2ur Besonderen Gebührenverordnung, BMIBGebV zu Ziffer 1.1.7, S. 23.

Veranlassung der Abgängigkeit der vermissten Person nachgewiesen werden. Dieser Gedanke wäre auch mit dem unterschiedlichen Wesen der primären und sekundären Polizeikosten vereinbar. Die Suche und das Aufgreifen einer vermissten, hilfsbedürftigen Person ist staatlicher Auftrag der Polizei, der vom Steuerstaatsprinzip getragen wird. Hierfür fallen keine Kosten an und eine Prüfung, inwieweit jemand die Abgängigkeit einer Person verursacht hat oder hätte vermeiden können, wäre damit obsolet.

Das Abholen, Rücktransportieren oder sonstiges Zuführen der vermissten Person zu den Sorgeberechtigten oder zur Betreuungseinrichtung unterfällt eben nicht mehr diesem staatlichen Kernauftrag. Hier geht es nicht mehr um primäre Gefahrenabwehr, sondern um eine Hilfsleistung, die auch Private leisten könnten. Wer sich also, aus welchen Gründen auch immer, dazu entschließt, die Polizei (anstelle des eigenen Fahrzeugs, eines Taxis o. ä.) zum Transport von Schutzbefohlenen zu beauftragen, soll dafür auch die anfallenden Kosten tragen.

### Ziffer 1.1.8 – Rettung oder Bergung von Tieren

| | **Gegenstand** | |
|---|---|---|
| | **Bundespolizeigesetz (BPolG)** | |
| **Nr.** | **Gebühren- oder Auslagentatbestand** | **Gebühren/ Auslagen in Euro** |
| 1 | Abwehr von Gefahren nach § 14 BPolG | |
| 1.1 | Polizeieinsätze | |
| 1.1.8 | Rettung oder Bergung von Tieren | nach Zeitaufwand |

**Zur Gebührenart:**

Für den Gebührentatbestand der Rettung oder Bergung von Tieren kommt aufgrund der Heterogenität der denkbaren Einsatzverläufe nach den Vorgaben des Gebührenrechts lediglich eine *Zeitgebühr* als Gebührenart in Frage.

Bei diesem mit Zeitgebühren belegten Kostentatbestand ist abzustellen auf die in der Anlage 1 Teil A zur AGebV hinterlegten Stundensätze mit Zuordnung nach Laufbahngruppen und den Einsatz von Hubschraubern und Booten. Es fallen je Stunde und eingesetzten PVB im mittleren Dienst 62,00 Euro an, bei PVB im gehobenen Dienst 75,19 Euro und bei PVB im höheren Dienst 96,59 Euro.

**Zum Kostenschuldner:**

Die Kostenpflicht trifft hier den **Tierhalter**, da ihm schon aufgrund seiner Tierhaltung über § 3 II Nr. 4 BGebG die Kosten für Rettungs- oder Bergungsmaßnahmen individuell zuzurechnen sind: Die rechtlich in vielerlei Hinsicht anerkannte

*Tierhalterhaftung* lässt sich in diesem Zusammenhang also um eine weitere Verpflichtung in Gestalt einer Kostenpflicht erweitern. Ebenso kann man bei der Frage nach dem richtigen Gebührenschuldner darauf abstellen, dass der Tierhalter als Eigentümer oder Besitzer des Tieres als Zustandsstörer i. S. d. § 18 BPolG anzusehen ist. Zusätzlich ist auch § 3 II Nr. 2 BGebG einschlägig, denn bei der Rettung oder Bergung von Tieren ist der Tierhalter zwangsläufig diejenige Person, zugunsten derer der Einsatz durchgeführt wird. Sollte der Tierhalter im Einzelfall selbst den Einsatz veranlasst haben, so kann seine Gebührenpflicht auch aus § 3 II Nr. 1 BGebG hergeleitet werden, weil dann von einem Antrag oder zumindest von einer willentlichen Inanspruchnahme der Leistung gesprochen werden kann.

Zunächst ist es für die Tierhalterhaftung nach § 833 I BGB oder für die Privilegierung für **Nutztierhalter** nach Absatz 2 unerheblich, ob der Schaden durch den Halter verschuldet wurde oder nicht. Die Haftung tritt ein, egal ob der Halter fahrlässig gehandelt hat oder nicht. Bei Nutztieren (im Gegensatz zu sog. **Luxustieren**) ist es anders. Hier gilt eine Haftungsbefreiung für Nutztierhalter, sofern diese ihrer Sorgfaltspflicht und Aufsichtspflicht nachgekommen sind.

Aber: Für Nutztierhalter mit Koppeln oder Stallungen in Straßen- und Gleisnähe gilt eine besonders hohe Sicherheitsanforderung.[238] Dass der Halter dieser hohen Anforderung genügt hat, muss er selbst darlegen. Er kann sich in solchen Fällen üblicherweise selbst „exkulpieren", also durch eigenständig geführten Beweis von seiner Haftung befreien.

Solche Streitigkeiten, nämlich die rechtliche Bewertung, ob der konkret angebrachte Zaun in der jeweiligen individuellen örtlichen Lage mit den konkreten Tieren diesen Anforderungen genügt hat, dürfte regelmäßig im Rahmen einer gerichtlichen Prüfung zu bewerten sein. Wichtig ist, dass die Umstände vor Ort sorgfältig dokumentiert und aufgenommen werden.

Wird also bspw. der Zaun einer Schafsherde mutmaßlich durch einen Wolf beschädigt und es können hierdurch mehrere Schafe entlaufen, haftet zunächst einmal der Schäfer für die daraus entstehenden Polizeikosten. Nur sofern er im gerichtlichen Verfahren eine ordnungsgemäße Sicherung der Tiere nachweisen kann, greift die **Nutztierhalterprivilegierung** nach § 833 II BGB. Dass ein Wolf den Zaun beschädigt und damit ein Entlaufen ermöglicht, kann der Halter zwar nicht vorhersehen oder gar in jedem Fall verhindern. Aber das Tierhaftungsrecht preist eben für Tiere eine gewisse Unvorhersehbarkeit und natürliche Schäden mit ein. Wer Tiere hält, muss sich dessen bewusst sein. Für solche Konstellationen werden deswegen Tierhalterhaftpflichtversicherungen abgeschlossen.

---

214 MüKoBGB/*Wagner*, 8. Aufl. 2020, § 833 BGB Rdnr. 59 mit zahlreichen weiteren Nachweisen.

Nach h. M. in der Literatur haftet der Tierhalter selbst für Schaden mit **ungeklärter Ursache**.[239]

Kann jedoch ein **Verschulden durch Dritte** nachgewiesen werden (z. B. durch Personen, die einen Zaun aus Spaß oder anderen Gründen geöffnet haben), sind die Polizeikosten primär diesen Personen in Rechnung zu stellen. Sie haften nach § 3 II Nr. 3 BGebG als Veranlasser eines Polizeieinsatzes primär. Sollte festgestellt werden, dass Dritte den Zaun zwar beschädigt haben, können diese jedoch im Nachgang nicht identifiziert werden oder sind diese zahlungsunfähig, verbleibt der Tierhalter wegen seiner Tierhalterhaftung gesamtschuldnerisch noch immer als Sekundärschuldner.



**Zum Tatbestand:**

Die bundespolizeiliche **Rettung** oder **Bergung** von **Tieren** ist in der Nr. 1.1.8 GAV mit einer Gebühr belegt. Zumeist handelt es sich dabei um Fälle, in denen Tiere sich am oder schon im Gleis befinden und dadurch eine Gefahrenlage begründen.

Unter **Retten** versteht man gemeinhin das Einfangen lebender Tiere, tote Tiere werden hingegen geborgen. Kostenfrei ist hingegen das Retten und Bergen von Wildtieren. Diese Kosten unterfallen der Primärebene des Polizeikostenrechts. Lediglich die anfallenden Kosten privat oder gewerblich gehaltener Tiere unterfallen einer möglichen Kostenpflicht.

In den allermeisten Konstellationen liegt kein Anwendungsfall von § 18 II 2 BPolG vor. Dieser greift regelmäßig nur, wenn Maßnahmen gegen den Besitzer einer Sache getroffen werden, von dem oder von dessen Nutzung der Eigentümer nichts weiß. Wenn also jemand ein Auto entwendet und damit Schäden anrichtet, kann dafür nicht der Eigentümer in Anspruch genommen werden. Vielmehr dürfte es sich in den allermeisten Fällen um polizeiliche Maßnahmen handeln, die in Ermangelung eines erreichbaren Störers gegen die entlaufenen Tiere selbst gerichtet werden.

Zum **Retten** gehört auch die gezielte Suche nach entlaufenen Tieren im Gleisbereich, selbst wenn diese dann später durch den Halter selbst eingefangen und wieder in die Stallung oder in die eingezäunte Weidewiese geführt werden.

Auch vor dem Hintergrund der besonderen Bedeutung der Sekundärebene des Kostenrechts sollte die Ziffer 1.1.8 bezüglich der konkreten kostenpflichtigen Tätigkeiten der BPOL eng ausgelegt werden. Dass sich die BPOL vor Ort begibt, eine erste Lageeinschätzung trifft und ggf. schon einmal vorsorglich eine Streckensperrung der Bahngleise veranlasst, dürfte noch zur Primärebene der Polizei-

---

239 BeckOK BGB/*Spindler*, 60. Ed. 1.11.2021, § 833 BGB Rdnr. 31–33; mit Verweis auf OLG Köln VersR 2000, 860; 1993, 616; OLG Celle NJW 1975, 1891; OLG Koblenz NJW-RR 1992, 476 (477); OLG Frankfurt a. M. VersR 1982, 908.

kosten gehören. Dafür zahlt der Steuerzahler. Ähnlich verfährt die BPOL auch nach Ziffer 1.1.2 bei NZG-Lagen[240]. Wird die BPOL anschließend tatsächlich „rettend und bergend“ tätig, sammelt Tiere ein, bewacht diese bis zum Eintreffen des Halters, repariert ggf. behelfsmäßig den Zaun etc., wird der gesamte Einsatz abgerechnet. Es zählt dann also die Anfahrt, der Einsatz selbst und die Rückfahrt zur kostenpflichtigen Zeit.

**Beispiel 1:**

*Ein Landwirt vergisst, das Tor zu seiner umzäunten Weide richtig zu verschließen, sodass seine Schafe das Tor aufstoßen können und von der Weide auf eine ICE-Strecke gelangen. Nach Alarmierung der Bundespolizei werden mehrere Streifen eingesetzt, denen es gelingt, durch das Klappern mit Schrotdosen und das Anbieten von trockenen Brotstücken die Schafe von den Gleisen und zurück auf die Weide zu locken.*

**Beispiel 2:**

*Eine Streife der Bundespolizei sieht einen Hund im Gleisbereich des Bahnsteigs 7 aufgeregt auf und ab laufen. Trotz vieler Nachfragen bei Personen auf dem Bahnsteig lässt sich ein Halter oder Besitzer des Tieres nicht ausfindig machen. Der Streife gelingt es, den nervösen Hund einzufangen. Gerade als die Beamten mit dem Hund auf dem Weg zur Dienststelle sind, kommt ihnen der H entgegen, gibt sich als Halter des Hundes zu erkennen und bedankt sich bei den Beamten mit den Worten: „Hasso ist mir in der letzten Woche nun schon drei Mal weggelaufen, vielleicht sollte ich doch mal darüber nachdenken, eine Leine für ihn zu kaufen.“*

**Beispiel 3:**

*Auf der Bahnstrecke zwischen Aachen und Köln wird ein freilaufender Hund gemeldet. Dieser wird nach einer Fahndung im Bereich der Gleise tot aufgefunden und von den eingesetzten PVB geborgen. Anhand der Hundemarke wird der Halter ermittelt. Dieser war davon ausgegangen, dass sein Hund sich im Garten befindet und hatte gar nicht bemerkt, dass das Tier das Grundstück verlassen hatte.*

**Beispiel 4:**

*Der Hund einer älteren Dame stürzt ins Gleisbett und bricht sich dabei ganz unglücklich das Genick. Um weiteren Sachschaden durch das Ableben des Hundes zu verhindern, muss eine Streife der Bundespolizei den Hund bergen; dafür wird das Gleis vorübergehend gesperrt.*

---

240 Vgl. hierzu vertiefend die Ausführungen zu Ziffer 1.1.2, Kapitel 3.2.1.

**Beispiel 5:**

*Ein im Bahnhof freilaufender Rottweiler stürzt ins Gleis und bricht sich dabei die Pfote. Dem Rottweiler gelingt es nicht, aus dem Gleis herauszukommen; das Tier ist mit der Situation und den Schmerzen sichtlich überfordert. Die KSB versuchen, teils sogar unter Selbstgefährdung, den Rottweiler aus den Gleisen zu retten. Das Tier wird aber zunehmend aggressiver und greift die Beamten an. Schließlich muss der Rottweiler getötet werden.*



Die **Tötung von Tieren** als solche ist nicht mit einer Gebührenpflicht belegt. Muss ein verletztes, krankes oder gefährliches Tier im Zusammenhang mit einer versuchten Rettung oder Bergung getötet werden, so ist dies von der Gebühr nach der Nr. 1.1.8 GAV mit umfasst.

**Beispiel 6:**

*Die Fluggesellschaft Air France transportiert trotz vieler Proteste von Tierschützern weiterhin auf dem Luftwege Tiere, darunter auch solche, die später für Tierversuche zur Verfügung stehen sollen. Ein Transportkäfig in einer noch am Boden befindlichen Maschine ist nicht ordnungsgemäß verschlossen, weshalb es einigen Affen gelingt zu entkommen. Sie toben über das Vorfeld und klettern überall herum. Den Tieren droht Gefahr von den ankommenden Luftfahrzeugen. Sie können schließlich von der Bundespolizei eingefangen werden.*

### Ziffer 1.2 – Auslagen neben den Gebühren zu Nummer 1.1

| | **Gegenstand** | |
|---|---|---|
| | **Bundespolizeigesetz (BPolG)** | |
| **Nr.** | **Gebühren- oder Auslagentatbestand** | **Gebühren/ Auslagen in Euro** |
| 1 | Abwehr von Gefahren nach § 14 BPolG | |
| 1.2 | Bei den Gebührentatbeständen der Nummer 1.1 sind neben den Gebühren folgende Kosten als Auslagen zu erheben: | |
| 1.2.1 | Kosten für den Einsatz von Hubschraubern, Booten, Schiffen und Wasserwerfern | |
| 1.2.2 | Kosten für die Reinigung verunreinigter Diensträume, Dienstfahrzeuge, Uniformen oder sonstiger Sachen, die im Dienstgebrauch verwendet werden | |
| 1.2.3 | Kosten anderer Behörden und Dritter | |
| 1.2.4 | Kosten für die Verpflegung der gefundenen, geretteten, aufgegriffenen oder aufgefundenen Person | |
| 1.2.5 | Kosten für Kleidung für die gefundenen, geretteten, aufgegriffenen oder aufgefundenen Personen | |

## Zu Ziffer 1.2

Die Nr. 1.2 GAV bestimmt, dass den diversen Gebührentatbeständen, die innerhalb der Nr. 1.1 GAV vorgesehen und jeweils Zeitgebühren unterlegt sind, *ergänzend* noch bestimmte **Auslagen** zugeordnet werden. Auslagen sind zumeist Kosten Dritter, die der Bundespolizei in Rechnung gestellt werden. Diese Rechnung des Dritten muss dann dem Gebührenbescheid als Kostennachweis in Kopie beigefügt werden. Auch die Kosten für den Einsatz von Hubschraubern, Schiffen, Booten oder Wasserwerfern werden als Auslagen erfasst. Das jeweils zugehörige Bedienpersonal ist nicht zusätzlich im Gebührenbescheid zu erfassen, sondern bereits in die Auslage eingerechnet.

Bei den in der Nr. 1.2 GAV vorgesehenen Auslagen handelt es sich um solche nach § 12 I Nr. 1 BGebG und nicht um regelmäßige Leistungen i. S. d. § 9 I 2 BGebG, welche in die Gebühr einzukalkulieren sind. Denn die im Gebühren- und Auslagenverzeichnis in den Nrn. 1.2.1 bis 1.2.5 GAV bestimmten Kosten sind nicht zwangsläufig oder typischerweise mit der jeweiligen polizeilichen Maßnahme verbunden, oder sie fallen im Einzelfall in unterschiedlicher Höhe an. Sie können somit nicht in die Gebühr nach § 9 I 2 BGebG einbezogen werden. Daher müssen sie gesondert als Auslagen ausgewiesen werden.

Wird die Hinzuziehung von *Dolmetschern* im Rahmen von Maßnahmen der Bundespolizei im Sinne der Tatbestände der Nr. 1.1 GAV erforderlich, so werden diese Kosten nach der Nr. 13 GAV erhoben, und zwar ebenfalls als Auslagen.

Die Kosten nach den Nrn. 1.2.2 bis 1.2.5 GAV sowie nach der Nr. 13 werden gemäß § 12 I BGebG *in der tatsächlich entstandenen Höhe erhoben.* Dies gilt ebenso für den Einsatz eines Hubschraubers, Schiffes, Bootes oder Wasserwerfers (jeweils einschließlich des Bedienungspersonals) im Rahmen der Nr. 1.2.1 GAV.

Für den **Einsatz von Personenkraftwagen** der Bundespolizei werden keine Auslagen erhoben, da diese Kosten von den in der Anlage 1 Teil A zur AGebV bestimmten allgemeinen pauschalen Stundensätzen für Polizeivollzugsbeamtinnen und -beamte des Bundes bereits umfasst sind. Die Kosten für den Einsatz eines Pkw der Bundespolizei haben daher schon bei der Bemessung der Gebührenhöhe für den Stundensatz Berücksichtigung gefunden.

## Zu Ziffer 1.2.1

Die als Auslagen zu erhebenden Kosten für den Einsatz von **Hubschraubern, Booten, Schiffen** und **Wasserwerfern** sind im Einzelnen in der AGebV festgelegt. Andere Kosten für *sonstige Führungs- und Einsatzmittel* wie Kraftfahrzeuge, technische Gerätschaften oder Diensthunde sowie für den Transport von Gerätschaften, Diensthunden oder sonstigen Einsatzmitteln zum Einsatzort können *nicht* zusätzlich erhoben werden. Die Kosten hierfür sind in der jeweiligen Gebühr bereits mit enthalten. Für die besonderen Stundensätze der o. g. Einsatzmittel gelten die jeweiligen Mehrkostensätze der BRAS 640.[241]

Bundespolizeiliche Praxisbeispiele für den Einsatz der in der Nr. 1.2.1 GAV aufgeführten diversen Dienstfahrzeuge gibt es in beachtlicher Zahl:

**Beispiel 1:**

*Polizeihubschrauber (PHS) werden häufig zur Absuche von Streckenabschnitten der DB AG eingesetzt, etwa im Rahmen von Such- oder Rettungseinsätzen oder bei Hinweisen über im Gleis befindliche oder vermutete Menschen oder Tiere.*

**Beispiel 2:**

*Ein starker Schneefall belastet die Oberleitungen der Bahn so sehr, dass sie zu reißen drohen. Dies hätte schwere Beeinträchtigungen des Bahnverkehrs zur Folge. Mithilfe von Hubschraubern der Bundespolizei wird der Schnee von den Oberleitungen geweht.*

**Beispiel 3:**

*Alarmierte Einsatzkräfte der Bundespolizei müssen besonders schnell zu einem bestimmten Ereignisort verbracht werden. Aufgrund der Eilbedürftigkeit des Anlasses wird der Einsatz eines PHS zur schleunigen Heranführung der Kräfte angeordnet.*

Transportkosten für Einsatzkräfte sind im Allgemeinen bereits von der Zeit- oder Festgebühr für die zugrunde liegenden Maßnahmen abgedeckt. Ausnahmen bestehen für den im Beispiel einschlägigen luft- oder ggf. auch wasserlastigen Transport von eigenen Kräften sowie im Falle von Grenzkontrollen aufgrund von Grenzerlaubnissen nach der Nr. 12.3 GAV.

**Beispiel 4:**

*Nach einem Gefahrenhinweis, der sich auf ein Schutzobjekt der Bundespolizei am Wasser bezieht, wird ein Aufklärungseinsatz mit einem Boot angeordnet.*

**Beispiel 5:**

*Bei einer auf See in Not geratenen Person wird ein Rettungseinsatz mit einem Schiff durchgeführt. Zu beachten ist hier allerdings die besondere Beschränkung der bundespolizeilichen Aufgaben auf die Gewässer jenseits des Küstenmeeres nach § 6 BPolG.*[242]

---

241 Vgl. hierzu vertiefend Kapitel 2.8.2.

242 Siehe hierzu vertiefend die Ausführungen zu Ziffer 1.1.5.

**Beispiel 6:**

*Spezielle Anlässe wie ein ABC-Dekontaminationseinsatz oder ein Bahnunfall, der einen Chemietransport betrifft, kann der Einsatz eines Wasserwerfers notwendig sein, um schnell eine große Menge benötigten Wassers heranzuführen.*

## Zu Ziffer 1.2.2

Auch die in der Nr. 1.2.2 GAV beschriebenen **Reinigungskosten** sind *als Auslagen* und nicht als Gebühr ausgestaltet worden. Insbesondere sind hier erfasst diejenigen Kosten, die von der Bundespolizei an eine Reinigungsfirma zu zahlen sind und die damit durch die Bundespolizei vorverauslagt werden, was bei Sonderreinigungen von Diensträumen, Fahrzeugen und sonstigen Gegenstände (Mobiliar, Uniform etc.) in Fällen einer erheblichen Verschmutzung häufiger in Betracht kommen wird.

Als Auslagen können dabei nur solche Reinigungskosten erhoben werden, die über die normale, routinemäßig ohnehin erfolgende Unterhaltsreinigung hinausgehen. Es muss also aufgrund der dem Gebührenschuldner individuell zurechenbaren Verschmutzung eine Sonderreinigung erforderlich sein. Die Entscheidung über die Notwendigkeit und den Umfang von externen Reinigungsmaßnahmen hat nach pflichtgemäßem Ermessen zu erfolgen. Die Ausübung dieses Ermessen muss dem Gebührenpflichtigen gegenüber im Gebührenbescheid dargelegt und begründet werden. Daher sollte die in Rede stehende Verschmutzung in geeigneter Form, bspw. durch Fotos, *dokumentiert* werden. Da die Reinigungskosten als Auslagen erhoben werden, müssen diese Auslagen durch die Vorlage einer Rechnung auch nachgewiesen werden.

Da die Reinigungskosten nach den Kostentatbeständen des Gebühren- und Auslagenverzeichnisses jedenfalls an dieser Stelle explizit *als Auslagen* erhoben werden, müssen diese Kosten durch die Vorlage einer Rechnung nachgewiesen werden. Grundsätzlich werden damit nur Reinigungskosten erhoben, wenn sie *durch Dritte* erbracht und konkret abgerechnet wurden. Nehmen im konkreten Einzelfall PVB der Bundespolizei selbst Reinigungsmaßnahmen vor (z. B. als schnell zu realisierende Erstmaßnahme zwecks Beseitigung von Schmutz, Blut, Erbrochenem etc.), dann sind diese Maßnahmen kostenrechtlich bereits von den jeweiligen Gebührentatbeständen der Hauptmaßnahme mit abgedeckt. Das kann allerdings bei Zeitgebühren dazu führen, dass sich der Zeitaufwand für diese Hauptmaßnahme aufgrund der keinen Aufschub duldenden eigenen Reinigungstätigkeit verlängert, wenn bspw. ein PVB wegen der Reinigungsmaßnahme nicht sofort abgezogen werden kann, sondern noch zehn Minuten länger gebunden bleibt. Dann sind diese

Zeiten unmittelbar durch die dem Gebührenpflichtigen erbrachte öffentliche Leistung verursacht und stehen mit ihr im Zusammenhang.

Dennoch stellt diese Art der Berechnung von Reinigungskosten eine problematische Variante dar, weil die BMIBGebV bei Reinigungskosten von Auslagen spricht, die in der Regel durch Rechnungsbeleg nachzuweisen sind. Reinigt aber ein PVB selbst, gibt es keine Rechnung. Denkbar wäre hierfür nur die Möglichkeit einer pauschalierten Zeitgebühr, was nach § 3 BMIBGebV legitim wäre. § 3 BMIBGebV erscheint anwendbar, weil der allgemeine Reinigungskostentatbestand in der Nr. 1.2.2 GAV mit keinem konkreten Betrag verknüpft wird. Fraglich bleibt dann allerdings immer noch die konkrete Art und Weise der Berechnung. Begrifflich würde es sich dann um eine Gebühr handeln, nicht um eine Auslage. Bei der Beauftragung eines Reinigungsunternehmens gegen Rechnung handelt es sich eindeutig um eine Auslage (§ 12 I Nr. 3 2. Alt. BGebG), womit man bei dieser Vorgehensweise immer auf der sicheren Seite ist. Ein weiterer Vorteil der Beauftragung eines Reinigungsunternehmens ergibt sich daraus, dass auf diese Weise die ansonsten mit Reinigungsaufgaben betrauten Polizeikräfte entlastet werden und damit für die Erfüllung ihrer eigentlichen Aufgaben zur Verfügung stehen.

Während das Gebühren- und Auslagenverzeichnis an verschiedenen Stellen Kostentatbestände für die Reinigung enthält, findet sich dagegen *kein* Gebührentatbestand **für Beschädigungen**. Was die Frage des Kostenersatzes bei beschädigten Uniformen etc. anbelangt, so hat der Verordnungsgeber jedenfalls bis dato von der Schaffung eines entsprechenden Gebührentatbestandes abgesehen und es insoweit bei den bereits vorhandenen und bewährten schadensersatzrechtlichen Regelungen belassen. Das ergibt auch im dogmatischen Ansatz durchaus Sinn, denn der theoretische Grundgedanke beim **Schadensersatz** lautet ja „Naturalrestitution“, die Möglichkeit von Geldersatz ist nach dem gesetzlichen Modell eigentlich nur eine Sekundärlösung (wenngleich auch die in der Praxis dominierende). Bei den Gebühren- und Auslagenregelungen im öffentlich-rechtlichen Kostenrecht geht es hingegen von vornherein immer nur um eine Geldleistung für einen gewissen von der Verwaltung betriebenen Aufwand – das ist schon eine deutlich andere Ausgangssituation, die an das zivilrechtliche Verhältnis von Leistung und Gegenleistung erinnert. Es fehlt also bei der Verursachung von Schäden an einer individuell zurechenbaren öffentlichen Leistung, die für eine Gebührenerhebung notwendig wäre. Man könnte zwar in Erwägung ziehen, die Wiederherstellung des ursprünglichen Zustandes oder ggf. die Ersatzbeschaffung als derartige Leistung anzusehen, aber damit wären vorhersehbar weitere dogmatische Schwierigkeiten und Unsicherheiten verbunden.

Für die Geltendmachung von Schadensersatz bei beschädigten Uniformen oder Ausrüstungsgegenständen gibt es übrigens eine einfache und kostengünstige Verfahrensvariante: Da in diesen Fällen meist Strafverfahren wegen Sachbeschädigung, Widerstandes und Körperverletzung eingeleitet werden, kann man die entstandenen Schäden im sog. **„Adhäsionsverfahren“** schon im Rahmen des Strafverfahrens im Antragswege geltend machen; das dann ergehende Urteil ist ein Doppelurteil (Straf- und zugleich Zivilurteil); eine anschließende Zivilklage wird überflüssig. Das Adhäsionsverfahren hat in den letzten Jahren durchaus an Bedeutung gewonnen. Und nach h. M. ist antragsberechtigt im Adhäsionsverfahren nicht nur der unmittelbar durch die Straftat Verletzte, sondern auch der nur mittelbar Verletzte, insbesondere der Eigentümer einer beschädigten Sache, wenn dieser nicht mit dem unmittelbar betroffenen Opfer der Tat identisch ist (zu weiteren Einzelheiten s. die §§ 403 ff. StPO).

**Zu Ziffer 1.2.3**

Gemäß der Nr. 1.2.3 GAV sind die **Kosten anderer Behörden** sowie die **Kosten Dritter** ebenfalls *als Auslagen* zu erheben, sofern diese tatsächlich nachweisbar entstanden und von der Bundespolizei zu tragen sind. *Kosten anderer Behörden* können z. B. die Kosten der Feuerwehr oder des Technischen Hilfswerks sein. *Kosten Dritter* können insbesondere sein die Kosten für eingesetzte bzw. beauftragte Übersetzer, Schlüsseldienste, Ärzte etc. Entstehen solche Kosten im Zusammenhang mit Maßnahmen i. S. d. Nrn. 1.1.1 bis 1.1.8 GAV, so sind die von der Bundespolizei zu tragenden Kosten gemäß der Nr. 1.2.3 GAV als Auslagen beim Gebührenschuldner zu erheben. Für die Kosten von *Dolmetschern* enthält das Gebühren- und Auslagenverzeichnis in der Nr. 13 GAV einen gesonderten Kostentatbestand.

**Zu Ziffer 1.2.4**

Die Nr. 1.2.4 GAV erlaubt die Erhebung der Kosten für die **Verpflegung** von gefundenen, geretteten, aufgegriffenen oder aufgefundenen Personen. Die Notwendigkeit einer solchen Verpflegung kann sich namentlich stellen bei Einsätzen nach der Nr. 1.1.5 GAV (betreffend die Suche oder Rettung von Personen) oder bei Einsätzen nach der Nr. 1.1.7 (betreffend das Aufgreifen oder Auffinden von unter Aufsicht stehenden oder betreuten Personen).

**Zu Ziffer 1.2.5**

Die Nr. 1.2.5 GAV regelt die Erhebung von Kosten für **Kleidung** für gefundene, gerettete, aufgegriffene oder aufgefundene Personen. Derartige Kleidungskosten können ebenso wie die vorstehend erläuterten Verpflegungskosten vor allem anfallen bei Einsätzen nach der Nr. 1.1.5 GAV (betreffend die Suche oder Rettung von Personen) oder bei Einsätzen nach der Nr. 1.1.7 (betreffend das Aufgreifen oder Auffinden von unter Aufsicht stehenden oder betreuten Personen).

Dabei kann es sich je nach Einzelfall um verschiedene Kleidungsstücke handeln, die aus humanitären oder gesundheitlichen Gründen von der Bundespolizei zur Verfügung gestellt werden, wie etwa im Winter festes Schuhwerk und wintergerechte Kleidung oder im Falle der Unbrauchbarkeit oder des Fehlens eigener Kleidungsstücke der Person Dinge wie Unterwäsche, Hose, Pullover, soweit nicht andere Behörden hierfür zuständig sind.

**Kostenfrei ist die Gestellung von Ersatzbekleidung**, wenn die eigentliche Kleidung einer Person im Strafverfahren bspw. als **Spurenträger** sichergestellt werden musste. Da hier im Ursprung kein Einsatz zur Gefahrenabwehr, sondern die Strafverfolgung im Vordergrund stand, unterfallen diese Kosten für Ersatzbekleidung dem Kostenregime der StPO und nicht der BMIBGebV.

### Ziffer 1.3 – Ordnungsverfügungen (Verfügung eines Mitführverbots und Erteilung einer Meldeauflage)

| | **Gegenstand** | |
|---|---|---|
| | **Bundespolizeigesetz (BPolG)** | |
| **Nr.** | **Gebühren- oder Auslagentatbestand** | **Gebühren/ Auslagen in Euro** |
| 1 | Abwehr von Gefahren nach § 14 BPolG | |
| 1.3 | Ordnungsverfügungen | |
| 1.3.1 | Verfügung eines Mitführverbots | nach Zeitaufwand |
| 1.3.2 | Erteilung einer Meldeauflage | nach Zeitaufwand |

### Zu Ziffer 1.3

Die Nr. 1.3 GAV betrifft den Erlass bestimmter **Ordnungsverfügungen**. Diese können – wie jede andere Gefahrabwehrverfügung auch – vor dem Hintergrund einer konkreten Gefahrenlage ergehen. Typisch ist der Erlass von Ordnungsverfügungen etwa im zeitlichen Vorfeld einer bevorstehenden Großlage (Fußballspiel, Versammlung, Konzert, sonstige Großveranstaltung), um bestimmte Gefahren schon vorbeugend zu bekämpfen.

Dabei wird häufig das Mittel der sog. „Allgemeinverfügung“ gewählt, um z. B. mit entsprechender Breitenwirkung ein Mitführungsverbot zu erlassen, bezogen auf bestimmte gefährliche Gegenstände. Derartige, an die Allgemeinheit gerichtete Verfügungen unterfallen jedoch nicht der Ziffer 1.3. Es bedarf vielmehr einer individuellen Ordnungsverfügung an eine bestimmte Person.

Als typische Ordnungsverfügung gilt weiterhin die sog. „Meldeauflage". Bei den mit Zeitgebühren unterlegten Kostentatbeständen nach der Nr. 1.3 GAV ist abzustellen auf die in der Anlage 1 Teil A zur AGebV hinterlegten Stundensätze mit Zuordnung nach Laufbahngruppen und den Einsatz von Hubschraubern und Booten. Es fallen je Stunde und eingesetzten PVB im mittleren Dienst 62,00 Euro an, bei PVB im gehobenen Dienst 75,19 Euro und bei PVB im höheren Dienst 96,59 Euro.

Innerhalb der Nr. 1.3 GAV ist zu unterscheiden zwischen dem Kostenbestand gemäß der Nr. 1.3.1 GAV betreffend die **Verfügung eines Mitführverbots** und dem weiteren Kostentatbestand in der Nr. 1.3.2 GAV betreffend die **Erteilung einer Meldeauflage**.

**Zum Kostenschuldner:**

Gebührenschuldner sind dabei regelmäßig nach § 3 II Nr. 4 BGebG die Adressaten der Verfügung, z. B. weil sie als Verhaltensstörer nach § 17 BPolG einzustufen sind. Für diese Gebührentatbestände wurde zunächst eine *Zeitgebühr* bestimmt, da in der sog. „Aufschreibungsphase", auch nach deren Verlängerung, noch nicht in ausreichendem Maße Daten erhoben werden konnten, welche die Berechnung einer Festgebühr zugelassen hätten. Trotz der zu vermutenden Gleichartigkeit der ablaufenden Verwaltungsprozesse im Zusammenhang mit dem Verfügen von Mitführverboten und Meldeauflagen werden diese Gebührentatbestände also bis auf Weiteres im Gebühren- und Auslagenverzeichnis mit einer Zeitgebühr verknüpft.

## Zu Ziffer 1.3.1

Die Verfügung eines sog. **„Mitführverbots"** ist vor allem üblich im Zusammenhang mit Fußballspielen. Im Vorfeld von Fußballspielen ergehen häufig Allgemeinverfügungen, die Mitführverbote beinhalten, welche sich auf *gefährliche* oder *unerwünschte* Gegenstände beziehen, wie z. B. Glasflaschen, Pyrotechnik, Messer oder Behältnisse, die alkoholische Getränke enthalten. Hierbei ist im Auge zu behalten, dass aufgrund des verfassungsrechtlich und teilweise auch einfachgesetzlich verankerten Bestimmtheitsgebots (vgl. z. B. § 37 I VwVfG) die inkriminierten Gegenstände jeweils näher und ausreichend konkret bezeichnet werden müssen, z. B. in Form einer Liste wie im Luftsicherheitsrecht oder durch konkrete Einzelbestimmung. Das Bestimmtheitsgebot verlangt in diesem Zusammenhang, dass der Bürger genau weiß, welche Gegenstände von dem Mitführverbot umfasst sind. Ein nur pauschales Verbot, potentiell gefährliche Gegenstände mitzuführen, genügt diesem Erfordernis nicht.

Mitführverbote können als *Einzelverbot* oder, wie eben aufgezeigt, in Gestalt einer *Allgemeinverfügung* ergehen. Bei der letzteren ist zu beachten, dass für die Bekanntgabe speziell von Allgemeinverfügungen eine Sonderregelung gilt: Verwaltungsakte in der Form einer Allgemeinverfügung dürfen öffentlich bekannt gegeben werden, wenn eine Bekanntgabe an einzelne Beteiligte *untunlich* ist (§ 41 III 2 VwVfG). Unabhängig davon gilt für Allgemeinverfügungen (die ja stets Verwaltungsakte darstellen) auch die in § 41 III 1 VwVfG enthaltene Grundregel, die besagt, dass die öffentliche Bekanntgabe eines Verwaltungsaktes generell dann zulässig ist, wenn sie durch Rechtsvorschrift ausdrücklich zugelassen ist. Ein Mitführverbot in Gestalt einer solchen Allgemeinverfügung wäre nicht kostenpflichtig.

Ein Mitführverbot kann von der Bundespolizei aber auch gezielt gegen eine einzelne Person ausgesprochen werden, wenn diese in einer bestimmten Lage durch das Mitführen gefährlicher oder unerwünschter Gegenstände auf dem Gebiet der Bahnanlagen der Eisenbahnen des Bundes eine konkrete Gefahr verursachen würde. So kann einer Person im Rahmen einer sog. „Gefährderansprache" vorbeugend ein konkretes Mitführverbot erteilt werden, z. B. betreffend die Mitführung von Waffen, konkret bezeichneten gefährlichen Gegenstände oder von Pyrotechnik.

**Beispiel 1:**

*Einem C-Fan, der bekannt dafür ist, dass er unter Alkoholeinfluss zu Gewalttätigkeiten neigt, wird vor einem Fußballspiel im Rahmen einer Gefährderansprache von einem sog. „szene- und fankundigen Beamten" ein Mitführverbot auferlegt, das sich auf Alkohol und Glasflaschen bezieht.*

**Adressat** eines gebührenpflichtigen Mitführverbots ist bspw. der Fußballfan, der bereits in der Vergangenheit mit Pyrotechnik angetroffen wurde oder dem im Zuge von Videoauswertungen eine frühere missbräuchliche Verwendung von Pyrotechnik während des Fußballanreiseverkehrs nachgewiesen werden konnte.

**Beispiel 2:**

*Immer wieder wird der notorische Graffitisprayer G festgestellt, wie er Züge der DB AG besprüht. Zur vorbeugenden Gefahrenabwehr wird ihm per Ordnungsverfügung untersagt, entsprechende Straftaten zu begehen, die entsprechenden Bahnanlagen unberechtigt zu betreten und schließlich auf Bahnhöfen und in Zügen typische Utensilien zur Fertigung von Graffiti mitzuführen.*

**Beispiel 3:**

*In den Zügen zwischen zwei Städten kommt es immer wieder zu Sexualstraftaten zum Nachteil Minderjähriger. Der inzwischen ermittelte Straftäter S spricht hierbei regelmäßig Minderjährige auf anzügliche Weise an und zeigt diesen Nacktbilder von sich und andere pornografische Schriften auf seinem Handy und einer Digitalkamera. Per Ordnungsverfügung wird er unter Androhung eines Zwangsgeldes zur Unterlassung der Straftaten aufgefordert. Zusätzlich wird ein Mitführverbot für Schriften und Datenträger mit pornografischen und sexuellen Inhalten gegen ihn verfügt.*

**Zu Ziffer 1.3.2**

Die Ziffer 1.3.2 GAV begründet eine Gebührenpflicht für die **Erteilung einer Meldeauflage**. Eine *Meldeauflage* beinhaltet das an eine Person ergehende Gebot, sich während eines bestimmten Zeitraums zu bestimmten Zeiten unter Vorlage eines Ausweisdokuments bei einer bestimmten Polizeibehörde oder -dienststelle einzufinden und sich dort zu legitimieren.[243] Eine derartige Auflage erlaubt eine gewisse Kontrolle des aktuellen Aufenthaltsorts des Betroffenen. Diese Maßnahme dient typischerweise der Straftatenverhütung. Sie soll verhindern, dass sich durch den Aufenthalt der betroffenen Person an einem bestimmten Ort zu einer bestimmten Zeit eine Gefahr entwickelt. Dieses Ziel wird dadurch erreicht, dass man den Betreffenden dazu zwingt, sich zum fraglichen Zeitpunkt woanders aufzuhalten, weil er sonst die Meldeauflage nicht erfüllen könnte.

**Beispiel 4:**

*Der als gewalttätig bekannte Fußballfan F hat bei den letzten Spielbegegnungen seiner Heimatmannschaft mit dem Tabellenführer keine Gelegenheit ausgelassen, rivalisierende Fans zu bedrohen, anzugreifen und zu verletzen. Dabei hat er auch keine Rücksicht auf Bahnreisende genommen, sodass auch einige von diesen verletzungsbedingt im Krankenhaus behandelt werden mussten. Als wieder ein solches Spiel bevorsteht, wird gegen F für den Tag des Spiels ein Betretensverbot für den Hauptbahnhof und für alle S-Bahnhöfe entlang der Anfahrtstrecke zum Stadion und zugleich eine Meldeauflage erteilt. Diese besagt, dass sich F während der An- und Abreisephase wiederholt zu bestimmten Zeiten bei der Dienststelle eines bestimmten S-Bahnhofs zu melden hat. Dieser Bahnhof mitsamt der Dienststelle liegt genau am anderen Ende der Stadt an einer ganz anderen Strecke und kann deshalb von den Fußballfans für die An- und Abreise nicht genutzt wird.*

Meldeauflagen werden durch die Bundespolizei insbesondere erteilt, um ein *Betretungsverbot* oder eine *Ausreiseuntersagung* durchzusetzen.

**Beispiel 5:**

*Bei einem bevorstehenden Risiko-Spiel im Ausland soll möglichst verhindert werden, dass es zu Gewaltaktionen von deutschen Fußballfans kommt. Deshalb wird unter anderem dem als gewalttätig bekannten deutschen F eine Ausreiseuntersagung nach dem Passgesetz erteilt. Um zu gewährleisten, dass F*

243 BVerwGE 128, 142, 148.

*sich an diese Ausreiseuntersagung hält, wird ihm zugleich eine Meldeauflage erteilt. Diese besagt, dass er an den beiden Tagen vor dem Spiel, am Tag des Spiels und auch am Tag nach dem Spiel jeweils zweimal täglich bei der BPOLI an seinem Wohnort vorstellig zu werden hat.*



Gemäß der Nr. 1.3.2 GAV löst die Erteilung einer Meldeauflage eine *Zeitgebühr* aus. Für spätere mit der Meldung verbundene Tätigkeiten (wie die Legitimationskontrolle) entstehen keine weiteren Kosten. Ein Gleiches gilt für den Gebührentatbestand nach Nr. 1.3.1 GAV für die Erteilung eines Mitführverbots. Auch hier ist lediglich die Erteilung des Verbots als solche gebührenpflichtig. Für spätere Kontrollmaßnahmen oder für die Feststellung eines Verstoßes fallen keine sonstigen Gebühren an.

Daher wäre an dieser Stelle, also im Rahmen der Nr. 1.3 GAV, nach der Systematik des Gebührenrechts eigentlich eine **Festgebühr** eher zutreffend. Für die in Rede stehenden Gebührentatbestände konnten jedoch, während der Aufschreibungsphase im Vorfeld des Erlasses der BMIBGebV und auch nach der Verlängerung dieser Phase nicht in ausreichendem Maße Daten erhoben werden, welche die Berechnung einer Festgebühr zugelassen hätten.

Dies mag daran liegen, dass im Bundespolizeigesetz die entsprechenden Spezialbefugnisse fehlen und solche Maßnahmen nur aufgrund der polizeilichen Generalklausel ergehen können. Dies bringt eine gewisse Rechtsunsicherheit mit sich, denn die meisten Bundesländer haben für diese Maßnahmen Standardbefugnisse in ihren Polizeigesetzen. Bei Fehlen einer ausdrücklichen Standardbefugnis kann aber nach h. M. insbesondere eine Meldeauflage hilfsweise auch auf die einschlägige Generalermächtigung gestützt werden[244]. Dennoch wird auf ein solches Konstrukt in der Praxis eher nur im Ausnahmefall zurückgegriffen. So konnte trotz der zu vermutenden Gleichartigkeit der ablaufenden Verwaltungsprozesse im Zusammenhang mit dem Aussprechen von Mitführverboten und Meldeauflagen in der BMIBGebV für die betreffenden Gebührentatbestände zunächst jeweils nur eine Zeitgebühr bestimmt werden, obwohl eine Festgebühr näher liegend erscheint.

Für die Erteilung einer der o. g. Ordnungsverfügungen kommen zahlreiche Prozess- und Arbeitsschritte kostenrechtlich in Betracht. Sollte es künftig noch einmal zu einer Erhebung der relevanten Bearbeitungszeiten zur Erstellung einer Ordnungsverfügung kommen, sollten solche Prozess- und Arbeitsschritte berücksichtigt werden, die unmittelbar mit dem rechtssicheren Erlass der Verfügung verknüpft sind und diesen bedingen. Sämtliche Tätigkeiten, die in der Bundespolizei ausschließlich auf internen (anderweitig begründeten) Verfahrensweisen beruhen, sollten demnach nicht berücksichtigt werden. Berücksichtigungsfähig bei der Be-

244 Vgl. dazu grundlegend BVerwGE 128, 142.

rechnung einer Festgebühr und gegenwärtig auch bei der Kalkulation der Zeitgebühr sind insbesondere: die Entgegennahme und Prüfung des Vorgangs sowie die Entscheidung über den Erlass der Ordnungsverfügung, die Anhörung des Betroffenen, die notwendige, ggf. anfallende Korrespondenz mit dem Betroffenen im Wege der Anhörung, die schriftliche Verfassung der Verfügung selbst.

### Ziffer 2 – Unmittelbare Ausführung einer Maßnahme nach § 19 BPolG

| | **Gegenstand** | |
|---|---|---|
| | **Bundespolizeigesetz (BPolG)** | |
| **Nr.** | **Gebühren- oder Auslagentatbestand** | **Gebühren/ Auslagen in Euro** |
| 2 | Unmittelbare Ausführung einer Maßnahme nach § 19 BPolG | |
| 2.1 | Anordnung und Vollzug der unmittelbaren Ausführung einer Maßnahme | nach Zeitaufwand |
| 2.2 | Bei dem Gebührentatbestand der Nummer 2.1 sind neben der Gebühr die in den Nummern 1.2.1 bis 1.2.3 bezeichneten Kosten als Auslagen zu erheben. | |

### Zu Ziffer 2

Die Nr. 2 GAV nimmt Bezug auf das Rechtsinstitut der **unmittelbaren Ausführung**, das im Bundesrecht und auch in den Rechtsordnungen der allermeisten Bundesländer gesetzlich normiert ist. Im Bundesrecht findet sich die entsprechende Regelung in § 19 BPolG. Seit dem 1.10.2019 hat die eben genannte Vorschrift die folgende neue Textfassung:

> *„**§ 19 Unmittelbare Ausführung einer Maßnahme:** Die Bundespolizei kann eine Maßnahme selbst oder durch einen Beauftragten unmittelbar ausführen, wenn der Zweck der Maßnahme durch Inanspruchnahme der nach § 17 oder § 18 Verantwortlichen nicht oder nicht rechtzeitig erreicht werden kann. Der von der Maßnahme Betroffene ist unverzüglich zu unterrichten."*

Der Gebührenschuldner für die durch die Nr. 2 GAV begründete Gebührenpflicht bei unmittelbarer Ausführung lässt sich über die in § 3 II Nr. 3 oder 4 BGebG enthaltene Regelung ermitteln. Es ist die von der unmittelbaren Ausführung begünstigte bzw. sonst betroffene Person, in deren Pflichtkreis regelmäßig ein Anknüpfungspunkt rechtlich begründet sein wird: Die unmittelbare Ausführung einer Maßnahme ist immer nur deshalb erforderlich, weil der Zweck der Maßnahme durch die Inanspruchnahme des nach § 17 oder § 18 BPolG Verantwortlichen entweder gar nicht oder jedenfalls nicht rechtzeitig erreicht werden kann und sich die

Polizei deshalb gezwungen sieht, unter Verzicht auf die im Normalfall übliche Inanspruchnahme der eigentlich verantwortlichen Person auf Abhilfe einen anderen Weg zu gehen, indem sie nunmehr selbst und sofort (eben „unmittelbar“) eingreift, um die bestehende Gefahr auf diese Weise durch eigene Tätigkeit abzuwenden. Diese eigene Tätigkeit der Polizei kann sich ggf. darauf beschränken, einen Dritten einzuschalten und mit einer bestimmten Maßnahme zu beauftragen, wenn diese Vorgehensweise nach den Umständen zweckmäßig oder sogar unausweichlich erscheint.

Der Polizei wird also durch die Rechtsfigur der unmittelbaren Ausführung ein gewisser Handlungsspielraum eingeräumt, der es ihr ermöglicht, notwendige Maßnahmen zur Gefahrenabwehr selbst vorzunehmen bzw. in geeigneten Fällen einen Dritten mit der Ausführung von Maßnahmen zu beauftragen. Es handelt sich insofern beim Rechtsinstitut der unmittelbaren Ausführung um keine eigenständige Kompetenzregelung, aus der sich bereits die Zulässigkeit eines bestimmten Eingriffs ergeben würde. Vielmehr rechtfertigt die in § 19 BPolG getroffene Regelung lediglich den Verzicht der Polizei auf die eigentlich übliche Inanspruchnahme des Verantwortlichen selbst. Das erklärt auch die systemische Einordnung der Vorschrift, die in den Kontext der sog. „Störervorschriften“ eingeordnet worden ist: Die §§ 17–20 BPolG regeln ja bekanntlich schwerpunktmäßig die Frage, welche Personen als mögliche Adressaten einer polizeilichen Inanspruchnahme in Betracht kommen.

Als Beispiele für Maßnahmen, die im Rahmen einer unmittelbaren Ausführung ergehen, werden vielfach Schutz- und Rettungsmaßnahmen angeführt, die auf die Abwendung von solchen Gefahren abzielen, die entweder gar nicht oder jedenfalls nicht effektiv oder nicht rechtzeitig vom eigentlich polizeirechtlich Verantwortlichen abgewendet werden können.

**Problem: Abgrenzung zur Ersatzvornahme und zum unmittelbaren Zwang**

Gleichwohl ist die dogmatisch zutreffende Abgrenzung zwischen unmittelbarer Ausführung, die ein polizeiliches Eigenhandeln erlaubt, und der zumindest ähnlichen Rechtsfigur der verwaltungsvollstreckungsrechtlichen **Ersatzvornahme** in Gestalt der Selbst- oder Fremdvornahme durchaus schwierig und in Teilen bis heute umstritten geblieben.

In einer zumindest medial recht bekannt gewordenen Entscheidung des **VG Berlin** zur Gebührenerhebung des Landes Berlin für polizeiliche Maßnahmen im Zusammenhang mit der sog. **„Letzten Generation“** wurde zuletzt deutlich, dass diese polizeirechtliche Unterscheidung durchaus von Relevanz ist[245]:

245 VG Berlin vom 21.9.2023 – VG 1 L 363/23 – vorerst keine Polizeigebühren für „Klimakleber“.

Mit Bescheid vom 13.4.2023 erhob die Polizei Berlin für das Ablösen einer an die Straße geklebten Person – gestützt auf die Gebührenordnung für die Benutzung polizeilicher Einrichtungen (PolBenGebO) – eine Gebühr i. H. v. 241,00 Euro. Zur Begründung hieß es, der Straßenverkehr sei durch die Sitzblockade des Antragstellers erheblich behindert worden, was eine Gefahr für die öffentliche Sicherheit und Ordnung dargestellt habe. Nach erfolglosem Widerspruchsverfahren hat der Antragsteller hiergegen Klage erhoben, über die noch nicht entschieden ist.

Der Eilantrag gegen den kraft Gesetzes sofort vollziehbaren Gebührenbescheid hatte Erfolg. Nach Auffassung der 1. Kammer erfasst der von der Polizei herangezogene Gebührentatbestand die vorliegende Konstellation nicht. Zwar sieht Tarifstelle 8 des Gebührenverzeichnisses zur PolBenGebO vor, dass vom Gebührenschuldner für die unmittelbare Ausführung von Maßnahmen und für Ersatzvornahmen zur Gefahrenabwehr für Personen, Sachen oder Tiere gemäß den §§ 14, 15 und 36 des Allgemeinen Sicherheits- und Ordnungsgesetzes (ASOG) für Personen und Tiere in Notlagen je Einsatzfall 241,00 Euro zu fordern ist. Diese Voraussetzungen hätten hier aber nicht vorgelegen, denn bei der zugrundeliegenden Maßnahme habe es sich weder um eine Ersatzvornahme noch um eine unmittelbare Ausführung gehandelt. Eine Ersatzvornahme liege nach dem Verwaltungsvollstreckungsgesetz nur bei einer vertretbaren Handlung vor, deren Vornahme durch einen anderen möglich sei. Das sei hier gerade nicht der Fall, weil nur der Antragsteller selbst sich habe entfernen können. Es sei aber auch nicht um eine unmittelbare Ausführung gegangen, denn diese setze eine polizeiliche Maßnahme voraus, die ohne den Willen des Pflichtigen durchgeführt worden sei, nicht aber – wie hier – gegen diesen.

Weitgehend anerkannt sind zwei gängige Unterscheidungsmerkmale:

Die verwaltungsvollstreckungsrechtliche Ersatzvornahme in Gestalt einer Selbst- oder Fremdvornahme richtet sich demnach vornehmlich **gegen den Willen des Betroffenen**.[246] Dieser entgegenstehende Wille des Betroffenen liegt bei einer unmittelbaren Ausführung nicht vor. Ihrem Wesen nach handelt die Polizei ohne Ansehung eines polizeilichen Störers und demnach auch ohne Kenntnis über seinen Willen. Die schlichte Unterscheidungsformel „Gegen oder ohne den Willen des Betroffenen" fasst dieses Kriterium in einem Satz zusammen.

Ein zweites wesentliches Unterscheidungskriterium der Instrumente „Unmittelbare Ausführung" und „Ersatzvornahme" zum sofortigen unmittelbaren Zwang ist die Art der zugrundeliegenden durchzusetzenden Handlung.

---

246 *Malmberg* in Drewes/Malmberg/Wagner/Walter (Hrsg.), Bundespolizeigesetz, Kommentar, 6. aktualisierte Aufl., Stuttgart/München 2019, § 19 BPolG Rdnr. 13.

Sowohl die unmittelbare Ausführung als auch die Ersatzvornahme verlangen eine sog. **„vertretbare Handlung“**. Hierbei handelt es sich um aktives Tun des Betroffenen, welches die Polizei „vertretend“ für ihn ausführt. Sinnvoll ist daher immer die Reflexion der zugrundeliegenden (auch fiktiven) polizeilichen Verfügung. Lautet diese bspw. „Öffnen Sie ihren Koffer!“ oder „Entfernen Sie ihren Pkw von der Rettungszufahrt!“, handelt es sich bei den Tätigkeiten „Öffnen“ und „Pkw wegfahren“ um Handlungen, die auch die Polizei ausüben kann. Polizeiverfügungen wie „Machen Sie Angaben zu Ihren Personalien!“ oder „Steigen Sie aus dem Pkw aus!“ sind unvertretbare Handlungen. Diese können nur ganz allein durch den Betroffenen ausgeführt werden. Hierbei handelt es sich dann regelmäßig um die Anwendung des sofortigen Vollzuges in Form des unmittelbaren Zwanges. Dieser setzt grundsätzlich auch die Anwesenheit des Störers voraus, was in den in Rede stehenden Fällen immer der Fall sein dürfte.

In den zu bewertenden Sachverhalten des VG Berlin kam es gerade auf diese Unterscheidung an. Im Gebührenrecht des Landes Berlin existiert nämlich, anders als in der BMIBGebV, kein Gebührentatbestand für die Anwendung **unmittelbaren Zwanges**, sondern lediglich für die Ersatzvornahme und unmittelbare Ausführung. Nach der Rechtsbewertung des VG Berlin hätte man die Maßnahmen gegenüber den „Klimaklebern“ also im Bundesrecht abrechnen können.

Hinzuweisen ist an dieser Stelle allerdings darauf, dass es sich um ein erstinstanzliches Gericht und zudem auch um ein Eilverfahren im vorläufigen Rechtsschutz handelt. Sollten sich im weiteren Rechtsstreit noch weitere Gerichte mit dieser Frage befassen, könnte man mit einer geschickten Argumentation auch zu einem völlig anderen Ergebnis kommen. Betrachtet man die Situation vor Ort nämlich genauer, könnte man sehr wohl von einer Polizeiverfügung bzgl. einer vertretbaren Handlung ausgehen.

Das Loslösen des Klebers könnte man nämlich gedanklich von dem für später angestrebten Wegtragen des Aktivisten trennen. Eigentlich müsste man diesem Gedanken folgend dem Klimakleber zunächst aufgeben, den Kleber selbst zu lösen (was eine vertretbare Handlung wäre). Eine entsprechende Verfügung wäre aber sinnlos, da der Aktivist dies nicht nur nicht will, sondern in der konkreten Situation auch gar nicht kann, weil er die erforderlichen Hilfsmittel nicht dabeihaben wird. Ein entsprechender Verwaltungsakt wäre also sinnlos (allerdings nicht nichtig, weil nur subjektive, aber nicht objektive Unmöglichkeit der Befolgung vorliegt, vgl. § 44 II Nr. 5 VwVfG). Also handelt die Polizei – ohne vorherigen Verwaltungsakt – selbst. Das könnte man durchaus als Ersatzvornahme im Sofortvollzug ansehen, wenn man die Kleberlösung und die spätere Entfernung des Aktivisten als getrennte Maßnahmen ansieht. Und für die Ersatzvornahme gibt es augenscheinlich eine Kostenersatzregelung im Berliner Landesrecht. Bei dieser Betrachtungsweise hätte das VG Berlin also im Ergebnis unrecht, obwohl es sich immer noch nicht um unmittelbare Ausführung, sondern um Zwangsanwendung handelt. Nun war es im entschiedenen Fall offensichtlich so, dass dem festgeklebten Aktivisten von der Polizei zunächst ausdrücklich und unmittelbar aufgegeben worden war, sich von der Fahrbahn zu entfernen. Man kann die Verfügung aber wohlwollend so interpretieren, dass die Polizei eigentlich meinte: *Lösen Sie den Kleber und verlassen Sie sodann sofort die Fahrbahn!* Dann hätte man, bezogen auf die Kleberlösung, einen tatsächlich ergangenen VA und könnte auf das Konstrukt des Sofortvollzuges verzichten, aber eben in der Form der Ersatzvornahme, die kostenrechtlich geltend gemacht werden darf.

### Kostenbegriff der Gebühren für die unmittelbare Ausführung

Mit der Nr. 2 GAV wird der bisherige Kostenerstattungsanspruch der Bundespolizei nach § 19 II BPolG a. F. für die unmittelbare Ausführung einer Maßnahme **abgelöst**. Für die genannte Altvorschrift, die lediglich den Ersatz von Mehraufwendungen für unmittelbar ausgeführte Maßnahmen erlaubte, besteht neben den im Rahmen der Nr. 2 GAV nunmehr enthaltenen Kostentatbeständen kein Bedürfnis mehr. In diesem Zusammenhang besteht allerdings im Hinblick auf einen Teil der bisherigen Rechtsprechung ein gewisses Problem:

Denn einige Verwaltungsgerichte waren und sind der Auffassung, dass es sich bei den Kosten für die unmittelbare Ausführung (ebenso wie bei den Kosten für eine Ersatzvornahme) generell, nämlich schon rein begrifflich nicht um „öffentliche Kosten“ im Sinne der Vorschriften des öffentlichen Kostenrechts handelt.[247] Diese restriktive Betrachtungsweise hat der **VGH Mannheim**[248] unlängst noch einmal ausdrücklich bestätigt. Nach Auffassung des Gerichts fallen nämlich diese speziellen Kosten weder unter den Begriff der öffentlichen Abgaben (im Sinne von Steuern, Gebühren, Beiträgen oder sonstigen öffentlich-rechtlichen Geldleistungen), die im Wesentlichen der allgemeinen Erzielung von staatlichen Einnahmen dienen, noch unter den Begriff der öffentlichen Kosten in Gestalt von Gebühren oder Auslagen im Sinne der Gebührengesetze, sondern stellen eine eigene Kategorie von Kosten dar, die nur auf spezialgesetzlicher Grundlage oder gar nicht geltend gemacht werden können. Für das nunmehr geltende Bundesrecht entsteht nach dieser Betrachtungsweise das folgende Problem:

Zwar werden in der BMIBGebV die Kosten für unmittelbare Ausführung (und an anderer Stelle auch für Ersatzvornahme) explizit genannt, aber nach dem VGH Mannheim (und einigen anderen Gerichten) gehören sie begrifflich gar nicht zu

247 Siehe hierzu vertiefend die Ausführung zum Wegfall der aufschiebenden Wirkung eines Widerspruchs gegen Gebührenbescheide Kapitel 2.12.

248 Beschl. vom 18.7.2019 – 1 S 871/19 – m. w. N. zum Streitstand.

den Gebühren und Auslagen, die Regelungsgegenstand dieser Verordnung sind, sie dürften dort also gar nicht auftauchen.

Zumindest für das aktuell geltende Kostenrecht des Bundes erscheint diese Wertung allerdings nicht überzeugend. Denn gerade durch die explizite Aufnahme auch dieser Kosten in die BMIBGebV hat der zuständige Normgeber (hier: in Gestalt des Verordnungsgebers) die betreffenden Kosten quasi als Gebühren bzw. Auslagen **legaldefiniert** und damit eine Rechtslage geschaffen, die anderslautende Begriffskonstruktionen der Gerichte im Rahmen der Erfassung der Rechtsnatur dieser Kosten zwangsläufig ausschließt. Und durch die zeitgleich vorgenommene Streichung der speziellen Kostenregelung in § 19 II BPolG a. F. hat auch der Bundesgesetzgeber selbst (und nicht nur das BMI als Verordnungsgeber) konkludent, aber deutlich zum Ausdruck gebracht, dass er jedenfalls diese Kosten durchaus als von den Gebührenvorschriften erfasst ansieht, denn das war der Grund für die Streichung der aufgrund der gesetzlichen Neuregelung nunmehr überflüssig gewordenen Gesetzesvorschrift. Deshalb ist im Ergebnis die oben zitierte restriktive Rechtsprechung zur Kostenproblematik bei unmittelbarer Ausführung bzw. Ersatzvornahme **für den Bereich des Bundespolizeikostenrechts als nicht einschlägig** anzusehen.

### Zu Ziffer 2.1

Die Nr. 2.1 GAV sieht eine Gebührenerhebung für die **Anordnung** und den **Vollzug** einer **unmittelbaren Ausführung** vor. Für diesen Gebührentatbestand kommt wegen der offensichtlichen Heterogenität der denkbaren Einsatzverläufe nach den Vorgaben des Gebührenrechts lediglich die *Zeitgebühr* als Gebührenart in Frage.

Bei diesem mit Zeitgebühren belegten Kostentatbestand ist abzustellen auf die in der Anlage 1 Teil A zur AGebV hinterlegten Stundensätze mit Zuordnung nach Laufbahngruppen und den Einsatz von Hubschraubern und Booten. Es fallen je Stunde und eingesetzten PVB im mittleren Dienst 62,00 Euro an, bei PVB im gehobenen Dienst 75,19 Euro und bei PVB im höheren Dienst 96,59 Euro.

Wird bei dem Gebührentatbestand nach der Nr. 2.1 GAV auch eine Auslagenerhebung für den Einsatz eines Hubschraubers, Schiffes, Bootes oder Wasserwerfers fällig, so erfolgt eine Kürzung des jeweiligen Stundensatzes nach Maßgabe des entsprechenden Kürzungsbetrages nach Teil A der Anlage 1 der AGebV.

**Beispiel 1:**

> *Bei einem Nukleartransport wollen einige Personen durch extreme Maßnahmen den Transport erschweren und nach Möglichkeit sogar verhindern. Mehrere Personen betonieren sich mit Hilfe eines Stahlrohrs, an dem sie angekettet*

*sind, in das Gleisbett ein. Aufgrund der Witterungsverhältnisse drohen diese Personen schnell auszukühlen; es besteht deshalb eine erhebliche Gesundheitsgefährdung. Die technische Hundertschaft und die Feuerwehr sind an anderen Orten bereits gebunden. Ein Spezialunternehmen wird deshalb von der Bundespolizei beauftragt, die Personen aus den Gleisen herauszuschweißen.*

Es liegt im obigen Beispiel ein Fall der unmittelbaren Ausführung i. S. d. § 19 BPolG vor, da wegen der Einbetonierung der Nukleargegner ein Platzverweis ausscheidet: Einem solchen Gebot könnte aus tatsächlichen Gründen gar nicht nachgekommen werden. Neben der Zeitgebühr für die Anordnung und den Vollzug der unmittelbaren Ausführung gemäß der Nr. 2.1 GAV sind auch die Fremdkosten für das eingeschaltete Spezialunternehmen, welches die Bundespolizei als Auftraggeber zu tragen hat, bei den Gebührenschuldnern später *als Auslagen* zu erheben, und zwar auf der Rechtsgrundlage der Nr. 2.2 GAV i. V. m. der Nr. 1.2.4 GAV.

Es gelten in diesem Beispiel die gleichen Argumentationsmuster und rechtlichen Fragestellungen wie im oben beschriebenen Sachverhalt der Klimakleber in Berlin.

**Beispiel 2:**

*Anwohner, deren Grundstück an die Bahngleise grenzt, sind verpflichtet, die ans Bahngleis angrenzende Grundstücksseite von Bewuchs freizuhalten. Fällt bei einem Sturm ein Baum vom Grundstück auf die Bahngleise und sind die Anwohner in einem derartigen Notfall nicht erreichbar oder aber nicht in der Lage, den umgestürzten Baum umgehend selbst zu beseitigen, so kann die Bundespolizei den Baum entfernen oder alternativ einen Dritten mit der Beseitigung des Baumes beauftragen.*

Die Gebührenpflicht des Grundstückseigentümers ergibt sich unter anderem daraus, dass er sich die Kosten für die Baumbeseitigung, die eigentlich ihm oblegen hätte, durch die Erbringung der öffentlichen Leistung erspart hat. Es handelt sich hier um eine unmittelbare Ausführung und nicht etwa um eine Ersatzvornahme, da es nicht um Willensbeugung oder Willensbrechung ging. Vielmehr waren die Verantwortlichen nicht rechtzeitig erreichbar bzw. zur sofortigen Gefahrenabwehr selbst nicht in der Lage, und es musste ersichtlich sofort gehandelt werden. Der Erlass einer Polizeiverfügung war in dieser Situation entweder tatsächlich nicht möglich (Anwohner nicht erreichbar) bzw. sinnlos (Anwohner zur sofortigen Abhilfe nicht in der Lage).

**Zu Ziffer 2.2**

Die Nr. 2.2 GAV besagt, dass bei dem Gebührentatbestand der Nr. 2.1 GAV *neben der Gebühr* die in den Nrn. 1.2.1 bis 1.2.3 bezeichneten Kosten **als Auslagen** zu erheben sind. Aufgrund der in dieser Bestimmung enthaltenen Verweisung soll hier zunächst Bezug genommen werden auf die obigen Erläuterungen zu den Nrn. 1.2.1 bis 1.2.3 GAV. Ergänzend dazu ist Folgendes festzustellen:

Auslagen fallen im Rahmen einer unmittelbaren Ausführung häufig an aufgrund der polizeilichen **Beauftragung von Dritten**. So verhält es sich etwa, wenn ein Abschleppunternehmen von der Polizei beauftragt wird, ein Fahrzeug aus einem Gefahrenbereich zu entfernen. Je nach Ausgestaltung des konkreten Sachverhalts kann auch es dazu kommen, dass die Feuerwehr oder das Technische Hilfswerk eingeschaltet werden müssen. In allen diesen Fällen sind die der Bundespolizei entstehenden Kosten beim Gebührenschuldner als Auslagen zu erheben.



Für den Einsatz von Personenkraftwagen der Bundespolizei werden keine Auslagen erhoben, da diese Kosten von den in Anlage 1 Teil A zur AGebV bestimmten allgemeinen pauschalen Stundensätze für Polizeivollzugsbeamtinnen und -beamte des Bundes bereits umfasst sind. Die Kosten für den Einsatz eines Pkw der Bundespolizei sind daher bei der Bemessung der Gebührenhöhe für den Stundensatz bereits berücksichtigt worden.

Wird die Hinzuziehung eines *Dolmetschers* erforderlich, so werden die Kosten dafür nach der Nr. 13 GAV ebenfalls als Auslagen erhoben.

### Exkurs: Herrenlose Gegenstände[249]

**Beispiel 3:**

> *Zwei herrenlose Koffer werden in einem Bahnhof vor dem Eingangsbereich eines Schnellrestaurants durch eine Streife um 17.10 Uhr festgestellt; die Streife besteht aus zwei PVB mD. An den Gepäckstücken sind keinerlei Hinweise auf den oder die Eigentümer feststellbar. Beide Koffer sind mittig im Eingangsbereich an der Wand mithilfe eines Fahrradschlosses an einer Edelstahlstange angeschlossen. Mehrere Ausrufe über die Lautsprecheranlage werden sogleich nach dem Auffinden getätigt, und zwar bis 17:25 Uhr; diese Durchsagen bleiben aber erfolglos. Ab 17:25 Uhr erfolgt die Räumung und Absperrung des Bereichs durch sieben PVB mD und zwei PVB gD. Der Einsatz eines Sprengstoffspürhundes um 17:30 Uhr bleibt ohne Ergebnis. Es wird nunmehr der Entschärfungsdienst angefordert, der um 17:55 Uhr eintrifft und eine Begutachtung der beiden Koffer vornimmt. Der Einsatz der Entschärfer erfolgt durch einen PVB mD und einen weiteren PVB gD, die Anordnung des Einsatzes wird von einem PVB gD erteilt. Nach dem Öffnen der Koffer mittels eines Wassergewehrs und anschließender Untersuchung des Inhalts werden die beiden*

249 Zu den grundsätzlichen kostenrechtlichen Überlegungen im Zusammenhang mit NZG- und USBV-Einsätzen vgl. die Ausführungen zu Ziffer 1.1.2.

*Koffer um 18:20 Uhr als unbedenklich eingestuft. Die Fahrt für die Entschärfer von ihrem Dienstort zum Bahnhof und zurück zum Dienstort mit dem Kfz dauert insgesamt 45 Minuten. Um 18:20 Uhr wird die Absperrung des Bahnhofs aufgehoben. Kurz nach der Freigabe der Koffer um 18:25 Uhr erscheinen die beiden Besitzer und geben an, in der Stadt eine Sightseeingtour gemacht zu haben.*

Zur Verdeutlichung des Zusammenspiels der einzelnen Kostentatbestände soll dieses Beispiel nachfolgend ausführlich erläutert werden. Im Rahmen einer komplexen Kostenrechnung ist es zunächst sinnvoll, sich einen **chronologischen Überblick** zu verschaffen. Hilfreich hierfür kann die weiter oben schon vorgeschlagene Tabelle sein, die auch Hinweise zur Dokumentation und Begründung enthält. Vgl. zu diesen Aspekten die obige Kommentierung zu § 1 BMIBGebV.

Es handelt sich vorliegend um einen typischen Fall der unmittelbaren Ausführung gemäß § 19 BPolG, die in unterschiedlichen Varianten recht häufig in der polizeilichen Praxis auf Bahnhöfen und Flughäfen vorkommt. Die Nr. 2.1 GAV sieht für die Anordnung und den Vollzug einer unmittelbaren Ausführung eine Zeitgebühr vor. Die Feststellung der Koffer und das Ausrufen über Lautsprecheranlage sind bereits Maßnahmen, die durch das Verhalten der Gebührenschuldner verursacht wurden; sie stehen somit in einem engen Sachzusammenhang zur Maßnahme (§§ 2 I, 3 I AGebV). Danach sind sämtliche Zeitanteile zu erfassen, die unmittelbar für die Leistungserbringung erforderlich und durch diese begründet sind. Wie bereits in den Ausführungen zu Ziffer 1.1.2 erläutert, stellen die o. g. NZG- und USBV-Einsätze Mischvarianten beider Tatbestände dar. Zur Differenzierung von gebührenpflichtigen Einsatzmaßnahmen nach Ziffer 2.1 von denjenigen nach Ziffer 1.1.2 empfiehlt sich folgende Herangehensweise:

Erst sobald Maßnahmen ergriffen werden müssen, die **über das übliche Maß** hinausgehen und bei denen ein Gebührenschuldner durch vorwerfbares Handeln eine Anscheinsgefahr verursacht hat (fahrlässig oder vorsätzlich), entsteht eine Gebührenschuld nach der BMIBGebV. Als denkbarer Richtwert könnte hier der Zeitpunkt der Ergreifung **umfangreicher Absperrmaßnahmen** zugrunde gelegt werden, die über eine minimale Arbeitsabsperrung vor Ort hinausgehen. Zu diesem Zeitpunkt entscheidet sich der Einsatzleiter in seiner Lagebeurteilung ganz bewusst für eine potentielle Gefährlichkeit des Gegenstandes. Zumindest kann er eine Ungefährlichkeit nicht ausschließen. In der Regel werden ab diesem Zeitpunkt umfangreichere Maßnahmen mit entsprechendem Kräfteaufwuchs erforderlich. Ob diese Einstufung vor Ort oder unter Zuhilfenahme von Übermittlungstechnik (bspw. nach Inaugenscheinnahme der Überwachungskameras eines Bahnhofs und Erkennen der Ablagesituation durch einen nervös wirkenden Reisenden) erfolgt, ist hierfür unerheblich. Auch in Fällen, in denen die erste Streife vor Ort wegen der individuellen Besonderheit des Gegenstandes sofort von einer Gefährlichkeit ausgeht, beginnt die gebührenrelevante Zeit unmittelbar mit dem Zeitpunkt der Feststellung durch diese Streife.

Diese Orientierung am gebührenrelevanten Zeitpunkt der „umfangreichen Absperrungen" erscheint insbesondere deswegen sinnvoll und richtig, weil ansonsten sämtliche Tätigkeiten und kleineren Einsätze der BPOL im Zusammenhang mit zunächst nicht zuzuordnenden Gepäckstücken immer kostenpflichtig wären. Das Gegenteil ist jedoch der Fall. Es fällt vielmehr unter die von Steuern finanzierte Primärebene der Polizeiarbeit, im Streifenbereich „nach dem Rechten zu schauen", sich herausstechende Gegenstände einmal genauer anzuschauen und ggf. auch mal kurzzeitig kleine Maßnahmen zur Gefahrenerforschung zu treffen. Erst ab einem gewissen Maß der **Einsatzintensität** und demnach auch einem gewissen Mitverschulden des Gepäckeigentümers wird die Schwelle zur Sekundärebene der Polizeikosten überschritten.

Unter **Ziffer 2.1** fallen alle Maßnahmen, die aufgrund § 19 BPolG getroffen werden. Hierunter fallen all diejenigen Maßnahmen, die die Polizei ersatzweise für den eigentlichen Störer trifft. Demnach zählen hierzu insbesondere: das intensive **Untersuchen des Gegenstandes** (auch mit Spezialtechnik), das **manuelle Öffnen** des Gegenstandes zur Inaugenscheinnahme des Inhalts, die ggf. erforderliche **Zerstörung** eines vermeintlichen Zünders, das anschließende **Entfernen des Gegenstandes** und Übergabe an eine geeignete Verwahrstelle (z. B. Fundbüro).

Nicht unter 2.1 können Einsatzzeiten von **Diensthundeführern mit Sprengstoffspürhunden** abgerechnet werden, die andere Bereiche des Einsatzorts nach potentiellen weiteren deponierten Gepäckstücken oder gefährlichen Gegenständen absuchen. Diese Einsatzzeiten unterfallen vorrangig der Ziffer 1.1.2.

Da sowohl Maßnahmen nach Ziffer 1.1.2 als auch nach Ziffer 2.1 Zeitgebühren mit identischen Gebührensätzen abgerechnet werden, lässt sich auch eine pragmatischere, aber weniger differenzierte Abrechnungsvariante begründen. Hiernach bildet die unmittelbare Ausführung nach § 19 BPolG den Kern des Einsatzes. Demnach dienen auch die flankierenden Maßnahmen, wie bspw. Absperrungen, Zugräumungen, Lautsprecherdurchsagen etc., letztlich der Herstellung von gefahrenfreien Arbeitsbedingungen für die unmittelbare Ausführung durch Entschärfer am herrenlosen Gegenstand selbst. Die flankierenden Maßnahmen lassen sich somit letztlich ihrem Zweck nach aus der unmittelbaren Ausführung ableiten. Somit könnten alle am Einsatz beteiligten Kräfte unabhängig von ihrem individuellen Auftrag nach Ziffer 2.1 abgerechnet werden. Das Ergebnis der vom Verursacher geforderten Gebühr wird identisch sein.

Einziger – rechtlich jedoch nicht ganz unwesentlicher – Unterschied dieser Verfahrensweise ist, dass Ziffer 2.1 anders als 1.1.2 keine gesonderte Form des Verschuldens (Vorsatz oder Fahrlässigkeit) auf Tatbestandsebene voraussetzt.

Für das oben dargestellte Beispiel entsteht eine abrechnungsfähige Zeitgebühr für den Zeitraum von 17:10 Uhr bis 18:25 Uhr. Dieser Zeitraum kann aber nicht pauschal für alle elf Einsatzkräfte abgerechnet werden. Vielmehr ist im Rahmen des Gesamtzeitraums zu differenzieren: Wie viele und welche PVB sind für welche Einzelmaßnahme wie lange eingesetzt worden? Diese kostenrelevanten Details müssen dann später im Gebührenbescheid schlüssig und nachvollziehbar begründet werden. Die Zeitgebühren berechnen sich hier wie folgt:

**Anzahl PVB mD je Std. 62,00 Euro (= 15,50 Euro je ¼ Std.)**
**Anzahl PVB gD je Std. 75,19 Euro (= 18,80 Euro je ¼ Std.)**

Da gemäß § 10 IV AGebV bei der Festsetzung einer Zeitgebühr für jede angefangene Viertelstunde ein Viertel des jeweiligen Stundensatzes anzusetzen ist, empfiehlt es sich, die Stundensätze in Viertelstunden umzurechnen. Diese Gebühr ist dann mit der Anzahl der eingesetzten PVB der jeweiligen Laufbahn zu multiplizieren und danach zu addieren.

**17:10–17:25: zwei PVB mD Sicherung der Koffer/Ausrufe**
**= 15 min ergeben eine Gebühr**
**pro PVB i. H. v. 15,50 Euro = 31,00 Euro**

**17:25–18:20: neun PVB (zwei PVB gD + sieben PVB mD)**
**Absperrung/Räumung = 55 min**

**Beide Zeiträume werden nach Ziffer 1.1.2 abgerechnet.**

Gemäß § 10 IV AGebV fällt die Gebühr für jede angefangene Viertelstunde an, sodass auf 60 Minuten aufzurunden ist. Wegen des Verbots der Doppelerhebung von Gebühren kann die Zeit ab 18:20 Uhr nicht nochmals berechnet werden. Die weiteren Maßnahmen nach Eintreffen der Eigentümer (z. B. eine Identitätsfeststellung) sind nicht mit einem Gebührentatbestand unterlegt, da die Gefahr durch die unmittelbare Ausführung beseitigt wurde und die Maßnahme bereits um 18:20 Uhr abgeschlossen war.

**sieben PVB mD x 1 Std. zu 62,00 Euro = 434 Euro**
**zwei PVB gD x 1 Std. zu 75,19 Euro = 150,38 Euro**

Bei der Maßnahme sind insgesamt neun PVB eingesetzt worden. Bei einer Maßnahme im Bahnhof zu dieser Uhrzeit erscheint der Einsatz von neun PVB als durchaus angezeigt. Allerdings sollte beim Einsatz einer so hohen Anzahl im Gebührenentscheid zumindest eine kurze Begründung erfolgen. Je nach Lage kann auch eine ausführliche Begründung für die Stärke der eingesetzten Kräfte erforderlich sein. Im Gebührenrecht gilt der aus anderen Zusammenhängen bekannte Grundsatz der Notwendigkeit bzw. Angemessenheit ohne jede Einschränkung: Der Bürger darf nicht willkürlich in unnötiger oder unangemessener Weise belastet werden.

Es besteht eine *Begründungspflicht* hinsichtlich des Umfangs und Ausmaßes gebührenpflichtiger Maßnahmen. Das Verhältnismäßigkeitsprinzip bestimmt, was erforderlich ist. So kann es unter Umständen so sein, dass zwar rein tatsächlich neun PVB am Einsatzort waren, aber von diesen nur vier kostenrechtlich relevant und damit abrechenbar sind.



**Beispiel 4:**

*Weil gerade neun PVB auf der Dienststelle anwesend und nicht anderweitig gebunden sind, werden sie alle bei einer anstehenden Maßnahme unreflektiert eingesetzt, obwohl die Lage auch durch vier PVB hätte bereinigt werden können.*

Es dürfen nur individuell zurechenbare Leistungen abgerechnet werden. Ansonsten würden dem Gebührenschuldner willkürlich erhebliche Mehrkosten entstehen. Es ist zu erwarten, dass gerade die Frage nach Umfang oder Ausmaß einer bestimmten Einsatzmaßnahme häufig Gegenstand von Widerspruch und Anfechtungsklage sein wird. Daher sollte schon aus Gründen des Selbstschutzes auf eine nachvollziehbare Begründung stets besonderes Augenmerk gelegt werden.

**17:55–18:20: Einsatz der Entschärfer – ein PVB mD + ein PVB gD**
**Dauer des Einsatzes = 25 min**

**Dieser Zeitraum wird nach Ziffer 2.1 abgerechnet.**

Gemäß § 10 IV AGebV fällt die Gebühr für jede angefangene Viertelstunde an, sodass die Zeit hier auf 30 min aufzurunden ist.

**ein PVB mD x ½ Std. zu 62,00 Euro = 31,00 Euro**
**ein PVB gD x ½ Std. zu 75,19 Euro = 37,60 Euro**

Die Fahrtzeit der beiden Entschärfer (Hin- und Rückfahrt) von insgesamt 45 min Dauer ist durch die individuell zurechenbare öffentliche Leistung verursacht und steht mit ihr im Sachzusammenhang. Somit ist sie gemäß § 3 I AGebV mit abzurechnen.

ein **PVB mD 3 x ¼ Std. zu 15,50 Euro = 46,50 Euro**
ein **PVB gD 3 x ¼ Std. zu 17,36 Euro = 56,40 Euro**

Für den um 17:30 Uhr eingesetzten **Sprengstoffspürhund** sieht das Gebühren- und Auslagenverzeichnis keinen speziellen Gebührentatbestand vor. Selbst wenn der Diensthund erst zum Einsatzort hätte transportiert werden müssen, könnte hierfür keine Transportgebühr erhoben werden, da die Nr. 2.2 GAV lediglich auf die Auslagen nach den Nrn. 1.2.1 bis 1.2.3 GAV verweist. Diensthunde als Einsatzmittel sind bereits in der Zeitgebühr mitberücksichtigt. Dennoch ist die Dokumentation des Diensthundes wichtig, um die Notwendigkeit des Entschärfereinsatzes und auch dessen Dauer zu begründen. Durch die Dokumentation auch des Diensthundeeinsatzes wird deutlich, dass die Entschärfer nicht zu früh und nicht ohne Grund gerufen wurden, sondern dass zuvor versucht worden war, zwecks Kostenminimierung die Lage erst mit allen anderen in Betracht kommenden Mitteln abzuklären und zu bewältigen.

Gleichwohl kann die Einsatzzeit des Diensthundeführers inkl. unmittelbar verknüpfter An- und Abfahrt nach Ziffer 1.1.2 abgerechnet werden.

Insgesamt ergibt sich im obigen Beispiel im Ergebnis eine Gebühr in Höhe von 786,88 Euro. Zwei Großraumschließfächer für die beiden Koffer wären da wohl etwas günstiger ausgefallen.

Da für beide Gebührentatbestände eine Zeitgebühr vorgesehen ist und die Zeitgebührensätze für alle Tatbestände identisch sind, hätte man diesen Sachverhalt auch unter eine der beiden Tatbestände fassen können. Dies hätte rechnerisch im Ergebnis keinen Unterschied gemacht, in der Erfassung allerdings weniger Aufwand bedeutet.

Zur besseren Übersicht wird nachfolgend eine Gliederung aufgezeigt, welche Einsatzkräfte und -zeiten üblicherweise abgerechnet werden können. Die Zuordnung leitet sich aus den o. g. Grundlagen ab und dient als Orientierung. Individuelle Einsätze können gleichwohl hiervon abweichen und eine andere Berechnung erfordern.

*Erste Streife vor Ort:* Keine Polizeikosten für Zeiten der Anfahrt, erste Inaugenscheinnahme und Arbeitsabsperrung. Ab dem Zeitpunkt der Ergreifung umfangreicher Absperrungen oder bei offensichtlicher potentieller Gefährlichkeit des Gegenstandes beginnt die Gebührenrelevanz nach Ziffer 1.1.2 GAV.

*DGL:* Ab dem Zeitpunkt der Ergreifung umfangreicher Absperrungen oder bei offensichtlicher potentieller Gefährlichkeit des Gegenstandes beginnt die Gebührenrelevanz nach Ziffer 1.1.2 GAV.

*Weitere Absperrkräfte:* Wenn die Kräfte schon vor Ort sind, beginnt die Gebührenrelevanz nach Ziffer 1.1.2 GAV ab dem Zeitpunkt der Ergreifung umfangreicher Absperrungen oder bei offensichtlicher potentieller Gefährlichkeit des Gegenstandes. Wenn die Kräfte zusätzlich angefordert wurden, beginnt die Gebührenrelevanz nach Ziffer 1.1.2 GAV ab dem Zeitpunkt der Anfahrt zum Einsatzort. Die **Zeiten der An- und Abfahrt** zählen mit, wenn die Kräfte ausschließlich anlässlich des NZG angefordert wurden und ausgerückt sind. Befinden sich also bspw. Kräfte einer BPOLABT anlässlich eines Fußballeinsatzes an einem Bahnhof, zählt die Anfahrt aus der BPOLABT zum EO nicht mit. Erst die Zeit der Kräftebewegung ab dem Zeitpunkt der individuellen Anforderung für die NZG-Lage zählt mit (also bspw. aus einem Bereitstellungspunkt in der Nähe des Einsatzorts). Für die **Rückfahrt** gilt das Prinzip der individuellen Zurechenbarkeit. Erreichen die Kräfte den EO des NZG unmittelbar und kehren die Kräfte zu ihrem Ausgangspunkt auch unmittelbar zurück, gehören beide Fahrten ausschließlich und untrennbar zum gebührenrelevanten Einsatz und können somit abgerechnet werden. Die abrechenbare Zeit endet demnach mit Erreichen des Ausgangspunktes vor der Anforderung. Erfolgt die Rückfahrt zugleich als Anfahrt zu einem Folgeeinsatz, gehört diese Fahrt schon zu dem neuen Einsatz und ist folglich nicht gebührenrelevant.

*Diensthundeführer mit SSH:* Ab dem Zeitpunkt der **Anforderung** oder bei offensichtlicher potentieller Gefährlichkeit des Gegenstandes beginnt die Gebührenrelevanz nach Ziffer 2.1 des GAV, sofern die DHF eine Absuche des betroffenen NZG auf Sprengstoff vorgenommen haben. Werden die DHF nicht zur Absuche am NZG, sondern als Absperrkräfte eingesetzt, ist vorrangig nach Ziffer 1.1.2 abzurechnen. Absuchen im weiteren Umfeld und in anderen Gebäudeteilen nach weiteren, bisher nicht entdeckten herrenlosen Gegenständen dienen nicht der unmittelbaren Ausführung und sind deswegen eher unter 1.1.2 abzurechnen. Zeiten der An- und Abfahrt zählen mit, wenn die Kräfte ausschließlich anlässlich des NZG angefordert wurden und ausgerückt sind. Es gelten die ergänzenden Ausführungen unter „weitere Absperrkräfte“.

*Entschärfer:* Ab dem Zeitpunkt der **Anfahrt zum Einsatzort** beginnt die Gebührenrelevanz nach Ziffer 2.1 des GAV. Für die **An- und Rückfahrt** gelten die ergänzenden Ausführungen wie unter „weitere Absperrkräfte“.

## Ziffer 3 – Erhebung von Telekommunikationsdaten nach § 22a BPolG, soweit die Gefahrenlage oder der Gefahrenverdacht vorsätzlich oder fahrlässig herbeigeführt wurde; das Auskunftsersuchen zur Verhinderung eines Suizids ist ausgenommen

| | **Gegenstand** | |
|---|---|---|
| | **Bundespolizeigesetz (BPolG)** | |
| **Nr.** | **Gebühren- oder Auslagentatbestand** | **Gebühren/ Auslagen in Euro** |
| 3 | Erhebung von Telekommunikationsdaten nach § 22a BPolG, soweit die Gefahrenlage oder der Gefahrenverdacht vorsätzlich oder fahrlässig herbeigeführt wurde; das Auskunftsersuchen zur Verhinderung eines Suizids ist ausgenommen. | |

| | Gegenstand | |
|---|---|---|
| | **Bundespolizeigesetz (BPolG)** | |
| **Nr.** | **Gebühren- oder Auslagentatbestand** | **Gebühren/ Auslagen in Euro** |
| 3.1 | Auskunftsersuchen bei Telekommunikationsdienstleistern nach § 22a I BPolG über nach dem Telekommunikationsgesetz erhobene Daten. | nach Zeitaufwand |
| 3.2 | Bei dem Gebührentatbestand der Nummer 3.1 sind neben der Gebühr folgende Kosten als Auslagen zu erheben: | |
| 3.2.1 | Kosten anderer Behörden | |
| 3.2.2 | Kosten Dritter bis zu dem sich nach § 23 des Justizvergütungs- und -entschädigungsgesetzes ergebenden Betrag | |

## Zu Ziffer 3

In der Nr. 3 GAV geht es um die **Erhebung von Telekommunikationsdaten** aufgrund des § 22a BPolG. Eine solche Datenerhebung erfolgt regelmäßig durch Stellung eines entsprechenden Auskunftsersuchens beim betroffenen Telekommunikationsdienstleister. In diesem Zusammenhang ist eine Gebührenerhebung vorgesehen, soweit eine Gefahrenlage oder ein Gefahrenverdacht vorsätzlich oder fahrlässig herbeigeführt wurde. Von der Gebührenpflicht ist allerdings ausdrücklich ausgenommen jedes Auskunftsersuchen, das der Verhinderung eines *Suizids* dienen soll: In diesem Fall tritt also eine Gebührenbefreiung ein. Im Hinblick auf die sich aus den Grundrechten und dem Gewaltmonopol ergebende Verpflichtung des Staates, die Sicherheit seiner Bevölkerung zu gewährleisten, ist eine Gebührenerhebung nur bei vorwerfbar veranlassten Maßnahmen der Bundespolizei zur Gefahrenabwehr vorgesehen. Aus diesen Gründen ist auch die Erhebung von Telekommunikationsdaten nach § 22a BPolG zur Verhinderung eines Suiziden von der Gebührenpflicht ausdrücklich ausgenommen. Liegt ein solcher Ausnahmefall vor, können auch ggf. angefallene Auslagen nicht erhoben werden.[250]

In der bundespolizeilichen Praxis erfolgt die Erhebung von Bestandsdaten nach § 22a BPolG ausgesprochen selten. Dies hat seinen Grund maßgeblich in der Beschränkung der erhebbaren Daten. Unter Bestandsdaten[251] fallen nämlich nur solche Daten, die ein Telekommunikations- oder Telemedienanbieter für die Begründung, inhaltliche Ausgestaltung, Änderung oder Beendigung eines Vertragsverhältnisses erhoben hat. Nicht unter Bestandsdaten fallen die für eine wirksame Gefahrenabwehr erforderlichen Standortdaten der Person, von der eine Gefahr

250 Für vertiefte Ausführungen zu den Einschränkungen „vorsätzlich oder grob fahrlässig" sowie zur Suizidverhinderung vgl. die Ausführungen zur Ziffer 1.1.5.

251 Vgl. § 3 Nr. 6 TKG.

ausgeht. Ist also zu einem potentiellen Straftäter die Telefonnummer oder eine IP-Adresse bekannt, lassen sich über die Bestandsdaten allenfalls die Adresse und die Vertragsdaten in Erfahrung bringen, nicht jedoch der konkrete gegenwärtige Standort, um wirksam gefahrenabwehrend einschreiten zu können.

Für den in der Nr. 3 GAV geregelten Gebührentatbestand konnten in der vorgesehenen Aufschreibungsphase, auch nach deren Verlängerung, nicht ausreichend Daten erhoben werden, welche die Berechnung einer Festgebühr zugelassen hätten. Trotz der zu vermutenden Gleichartigkeit der ablaufenden Verwaltungsprozesse im Zusammenhang mit der Erhebung von Telekommunikationsdaten, wird dieser Gebührentatbestand deshalb bis auf Weiteres als Zeitgebühr ausgestaltet.

Hierbei ist abzustellen auf die in der Anlage 1 Teil A zur AGebV hinterlegten Stundensätze mit Zuordnung nach Laufbahngruppen und den Einsatz von Hubschraubern und Booten. Es fallen je Stunde und eingesetzten PVB im mittleren Dienst 62,00 Euro an, bei PVB im gehobenen Dienst 75,19 Euro und bei PVB im höheren Dienst 96,59 Euro.

### Zu Ziffer 3.1

Nach § 22a I BPolG kann die Bundespolizei zur Erforschung eines Sachverhalts oder zur Ermittlung des Aufenthaltsorts einer Person von demjenigen, der geschäftsmäßig Telekommunikationsdienste erbringt oder daran mitwirkt, **Auskunft** über die nach den §§ 172 und 174 des Telekommunikationsgesetzes (TKG) sowie von demjenigen, der geschäftsmäßig eigene oder fremde Telemedien zur Nutzung bereithält oder den Zugang zur Nutzung vermittelt gemäß §§ 2, 22 und 23 des Telekommunikation-Telemedien-Datenschutz-Gesetzes erhobenen Daten verlangen. Nach § 22a II BPolG darf die Auskunft auch anhand einer zu einem bestimmten Zeitpunkt zugewiesenen IP-Adresse verlangt werden. Die durch § 22a BPolG gestattete Erhebung bestimmter Telekommunikationsdaten erfolgt insbesondere zur Verhinderung von schweren Straftaten gegen kritische Infrastruktur mit Lebensgefahr für Betroffene oder Täter, aber auch zur Verhinderung von Suiziden.

### Zu Ziffer 3.2

Nach der Nr. 3.2 GAV sind beim Gebührentatbestand der Nr. 3.1 GAV neben der Gebühr die noch bestimmten anderen Kosten als *Auslagen* zu erheben. Durch diese Regelung werden also dem Gebührentatbestand aus der Nr. 3.1 GAV ergänzend weitere erstattungsfähige Kosten zugeordnet, die vom Verordnungsgeber als Auslagen eingestuft werden. Auslagen sind zumeist Kosten Dritter, die der Bundespolizei in Rechnung gestellt werden. Diese Rechnung des Dritten muss dem Gebührenbescheid beigefügt werden. Bezüglich der in diesem Zusammenhang erhebungsfähigen Auslagen ist wie folgt zu unterscheiden:

Zum einen sind im Falle eines Auskunftsersuchens im obigen Sinne gemäß Nr. 3.2.1 GAV die **Kosten anderer Behörden** als Auslagen zu erheben. Zum anderen sind nach Nr. 3.2.2 GAV auch die **Kosten Dritter** dem Gebührenschuldner als Auslagen in Rechnung zu stellen. Diese Kosten Dritter sind allerdings nur bis zu einem *Höchstbetrag* zu erstatten; hier tritt also eine gewisse Deckelung ein. Dieser Höchstbetrag ist der sich nach § 23 des Justizvergütungs- und -entschädigungsgesetzes ergebende Betrag. Darüber hinausgehende Kosten können dem Gebührenschuldner also nicht angelastet werden, auch wenn solche Mehrkosten im Einzelfall tatsächlich entstanden sind.

## Ziffer 4 – Identitätsfeststellung nach § 23 I Nr. 5 BPolG

| | **Gegenstand** | |
|---|---|---|
| | **Bundespolizeigesetz (BPolG)** | |
| **Nr.** | **Gebühren- oder Auslagentatbestand** | **Gebühren/ Auslagen in Euro** |
| 4 | Identitätsfeststellung nach § 23 I Nr. 5 BPolG | 57,85 |

### Zu Ziffer 4 Allgemein

Bundespolizeiliche Identitätsfeststellungen präventiver Art sind grundsätzlich *nicht* gebührenpflichtig. Lediglich bei einem Tätigwerden im speziellen Aufgabenbefreich nach § 1 IV BPolG, also beim polizeilichen Einschreiten **zum Schutz privater Rechte**, ist im Falle einer **Identitätsfeststellung** auf der Grundlage des **§ 23 I Nr. 5 BPolG** gemäß der Nr. 4 GAV eine *Festgebühr* in Höhe von 57,85 Euro zu erheben.

Polizeiliche Maßnahmen zum Schutz privater Rechte erfolgen regelmäßig als individuell zurechenbare öffentliche Leistungen zugunsten von Bürgern in deren **privatem Interesse**. Deshalb stellen privatnützige Schutzmaßnahmen der Polizei eine Tätigkeit dar, deren Kosten typischerweise der Ebene der Sekundärkosten zuzurechnen sind. Durch eine derartige polizeiliche Maßnahme erwirbt die begünstigte Person einen direkten Vorteil. Würden die Kosten hierfür nicht ausgeglichen werden, so würde die Privatperson einen übermäßigen Vorteil zu Lasten der Allgemeinheit erhalten. So betrachtet stellen polizeiliche Maßnahmen zum Schutz privater Rechte typische Gebührentatbestände dar.

Dass die **polizeiliche Identitätsfeststellung zum Schutz privater Rechte** auf der Grundlage des § 23 I Nr. 5 BPolG kostenpflichtig ist, erscheint einleuchtend, da schon die fachsprachliche Bezeichnung der Maßnahme belegt, dass es hier vorrangig um Individualinteressen geht. Allerdings ist die Angelegenheit bei näherem Hinsehen vielleicht nicht ganz so eindeutig, wie es zunächst scheinen mag:

Im Ausgangspunkt ist nämlich anerkannt, dass immer dann, wenn der Einzelne in einer Notsituation seine privaten Rechte allein nicht effektiv wahrnehmen bzw. schützen kann, der Fall zu einem Anliegen *auch* der Allgemeinheit wird, und insofern ist in den Fällen des polizeilichen Privatrechtsschutzes im Eilfall ein Stückweit auch ein *öffentliches* Interesse zu bejahen. Dahinter steht das Denkmodell: Wenn der Einzelne sich selbst nicht zu helfen vermag und der Verlust oder zumindest die Beeinträchtigung seiner Ansprüche droht, dann muss er sich auf den Schutz der Gemeinschaft verlassen können, vermittelt über die Rechtsordnung und schlussendlich auch über ein polizeiliches Einschreiten zu seinen Gunsten.

Aus dieser Betrachtungsweise lässt sich ableiten, dass in der in § 1 IV BPolG beschriebenen Eilfallsituation letztlich doch eine gewisse Gefahr für die *öffentliche Sicherheit* gegeben ist, mit der Folge, dass ein präventives Einschreiten der Polizei, etwa im Wege der Identitätsfeststellung, möglich wird. Damit gibt es also im dogmatischen Ansatz beim polizeilichen Privatrechtsschutz im Eilfall tatsächlich auch einen gewissen Bezug zur sog. „Primärebene".

Trotzdem ist kaum zu bezweifeln, dass der *Schwerpunkt* bei dieser Art des polizeilichen Handelns aufgrund seiner klar **privatnützigen Zielrichtung** auf der Sekundärebene angesiedelt ist, was die Zulässigkeit einer Kostenerhebung im Ergebnis legitimiert. Auch die Landespolizeien dürfen mittlerweile in einigen Bundesländern, z. B. bei der Aufnahme von solchen Unfällen, die keine strafrechtliche Relevanz aufweisen, Kosten für ihre diesbezügliche Tätigkeit erheben, welche erkennbar darauf abzielt, die privaten Interessen und Ansprüche der Unfallbeteiligten sowie die der involvierten Versicherungsgesellschaften zu wahren; es handelt sich hierbei also letztlich auch um einen Fall des Schutzes privater Rechte.

Allerdings: Noch fehlen Gerichtsentscheidungen zu dieser speziellen Kostenproblematik; Überraschungen für die Zukunft sind deshalb nicht völlig ausgeschlossen.

Gebühren nach der Nr. 4 GAV fallen dann **nicht** an, wenn die Bundespolizei in der oben geschilderten Fallkonstellation ihre Dominanzentscheidung dahingehend fällt, dass die Identitätsfeststellung **zur Verfolgung der Straftat** erfolgt, hier: einer Leistungserschleichung in Gestalt der Beförderungserschleichung (§ 265a StGB). Wird eine Person in der Bahn ohne Fahrausweis festgestellt, so erfolgt sehr häufig ein Ersuchen an die Bundespolizei, darauf gerichtet, eine Identitätsfeststellung zum **Schutz privater Rechte** vorzunehmen. Unproblematisch dabei ist, dass zumeist zugleich der Straftatbestand einer Leistungserschleichung vorliegt, da aufgrund einer Dominanzentscheidung zunächst auch präventiv eingeschritten werden kann und erst danach die Strafanzeige durch die DB AG gestellt wird, um ein Strafverfahren einzuleiten. Ein zunächst nur präventives Vorgehen der Polizei hat für die DB AG den Vorteil, dass dann sogleich eine Datenweitergabe zum

Schutz privater Rechte gemäß § 32 IV Nr. 2 BPolG erfolgen kann und sie unverzüglich ihr erhöhtes Beförderungsentgelt erheben kann. Wird dagegen sogleich zur Strafverfolgung eingeschritten, obliegt die Entscheidung über die Weitergabe der Daten der Staatsanwaltschaft, und die DB AG erhält lediglich eine Vorgangsnummer, mit deren Hilfe sie einen Antrag auf Auskunftserteilung bei der Staatsanwaltschaft stellen kann.

In der Praxis wurde durch das BPOLP bei allen Generalstaatsanwaltschaften der Bundesländer die Einwilligung eingeholt, dass die BPOL in zuvor umrissenen, sehr einfach gelagerten Sachverhalten die personenbezogenen Daten eigenständig ohne erneute Freigabe durch die Staatsanwaltschaft herausgeben darf.

**Exkurs: Meinungsstreit in sog. „Schwarzfahrerfällen“**[252]

Wie kaum ein anderer Tatbestand der BMIBGebV hat Ziffer 4 zu zahlreichen Verwirrungen, Rechtsfragen und Unsicherheiten geführt.

Maßgeblich für diese Entwicklungen mag der Umstand gewesen sein, dass in den weit überwiegenden Fällen die **Deutsche Bahn AG als Kostenschuldnerin** herangezogen werden sollte. Es drängte sich sogleich eine Sinnfrage auf: Erscheint es nicht vor dem Hintergrund des 100-prozentigen Staatseigentums des DB-Konzerns fragwürdig, Leistungen der Bundespolizei aus Mitteln der DB AG zu begleichen und im Grunde lediglich öffentliche Gelder mit viel Verwaltungsaufwand zu verschieben?

Basierend auf dieser Ausgangsfrage entstanden zahlreiche mehr oder weniger komplexe Rechtsgedanken, die zeitweise zu einer **kompletten Außerkraftsetzung des Tatbestandes** führten. Zudem bewirkten diese Überlegungen erhebliche Verunsicherungen in den operativen Dienststellen der Bundespolizei, weswegen an dieser Stelle ein Überblick über die Rechtslage gegeben wird:

*a) Prävention oder Repression*

Wie oben bereits dargestellt, entfällt eine Gebührenerhebung, sofern gegen den Fahrgast der Anfangsverdacht einer Straftat (z. B. wegen Erschleichens von Leistungen nach § 265a StGB oder Betruges nach § 263 StGB) besteht und sich die Polizeibeamten in der Folge für eine Identitätsfeststellung zur Strafverfolgung entscheiden. In diesen Fällen treffen die Polizeibeamten zunächst eine Dominanzentscheidung zugunsten der Strafverfolgung und erheben die Personalien dann nach § 163b StPO.

252 Gemeint sind hier Sachverhalte, bei denen die Bundespolizei durch ein Eisenbahnverkehrsunternehmen hinzugezogen wurde, weil ein Fahrgast keinen Fahrausweis vorlegen konnte und die Feststellung der Identität aus unterschiedlichen Gründen durch die Polizei erfolgen muss.

In dieser Überlegung lag die erste Rechtsfrage, die sich nach Inkrafttreten der BMIBGebV bzgl. der Ziffer 4 stellte: **Schreiten Polizeibeamte nicht in nahezu allen Sachverhalten repressiv ein?** Schließlich könne schon allein aus der Tatsache, dass sich ein Fahrgast dem Bahnpersonal gegenüber weigere, seine Personalien anzugeben, geschlussfolgert werden, dass ein Straftatverdacht vorliegen muss. Der Fahrgast habe mit seiner Weigerung zum Ausdruck gebracht, dass es ihm gerade darauf ankommt, unerkannt zu bleiben. Für die herbeigerufenen BPOL-Beamten dürfte dann grundsätzlich ein repressiver Einsatzschwerpunkt festzustellen sein.[253]

Diesen Argumenten kann nicht gefolgt werden.

Unstreitig ist, dass diese repressive Konstellation tatsächlich die Masse der festgestellten Sachverhalte in der Praxis widerspiegelt. In diesen Fällen wird ein Ermittlungsverfahren gegen den Beschuldigten eingeleitet, denn es besteht sowohl im Moment des ersten Einschreitens als auch im weiteren Verlauf des Verfahrens ein Anfangsverdacht gegen den Beschuldigten gemäß § 152 II StPO.

In der praktischen Herangehensweise an derartige Fälle ergibt sich der Anfangsverdacht regelmäßig im Rahmen der ersten Sachverhaltsaufklärung am Zug. Tatsächliche Anhaltspunkte für einen **Anfangsverdacht** i. S. d. § 152 II StPO zu einem Fahrgelddelikt (§§ 263, 265a StGB u. a.) sind bspw. in den Fällen gegeben, in denen der Verdacht besteht, dass der Betroffene keinen (oder nicht den richtigen) Fahrausweis mit dem Ziel erworben hat, den erforderlichen Fahrpreis nicht zu entrichten. Hierzu bedarf es insbesondere keiner besonderen Verschleierung. Ein schlichtes, stillschweigendes Nutzen des Verkehrsmittels in der Hoffnung, nicht erwischt zu werden, reicht für einen Straftatverdacht nach § 265a StGB aus.[254]

Es greift jedoch zu kurz anzunehmen, dass der Fahrgast in jedem Fall keinen gültigen Fahrausweis besitzt. Es gibt in der bahnpolizeilichen Praxis zahlreiche Fälle, in denen die BPOL zu einer Personalienfeststellung hinzugezogen wird, bei der der Fahrgast zwar einen Fahrausweis besitzt, diesen jedoch nicht aushändigen kann oder möchte und sich aus unterschiedlichsten Motivlagen persönlich weigert, sich dem EVU gegenüber auszuweisen.

Die Weigerung des Betroffenen, sich gegenüber dem Personal des EVU auszuweisen, ist für sich genommen und isoliert betrachtet kein Anhaltspunkt für einen

---

253 Mit ebendiesem Argument verfügte das BPOLP im Mai 2021, dass in den allermeisten „Schwarzfahrerfällen" repressives und somit nicht gebührenrelevantes Einschreiten vorläge.

254 Vgl. zum Begriff des „sich umgeben mit dem Anschein der Ordnungsmäßigkeit": *Fischer, Thomas,* Strafgesetzbuch mit Nebengesetzen, 67. Aufl., München 2020, zu § 265a Rdnr. 4 ff.

zureichenden Anfangsverdacht i. S. d. § 152 II StPO. Dies ergibt sich aus den nachfolgenden Gedanken:

Es besteht keine Verpflichtung, sich gegenüber Privatpersonen oder privaten Unternehmen auszuweisen. Davon unbenommen ist das Recht eines Privaten, solche Personen, die sich nicht ausweisen möchten, von bestimmten Leistungen zivilrechtlich auszuschließen (Zutritt zu einer Veranstaltung, zu Gebäuden oder auch Beförderung mit einem Verkehrsmittel). Aufgrund § 5 I und § 6 II EVO in Verbindung mit der Allgemeinen Beförderungsbedingungen der EVU besteht für die Fahrgäste lediglich die Pflicht, den erforderlichen Fahrausweis zur Kontrolle vorzuzeigen. Kommt der Fahrgast dieser Pflicht nicht nach, dürfen die EVU entsprechende Maßnahmen ergreifen.[255]

Möglich sind also auch solche Fälle, in denen sog. **„Fahrkartenunregelmäßigkeiten"** vorliegen, bei denen sich Zugpersonal und Fahrgast uneinig über die Beförderungsbedingungen sind, oder der Fahrgast seinen gültigen Fahrausweis bspw. lediglich vergessen hat und sich aufgrund persönlicher (zwischenmenschlicher) Differenzen weigert, sich gegenüber dem Personal des EVU auszuweisen.

In diesen Fällen verstößt der Fahrgast regelmäßig gegen die Bestimmungen der **Allgemeinen Beförderungsbedingungen**. Diese verpflichten ihn nämlich, einen gültigen Fahrausweis mitzuführen und auszuhändigen. Dies hat in den meisten Fällen zur Folge, dass er einen erhöhten Beförderungspreis zu entrichten hat.[256]

Das lediglich Nicht-Mitführen eines Fahrausweises erfüllt nicht per se die Tatbestandsvoraussetzungen der o. g. Fahrgelddelikte und erfordert insoweit noch kein repressives Einschreiten der PVB vor Ort. Erst recht liegt (noch) kein Anfangsverdacht i. S. d. § 152 II StPO vor, wenn für die eingesetzte Streife vor Ort von Beginn an ersichtlich und aus den Umständen des Sachverhalts unstreitig deutlich ist, dass der Fahrgast glaubhaft und nachvollziehbar den Fahrpreis zwar entrichtet hat, den Fahrschein hingegen aber aus anderweitigen Gründen dem Kontrollpersonal des EVU gegenüber nicht vorzeigen bzw. aushändigen will.

Die Verweigerung, sich gegenüber dem Bahnpersonal auszuweisen, ist als sog. *„legales Verhalten"* einzustufen[257]. Betroffene haben zweifelsfrei ein Recht, sich nicht auszuweisen. Ohne weitere Anhaltspunkte für eine Straftat darf aus solchen

---

Vgl. hierzu bspw. „Beförderungsbedingungen für Personen durch die Unternehmen der Deutsche Bahn AG"; Neuausgabe vom 13.12.2020, aktualisierter Stand vom 18.1.2021; https://www.bahn.de/m/view/de/home/agb/befoerderungsbedingungen.shtml; Ziffer 3.8.5: Ein Reisender, der bei Antritt der Fahrt nicht mit einer gültigen Fahrkarte versehen und zur Zahlung eines erhöhten Beförderungsentgeltes verpflichtet ist, kann von der Beförderung ausgeschlossen werden, wenn er die Zahlung des Bordpreises gemäß Nr. 3.8.2 oder des erhöhten Beförderungsentgeltes gemäß Nr. 3.8.1 verweigert.

256 A. a. O.

257 *Schmitt* in Meyer-Goßner/Schmitt, Strafprozessordnung, Kommentar, § 152 Rdnr. 4a.

unzweifelhaft legalen Verhaltensweisen kein Anfangsverdacht i. S. d. § 152 II StPO abgeleitet werden, da sonst rechtstreue Handlungen unter Generalverdacht gestellt würden.[258]

Deutlich wird dies anhand eines auf die Spitze getrieben Beispiels:

> *Die attraktive Reisende R ist Berufspendlerin und besitzt für ihre regelmäßigen Fahrten mit dem Regionalzug ein Jobticket, bei dem sie für jeden Monat Klebemarken per Post nach Hause erhält, die sie auf eine Trägerkarte aufkleben muss. Heute ist Monatsanfang und sie hat das Einkleben vergessen. Im Zug wird sie vom Zugbegleiter Z kontrolliert, der ihr bereits wiederholt anzügliche Avancen gemacht hat und ihr mehrfach deutlich auf die Oberweite geschaut hat.*
>
> *Im Rahmen der Fahrausweiskontrolle kann R keine gültige Monatskarte vorzeigen, verweigert aber aus nachvollziehbaren Gründen die Herausgabe ihrer Personalien samt Anschrift an den Z. Dieser zieht zur Personalienfeststellung die BPOL am nächstgelegenen Bahnhof hinzu. Die R hat zweifelsfrei den Fahrpreis per Jahresabonnement entrichtet, nutzt den Zug demnach lediglich unter Verstoß gegen die Beförderungsbestimmungen, denen zufolge ein gültiger Fahrausweis mitzuführen ist. Betroffen sind hier vertragliche Ansprüche der Bahn und eben kein Straftatverdacht gegen die R.*

Die rechtlich undifferenzierte Schlussfolgerung, dass jegliches Einschreiten der BPOL in solchen Fällen, in denen der Polizeipflichtige es verweigert, sich auszuweisen, stets repressiver Natur sei, greift aus den o. g. Gründen im Ergebnis zu kurz und bedarf der Differenzierung. Es entspricht der polizeilichen Praxis vielmehr, zunächst einmal im Rahmen der **Sachverhaltserforschung** mit Mitteln des Polizeirechts (i. R. d. sog. „Gefahrenerforschungseingriffs") genau die Informationen zu erfragen oder zu ermitteln, die einen Tatverdacht begründen könnten oder auch nicht. Dieser Umstände muss sich die eingesetzte Streife dann aber bewusst sein, sobald sie die betroffene Person einer Identitätsfeststellung unterzieht.

Ist nach Einholung der ersten Informationen vor Ort für die eingesetzte Streife der BPOL ersichtlich, dass die zureichende Annahme dafür besteht, der Fahrgast könnte keinen oder nicht den erforderlichen Fahrausweis besitzen, ist der Anfangsverdacht i. S. d. § 152 II StPO gegeben. Das Einschreiten erfolgt ab diesem Zeitpunkt konsequent überwiegend repressiv und in der Folge somit auch nicht gebührenrelevant im Sinne der BMIBGebV.

Hinzuweisen ist an dieser Stelle ausdrücklich auf eine gewichtige Entscheidung des BGH zum Verhältnis von gefahrenabwehrenden zu strafprozessualen Maß-

---

258 A. a. O., Rdnr. 4a, m. w. N. u. a., BVerfG NStZ-RR 2019, 118, 120.

nahmen, sofern gleichzeitig die Voraussetzungen für beide Formen des Einschreitens vorliegen.[259] Demnach besteht weder ein Vorrang der Strafprozessordnung gegenüber dem Gefahrenabwehrrecht noch umgekehrt. Bei **Gemengelagen**, in denen sowohl repressives als auch präventives polizeiliches Handeln in Betracht kommt, bleiben strafprozessuale und gefahrenabwehrrechtliche Ermächtigungsgrundlagen grundsätzlich nebeneinander anwendbar. Die Beurteilung, welche dieser Herangehensweisen gewählt wird, kann ebenfalls ausschließlich aus der ex-ante-Perspektive und damit nur durch die PVB vor Ort getroffen werden. Grenzen dieser Entscheidungsfreiheit, ob präventiv oder repressiv vorgegangen wird, liegen in der Gefahr der bewussten Umgehung strafprozessualer Voraussetzungen bzw. von Beschuldigtenrechten. Diese Punkte spielen allerdings erst bei der Frage der Verwertung gewonnener Erkenntnisse eine Rolle und sind für die hier zu erörternden Identitätsfeststellungen somit nicht relevant.

*b) Bedenken bzgl. der sachlichen Zuständigkeit der BPOL*
Die zweite Überlegung hatte noch gravierendere Auswirkungen auf die polizeiliche Praxis und verursachte erhebliche Verwirrungen und Unsicherheiten in den operativen Dienststellen. **Zusammengefasst wurde in Frage gestellt, ob die Bundespolizei überhaupt für den Schutz privater Rechte in denjenigen Fällen sachlich zuständig ist, in denen das Betriebsvermögen der DB AG zu schützen ist.** Basierend auf einer Stellungnahme des Bundesbeauftragten für den Datenschutz und Informationssicherheit (BfDI) änderte das BPOLP im März und April 2021[260] mehrere Verfügungen und Anweisungen dahingehend, dass die Bundespolizei zum Schutz privater Rechte nicht einschreiten dürfe, sofern es sich bei den zu schützenden Rechtgütern um Vermögenswerte der DB AG handele. Laut BfDI fehle der BPOL dazu schlicht die sachliche Zuständigkeit als Voraussetzung. Mangels einer **präventiv-polizeilichen Zuständigkeit** der BPOL wäre insoweit ausschließlich repressives Einschreiten der BPOL möglich und auch nur dann, wenn ein Anfangsverdacht i. S. d. § 152 II StPO eines Fahrgelddelikts (§§ 263, 265a StGB o. a.) vorläge.

Ab diesem Zeitpunkt war die Erhebung von Gebühren nach der BMIBGebV für Identitätsfeststellungen gemäß § 23 I Nr. 5 BPolG konsequenterweise ebenfalls unzulässig, sofern es sich um sog. „Schwarzfahrerfälle“ handele, in denen ausschließlich private Vermögensrechte der EVU betroffen sind.

Würde man dieser Rechtsauffassung konsequent in der polizeilichen Praxis folgen, dürften festgestellte Straftaten zum Nachteil des Betriebsvermögens der EVU

259 BGH, Urt. vom 26.4.2017 – 2 StR 247/16 –, zur Rechtmäßigkeit sog. „legendierter Kontrollen“.
260 BfDI, 22-643/065#0495 vom 4.11.2016.

zwar strafrechtlich verfolgt, aber nicht im Vorfeld im Rahmen der Gefahrenabwehr bzw. Straftatverhütung nach BPolG verhindert werden.

Die Bundespolizei müsste demnach in der (bahn-)polizeilichen Praxis bei erheblich gefährdeten Vermögenswerten eines EVU zunächst abwarten, bis es zur Verwirklichung einer Straftat kommt. Ein gefahrenabwehrendes Einschreiten zur Verhinderung (unmittelbar) bevorstehender Straftaten im Rahmen der Gefahrenabwehr wäre faktisch ausgeschlossen, solange es sich noch um eine straflose Vorbereitungshandlung handelt. Dieser Umstand kann aus polizeilicher Sicht nicht zielführend und im Ergebnis gewünscht sein.

Dass die aufgezeigte Rechtsauffassung nicht nur polizeipraktische Probleme bedeutete, sondern ihr auch aus rechtlicher Sicht nicht gefolgt werden kann, zeigen die nachfolgenden Betrachtungen:

*Schutz privater Rechte nach § 1 IV BPolG ist weit auszulegen:*
Die oben beschriebenen Unsicherheiten und Verwirrungen in den operativen Dienststellen basieren auf einem Fehlgedanken, der im November 2016 erstmals durch den BfDI[261] an das BPOLP herangetragen wurde und der in der Folge unreflektiert als **Einzelmeinung** zum Leitgedanken wurde.

Im eigentlichen Tenor des Schreibens wurden datenschutzrechtliche Bedenken zum Umgang der Bundespolizei mit personenbezogenen Daten, insbesondere bei der Weitergabe dieser Daten an Dritte, beschrieben. Im Kern wurde das Verfahren der Bundespolizei betrachtet, wie und wann personenbezogene Daten von „Schwarzfahrern" an die DB AG als zivilrechtlich Geschädigte herausgegeben werden.

Von dieser bezeichneten Thematik abweichend warf der BfDI im gleichen Schreiben allerdings einen Gedanken auf, der zum eigentlichen Thema zunächst nicht passen mochte, für die Polizeikostenfrage jedoch nachhaltige Folgen hatte. Wörtlich schrieb er:

> „[…] *§ 1 Abs. 4 BPolG darf allerdings nicht isoliert betrachtet werden, da diese Vorschrift ihrerseits auf die Aufgabennormen der Bundespolizei verweist. Von diesen ist – wie dargelegt – § 3 BPolG nicht einschlägig. Die Daten, die die Bundespolizei innerhalb ihrer Aufgaben nach § 12 BPolG erhebt, unterfallen aber nicht dem Regime des Bundespolizeigesetzes, sondern der Strafprozessordnung (vgl. Graulich in: Schenke/Graulich/Ruthig, Sicherheitsrecht des Bundes, § 12 BPolG Rn. 7, s. dazu auch unten 4.).*
>
> *Unabhängig davon ist die Zuständigkeit der Bundespolizei gemäß § 3 Abs. 1 Nr. 1 BPolG auf Gefahren begrenzt, die den Benutzern, den Anlagen oder „dem*

261 BfDI, 22-643/065#0495 vom 4.11.2016.

*Betrieb" der Bahn drohen. Zwar könnte man zum „Betrieb" auch den wirtschaftlichen Betrieb und dazu Vermögensschäden zu Lasten des Bahnunternehmens zählen. Dagegen spricht aber der Vergleich mit dem klaren Wortlaut des § 12 Abs. 1 Nr. 5 BPolG, der das Vermögen der Bahn davon gesondert nennt, es also nicht dem „Betrieb" zurechnet. Nach dieser Lesart ist der Schutz vor Schwarzfahrern im Zuständigkeitsbereich der Bundespolizei ebenfalls nicht nur im Schwerpunkt, sondern ausschließlich der Strafverfolgung zugerechnet. Auf die Frage, ob es sich hier „nur" um eine gesetzgeberische „Ungründlichkeit" handelt und nach dem Sinn und Zweck eine erweiternde Auslegung möglich ist, kommt es aber nur an, wenn gleichzeitig im Zeitpunkt des Einsatzes noch eine Gefahrensituation vorliegt und man neben der Strafverfolgung die Heranziehung polizeirechtlicher Grundlagen noch für zulässig hält oder den Schwerpunkt in der Gefahrenabwehr sieht.*

*Damit kann die Bundespolizei die Identität des Betroffenen in der Regel wohl nur auf Grundlage der Strafprozessordnung feststellen, insb. gemäß § 163b Abs. 1 StPO."*[262]

Der BfDI verfolgt hier gleich drei Gedanken, denen rechtlich nicht gefolgt werden kann. Bei seinem ersten Fehlgedanken geht der BfDI zu Unrecht davon aus, dass der Schutz privater Rechte nach § 1 IV BPolG zwar nicht isoliert, aber eben nicht (wie von ihm beschrieben) in 100 %-iger Erfüllung der Aufgaben der BPOL zu betrachten ist. Die Formulierung in seinem Schreiben suggeriert, dass der Schutz privater Rechte als Ergänzung des Gefahrenabwehrauftrages immer nur dann begründet wäre, wenn auch alle Tatbestandsmerkmale der jeweils betroffenen Aufgabennorm der BPOL einschlägig wären. In den oben beschriebenen Fällen kommt es auf Details des § 3 BPolG aber eben nicht an. Im Rahmen von § 1 IV BPolG genügt es, wenn der Schutz des privaten Rechtes im „**unmittelbaren Sachzusammenhang**" mit den Aufgaben der Bundespolizei steht.[263]

Das zu schützende private Recht muss auch **nicht Teil der Aufgaben** sein. Gefordert wird hier lediglich ein sog. **„Sachbezug"**.[264] Dieser ist bereits dann gegeben, wenn sich die in Rede stehende Situation aus dem Schutzauftrag heraus ergibt.[265] Sie muss nicht selbst Teil des Schutzauftrages sein. Folglich genügt es, wenn sich

262 BfDI, 22-643/065#0495 vom 4.11.2016, S. 4.

263 Vgl. u. a. *Drewes/Malmberg/Wagner/Walter* (Hrsg.), Bundespolizeigesetz, Kommentar, 6. aktualisierte Aufl., Stuttgart/München 2019, § 1 IV BPolG Rdnr. 49, 2. Beispiel.

264 S. auch *Borsdorff/Kastner*, Modulwissen – Einsatzrecht 1 – Basisausbildung, 2. Aufl., Wiesbaden 2016, S. 30.

265 Vgl. bspw. *Heesen/Hönle/Peilert/Martens* (Hrsg.), Bundespolizeigesetz, Kommentar, 5. Aufl. Göttingen 2012, § 1 IV BPolG Rdnr. 137; der ausdrücklich Leistungserschleichungen als Beispiel erwähnt.

eine zivilrechtliche Streitigkeit aus dem Bahnbetrieb, aus der Bahnbenutzereigenschaft einer Person oder aus der Bahnbetriebsbezogenheit einer Anlage heraus ergibt. Hiermit soll zum Ausdruck gebracht werden, dass die BPOL unter Beibehaltung ihres verfassungsrechtlich gebotenen Sonderpolizeistatus nur dort einschreiten darf, wo ein Aufgabenbezug zu einer der zugewiesenen Aufgaben besteht.

Diese Schlussfolgerung ergibt sich sinnlogisch aus der Tatsache, dass der Schutz privater Rechte in § 1 IV BPolG gesondert als Aufgabe ausgewiesen ist und durch den Zusatz **„im Rahmen der obliegenden Aufgaben“** versehen wurde. Der Gesetzgeber wählte eben nicht eine engere Formulierung wie „zur Erfüllung ihrer Aufgaben“, sondern den deutlich weiteren Begriff „im Rahmen“. Der Rechtsauffassung, dass der Schutz privater Rechte immer nur dann erfolgen kann, wenn alle rechtlichen Voraussetzungen der hiermit im Zusammenhang stehenden Aufgabe erfüllt sind, kann also nicht gefolgt werden.

Diese (unzutreffende) Rechtsauffassung würde in letzter Konsequenz bspw. bedeuten, dass die BPOL an einem Flughafen nur dann zum Schutz privater Rechte einschreiten dürfte, sofern sich der gefährdete zivilrechtliche Anspruch zugleich als Gefährdung des Luftverkehrs darstellen würde.

Ob es sich bei den gefährdeten Vermögenswerten zivilrechtlich um deliktische oder rein vertragliche Ansprüche der Bahn handelt, steht dahin und ist für die Frage der Rechtsgrundlagen des Einschreitens unerheblich.

*Betrieb der Bahn umfasst auch das Betriebsvermögen:*
Im zweiten o. g. Absatz des BfDI wird bezweifelt, ob denn das Betriebsvermögen der Bahn auch zum Bahnbetrieb zählen würde und somit kein zulässiges Schutzgut für den Gefahrenabwehrauftrag der Bundespolizei sei.

Die üblicherweise herangezogene Fachliteratur zählt das Betriebsvermögen der Bahn zum **„Betrieb der Bahn“** i. S. d. **§ 3 I Nr. 1 3. Alt. BPolG**[266]. Bezogen auf den Schutz privater Rechte wird hier eine weite Auslegung gewählt, da ohne Betriebsvermögen kein Bahnbetrieb mehr aufrechterhalten werden kann. Auf die einzelne nicht bezahlte Fahrkarte wird es in der Gesamtschau wahrscheinlich nicht ankommen. Allerdings wird eine flächendeckende Nichtbeachtung der Beförderungsbedingungen und ein weit verbreitetes Erschleichen der Beförderungsleistungen zu einer Unterfinanzierung und damit Gefährdung des reibungslosen Bahnbetriebs führen. Diese weite Auslegung wird in der Aus- und Fortbildung in allen Laufbahngruppen bei der Bundespolizei so gelehrt.

---

266 Vgl. bspw. *Heesen/Hönle/Peilert/Martens* (Hrsg.), Bundespolizeigesetz, Kommentar, 5. Aufl., Göttingen 2012, § 3 BPolG Rdnr. 29 ff., der ausdrücklich „Finanzen“ erwähnt. Gleichlautend: *Drewes/Malmberg/Wagner/Walter* (Hrsg.), Bundespolizeigesetz, Kommentar, 6. aktualisierte Aufl., Stuttgart/München 2019, § 3 BPolG Rdnr. 29.

Das vom BfDI angeführte Argument, dass es hierauf nur ankomme, wenn zum Zeitpunkt des Einschreitens neben der Strafverfolgung noch eine Gefahrensituation vorliegt und der Schwerpunkt dabei in der Gefahrenabwehr läge, ist ebenfalls rechtlich nicht haltbar und verkennt die Umstände der bahnpolizeilichen Praxis. Zunächst einmal kommt es für die Wahl der Eingriffsbefugnis und der damit verbundenen sog. **„Dominanzentscheidung“** nach h. M. nicht mehr auf den mutmaßlichen Schwerpunkt der Gesamtsituation an. Spätestens seit der Entscheidung des BGH zu *„legendierten Kontrollen“*[267] ist einschlägige Rechtsauffassung, dass sich Strafprozessrecht und Gefahrenabwehrrecht gleichrangig gegenüberstehen und sich per se nicht gegenseitig verdrängen. Auch in Fällen klarer und eindeutiger Strafverfahrensschritte steht es den eingesetzten Polizeibeamten frei, jederzeit auch gefahrenabwehrende Maßnahmen zu ergreifen und die hieraus resultierenden Erkenntnisse für das Strafverfahren zu nutzen.

Weiterhin verkennt der BfDI ganz offensichtlich in seiner Einschätzung der Einsätze die Vielzahl der täglichen Fallkonstellationen, die im Zuge der immer komplexer werdenden Beförderungstarife zahlreicher EVU und Tarifverbünde entstehen. PVB im bahnpolizeilichen Bereich stoßen täglich auf eine bunte Vielfalt an denkbaren Situationen, in denen eben kein Straftatverdacht gegen den Fahrgast besteht, gleichwohl aber Belange der Beförderungsbedingungen tangiert sind und es deswegen zu Uneinigkeit zwischen Fahrgast und dem Betriebspersonal des EVU kommt.

*Verfassungsrechtliche Grenzen und historischen Kontext verkannt:*
Im dritten Schritt kommt der BfDI in Ansehung des Wortlauts der beiden Vorschriften § 3 BPolG und § 12 I Nr. 5 BPolG zu dem Ergebnis, dass die BPOL offensichtlich zur Strafverfolgung vermögensbezogener Straftaten befugt sei, die Gefahrenabwehr inkl. des Schutzes privater Rechte ihr jedoch nicht obläge. § 3 BPolG enthielte dieser Lesart nach das in § 12 I 5 BPolG explizit erwähnte Schutzgut „Vermögen der Bahn“ nicht und schlösse deswegen auch ein Einschreiten der BPOL zur Gefahrenabwehr für das Vermögen der Bahn aus.

Die Verhinderung, Unterbindung oder Verhütung dieser Taten im Vorfeld obläge demnach den Landespolizeien, da der BPOL ein entsprechender Wortlaut im § 3 BPolG fehle. Polizeipraktisch lässt es sich keinem objektiven Betrachter und schon gar nicht den PVB an den Dienststellen vor Ort rechtlich vermitteln, dass diese Straftaten zwar originär verfolgen dürfen, im Vorfeld jedoch mangels Zuständigkeit zuschauen müssten, bis es zu einer Verwirklichung eines Straftatbestandes kommt.

---

243 BGH, Urt. vom 26.4.2017 – 2 StR 247/16 – zur Rechtmäßigkeit sog. „legendierter Kontrollen“.

Korrekt ist, dass im Wortlaut des § 3 BPolG – anders als im § 12 I Nr. 5 BPolG – Vermögenswerte der Eisenbahnen des Bundes **nicht expressis verbis genannt** sind. Daraus zu schließen, dass diese Schutzgüter nicht originär durch die BPOL (im Rahmen der Gefahrenabwehr) geschützt werden dürften, ist jedoch **rechtssystematisch falsch** und entspricht vor allem nicht dem Willen des Gesetzgebers zum Zeitpunkt der Inkraftsetzung der genannten Normen. Die geäußerten Bedenken stellen eine alltägliche Gefahrenabwehraufgabe der BPOL auf den Kopf und verkennen vor allem die langjährig bestehende herrschende Rechtsauffassung. Die Auslegung der angesprochenen (fast 30 Jahre alten) Vorschriften im BPolG muss unter Berücksichtigung der Regelungsabsichten zum Zeitpunkt der Inkraftsetzung betrachtet werden.

Die §§ 3 und 12 BPolG sind 1994 durch das Bundesgrenzschutzneuregelungsgesetz (BGSNeuRegG)[268] in Kraft getreten. Zuvor enthielt der § 2a BGSG sowohl die Gefahrenabwehr- als auch Strafverfolgungsaufgaben des BGS im Rahmen der bahnpolizeilichen Zuständigkeit. Der Neuregelung war die Übertragung der bahnpolizeilichen Aufgaben und der Luftsicherheit vorausgegangen. In der Folge gab es u. a. Rechtsunsicherheiten über die präzise Ausübung der Gefahrenabwehraufgaben sowie über dessen Strafverfolgungszuständigkeit im Rahmen seiner präventiv-polizeilichen Aufgaben.

Im Gesetzesentwurf zum BGSNeuRegG[269] wurden daher als ein erheblicher Grund für die Neuregelung der folgende Punkt genannt: Bestimmungen über die polizeilichen **Aufgaben des Bundesgrenzschutzes bei der Strafverfolgung** entsprechend seinem präventiv-polizeilichen Aufgabenbereich. Eine präzise Beschreibung der Strafverfolgungszuständigkeit und damit einhergehend die verfassungsrechtlich gebotene Abgrenzung zu den Aufgaben der Landespolizeien war zu diesem Zeitpunkt maßgeblicher Anlass, die Zuständigkeiten des BGS klar zu definieren.

Bereits im allgemeinen Teil zur Gesetzesbegründung[270] wird ausgeführt, dass die Regelungen des § 12 BGSG dem Grunde nach nur klarstellend die Aufgaben formulieren, die der BGS im Rahmen der bahnpolizeilichen Aufgaben bislang ohnehin wahrgenommen hat. Hierbei wird wiederholt ausgeführt, dass sich die repressiven Aufgaben am Rahmen der präventiven Zuständigkeiten orientieren. Der für die bahnpolizeiliche Aufgabenwahrnehmung maßgebliche § 3 BPolG wurde bereits 1992 als § 2a BGSG über das „Gesetz zur Übertragung der Aufgaben der Bahnpolizei und der Luftsicherheit auf den Bundesgrenzschutz“[271] in das BGSG

244 BGBl. I 1994, Nr. 72 vom 25.10.1994, 2978.
269 BT-Drs. 12/7562 vom 17.5.1994, S. 29.
270 A. a. O., Ziffer 1.2, S. 30.
271 BGBl. I 1992, 178.

aufgenommen. Seine Formulierung wurde seinerzeit wiederum nahezu wörtlich aus der noch älteren Vorschrift des **§ 55 EBO a. F.** übernommen, der die Zuständigkeit der Bahnpolizei regelte.[272] Der § 55 EBO a. F. enthielt jedoch keine Regelung zur Strafverfolgungszuständigkeit der Bahnpolizei. Diese Aufgabe wurde erstmals 1992 mit dem Aufgabenübertragungsgesetz in § 2a III BGSG formuliert und später wortgleich in § 12 I Nr. 5 BGSG übernommen.

Die wortgleiche Übernahme der Formulierung der Strafverfolgungszuständigkeit aus § 2a III BGSG in den § 12 I Nr. 5 BGSG wurde also bereits 1994 so gewählt, dass sie **spiegelbildlich** exakt die präventiv-polizeilichen Aufgaben des BGS abbildet unter bewusster Auslassung der Bereiche Luftsicherheit, Objektschutz und Eigensicherung.[273]

Dies sollte nach dem damaligen Stand der Entwicklungen eine klare und präzise Abgrenzung des BGS zu den verfassungsrechtlich geschützten Zuständigkeiten der Bundesländer für polizeiliche Aufgaben schaffen.

Hierzu heißt es: **„Die Zuständigkeit des BGS zur Verfolgung von Straftaten kann jedoch nicht weiterreichen als sein präventiv-polizeilicher Zuständigkeitsbereich“**[274].

Zweck dieser Regelung war seinerzeit hauptsächlich die Abgrenzung und die Verhinderung einer Zuständigkeitserweiterung des BGS in die Aufgaben der Bundesländer hinein. Demnach wurde § 12 I Nr. 5 BGSG so formuliert, dass er „[...] *entsprechend den präventiv-polizeilichen Aufgaben des BGS die sachlichen Tatbestandsgruppen auflistet, in denen der BGS als Träger der Polizeiaufgaben nach der Strafprozessordnung fungiert.* “[275]

Es wurde also eine Strafverfolgungszuständigkeit formuliert, die exakt den Schutzgütern entspricht, für deren Abwehr der BGS seinerzeit gefahrenabwehrrechtlich zuständig war.

Hieraus und aus der Tatsache, dass die Formulierung aus § 2a III BGSG und § 12 I Nr. 5 BGSG zeitlich nach dem Wortlaut des § 2a III BGSG/§ 55 EBO a. F. in das Gesetz aufgenommen wurde, folgt die schlichte Erkenntnis, dass der Gesetzgeber sich bei der Formulierung sehr wohl damit auseinandergesetzt haben muss, welchen Gefahrenabwehrauftrag der BGS hatte. Es ist nach den o. g. Tatsachen davon auszugehen, dass der Gesetzgeber 1992 und 1994 eine spiegelbildliche Abbildung des Gefahrenabwehrauftrages des BGS für seine Strafverfolgungskompetenz ge-

272 Vgl. BT-Drs. 12/1091 vom 29.8.1991, Gesetzesentwurf zur Übertragung der Aufgaben der Bahnpolizei und der Luftsicherheit auf den Bundesgrenzschutz, S. 7.
273 BT-Drs. 12/7562 vom 17.5.1994, Abschnitt B, zu § 12 BGSG, S. 44 f.
274 A. a. O.
275 A. a. O.

wollt hat. Es war erklärter Wille des Gesetzgebers, eine Rechtslage zu schaffen, in der die Strafverfolgungskompetenzen des BGS nie weitergehen als der Gefahrenabwehrauftrag.

Eine umgekehrte Interpretation, wonach der BGS/die BPOL für die Gefahrenabwehr bedrohter Vermögenswerte der Bahn unzuständig sei, jedoch hingegen für Straftaten eine originäre Verfolgungskompetenz hätte, würde genau dieser o. g. Zielrichtung des Sonderpolizeistatus der BPOL entgegenstehen. Hier entstünde nämlich genau die Konstellation, die 1994 vom Gesetzgeber ausdrücklich verhindert werden sollte und die 1998 vom BVerfG[276] ausdrücklich und unmissverständlich klargestellt wurde, wonach die BPOL nicht zu einer mit den Landespolizeien konkurrierenden Polizei ausgebaut werden dürfe und die Strafverfolgungskompetenzen nicht über die der Gefahrenabwehr hinausgehen dürfen.

Der Lesart des BfDI zufolge wäre genau dies der Fall: Die BPOL wäre für Deliktsfelder zwar **strafrechtlich zuständig, zu deren Gefahrenabwehr im Rahmen der sonderpolizeilichen Aufgabe hingegen aber nicht**.

**Weitere Beispiele:**

*Am Dienstgebäude des Bundespräsidialamtes (Objektschutzdienststelle) fährt ein Lieferant mit seinem LKW aus Versehen an ein Vordach und beschädigt es. Bundespolizisten fotografieren den festgestellten Schaden und stellen die Identität des Fahrers sowie die Daten seines Unternehmens fest.*

*Eine Reisende im Zug meldet sich bei der Bundespolizei, weil ein Mitreisender auffällig Fotos ihrer Kinder gemacht habe und sich nun weigere, die Fotos zu löschen. Sie bitten die BPOL um eine IDF, um gegen den Mann vorgehen zu können.*

**Zur Gebührenart:**

Wegen der weitgehend gleichartigen Durchführung solcher Maßnahmen wurde eine Festgebühr in Höhe von 57,85 Euro festgelegt.

**Zum Kostenschuldner:**

Wörtlicher Auszug aus der amtlichen Begründung des BMI zu Ziffer 4:[277]

*„Die Nummer 4 begründet zum einen nach § 3 Absatz 2 Nummer 1 BGebG eine Gebührenpflicht derjenigen Person, für die im Rahmen der Aufgabenwahrnehmung nach § 1 Absatz 4 BPolG zum Schutz ihrer privaten Rechte auf Antrag eine Identitätsfeststellung nach § 23 Absatz 1 Nummer 5 BPolG durch die Bun-*

276 BVerfG vom 28.1.1998 – 2 BvF 3/92-1 –.
277 BMI, Amtliche Begründung zur Besonderen Gebührenverordnung BMIBGebV, veröffentlicht 21.10.2019, BAnz AT 21.10.2019 B1 zu Ziffer 4, S. 25.

*despolizei erfolgt. In der polizeilichen Praxis kommt eine Gebührenerhebung nach dieser Vorschrift insbesondere in Fällen der Identitätsfeststellung auf Antrag von Eisenbahnverkehrsunternehmen in Betracht, um beispielsweise die Personalien von Fahrgästen ohne gültigen Fahrausweis zu erhalten. In seiner Eigenschaft als Veranlasser der Maßnahme (§ 3 Absatz 2 Nummer 3 BGebG) kann zum anderen auch der Fahrgast selbst Gebührenschuldner sein."*

Nach dem Willen des Verordnungsgebers sollte seinerzeit also primär eine Gebührenerhebung bei den Personen erfolgen, die eine IDF durch die Bundespolizei **beantragt** haben und nur nachrangig bei den Personen, die durch pflichtwidriges Verhalten die IDF **veranlasst** haben. Übertragen auf sog. „Schwarzfahrerfälle" käme demnach also zunächst das Eisenbahnverkehrsunternehmen (EVU) als Kostenschuldner in Betracht und nachrangig der Fahrgast.

Es sollte jedoch stets eine Abwägung nach dem gebührenrechtlichen Prinzip der individuellen Zurechenbarkeit erfolgen, da das BGebG in § 3 grundsätzlich Pflichten sowohl für den Verursacher (Fahrgast) als auch für das die Leistung beantragende EVU beinhaltet. Eine klare Zuweisung der Ziffer 4 GAV zu einem der beiden möglichen Adressaten existiert nicht.

Zur Beurteilung, ob der **Fahrgast oder das EVU** als Kostenschuldner in Anspruch zu nehmen ist, obliegt es der eingesetzten Streife vor Ort, die für die Beurteilung erforderlichen Tatsachen zu erforschen und zu dokumentieren. Insbesondere könnte zur Beurteilung dieser Frage der **Kooperationswillen** beider Parteien herangezogen werden. Geht es dem Personal des EVU bspw. lediglich darum, vollständig und freiwillig angegebene Personalien des Fahrgastes behördlich überprüfen und verifizieren zu lassen, kann dem Fahrgast schwerlich die Leistung individuell zugerechnet werden. Er hat immerhin alles für ihn Mögliche getan, der Herausgabe seiner Personalien nachzukommen. Eine Pflichtenerinnerung zu einer positiven zukünftigen Verhaltensänderung im Sinne der o. g. Zielrichtung ist hier nicht einschlägig.

In diesen Fällen kommt es für die Wahl des korrekten Gebührenschuldners im zu fertigenden Gebührenbescheid entscheidend auf die Qualität des zugrundeliegenden polizeilichen Berichts der eingesetzten PVB vor Ort an. Nur anhand der Lebensumstände vor Ort und im Lichte der oben angeführten beiden Prinzipien kann eine rechtssichere Entscheidung zur Gebührenschuldnerschaft letztlich getroffen werden.

Für ausschließlich privatrechtlich zu klärende Problemstellungen, die sich in den sog. „Schwarzfahrerfällen" ergeben, ist es gerade nicht Aufgabe der Bundespolizei, über Verursachung, Recht oder Unrecht zu befinden. Vielmehr gilt es, im Sinne des Subsidiaritätsgrundsatzes die Voraussetzungen für beide streitenden

Parteien zu schaffen, einen irgendwie gearteten Rechtsstreit mit den notwendigen Informationen über die Daten der anderen Partei austragen zu können.

Die Wahl des korrekten Kostenschuldners erfolgt nach dem Prinzip der individuellen Zurechenbarkeit gemäß § 6 I Nr. 1 BGebG i. V. m. § 3 II Nr. 1–4 BGebG. Relevant für die o. g. Fälle sind der § 3 II Nr. 1 BGebG, wonach eine Leistung individuell zurechenbar ist, wenn sie von jemandem beantragt wurde und der § 3 II Nr. 3 BGebG, wonach eine Leistung individuell zurechenbar ist, wenn sie von jemandem veranlasst wurde. Das letztgenannte Prinzip der am Störer orientierten Gebührenerhebung „[...] *soll den Betroffenen nicht nur die individuelle Verantwortung für die Kosten der polizeilichen Maßnahmen verdeutlichen, sondern kann auch zu einer künftigen Verhaltensbeeinflussung beitragen.*“ [278]

Eine klare Zuweisung der Ziffer 4 GAV zu einem der beiden möglichen Adressaten existiert nicht. Die Begründung zur BMIBGebV sieht für Ziffer 4 beide Adressaten ausdrücklich vor.

Zur Beurteilung, ob der Fahrgast oder das EVU als Kostenschuldner in Anspruch zu nehmen ist, empfiehlt sich eine Differenzierung anhand des Kooperationswillens beider Parteien. Es haben sich hierzu die Begriffe **Identitätsfeststellung** und **Identitätsüberprüfung** herauskristallisiert. Diese Herangehensweise ergibt sich aus dem im Gebührenrecht verankerten Prinzip der individuellen Verursachung und damit Zurechnung einer öffentlichen Sicherheitsleistung.

Geht es dem Personal des EVU bspw. lediglich darum, vollständig und freiwillig angegebene Personalien des Fahrgastes behördlich überprüfen und verifizieren zu lassen (**sog. „Identitätsüberprüfungen“**), kann dem Fahrgast schwerlich die Leistung individuell zugerechnet werden. Er hat immerhin alles für ihn Mögliche getan, der Herausgabe seiner Personalien nachzukommen. Eine Pflichtenerinnerung zu einer positiven zukünftigen Verhaltensänderung im Sinne der o. g. Zielrichtung ist hier nicht einschlägig. Sofern im Einzelfall das Zugpersonal Zweifel an den Angaben des Fahrgastes hat oder bspw. einen Wohnsitz überprüft wissen möchte oder bei Personen mit Wohnsitz im Ausland Bedenken hinsichtlich der Postzustellung hat, handelt es sich um zivilrechtliche Fragen, wie sie jedermann hätte, sofern es zu einem Zivilrechtsstreit mit einer ihm unbekannten Person käme. Für diese Fälle besteht für jedermann die Möglichkeit, (gebührenpflichtig) Meldeauskünfte bei den zuständigen Ämtern einzuholen, um eine Identität oder einen Wohnsitz verifizieren zu lassen. Die kostenfreie Möglichkeit, für solche Fälle die BPOL zur Identitätsüberprüfung hinzuzuziehen, würde einen finanziellen Vorteil des EVU bedeuten.

---

254 Begründung zum Gesetzesentwurf der Bundesregierung zur Einbeziehung der Bundespolizei in den Anwendungsbereich des Bundesgebührengesetzes BT-Drs. 18/9759, S. 18.

Liegt jedoch eine Situation vor, in der die Identität des Fahrgastes erst durch Einschreiten der BPOL festgestellt werden kann (**Identitätsfeststellungen**), weil sich der Fahrgast dem Zugpersonal gegenüber nicht ausweisen wollte oder konnte, kann hingegen von einer zumindest überwiegenden Veranlassung durch den Fahrgast ausgegangen werden. Hier liegen Sachverhalte vor, in denen ein Fahrgast zunächst den erforderlichen Fahrausweis nicht mitführt und zusätzlich auch seine Identität dem Zugpersonal gegenüber nicht angeben kann oder will. Dass also überhaupt eine behördliche Eingriffsmaßnahme erforderlich wurde, liegt in diesen Fällen überwiegend in der Veranlassung durch den Fahrgast. Dies wird der weit überwiegende Teil der alltäglichen Fälle sein. Hier liegen regelmäßig Fälle vor, in denen die EVU als zivilrechtlich Geschädigte keine andere Möglichkeit haben, ihr Recht durchzusetzen, als die Polizei um Hilfe zu bitten. Hierfür noch eine Gebühr zu verlangen, würde dem Gedanken der Primär- und Sekundärebene der Polizeikosten widersprechen.

Sollte sich im Zuge der Gebührenerhebung herausstellen, dass der primär gebührenpflichtige Fahrgast zahlungsunfähig ist[279], stellt sich die Frage, ob hilfsweise das beantragende EVU (Beantragung nach § 3 II Nr. 1 BGebG) zur Zahlung herangezogen werden kann. Diese sog. **„Sekundärschuldnerschaft“** ist nach aktueller Rechtslage möglich, allerdings strittig.

§ 6 II BGebG sieht eine gesamtschuldnerische Haftung für öffentliche Leistungen grundsätzlich vor. In der Kommentarliteratur wird einschlägig auf eine analoge Anwendung der §§ 421 ff. BGB zur zivilrechtlichen Gesamthaftung verwiesen[280]. Hierzu steht der Gläubigerbehörde ein weitreichendes Ermessen zu, ob sie bspw. einen potentiell zahlungsfähigen Gesamtschuldner für mehrere Mitschuldner in Anspruch nimmt oder mehrere Schuldner zu gleichen Anteilen.[281] Das Ermessen der Behörde kann sich sowohl an dem Kriterium bemessen, ob einer der Verursacher der zugrundeliegenden Maßnahme näher steht als andere Schuldner, als auch am Kriterium der potentiellen Zahlungsfähigkeit.[282] Die Rechtslage lässt eine kostenrechtliche sekundäre Inanspruchnahme des EVU mithin grundsätzlich zu.[283]

279 Bis 2020 verzeichnete die BPOL Forderungsausfälle i. H. v. 40 %, weil die Gebührenschuldner mittellos sind. Quelle: Bundespolizeipräsidium, LS 2 – Presse- und Öffentlichkeitsarbeit, Jahresbericht der BPOL 2020, S. 49.

280 Vgl. *Prömper/Stein*, Bundesgebührengesetz, Kommentar, München 2019, zu § 6 Rdnr. 9, S. 47.

281 A. a. O. Rdnr. 10 ff., S. 47.

282 A. a. O., Rdnr. 13, mit Verweis auf BVerwGE DöV 1972, 724 Rdnr. 15 und BVerwGE 59, 13 Rdnr. 27.

283 Im Aufenthaltsrecht findet sich eine vergleichbare Kostenregelung in § 67 AufenthG. Hier werden regelmäßig Luftverkehrsunternehmen als Gebührenschuldner für die Rückführungskosten einer mittellosen, unerlaubt eingereisten Person in Anspruch genommen, weil hier die größte

Es steht auch dahin, ob die zugrundeliegende IDF dem EVU eigentlich zu einem vertraglich gefährdeten Recht verhilft. Das BGebG und die BMIBGebV sowie die verfügbare Kommentarliteratur unterscheiden hier nicht.

Eine vergleichbare Situation läge bspw. vor, wenn ein privater Geschädigter ein Abschleppunternehmen beauftragt, ein blockierendes Fahrzeug von seiner Auffahrt zu entfernen. Hier wird auch regelmäßig der Antragsteller eine Rechnung erhalten, die er später vom Verursacher im Wege des Forderungsübergangs nach § 426 BGB zurückfordern kann.

Zwar ist es zutreffend, dass ein Gläubiger grds. nicht verpflichtet ist, seinen Anspruch gegenüber jedem seiner Gesamtschuldner ganz oder teilweise geltend zu machen. Das gilt auch, soweit der Gläubiger keine oder nur teilweise Befriedigung erfährt, obschon gemäß § 421 S. 2 BGB sämtliche Schuldner bis zur Bewirkung der ganzen Leistung verpflichtet bleiben. Dies ist Ausfluss des im Zivilprozessrecht verankerten Grundsatzes der **Dispositionsfreiheit**. Diese Dispositionsfreiheit besteht im Bereich des Kostenrechts jedoch gerade nicht. Vielmehr ist der Gebührengläubiger aufgrund der sich aus § 1 BGebG ergebenen Verpflichtung gehalten, seinen Anspruch im staatlichen Interesse zu verfolgen und durchzusetzen. Demnach verstieße die Vorgehensweise, den Gebührenanspruch nach erfolgloser Durchsetzung gegenüber dem Veranlasser nicht gegenüber dem EVU weiterzuverfolgen, gegen die sich aus § 1 BGebG ergebene Gebührenerhebungs- und -festsetzungspflicht.

Auf die Möglichkeit der Anpassung des sog. „erhöhten Beförderungsentgeltes – Fahrpreisnacherhebung (FN)“ um den Betrag der Gebühren für eine IDF durch die BPOL hat die DB AG bislang verzichtet. Man hätte durchaus zwei FN-Kategorien in unterschiedlicher Höhe einführen können, jeweils mit und ohne Hinzuziehung der BPOL zum Zwecke der IDF. Luftverkehrsunternehmen verfahren im Übrigen seit jeher genau nach diesem Prinzip im Umgang mit den Luftsicherheitsgebühren. Die Gebühren entrichten zunächst die Unternehmen, legen diese Abgaben jedoch im Rahmen des Ticketerwerbs auf die Fluggäste um.

Eine Identitätsfeststellung zum Schutz privater Rechte kann unter Umständen auch bei einer **Streitigkeit unter Bahnreisenden** erfolgen. Das wäre etwa der Fall, wenn ein Reisender seinen tatsächlichen oder vermeintlichen Anspruch auf Schadensersatz durchsetzen möchte, weil z. B. seine Kleidung durch einen anderen Reisenden verschmutzt oder weil seine Brille, sein Laptop etc. von dem anderen beschädigt worden ist.

---

Wahrscheinlichkeit für die Begleichung der Kosten zu erwarten ist. Unter Ziffer 67.3.1.2 der AVwVAufenthG wird ausdrücklich die kostenrechtliche Zulässigkeit der Inanspruchnahme derjenigen Kostenschuldner betont, bei denen die Beitreibung der Kosten am aussichtsreichsten ist.

Eine Identitätsfeststellung zum Schutz privater Rechte gemäß § 23 I Nr. 5 BPolG kann auch im Rahmen der Aufgabenwahrnehmung **Luftsicherheit** durch die Bundespolizei erfolgen mit der Folge, dass Gebühren nach der Nr. 4 GAV anfallen. Lediglich Kontrollen aufgrund des LuftSiG (z. B. gemäß den §§ 3, 5 LuftSiG) sind von einer Kostenerhebung nach dem Gebühren- und Auslagenverzeichnis ausgeschlossen.

### Ziffer 5 – Erkennungsdienstliche Maßnahme nach § 24 I BPolG bzw. § 81b zweite Variante StPO[284]

| | **Gegenstand** | |
|---|---|---|
| | **Bundespolizeigesetz (BPolG)** | |
| **Nr.** | **Gebühren- oder Auslagentatbestand** | **Gebühren/ Auslagen in Euro** |
| 5 | Erkennungsdienstliche Maßnahme nach § 24 I BPolG bzw. § 81b zweite Variante StPO | 64,05 |

**Zur Gebührenart:**

Wegen der weitgehend gleichartigen Durchführung solcher Maßnahmen wurde eine Festgebühr in Höhe von 64,05 Euro festgelegt.

**Zum Kostenschuldner:**

In aller Regel wird der Adressat der ED-Behandlung auch als Kostenschuldner in Frage kommen. Auf die jeweiligen Besonderheiten der verschiedenen Rechtsgrundlagen der ED-Behandlung und die daraus resultierende Gebührenschuld wird im Folgenden genauer eingegangen.

**Zum Tatbestand:**

Gemäß der Nr. 5 GAV besteht für den Adressaten einer **erkennungsdienstlichen Maßnahme** eine Gebührenpflicht, sofern die Maßnahme auf einer der beiden Rechtsgrundlagen beruht, die in der Regelung ausdrücklich benannt sind. Bei erkennungsdienstlichen Maßnahmen auf der Grundlage anderer Befugnisnormen kommt dieser Gebührentatbestand also nicht zur Anwendung.

---

284 Mit dem „Gesetz zur Durchführung der Verordnung (EU) 2019/816 sowie zur Änderung weiterer Vorschriften (VO2019/816-DG)“ vom 10.8.2021 (BGBl. I 3420) wurde § 81b StPO mit Wirkung zum 1.10.2022 grundlegend geändert. Die Änderungen sind für das hier Besprochene ohne Relevanz. Es hat sich allerdings die Zitierweise geändert, da § 81b StPO nunmehr mehrere Absätze hat. Im Folgenden wird also konsequenterweise § 81b I 2. Alt. StPO anstatt der im GAV noch zu findenden alten Fassung ohne Absatz zitiert.

Beruht die erkennungsdienstliche Maßnahme auf **§ 24 I Nr. 1 BPolG**, so ist der Betroffene in aller Regel über § 3 II Nr. 3 BGebG der richtige Gebührenschuldner, weil er die öffentliche Leistung dadurch verursacht hat, dass er die gebotene **Mitwirkung** bei der nach § 23 I, II BPolG rechtlich zulässigen Identitätsfeststellung verweigert hat, denn sonst wäre der Fall gar nicht eingetreten, dass eine erkennungsdienstliche Behandlung zur Identitätsfeststellung notwendig geworden ist. Wird also bspw. im Rahmen einer nach § 23 I, II BPolG zulässigen Identitätsfeststellung eine erkennungsdienstliche Maßnahme auf der Grundlage des § 24 I Nr. 1 BPolG erforderlich, so ist hierfür zu Lasten des Betroffenen eine Festgebühr in Höhe von 64,05 Euro festzusetzen und zu erheben.

**Beispiel 1:**

*Im Rahmen der Anreise von Fußballfans mit aggressiven rivalisierenden Fangruppen werden gemäß § 23 I Nr. 4 BPolG sog. „Gefährdungslagenkontrollen" durchgeführt. Der dabei ebenfalls kontrollierte Fußballfan F verweigert Angaben zu seiner Person und auch die Aushändigung von Ausweispapieren. Es findet eine Durchsuchung nach Ausweispapieren auf der Dienststelle statt. Ein Ausweis oder andere Identitätspapiere werden nicht gefunden. Vor der Durchführung von erkennungsdienstlichen Maßnahmen weist POK P den F darauf hin, dass es teuer wird, wenn F weiterhin überprüfbare Angaben zur Person verweigert, weil dann Kosten für die im Weigerungsfalle anstehende erkennungsdienstliche Behandlung fällig werden; er – F – solle sich das nochmals überlegen. F bleibt aber unbeeindruckt und verschiedene erkennungsdienstliche Maßnahmen mit dem Ziel der Identitätsklärung werden infolgedessen an F durchgeführt.*

Bei den hier dargestellten ED-Behandlungen nach § 24 I Nr. 1 BPolG handelt es sich um das sog. **„Fast-ID"**. Oftmals gehen BPOL-Beamte irrig davon aus, Fast-ID sei ein zulässiger Teil der IDF und somit gar keine ED-Behandlung und bedürfe daher auch keiner weiteren Voraussetzungen neben denen der IDF. Dem ist nicht so. Faktisch bildet Fast-ID sogar drei Eingriffsmaßnahmen in sehr kompakter Weise ab: erstens werden Fingerabdrücke digital abgenommen (zu analogen Zeiten erfolgte das noch mittels schwarzer Farbe auf einem Bogen Papier), zweitens werden diese Daten an eine andere Behörde (das BKA) weitergegeben (zu analogen Zeiten erfolgte dies über das Versenden des eingescannten Papiers an das BKA) und im dritten Schritt erfolgt ein Abgleich der Abdrücke mit der Fingerabdruckdatei AFIS. Fast-ID kombiniert also eine ED-Behandlung, die Datenübermittlung und einen Datenabgleich miteinander.

Aus den oben beschriebenen Grundsätzen folgt logischerweise der Umkehrschluss, dass all diejenigen Fast-ID-Maßnahmen, die nicht durch **Unkooperativi-**

**tät** des Betroffenen verursacht wurden, kostenfrei sind. Dies betrifft z. B. Fast-ID-Überprüfungen, die allein dienstlich angewiesen oder motiviert sind.

**Beispiel 2:**

*Im Zuge eines kriegerischen Konflikts zwischen zwei Staaten flüchten zahlreiche Personen nach Deutschland, um Schutz vor dem Krieg zu bekommen. Es ist allerdings nicht auszuschließen, dass sich auch zahlreiche Gefährder oder international gesuchte Kriegsverbrecher unter die Flüchtenden mischen. Aus diesem Grund intensiviert die Bundespolizei ihre Fast-ID-Überprüfungen an den Flughäfen für Einreisen aus den betroffenen Staaten sowie der betroffenen Staatsangehörigen.*

Diese Fast-ID-Überprüfungen erfolgen, wie oben gezeigt, kostenfrei.

Eine Gebührenpflicht nach der Nr. 5 GAV besteht ferner dann, wenn eine erkennungsdienstliche Maßnahme auf der Grundlage des **§ 24 I Nr. 2 BPolG** erfolgt. Eine solche erkennungsdienstliche Behandlung ist zulässig, wenn sie zur **Verhütung von Straftaten** i. S. d. § 12 BPolG erforderlich ist, weil der Betroffene verdächtig ist, eine solche Straftat begangen zu haben, und weil außerdem wegen der Art oder Ausführung der Tat die Gefahr einer Wiederholung besteht.

**Beispiel 3:**

*Während des Reiseverkehrs von Fußballfans werden einige als vorbelastet und aggressiv bekannte Fans zusammen mit ihrem Personalausweis fotografiert. Danach erfolgt eine Gefährderansprache.*

Eine Gebührenpflicht für erkennungsdienstliche Maßnahmen im Rahmen der Bewältigung des *Reiseverkehrs von Fußballfans* entsteht, wenn im Hinblick auf individualisierbare, fußballtypische frühere Straftaten, die entweder sicher oder mutmaßlich oder zumindest möglicherweise begangen worden sind, bei konkret identifizierten Fußballstörern davon ausgegangen werden kann, dass wegen der Art oder Ausführung der Vortat (oder der Vortaten) die Gefahr einer Wiederholung besteht.

Bei erkennungsdienstlichen Maßnahmen nach § 24 I Nr. 2 BPolG ist der von der erkennungsdienstlichen Behandlung Betroffene deshalb über § 3 II Nr. 4 BGebG als der richtige Gebührenschuldner anzusehen, weil er derjenige ist, gegen den sich der Verdacht richtet, früher eine Straftat begangen zu haben. Diese persönliche Eigenschaft, aufgrund bestimmter Umstände vergangenheitsbezogen straftatverdächtig zu sein, ist unmittelbar in seinem Rechts- bzw. Pflichtenkreis angesiedelt. Damit besteht ein tauglicher Anknüpfungspunkt für die Auferlegung einer Gebührenpflicht.

Weiterhin ist ausdrücklich vom Gebührentatbestand der Nr. 5 GAV mit umfasst die in **§ 81b I 2. Alt. StPO** enthaltene Variante der erkennungsdienstlichen Behandlung eines Beschuldigten. Nach dieser Regelung sind erkennungsdienstliche Maßnahmen beim Beschuldigten zulässig, wenn dies für Zwecke des Erkennungsdienstes notwendig ist.

**Beispiel 4:**

*Gegen den im Beispiel 3 erkennungsdienstlich behandelten Fußballfan F läuft aktuell ein weiteres Strafverfahren wegen Gewalttätigkeiten im Zusammenhang mit einer Fußballanreise.*

Dass hier der *Beschuldigte* in einem aktuell laufenden und gegen ihn gerichteten Strafverfahren als Gebührenschuldner im Hinblick auf die Kosten für durchgeführte erkennungsdienstliche Maßnahmen in Betracht kommt, lässt sich erneut aus der in § 3 II Nr. 4 BGebG enthaltenen Regelung ableiten.

Etwas überraschend mag – zumindest auf den ersten Blick – der Umstand erscheinen, dass an dieser Stelle eine Maßnahme aus der Strafprozessordnung im Rahmen des Gebühren- und Auslagenverzeichnisses miterfasst ist, obwohl es doch nach den eingangs getroffenen Feststellungen in diesem Verzeichnis ganz prinzipiell um präventiv-polizeiliche Maßnahmen geht. Deshalb sei in diesem Zusammenhang noch einmal daran erinnert, dass die Vorschrift des § 81b I 2. Alt. StPO zwar formal in der Strafprozessordnung angesiedelt ist, sie nach ihrem materiellen Gehalt aber – nach immer noch h. M. – eigentlich dem Polizeirecht zuzurechnen ist und insofern eine gewisse Sonderstellung innerhalb der Strafprozessordnung einnimmt. Diese Bewertung beruht auf den folgenden Überlegungen:

Die in § 81b I 2. Alt. StPO enthaltene Regelung erlaubt eine erkennungsdienstliche Behandlung „für Zwecke des Erkennungsdienstes“, d. h. zunächst aus Gründen der **Vorsorge** für künftig denkbare Strafverfolgung durch die Schaffung und Bereitstellung von Vergleichsmaterial, das in entsprechende Sammlungen, Karteien oder Dateien aufzunehmen ist. Auf diese Weise soll die *künftige* Strafverfolgung in Ermittlungsverfahren gleicher oder ähnlicher Art erleichtert und beschleunigt werden.

**Beispiel 5:**

*Der vielfach auf dem Hauptbahnhof Hannover in Erscheinung getretene Taschendieb T wird anlässlich eines erneuten Ermittlungsverfahrens gegen ihn wegen Diebstahls erkennungsdienstlich behandelt. Die dabei gewonnenen Unterlagen (Fingerabdrücke, Fotos etc.) sollen aber nicht seiner Überführung dienen, sondern in eine bundespolizeiliche Materialsammlung mit der Bezeichnung „Eigentumskriminalität im Hauptbahnhof Hannover“ eingestellt werden.*

**Beispiel 6:**

*Der einer Vergewaltigung beschuldigte V legt bereits im Ermittlungsverfahren vor der für den Fall zuständigen hessischen Kriminalpolizei ein Geständnis ab; er wird außerdem alsbald durch einen genetischen Fingerabdruck sicher überführt. Trotzdem werden von ihm Fingerabdrücke genommen und Fotos gefertigt, die anschließend in eine Materialsammlung mit der Bezeichnung „Sexualstraftäter im Bundesland Hessen" aufgenommen werden sollen.*

Schon die **Strafverfolgungsvorsorge** als solche wird von manchen nicht mehr als typische strafverfolgende, sondern vielmehr eher als *gefahrenabwehrende* Tätigkeit angesehen. Mittelbar dient eine derartige erkennungsdienstliche Behandlung des Beschuldigten aber auch ersichtlich der **Straftatenverhütung**, weil mit der strafverfolgungsvorsorgenden ED-Behandlung zugleich ein gewisser Abschreckungseffekt beim Betroffenen erreicht werden kann:

Dieser weiß sich fortan „im Visier" der Strafverfolgungsbehörden und muss damit rechnen, dass auch an seine Tür geklopft wird, wenn in der Region erneut einschlägige Delikte von einem zunächst noch unbekannten Täter begangen werden. Und jedenfalls die Straftatenverhütung wird in der modernen Dogmatik generell dem Aufgabenbereich der *Gefahrenabwehr* zugerechnet. Diese Auffassung hat mittlerweile sogar partiell Eingang in das Gesetz selbst gefunden. So stellt unter anderem auch § 1 V BPolG für den Bereich des Bundesrechts klar, dass die der Bundespolizei obliegenden Aufgaben der Gefahrenabwehr auch die Verhütung von Straftaten nach Maßgabe dieses Gesetzes umfassen.

Vor diesem Hintergrund wird es verständlich, dass die h. M. immer noch auf dem Standpunkt steht, dass § 81b I 2. Alt. StPO letztlich **materielles Polizeirecht** beinhaltet: Diese Norm weist einen *präventiv-polizeilichen* Charakter auf, obwohl die betreffende Regelung in der Strafprozessordnung enthalten ist. Diese auf den ersten Blick überraschende Wertung hat unter anderem zur Konsequenz, dass sich die Zuständigkeit für die Anordnung und Durchführung von solchen erkennungsdienstlichen Maßnahmen nach den Vorgaben des einschlägigen *Polizeirechts* richtet. Dazu hat das BVerwG[285] den folgenden Leitsatz aufgestellt:

> „Die Zuständigkeit für polizeiliche Maßnahmen der Strafverfolgungsvorsorge nach § 81b 2. Alt. StPO beurteilt sich nicht nach der Strafprozessordnung, sondern nach den Polizeigesetzen der Länder."

Für das Polizeigesetz des Bundes gilt konsequenterweise das Gleiche. Damit ergibt sich allerdings zwangsläufig eine gewisse *Konkurrenzsituation* zwischen § 81b I 2. Alt. StPO und den **ähnlichen Befugnisnormen in den Polizeigesetzen**

---

285 BVerwG, Urt. vom 23.11.2005 – 6 C 2.05 –.

des Bundes und der Länder, betreffend die erkennungsdienstliche Behandlung von Verdächtigen zur Verhütung von Straftaten bzw. – in einer etwas anderen, aber sachgleichen Formulierung – zur vorbeugenden Bekämpfung von Straftaten. Eine solche Regelung enthält z. B. der oben bereits erwähnte § 24 I Nr. 2 BPolG. Im Landesrecht wäre § 14 I Nr. 2 PolG NRW ein weiteres Beispiel, der in diesem Zusammenhang von einer „vorbeugenden Bekämpfung von Straftaten" spricht.

Die damit notwendig werdende Abgrenzung der Anwendungsbereiche der genannten Normen ist nach einer verbreiteten Auffassung im Wege einer **„praktischen Konkordanz"** vorzunehmen, die eine Überschneidung der Anwendungsbereiche der beiden Normkomplexe vermeidet. Danach ist § 81b I 2. Alt. StPO immer dann einschlägig, wenn sich die Maßnahme gegen einen *Beschuldigten* anlässlich eines noch laufenden Strafverfahrens richtet. Die Polizeigesetze sind in allen verbleibenden Fällen anzuwenden, d. h. in denjenigen Fällen, in denen der Adressat einen *anderen* Status als den eines Beschuldigten hat. Beispiele für einen derartigen anderen Status wären: Der strafunmündige Täter, der Verurteilte nach Abschluss des Strafverfahrens, der Ex-Beschuldigte nach Einstellung des Ermittlungsverfahrens mangels hinreichenden Tatverdachts oder nach Einstellung wegen geringer Schuld gegen Auflage, der Freigesprochene, sofern der Freispruch aus Mangel an Beweisen erfolgte, sodass ein gewisser Restverdacht fortbesteht.

Es entscheidet nach dieser Auffassung, die vernünftig erscheint, stets der **formale Status des Adressaten** im Zeitpunkt der Anordnung der ED-Behandlung, in Verbindung mit der Frage, ob ein ursprünglich anhängiges Strafverfahren bereits seinen Abschluss gefunden hat[286]. Hat der Betroffene im maßgeblichen Anordnungszeitpunkt den Status eines Beschuldigten inne, so muss § 81 2. Alt. StPO Vorrang genießen. Im Verhältnis zu Landesrecht (z. B. § 14 I Nr. 2 PolG NRW) folgt dies aus Art. 31 GG: Bundesrecht bricht Landesrecht. Konkurriert § 81b I 2. Alt. StPO hingegen mit Bundesrecht (z. B. mit § 24 I Nr. 2 BPolG), so ist die Vorschrift des § 81b I 2. Alt. StPO als die speziellere Norm anzusehen, weil sie als sachnähere Bestimmung festlegt, welche Maßnahmen gerade gegen einen Beschuldigten im Rahmen eines aktuell laufenden Strafverfahrens getroffen werden dürfen.

Der Standpunkt der h. A., dass nämlich § 81b I 2. Alt. StPO der Sache nach materielles Polizeirecht beinhaltet, hat – handwerklich betrachtet – weitreichende Folgen:

Die Anordnung einer erkennungsdienstlichen Behandlung auf der Grundlage der genannten Vorschrift sowie die Vorladung zu ihr stellen dann **klassische Verwaltungsakte** i. S. d. § 35 Satz 1 VwVfG dar. Der Rechtsschutz dagegen hat auf dem

---

286 St. Rspr., vgl. u. a. OVG NRW, NJW 1999, 2689; SächsOVG, Krim 2001, 277; OVG RhPf, DÖV 2001, 213.

**Verwaltungsrechtsweg** zu erfolgen[287]. Erfolgen die Anordnung bzw. Vorladung – wie im Regelfall – in schriftlicher Form, so zeitigt ein dagegen eingelegter Widerspruch des Betroffenen **aufschiebende Wirkung** (§ 80 I VwGO). Denn von einer „unaufschiebbaren" polizeilichen Anordnung oder Maßnahme i. S. d. § 80 II 1 Nr. 2 VwGO kann nicht die Rede sein, wenn die Polizei selbst den Weg der Schriftlichkeit wählt und dadurch stillschweigend zum Ausdruck bringt, dass es sich nicht um eine Sofortlage, sondern um eine Zeitlage handelt. Leistet der Betroffene dann der Vorladung keine Folge, kann er also nicht ohne Weiteres abgeholt und zwangsweise zur Dienststelle verbracht werden. Vielmehr muss die Polizeibehörde dann zunächst gemäß § 80 II 1 Nr. 4 i. V. m. III VwGO die **sofortige Vollziehung** selbst anordnen und diese Anordnung (schriftlich) begründen, unter der Darlegung, welche überwiegenden öffentlichen Interessen die Anordnung der sofortigen Vollziehung im konkreten Falle tragen. Dabei genügt es nicht, im Rahmen der notwendigen Begründung nur den Wortlaut des Gesetzes zu wiederholen. Vielmehr sind fallbezogene und konkrete Argumente vorzutragen. Hilfreich wird dabei regelmäßig der Hinweis sein, dass der Ausgang eines mehrjährigen Verwaltungsrechtsstreits nicht abgewartet werden kann, bevor die polizeilichen Ziele verwirklicht werden.

Dabei ist es statthaft, dass die Polizeibehörde in Erwartung förmlicher Rechtsbehelfe die sofortige Vollziehung bereits sogleich in der schriftlichen Vorladung zur ED-Behandlung anordnet. Der betreffende Bescheid enthält dann rechtlich betrachtet mehrere Verwaltungsakte, denn auch die behördliche Anordnung der sofortigen Vollziehung hat nach wohl allgemeiner Auffassung ihrerseits den Charakter eines Verwaltungsaktes.

Die Anordnung einer erkennungsdienstlichen Behandlung nach § 81b I 2. Alt. StPO erledigt sich nicht mit der Durchführung der Maßnahme, weil die gefertigten Unterlagen dauerhaft aufbewahrt werden sollen. Dementsprechend hat der Betroffene ein Rechtsschutzbedürfnis und kann die Maßnahme auch später noch gerichtlich überprüfen lassen.[288]

Fragwürdig ist letztlich, ob eine Gebührenerhebung für ED-Behandlungen nach § 81b I 2. Alt. StPO mit dem **Anwendungsbereich nach § 1 BMIBGebV** vereinbar ist. Schließlich enthält die Norm eben nicht die StPO.

Aktuell liegen hierzu mindestens zwei sich widersprechende VG-Urteile zur Gebührenerhebung nach Ziffer 5 des GAV der BMIBGebV vor.

---

287 St. Rspr., vgl. u. a. OLG Celle, wistra 2012, 363 = Krim 2012, 704.
288 NdsOVG, DÖV 2013, 121.

Zum einen erhebt das VG Dresden[289] mit keiner Silbe Zweifel an der Zulässigkeit der Gebührenerhebung für ED-Behandlungen nach § 81b I 2. Alt. StPO.

Das VG Koblenz[290] zieht hingegen ebenfalls die Problematik der fehlenden Zitierung der StPO in § 1 BMIBGebV heran. Im vorliegenden Beschluss im einstweiligen Rechtsschutz nach § 80 V VwGO sieht das VG aufgrund der fehlenden Zitierung den Anwendungsbereich der BMIBGebV für ED-Behandlungen nach § 81b I 2. Alt. StPO nicht für eröffnet und eine Gebührenerhebung somit für rechtswidrig.

Nach hier vertretener Auffassung erscheint es vertretbar, weiterhin Gebühren nach Ziffer 5 zu erheben, wenngleich eine Anpassung des § 1 BMIBGebV aus Gründen der Transparenz und Normenklarheit wünschenswert wäre.

Sowohl die explizite Erwähnung des § 81b I 2.Alt. in Ziffer 5 als auch die ausdrückliche Erwähnung in der amtlichen Begründung sprechen für den offenkundigen Willen des VO-Gebers, diese ED-Behandlungen in Rechnung zu stellen. Es muss insofern von einem unbeachtlichen redaktionellen Fehler ausgegangen werden, dem im Wege der Auslegung keine grundsätzliche Bedeutung zugemessen werden muss.

Die ED-Behandlung nach § 24 I Nr. 2 BPolG und § 81b I 2. Alt. StPO sind wesens-, eingriffs- und zielgleich. Nach h. M. ist die Befugnis dem Polizeirecht in Gestalt der Strafverfolgungsvorsorge (als Teil der Straftatenverhütung) zuzuordnen. Zwar gibt es immer wieder anderslautende Überlegungen, diese schlagen jedoch in der gerichtlichen Praxis bislang nicht durch. Insofern stellt die Gebührenerhebung für beide Befugnisse eine Gleichbehandlung der Betroffenen dar. Eine Nicht-Erhebung nach § 81b I 2. Alt. StPO würde Beschuldigte zudem besserstellen als Tatverdächtige, was nicht Wille des Gesetzgebers gewesen sein kann.

Nach dem Prinzip der „individuellen Zurechenbarkeit“ bemisst sich die Gebührenerhebung nach der Nähe des Betroffenen zur Verursachung/Veranlassung der polizeilichen Maßnahme. Wenn schon die ED-Behandlung eines (nur) Tatverdächtigen nach § 24 BPolG gebührenpflichtig ist, dann doch erst recht diejenige eines Beschuldigten nach § 81b I 2. Alt. StPO, da ja hiernach sogar ein noch intensiverer Tatverdacht und Strafverfolgungswille der Behörde vorliegt.

**Nicht unter die Ziffer 5** fallen sämtliche ED-Behandlungen, die ganz oder überwiegend nach anderen Rechtsvorschriften erfolgt sind. Hierbei handelt es sich um § 81b I 1. Alt. StPO, § 49 AufenthG und § 16 AsylG.

---

289 VG Dresden, Urt. vom 29.1.2024 – 6 K 841/22 –.
290 VG Koblenz, Beschl. vom 1.3.2024 – 3 L 110/24.KO –.

In der bundespolizeilichen Praxis treten häufig Unsicherheiten bei der Abgrenzung auf.

**Beispiel 7:**

*Der algerische Staatsangehörige A versucht mit einem gefälschten Pass nach Deutschland einzureisen. Er äußert ein Asylbegehren.*

Hier könnte die ED-Behandlung sowohl nach § 49 AufenthG als auch nach § 81b I 2. Alt. StPO erfolgen. Zur Abgrenzung, welche Befugnis hier zu wählen ist, hat die Bundespolizei eine Arbeitshilfe herausgegeben, die auf den **Schwerpunkt der Maßnahmen** abstellt. Im vorliegenden Fall „unerlaubte Einreise mit Begleitdelikt Urkundenfälschung" wäre demnach eher § 81b I 2. Alt. StPO einschlägig, da das Mitführen eines gefälschten Dokumentes den Schluss auf eine Wiederholung der Tat bis zum gewünschten Erfolg schließen lässt, auch im Falle einer Zurückweisung/Zurückschiebung.

**Beispiel 8:**

*Beamte einer BPOLI KB führen eine großangelegte Durchsuchungsaktion im Rahmen eines Schleusungsverfahrens durch. Hierbei wird der bislang unbekannte Schleuser U festgestellt. Es stellt sich heraus, dass er als Kraftfahrer regelmäßig für die Schleuserorganisation tätig wird, die Polizei ihn bislang aber nicht „auf dem Zettel" hatte.*

Hier stellt sich bzgl. der beabsichtigten ED-Behandlung die Frage, ob die Person vornehmlich nach § 81b I 1.Alt StPO zum Zwecke des Tatbeweises (z. B. Abgleich mit Videoaufzeichnungen, Lichtbildvorlage bei Geschleusten, Abgleich mit Fingerabdrücken an Tatfahrzeugen etc.) ED-behandelt wird oder überwiegend nach § 81b I 2.Alt StPO, nämlich zum Zweck der Straftatenverhütung in der Zukunft. Je nach Ausgang der vorzunehmenden Dominanzentscheidung wäre die Maßnahme kostenpflichtig oder eben nicht.

In dem geschilderten Fall spricht allerdings viel für eine Dominanzentscheidung zugunsten des kostenpflichtigen § 81b I 2.Alt StPO. Es handelt sich zwar um eine klassische **doppelfunktionale Maßnahme**, der Schwerpunkt des Grundrechtseingriffs liegt hier allerdings deutlich auf Seiten des § 81b I 2.Alt StPO. Schließlich werden für die Beweiszwecke des Strafverfahrens ausschließlich diejenigen Daten und Messungen der Person benötigt, die auch konkret für das Verfahren von Relevanz sind. Außerdem werden die auf diesem Wege erhobenen Daten nach Abschluss des Strafverfahrens wieder gelöscht und sind in der Regel auch nur für die Beamten einsehbar, die mit dem Verfahren betraut sind.

Erkennungsdienstliche Daten nach § 81b I 2.Alt StPO können viel umfangreicher erhoben werden, da sie auf künftige Strafverfahren abzielen, deren konkrete Ausgestaltung noch nicht präzise absehbar ist. Weiterhin besteht das Wesen der ED-Behandlung nach § 81b I 2.Alt StPO nicht nur in der Abnahme der Daten, sondern auch in deren Bestandsbildung. Die gefertigten Aufnahmen, gleich welcher Art, werden also über mehrere Jahre (sogar Jahrzehnte) gespeichert. Über die Zentralstellenfunktion des BKA und die Bereitstellung des Informationsverbundes für alle Polizeibehörden des Bundes und der Länder (INPOL Zentral) sind die ED-Daten deutlich über den Kreis der ermittelnden Beamten hinaus verfügbar.

Wie bereits in Kapitel 2.7.6 erwähnt, sind ED-Behandlungen der Bundespolizei, die auf Ersuchen einer anderen Behörde in **Amtshilfe** durchgeführt werden, ebenfalls kostenpflichtig. Dies mag zunächst verwundern, denn schließlich ordnet in diesen Fällen eine andere Behörde den Erkennungsdienst in einem fremden Verfahren nach einer anderen Rechtsgrundlage an. Dies spielt jedoch wegen der speziellen Kostenregelung nach § 8 II VwVfG keine Rolle. Wie der Wissenschaftliche Dienst des deutschen Bundestages herausgearbeitet hat, ist es zudem auch ohne Belang, ob die ersuchende Behörde ebenfalls über einen Gebührentatbestand für die getroffene Maßnahme verfügt.[291]

## Ziffer 6 – Zwangsweise Durchsetzung einer Vorladung nach § 25 III BPolG

| | **Gegenstand** | |
|---|---|---|
| | **Bundespolizeigesetz (BPolG)** | |
| **Nr.** | **Gebühren- oder Auslagentatbestand** | **Gebühren/ Auslagen in Euro** |
| 6 | Zwangsweise Durchsetzung einer Vorladung nach § 25 III BPolG | |
| 6.1 | Anordnung und Vollzug der zwangsweisen Durchsetzung einer Vorladung | nach Zeitaufwand |
| 6.2 | Bei dem Gebührentatbestand der Nummer 6.1 sind neben der Gebühr die Kosten anderer Behörden und Dritter als Auslagen zu erheben. | |

### Zu Ziffer 6

Die Nr. 6 GAV begründet eine Gebührenpflicht für die **zwangsweise Durchsetzung einer Vorladung**, wenn eine solche Zwangsmaßnahme nach § 25 III BPolG zulässig ist. Letzteres ist dann der Fall, wenn jemand einer Vorladung ohne hinreichenden Grund keine Folge geleistet hat *und* wenn außerdem entweder vom Geladenen erwartete Angaben zur Abwehr einer Gefahr für Leib, Leben oder Freiheit einer Person erforderlich sind oder wenn die zwangsweise Vorführung für die

291 Vgl. hierzu die Ausführungen zur Kostenpflichtigkeit von Amtshilfetätigkeiten im Kapitel 2.7.6.

Durchführung erkennungsdienstlicher Maßnahmen notwendig ist. Keine Rolle spielt, ob die Vorladung mündlich oder schriftlich erfolgt ist, da das Gesetz in § 25 I BPolG beide Formen der Vorladung zulässt.

Eine Gebührenpflicht setzt in diesem Zusammenhang nach allgemeinen Grundsätzen voraus, dass sowohl die Vorladung als auch diejenige weitere Maßnahme, welche durch die Vorladung möglich gemacht werden sollte, für sich betrachtet rechtmäßig waren. Als Maßnahme, die durch die Vorladung ermöglicht werden soll, kommt im Falle des § 25 I Nr. 1 BPolG eine Befragung der vorgeladenen Person in Betracht bzw. im Falle des § 25 I Nr. 2 BPolG eine erkennungsdienstliche Behandlung des Vorgeladenen.

## Zu Ziffer 6.1

Die Nr. 6.1 GAV macht die **Anordnung** und den **Vollzug** der **zwangsweisen Durchsetzung einer Vorladung** gebührenpflichtig. Vorgesehen ist dabei eine Zeitgebühr. Bei allen mit einer Zeitgebühr belegten Kostentatbeständen ist abzustellen auf die in der Anlage 1 Teil A zur AGebV hinterlegten Stundensätze mit Zuordnung nach Laufbahngruppen und den Einsatz von Hubschraubern und Booten. Dies würde im Falle der Nr. 2.1 GAV bedeuten: Je Stunde und eingesetztem PVB mD 52,75 Euro, bei einem PVB gD 63,05 Euro und bei einem PVB hD 81,67 Euro.

Eigentlich hätte im Falle der Nr. 6.1 GAV die Bestimmung einer Festgebühr näher gelegen. Jedoch konnten für diesen Gebührentatbestand im Zeitverlauf der vorgesehenen Aufschreibungsphase, auch nach deren Verlängerung, nicht ausreichend Daten erhoben werden, welche die zuverlässige Berechnung einer Festgebühr zugelassen hätten. Trotz der zu vermutenden Gleichartigkeit der ablaufenden Verwaltungsprozesse im Zusammenhang mit der zwangsweisen Durchsetzung einer Vorladung ist dieser Gebührentatbestand deshalb zunächst mit einer Zeitgebühr belegt worden.

## Zu Ziffer 6.2

Nach der Nr. 6.2 GAV sind bei dem Gebührentatbestand der vorgängigen Nr. 6.1 GAV neben der Gebühr zusätzlich die **Kosten anderer Behörden und Dritter** *als Auslagen* zu erheben. Neben den eben genannten Auslagen sind außerdem die ggf. anfallenden Kosten für einen *Dolmetscher* nach der Nr. 13 GAV zu erheben, und zwar erneut als Auslagen.

## Ziffer 7 – Platzverweisung nach § 38 BPolG

| | | |
|---|---|---|
| | **Gegenstand** | |
| | **Bundespolizeigesetz (BPolG)** | |
| **Nr.** | **Gebühren- oder Auslagentatbestand** | **Gebühren/ Auslagen in Euro** |
| 7 | Platzverweisung nach § 38 BPolG | |
| 7.1 | Mündliche Platzverweisung mit Identitätsfeststellung i. V. m. § 23 I BPolG | 48,05 |
| 7.2 | Schriftliche Platzverweisung | |
| 7.2.1 | Erstmalige Platzverweisung | 96,05 |
| 7.2.2 | Wiederholte Platzverweisung | 56,15 |

**Zur Gebührenart:**

Wegen der weitgehend gleichartigen Durchführung solcher Maßnahmen wurden Festgebühren in Höhe von 48,05 Euro, 95,05 Euro und 56,15 Euro festgelegt.

**Zum Kostenschuldner:**

In aller Regel wird der Adressat eines Platzverweises als Verhaltensstörer nach § 17 BPolG auch als Kostenschuldner in Frage kommen. Dass der von einem Platzverweis Betroffene hier der richtige Gebührenschuldner ist, ergibt sich über § 3 II Nr. 4 BGebG, weil der Adressat einer Platzverweisung regelmäßig als Verhaltensstörer i. S. d. § 17 BPolG in Erscheinung getreten ist. Soweit der Platzverweis sich im Ausnahmefall nach § 20 I BPolG gegen eine nicht verantwortliche Person richtet, also gegen einen sog. „Nichtstörer", besteht keine individuelle Zurechenbarkeit der öffentlichen Leistung und damit auch keine Gebührenpflicht.

**Zum Tatbestand:**

Die Nr. 7 GAV begründet einen Gebührentatbestand für die **Platzverweisung** nach § 38 BPolG. Da die Vorschrift eine globale Verweisung auf den § 38 BPolG enthält, sind beide Erscheinungsformen einer Platzverweisung erfasst: Die klassische **Verweisung** (§ 38 1. Alt. BPolG) ebenso wie das sog. **„Platzverbot"** (§ 38 2. Alt. BPolG). Wird im Einzelfall bei einer Platzverweisung die Hinzuziehung eines *Dolmetschers* erforderlich, so werden die Kosten hierfür nach der Nr. 13 GAV *als Auslagen* erhoben.

**Beispiel 1:**

*Wegen einer als ernsthaft eingeschätzten Bombendrohung muss der Bahnhof geräumt werden. Die eingesetzten Beamten sprechen Platzverweise gegen alle sich im Bahnhof befindlichen Personen aus.*

Die Platzverweisung richtet sich hier gegen Personen, die mit der Gefahrenlage nicht in Verbindung stehen, diese insbesondere nicht verursacht haben, und die Maßnahme erfolgt gleichzeitig *zum Schutz* dieser Personen. Die Platzverweisung im Beispiel ist deshalb auf der Primärebene der Polizeikosten angesiedelt und damit nicht gebührenpflichtig.

### Zu Ziffer 7.1

Der in der Nr. 7.1 GAV enthaltene Gebührentatbestand betrifft den Fall einer **mündlichen Platzverweisung**, allerdings nur, wenn diese in Verbindung mit einer **Identitätsfeststellung nach § 23 I BPolG** steht. Dabei handelt es sich zumeist um mündlich ergangene Polizeiverfügungen, die mit Identitätsfeststellung und der kurzzeitigen Speicherung personenbezogener Daten sowie ggf. einer Gefährderansprache einhergehen. Solche mündlichen Platzverweisungen werden bspw. nach durchgeführter Identitätsfeststellung Personen erteilt, die trotz mehrfacher Aufforderung Flucht- und Rettungswege auf Bahnhöfen nicht freimachen. Dem Platzverweis ist dann in der Regel eine Identitätsfeststellung und ggf. die Androhung weiterer Maßnahmen (z. B. einer Ingewahrsamnahme) vorangegangen.

Für eine mündliche Platzverweisung, die einer zuvor durchgeführten Identitätsfeststellung zur Abwehr einer Gefahr nach § 23 I BPolG nachfolgt, ist in der Nr. 7.1 GAV eine **Festgebühr** in Höhe von 48,05 Euro vorgesehen. Damit sind alle mit dieser polizeilichen Maßnahme zusammenhängenden Kosten und weiteren Maßnahmen abgegolten, wie z. B. etwaige Fahrtkosten zum Einsatzort. Eine Platzverweisung ohne vorherige Identitätsfeststellung oder im Zusammenhang mit einer Identitätsfeststellung auf anderer Rechtsgrundlage (bspw. nach § 23 I Nr. 4 BPolG im Rahmen einer Gefährdungslagenkontrolle oder aufgrund personenbezogener Anhaltspunkte) ist *nicht* kostenpflichtig.

Die Nr. 7.1 GAV ist oft einschlägig, wenn es sich um eine Platzverweisung handelt, bei welcher dem Betroffenen bereits bekannt ist, dass er sich an diesem Ort nicht aufhalten darf.

**Beispiel 2:**

> *Gegen den aggressiv bettelnden und häufig angetrunkenen Nichtsesshaften N spricht die DB AG ein Hausverbot aus. Die DB AG informiert die Bundespolizei darüber und ersucht diese im Rahmen des Schutzes Privater Rechte und zum Schutz der Reisenden, mit darauf zu achten, dass N sich an das Hausverbot hält. N betritt aber dennoch immer wieder den Bahnhof und bedrängt Reisende durch sein aggressives Betteln. Aufgrund seines Verhaltens führt eine Streife der Bundespolizei eine Identitätsfeststellung durch und erteilt dem N aufgrund des bestehenden Hausverbots einen Platzverweis.*

Eine Platzverweisung gegen Personen, die nicht Gefahrenverursacher sind (wie etwa im Falle der Evakuierung oder Räumung eines Bahnhofs wegen einer Bombendrohung oder bei Absperrung einer Örtlichkeit aufgrund einer NZG-Lage), ist grundsätzlich nicht kostenpflichtig. Eine Kostenerhebung in diesen Fällen widerspricht den Grundsätzen über die Primär- und Sekundärebene bei der Erhebung von Polizeikosten. Derartige Platzverweisungen gegen den Nichtverantwortlichen zählen zu den ureigensten Gefahrenabwehraufgaben der Polizei, die durch das Steueraufkommen abgedeckt sind. Sie sind der Primärebene von Polizeikosten zuzuordnen. Hierfür dürfen keine Kosten erhoben werden.

In der **bundespolizeilichen Praxis** ergeben sich zahlreiche Fallvarianten, bei denen es dann jeweils schwerfällt, die Gebührenpflicht zu bestimmen.

Weil sie den o. g. Tatbestand nicht erfüllen, sind folgende Varianten ebenfalls **kostenfrei**:

**Platzverweise nach einer repressiven IDF** sind kostenfrei. Dies betrifft bspw. die Konstellation, in der gegen eine Person, die zunächst wegen einer Straftat (Diebstahl, Hausfriedensbruch, Körperverletzung, …) durch die Bundespolizei festgestellt wurde, ein Strafverfahren eröffnet wurde und anschließend zur Verhinderung weiterer Straftaten ein Platzverweis ausgesprochen wird. Hier erfolgt die IDF nach § 163b stopp, der nachfolgende Platzverweis bleibt kostenfrei.

**Platzverweise nach einer IDF durch die Landespolizei** sind ebenfalls wegen der fehlenden IDF nach BPolG kostenfrei. Oftmals sind Landepolizisten früher an einem Einsatzort als die Bundespolizei. Sollten die Kollegen bereits die Identitäten der Störer festgestellt haben und die später eintreffende BPOL-Streife erteilt dann einen Platzverweis, bleibt dieser ebenfalls kostenfrei, da die IDF nach dem Polizeirecht des Landes und nicht nach BPolG erfolgte (vgl. § 64 II BPolG).

**Platzverweise für namentlich bekannte Personen** erfordern keine IDF und sind deshalb ebenfalls kostenfrei. Gerade im bahnpolizeilichen Alltag hat es die Bundespolizei oftmals mit bekannten Personen zu tun. Im Milieu eines Bahnhofs sind oftmals Personen über lange Zeit ansässig und bei den Beamten vor Ort namentlich bekannt. Sofern einzelne Personen nunmehr z. B. wegen eines bestehenden Hausverbots der DB AG durch die BPOL des Bahnhofs verwiesen werden und erfolgt parallel dazu eine Fahndungsabfrage über Funk, ob gegen die Person gegenwärtig eine offene Fahndung besteht, handelt es sich um keine IDF. Aus diesem Grund ist dieser Platzverweis auch kostenfrei. Ansinnen des Verordnungsgebers bei der Ergänzung des Tatbestandes um das Element der IDF nach § 23 I BPolG war nämlich, genau die Fälle kostenrechtlich zu erfassen, die besonderen individuell zurechenbaren Mehraufwand für die Bundespolizei bedeuten. Dies soll den kostenpflichtigen Platzverweis von dem kostenfreien (auf der Primärebene) unterscheiden. Dieser Mehraufwand ist bei einem schlichten Wiedererkennen einer Person mit anschließender Fahndungsabfrage nicht erkennbar.

**Zu Ziffer 7.2**

Die Nr. 7.2 GAV betrifft **schriftliche Platzverweisungen**. Diese werden oft in der Ausprägung eines befristeten Betretungsverbots erteilt. Eine schriftlich erteilte Platzverweisung kommt bspw. als Betretungsverbot für einen gewaltbereiten Fußballfan in Betracht, dem damit für einen bestimmten Zeitraum untersagt wird, Bahnanlagen zu betreten oder sich dort aufzuhalten, weil auf der Grundlage einer gesicherten Gefahrenprognose zu erwarten ist, dass er im Zusammenhang mit einer Fußballbegegnung entweder Straftaten oder aber zumindest Ordnungswidrigkeiten von erheblicher Bedeutung begehen wird. Diese Prognose muss im Gebührenbescheid hinreichend schlüssig begründet werden.

Im weiteren Kontext wird im Rahmen der Nr. 7.2 GAV unterschieden zwischen einem *erstmaligen* schriftlichen Platzverweis (Nr. 7.2.1 GAV) und einem *wiederholten* schriftlichen Platzverweis (Nr. 7.2.2. GAV). In beiden Fällen ist eine Festgebühr vorgesehen, dies allerdings in unterschiedlicher Höhe:

Bei einem **erstmaligen schriftlichen Platzverweis** beträgt die Festgebühr nach der Nr. 7.2.1 GAV 96,05 Euro und für den **wiederholten schriftlichen Platzverweis** ist in der Nr. 7.2.2 GAV eine Festgebühr in Höhe von 56,15 Euro festgelegt. Die erstmalige schriftliche Platzverweisung erfordert regelmäßig eine umfassende Sachverhaltsfeststellung und die Erstellung einer belastbaren Gefahrenprognose, einschließlich der hierzu erforderlichen Datenerhebungen und Bewertungen; sie ist deshalb erfahrungsgemäß mit einem höheren Aufwand verbunden. Dies erklärt die höhere Gebühr bei einem erstmaligen schriftlichen Platzverweis.

Die Gebühr für den *wiederholten* schriftlichen Platzverweis ist demgegenüber etwas günstiger, da aufgrund des bereits angelegten Vorgangs der Aufwand für diese Maßnahme auch geringer ausfällt. Die meist zeitnah erfolgende wiederholte schriftliche Platzverweisung gegenüber derselben Person, die praktisch eine Verlängerung eines zuvor erteilten kurzzeitigen Betretungsverbots darstellt, ist mit einem deutlich geringeren Leistungsaufwand verbunden. Diesem Unterschied wird mit einem angepassten Gebührensatz Rechnung getragen.

Schriftliche Platzverweise in Gestalt eines Betretens- oder Aufenthaltsverbots werden in der Bundespolizei in aller Regel durch die Sachbereiche Gefahrenabwehr der Bundespolizeidirektionen verfügt.

Die Erteilung eines hemdsärmelig improvisierten schriftlichen Platzverweises durch PVB in der operativen Ebene muss kritisch betrachtet werden. Grundsätzlich ist dies durchaus möglich. Schriftliche Platzverweise müssen allerdings zahlreichen verwaltungsrechtlichen Bedingungen genügen: Ihnen muss eine Anhörung nach § 28 VwVfG vorausgegangen sein, sie müssen eine ausführliche Begründung samt präziser Gefahrenprognose und rechtlicher Bewertung beinhalten (Begründungspflicht nach § 39 VwVfG), sie müssen nach § 58 VwGO mit einer Rechtsbehelfsbelehrung versehen sein.

An dieser Stelle wird ein wichtiger **Unterschied** zwischen *Kostenrecht* und *Sanktionsrecht* deutlich:

Die Erhebung von öffentlichen Kosten muss vorrangig kostendeckend erfolgen und sich deshalb am erforderlichen Aufwand orientieren, wenngleich man sich durch die Heranziehung zu Kosten als Nebenfolge auch eine gewisse abschreckende Wirkung für die Zukunft erhoffen mag. Im Strafrecht und im Recht der Ordnungswidrigkeiten hingegen geht es um die gezielte Verhängung eines staatlichen Übels, das dem Delinquenten weh tun soll und das zumindest auch dem Ausgleich von Unrecht und Schuld dient. Daneben geht es im Sanktionsrecht gezielt auch um Verhaltenssteuerung für die Zukunft durch Spezial- und Generalprävention. Aufgrund dieser spezifischen Ahndungszwecke fallen straf- oder ordnungsrechtliche Geldsanktionen im Wiederholungsfalle regelmäßig höher aus als beim ersten Fehltritt. Auf das öffentliche Kostenrecht lässt sich dieses Steigerungsmodell jedoch aus den genannten Gründen nicht übertragen.

## Ziffer 8 – Gewahrsam nach § 39 BPolG; der Gewahrsam zum Schutz einer Person, die sich erkennbar unverschuldet in einem die freie Willensbestimmung ausschließenden Zustand oder sonst in hilfloser Lage befindet, ist ausgenommen

| | **Gegenstand** | |
|---|---|---|
| | **Bundespolizeigesetz (BPolG)** | |
| **Nr.** | **Gebühren- oder Auslagentatbestand** | **Gebühren/ Auslagen in Euro** |
| 8 | Gewahrsam nach § 39 BPolG; der Gewahrsam zum Schutz einer Person, die sich erkennbar unverschuldet in einem die freie Willensbestimmung ausschließenden Zustand oder sonst in hilfloser Lage befindet, ist ausgenommen. | |
| 8.1 | Anordnung des Gewahrsams | 79,80 |
| 8.2 | Vollzug des Gewahrsams in der stationären Gewahrsamseinrichtung (zusätzlich zur Gebühr nach Nummer 8.1) | 7,00 je angefangene ¼ Stunde |
| 8.3 | Bei den Gebührentatbeständen der Nummern 8.1 und 8.2 sind neben den Gebühren folgende Kosten als Auslagen zu erheben: | |

| | **Gegenstand** | |
|---|---|---|
| | **Bundespolizeigesetz (BPolG)** | |
| **Nr.** | **Gebühren- oder Auslagentatbestand** | **Gebühren/ Auslagen in Euro** |
| 8.3.1 | Kosten für die Reinigung verunreinigter Gewahrsamszellen, sonstiger Diensträume, Dienstfahrzeuge, Uniformen oder sonstiger Sachen, die im Dienstgebrauch verwendet werden | |
| 8.3.2 | Kosten für die Begleitung oder das Transportieren von Personen, Tieren oder Sachen durch eine Polizeivollzugsbeamtin oder einen Polizeivollzugsbeamten des Bundes (PVB) | 16,91 je angefangene ¼ Stunde pro PVB |
| 8.3.3 | Kosten für die Aufbewahrung von Tieren oder Sachen | |
| 8.3.4 | Kosten für eine ärztliche Untersuchung auf Haft- und Gewahrsamsfähigkeit | |
| 8.3.5 | Kosten für die Verpflegung der in Gewahrsam genommenen Person | |
| 8.3.6 | Kosten für Kleidung der in Gewahrsam genommenen Person | |
| 8.3.7 | Kosten anderer Behörden und Dritter | |

### Zu Ziffer 8 allgemein

Der Gebührentatbestand in der Nr. 8 GAV regelt die **Erhebung von Gewahrsamskosten** für Ingewahrsamnahmen, die aufgrund des § 39 BPolG erfolgt sind. Grundsätzlich sind für alle dort geregelten Alternativen einer Ingewahrsamnahme Polizeikosten zu erheben.

Der Gebührentatbestand 8 regelt in Halbsatz 2 eine **Ausnahme** von der Gebührenerhebungspflicht in Form einer **persönlichen Gebührenbefreiung** entsprechend § 9 IV, V BGebG. Danach kann eine Gebührenbefreiung erfolgen aus Gründen des öffentlichen Interesses oder der Billigkeit oder wenn die Gebühr im Einzelfall unbillig wäre. Von der damit eröffneten Möglichkeit, Ausnahmetatbestände festzulegen, hat der Verordnungsgeber in Ziffer 8 Halbs. 2 GAV Gebrauch gemacht. Ausgenommen von der Gebührenpflicht ist hiernach der sog. „Schutzgewahrsam" nach § 39 I Nr. 1 BPolG jedoch schon nach dem Wortlaut der Ziffer 8 GAV *nur* dann, wenn sich die Person **erkennbar unverschuldet** in einem die freie Willensbestimmung ausschließenden Zustand oder sonst in hilfloser Lage befindet. Dies ist in den sog. „Rettungsfällen" anerkannt, in denen der prekäre Zustand oder die Lage des Betroffenen durch Unfall oder Krankheit oder höhere Gewalt bedingt ist.

Im Hinblick auf die sich aus den Grundrechten und dem Gewaltmonopol ergebende Verpflichtung des Staates, die Sicherheit seiner Bevölkerung zu gewährleisten, ist der Schutzgewahrsam nach § 39 I Nr. 1 BPolG für diejenigen Fälle, in denen die Gefahr für Leib und Leben *erkennbar unverschuldet* herbeigeführt wurde, von dem Gebührentatbestand ausgenommen.

Auch Personen, die durch Fremde, z. B. mittels sog. „KO-Tropfen", in eine solche Notlage gebracht werden, wären von der Gebühr befreit.

Eine unverschuldete Gefahrenlage liegt gemeinhin auch bei anerkannten, krankheitsbedingten Notlagen vor. Problematisch ist in diesem Zusammenhang der sehr häufige Faktor **Alkoholabhängigkeit**, der zahlreiche Betroffene polizeilicher Gewahrsamnahmen der Bundespolizei regelmäßig verfallen sind. Da eine Alkoholsucht eine anerkannte Krankheit ist, handelt es sich somit auch um eine unverschuldete Gefahrenlage, die dem Betroffenen nicht vorwerfbar zugerechnet werden kann. Hier verhält es sich ähnlich wie in den unter Ziffer 1.1.5 beschriebenen Fällen der Suizidverhinderung. Auch eine suizidgefährdete Person hat rein theoretisch die Möglichkeit, eben nicht auf die Gleise zu gehen. Ihre psychische Ausnahmesituation lässt das jedoch nicht zu. Es spricht viel dafür, dies bei einer Alkoholabhängigkeit genauso zu bewerten.

Sollte also im Einzelfall anhand **belastbarer Belege** die Alkoholabhängigkeit eines Betroffenen festgestellt werden, scheidet eine Gebührenerhebung nach Ziffer 8 aus. Diese Feststellungen könnten bspw. im Wege der Anhörung anhand ggf. vorhandener Informationen aus anderen Verfahren oder anhand des festgestellten Atemalkoholwertes ermittelt werden.

**Beispiel 1:**

> *Eine aufgrund psychischer Erkrankung suizidgefährdete Person wird nach ihrem Auffinden gemäß § 39 I Nr. 1 BPolG in Schutzgewahrsam genommen. Dort uriniert sie in die Gewahrsamszelle.*

Auch wenn im Zusammenhang mit dieser gebührenfreien Maßnahme zur Verhinderung eines Suizides weitere Kosten und Auslagen entstehen, die zwar nach der Nr. 8.3 BMIBGebV grundsätzlich abrechenbar wären, so bleiben diese dennoch gebührenfrei. Auslagen bleiben zwar gemäß § 12 I 2 BGebG im Falle einer Gebührenbefreiung aufgrund von § 9 IV, V BGebG grundsätzlich trotzdem abrechenbar, allerdings nimmt die Nr. 8 Halbs. 2 GAV den erkennbar unverschuldeten, die freie Willensbestimmung ausschließenden Zustand bzw. die erkennbar unverschuldete hilflose Lage von der Polizeikostenerhebung vollständig aus. Nr. 8.3 GAV besagt ausdrücklich, dass Auslagen *„neben den Gebühren* [...] *zu erheben sind".* Fällt die Gebühr weg, kann folglich auch nichts daneben erhoben werden. Damit handelt es sich bei dieser Ausnahme von der Kostenerhebungspflicht nicht nur um eine **Gebührenbefreiung** nach § 9 IV, V BGebG, sondern zugleich um eine **Auslagenbefreiung** gemäß § 12 III BGebG. Folglich sind unter der genannten Voraussetzung des erkennbar fehlenden Verschuldens keinerlei Polizeikosten zu erheben. Diese **umfassende Kostenbefreiung** bezieht sich sowohl auf die Gebühren in Form von Zeit- und Festgebühren als auch auf etwaige Auslagen.

Durch die Regelung zur Gebührenbefreiung nach Nr. 8 Halbs. 2 GAV können also im obigen Beispiel die hier notwendigen Sonderreinigungskosten i. S. d. Nr. 8.3.1 GAV als Polizeikosten in Form von Auslagen *nicht* erhoben werden.

Nicht unter die Gebührenbefreiung fallen hingegen Personen, die sich wissentlich und willentlich – also selbst verschuldet – in eine prekäre Lage gebracht haben, etwa durch übermäßigen Alkohol- oder Drogenkonsum. Diese Rechtslage trägt den anerkannten Grundsätzen betreffend die Primär- und Sekundärebene von Polizeikosten Rechnung: Die Gefahrenabwehr für Personen, die unverschuldet schutzbedürftig sind, ist den Primärkosten zuzurechnen, die durch das Steueraufkommen abgedeckt sind; hier geht es um die originäre Gefahrenabwehraufgabe des Staates, die aus Steuermitteln zu finanzieren ist. Demgegenüber ist die vorwerfbare Herbeiführung z. B. einer hilflosen Lage durch übermäßigen Alkoholgenuss oder Betäubungsmittelkonsum ein ausreichender Grund, um die von der Polizei erbrachten öffentlichen Leistungen dem Betroffenen aufgrund seines eigenen Vorverhaltens individuell zuzurechnen. Damit geht es in diesen Fällen um die Sekundärebene von Polizeikosten; es fallen also Kosten in Gestalt von Gebühren und Auslagen an.

**Zur Gebührenart:**

Mit den Gebühren nach den Nrn. 8.1 und 8.2 GAV ist der mit der Ingewahrsamnahme regelmäßig verbundene Personal- und Sachaufwand der Bundespolizei abgegolten. Die Nr. 8.1 GAV legt eine Festgebühr in Höhe von 79,80 Euro für die **Anordnung** des Gewahrsams fest. Für den **Vollzug** in einer stationären Gewahrsamseinrichtung dagegen wird eine Zeitgebühr in Höhe von 7,00 Euro je angefangener Viertelstunde bestimmt, da die Vollzugsdauer regelmäßig fallabhängig unterschiedlich sein wird.

Für Transporte und Begleitungen anlässlich einer Gewahrsamnahme können zusätzlich noch Auslagen nach Ziffer 8.3.2 in Höhe von 16,91 Euro geltend gemacht werden.

**Zum Kostenschuldner:**

Die in der Nr. 8 GAV enthaltene Regelung begründet eine Gebührenpflicht der in Gewahrsam genommenen Person für eine spezielle, ihr nach § 3 II Nr. 4 BGebG individuell zurechenbare öffentliche Leistung der Bundespolizei. Unter einem Gewahrsam i. S. v. § 39 BPolG ist das mit hoheitlicher Gewalt hergestellte Rechtsverhältnis zu verstehen, kraft dessen einer Person von der Bundespolizei die körperliche Bewegungsfreiheit für eine gewisse Zeit entzogen wird und die hierzu in einer dem polizeilichen Zweck entsprechenden Weise verwahrt wird. Der Gewahrsam ist dem Pflichtenkreis dieser Person zuzurechnen, weil der Grund der polizeilichen Maßnahme auf einem Verhalten der in Gewahrsam genommenen Person beruht. Diese Personen sind folglich verhaltensverantwortlich i. S. d. § 17 BPolG.

In diesem Sinne könnte bspw. eine Gebührenpflicht der in Gewahrsam genommenen Person begründet werden, wenn dies zur Durchsetzung einer Platzverweisung nach § 38 BPolG erforderlich ist, weil die Person im Rahmen von Blockadeaktionen entsprechenden und wiederholten polizeilichen Aufforderungen nicht folgt oder sich ihnen widersetzt. Des Weiteren kann eine Person gebührenpflichtig sein, die nach § 39 I Nr. 1 BPolG zu ihrem Schutz in Gewahrsam genommen werden muss, weil sie sich nach Alkohol- oder Drogenmissbrauch in hilfloser Lage befindet.

Neben der in Gewahrsam genommenen, nach § 17 I BPolG verhaltensverantwortlichen Person selbst kommt bei Vorliegen der entsprechenden Voraussetzungen auch eine Gebührenpflicht desjenigen in Betracht, der zur Aufsicht über die in Gewahrsam genommene Person verpflichtet ist oder diese zu betreuen hat. Die Störerhaftung aus § 17 II BPolG setzt sich hier gewissermaßen als Kostenhaftung fort.[292]

**Beispiel 2:**

*Ein Mädchen ohne Fahrausweis wird in der S-Bahn durch einen Zugbegleiter festgestellt. Es erfolgt die Übergabe an eine Streife der Bundespolizei, bestehend aus zwei PVB mD und einem PVB gD. Auf Antrag des Zugbegleiters wird eine Identitätsfeststellung gemäß § 23 I Nr. 5 BPolG durchgeführt. Dabei stellt sich heraus, dass das Mädchen erst 13 Jahre alt und aus einem Kinderheim abgängig und deshalb ausgeschrieben ist. Daraufhin wird das Mädchen nach § 39 II BPolG in Gewahrsam genommen und zurück ins Kinderheim verbracht. Der Transport erfolgt mit einem Dienstfahrzeug der Bundespolizei.*

Im Beispiel ist nicht das 13-jährige Mädchen als Gebührenschuldner in Anspruch zu nehmen, sondern der *Aufsichtspflichtige*, also die Heimleitung, die hier gebührenrechtlich verantwortlich ist. Problematisch ist in diesem Zusammenhang die Frage, ob die Gebührenpflicht ein schuldhaftes Verhalten voraussetzt und wie man bejahendenfalls eine Pflichtverletzung der Heimleitung begründen will. Hier wird man sicherlich fragen müssen, ob bei einem 13-jährigen Kind eine ständige Aufsicht und Kontrolle überhaupt möglich oder erforderlich ist. Das Kind wird üblicherweise auf dem Weg zum Schulbesuch sich selbständig außerhalb des Heimes

292 Vertiefende Ausführungen zur Bestimmung der Kostenschuldnerschaft bei aufsichtspflichtigen Personen s. Kapitel 2.5.

aufhalten, ebenso zu sportlichen Aktivitäten. Ist das Kind bislang nicht auffällig bezüglich eines sog. „Ausreißens" gewesen, dürfte eine Begründung für eine Pflichtverletzung und damit einer individuell zurechenbar begründbaren Leistung als Gebührenschuldner schwierig sein. Ist das Kind erstmalig abgängig, wird man die individuell zurechenbare Leistung nur schwer begründen können.

Darüber hinaus wäre auch zu erwägen, ob beim erstmaligen Entweichen die Gefahrenabwehrmaßnahmen doch eher der Primärebene von Polizeikosten zuzurechnen wären, eine individuell zurechenbare Leistung im Sinne einer Gebührenschuld der aufsichtspflichtigen Heimleitung gar nicht gegeben ist und damit eine Kostenerhebung mangels Gebührenschuldner entfällt. Handelt es sich dagegen um eine wiederholte ständige „Ausreißerin", dann hätte das Heim erhöhte Sicherheits- und Kontrollvorkehrungen veranlassen müssen. Unterlässt sie dieses, dann erfolgen die Maßnahmen der Polizei gewissermaßen als Ausgleich hierfür und sind individuell zurechenbar.

Eine weitere Konstellation aus dem bundespolizeilichen Alltag betrifft die Frage, ob nicht zur Aufsicht verpflichtete Dritte als Kostenschuldner in Anspruch genommen werden können, wenn diese die Gewahrsamnahme eines Opfers veranlasst haben.

**Beispiel 3:**

> *Der 34-jährige J bedrängt die ihm bislang unbekannte 14-jährige Geschädigte G am Bahnhof auf hartnäckige Art und Weise und bringt sie nach längerem Zureden dazu, mehrere Tabletten eines Betäubungsmittels zu nehmen. Die G gerät daraufhin in einen hilflosen Zustand und wird deswegen durch die BPOL in Gewahrsam genommen. Der J wird ebenfalls angetroffen und entsprechend der Strafverfolgung u. a. wegen § 29a BtmG zugeführt.*

Im vorliegenden Fall können nach den o. g. Kriterien weder der G noch dem J die angefallenen Polizeikosten in Rechnung gestellt werden. Die G unterliegt der persönlichen Gebührenbefreiung, da sie unverschuldet in diese hilflose Lage geraten ist. Dem J kann auch keine Aufsichtspflichtigkeit für die G nach § 17 II BPolG unterstellt werden, da sich die beiden in keinem Fürsorgeverhältnis befinden.

Ausweislich der amtlichen Begründungen zu Ziffer 8 des GAV der BMIBGebV[293] (S. 74) sowie zum Referentenentwurf[294] (S.72) kommen als Kostenschuldner nicht nur Personen in Betracht, die selbst in Gewahrsam genommen wurden. Der

293 BMI, Amtliche Begründung zur Besonderen Gebührenverordnung BMIBGebV, veröffentlicht am 21.10.2019, BAnz AT 21.10.2019 B1 zu Abschnitt 1, S. 74.

294 Referentenentwurf des Bundesministeriums des Innern, für Bau und Heimat, Besondere Gebührenverordnung des Bundesministeriums des Innern, für Bau und Heimat, Stand 4.3.2019.

VO-Geber hatte auch Aufsichtspflichtige und Betreuer im Auge, also grundsätzlich auch eine **Fremdveranlassung**.

Weiterhin wird die persönliche Gebührenbefreiung „unverschuldete Gefahrenlage" ausschließlich auf unpersönliche Fremdursachen bezogen (Witterung, Krankheiten, Hilfsbedürftigkeit). Unerwähnt bleibt die Situation, wenn Fremde durch aktives, mutwilliges, ggf. sogar zielgerichtetes Zutun die Hilflosigkeit des Opfers herbeiführen. Es ist nur schwer vorstellbar, dass der Verordnungsgeber von einer Gebührenbefreiung ausgegangen wäre, sofern er diese Konstellation vor Augen gehabt hätte. Der J macht sich kostenrechtlich gewissermaßen durch eine weitere Art der Fremdverursachung haftbar: Nämlich durch die Veranlassung einer Maßnahme, die einem Fremden gegenüber getroffen wird. Dafür spricht auch, dass hier ebenfalls ein Anfangsverdacht zahlreicher Straftaten vorliegt, die eben diese Fremdverschuldung einer Minderjährigen Schutzbefohlenen zum Inhalt haben. Insbesondere die einschlägigen §§ 224 StGB, 29a BtMG sowie der 95 AMG stellen explizit darauf ab, dass gefährliche Substanzen an Minderjährige abgegeben werden. Hier würde sich neben dem deutlich wirksameren Schwert der Strafverfolgung das Kostenrecht als kleine Schwester gedanklich anschließen.

Auch wird die Gebührenerhebung nicht dadurch aufgehoben, dass die tatsächliche Maßnahme einer Person gegenüber getroffen wurde, die selbst unverschuldet in diesen Zustand geraten ist. Diese persönliche Gebührenbefreiung greift in Auslegung des Tatbestandes sowie nach Sichtung der amtlichen Begründungen ausschließlich dann, wenn die Kosten der in Gewahrsam genommenen Person selbst in Rechnung gestellt werden würden. Für diese Form der Fremdverursachung gilt diese Ausnahme gerade nicht.

Sinn und Zweck der Ausnahme ist ja gerade, in Fällen unverschuldeter Gefahrenlagen die Primärebene in Form der staatlichen Schutzpflichten überwiegen zu lassen. Dieser Gedanke greift hier aber eben nicht, denn schließlich wurde der Einsatz eben nicht unverschuldet, sondern schuldhaft durch einen Dritten verursacht.

Sollten all diese Gedanken nicht durchgreifen und ginge man von einer engen Auslegung des Tatbestandes aus, bliebe eine Gebührenerhebung nach dem Auffangtatbestand 1.1.1. Schließlich hat der J eine Gefahrenlage zumindest grob fahrlässig durch (drängende) Abgabe des verschreibungspflichtigen Betäubungsmittels an die Minderjährige veranlasst. Dadurch käme er sicherlich wegen der Abrechnung als Zeitgebühr etwas günstiger davon, aber hier stellen sich die o. g. Probleme nicht, weil es eben diese persönliche Ausnahme wie in Ziffer 8 gerade nicht gibt.

**Zu Ziffer 8.1**

Für die **Anordnung** des Gewahrsams ist eine *Festgebühr* in einer Höhe von 79,80 Euro in der Nr. 8.1 GAV bestimmt. Neben dieser Festgebühr sind für die im Folgenden genannten Nummern Zeitgebühren und Auslagen zu erheben. Andere Posten als die im Gebühren- und Auslagenverzeichnis aufgeführten können nicht abgerechnet werden. Alle weiteren Kosten sind bereits in der als Grundgebühr gestalteten Festgebühr für die Ingewahrsamnahme inkludiert. Die Festgebühr für die Anordnung der Ingewahrsamnahme umfasst den mehr oder weniger immer gleichen Aufwand für z. B. die Beachtung administrativer Erfordernisse, die Vornahme von Benachrichtigungen und die Erfüllung sonstiger Vorgaben, die regelmäßig zu beachten sind, wenn eine Person polizeilich in Gewahrsam genommen werden soll. Dazu gehören vor allem die Durchsuchung des Betroffenen nach § 43 I BPolG, die Abnahme gefährlicher Gegenstände nach § 47 BPolG sowie die Einholung der richterlichen Entscheidung nach § 40 I BPolG. Aber auch Serviceleistungen, bspw. das Besorgen und Verabreichen von Verpflegung, die Beschaffung von Kleidung, die Ermöglichung von Hygienemaßnahmen etc. sind von der Festgebühr nach der Nr. 8.1 GAV abgegolten. Besonders deutlich lassen sich die **Inklusivleistungen**, welche unter die Anordnungsgebühr nach Ziffer 8.1 fallen, an den seinerzeit verwendeten sog. „Aufschreibelisten" zur Berechnung der Festgebühren ablesen. Für die Gewahrsamnahme wurden insgesamt sechs Prozessbausteine in der Berechnung berücksichtigt. Der Baustein III umfasste alle „Regelmaßnahmen während der Gewahrsamnahme (ohne Aufenthalt in der Gewahrsamseinrichtung z. B. Gewahrsamszelle)". Im Einzelnen wurden die Aufwendungen für folgende Tätigkeiten innerhalb des Prozessbausteins III erfasst:

- III.1 Eröffnung der Entscheidung über die Gewahrsamnahme
- III.2 Belehrung, Durchsuchen, Sicherstellung der Asservate
- III.3 Richterliche Anordnung herbeiführen (ohne Transportzeiten)
- III.4 Ggf. ärztliche Untersuchung (ohne Transportzeiten)
- III.5 Wahrnehmung von Benachrichtigungspflichten
- III.6 Weitere Tätigkeiten im Zusammenhang mit der Gewahrsamnahme (soweit nicht in IV genannt, bitte erläutern)
- III.7 Entlassung und Rückgabe der Asservate

Kommt es im Zusammenhang mit der Anordnung einer Ingewahrsamnahme zu einer **Sicherstellung** von Sachen aus Gründen der Gefahrenabwehr, so fragt sich, ob diese Sicherstellung von der Kostenerhebung gemäß der Nr. 8.1 GAV bereits mit umfasst ist oder ob hierfür eine zusätzliche Gebühr gemäß der Nr. 9.1 GAV (betreffend die Anordnung und den Vollzug der Sicherstellung von Tieren und

Sachen) geltend gemacht werden kann. Überzeugend erscheint allein die erstgenannte Lösung:

Denn von der Anordnungsgebühr nach Maßgabe der Nr. 8.1 GAV sind all diejenigen Maßnahmen umfasst, die typischerweise und regelmäßig mit einer Ingewahrsamnahme einhergehen. Dazu gehört insbesondere die Durchsuchung der Person. Dass im Zuge einer solchen Durchsuchung dann gefährliche Gegenstände aufgefunden werden, die unter anderem zur Verletzung von Personen geeignet sind und deshalb auf der Grundlage des § 47 Nr. 3 BPolG sichergestellt werden dürfen bzw. nach den Vorgaben der Gewahrsamsordnung sogar müssen, ist nicht nur denkbar, sondern auch gängige Praxis. Wie auch aus der oben angeführten Erhebungsphase der tatsächlichen Zeit- und Personalaufwendungen hervorgeht, ging der Verordnungsgeber in Ansehung der Prozessschritte III.2 und III.7 davon aus, dass es üblicherweise zu den regelmäßigen Standardtätigkeiten im Rahmen einer Gewahrsamnahme gehört, Asservate abzunehmen, zu verwahren und im Anschluss wieder herauszugeben.

Ebenso erfolgt die Feststellung der **Gewahrsamsfähigkeit durch den Arzt** innerhalb der Gewahrsamszeit. Für die dabei anwesenden zwei PVB fallen keine gesonderten Zeitgebühren an. Die Kosten für die PVB sind durch die Anordnungsgebühr für den Gewahrsam bereits mit abgedeckt. Berechnet werden können nur die durch die Arztrechnung nachgewiesenen Auslagen. Die Arztrechnung ist dem Gebührenbescheid als Nachweis in Form einer Kopie in Anlage beizufügen. Siehe hierzu weiter unten die Ausführungen zu Ziffer 8.3 ff. Dies bedeutet jedoch nicht, dass die Zeit der Anwesenheit eines Gewahrsamsarztes bspw. von der Zeit des Gewahrsamsvollzugs nach Ziffer 8.2 GAV abgezogen werden müsste. Diese Auslagen werden regelmäßig *neben* den Gebühren, also zusätzlich, erhoben.

Da im Gebührenverzeichnis keine Nummer für **Einmaldecken** enthalten ist, sind die Kosten hierfür bereits in der Grundgebühr nach Nr. 8.1 GAV enthalten und können nicht gesondert abgerechnet werden.

### Zu Ziffer 8.2

Der **Vollzug des Gewahrsams** in einer stationären Gewahrsamseinrichtung ist nach der Nr. 8.2 GAV kostenpflichtig. Die eben genannte Nummer betont ausdrücklich, dass die Gebühr für den Vollzug der Maßnahme **zusätzlich** zur Gebühr gemäß der Nr. 8.1 GAV in Ansatz zu bringen ist. Die Vollzugsgebühr trägt dem in Abhängigkeit von der Gewahrsamszeit erbrachten, dem Betroffenen individuell zurechenbaren Aufwand der Bundespolizei Rechnung. Die Vollzugsgebühr umfasst insbesondere die Kosten für den Aufenthalt der in Gewahrsam befindlichen Person und für deren Bewachung. Zu dem zu leistenden, individuell zurechenbaren Aufwand der Bundespolizei zählen insbesondere: alle Tätigkeiten im Zusammenhang mit der Versorgung der in Gewahrsam genommenen Person, insbesondere das Reichen von Getränken, die Beschaffung von Nahrungsmitteln auf Kosten der in Gewahrsam genommenen Person oder die Begleitung zur Ermöglichung der Notdurft, die Ermöglichung einer einfachen körperlichen Reinigung (Körperhygiene), die regelmäßige Kontrolle der Gewahrsamsräume oder deren Überwachung mit vorhandenen Kontrollanlagen während der Belegung, die Ermöglichung sonstiger notwendiger Kontakte der in Gewahrsam genommenen Person, etwa zur Entgegennahme von Anträgen, zur Beantwortung von Fragen oder zur Ermöglichung der Einnahme von Medikamenten.

Die **Zeitgebühr** gemäß der Nr. 8.2 GAV beläuft sich auf 7,00 Euro je *angefangene* Viertelstunde (vgl. § 10 IV AGebV). Die Gewahrsamsdauer beginnt zwar grundsätzlich bereits mit dem Anordnungszeitpunkt (parallel zur Dauer der Freiheitsentziehung gemäß den §§ 40, 42 BPolG, 415 II FamFG). Allerdings entsteht nach Nr. 8.2 GAV die Gebühr erst dann, wenn der Gewahrsam in einer **stationären Gewahrsamseinrichtung** erfolgt. Stationäre Gewahrsamseinrichtungen sind insbesondere die Dienststelle, eine Gewahrsamszelle, der Zentrale Polizeigewahrsam (ZPG) sowie eine Gefangenensammelstelle. Damit werden die Transportzeiten zu diesen Einrichtungen von der Gebührenpflicht ausgenommen. Die Kosten für Transport- und Begleitzeiten sind als Auslagen gemäß Nr. 8.3.2 GAV als Zeitgebühr erfasst. Die Notwendigkeit einer derartigen gebührenrechtlichen Differenzierung ergibt sich aus dem **Verbot der Doppelerhebung** von Kostenbestandteilen, das in § 6 II Nr. 1 AGebV statuiert ist: Kosten, die bereits in anderen Kostenpositionen der zu berechnenden Leistung oder einer anderen gebührenfähigen Leistung enthalten sind, dürfen nicht erneut in Ansatz gebracht werden. Damit keine Doppelung von Zeiten erfolgt, ist im Gebühren- und Auslagenverzeichnis die Vollzugsgebühr für den Gewahrsam nicht an die Anordnung des Gewahrsams gekoppelt, sondern an den Beginn der Unterbringung in einer Gewahrsamseinrichtung.

Strittig bleibt dennoch, ob der Aufenthalt auf der Dienststelle außerhalb eines eigentlichen Gewahrsamsraums nach Anordnung des Gewahrsams als Vollzug i. S. d. Nr. 8.2 GAV zu werten ist. Hierfür spricht, dass auf der Dienststelle bereits ein Obhutsverhältnis i. S. d. § 415 II FamFG besteht und dass auch die Dienststelle als bauliche und ortsfeste Anlage letztlich eine stationäre Einrichtung darstellt. Zu beachten ist dabei, dass die Zeitdauer der Durchsuchung von der Festgebühr für die Anordnung des Gewahrsams nach der Nr. 8.1 GAV bereits abgedeckt wird. Ebenso sind von dieser Festgebühr die Zeiten – aber nicht die Kosten – der ärztlichen Untersuchung abgedeckt, betreffend die Gewahrsamsfähigkeit des Betroffenen.

Verbleibt die in Gewahrsam genommene Person nach Abschluss der Durchsuchung oder Untersuchung im **Durchsuchungsraum**, so kann diese Zeit durchaus schon i. S. d. § 3 I AGebV als Vollzugszeit gelten. Denn wegen des Verbots der

Doppelerhebung ist im Gebühren- und Auslagenverzeichnis die polizeirechtliche Gewahrsamsdauer reduziert worden durch die Transport- bzw. Begleitdauer. Wenn der Transport bzw. die Begleitung abgeschlossen ist und auch die von der Festgebühr nach Nr. 8.1 GAV erfassten Maßnahmen wie Durchsuchung und ärztliche Untersuchung erfolgt sind, dann unterfallen weitere Aufenthaltszeiten im Durchsuchungsraum oder generell auf der Dienststelle bereits der Vollzugsdauer, da diese Zeiten in keiner anderen Kostenposition der zu berechnenden Leistung und auch in keiner anderen gebührenfähigen Leistung enthalten sind. Das Gebühren- und Auslagenverzeichnis differenziert aufgrund des Kostendeckungsprinzips zwischen Vollzug und Transport bzw. Begleitung, da die letzteren Maßnahmen kostenintensiver sind als der Vollzug. Der Transport erfolgt regelmäßig durch zwei Polizeivollzugsbeamte, die ausschließlich dafür eingesetzt sind, während der Vollzug nur weniger personalintensive Überwachungsmaßnahmen verlangt.



Nicht umfasst von der Gebühr gemäß der Nr. 8.2 GAV ist der Transport der in Gewahrsam genommenen Person zur stationären Gewahrsamseinrichtung. Transportkosten sind als Auslagen gemäß der Nr. 8.3.2 GAV in Rechnung zu stellen.

Besonders relevant wird die oben aufgezeigte Problematik bei Personen, die nach den Grundsätzen der Gewahrsamsordnung der Bundespolizei qua Dienstvorschrift nicht in Gewahrsamszellen untergebracht werden dürfen, wie z. B. **Kinder und Jugendliche**. Sofern Kinder und Jugendliche jedoch in Gewahrsam genommen und für die Zeit der Freiheitsentziehung in einem irgendwie gearteten **altersgerechten Raum** untergebracht werden, wird ihnen ja deswegen nicht weniger „Aufsichtstätigkeit" und „Bewachungsaufwand" zuteil wie einer Person, die regulär in einer Zelle untergebracht wird. Anzunehmen ist wahrscheinlich eher das Gegenteil: Werden Minderjährige in Schleusen, Durchsuchungsräumen oder Familienzellen untergebracht, erfolgt in der Regel eine noch intensivere und aufwändigere Bewachung durch die Gewahrsamsbeamten.

Aus diesem Grund hat das BPOLP bereits 2020 im Rahmen einer klarstellenden Verfügung[295] definiert, wann und unter welchen Voraussetzungen von einer „stationären Gewahrsamseinrichtung" nach Ziffer 8.2 GAV auszugehen ist.

> *„Ein gebührenrelevanter „stationärer Gewahrsam" liegt demnach dann vor, wenn ein geeigneter Raum unter polizeilicher Aufsicht für die temporäre Entziehung der körperlichen Bewegungsfreiheit in der Dienststelle zur Verfügung steht. Weiter müssen dort weitere kostenbegründende Tätigkeiten in Bezug auf den eigentlichen Gewahrsam (nicht der Vorbereitung) anfallen können. Das ist zum Beispiel die Versorgung mit Lebensmitteln, Begleitung zur Verrichtung der Notdurft, körperlichen Reinigung, Kontrolle der Räume*

295 Bundespolizeipräsidium, Referat 81, Verfügung vom 17.6.2020 – 81 – 13 02 01 – 0005/0004.

*während der Belegung, Entgegennahme von Anträgen oder Beantwortung von Fragen.“*

Demnach verlangt die Vollzugsgebühr nach Ziffer 8.2 immer zwei wesentliche Elemente: Einen abschließbaren, geeigneten Raum zur temporären Freiheitsentziehung und polizeiliche Tätigkeiten zur Be- und Überwachung der festgehaltenen Person, die analog zu einer Unterbringung in einer Zelle anfallen.

Die Nr. 8.2 GAV beinhaltet stillschweigend auch eine Abgrenzung zum Vollzug des Gewahrsams *durch andere Behörden*, eine Fallkonstellation, die in der Nr. 8.3.7 GAV berücksichtigt ist. Erfolgt der Vollzug des bundespolizeilichen angeordneten Gewahrsams bspw. in einer Gewahrsamseinrichtung der Landespolizei, etwa im Zentralen Polizeigewahrsam (ZPG), dann darf keine Gebühr nach der Nr. 8.2 GAV erhoben werden. Stellt die Landespolizei ihre Vollzugsmaßnahme der Bundespolizei später in Rechnung, dann können diese Kosten gemäß der Nr. 8.3.7 GAV beim Gebührenschuldner als Auslagen erhoben werden. Vgl. dazu näher die Anmerkungen zu Nr. 8.3.7 GAV.

**Zu Ziffer 8.3**

Bei der Anordnung und dem Vollzug eines Gewahrsams sind neben den in den Nrn. 8.1 und 8.2 GAV festgelegten Grundgebühren weitere Kosten in Gestalt von **Auslagen** zu erheben. Welche Kosten hierfür in Betracht kommen, ist in den **Nrn. 8.3.1 bis 8.3.7 GAV** detailliert aufgelistet. Die dort bezeichneten Kosten werden als Auslagen jeweils in der *tatsächlich entstandenen Höhe* geltend gemacht. Wird im Einzelfall die Hinzuziehung eines **Dolmetschers** erforderlich, so werden diese Kosten nach der Nr. 13 GAV ebenfalls als Auslagen erhoben.

Bei den oben in Bezug genommenen Auslagen handelt es sich um Auslagen nach § 12 I Nr. 1 BGebG und nicht um regelmäßige Leistungen gemäß § 9 I 2 BGebG, welche in die Gebühr einzukalkulieren sind. Diese im Gebühren- und Auslagenverzeichnis im Einzelnen bestimmten Auslagen fallen nicht grundsätzlich regelmäßig bei den jeweiligen Maßnahmen an, sodass sie nicht von vornherein in eine Gebühr einkalkuliert werden können und von daher gesondert als Auslagen ausgewiesen sind. Allenfalls die **ärztliche Untersuchung** zur Feststellung der Gewahrsamsfähigkeit (vgl. Nr. 8.3.4 GAV) wird im Falle einer Ingewahrsamnahme regelmäßig durchgeführt. Da die Kosten hierfür aber bundesweit betrachtet regional und örtlich sehr unterschiedlich ausfallen, werden sie dennoch als Auslagen erhoben und nicht in die Gebühr für die Anordnung oder den Vollzug der Ingewahrsamnahme mit einbezogen.

Die Auslagen, die zusätzlich zu den **Gewahrsamsgebühren** erhoben werden, sind im Gebühren- und Auslagenverzeichnis ausdrücklich geregelt. Diese betreffende

Auflistung hat einen *abschließenden* Charakter: Andere als dort genannte Auslagen dürfen also nicht erhoben werden.

**Zu Ziffer 8.3.1**

Die **Reinigungskosten** sind im Rahmen des Gebühren- und Auslagenverzeichnisses generell als Auslagen und nicht als Gebühr gestaltet worden. Insbesondere sind hier umfasst die Kosten, die an eine externe Reinigungsfirma zu zahlen sind und die durch die Bundespolizei vorverauslagt sind, wie bei Sonderreinigungen von Diensträumen, Fahrzeugen und sonstigen Gegenständen (Mobiliar, Uniformen etc.). Als Auslagen können nur Reinigungskosten erhoben werden, die über die normale Unterhaltsreinigung hinausgehen. Es muss also aufgrund der dem Gebührenschuldner individuell zuzurechnenden Verschmutzung die Notwendigkeit einer Sonderreinigung entstanden sein.

Aufgrund des Erbrechens im Gewahrsamsraum wird zudem eine über die normale Unterhaltsreinigung hinausgehende **Sonderreinigung** des Gewahrsamsraums erforderlich. Die Kosten hierfür sind dem Polizeipflichtigen individuell zurechenbar und können daher in Rechnung gestellt werden. Da es sich dabei um eine Auslage handelt, ist auch diese durch Beifügung der kopierten Rechnung nachzuweisen.

Die **Dauer der Reinigung** ist für die Gebührenerhebung unerheblich, da es für den Ausfall des Gewahrsamraums keine zusätzliche Zeitgebühr gibt. Es können lediglich die durch Rechnung nachgewiesenen tatsächlichen Kosten in Ansatz gebracht werden. Zu beachten ist hierbei, dass der Anlass bzw. Grund des Schutzgewahrsams, seine Dauer sowie die Notwendigkeit der Sonderreinigung im Bescheid **kurz begründet** werden sollten (vgl. dazu § 39 I VwVfG betreffend die Begründungspflicht bei schriftlichen oder elektronischen Verwaltungsakten). Die übrigen Gebührentatbestände ergeben sich aus der aufgewendeten Zeit bzw. aus dem Sachzusammenhang und müssen nicht extra begründet werden.

Die Erforderlichkeit von Reinigungsmaßnahmen und damit die Notwendigkeit der Beauftragung eines Reinigungsunternehmens hat nach pflichtgemäßem Ermessen zu erfolgen. Die Ausübung dieses Ermessens muss dem Gebührenpflichtigen gegenüber im Gebührenbescheid begründet werden. Daher sollte die zu beseitigende Verschmutzung stets in geeigneter Form, bspw. durch Fotos, dokumentiert werden. Da die Reinigungskosten nach den Kostentatbeständen des Gebühren- und Auslagenverzeichnisses als Auslagen erhoben werden, müssen die betreffenden Kosten durch die Vorlage einer entsprechenden Rechnung auch nachgewiesen werden. Grundsätzlich werden damit nur Reinigungskosten erhoben, wenn die betreffende Reinigungsleistung durch Dritte erbracht und konkret abgerechnet wurde. Insofern muss sichergestellt werden, dass jeweils eine anlassbezogene Einzelrechnung durch die in Anspruch genommene Reinigungsfirma erstellt wird, möglichst unter Bezugnahme auf das entsprechende Aktenzeichen und unter Angabe der konkreten Reinigungszeiten. Stellt die Reinigungsfirma erst zum Monats- oder Quartalsende eine pauschalierte Gesamtrechnung oder eine Sammelrechnung über einen *nicht* individuell zuzuordnenden Stundenansatz aus, können diese nur pauschal belegten Kosten nicht als Auslagen bei einem bestimmten einzelnen Gebührenschuldner erhoben werden.

Nehmen im konkreten Einzelfall PVB der Bundespolizei selbst Reinigungsmaßnahmen vor (z. B. als schnell zu realisierende Erstmaßnahme zwecks Beseitigung von Schmutz, Blut, Erbrochenem etc.), dann sind diese Maßnahmen kostenrechtlich bereits von den jeweiligen Gebührentatbeständen der Hauptmaßnahme (hier: Nr. 8.1 bzw. Nr. 8.2 GAV) mit abgedeckt. Das kann allerdings bei Zeitgebühren dazu führen, dass sich der in Anspruch genommene Zeitraum durch derartige (sofort notwendige und keinen Aufschub duldende) eigene Reinigungsmaßnahmen verlängert, wenn bspw. ein PVB aufgrund der Reinigungsmaßnahme nicht sofort abgezogen werden kann, sondern noch zehn Minuten länger gebunden bleibt. Dann sind diese Zeiten unmittelbar durch die dem Gebührenpflichtigen erbrachte öffentliche Leistung verursacht und stehen mit ihr im Zusammenhang.

Dennoch stellt diese Art der Berechnung von Reinigungskosten eine problematische Variante dar, weil die BMIBGebV bei Reinigungskosten von Auslagen spricht, die in der Regel durch Rechnungsbeleg nachzuweisen sind. Reinigt aber ein PVB selbst, gibt es keine Rechnung. Denkbar wäre hierfür nur die Möglichkeit einer pauschalierten Zeitgebühr, was nach § 3 BMIBGebV legitim wäre. § 3 BMIBGebV erscheint anwendbar, weil der allgemeine Reinigungskostentatbestand in der Nr. 1.2.2 GAV mit keinem konkreten Betrag verknüpft wird. Fraglich bleibt dann allerdings immer noch die konkrete Art und Weise der Berechnung. Und begrifflich würde es sich dann um eine Gebühr handeln, nicht um eine Auslage. Bei der Beauftragung eines Reinigungsunternehmens gegen Rechnung handelt es sich eindeutig um eine Auslage (§ 12 I Nr. 3 2. Alt. BGebG), und damit ist man bei dieser Vorgehensweise immer auf der sicheren Seite. Ein weiterer Vorteil der Beauftragung eines Reinigungsunternehmens ergibt sich daraus, dass auf diese Weise die ansonsten mit Reinigungsaufgaben betrauten Polizeikräfte entlastet werden und damit für die Erfüllung ihrer eigentlichen Aufgaben zur Verfügung stehen.

**Beispiel 4:**

*Nach dem Handballspiel Kiel gegen Flensburg feiert F den knappen Sieg seiner Heimmannschaft und betrinkt sich tüchtig. Am Kieler Bahnhof kommt es zu einer Auseinandersetzung zwischen ihm und zwei auf der Rückreise befindlichen Fans der Flensburger Mannschaft. Die hinzugerufene Streife nimmt den stark alkoholisierten F in Gewahrsam. Auf der Fahrt zum Revier übergibt sich*

*F mehrfach im Dienst-Kfz. F wird in einen Gewahrsamsraum verbracht. Auch dort übergibt sich F, wodurch die Gewahrsamszelle erheblich verschmutzt wird. Anschließend fasst F mit seinen besudelten Händen einen PVB an. Dadurch wird auch noch die Kleidung des PVB beschmutzt. Es muss eine Sonderreinigung der Gewahrsamszelle durch ein Reinigungsunternehmen durchgeführt werden, und die Kleidung des PVB muss in die ortsansässige gewerbliche Kleiderreinigung gegeben werden.*

Die Entscheidung über die Erforderlichkeit und den Umfang und ggf. die Wiederholung von externen Reinigungsmaßnahmen hat nach pflichtgemäßem Ermessen zu erfolgen. Dieses Ermessen muss dem Kostenpflichtigen gegenüber begründet werden; alle relevanten Umstände des Einzelfalles sollten daher in geeigneter Weise dokumentiert werden. Insoweit besteht eine Begründungspflicht. Und es ist immer mit der Möglichkeit einer späteren verwaltungsgerichtlichen Nachprüfung zu rechnen. Im Regelfall wird bei einer sichtbaren und erheblichen Verschmutzung neben der regelmäßigen Unterhaltsreinigung eine Sonderreinigung erforderlich sein, unter Umständen daneben auch Desinfektionsmaßnahmen, z. B. nach absichtlichem Bespucken eines Beamten oder nach Bekoten eines Raums – durchaus unerfreuliche Vorgänge, die leider im Alltagsgeschäft der Polizei immer wieder vorkommen. Zum Nachweis solcher Ereignisse ist eine Fotodokumentation der Verschmutzungen zu empfehlen.

Muss eine Desinfektion nur **aufgrund einer übertragbaren Krankheit** einer in Gewahrsam genommenen Person durchgeführt werden (z. B. Tuberkulose, ansteckende Hautkrankheiten etc.), so sind die dafür entstandenen Kosten nicht erstattungsfähig. Die Nr. 8.3.1 GAV spricht nur von Verunreinigung. Hierzu ist eine aktive Handlung der in Gewahrsam genommenen Person Voraussetzung. Wird eine Desinfektion allein aufgrund einer bereits bestehenden Erkrankung notwendig, liegt keine individuelle Zurechenbarkeit vor. Anders verhält es sich, wenn die Notwendigkeit einer Desinfektion durch absichtliche Handlungen einer Person herbeigeführt worden ist.

Eine Erstattung von Desinfektionskosten kommt ferner in Betracht, wenn die in Gewahrsam genommene Person eine übertragbare Krankheit *nur vortäuscht*, um den Vollzug des Gewahrsams zu verhindern oder um polizeiliche Maßnahmen zu verzögern. Hier könnte jedoch auch die Nr. 1.1.2 GAV zur Anwendung kommen, welche einen Polizeieinsatz betrifft, der durch das vorsätzliche oder fahrlässige Erwecken des Anscheins einer Gefahrenlage veranlasst wurde. Dies insbesondere dann, wenn noch weitere Maßnahmen zur Verhinderung einer möglichen Ansteckung getroffen worden sind.

Während das Gebühren- und Auslagenverzeichnis an verschiedenen Stellen Kostentatbestände für die Reinigung enthält, findet sich dagegen *kein* Gebührentatbestand **für Beschädigungen**. Was die Frage des Kostenersatzes bei beschädigten Uniformen etc. anbelangt, so hat der Verordnungsgeber jedenfalls bis dato von der Schaffung eines entsprechenden Gebührentatbestandes abgesehen und es insoweit bei den bereits vorhandenen und bewährten schadensersatzrechtlichen Regelungen belassen. Das ergibt auch im dogmatischen Ansatz durchaus Sinn, denn der theoretische Grundgedanke beim **Schadensersatz** lautet ja eigentlich „Naturalrestitution", die Möglichkeit von Geldersatz ist nach dem gesetzlichen Modell eigentlich nur eine Sekundärlösung (wenngleich auch die in der Praxis dominierende). Bei den Gebühren- und Auslagenregelungen im öffentlich-rechtlichen Kostenrecht geht es hingegen von vornherein immer nur um eine Geldleistung für einen gewissen von der Verwaltung betriebenen Aufwand – das ist schon eine deutlich andere Ausgangssituation, die an das zivilrechtliche Verhältnis von Leistung und Gegenleistung erinnert. Es fehlt also bei der Verursachung von Schäden an einer individuell zurechenbaren öffentlichen Leistung, die für eine Gebührenerhebung notwendig wäre. Man könnte zwar in Erwägung ziehen, die Wiederherstellung des ursprünglichen Zustandes oder ggf. die Ersatzbeschaffung als derartige Leistung anzusehen, aber damit wären vorhersehbar weitere dogmatische Schwierigkeiten und Unsicherheiten verbunden.

Für die Geltendmachung von Schadensersatz bei beschädigten Uniformen oder Ausrüstungsgegenständen gibt es übrigens eine einfache und kostengünstige Verfahrensvariante: Da in diesen Fällen meist Strafverfahren wegen Sachbeschädigung, Widerstandes und Körperverletzung laufen, kann man die entstandenen Schäden im sog. **„Adhäsionsverfahren"** schon im Rahmen des Strafverfahrens im Antragswege geltend machen; das dann ergehende Urteil ist ein Doppelurteil (Straf- und zugleich Zivilurteil); eine anschließende Zivilklage wird überflüssig. Das Adhäsionsverfahren hat in den letzten Jahren durchaus an Bedeutung gewonnen. Und nach h. M. ist antragsberechtigt im Adhäsionsverfahren nicht nur der unmittelbar durch die Straftat Verletzte, sondern auch der nur mittelbar Verletzte, insbesondere der Eigentümer einer beschädigten Sache, wenn dieser nicht mit dem unmittelbar betroffenen Opfer der Tat identisch ist (zu weiteren Einzelheiten s. die §§ 403 ff. StPO).

### Zu Ziffer 8.3.2

Die Kosten für die **Begleitung** oder das **Transportieren von Personen, Tieren oder Sachen** durch PVB anlässlich einer Ingewahrsamnahme sind gemäß der Nr. 8.3.2 GAV erstattungsfähig. Dies betrifft z. B. die Verbringung der in Gewahrsam genommenen Person zur Gewahrsamseinrichtung. Diese Kosten für eine polizeiliche Begleitung oder einen polizeilichen Transport im Zusammenhang mit einer Ingewahrsamnahme sind nach Zeit zu berechnen, wobei pauschal ein Betrag in Höhe von 16,91 Euro je angefangene Viertelstunde pro eingesetztem Polizeivollzugsbeamten festgelegt ist. Dabei findet in diesem Zusammenhang keine Differenzierung nach Laufbahngruppen der eingesetzten Beamten statt.

Die in der Nr. 8.3.2 GAV enthaltene Regelung grenzt den Kostentatbestand bei Begleitung bzw. Transport bezogen auf eine in Gewahrsam genommene Person nicht näher ein; Zweck, Ziel und Richtung der Begleitung oder des Transports bleiben offen. Entscheidend aufgrund der Regelung in § 3 I AGebV ist ausschließlich, dass die in Rede stehenden Maßnahmen in einem Zusammenhang mit der Ingewahrsamnahme stehen und letztlich durch diese bedingt sind. Somit erfasst der Auslagentatbestand nicht nur den Transport zur Dienststelle oder zu einer Gewahrsamseinrichtung. Auch andere Beförderungen von Personen, z. B. der Rücktransport eines auffällig gewordenen und alkoholisierten Minderjährigen zu den Erziehungsberechtigten im Rahmen eines sog. „Minderjährigengewahrsams" aufgrund von § 39 II BPolG, sind mit umfasst. Auch die aufgrund gesundheitlicher Erfordernisse durchgeführte Begleitung und der Transport einer in Gewahrsam genommenen Person zum Arzt oder ins Krankenhaus sind folgerichtig ebenfalls abrechenbar.

Auch das Transport- oder Begleitmittel ist im Tatbestand nicht näher beschrieben. Da nach dem Willen des Verordnungsgebers alle (heterogenen) Fallkonstellationen der bundespolizeilichen Praxis, in denen festgehaltene Personen anlässlich der Gewahrsamnahme transportiert oder begleitet werden, umfasst sein sollen, muss daraus gefolgert werden, dass es auf das Transportmittel schlicht nicht ankommt. Ein Begleiten **zu Fuß, per Dienstfahrzeug oder anderen Transportfahrzeugen** ist hier abrechenbar. Essentiell bei der Abgrenzung zu den sonstigen Tatbeständen ist, dass es sich bei den in Rede stehenden Tätigkeiten um eine zweckgebundene, durch die Gewahrsamnahme veranlasste **Fortbewegung** „von A nach B" handelt. Ausgeschlossen sind insofern schlichte Wartezeiten mit einer in Gewahrsam genommenen Person z. B. auf den Rettungsdienst oder auf die Eltern, welche ihr Kind in Kürze abholen wollen.

Wichtig ist dabei, dass im Zuge der Kostenerhebung begründet wird, warum die Begleitung oder der Transport durch die Gewahrsamnahme bedingt war, damit nach außen evident und nachprüfbar wird, inwiefern die Voraussetzungen aus § 3 I AGebV im konkreten Sachverhalt erfüllt waren. Der Bundespolizei aufgrund der Aktion entstandene Benzinkosten oder ein Kilometergeld können nicht zusätzlich abgerechnet werden. Die Fahrzeugkosten sind bereits in dem in Nr. 8.3.2 GVG festgelegen Kostenansatz mit eingerechnet (16,91 Euro je Viertelstunde pro eingesetztem PVB). Es kommt bei der Berechnung der Kosten nur auf die Anzahl der

PVB und die Dauer der Maßnahme an; diese Faktoren müssen dementsprechend auch dokumentiert werden. Erfolgt bei Großlagen ein Sammeltransport von *mehreren* Personen zur Gewahrsamseinrichtung, so ist die Transportgebühr durch die Anzahl der transportierten Personen zu dividieren: Aufgrund der Geltung des Grundsatzes der Kostendeckung dürfen die Transportkosten nur anteilsmäßig erhoben werden.

Ein weiteres – wenngleich eher kalkulatorisches – Problem entsteht in der Praxis der Kostenerhebung, wenn in einem Sachverhalt **mehrere separate Transportzeiten** berechnet werden müssen.

**Beispiel 5:**

> *Eine Person A wird am Bahnsteig in Gewahrsam genommen und zunächst zu Fuß 5 Minuten zum BPOLR verbracht. Nach Durchführung aller erforderlichen Maßnahmen im BPOLR wird A zum Zwecke der Haftfähigkeitsuntersuchung 20 Minuten in das nächstgelegene Krankenhaus gefahren, dort untersucht und anschließend 20 Minuten wieder zum BPOLR zurückgebracht, wo er sodann mehrere Stunden in der Zelle verbringt.*

Streng genommen handelt es sich hier um drei separate Transporttätigkeiten, die man auf zwei verschiedene Weisen berechnen kann.

**Variante 1:**

Es erfolgt eine Berechnung nach einzelnen Blöcken anhand der Chronologie des Sachverhalts.

- 1. Transport = 1 x ¼ Std
- 2. Transport = 2 x ¼ Std
- 3. Transport = 2 x ¼ Std

Im Ergebnis käme man hier auf fünf Viertelstunden nach Ziffer 8.3.2 und somit auf 84,55 Euro Transportkosten pro PVB.

**Variante 2:**

Es erfolgt zunächst eine Zusammenrechnung aller angefallenen Transportzeiten und erst anschließend die Aufrundung zu Viertelstunden.

- 1. Transport 15:00 – 15:05 Uhr = 5 Minuten
- 2. Transport 16:15 – 16:35 Uhr = 20 Minuten
- 3. Transport 17:00 – 17:20 Uhr = 20 Minuten

= insgesamt 45 Minuten Transportzeit

Dies entspricht drei Viertelstunden nach Ziffer 8.3.2 und somit einer Transportgebühr von 50,73 Euro pro PVB.

Aus dem Gebot der Kostendeckung sowie dem **Verbot der Doppelerhebung** folgt, dass in beiden Fällen zur Vermeidung verbotener „Doppelungszeiträume" Korrekturen stattfinden müssen. So überlappt die zweite Transportzeit kalkulatorisch (wegen der Aufrundung auf zwei Viertelstunden) mit der Einschlusszeit in der Zelle um fiktive zehn Minuten. Die Einschlusszeit dürfte demnach (fiktiv) erst um 17:30 Uhr beginnen.

Dies führt zu ausgesprochen komplizierten und vor allem für den Kostenschuldner **nicht mehr ohne Weiteres nachvollziehbaren Berechnungen**.

Vor diesem Hintergrund wird die Auffassung vertreten, die jeweils in Betracht kommenden Kostentatbestände zeitlich zu trennen, für sich genommen zu summieren und erst anschließend eine Aufrundung nach Viertelstunden vorzunehmen (wie oben Variante 2). Dies führt zwar mitunter zu einer geringeren Gebühr, erscheint aber vor dem Hintergrund der kostenrechtlichen Grundsätze rechtsstaatlicher und pragmatischer zu handhaben.

Sofern sich ein Gebührentatbestand im Gebührenbescheid sodann aus mehreren gleichartigen, aber chronologisch getrennten Einzeltätigkeiten zusammensetzt, kann dies im Fließtext des Bescheides ausgeführt werden. Dies setzt allerdings voraus, dass die summierten Zeiten auch von der gleichen Zahl an PVB geleistet wurden.

**Beispiel 6:**

> *Der volljährige P pöbelt im Bahnhof Reisende an und belästigt diese, ohne dabei die Schwelle zu strafbarem Handeln zu überschreiten. Nach Feststellung des P um 20:05 Uhr durch eine Streife der Bundespolizei, bestehend aus zwei PVB mD, erfolgt um 20:15 Uhr eine Identitätsfeststellung mit einem nachfolgenden mündlichen Platzverweis gegen P. Nach kurzer Zeit erscheint P erneut im Bahnhof und belästigt wieder Reisende. Ein um 20:53 Uhr durch die Streife erteilter weiterer mündlicher Platzverweis mit Androhung der zwangsweisen Durchsetzung hält nicht lange vor: P wird bald danach wieder im Bahnhof beim Anpöbeln von Reisenden angetroffen. Nunmehr wird P gemäß § 39 I Nr. 2 BPolG in Durchsetzungsgewahrsam genommen und von 21:03 Uhr bis 21:18 Uhr zu Fuß von der Streife zur BPOLI verbracht. Dort wird er durchsucht und verbleibt bis 22:08 Uhr. Nachdem ein PVB gD einen richterlichen Beschluss eingeholt hat, wird P mit einem Dienstfahrzeug der Bundespolizei zum Zentralen Polizeigewahrsam der Landespolizei (ZPG) verbracht. Die Fahrt dorthin dauert von 22:11 Uhr bis 22:46 Uhr. Die anschließende Rückfahrt der PVB zur Dienststelle dauert 30 Minuten.*

Eine **Übersicht in Tabellenform** zur Vorbereitung der Kostenrechnung mit Hinweisen zur Dokumentation und Begründung könnte wie folgt aussehen:

| **Nr. in GAV** | **Zeit + Dauer** | **Anzahl PVB + Laufbahn** | **Maßnahme Auslagen** | **Kurzbegründung** *Dauer/Anzahl/ Besonderheiten = Abweichungen vom Normalfall* | **Summe 291,13 Euro** |
|---|---|---|---|---|---|
| (–) | 20:05 | 2 PVB mD | Feststellung des P | | |
| 7.1 | 20:53<br>00 h<br>00 min | 2 PVB mD | Mündliche Platzverweisung | | 48,05 Euro |
| 8.1 | 20:55<br>00 h<br>00 min | 2 PVB mD | Anordnung des Gewahrsams | **Begründen:** Gründe für Gewahrsam | 79,80 Euro |
| 8.3.2 | 21:03<br>bis<br>21:18<br>00 h<br>15 min | 2 PVB mD | Mitnahme zur BPOLI zu Fuß | 10 min = 1 angefangene ¼ Std. 16,91 Euro | 33,82 Euro |
| (–) | 21:18 | 2 PVB mD | Durchsuchung des P | In der Festgebühr für die Anordnung enthalten (Nr. 8.1 GAV) | |
| (–) | 21:30<br>bis<br>22:08 | 1 PVB gD | Einholung des richterlichen Beschlusses | | |
| 8.2 | 21:18<br>bis<br>22:08<br>50 min | | Gewahrsamsraum | 4 x ¼ Std. zu 7,00 Euro<br>**Begründen:**<br>Dauer | 28,00 Euro |
| 8.3.2 | 22:11<br>bis<br>22:44<br>00 h<br>33 min | 2 PVB mD | Verbringung der Person mit Dienst Kfz zum ZPG und Rückfahrt | **Begründen:**<br>Rückfahrt 33 min = 3 angefangene ¼ Std. 16,91 Euro<br>3 x 2 (2 PVB) x 16,91 | 101,46 Euro |

Neben den Kosten für die Hinfahrt sind im obigen Beispiel auch die Kosten *für die Rückfahrt* abzurechnen. Dies folgt aus § 3 I AGebV, wonach auch solche Zeiten ansetzbar sind, die für die Leistungserbringung notwendig sind. Wenn eine Person an einen Ort verbracht wird, müssen die Polizeivollzugsbeamten zwangsläufig auch wieder zum Dienst- oder Einsatzort zurückkehren. Damit besteht ein unmittelbarer Sachzusammenhang zwischen der individuell erbrachten Leistung in Gestalt des eigentlichen Transports (Hinfahrt) und der sich daran anschließenden Rückfahrt.

**Beispiel 7:**

> *Nachdem die Polizeivollzugsbeamten den P im vorherigen Beispiel in den Zentralen Polizeigewahrsam der Landespolizei eingeliefert haben, erhalten sie per Funk den Auftrag, sofort antretend den S-Bahnhof X zu erreichen, um dort einen Fahndungs- und Kontrollpunkt einzurichten.*

Damit wäre der unmittelbare Zusammenhang mit der vorangegangenen Transportfahrt **unterbrochen**; die weitere Fahrt nach der Einlieferung zum S-Bahnhof könnte bei dieser Fallgestaltung nicht abgerechnet werden, da es eigentlich keine Rückfahrt mehr ist, sondern eine ganz neue Einsatzfahrt, die mit der zeitlich vorangegangenen Ingewahrsamnahme des M nicht mehr im Zusammenhang steht.



Die Begleitung bzw. der Transport **auch von Tieren und Sachen** ist in der Nr. 8.2.2 GAV aufgeführt, um den denkbaren Fall zu erfassen, dass im Zuge einer Gewahrsamnahme neben dem Betroffenen selbst zusätzlich ein von ihm mitgeführtes Tier oder von ihm mitgeführte Gegenstände gesondert transportiert werden müssen (z. B. ein Hund ins Tierheim). Erfolgt der Transport des Tieres durch das Tierheim selbst, so sind die dafür entstehenden Kosten ebenso wie die Kosten für die nachfolgende Unterbringung nach der Nr. 8.3.7 GAV abzurechnen.

**Beispiel 8:**

> *Eine blinde Person wird in Gewahrsam genommen und zur Dienststelle verbracht. Neben der Person wird auch der von der Person mitgeführte Blindenhund transportiert, da die blinde Person auf den Hund angewiesen ist.*

**Beispiel 9:**

> *Im Hauptbahnhof nimmt eine Streife der Bundespolizei eine Person aufgrund übermäßiger Alkoholisierung in polizeilichen Gewahrsam. Der von der Person mitgeführte Hund ist offensichtlich verletzt und krank. Er wird zunächst zusammen mit der Person zur Dienststelle verbracht. Der Hund verrichtet mehrmals seine Notdurft im Dienst-Kfz und später auch in den Diensträumen. Anschließend wird das Tier von einem herbeigerufenen Tierarzt untersucht und behandelt. Da die örtliche Tierauffangstation am Wochenende nicht besetzt ist, muss der Hund für längere Zeit in der Dienststelle verwahrt und versorgt werden.*

Ein gesonderter **Transport von Sachen** der in Gewahrsam genommenen Person *durch Dritte* kann unter Umständen ebenfalls erforderlich werden, wenn etwa Feuerwerkskörper oder sonstige Pyrotechnik durch eine Spezialfirma transportiert werden müssen. Dann allerdings erfolgt die Erhebung der Kosten für den Transport nicht auf der Grundlage der Nr. 8.3.2 GAV, sondern vielmehr nach Maßgabe der Nr. 8.3.7 GAV, weil die so entstandenen Kosten als Auslagen Dritter abzurechnen sind.

Ein Transport von Tieren und Sachen i. S. d. Nr. 8.3.2 GAV kann im Zusammenhang mit einer Gewahrsamnahme dann unvermeidbar sein, wenn ein Tier oder ein Gegenstand von der in Gewahrsam genommenen Person mitgeführt werden und zwingend bei ihr verbleiben müssen (z. B. im Falle eines Blindenhundes). Sofern diese Tiere und Sachen nicht nach § 47 BPolG sichergestellt werden, können der Bundespolizei entstandene Transportkosten gegenüber der gebührenpflichtigen Person als Auslagen geltend gemacht werden.

Eine Erhebung derjenigen Kosten, die durch die polizeiliche Begleitung oder das polizeiliche Transportieren von Personen, Tieren oder Sachen entstehen, **als Auslagen** ist erforderlich, weil diese Kosten in unterschiedlicher Höhe anfallen und damit nicht in die pauschalierten Festgebühren für die Anordnung bzw. für den Vollzug der Gewahrsamnahme nach den Nrn. 8.1 und 8.2 GAV eingerechnet werden können. Die Erhebung dieser Auslagen erfolgt auf der Grundlage einer Auslagenpauschalierung nach § 12 II Nr. 3 BGebG. Die Ermittlung der Kosten für die Begleitung oder den Transport von Personen, Tieren und Sachen erfolgt unter Berücksichtigung des Zeitaufwandes gemäß den in der Anlage 1 Teil A zur AGebV bestimmten allgemeinen pauschalen Stundensätzen für Polizeivollzugsbeamtinnen und -beamte des Bundes.

### Zu Ziffer 8.3.3

Die Nr. 8.3.3 GAV sieht die Erhebung der Kosten für die **Aufbewahrung von Tieren oder Sachen** im Zusammenhang mit einer Ingewahrsamnahme vor. Dabei wird es sich im Regelfall um Tiere oder Sachen der in Gewahrsam genommenen Person handeln. Ganz zwingend ist dies allerdings nicht, sodass auch andere Fallkonstellationen denkbar sind. Die Aufbewahrung von Tieren und Sachen kann anlässlich einer Ingewahrsamnahme unvermeidbar sein, wenn das Tier oder die Sache von der in Gewahrsam genommenen Person mitgeführt wird und zwingend bei ihr verbleiben muss (z. B. ein Blindenhund). Sofern diese Tiere und Sachen nicht nach § 47 BPolG sichergestellt werden, können der Bundespolizei entstandene Kosten für deren Aufbewahrung gegenüber der gebührenpflichtigen Person geltend gemacht werden, und zwar wiederum in der Form von *Auslagen*.

### Zu Ziffer 8.3.4

Die Nr. 8.3.4 GAV betrifft die Kosten für eine **ärztliche Untersuchung auf Haft- und Gewahrsamsfähigkeit**. Diejenige Person, die in Gewahrsam genommen werden soll, ist immer dann ärztlich auf ihre Haft- und Gewahrsamsfähigkeit zu untersuchen, wenn am Vorliegen der Haft- oder Gewahrsamsfähigkeit nach den Umständen des konkreten Falles Zweifel bestehen. Dabei gilt die Maxime: Lieber eine Untersuchung zu viel als eine zu wenig.

Die Kosten einer solchen ärztlichen Untersuchung werden gegenüber der gebührenpflichtigen Person *als Auslagen* geltend gemacht und nicht in Form einer Festgebühr erhoben. Daher ist immer ein Beleg über die Arztkosten erforderlich. Der Arzt wird die Untersuchung gemäß der Gebührenordnung für Ärzte (GOÄ) zum einfachen Satz abrechnen. Diese Rechnung ist als Anlage dem Gebührenbescheid beizufügen. Eine Abrechnung über die Krankenkassenversichertenkarte erfolgt hierfür nicht. Eine Abrechnung zu Lasten der Krankenkasse wird nur dann erfolgen, wenn der Arzt aufgrund eines gesundheitlichen Problems der in Gewahrsam befindlichen Person hinzugezogen wurde oder wenn die Person aufgrund von Gesundheitsproblemen zum Arzt oder in ein Krankenhaus verbracht wurde.



Bei den Arztkosten für die Feststellung der Haft- oder Gewahrsamsfähigkeit ist zwingend auf die genaue rechtliche Zuordnung der Maßnahme zu achten. Liegt der Schwerpunkt der Freiheitsentziehung im Bereich der Strafverfolgung, so sind die Kosten nicht nach der BMIBGebV zu erheben, sondern als Kosten des Strafverfahrens abzurechnen. Liegt der Schwerpunkt aber im Bereich der Gefahrenabwehr, sind die Kosten gemäß der Nr. 8.3.4 GAV in Ansatz zu bringen. Eine derartige Abrechnung darf aber nur dann erfolgen, wenn der Bundespolizei auch tatsächlich Auslagen in einer bestimmten Höhe entstanden sind. Dies ist der Fall, wenn der Arzt, der die Untersuchung vorgenommen hat, eine entsprechende **Arztrechnung** vorlegt.

### Zu Ziffer 8.3.5

Abhängig von der Dauer der Ingewahrsamnahme können Kosten für die **Verpflegung** der in Gewahrsam genommenen Person anfallen. Diese werden auf der Grundlage der Nr. 8.3.5 GAV ebenfalls, als Auslagen geltend gemacht werden. Die Verpflegung der in Gewahrsam genommenen Person erfolgt aber grundsätzlich durch den Einsatz der eigenen Barmittel, über welche die Person verfügt. Diese Finanzierungsvariante genießt Priorität. Sollten aber keine oder keine ausreichenden Barmittel vorhanden sein, bspw. weil die Person komplett mittellos ist, tritt die Bundespolizei in Vorleistung. Die tatsächlich entstandenen und durch entsprechende Belege nachzuweisenden Verpflegungskosten sind dann als Auslagen beim Betroffenen als Gebührenschuldner zu erheben.

### Zu Ziffer 8.3.6

Bei der Ingewahrsamnahme von Personen können **Kosten für Kleidung** anfallen. Diese Fallvariante berücksichtigt die Nr. 8.3.6 GAV. Danach sind etwaig entstandene Kosten für Kleidung der in Gewahrsam genommenen Person als Auslagen zu erheben. Dabei kann es sich je nach Einzelfall um verschiedene Kleidungsstücke handeln, die aus humanitären oder gesundheitlichen Gründen von der Bundespolizei dauerhaft zur Verfügung gestellt werden, z. B. im Winter festes Schuhwerk oder wintergerechte Kleidung oder im Falle der Unzulänglichkeit der eigenen Bekleidung der Person ggf. auch Unterwäsche, Hose, Pullover etc.

**Zu Ziffer 8.3.7**

Abschließend sieht die Nr. 8.3.7 GAV die Erstattung von **Kosten anderer Behörden und Dritter** vor, wenn solche Fremdkosten im Zusammenhang mit einer Gewahrsamnahme entstanden sind und der Bundespolizei in Rechnung gestellt wurden. Auch in diesem Zusammenhang gilt, dass die genannten Kosten als Auslagen geltend zu machen sind.

Hierunter könnte bspw. die Konstellation fallen, dass die Bundespolizei in einer herausragenden Einsatzlage aufgrund Platzmangels auf der eigenen Dienststelle Räumlichkeiten eines Dritten anmieten muss, um dort Gewahrsamnahmen durchführen zu können.

Denkbar, aber in der polizeilichen Praxis ausgesprochen selten sind Fälle, in denen eine Person bei der Landespolizei zum Zwecke der Gewahrsamnahme untergebracht wird, weil die Bundespolizei über keine eigenen Gewahrsamseinrichtungen verfügt. Hier käme eine Rechnungsstellung der Landespolizei an den Bund wegen der Gebührenbefreiung von Behörden nur in einigen Bundesländern in Betracht und dürfte daher die absolute Ausnahme darstellen.[296]

**Beispiel 10:**

> *Eine Person wird in Gewahrsam genommen. Sie hat einen Hund bei sich und auch einen Rucksack, gefüllt mit Pyrotechnik. Der Hund wird für zwei Tage in einem Tierheim untergebracht. Die Pyrotechnik wird von einer Spezialfirma abgeholt und verwahrt.*

Erfolgt z. B. die Lagerung von gefährlichen Gegenständen wie Feuerwerkskörper, Pyrotechnik oder sonstige explosionsgefährliche Stoffe durch eine Spezialfirma oder werden Tieren in einem Tierheim oder in einer Tierpension kostenpflichtig untergebracht, so sind die auf diese Weise entstandenen und der Bundespolizei in Rechnung gestellten Kosten als Fremdkosten im Rahmen des Auslagenersatzes beim Gebührenschuldner geltend zu machen. Zu beachten ist hierbei, dass in Ansehung solcher Kosten zusätzlich noch besondere Kostentatbestände zur Sicher-

296 Vgl. hierzu die Ausführungen zum Prinzip der Gegenseitigkeit in der Gebührenbefreiung unter Kapitel 2.5.1.2.

stellung, Verwahrung und Vernichtung greifen können. Dadurch können sich die erstattungsfähigen Auslagen noch weiter erhöhen.



**Beispiel 11:**

> *Eine Streife, bestehend aus zwei PVB mD, stellt um 12:00 Uhr den stark betrunkenen P fest. P torkelt schwankend auf dem Bahnsteig hin und her und droht. in die Gleise zu stürzen. P ist so betrunken, dass er die Situation nicht mehr erfassen kann. Deswegen wird er gemäß § 39 I Nr. 1 BPolG in Schutzgewahrsam genommen und zu Fuß in der Zeit von 12:15 Uhr bis 12:30 Uhr zur Dienststelle verbracht. Dort wird er von 12:30 Uhr bis 13:00 Uhr im Durchsuchungsraum durchsucht; an dieser Maßnahme ist ein PVB mD und ein PVB gD beteiligt. Ebenfalls im Durchsuchungsraum findet von 13:00 Uhr bis 13:30 Uhr die ärztliche Untersuchung des P zur Feststellung der Gewahrsamsfähigkeit statt, und zwar im Beisein von zwei PVB mD. Der Arzt stellt hierfür eine Rechnung in Höhe von 100,00 Euro aus. Anschließend wird P von 13:30 Uhr bis 18:00 Uhr zwecks Ausnüchterung im Gewahrsamsraum der Dienststelle untergebracht. Während dieser Unterbringung im Gewahrsamsbereich der BPOLI erbricht sich P mehrfach und verunreinigt dadurch die Zelle. Deshalb wird eine Sonderreinigung des Raumes durch die Fremdfirma CLEAN erforderlich; diese Reinigungsaktion dauert von 18:30 Uhr bis 19:30 Uhr. Für ihre Dienstleistung stellt das Reinigungsunternehmen der Bundespolizei 100,00 Euro in Rechnung.*

Für die nunmehr durchzuführende **Gebührenberechnung** ist es sinnvoll, zunächst eine *Übersicht* über den Ablauf der Maßnahmen mit eingesetzten Kräften und Auslagen in zeitlicher Abfolge als Grundlage für den späteren Gebührenbescheid zu erstellen. Auch bedarf es einer genauen Dokumentation aller getroffener Maßnahmen mit dazugehöriger Begründung durch die Einsatzkräfte, die alle wichtigen Aspekte des konkreten Falles berücksichtigen. Es muss plausibel gemacht werden können, warum die Maßnahmen und Auslagen durch die gebührenpflichtige Person veranlasst waren und warum diese ausschließlich ihr zuzurechnen sind. Dies ist für die rechtssichere Gebührenerhebung eine entscheidende Voraussetzung. Etwaige Besonderheiten, also Abweichungen vom Normalfall wie außergewöhnliche Vorkommnisse und Umstände, der Grund für den Einsatz von mehr als zwei PVB, der Grund für die Einschaltung von Spezialkräften, die Zeitdauer bei besonders langen Maßnahmen; Das alles sind Faktoren, welche für die Gebührenerhebung regelmäßig wichtig sind. Zur Vorbereitung der Gebührenberechnung kann die Erstellung einer **Übersicht in Tabellenform** hilfreich sein, die so aussehen könnte, wie es das nachfolgende Beispiel verdeutlicht:

| **Nr. in GAV** | **Zeit + Dauer** | **Anzahl PVB + Laufbahn** | **Maßnahme Auslagen** | **Kurzbegründung** *Dauer/Anzahl/ Besonderheiten = Abweichungen vom Normalfall* | **Summe 439,62 Euro** |
|---|---|---|---|---|---|
| (–) | 12:00 bis 12:15 00 h 15 min | 2 PVB mD | Feststellung des P | | |
| 8.1 | 12:15 00 h 00 min | 2 PVB mD | Anordnung des Gewahrsams | Grund für die Ingewahrsamnahme des P | 79,80 Euro |
| 8.3.2 | 12:15 bis 12:25 00 h 10 min | 2 PVB mD | Mitnahme des P zur BPOLI zu Fuß | 10 min = 1 angefangene ¼ Std. zu 16,91 Euro | 33,82 Euro |
| (–) | 12:25 bis 13:00 00 h 10 min | 1 PVB mD<br>1 PVB mD | Durchsuchung des P | | |
| 8.3.4 | 13:00 bis 13:30 00 h 30 min | 2 PVB mD + Arzt | Ärztliche Untersuchung | Rechnung des Arztes (Anlage 1) | 100,00 Euro |
| 8.2 | 13:30 bis18:00 04 h 30 min | | Gewahrsamsraum | 18 x ¼ Std. zu 7,00 Euro Begründung der Dauer der Maßnahme: P war vorher nicht wieder nüchtern; sein Zustand wurde vorher wiederholt kontrolliert; Hinweis auf die übliche Alkoholabbauzeit; Promille-Ausgangswert | 126,00 Euro |

| **Nr. in GAV** | **Zeit + Dauer** | **Anzahl PVB + Laufbahn** | **Maßnahme Auslagen** | **Kurzbegründung** *Dauer/Anzahl/ Besonderheiten = Abweichungen vom Normalfall* | **Summe 439,62 Euro** |
|---|---|---|---|---|---|
| 8.3.2 | 18:00 bis 18:30 00 h 30 min | | Reinigung der Gewahrsamszelle | Verschmutzung durch Erbrochenes; ohne Reinigung wäre der Raum nicht für weitere Personen nutzbar gewesen; Rechnung der Firma CLEAN (Anlage 2) | 100,00 Euro |

**Mini-Checkliste: Kostenerhebung für Ingewahrsamnahmen**

Aus Gründen der Übersichtlichkeit und der Arbeitsvereinfachung empfiehlt es sich, bei Ingewahrsamnahmen nach folgendem Schema zu verfahren, um Überlappungen und Doppelerhebungen zu vermeiden:

1. **Erhebung der Anordnungsgebühr nach Ziffer 8.1**
   *Erläuterung: Diese Gebührenziffer ist bei allen Gewahrsamnahmen immer zu erheben. Eine Gewahrsamnahme ohne diese Ziffer existiert nicht.*

   *Eine Berechnung der „Gesamtgewahrsamszeit" ist hier nicht notwendig und verwirrt nur unnötig, zumal die Gewahrsamsdauer ja nur in Bezug auf eine stationäre Unterbringung kostenrelevant wird.*

2. **Berechnung der Transportzeiten nach Ziffer 8.3.2**, sofern vorhanden nach dem oben aufgezeigten Schema.
   *Erläuterung: Es empfiehlt sich, zunächst die Transport- und Begleitkosten nach dieser Ziffer zu berechnen, da hierdurch Überlappungen und Doppelberechnungen vermieden werden.*

3. **Berechnung der Vollzugskosten im stationären Gewahrsam nach Ziffer 8.2**
   *Erläuterung: Die noch verbleibenden Zeiten werden insoweit abgerechnet, wie sie unter Ziffer 8.2 fallen. Da unter Punkt 3 die Transportkosten bereits kalkuliert wurden und dies unter vorheriger Summierung der Zeiten zu einem Kostenbaustein erfolgt ist, kommt es auch zu keinen Überlappungszeiten mit den Vollzugskosten im stationären Gewahrsam. Lediglich kostenrelevante Zeiten, die innerhalb der Zelle stattfinden und bspw. über die Arztrechnung abzurechnen sind, müssen hier noch gekürzt werden.*

4. **Erfassung der weiteren Auslagen nach Ziffer 8.3**
   *Erläuterung: Die weiteren, in Form einer Rechnung vorliegenden Auslagen, wie bspw. Arzt-, Verpflegungs-, Dolmetscher- oder Reinigungskosten, werden abschließend ergänzt.*

### Ziffer 9 – Sicherstellung von Tieren oder Sachen nach § 47 BPolG

| | **Gegenstand** | |
|---|---|---|
| | **Bundespolizeigesetz (BPolG)** | |
| **Nr.** | **Gebühren- oder Auslagentatbestand** | **Gebühren/ Auslagen in Euro** |
| 9 | Sicherstellung von Tieren oder Sachen nach § 47 BPolG | |
| 9.1 | Anordnung und Vollzug der Sicherstellung von Tieren oder Sachen | 55,55 |
| 9.2 | Bei dem Gebührentatbestand der Nummer 9.1 sind neben der Gebühr folgende Kosten als Auslagen zu erheben: | |
| 9.2.1 | Kosten für die Reinigung verunreinigter Diensträume, Dienstfahrzeuge, Uniformen oder sonstiger Sachen, die im Dienstgebrauch verwendet werden | |
| 9.2.2 | Kosten für das Transportieren von Tieren oder Sachen durch eine oder einen PVB | 16,91 je angefangene ¼ Std. pro PVB |
| 9.2.3 | Kosten anderer Behörden und Dritter | |

**Zur Gebührenart:**

Wegen der weitgehend gleichartigen Durchführung von Sicherstellungen wurde eine Festgebühr in Höhe von 55,55 Euro festgelegt.

**Zum Kostenschuldner:**

Auch die in § 47 BPolG geregelte Sicherstellung zur Gefahrenabwehr ist eine spezielle, dem Veranlasser nach § 17 oder § 18 BPolG individuell zurechenbare öffentliche Leistung der Bundespolizei und rechtfertigt damit nach § 3 II Nr. 4 BGebG eine Gebührenerhebung.

In aller Regel wird der Adressat der Sicherstellung auch als Kostenschuldner in Frage kommen.

**Zum Tatbestand:**

Kosten sind für alle gesetzlichen Fallvarianten einer **präventiven Sicherstellung** auf der Grundlage des § 47 BPolG zu erheben. Die Nr. 9 GAV bestimmt die Gebühr für die Sicherstellung von Tieren oder Sachen. Mit dieser Regelung wird der bisherige Kostenerstattungsanspruch für bundespolizeiliche Sicherstellungen abgelöst, der in § 50 III 1 BPolG a. F. zu finden war. Nach dieser Altregelung war lediglich ein Ersatz von Mehraufwendungen für unmittelbar ausgeführte Sicherstellungsmaßnahmen vorgesehen. Diese Einschränkung besteht unter Geltung des neuen Rechts nicht mehr. Der neu gefasste § 50 III 1 BPolG bestimmt in allgemeiner Form, dass die Herausgabe der sichergestellten Sache davon abhängig gemacht werden kann, ob die geschuldeten Gebühren und Auslagen gezahlt worden sind. Durch die Formulierung „Gebühren und Auslagen" nimmt der Gesetzgeber an dieser Stelle konkludent Bezug auf die nunmehr in der Nr. 9 GAV enthaltenen Kostentatbestände, die seit dem 1.10.2019 Geltung beanspruchen.



**Zu Ziffer 9.1**

Mit der Gebühr gemäß der Nr. 9.1 GAV ist der mit der **Anordnung** und dem **Vollzug der Sicherstellung** regelmäßig verbundene allgemeine Personal- und Sachaufwand der Bundespolizei abgegolten. Die in der Nr. 9.1 GAV bestimmte Festgebühr enthält damit – außer im Sonderfall von *Kraftfahrzeugen* und *Krafträdern* (vgl. dazu die Nr. 10 GAV) – auch bereits die Kosten für die im Rahmen einer Sicherstellung übliche Verwahrung, soweit diese bei der Bundespolizei erfolgt. Denn mit dieser **Grundgebühr** für die Sicherstellung von Tieren oder Sachen wird der allgemeine Verwaltungsaufwand für die Sicherstellung einschließlich Verwahrung und Herausgabe abgedeckt.

Sicherstellungen auf Basis anderer Rechtsgrundlagen als dem § 47 BPolG sind nicht kostenpflichtig nach der BMIBGebV. Dies sind im Zuständigkeitsbereich der Bundespolizei insbesondere folgende Standardmaßnahmen:

- repressive Sicherstellungen/Beschlagnahmen von Beweismitteln, Tatmitteln, inkriminierte Gegenstände nach den §§ 94, 98, 111b StPO,
- Gegenstände, die nach spezialgesetzlichen Vorschriften der repressiven Einziehung unterliegen, wie z. B. nach § 54 WaffG, § 43 SprengG, § 30 VersG (Bund) oder § 33 BtMG,
- Gegenstände, die nach spezialgesetzlichen Vorschriften gefahrenabwehrend sichergestellt werden, wie z. B. nach § 21 AsylG (Verwahrung von Unterlagen und ID-Dokumente), § 48 I Nr. 1 AufenthG (Ausweisdokumente), § 48 III AufenthG (Datenträger), § 13 PassG und § 29 PAuswG.

Verwahrungskosten können nur dann gesondert anfallen, wenn die Verwahrung von Tieren oder Sachen *durch Dritte* erfolgt, weil bspw. eine Sicherheitsfirma bei Sachen von hohem Wert oder eine Fachfirma bei explosivgefährlichen Stoffen oder ein Tierheim oder eine Tierpension bei Tieren mit der Verwahrung besonders beauftragt wird. Die Kosten hierfür unterfallen dann *als Auslagen* der Nr. 9.2.3 GAV und sind durch entsprechende Rechnungen zu belegen.

**Beispiel 1:**

*Im Rahmen eines größeren Schleusungsverfahrens einer BPOLI KB werden 20 Schnellboote festgestellt, die zum Ausschleusen von Personen aus der Bundesrepublik Deutschland nach Großbritannien genutzt werden. Zum Teil handelt es sich um Motoryachten, um Gummiboote sowie um ausgesonderte Fähren. Bis auf zwei der Yachten können alle Boote einer konkreten Schleusung zugeordnet werden. Es erfolgt jeweils eine strafprozessuale Beschlagnahme der Boote durch die Staatsanwaltschaft. Die zwei verbliebenen Yachten kamen zwar als Schleusungsfahrzeuge in Betracht, konnten jedoch nicht belegbar einer Tat zugeordnet werden. Um weitere künftige Schleusungen zu verhindert, ordnet die BPOLI KB die gefahrenabwehrende Sicherstellung der beiden Yachten an. Durch das aufwändige Auskranen und materialschonende Lagern in einer Spezialscheune der Hafengesellschaft entstehen hohe einmalige und fortlaufende Kosten der Verwahrung der sichergestellten Yachten. Da sich die jeweiligen Eigentümer im Ausland befinden, reagieren sie auch nicht auf die Aufforderung, die Boote abzuholen. Nach einem Jahr Verwahrung entstehen Lagerungskosten in Höhe mehrerer 1000 Euro.*

Diese Verwahrung kann nicht nach Ziffer 10 GAV abgerechnet werden, da dort lediglich die Verwahrung von Kraftfahrzeugen und Motorrädern vorgesehen ist. Um hier die immensen Kosten auf den Verursacher umwälzen zu können, muss der „Umweg“ über die Auslagen nach Ziffer 9.2.3 gegangen werden. Hier kann dann allerdings nur nach entsprechender Rechnungstellung abgerechnet werden. Dies dürfte allerdings gerade in den in Rede stehenden Fällen vorliegen.

Erfolgt die Verwahrung von Tieren (z. B. eines Blindenhundes, der von einer blinden Person auch im Gewahrsam benötigt wird) oder von Sachen, die nicht sichergestellt sind, auf der Dienststelle oder in der Gewahrsamseinrichtung, nämlich zusammen mit der in Gewahrsam genommenen Person, dann greift für eine solche Fallkonstellation bereits die Nr. 8.3.3 GAV ein (s. o.).

**Beispiel 2:**

*Am S-Bahnhof Stellingen ist die 1. Gruppe der MKÜ der BPOLD Hannover beauftragt, den Treppenaufgang zu Bahnsteig 3 abzusperren. Der aufmerksame PHM S erkennt in den Reihen der Fans einen aus einem Rucksack heraushängenden Rauchkörper. Der vermummte Fußballfan X ist im Begriff, diesen Rauchkörper herauszuziehen, in der erkennbaren Absicht, diesen mithilfe eines schon bereitgehaltenen Feuerzeugs zu zünden. PHM S gelingt es, den Rauchkörper rechtzeitig sicherzustellen. Da die Herkunft und der Hersteller des Rauchkörpers nicht feststellbar sind, wird dieser fachgerecht vernichtet.*

Es fällt im obigen Beispiel für die Sicherstellung, die vorliegend nach § 47 Nr. 1 BPolG erfolgt, also zur Abwehr einer gegenwärtigen Gefahr, eine Festgebühr nach Nr. 9.1 GAV an, und zwar in einer Höhe von 55,55 Euro. Für die hier zusätzlich erforderliche spätere Vernichtung der sichergestellten Sache fällt ebenfalls eine Gebühr an, und zwar nach Nr. 11.1 GAV. Erfolgt die Vernichtung durch eine Fachfirma, so kommen deren Kosten noch als Auslagen nach der Nr. 11.3.2 GAV hinzu; diese Auslagen sind durch eine Rechnung zu belegen.



**Beispiel 3:**

*Bei einem mit Stahlträgern beladenen Güterzug ist die Ladung nicht ausreichend gesichert worden, der Zug verliert deshalb an einem Bahnübergang einen der transportierten Träger. Eine Streife der Bundespolizei erkennt diesen Unfall und stellt den verlorenen Stahlträger umgehend sicher, um Gefahren für die nachfolgenden Züge und den Straßenverkehr zu vermeiden.*

Es fällt für diese Sicherstellung, die ebenfalls auf der Grundlage des § 47 Nr. 1 BPolG erfolgt, eine Festgebühr nach der Nr. 9.1 GAV an, und zwar in einer Höhe von 55,55 Euro. Dazu kommen Auslagen in Form von Transportkosten für den Abtransport des Stahlträgers nach der Nr. 9.2.2 GAV, und zwar in einer Höhe von 16,91 Euro je Viertelstunde pro eingesetztem PVB.

Nicht nur für Sicherstellung zur Abwehr von gegenwärtigen Gefahren aufgrund von § 47 Nr. 1 BPolG wie in den Beispielen 1 und 2, sondern auch für die Sicherstellung zum **Schutz privater Rechte** nach § 47 Nr. 2 BPolG sind Kosten zu erheben. Um den Schutz privater Rechte kann es sich unter anderem bei der Sicherstellung von verlorenen Gegenständen handeln. Dies gilt allerdings dann *nicht*, wenn es um **Fundsachen** geht, die nach dem Auffinden sofort und direkt dem Fundbüro übergeben werden, was etwa bei einer verlorenen Brieftasche oder Handtasche oder bei Gepäckstücken mit wertvollem Inhalt der Regelfall sein wird; diese Fälle können nämlich nicht als polizeiliche Sicherstellung gewertet werden. Erst sobald es sich bei den aufgefundenen Gegenständen um einen so beträchtlichen Wert oder eine vom Gegenstand ausgehende erhöhte Gefahr handelt, die eine polizeiliche Sicherstellung notwendig macht, kommt in seltenen Einzelfällen auch eine kostenpflichtige Sicherstellung von Fundsachen in Frage. Dies könnte z. B. bei besonders wertvollen, im Zug liegengelassenen Musikinstrumenten oder bei besonders wertvollem, vergessenem Schmuck der Fall sein. Eine Sicherstellung zum Schutz privater Rechte ist aber wiederum üblich bei Tieren, welche dem Halter entlaufen sind. Auch die Sicherstellung von angehaltenen Mietwagen an der Grenze wegen eines Fahrzeugverbringungsverbots des Vermieters im Hinblick auf das Ausland sowie die Sicherstellung von abgestellt aufgefundenen und nicht zuordenbaren Kraftfahrzeugen erfolgt typischerweise zum Schutz privater Rechte.

**Beispiel 4:**

*Eine Geigerin ließ beim Aussteigen aus einem Regionalexpress von Mannheim nach Saarbrücken ihre Stradivari aus dem Jahr 1727 im Wert von immerhin 2,6 Millionen $ in der Gepäckablage des Waggons liegen. Nachdem sie wenig später den schmerzlichen Verlust bemerkt hatte, bat sie die Bundespolizei im Hauptbahnhof Saarbrücken um Hilfe. Diese ermittelte, dass der fragliche Zug in Saarbrücken geteilt und der in Rede stehende Wagen an einen Zug in Richtung Mannheim angehängt werden sollte; dieser Zug stand noch im Bahnhof Saarbrücken. Eine Minute vor Abfahrt des Zuges konnte die Stradivari erfolgreich sichergestellt und das wertvolle Instrument 15 Minuten später der sehr erleichterten Musikerin wieder zurückgeben werden.*

Auch wenn die im obigen Beispiel geschilderte Sicherstellung zum Schutz privater Rechte nach § 47 Nr. 2 BPolG nur kurz andauerte, so fällt dennoch hierfür eine Festgebühr nach Nr. 9.1 GAV an, und zwar in einer Höhe von 55,55 Euro. Eine Transportgebühr nach der Nr. 9.2.2 GAV fällt für das kurzzeitige Verbringen der Geige vom Zug zur Dienststelle, wo die Geigerin wartete, hingegen nicht an.

**Variante:** Ausgangssachverhalt wie oben, aber die Geige kann im Hauptbahnhof Saarbrücken nicht mehr rechtzeitig vor der Abfahrt des Zuges nach Mannheim sichergestellt werden. Der Zug fährt also mitsamt der wertvollen Geige nach Mannheim. Die dort eingesetzten und bereits informierten KSB stellen die Stradivari sofort nach Ankunft des Zuges sicher. Eine Streife bestehend aus zwei PVB verbringt die Stradivari zur Dienstelle im Hauptbahnhof Saarbrücken.

In diesem Fall fällt zu der Festgebühr nach der Nr. 9.1. GAV zusätzlich eine Zeitgebühr für den Transport der Geige vom Auffindungsort Mannheim nach Saarbrücken an, nämlich auf der Grundlage der Nr. 9.2.2 GAV, und zwar in einer Höhe von 16,91 Euro je Viertelstunde pro eingesetztem PVB (hier: zwei PVB).

**Beachte:** Von einer Sicherstellung zum Schutz privater Rechte sind, wie oben schon angedeutet, zu unterscheiden die sog. **„Fund-Fälle"**, bei denen aufgefundene Gegenstände unmittelbar dem zuständigen Fundbüro der DB AG oder der Flughafen AG zur weiteren Aufbewahrung übergeben werden. Nicht jede vorübergehende Inobhutnahme eines Gegenstandes (Gepäckstück, Ausweis, Kleidungsstück, Schmuck, EC-Karte) ist automatisch als Sicherstellung zu werten, welche den Gebühren- oder Auslagentatbestand erfüllt. Dies gilt insbesondere dann, wenn es sich um eine nur ganz kurzzeitige Inobhutnahme handelt, die weder viel Zeit noch sonstige Mühewaltung erfordert. Gerade bei Maßnahmen zum Schutz privater Rechte wird die Bundespolizei häufig auch erst auf Ersuchen des Berechtigten tätig. Liegt ein solches nicht vor, ist zu differenzieren:

Nur dann, wenn das Obhutsverhältnis durch die Bundespolizei intensiviert wird, z. B. durch die Verwahrung der Sache bei einer Bundespolizeidienststelle unter Beachtung der Vorgaben der BRAS 392 oder durch die kostenpflichtige Beauftragung Dritter mit der Verwahrung der Sache, stellt das polizeiliche Verhalten eine Sicherstellung zum Schutz privater Rechte gemäß § 47 Nr. 2 BPolG dar und löst dann eine entsprechende Kostenpflicht aus.

Die dritte Sicherstellungsvariante nach § 47 Nr. 3 BPolG bezieht sich auf Sachen, die von einer festgehaltenen Person mitgeführt werden und die unter irgendeinem Gesichtspunkt als potentiell gefährlich erscheinen. Hierzu zählen insbesondere solche Gegenstände, mit denen die festgehaltene Person andere Menschen oder sich selbst verletzen oder töten könnte. Dies gilt namentlich für *Waffen* (Pistolen, Messer etc.) und für vergleichbare andere Gegenstände, die objektiv als *Waffenersatz* eingeordnet werden können (Skalpell, Rasiermesser, Kettensäge, Gürtel, Stein etc.). Weiterhin fallen darunter Sachen, mit denen Hilfe fremdes Eigentum beschädigt werden könnte, wie etwa die *Spraydosen* eines Graffiti-Sprayers. Schließlich gehören auch Sachen dazu, die sich als *Fluchtmittel* eignen, beispielsweise ein Handschellenschlüssel oder ein Dietrich.

Hat eine in **Gewahrsam** genommene und damit festgehaltene Person gefährliche Gegenstände bei sich, die unter anderem zur Verletzung von Personen geeignet sind und deshalb auf der Grundlage des § 47 Nr. 3 BPolG sichergestellt werden dürfen bzw. nach den Vorgaben der Gewahrsamsordnung sogar müssen, so fragt sich, ob auch diese Sicherstellung gemäß der Nr. 9.1 GAV gebührenpflichtig ist. Dem ist nicht so: Hierzu wird auf die Ausführungen zu Ziffer 8.1 verwiesen.

Gebühren können auch im Rahmen der Aufgabenwahrnehmung **Luftsicherheit** durch die Bundespolizei für Zwangsmaßnahmen nach dem VwVG gemäß den Vorgaben der BMIBGebV erhoben werden. Lediglich Maßnahmen aufgrund des LuftSiG (namentlich auf der Grundlage der §§ 3, 5 LuftSiG) sind von einer Gebührenerhebung nach dem Gebühren- und Auslagenverzeichnis ausgeschlossen.

## Zu Ziffer 9.2

Die in der Nr. 9.2 GAV aufgelisteten Kosten, die im Zusammenhang mit einer Sicherstellung anfallen können, sind zusätzlich **als Auslagen** zu erheben, ebenso wie ggf. anfallende Kosten für den Einsatz eines Dolmetschers nach der Nr. 13 GAV. Die in der Nr. 9.2 GAV aufgezählten und benannten Kosten sind nicht regelmäßig und zwingend mit einer Sicherstellung verbunden; sie können außerdem in von Fall zu Fall unterschiedlicher Höhe anfallen. Der Ausgangsgebührentatbestand in der Nr. 9.1 GAV ist als Fest- und Zeitgebühr ausgestaltet und wird ergänzend nach Maßgabe der Nr. 9.2 GAV mit Auslagen unterlegt. Dabei handelt es sich bei den in den Nrn. 9.2.1. bis 9.2.3 GAV aufgelisteten Kosten ganz überwiegend um die Kosten Dritter, die dem Gebührenschuldner in Rechnung gestellt werden können. Die jeweilige Rechnung des Dritten muss dem Gebührenbescheid in Anlage beigefügt werden. Bei den an dieser Stelle im Gebühren- und Auslagenverzeichnis vorgesehenen Auslagen handelt es sich um solche nach § 12 I Nr. 1 BGebG und nicht um regelmäßige Leistungen i. S. d. § 9 I 2 BGebG, die bereits in die Gebühr einzukalkulieren sind. Derartige ergänzend im Gebühren- und Auslagenverzeichnis festgelegte Auslagen fallen nicht grundsätzlich regelmäßig bei der jeweiligen in Rede stehenden Maßnahme an, sodass sie nicht von vornherein in eine Gebühr einkalkuliert werden können. Sie müssen von daher gesondert als Auslagen ausgewiesen werden.

### Zu Ziffer 9.2.1

Die **Reinigungskosten** sind generell als Auslagen und nicht als Gebühr ausgestaltet worden. Insbesondere sind hier umfasst diejenigen Kosten, die an eine Reinigungsfirma zu zahlen sind und die damit durch die Bundespolizei vorverauslagt werden, wie etwa bei Sonderreinigungen von Diensträumen, Fahrzeugen und sonstigen Gegenständen (Mobiliar, Uniformen etc.). Als Auslagen können nur solche Reinigungskosten erhoben werden, die über die normale, routinemäßig erfolgende Unterhaltsreinigung hinausgehen. Es muss also aufgrund der dem Gebührenschuldner individuell zurechenbaren Verschmutzung eine Sonderreinigung erfolgen.

Die Frage der Erforderlichkeit von einzelnen Reinigungsmaßnahmen und damit die Notwendigkeit der Beauftragung eines Reinigungsunternehmens hat nach pflichtgemäßem Ermessen zu erfolgen. Die konkrete Ausübung dieses Ermessen muss dem Gebührenpflichtigen gegenüber im Gebührenbescheid auch dargelegt und begründet werden. Daher muss die Verschmutzung in geeigneter Form, bspw. durch Fotos, dokumentiert werden.

Da die Reinigungskosten nach den Kostentatbeständen des Gebühren- und Auslagenverzeichnisses jedenfalls an dieser Stelle explizit *als Auslagen* erhoben werden, müssen diese Kosten durch die Vorlage einer Rechnung nachgewiesen werden. Grundsätzlich werden damit nur Reinigungskosten erhoben, wenn sie *durch Dritte* erbracht und konkret abgerechnet wurden. Nehmen im konkreten Einzelfall PVB der Bundespolizei selbst Reinigungsmaßnahmen vor (z. B. als schnell zu realisierende Erstmaßnahme zwecks Beseitigung von Schmutz, Blut, Erbrochenem etc.), dann sind diese Maßnahmen kostenrechtlich bereits von den jeweiligen Gebührentatbeständen der Hauptmaßnahme (hier: Nr. 9.1 GAV) mit abgedeckt. Das kann allerdings bei Zeitgebühren dazu führen, dass sich der in Anspruch genommene Zeitraum durch derartige (sofort notwendige und keinen Aufschub duldende) eigene Reinigungsmaßnahmen verlängert, wenn bspw. ein PVB aufgrund der Reinigungsmaßnahme nicht sofort abgezogen werden kann, sondern noch zehn Minuten länger gebunden bleibt. Dann sind diese Zeiten unmittelbar durch die dem Gebührenpflichtigen erbrachte öffentliche Leistung verursacht und stehen mit ihr im Zusammenhang.

Dennoch stellt diese Art der Berechnung von Reinigungskosten eine problematische Variante dar, weil die BMIBGebV bei Reinigungskosten von Auslagen spricht, die in der Regel durch Rechnungsbeleg nachzuweisen sind. Reinigt aber ein PVB selbst, gibt es keine Rechnung. Denkbar wäre hierfür nur die Möglichkeit einer pauschalierten Zeitgebühr, was nach § 3 BMIBGebV legitim wäre. § 3 BMIBGebV erscheint anwendbar, weil der allgemeine Reinigungskostentatbestand in der Nr. 1.2.2 GAV mit keinem konkreten Betrag verknüpft wird. Fraglich bleibt dann allerdings immer noch die konkrete Art und Weise der Berechnung. Und begrifflich würde es sich dann um eine Gebühr handeln, nicht um eine Auslage. Bei der Beauftragung eines Reinigungsunternehmens gegen Rechnung handelt es sich eindeutig um eine Auslage (§ 12 I Nr. 3 2. Alt. BGebG), und damit ist man bei dieser Vorgehensweise immer auf der sicheren Seite. Ein weiterer Vorteil der Beauftragung eines Reinigungsunternehmens ergibt sich daraus, dass auf diese Weise die ansonsten mit Reinigungsaufgaben betrauten Polizeikräfte entlastet werden und damit für die Erfüllung ihrer eigentlichen Aufgaben zur Verfügung stehen.

Während das Gebühren- und Auslagenverzeichnis an verschiedenen Stellen Kostentatbestände für die Reinigung enthält, findet sich dagegen *kein* Gebührentatbestand **für Beschädigungen**. Was die Frage des Kostenersatzes bei beschädigten Uniformen etc. anbelangt, so hat der Verordnungsgeber jedenfalls bis dato von der Schaffung eines entsprechenden Gebührentatbestandes abgesehen und es insoweit bei den bereits vorhandenen und bewährten schadensersatzrechtlichen Regelungen belassen. Das ergibt auch im dogmatischen Ansatz durchaus Sinn, denn der theoretische Grundgedanke beim **Schadensersatz** lautet ja eigentlich „Naturalrestitution", die Möglichkeit von Geldersatz ist nach dem gesetzlichen Modell eigentlich nur eine Sekundärlösung (wenngleich auch die in der Praxis dominierende). Bei den Gebühren- und Auslagenregelungen im öffentlich-rechtlichen Kostenrecht geht es hingegen von vornherein immer nur um eine Geldleistung für einen gewissen von der Verwaltung betriebenen Aufwand – das ist schon eine deutlich andere Ausgangssituation, die an das zivilrechtliche Verhältnis von Leistung und Gegenleistung erinnert. Es fehlt also bei der Verursachung von Schäden an einer individuell zurechenbaren öffentlichen Leistung, die für eine Gebührenerhebung notwendig wäre. Man könnte zwar in Erwägung ziehen, die Wiederherstellung des ursprünglichen Zustandes oder ggf. die Ersatzbeschaffung als derartige Leistung anzusehen, aber damit wären vorhersehbar weitere dogmatische Schwierigkeiten und Unsicherheiten verbunden.

Für die Geltendmachung von Schadensersatz bei beschädigten Uniformen oder Ausrüstungsgegenständen gibt es übrigens eine einfache und kostengünstige Verfahrensvariante: Da in diesen Fällen meist Strafverfahren wegen Sachbeschädigung, Widerstandes und Körperverletzung laufen, kann man die entstandenen Schäden im **Adhäsionsverfahren** schon im Rahmen des Strafverfahrens im Antragswege geltend machen; das dann ergehende Urteil ist ein Doppelurteil (Straf- und zugleich Zivilurteil); eine anschließende Zivilklage wird überflüssig. Das Adhäsionsverfahren hat in den letzten Jahren durchaus an Bedeutung gewonnen. Und nach h. M. ist antragsberechtigt im Adhäsionsverfahren nicht nur der unmittelbar durch die Straftat Verletzte, sondern auch der nur mittelbar Verletzte, insbesondere der Eigentümer einer beschädigten Sache, wenn dieser nicht mit dem unmittelbar betroffenen Opfer der Tat identisch ist (zu weiteren Einzelheiten s. die §§ 403 ff. StPO).

### Zu Ziffer 9.2.2

Für die **Transportkosten** bei der Verbringung von Tieren oder Sachen durch eine oder einen PVB wird gemäß der Nr. 9.2.2 GAV für jede angefangene Stunde eine Zeitgebühr abgerechnet. Diese beträgt 16,91 Euro je angefangene Viertelstunde pro PVB. Auch diese Kosten gelten aber über die in der übergreifenden Nr. 9.2 GAV enthaltenen Festlegung als Auslagen. Eine Auslagenerhebung für das Transportieren von Tieren oder Sachen durch einen PVB ist erforderlich, weil diese Kosten in unterschiedlicher Höhe anfallen und damit nicht in die Festgebühren für die Sicherstellung nach der Nr. 9.1 GAV eingerechnet werden können. Für den Transport von Tieren oder Sachen erfolgt die Auslagenerhebung auf der Grundlage einer Auslagenpauschalierung nach § 12 II Nr. 3 BGebG. Die Ermittlung der Kosten für den Transport von Tieren oder Sachen erfolgt unter Berücksichtigung des Zeitaufwandes auf der Grundlage der in der Anlage 1 Teil A der AGebV bestimmten allgemeinen pauschalen Stundensätze für Polizeivollzugsbeamtinnen und -beamte des Bundes.

**Beispiel 5:**

*In der Bahnhofshalle befinden sich zwei volltrunkene Punker, die weder ansprechbar noch zurechnungsfähig sind. Es ist offensichtlich, dass der neben ihnen sitzende Rottweiler zu den Punkern gehört. Die beiden Punker müssen mit einem RTW ins Krankenhaus verbracht werden. Sie sind für längere Zeit außer Gefecht. Infolgedessen wird der Hund für insgesamt zwei Tage sichergestellt und während dieser Zeit beim örtlichen Tierheim in Verwahrung gegeben.*

Hier fällt die Festgebühr nach der Nr. 9.1 GAV in einer Höhe von 55,55 Euro an. Zusätzlich fällt auch die Zeitgebühr nach der Nr. 9.2.1 GAV für den Tiertransport an, und zwar in einer Höhe von 16,91 Euro je angefangene Viertelstunde pro PVB. Außerdem sind geltend zu machen – als weitere Auslagen – die Kosten des Tierheims für die zweitägige Unterbringung des Hundes, und zwar nach der Nr. 9.2.3 GAV.

**Beispiel 6:**

*Im Zuge einer Fußballfan-Begleitung wird durch einen KSB Pyrotechnik sichergestellt. Diese wird sodann zur Dienststelle transportiert, wobei die Dienstkleidung des KSB durch die Pyrotechnik stark beschmutzt wird. Die Pyrotechnik wird eine Woche lang in alten Munitionskisten innerhalb der Dienststelle gelagert.*



Hier fällt zunächst die Festgebühr gemäß der Nr. 9.1 GAV in einer Höhe von 55,55 Euro an. Zusätzlich ist auch die Zeitgebühr nach der Nr. 9.2.1 GAV für den Transport in Ansatz zu bringen, und zwar in einer Höhe von 16,91 Euro je angefangene Viertelstunde pro PVB. Als Auslagen fallen an die Reinigungskosten für die Dienstkleidung nach der Nr. 9.2.1 GAV. Weitere Kosten für die Lagerung sind nicht geltend zu machen, da die Aufbewahrung der Pyrotechnik durch die Bundespolizei selbst und nicht durch Dritte erfolgte.

**Zu Ziffer 9.2.3**

Je nach Ausgestaltung des konkreten Sachverhalts kann es dazu kommen, dass **andere Behörden oder Dritte** eingeschaltet werden müssen. In diesen Fällen sind die von Bundespolizei zu übernehmenden Kosten des Fremddienstleisters nach der Nr. 9.2.3 GAV beim Gebührenschuldner als Auslagen zu erheben. Werden Gegenstände, bspw. wegen eines hohen Sachwerts, an eine private Sicherheitsfirma zur Verwahrung übergeben, so sind diese Kosten als Auslagen abzurechnen. Ebenso die Kosten für die ggf. notwendige Unterbringung von Tieren bei Dritten.

**Beispiel 7:**

*Ein Wanderschäfer wird bei einem Bahnübergangsunfall verletzt und muss ins Krankenhaus verbracht werden. Die Schafherde wird sichergestellt. Danach wird sie einem Bauern zur vorübergehenden Aufbewahrung und Versorgung überantwortet.*

Die von dem Bauern für die Unterbringung und Versorgung in Rechnung gestellten Kosten sind als Auslagen nach Nr. 9.2.3 GAV erstattungsfähig. Falls der Bauer auch den Transport der Schafe zu seinem Hof durchführt und in Rechnung stellt, gilt das Gleiche auch für diese Kosten.

In Ermangelung einer adäquaten Verwahrungsgebühr für Gegenstände, die nicht unter die Ziffer 10 fallen, weil es sich **nicht um Kraftfahrzeuge** oder Krafträder handelt, erscheint eine hilfsweise Abrechnung angefallener Verwahrungsauslagen nach Ziffer 9.2.3 angezeigt. Wünschenswert und rechtssystematisch sinnvoller wäre es natürlich, die Verwahrung anderer Fahrzeuge und Gegenstände im Rahmen eines neuen Tatbestandes in die Ziffer 10 zu integrieren.

**Beispiel 8:**

*Im Rahmen eines Großschleusungsverfahrens stellt die BPOLI KB HH mehrere Motorboote sicher, die für Ausschleusungen nach Großbritannien über die Nordsee in Frage kommen. Mehrere dieser Boote können Straftaten zugeordnet werden und unterliegen somit einer (kostenfreien) strafprozessualen Beschlagnahme/Einziehung. Zwei Boote können jedoch keiner Tat zugeordnet werden, kommen dennoch als potentielle Tatmittel in Betracht. Sie werden demnach nach § 47 BPolG sichergestellt und verwahrt. Die Verwahrung erfolgt durch eine hierfür beauftragte Hafenfirma, die die Boote auskrant und in einer Werft kostenpflichtig lagert.*

### Ziffer 10 – Amtliche Verwahrung sichergestellter Sachen nach § 48 BPolG

| | **Gegenstand** | |
|---|---|---|
| | **Bundespolizeigesetz (BPolG)** | |
| Nr. | **Gebühren- oder Auslagentatbestand** | **Gebühren/ Auslagen in Euro** |
| 10 | Amtliche Verwahrung sichergestellter Sachen nach § 48 BPolG | |
| 10.1 | eines Kraftfahrzeugs | 1,20 pro Tag |
| 10.2 | eines Kraftrads | 0,60 pro Tag |
| 10.3 | Bei den Gebührentatbeständen der Nummern 10.1 und 10.2 sind neben den Gebühren folgende Kosten als Auslagen zu erheben: | |
| 10.3.1 | Kosten für die Reinigung verunreinigter Diensträume, Dienstfahrzeuge, Uniformen oder sonstiger Sachen, die im Dienstgebrauch verwendet werden | |
| 10.3.2 | Kosten für das Transportieren von Tieren oder Sachen durch eine oder einen PVB | 16,91 je angefangene ¼ Std. pro PVB |
| 10.3.3 | Kosten anderer Behörden und Dritter | |

## Zu Ziffer 10.1 und 10.2

Die Nrn. 10.1 und 10.2 GAV bestimmen die Gebühr für die **amtliche Verwahrung** von sichergestellten **Kraftfahrzeugen** und **Krafträdern** nach Maßgabe der in § 48 BPolG enthaltenen Verwahrungsvorschriften. Der Gebührentatbestand für diese amtliche Verwahrung regelt ausschließlich den Spezialfall der Verwahrung von Kraftfahrzeugen und Krafträdern. Die Verwahrung von *anderen* Sachen ist von diesem Gebührentatbestand also nicht erfasst.

Sichergestellte Sachen werden regelmäßig in Verwahrung genommen. Für die Sicherstellung als solche fallen, wie schon aufgezeigt, bereits nach der Nr. 9 GAV Gebühren an. Diese enthalten in der Regel auch schon die üblichen Kosten für die Verwahrung. Eine Ausnahme besteht jedoch für den Fall, dass *Kraftfahrzeuge* bzw. *Krafträder* sichergestellt wurden. Eigentlich ist die gesonderte Erwähnung von Krafträdern in diesem Zusammenhang nicht unbedingt nötig, denn Krafträder sind vom Oberbegriff der Kraftfahrzeuge nach allgemeinem Sprachverständnis bereits erfasst. Aus Klarstellungsgründen hielt es der Verordnungsgeber aber für angebracht, die Krafträder besonders zu erwähnen, um möglichen Auslegungszweifeln von vornherein zu begegnen. Für die Verwahrung der genannten Fahrzeuge fallen die in den Nrn. 10.1 und 10.2 GAV bezifferten Festgebühren pro Verwahrungstag an.

## Zu Ziffer 10.3

Die Nr. 10.3 GAV enthält eine Ergänzung zu den vorgängigen Nrn. 10.1 und 10.2 GAV, indem dort bestimmt wird, dass bei den Gebührentatbeständen gemäß den eben genannten Nummern neben den Gebühren **zusätzlich** noch die folgenden Kosten **als Auslagen** zu erheben sind: Die Kosten für die Reinigung verunreinigter Diensträume etc. (Nr. 10.3.1 GAV), die Kosten für das Transportieren von Tieren oder Sachen (Nr. 10.3.2 GAV) sowie die Kosten anderer Behörden und Dritter (Nr. 10.3.3 GAV). Ein Anwendungsbeispiel speziell für die Nr. 10.3.2 GAV wäre etwa die Fallkonstellation, dass ein Kfz im Auftrag der Bundespolizei durch ein Abschleppunternehmen abgeschleppt wird. Die Gebührensätze ergeben sich dabei wie folgt:

Durch die Formulierung *„neben den Gebühren"* wird deutlich, dass für die Verwahrung von Gegenständen, die keine Kraftfahrzeuge sind, auch keine Auslagen abgerechnet werden können. Sofern keine der Gebührenziffern 10.1 oder 10.2 einschlägig sind, dürfen daneben auch keine Verwahrungskosten als Auslage erhoben werden. Dies betrifft in der bundespolizeilichen Praxis hauptsächlich andere Fahrzeuge, nämlich **Wasser- und Luftfahrzeuge**. Insbesondere vor dem Hintergrund zunehmender Schleusungen über den Ärmelkanal oder die Nordsee nach Großbritannien sowie der zunehmenden Verbreitung von sog. **„Drohnen“** (UAS – *unmanned aircraft systems*) und polizeilichen Einsätzen im Zusammenhang mit Gefahren, die hierdurch ausgelöst werden, erscheint eine Erweiterung der Verwahrungsgebühren um derartige Gegenstände angezeigt.

Da die Berechnung eines Gebührensatzes für alle Liegenschaften der Bundespolizei bzw. die direkte Abgrenzung der Ausgabentitel der Bundespolizei für die oben genannten Gebührentatbestände nur sehr schwer bzw. nur mit sehr hohem Aufwand durchzuführen wäre, wurde mit Verweis auf § 3 III BGebG i. V. m. § 3 I AGebV eine alternative Berechnung auf der Basis von kalkulatorischen Kosten bzw. Mieten entwickelt.

Zu den Tagesgebühren für die Verwahrung wird nach Nr. 9.1 GAV zusätzlich eine *Grundgebühr* für die Sicherstellung von Sachen erhoben, durch die der allgemeine Verwaltungsaufwand für die Sicherstellung als solche und die mit ihr generell verbundenen Folgemaßnahmen abgegolten ist.

**Beispiel 1:**

> *An einem Fahndungs- und Überprüfungspunkt im Grenzraum wird ein als gestohlen gemeldeter Audi festgestellt. Die Beamten stellen das Fahrzeug gemäß § 47 Nr. 2 BPolG sicher. Das Fahrzeug wird auf dem abgeschlossenen reviereigenen Parkplatz bis zur Abholung durch den rechtmäßigen Eigentümer abgestellt.*

Auch wenn die der Sicherstellung und Verwahrung vorausgehenden Maßnahmen zur Strafverfolgung durchgeführt wurden, so erfolgte die Sicherstellung hier doch bei zutreffender Bewertung präventiv zum Schutz privater Rechte. Eine repressive Sicherstellung (als Beweismittel) mit späterer Herausgabe gemäß den strafprozessualen Vorschriften wäre zwar im Prinzip ebenfalls denkbar, erscheint aber entbehrlich, weil das Fahrzeug als solches im weiteren Strafverfahren als Beweismittel gar nicht benötigt wird: Die Aussagen der beteiligten Beamten sowie eine Fotodokumentation reichen zur Beweisführung im weiteren Strafverfahren erfahrungsgemäß völlig aus.

**Beispiel 2:**

> *Ein Neuwagen der Marke Tesla Modell X wird in der Nähe der Grenze im Raum Forst unverschlossen festgestellt. Eine Überprüfung ergibt, dass das Fahrzeug als gestohlen gemeldet ist. Die eingesetzten PVB stellen daraufhin den Tesla gemäß § 47 Nr. 2 BPolG sicher. Danach wird er auf dem abgeschlossenen reviereigenen Parkplatz verwahrt, bis der rechtmäßige Eigentümer diesen wieder abholt. Dieser befindet sich gerade auf einer Südseereise und holt den Tesla deshalb erst nach Ablauf eines Monats dort ab.*

Zunächst ist hier die Festgebühr nach Nr. 9.1 GAV in Höhe von 55,55 Euro für die Sicherstellung zu veranschlagen. Hinzu kommt eine Zeitgebühr für den Transport des Fahrzeugs zum Parkplatz der Dienststelle in einer Höhe von 16,91 Euro für jede ¼ Stunde. Schließlich ist noch in Rechnung zu stellen die Tagesgebühr von 1,20 Euro je Tag für einen Zeitraum von 30 Tagen.

Gebühren für die **Verwahrung sonstiger Gegenstände**, wie z. B. Fahrräder, Koffer oder Pyrotechnik, sind nicht geregelt. Da Fahrräder und Koffer etc. zumeist durch ein Fundbüro verwahrt werden, erscheint eine Kostenregelung hierfür auch eher entbehrlich. Allerdings geht der im Zusammenhang mit der Verwahrung von **Pyrotechnik** zu betreibende Aufwand im Regelfall deutlich über den sonst üblichen Aufwand einer Verwahrung hinaus. Dennoch gibt es keine Extraerfassung der Verwahrung von sichergestellter Pyrotechnik im Gebühren- und Auslagenverzeichnis. Diese Kosten sind höchstens als Auslagen im Rahmen der Nr. 9.2.3 GAV zu erheben, wenn die Verwahrung durch beauftragte Dritte durchgeführt wird. Ebenso sind die Kosten von privaten Sicherheitsfirmen, denen man Sachen von hohem Sachwert zur Verwahrung übergeben hat, als Auslagen nach der Nr. 9.2.3 GAV in Ansatz zu bringen.

Die unter die Nr. 10.3 GAV fallenden Kosten sowie die Kosten für einen Dolmetscher nach Nr. 13 GAV werden immer als Auslagen erhoben, da sie nicht regelmäßig mit der Sicherstellung verbunden sind oder von Fall zu Fall in unterschiedlicher Höhe anfallen.

**Zu Ziffer 10.3.1**

Da die Reinigungskosten nach den Kostentatbeständen des Gebühren- und Auslagenverzeichnisses jedenfalls an dieser Stelle explizit *als Auslagen* erhoben werden (vgl. Nr. 10.3 GAV), müssen diese Kosten durch die Vorlage einer Rechnung nachgewiesen werden. Grundsätzlich werden damit nur Reinigungskosten erhoben, wenn sie *durch Dritte* erbracht und konkret abgerechnet wurden. Nehmen im konkreten Einzelfall PVB der Bundespolizei selbst Reinigungsmaßnahmen vor (z. B. als schnell zu realisierende Erstmaßnahme zwecks Beseitigung von Schmutz, Blut, Erbrochenem etc.), dann sind diese Maßnahmen kostenrechtlich bereits von den jeweiligen Gebührentatbeständen der Hauptmaßnahme (hier: Nr. 9.1 GAV) mit abgedeckt. Das kann allerdings bei Zeitgebühren dazu führen, dass sich der in Anspruch genommene Zeitraum durch derartige (sofort notwendige und keinen Aufschub duldende) eigene Reinigungsmaßnahmen verlängert, wenn bspw. ein PVB aufgrund der Reinigungsmaßnahme nicht sofort abgezogen werden kann, sondern noch zehn Minuten länger gebunden bleibt. Dann sind diese Zeiten unmittelbar durch die dem Gebührenpflichtigen erbrachte öffentliche Leistung verursacht und stehen mit ihr im Zusammenhang.

Dennoch stellt diese Art der Berechnung von Reinigungskosten eine problematische Variante dar, weil die BMIBGebV bei Reinigungskosten von Auslagen spricht, die in der Regel durch Rechnungsbeleg nachzuweisen sind. Reinigt aber ein PVB selbst, gibt es keine Rechnung. Denkbar wäre hierfür nur die Möglichkeit einer pauschalierten Zeitgebühr, was nach § 3 BMIBGebV legitim wäre. § 3 BMIBGebV erscheint anwendbar, weil der allgemeine Reinigungskostentatbestand in der Nr. 1.2.2 GAV mit keinem konkreten Betrag verknüpft wird. Fraglich bleibt dann allerdings immer noch die konkrete Art und Weise der Berechnung. Und begrifflich würde es sich dann um eine Gebühr handeln, nicht um eine Auslage. Bei der Beauftragung eines Reinigungsunternehmens gegen Rechnung handelt es sich eindeutig um eine Auslage (§ 12 I Nr. 3 2. Alt. BGebG), und damit ist man bei dieser Vorgehensweise immer auf der sicheren Seite. Ein weiterer Vorteil der Beauftragung eines Reinigungsunternehmens ergibt sich daraus, dass auf diese Weise die ansonsten mit Reinigungsaufgaben betrauten Polizeikräfte entlastet werden und damit für die Erfüllung ihrer eigentlichen Aufgaben zur Verfügung stehen.

### Zu Ziffer 10.3.2

Eine Auslagenerhebung für die Kosten zum Transport durch PVB ist erforderlich, da diese Kosten in unterschiedlicher Höhe anfallen und damit nicht in die Festgebühren für die amtliche Verwahrung nach den Nrn. 10.1 oder 10.2 GAV eingerechnet werden können. Für den Transport von Tieren oder Sachen erfolgt die Auslagenerhebung auf Grundlage einer Auslagenpauschale nach § 12 II Nr. 3 BGebG. Die Ermittlung der Kosten für den Transport erfolgt unter Berücksichtigung des Zeitaufwandes auf der Grundlage der in der Anlage 1 Teil A zur AGebV bestimmten allgemeinen pauschalen Stundensätze für Polizeivollzugsbeamtinnen und -beamte des Bundes.

Zur Begründung wird auf die obigen Ausführungen vor der Nr. 1 verwiesen.

### Zu Ziffer 10.3.3

Je nach Ausgestaltung des konkreten Sachverhalts kann es dazu kommen, dass andere Behörden oder Dritte eingeschaltet werden müssen, wie die obigen Beispiele bereits demonstrieren. In diesen Fällen sind die der Bundespolizei entstehenden Kosten als Auslagen zu erheben.

## Ziffer 11 – Verwertung oder Vernichtung sichergestellter Sachen nach § 49 BPolG

| | Gegenstand | |
|---|---|---|
| | **Bundespolizeigesetz (BPolG)** | |
| **Nr.** | **Gebühren- oder Auslagentatbestand** | **Gebühren/ Auslagen in Euro** |
| 11 | Verwertung oder Vernichtung sichergestellter Sachen nach § 49 BPolG | |
| 11.1 | Anordnung und Vollzug der Verwertung sichergestellter Sachen nach § 49 III 1 BPolG | 77,10 |
| 11.2 | Anordnung und Vollzug der Vernichtung sichergestellter Sachen | nach Zeitaufwand |
| 11.3 | Bei dem Gebührentatbeständen der Nummern 11.1 und 11.2 sind neben der Gebühr folgende Kosten als Auslagen zu erheben: | |
| 11.3.1 | Kosten für die Reinigung von verunreinigten Diensträumen, Dienstfahrzeugen, Uniformen oder sonstiger Sachen, die im Dienstgebrauch verwendet werden | |
| 11.3.2 | Kosten anderer Behörden und Dritter | |

### Zu Ziffer 11

Die Nr. 11 GAV bestimmt die in Betracht kommenden Gebühren und Auslagen im Zusammenhang mit der **Verwertung** oder **Vernichtung** sichergestellter Sachen; die genannten Maßnahmen sind unter den Voraussetzungen des § 49 BPolG zulässig, auf den die Nr. 11 GAV ausdrücklich Bezug nimmt. Für die Verwertung sichergestellter Sachen wird eine Festgebühr in Höhe von 77,10 Euro erhoben. Die Anordnung sowie der Vollzug der Vernichtung sichergestellter Sachen wird als Zeitgebühr nach Aufwand berechnet.

### Zu Ziffer 11.1

Die Nr. 11.1 GAV bestimmt die Gebühr für die **Anordnung** und den **Vollzug** der **Verwertung** sichergestellter Sachen nach § 49 III 1 BPolG. Dabei ist in diesem Zusammenhang eine Festgebühr vorgesehen, da die hier in Bezug genommenen Verwertungsfälle zumeist einen mehr oder weniger gleichen administrativen Aufwand für jeden Sachverhalt erfordern.

**Zu Ziffer 11.2**

Die Nr. 11.2 GAV bezieht sich auf die **Anordnung** und den **Vollzug** der **Vernichtung** sichergestellter Sachen. Weil in diesem Zusammenhang erfahrungsgemäß durchaus unterschiedliche Sachverhalte in Betracht kommen, die je nach Sachlage einen weniger großen oder ggf. auch einen erheblichen Aufwand erfordern können, ist hier eine *Zeitgebühr* vorgesehen.

Zum „Vollzug" der Vernichtung zählen alle Tätigkeiten, die für diese erforderlich sind und i. S. d. § 3 I AGebV durch den Gebührenschuldner bedingt und ihm somit individuell zurechenbar sind. Insbesondere sind damit auch erfasst Vorbereitungsmaßnahmen wie eine notwendige Transportleistung zum Zwecke der Vernichtung, wenn bspw. die zu vernichtende Sache erst zu einer Fachfirma verbracht werden muss, welche über die spezifischen Mittel für eine zuverlässige Vernichtung unter gesicherten Rahmenbedingungen verfügt.

Dass notwendige Transportzeiten vom Vollzug i. S. d. Nr. 11.2 GAV mit umfasst sind, ergibt sich auch schon aus dem Auslagentatbestand in Nr. 11.3.1 GAV; dort sind Auslagen im Zusammenhang mit der Vernichtung für die Reinigung von Dienstfahrzeugen zugelassen. Auslagen können nur erhoben werden, wenn sie aufgrund einer Gebühr veranlasst wurden. Auslagen für die Reinigung von Dienstfahrzeugen können somit auch nur dann gebührenpflichtig sein, wenn eine Gebühr für die Verwendung von Dienstfahrzeugen grundsätzlich besteht. Bei der Verwertung oder Vernichtung sichergestellter Sachen können Dienstfahrzeuge nur während des Transports dieser Sachen verunreinigt werden. Aus dieser Normensystematik ergibt sich, dass auch Transportkosten gebührenpflichtig sind.

**Beispiel 1:**

> *Im Zusammenhang mit einem Nukleartransport werden technische Vorrichtungen bei Personen sichergestellt, welche dazu dienen, sich an den Schienen anzuketten. Später wird den Betroffenen eine Frist für die Abholung der sichergestellten Sachen gesetzt. Eine Abholung erfolgt jedoch nicht. Da die Gegenstände nicht zu veräußern sind, werden sie schließlich durch eine beauftragte Firma vernichtet.*

Hier fällt gemäß Nr. 11.2 GAV eine Zeitgebühr für die Anordnung der Vernichtung an. Nach der Nr. 11.3.2 GAV können die der Bundespolizei von der mit der Vernichtung beauftragten Firma in Rechnung gestellten Kosten als Auslagen geltend gemacht werden. Bei den mit Zeitgebühren belegten Kostentatbeständen ist abzustellen auf die in der Anlage 1 Teil A zur AGebV hinterlegten Stundensätze mit Zuordnung nach Laufbahngruppen und den Einsatz von Hubschraubern und Booten. Dies würde im Falle der Nr. 11.2 GAV bedeuten: Je Stunde und pro eingesetztem PVB mD 62,00 Euro, bei einem PVB gD 75,19 Euro und bei einem PVB hD 96,59 Euro.

Überdies fällt für die Anordnung und Durchführung der Sicherstellung gemäß der Nr. 9.1 GAV eine Festgebühr in Höhe von 55,55 Euro an. Ferner können nach der Nr. 9.2.2 GAV die Kosten für den Transport der Gegenstände durch PVB geltend gemacht werden, und zwar in einer Höhe von 16,91 Euro je angefangene Viertelstunde pro PVB.

**Beispiel 2:**

> *Während der Nachtschicht befindet sich ein Porsche ohne amtliches Kennzeichen auf einem Bahnübergang. Zur Gefahrenabwehr wird das Fahrzeug direkt sichergestellt und abgeschleppt. Der Halter des Fahrzeugs kann nicht ausfindig gemacht werden. Nach einem halben Jahr wird der Porsche zur Vermeidung eines möglichen Wertverlustes im Wege der öffentlichen Versteigerung veräußert.*

Hier fällt gemäß Nr. 11.1 GAV eine Festgebühr in Höhe von 77,10 Euro für die Anordnung der Verwertung des Fahrzeugs an. Überdies fallen für die vorherige Sicherstellung Kosten gemäß der Nr. 9.1 GAV an, nämlich eine Festgebühr in Höhe von 55,55 Euro. Schließlich können noch nach Nr. 9.2.2 GAV die Kosten für den Transport der Gegenstände durch PVB als Auslagen geltend gemacht werden, und zwar in Höhe von 16,91 Euro je angefangene Viertelstunde pro PVB. Für die Verwahrung kommen nach Nr. 10.1 GAV pro Verwahrungstag 1,20 Euro hinzu.

**Beispiel 3:**

> *Bei einem in Gewahrsam befindlichen Verhaltensstörer wird ein von diesem mitgeführtes Küchenmesser sichergestellt, um eine Eigen- bzw. Fremdverletzung im Gewahrsam zu verhindern (§ 47 Nr. 1 BPolG). Dem Betroffenen wird später Gelegenheit gegeben, das Küchenmesser nach dessen Freigabe wieder abzuholen. Jedoch verzichtet er darauf.*

Das Küchenmesser kann somit vernichtet werden. Handelt es sich zufällig um ein sehr wertvolles, weil original japanisches Damast-Küchenmesser, wird es vernünftigerweise verwertet. Die Gebühren sind dann mit dem Erlös zu verrechnen.

**Beispiel 4:**

> *Der deutsche Staatsangehörige D wird nach Grenzübertritt kontrolliert. Bei ihm werden 100 nicht zugelassene Feuerwerkskörper festgestellt, d. h. solche ohne CE- und ohne BAM-Kennzeichnung. Es wird eine Strafanzeige gefertigt, die Feuerwerkskörper werden für beschlagnahmt erklärt und zur Zwischenla-*

*gerung zur BPOLI verbracht, dabei wird ein PVB mD und ein PVB gD eingesetzt. Dem D wird die Weiterreise gestattet. Durch die Entschärfer (zwei PVB mD) erfolgt die Abholung der Feuerwerkskörper auf der BPOLI zur sicheren Lagerung in einem speziellen Verwahrraum der Entschärfergruppe bis zur Vernichtung. Erst nach sechs Monaten gibt die Staatsanwaltschaft die Feuerwerkskörper zur Vernichtung frei. Gleich danach wird die Vernichtung durch einen PVB gD angeordnet. Die Entschärfer (zwei PVB mD und zwei PVB gD) verbringen die Feuerwerkskörper zur fachgerechten Entsorgung zu einer Fremdfirma. Die Transportfahrt dauert von 12:00 Uhr bis 15:30 Uhr, da die Fahrtstrecke von der Dienststelle der Entschärfer zur Fremdfirma und wieder zurück zur Dienststelle immerhin rund 200 km beträgt. Die Entschärfer übergeben der Vernichtungsfirma insgesamt 4000 sichergestellte Feuerwerkskörper, darunter befinden sich auch die 100 Feuerwerkskörper, die beim Gebührenschuldner D beschlagnahmt worden waren. Die Fremdfirma stellt für die fachgerechte und sichere Vernichtung der 4000 Feuerwerkskörper eine Gesamtrechnung über 7560,68 Euro aus.*

Die gebührenpflichtigen Maßnahmen nach dem BPolG sind zunächst wiederum zu dokumentieren. Dabei können die repressiven Maßnahmen nach der StPO vernachlässigt bleiben, da die BMIBGebV nur Kostentatbestände für präventiv-polizeiliche Maßnahmen enthält.

**Vorbemerkung:** In der Praxis stellt sich häufig die Frage, ob eine Vernichtung sichergestellter oder beschlagnahmter Sachen präventiv oder repressiv erfolgt. Für die Erhebung von Polizeikosten ist diese Frage entscheidend, da nach der BMIBGebV nur für **präventive Vernichtungen** Gebühren erhoben werden können. Während sich für die präventive Vernichtung eine Rechtsgrundlage in § 49 BPolG findet, enthält die StPO keine repressive Vernichtungsbefugnis. Dass es für die repressive Vernichtung inkriminierter Gegenstände im Zusammenhang mit der Strafverfolgung keine gesetzliche Befugnisnorm gibt, erklärt sich daraus, dass aufgrund einer gerichtlichen Anordnung der Einziehung eines Gegenstandes im Strafurteil nach Maßgabe der §§ 73 ff. StGB das Eigentum an dem Gegenstand mit Eintritt der Rechtskraft der Verurteilung auf den Staat übergeht (vgl. § 75 StGB). Der Eigentümer einer Sache kann mit dieser bekanntlich nach Belieben verfahren (§ 903 BGB). Deshalb ist die Vernichtung von strafgerichtlich rechtskräftig eingezogenen Sachen geregelt in der Strafvollstreckungsordnung, die lediglich eine (bundeseinheitliche) Verwaltungsvorschrift darstellt. Nach § 63 I 2 StVollstrO werden verfallene oder eingezogene Gegenstände in der Regel u. a. dann vernichtet, wenn sie gemeingefährlich oder in gesetzwidrigem Zustand sind (wobei nach aktuellem Recht zu ergänzen wäre, dass es terminologisch den „Verfall“ nicht mehr gibt. Dieser heißt aufgrund einer entsprechenden Reform der §§ 73 ff. StGB seit einigen Jahren „Einziehung von Taterträgen“). Ob die Kosten einer repressiven Vernichtung überhaupt auf den Verurteilten abgewälzt werden könnten, erscheint fraglich: Der Staat vernichtet ja eine ihm bereits gehörende Sache, und dies aufgrund eigener Entschließung in einem von ihm bestimmten Prozedere. Damit dürfte in der Verfolgungspraxis die durch die Vernichtung entstehenden Kosten nicht mehr als „Kosten des Strafverfahrens“ zu bewerten sein.

Ablauf einer repressiven Vernichtung eines gefährlichen verbotenen Gegenstandes:



1. (einstweilige) Beschlagnahme im Ermittlungsverfahren
2. Anklage
3. Verurteilung
4. Einziehungsanordnung im Strafurteil (als sog. „Nebenentscheidung“)
5. Eintritt der Rechtskraft des Urteils
6. Übergang des Eigentums auf den Staat (ipso iure)
7. Anordnung der Vernichtung durch die StA
8. Durchführung der Vernichtung (ggf. auch aufgrund deren Sachkunde durch die Polizei).

Im obigen Beispiel 4 ordnet die StA nur die **Freigabe** an, die Vernichtungsanordnung erfolgt nicht durch die StA, sondern durch die BPOL. Zudem wird im Sachverhalt weder eine Verurteilung noch eine gerichtliche Einziehungsanordnung erwähnt, vom Eintritt der Rechtskraft der Verurteilung mitsamt Einziehungsanordnung ganz zu schweigen. Damit erfolgt die Vernichtung der Feuerwerkskörper präventiv und löst eine Kostenpflicht nach Nr. 11 GAV für den Gebührenschuldner aus.

Zu unterscheiden ist in der Praxis daher sehr präzise zwischen der **Anordnung** einer Staatsanwaltschaft zur Vernichtung einer beschlagahmten Sache und der **Freigabe** der Staatsanwaltschaft zur Vernichtung einer einstweilig beschlagnahmten Sache.

**Merke:** Polizeikosten nach der BMIBGebV können nur für präventive Vernichtungen aufgrund § 49 BPolG erhoben werden. Entscheidend für die Einordnung als präventive oder repressive Vernichtung ist das Element der polizeilichen Anordnung (= präventiv) bzw. die Einziehungsanordnung im Strafurteil als Nebenentscheidung (= repressiv).

**Exkurs**: Wenn vereinzelt im StGB und in der StPO – meist in speziellen Zusammenhängen – von „Unbrauchbarmachung“ die Rede ist, dann ist das nicht mit „Vernichtung“ gleichzusetzen. Damit sind vielmehr regelmäßig Fälle gemeint, in denen ein Gegenstand zwar aufgrund staatlicher Anordnung unbrauchbar gemacht wird, jedoch beim bisher Berechtigten verbleibt, anders als bei Einziehung plus Vernichtung. Der Eigentümer oder sonstige Berechtigte bekommt den unbrauchbar gemachten Gegenstand also zurück. Dahinter steckt wieder mal der Gedanke der Verhältnismäßigkeit: Manchmal reicht es, den Gegenstand nur unbrauchbar zu machen, um eine Gefahr oder ganz allgemein einen rechtswidrigen Zustand zu beseitigen. Danach kann man ihn auch zurückgeben.

Nach erfolgter Freigabe durch die Staatsanwaltschaft wird aufgrund der Anordnung der Vernichtung der Sachverhalt erstmalig gebührenrelevant. Damit sind dann abrechenbar die Anordnung und der Vollzug der Vernichtung nach der Nr. 11.2 GAV. Zum Vollzug gehört auch der Transport zur Vernichtungsfirma, da diese Verbringung zwangsläufig notwendig für die sachgerechte Vernichtung ist; der Transport ist damit i. S. d. § 3 I AGebV durch die Leistung bedingt. Hinzuzurechnen sind nach der Nr. 11.3.2 GAV die Kosten der Fremdfirma als Auslagen, welche durch die Rechnung der Firma nachgewiesen werden. Die ursprüngliche Beschlagnahme und der vorherige Transport der 100 Feuerwerkskörper des D zur BPOLI sind nicht gebührenrelevant, da insoweit repressiv gehandelt wurde. Ebenfalls können keine Gebühren für die Verwahrung der Pyrotechnik geltend gemacht werden, da eine gebührenpflichtige Verwahrung gemäß Nr. 10 GAV allein für Kraftfahrzeuge bzw. Krafträder möglich ist. Die Verwahrung durch die Bundespolizei selbst innerhalb einer ihrer Dienststellen ist in die Festgebühr nach Nr. 11.1 GAV bereits mit eingepreist.

Problematisch ist allerdings, ob ein Transport zur Fremdfirma durch vier Entschärfer erforderlich war. Der *Grundsatz der Notwendigkeit und der Angemessenheit* von Kosten verbietet es, den Bürger mit übermäßigen Kosten zu belasten. Es liegen keine Sachverhaltsaspekte vor, die dafür sprechen könnten, dass nicht auch zwei PVB für den Transport ausgereicht hätten. Sicherlich lässt sich bei Transportfahrten auch darüber diskutieren, ob diese sogar nicht nur durch einen PVB allein durchgeführt werden könnten. Allerdings lässt sich der Einsatz von zwei PVB aus Eigensicherungsaspekten heraus begründen; die diesbezüglichen Kosten sind dann aber außer Betracht zu lassen, da sie nicht dem Gebührenschuldner D individuell zurechenbar erscheinen. Gebühren für den Einsatz aller vier PVB dagegen scheinen kaum schlüssig begründbar zu sein für eine Transportfahrt. Die Stärke des Personaleinsatzes muss im Kostenbescheid nachvollziehbar begründet werden. Daher sind hier nur die Zeitgebühren für zwei eingesetzte PVB zu berechnen. Dabei ist zu vernachlässigen, ob die PVB mD oder die PVB gD herauszurechnen sind, da für die pauschale Transportgebühr von 16,91 Euro je angefangene Viertelstunde die Laufbahnzugehörigkeit nicht zu berücksichtigen ist.

Somit ergeben sich folgende Transportkosten:

Die Transportzeit dauert von 12:00 Uhr bis 15:30 Uhr, also insgesamt 210 Minuten. Die Rückfahrt von der Vernichtungsfirma zu der Dienstelle der Entschärfer ist durch die zu erbringende öffentliche Leistung begründet und steht in einem unmittelbaren Zusammenhang zu ihr. Damit entsteht auch für die Rückfahrt eine abrechenbare Zeitgebühr nach § 3 I 1 AGebV. Vgl. dazu oben die Kommentierung zu § 2 BMIBGebV.

**Beispiel 5:**

*Unerkannt gebliebene Nukleargegner wurden von einer bundespolizeilichen Streife überrascht, als sie im Begriff waren, einen mit schweren Platten beladenen Anhänger auf den Gleisen abzustellen. Die Sicherstellung des Anhängers mitsamt den Platten erfolgt aufgrund des § 47 Nr. 1 BPolG zur Abwehr einer gegenwärtigen Gefahr. Es bedarf eines Abschleppdienstes und eines großen Abstellplatzes in der Garage der örtlichen BPOLI. Nach einigen Tagen wird außerdem festgestellt, dass es sich bei der Beladung um Asbestplatten handelt, die einerseits eine besondere Entsorgung und andererseits eine Dekontaminierung der Garage erforderlich machen.*

## Zu Ziffer 11.3

Die oben dargestellten Gebührentatbestände in den Nrn. 11.1 und 11.2 GAV sind als Fest- und Zeitgebühren gestaltet. Sie werden in der Nr. 11.3 GAV ergänzend mit **zusätzlichen Auslagen** unterlegt. Auslagen sind oft Kosten Dritter, die der Bundespolizei in Rechnung gestellt werden. Diese Rechnung des Dritten muss dann dem Gebührenbescheid in Anlage beigefügt werden. Bei den in Nr. 11.3 GAV vorgesehen Auslagen handelt es sich um Auslagen nach § 12 I Nr. 1 BGebG und nicht um regelmäßige Leistungen gemäß § 9 I 2 BGebG, die bereits in die Gebühr mit einzukalkulieren sind. Die in der Nr. 11.3 GAV aufgelisteten Auslagen fallen nicht grundsätzlich regelmäßig bei den jeweiligen Maßnahmen an, sodass sie nicht von vorherein in eine Gebühr einkalkuliert werden können und daher gesondert als Auslagen ausgewiesen sind. Die in der Nr. 11.3 GAV bezeichneten Kosten sowie ggf. die Kosten für einen Dolmetscher nach Nr. 13 GAV werden als Auslagen in der tatsächlichen angefallenen Höhe erhoben, da sie nicht regelmäßig mit der Verwertung bzw. Vernichtung verbunden sind oder von Fall zu Fall in unterschiedlicher Höhe anfallen.

Für den Einsatz von Personenkraftwagen der Bundespolizei zum Zwecke des Transports von Personen oder Sachen werden keine Auslagen erhoben, da diese Kosten von den nach Anlage 1 Teil A der AGebV bestimmten allgemeinen pauschalen Stundensätze für Polizeivollzugsbeamtinnen und -beamte des Bundes bereits umfasst sind. Die Kosten für den Einsatz eines Pkw der Bundespolizei sind daher in diesen Fällen über den Zeitaufwand bei der Bemessung der Gebührenhöhe zu berücksichtigen.

### Zu Ziffer 11.3.1

Da die Reinigungskosten nach Maßgabe der Nr. 11.3.1 GAV als Auslagen erhoben werden, müssen diese Kosten durch die **Vorlage einer Rechnung** auch nachgewiesen werden. Grundsätzlich werden damit Reinigungskosten nur erhoben, wenn diese durch Dritte erbracht und konkret abgerechnet wurden.

Nehmen im konkreten Einzelfall PVB der Bundespolizei selbst Reinigungsmaßnahmen vor (z. B. als schnell zu realisierende Erstmaßnahme zwecks Beseitigung von Schmutz, Blut, Erbrochenem etc.), dann sind diese Maßnahmen kostenrechtlich bereits von den jeweiligen Gebührentatbeständen der Hauptmaßnahme (hier: Nr. 9.1 GAV) mit abgedeckt. Das kann allerdings bei Zeitgebühren dazu führen, dass sich der in Anspruch genommene Zeitraum durch derartige (sofort notwendige und keinen Aufschub duldende) eigene Reinigungsmaßnahmen verlängert, wenn bspw. ein PVB aufgrund der Reinigungsmaßnahme nicht sofort abgezogen werden kann, sondern noch zehn Minuten länger gebunden bleibt. Dann sind diese Zeiten unmittelbar durch die dem Gebührenpflichtigen erbrachte öffentliche Leistung verursacht und stehen mit ihr im Zusammenhang.

### Zu Ziffer 11.3.2

Je nach Ausgestaltung des konkreten Sachverhalts kann es dazu kommen, dass andere Behörden oder Dritte eingeschaltet werden müssen. In diesen Fällen sind die der Bundespolizei in Rechnung gestellten Fremdkosten beim Gebührenschuldner als Auslagen zu erheben.

## Ziffer 12 – Entscheidungen im Aufgabenbereich Grenzschutz nach § 2 BPolG, soweit diese Entscheidungen auf Antrag erfolgen oder sonst i. S. d. § 3 II BGebG individuell zurechenbar sind; ausgenommen ist die Schließung einer Grenzübergangstelle

| | **Gegenstand** | |
|---|---|---|
| | **Bundespolizeigesetz (BPolG)** | |
| **Nr.** | **Gebühren- oder Auslagentatbestand** | **Gebühren/ Auslagen in Euro** |
| 12 | Entscheidungen im Aufgabenbereich Grenzschutz nach § 2 BPolG, soweit diese Entscheidungen auf Antrag erfolgen oder sonst i. S. d. § 3 II BGebG individuell zurechenbar sind; ausgenommen ist die Schließung einer Grenz-übergangstelle. | |
| 12.1 | Zulassung einer Grenzübergangsstelle nach § 61 I BPolG | nach Zeitaufwand |

| | **Gegenstand** | |
|---|---|---|
| | **Bundespolizeigesetz (BPolG)** | |
| **Nr.** | **Gebühren- oder Auslagentatbestand** | **Gebühren/ Auslagen in Euro** |
| 12.2 | Grenzerlaubnis nach § 61 III BPolG; die Grenzerlaubnis für Rettungsflüge ist ausgenommen. | 84,30 |
| 12.3 | Die Kosten, die während des Transports von polizeilichen Kräften oder von Führungs- und Einsatzmitteln im Zusammenhang mit einer Grenzerlaubnis nach § 61 III BPolG zur Durchführung der notwendigen Grenzübertrittskontrolle nach § 2 BPolG<br>– an einem Flugplatz oder Hafen, der nicht als Grenzübergangsstelle zugelassen ist, oder<br>– außerhalb festgesetzter Verkehrsstunden entstehenden, sind als Auslage zu erheben | 16,91 je angefangene ¼ Std. pro PVB |

## Zu Ziffer 12

Die Nr. 12 GAV begründet für Entscheidungen im Aufgabenbereich Grenzschutz nach § 2 BPolG eine Gebührenpflicht nach § 3 II Nr. 1 BGebG, soweit diese Leistungen aufgrund eines **Antrages** erfolgen, **oder sonst** i. S. d. § 3 II BGebG **individuell zurechenbar sind**. Die *Schließung einer Grenzübergangsstelle*, die nicht mehr hinreichend frequentiert wird, ist von der Gebührenpflicht ausgenommen, da an einer solchen Schließung ein erhebliches öffentliches Interesse besteht. Eine **Ausnahme von der Gebührenerhebungspflicht** darf nur erfolgen, sofern das Gebührenverzeichnis eine *Gebührenbefreiung* oder *Gebührenermäßigung* entsprechend § 9 IV, V 5 BGebG explizit bestimmt. Das Gebühren- und Auslagenverzeichnis enthält in der Nr. 12 GAV eine solche Gebührenbefreiung für die Schließung einer Grenzübergangsstelle. Diese Befreiung gilt nach dem Wortlaut der Vorschrift ohne Einschränkung; sie ist also letztlich unabhängig davon, ob die Schließung beantragt worden ist oder nicht. In ähnlicher Weise fällt nach der Nr. 12.2 GAV die Erteilung einer *Grenzerlaubnis für Rettungsflüge* unter die Ausnahmeregelung und bleibt damit ebenfalls gebührenfrei.

## Zu Ziffer 12.1

Die Nr. 12.1 GAV betrifft die **Zulassung einer Grenzübergangsstelle** nach § 61 I BPolG. Die damit verbundene Gebührenpflicht trifft regelmäßig den Infrastrukturbetreiber. Erfolgt die Entscheidung von Amts wegen – also antragsunabhängig – oder aber an einem Ort, der keinem privatrechtlichem Verantwortungsträger unterfällt, was z. B. bei einem Militärflugplatz der Fall wäre, so bleibt die Leistung gebührenbefreit, da keine individuelle Zurechenbarkeit und damit keine Finanzierungsverantwortlichkeit nach § 3 II BGebG bejaht werden kann.

Für den Gebührentatbestand in Nr. 12.1 GAV kommt wegen der Heterogenität der denkbaren Antragsverläufe nach den Vorgaben des Gebührenrechts lediglich die *Zeitgebühr* als Gebührenart in Frage. Bei den mit Zeitgebühren belegten Kostentatbeständen ist (soweit keine abweichende Festlegung erfolgt ist) abzustellen auf die in der Anlage 1 Teil A zur AGebV hinterlegten Stundensätze mit Zuordnung nach Laufbahngruppen und den Einsatz von Hubschraubern und Booten. Dies würde im Falle der Nr. 12.1 bedeuten: Je Stunde und pro eingesetztem PVB mD 62,00 Euro, bei einem PVB gD 75,19 Euro und bei einem PVB hD 96,59 Euro.

### Zu Ziffer 12.2

Die Nr. 12.2 GAV betrifft die **Erteilung einer Grenzerlaubnis** nach § 61 III BPolG. Dieser Kostentatbestand begründet nach § 3 II Nr. 1 BGebG eine Gebührenpflicht für den Adressaten einer Grenzerlaubnis, da die öffentliche Leistung in Gestalt der Erlaubniserteilung hier immer aufgrund eines Antrages erfolgt. Die Grenzerlaubnis berechtigt den Inhaber, die Grenze außerhalb der zugelassenen Grenzübergangsstellen oder außerhalb der festgesetzten Verkehrsstunden oder mit anderen als den an sich zugelassenen Verkehrsarten zu überschreiten. Ein Beispiel wäre das Anlaufen eines Hafens oder das Anfliegen eines Flugplatzes, wenn der Hafen bzw. der Flughafen nicht als Grenzübergangsstelle gemäß nach § 61 I BPolG zugelassen ist.

Weitere bundespolizeiliche Praxisbeispiele für die Erteilung einer Grenzerlaubnis sind der Transport von Organtransplantaten, Aufträge mit extrem kurzfristigen Lieferfristen oder die kurzfristig erforderliche Entsendung von Schlüsselpersonal zur Reparatur wichtiger Arbeitsmittel und schließlich auch Rettungsflüge. Im Hinblick auf die sich aus den Grundrechten und dem Gewaltmonopol ergebende Verpflichtung des Staates, die Sicherheit seiner Bevölkerung zu gewährleisten, sind **Rettungsflüge** allerdings von dem Gebührentatbestand ausdrücklich *ausgenommen.*

Der mit der Erteilung der Grenzerlaubnis nach der Nr. 12.2 GAV regelmäßig verbundene Aufwand wird im Rahmen der Festgebühr abgegolten.

### Zu Ziffer 12.3

Die **Grenzübertrittskontrolle** an sich wird als Maßnahme der allgemeinen Risikovorsorge oder der jedermann gewidmeten Gefahrenabwehr durch die von der Allgemeinheit zu zahlenden Steuern finanziert. In denjenigen Fällen jedoch, in denen die Grenzübertrittskontrolle an einem Flugplatz oder Hafen, der nicht als Grenzübergangsstelle zugelassen ist, oder außerhalb festgesetzter Verkehrsstunden erfolgt, und zwar jeweils im Zusammenhang mit einer nach § 61 III BPolG erteilten Grenzerlaubnis, werden nach der Nr. 12.3 GAV die dafür erforderlichen Mehrkosten als Auslagen erhoben.

Für die Grenzübertrittskontrolle im Zusammenhang mit der Erteilung einer **Grenzerlaubnis** nach § 61 III BPolG an einem nicht als Grenzübergangsstelle zugelassenen Flugplatz oder Hafen entstehen der Bundespolizei Kosten für den Transport von polizeilichen Kräften und Führungs- und Einsatzmitteln, um die vorgeschriebenen Maßnahmen an dem beantragten Ort zur jeweils erforderlichen Zeit sicherzustellen. Insbesondere müssen regelmäßig Polizeivollzugsbeamtinnen und -beamte der Bundespolizei, im Einzelfall ggf. bundespolizeiliche Unterstützungskräfte, zur Durchführung der vorgeschriebenen Grenzkontrollen an die jeweiligen Orte des anstehenden Grenzübertritts gelangen. Je nach vorhandener Infrastruktur wird erforderlichenfalls zudem mobile Kontrolltechnik mitgeführt und damit transportiert, etwa zur Durchführung von Datenabfragen, für Überprüfungen aller Art oder zur erforderlichen Sachbearbeitung vor Ort.

Eine Auslagenerhebung ist erforderlich, da diese Kosten in unterschiedlicher Höhe anfallen. Die Auslagenerhebung erfolgt auf Grundlage einer Auslagenpauschale nach § 12 II Nr. 3 BGebG. Die Ermittlung der Kosten erfolgt unter Berücksichtigung des Zeitaufwandes auf der Grundlage der in der Anlage 1 Teil A zur AGebV bestimmten allgemeinen pauschalen Stundensätze für Polizeivollzugsbeamtinnen und -beamte des Bundes.

## Ziffer 13 – Bei den Gebührentatbeständen der Nummern 1 bis 12.2 sind neben den Gebühren auch die Kosten für Dolmetscher als Auslagen zu erheben

| | **Gegenstand** | |
|---|---|---|
| | **Bundespolizeigesetz (BPolG)** | |
| **Nr.** | **Gebühren- oder Auslagentatbestand** | **Gebühren/ Auslagen in Euro** |
| 13 | Bei den Gebührentatbeständen der Nummern 1 bis 12.2 sind neben den Gebühren auch die Kosten für Dolmetscher als Auslagen zu erheben. | |

### Zu Ziffer 13

Bei den gebührenfähigen Leistungen der Bundespolizei, die den Gebührentatbeständen nach den **Nrn. 1 bis 12 GAV** zugrunde liegen, kann sich unter Umständen die Notwendigkeit ergeben, dass ein Dolmetscher hinzugezogen werden muss. Da diese Kosten nicht regelmäßig mit der jeweiligen polizeilichen Maßnahme verbunden sind oder im Einzelfall in unterschiedlicher Höhe anfallen, sind diese **Dolmetscherkosten** nach der Nr. 13 GAV zusätzlich *als Auslagen* zu erheben. Wenn solche Kosten angefallen sind, müssen sie also im Gebührenbescheid mit festgesetzt werden. Dem Bescheid ist dann eine Kopie der Rechnung beizufügen.

### 3.2.2 Abschnitt 2 – Verwaltungs-Vollstreckungsgesetz

Der mit Wirkung zum 1.10.2019 neu in das Gesetz eingefügte **§ 19 III VwVG** bestimmt, dass die Bundespolizei anfallende Gebühren und Auslagen nach dem Bundesgebührengesetz (ergänze: und den dazu erlassenen Rechtsvorschriften) erhebt, wenn sie nach dem Verwaltungs-Vollstreckungsgesetz handelt. Wörtlich lautet die in Bezug genommene Vorschrift wie folgt:

> „Soweit die Bundespolizei nach diesem Gesetz tätig wird, werden Gebühren und Auslagen nach Maßgabe des Bundesgebührengesetzes erhoben".

Damit ist die Bundespolizei ermächtigt und zugleich verpflichtet, Gebühren und Auslagen für Zwangsmaßnahmen im Rahmen der **Verwaltungsvollstreckung** nach den Kostentatbeständen des Gebühren- und Auslagenverzeichnisses geltend zu machen. Diese Kostentatbestände sind in Abschnitt 2 des Verzeichnisses zu finden.

**Übersicht zu Abschnitt 2:**
**Zuordnung von Gesetzesparagrafen zu Kostentatbeständen**

| VwVG | | Gebühr | | Auslagen | Beachte | Ausnahme |
|---|---|---|---|---|---|---|
| | | Zeit | Fest | | | |
| **§ 6 I Gestrecktes Verfahren: Durchsetzung eines erlassenen Verwaltungsaktes (VA)** | | | | | | |
| § 3 III | Mahnung | | 3,60 (gemäß 1.1 | 3 | | |
| § 10 | Ersatzvornahme | 1.2 | | 3 + 3.2.1 bis 3.2.2 | | |
| § 11 | Zwangsgeld | | 67,20 (gemäß 1.3) | 3 | | |
| § 12 | Unmittelbarer Zwang | 1.4 | | 3 + 3.2.1 bis 3.2.2 | | |

| VwVG | | Gebühr | | Auslagen | Beachte | Ausnahme |
|---|---|---|---|---|---|---|
| | | Zeit | Fest | | | |
| **§ 6 II Sofortvollzug: Zwangsanwendung ohne Erlass eines Verwaltungsaktes (VA)** | | | | | | |
| § 10 | Ersatzvornahme | 2.1 | | 3 + 3.2.1 bis 3.2.2 | | |
| § 12 | Unmittelbarer Zwang | 2.2 | | | | |

Mit dem Gesetz zur Einbeziehung der Bundespolizei in den Anwendungsbereich des Bundesgebührengesetzes wurde im Wege der Einfügung des § 19 III VwVG n. F. festgelegt, dass die Kostenerhebung für den Zwangsmitteleinsatz zur Durchsetzung von Verwaltungsakten durch die Bundespolizei nicht mehr wie bisher über § 19 I 1 VwVG nach Maßgabe der Vorschriften der Abgabenordnung (AO) erfolgen soll, sondern ebenso wie die Kostenerhebung für individuell zurechenbare öffentliche Leistungen nach dem Bundespolizeigesetz fortan auf der Grundlage des Bundesgebührengesetzes vorzunehmen ist. Dies ermöglicht für die Zukunft eine Erhebung von Gebühren und Auslagen für alle erstattungsfähigen Leistungen der Bundespolizei nach *einheitlichen Maßstäben*, die an der Struktur des Bundespolizeikostenrechts ausgerichtet sind.

Die so bewirkte Schaffung eines **einheitlichen Kostenrechts** für die Bundespolizei vermeidet nicht nur eine umständliche kostenrechtliche Zweispurigkeit im Rahmen der bundespolizeilichen Gefahrenabwehr. Vielmehr werden dadurch auch Unstimmigkeiten und innere Widersprüche vermieden, die bei Anwendung von Vorschriften der Abgabenordnung auf den bundespolizeilichen Einsatz von Zwangsmitteln der Bundespolizei auftreten würden. So hätte die Beibehaltung der bisherigen Rechtslage in Bezug auf Zwangsmittel zur Durchsetzung polizeilicher Verwaltungsakte zur Folge gehabt, dass bspw. im Falle einer Ersatzvornahme über § 19 VwVG nach § 338 AO *keine* Gebühren fällig würden, während für das sehr ähnliche Rechtsinstitut der unmittelbaren Ausführung nach § 19 BPolG eine Gebührenerhebung gemäß der BMIBGebV zu erfolgen hätte.

Der **Einsatz von Zwangsmitteln** durch die Bundespolizei nach dem Verwaltungs-Vollstreckungsgesetz ist nach § 3 II Nr. 4 BGebG dem Adressaten der jeweiligen Vollstreckungsmaßnahme individuell zurechenbar: Der Einsatz von Verwaltungszwangsmitteln ist dem Pflichtenkreis des Adressaten rechtlich zuzurechnen, weil der Mitteleinsatz nur aus dem Grunde erforderlich wird, dass der Adressat seiner Rechtspflicht zur Befolgung eines durchsetzbaren Ge- oder Verbots der Bundespolizei trotz Zwangsandrohung nicht nachgekommen ist und er damit die zwangsweise Durchsetzung der Verfügung durch die Bundespolizei durch sein eigenes

Verhalten erforderlich gemacht hat. Damit stellt der Einsatz von Zwangsmitteln einen typischen Fall der *Sekundärebene* von Polizeikosten dar.

Die bisher über § 19 I 1 VwVG anwendbaren Kostenregelungen der Abgabenordnung werden also gemäß § 19 III VwVG n. F. ab dem Stichtag 1.10.2019 durch die Regelungen im Bundesgebührengesetz, in der Allgemeinen Gebührenverordnung und in der BMIBGebV abgelöst. Diese Regelungen sehen auch in den Fällen der **unmittelbaren Ausführung** bzw. der **Ersatzvornahme** eine grundsätzliche Kostenerstattungspflicht vor. In diesem speziellen Zusammenhang besteht allerdings im Hinblick auf einen Teil der bisherigen Rechtsprechung ein gewisses Problem. Denn einige Verwaltungsgerichte waren und sind der Auffassung, dass es sich bei den Kosten für die eben genannten Maßnahmen generell, nämlich schon rein begrifflich nicht um „öffentliche Kosten" im Sinne der Vorschriften des öffentlichen Kostenrechts handelt.

Diese restriktive Betrachtungsweise hat der **VGH BW**[297] unlängst noch einmal ausdrücklich bestätigt. Nach Auffassung des Gerichts fallen nämlich diese speziellen Kosten weder unter den Begriff der öffentlichen Abgaben (im Sinne von Steuern, Gebühren, Beiträgen, sonstigen öffentlich-rechtlichen Geldleistungen, die im Wesentlichen der allgemeinen Erzielung von staatlichen Einnahmen dienen), noch unter den Begriff von öffentlichen Kosten (im Sinne von Gebühren oder Auslagen im Sinne der Gebührengesetze), sondern stellen eine eigene Kategorie von Kosten dar, die nur auf spezialgesetzlicher Grundlage oder gar nicht geltend gemacht werden können. Für das nunmehr geltende Bundesrecht entsteht nach dieser Betrachtungsweise das folgende Problem:

Zwar werden in der BMIBGebV die Kosten für unmittelbare Ausführung und Ersatzvornahme explizit genannt, aber nach dem VGH Mannheim (und einigen anderen Gerichten) gehören sie begrifflich gar nicht zu den Gebühren und Auslagen, die Regelungsgegenstand dieser Verordnung sind, sie dürften dort also gar nicht auftauchen.

Zumindest für das aktuell geltende Kostenrecht des Bundes erscheint diese Wertung allerdings nicht überzeugend. Denn gerade durch die explizite Aufnahme auch dieser Kosten in die BMIBGebV hat der zuständige Normgeber (hier: in Gestalt des Verordnungsgebers) die betreffenden Kosten quasi als Gebühren bzw. Auslagen **legaldefiniert** und damit eine Rechtslage geschaffen, die anderslautende Begriffskonstruktionen der Gerichte im Rahmen der Erfassung der Rechtsnatur dieser Kosten zwangsläufig ausschließt. Und durch die zeitgleich vorgenommene Streichung der speziellen Kostenregelung in § 19 II BPolG a. F. hat auch der Bundesgesetzgeber selbst (und nicht nur das BMI als Verordnungsgeber) konkludent,

297 Beschl. vom 18.7.2019 – 1 S 871/19 – m. w. N. zum Streitstand.

aber deutlich zum Ausdruck gebracht, dass er jedenfalls diese Kosten durchaus als von den Gebührenvorschriften erfasst ansieht, denn das war der Grund für die Streichung der aufgrund der gesetzlichen Neuregelung nunmehr überflüssig gewordenen Gesetzesvorschrift. Deshalb ist im Ergebnis die oben zitierte restriktive Rechtsprechung zur Kostenproblematik bei unmittelbarer Ausführung bzw. Ersatzvornahme für den Bereich des Bundespolizeikostenrechts als nicht einschlägig anzusehen.

Durch die Schaffung einer Rechtsgrundlage für die Gebührenerhebung der Bundespolizei auf Basis des BGebG und der BMIBGebV wechselt gewissermaßen der verwaltungsrechtliche Status dieser Geldforderungen. Was zuvor als Kosten der unmittelbaren Ausführung nach § 19 II BPolG geltend gemacht wurde und nach h. M. weder unter den Begriff der *„öffentlichen Abgaben"* noch unter *„Kosten"* des § 80 II 1 Nr. 1 VwGO fiel, erhält nunmehr die Rechtsgestalt einer Gebühr, welche anerkanntermaßen unter die Ausnahmeregelung des § 80 II 1 Nr. 1 VwGO fällt.

Soweit in einzelnen Gebührentatbeständen wegen der offensichtlichen Heterogenität der denkbaren Einsatzverläufe eine **Zeitgebühr** bestimmt wird, finden nach § 2 Satz 1 BMIBGebV die allgemeinen pauschalen Stundensätze für Polizeivollzugsbeamtinnen und -beamte nach Anlage 1 Teil A der AGebV Anwendung. Bei den mit Zeitgebühren belegten Kostentatbeständen ist abzustellen auf die in der Anlage 1 Teil A zur AGebV hinterlegten Stundensätze mit Zuordnung nach Laufbahngruppen und den Einsatz von Hubschraubern und Booten. Dies würde im Falle der Nr. 12.1 bedeuten: je Stunde und pro eingesetztem PVB mD 62,00 Euro, bei einem PVB gD 75,19 Euro und bei einem PVB hD 96,59 Euro.

Diese Stundensätze werden auch der Kalkulation von Festgebühren zugrunde gelegt.

Bei Gebührentatbeständen, die eine Auslagenerhebung für den Einsatz eines Hubschraubers, Schiffes, Bootes oder Wasserwerfers vorsehen (Nrn. 1.2., 1.4 und 2), erfolgt eine **Kürzung** des jeweiligen Stundensatzes, und zwar nach Maßgabe des entsprechenden Kürzungsbetrages nach Anlage 1 Teil A Abschnitt 1 der AGebV. Die dort vorgenommene Zuordnung nach Laufbahngruppen bei Zwangsanwendung beinhaltet aber das Problem einer nicht dem Gebührenschuldner zuzurechnenden Ungleichbehandlung gegenüber einer pauschalen Zeitgebühr, wie sie bei den Transportkosten festgelegt wurde. Es bleibt dem Zufall überlassen, ob der Zwang durch zwei PVB gD oder durch einen PVB gD gemeinsam mit einem PVB mD oder gar nur durch zwei PVB mD erfolgt. Es ist kaum begründbar, warum zwei Störer, die sich identisch verhalten haben, im Ergebnis mit so unterschiedlichen Kosten belastet werden. Dies mag zwar auf den ersten Blick mit dem Kostendeckungsprinzip begründbar sein, wird aber besonders problematisch, wenn der Transport einer Person unter Zwangsanwendung durchgeführt wird. So wird für den Transport ohne Zwang die pauschale Gebühr i. H. v. 16,91 Euro je angefangene Viertelstunde pro PVB erhoben (vgl. dazu die Nrn. 8.3.2; 9.2.2, 10.3). Erfolgt der Transport aber unter Zwangsanwendung, so ist nach Laufbahngruppen abzurechnen. Nun sollte man meinen, dass die Anwendung von Zwang einen gewissen Mehraufwand gegenüber dem normalen Transport darstellt, aber im Falle der Zwangsanwendung durch zwei PVB mD reduziert sich der Transport je angefangene Viertelstunde dennoch von 16,91 Euro auf 15,50 Euro. Insgesamt dürfte gerade bei einer Maßnahme des unmittelbaren Zwanges eher eine pauschale Gebührenerhebung vorzuziehen sein. In dieser Hinsicht wäre das Gebühren- und Auslagenverzeichnis in spe also möglicherweise noch optimierbar.

**Kostenfrei** sind jegliche Zwangsanwendungen zur **Durchsetzung repressiver Maßnahmen**. Hier ergibt sich die Zulässigkeit der Zwangsanwendung der h. L. nach immer unmittelbar aus der StPO selbst. Aus diesem Grund muss hier nicht auf die Zulässigkeitsvoraussetzungen nach dem VwVG zurückgegriffen werden. Dies entspricht auch gewissermaßen dem weiter oben bereits eingehend geschilderten Prinzip, dass eine Gebührenerhebung ausschließlich für präventiv-polizeiliches Tätigwerden vorgesehen ist. Konsequenterweise setzt sich dieser Gedanke im Zwangsrecht fort.

Zu differenzieren ist hier allerdings in Mischfällen und bei doppelfunktionalem Tätigwerden:

**Beispiel 1:**

> *Durch Taschendiebstahlsfahnder der Bundespolizei wird der Trickdieb T auf frischer Tat beim „Ziehen" eines hochwertigen Smartphones beobachtet und anschließend festgenommen. Um der Festnahme zu entgehen, leistet er schon während der Festnahme erheblichen körperlichen Widerstand und versucht zu flüchten. Hieran können ihn die Beamten durch körperliche Gewalt hindern. Plötzlich beginnt T unvermittelt auf die Beamten einzuschlagen und versucht, diese zu beißen. Um dies zu verhindert, muss T gefesselt und mit enormem Kraftaufwand überwältigt werden.*

Spätestens zum Zeitpunkt der körperlichen Angriffe auf die PVB hängt es in diesem Beispiel von der Argumentation ab, ob die Zwangsanwendungen vorrangig der Strafverfolgung (Habhaftwerden des Täters und Aufrechterhaltung der Freiheitsentziehung) oder doch vielmehr der Gefahrenabwehr (Verhinderung der Angriffe, Eigensicherung, Schutz der körperlichen Unversehrtheit der PVB) dienten. Fällt die Entscheidung auf die zweite Variante, welche hier ersichtlich die sinnvollere Entscheidung wäre, ist der Zwang dem T gegenüber kostenrechtlich abzurechnen.

Ein allgemeines kostenrechtliches Problem im Rahmen der Gebührenerhebung für Vollstreckungsmaßnahmen besteht in der Frage, ob es für die Rechtmäßigkeit des Kostenbescheids auf die **Rechtmäßigkeit der durchgesetzten polizeilichen Grundverfügung** ankommt, denn letztlich stellt die Kostenerhebung für eine zwangsweise Vollstreckung einen rechtlichen „Dreierschritt" dar.

1. Erlass einer polizeilichen Grundverfügung (z. B. Platzverweis)
2. Zwangsweise Durchsetzung der Grundverfügung mit Mitteln des Verwaltungszwangs (z. B. Wegtragen der Person, die dem Platzverweis nicht Folge leisten will)
3. Festsetzung von Polizeikosten für die Verwaltungsvollstreckung

Käme es für die Rechtmäßigkeit eines Kostenbescheids für eine Vollstreckungsmaßnahme auf die Rechtmäßigkeit der Grundverfügung an, würde sich deren Rechtswidrigkeit durch alle drei Ebenen durchschlagen und zur Rechtswidrigkeit des Kostenbescheids führen. Es wird auf die ausführlichen Ausführungen und den dort geführten Meinungsstreit unter Kapitel 2.10.2 verwiesen.

### Ziffer 1 – Normalvollzug: Vollstreckung eines bereits erlassenen Verwaltungsaktes nach § 6 I VwVG durch die Bundespolizei

| | **Gegenstand** | |
|---|---|---|
| | **Verwaltungs-Vollstreckungsgesetz (VwVG)** | |
| **Nr.** | **Gebühren- oder Auslagentatbestand** | **Gebühren/ Auslagen in Euro** |
| 1 | **Normalvollzug:** Vollstreckung eines bereits erlassenen Verwaltungsaktes nach § 6 I VwVG durch die Bundespolizei | |
| 1.1 | **Mahnung** nach § 3 III VwVG | 3,60 |
| 1.2 | **Ersatzvornahme** (in Gestalt der Fremdvornahme) bei vertretbaren Handlungen nach § 10 VwVG | nach Zeitaufwand |
| 1.3 | **Zwangsgeld** nach § 11 VwVG | 62,20 |
| 1.4 | Unmittelbarer Zwang nach § 12 VwVG | nach Zeitaufwand |

### Zu Ziffer 1

Nr. 1 bestimmt im Wesentlichen diejenigen Kostentatbestände, die für das sog. „gestreckte Verwaltungsvollstreckungsverfahren" nach § 6 I VwVG gelten sollen, welches im Rahmen der Verwaltungsvollstreckung bekanntlich die Normalfallvariante bildet: Es geht dabei um die Durchsetzung eines tatsächlichen erlassenen Verwaltungsaktes in Gestalt einer Polizeiverfügung gegen den Willen des Pflichtigen. Diese Art der Verwaltungsvollstreckung setzt nach allgemeinen Grundsätzen eine wirksame und vollstreckbare Grundverfügung voraus, ebenso wie die richtige Wahl des Zwangsmittels und die Einhaltung des vorgeschriebenen Verfahrens, nämlich: Androhung nach § 13 VwVG, soweit sie nicht entbehrlich ist, Festsetzung nach § 14 VwVG, soweit sie gesondert erforderlich ist, und schließlich die tatsächliche Anwendung des Zwangsmittels nach § 15 VwVG.

### Zu Ziffer 1.1

Mit der Nr. 1.1 im Rahmen des Abschnitts 2 des GAV wird für die Bundespolizei der bisher geltende Gebührentatbestand gemäß § 19 II VwVG abgelöst. Dabei geht es um eine **Mahnung** i. S. d. § 3 III VwVG. Danach gilt die folgende Regelung: Vor Anordnung der Vollstreckung (ergänze: wegen einer Geldforderung) soll der Schuldner mit einer weiteren Zahlungsfrist von einer weiteren Woche „besonders ermahnt" werden. Erfolgt eine derartige Mahnung im Rahmen der Vollstreckung einer Geldforderung, dann entstehen Mahnkosten in Höhe von 3,60 Euro.

**Beispiel 1:**

> *Eine Person erhält ein Verwarngeld wegen einer Gleisüberschreitung. Sie bezahlt nicht fristgerecht. Es wird ein Bußgeldbescheid erlassen. Aber auch dieser wird nicht bezahlt. Daraufhin ergeht eine Mahnung mit erneuter Zahlungsfristsetzung.*

**Beispiel 2:**

> *Eine Person erhält einen Leistungsbescheid über Polizeikosten. Diesen bezahlt sie nicht. Es ergeht eine Mahnung mit erneuter Zahlungsfristsetzung.*

Während der Gebührenbescheid kostenfrei ergeht, weil die Kosten hierfür bereits in den Gebühren mit enthalten sind, begründen sich die Mahngebühren darin, dass die Mahnung ja wiederum eine neu erbrachte, individuell zurechenbare öffentliche Leistung darstellt, die lediglich aufgrund der Nichtzahlung ergeht, also einem Unterlassen des Gebührenschuldners. Weil davon auszugehen ist, dass der überwiegende Anteil der Gebührenschuldner fristgerecht bezahlen wird, ist die Mahngebühr nicht in der Gebühr für die polizeiliche Maßnahme enthalten.

Die Nr. 1.1 nimmt im Gesamtkontext der Nr. 1 in Abschnitt 2 insofern eine gewisse **Sonderstellung** ein, als dass sie sich ausnahmsweise nicht – wie die anderen Nrn. 1, 1.2, 1.3, 1.4 – auf das Verwaltungsvollstreckungsverfahren gemäß den §§ 6 ff. VwVG bezieht (= Vollstreckung zur Durchsetzung einer Handlung, Duldung oder Unterlassung), sondern auf den davon zu unterscheidenden Normenkomplex der §§ 1–5 VwVG (= Vollstreckung zur Durchsetzung einer öffentlich-rechtlichen Geldforderung).

**Zu Ziffer 1.2**

Nach dem bisherigen Recht konnten für eine Ersatzvornahme der Bundespolizei nach § 19 I 1 VwVG i. V. m. § 338 AO keine Gebühren erhoben werden. Mit der Nr. 1.2 GAV wird nunmehr für eine durch die Bundespolizei durchgeführte Ersatzvornahme eine Gebührenpflicht begründet.

**Beispiel 3:**

> *Ein Privat-Pkw blockiert die Feuerwehrzufahrt am Bahnhof. Der Fahrzeugführer wird aufgefordert, seinen Pkw wegzufahren. Dieser kommt der Aufforderung nicht nach. Daraufhin lässt die Bundespolizei das Fahrzeug durch ein beauftragtes Abschleppunternehmen abschleppen.*

In dogmatischer Hinsicht lässt sich die Kostenpflicht des Betroffenen als solche allerdings auch schon aus § 10 VwVG herleiten („auf dessen Kosten"). Die Nr. 1.2 bestätigt diese Rechtslage und konkretisiert zugleich die Frage nach dem Umfang der Kostenersatzpflicht. In diesem Zusammenhang muss aber auch daran erinnert werden, dass im Bundesrecht (anders als in den allermeisten Landesrechten) das Verwaltungszwangsmittel der Ersatzvornahme *nur* in der Form der sog. **„Fremdvornahme"** (= Einschaltung und Beauftragung eines Dritten) existiert. Die sog. *„Selbstvornahme"*, die im Landesrecht in der Regel ebenfalls als Unterfall der Ersatzvornahme[298] gilt, ist im Bundesrecht abweichend als Anwendungsvariante des unmittelbaren Zwanges legaldefiniert. Dies ergibt sich unzweideutig aus der in § 12 VwVG enthaltenen Begriffsbestimmung für den unmittelbaren Zwang im Sinne des Bundesrechts. Die eben genannte Vorschrift besagt wörtlich:

> „**§ 12 Unmittelbarer Zwang:** Führt die Ersatzvornahme oder das Zwangsgeld nicht zum Ziel oder sind sie untunlich, so kann die Behörde den Pflichtigen zur Handlung, Duldung oder Unterlassung zwingen oder die Handlung selbst vornehmen." [Unterstreichung nicht im Originaltext]

Die **Selbstvornahme** gilt also im Bundesrecht kraft Gesetzes als Erscheinungsform des unmittelbaren Zwanges. Für das Rechtsinstitut der Ersatzvornahme bleibt damit nur die Fremdvornahme übrig, was durch die in § 10 VwVG enthaltene Definition der bundesrechtlichen Ersatzvornahme noch einmal ausdrücklich bestätigt wird:

> „[...] so kann die Vollzugsbehörde einen anderen mit der Vornahme der Handlung beauftragen." [Unterstreichung nicht im Originaltext]

298 S. dazu die grundlegenden Ausführungen OVG SH vom 28.2.2019 – 4 LB 22/18 –.

Die weitere Möglichkeit einer Ersatzvornahme in der Form der Selbstvornahme ist in § 10 VwVG hingegen ausdrücklich *nicht* vorgesehen. Es besteht in diesem Zusammenhang also in konstruktiver Hinsicht ein durchaus gewichtiger Unterschied zwischen dem Bundesrecht und den allermeisten Landesrechten, eine Abweichung, die im Rahmen der praktischen Rechtsanwendung gelegentlich übersehen wird, was dann zu einer unrichtigen Beurteilung der Rechtslage führt. Kostenrechtlich bewirkt die geschilderte Rechtslage für die Tätigkeit der Bundespolizei, dass Kosten für eine Ersatzvornahme regelmäßig als Kosten Dritter und damit als *Auslagen* über die Nr. 3.2.1 i. V. m. Nr. 1.2 (§ 6 I VwVG) bzw. i. V. m. Nr. 2.1 (§ 6 II VwVG) abzurechnen sind.

**Zu Ziffer 1.3**

Nach dem bisherigen Recht konnten für die Festsetzung eines **Zwangsgeldes** durch die Bundespolizei nach § 19 I 1 VwVG i. V. m. § 338 AO keine Gebühren erhoben werden. Mit der nunmehr in Abschnitt 2 in der Nr. 1.3 getroffenen Regelung hingegen wird für die durch die Bundespolizei durchgeführte Festsetzung eines Zwangsgeldes eine Gebührenpflicht begründet.

**Zu Ziffer 1.4**

Nach dem bisherigen Recht konnten auch für die Anwendung von **unmittelbarem Zwang** durch die Bundespolizei nach § 19 I 1 VwVG i. V. m. § 338 AO keine Gebühren erhoben werden. Mit der jetzt in Abschnitt 2 in der Nr. 1.4 enthaltenen Regelung hingegen ist für die bundespolizeiliche Anwendung unmittelbaren Zwanges fortan eine Gebührenpflicht begründet.

Für diesen Gebührentatbestand kommt wegen der offensichtlichen Heterogenität der denkbaren Einsatzverläufe nach den Vorgaben des Gebührenrechts lediglich die **Zeitgebühr** als Gebührenart in Frage.

**Beispiel 4:**

> *Im Zusammenhang mit einem Nukleartransport auf der Schiene mit dem Ziel AKW Biblis kommt es zu einer Gleisbesetzung. Nachdem die Versammlung aufgelöst worden ist und wiederholt Platzverweisungen mit Zwangsandrohungen ausgesprochen worden sind, wird schließlich die Räumung angeordnet. Jeweils zwei PVB sprechen die auf den Gleisen sitzenden Demonstranten nochmals an, ob sie freiwillig die Gleise verlassen wollen, und drohen erneut für den Fall der Nichtbefolgung eine Zwangsanwendung an. Danach tragen sie die Gleisbesetzer von den Gleisen.*

Die BMIBGebV sieht keine konkrete Wegtragegebühr vor, allerdings kommt hier eine Zeitgebühr nach der Nr. 1.4 für den unmittelbaren Zwang zur Durchsetzung der zuvor ergangenen Platzverweisung in Betracht. Somit sind für das Wegtragen gemäß Anlage 1 Teil A zur AGebV für jede angefangene Viertelstunde durch einen PVB mD 62,00 Euro, bei einem PVB gD 75,19 Euro und bei einem PVB hD 96,59 Euro zu erheben. Würde es sich anders als im obigen Beispiel um einen Fall des Sofortvollzugs handeln, so wäre im Rahmen des Abschnitts 2 die Nr. 2.2 anzuwenden.

Wenn auch durch das Kostendeckungsprinzip gerechtfertigt, so mutet es dennoch etwas merkwürdig an, dass die Entscheidung, ob ein Störer durch zwei PVB gD oder mD weggetragen wird, nicht individuell zurechenbar ist, sondern wohl eher vom Zufall abhängt. So scheint es willkürlich, ob eine niedrige oder hohe Gebühr für die Zwangsmaßnahme anfällt, je nachdem, welcher Laufbahn die handelnden Polizeivollzugsbeamten angehören. Daher wäre es vorzuziehen, ähnlich wie bei den Transportauslagen einen pauschalisierten Kostensatz pro PVB je angefangene Viertelstunde in Höhe von 16,91 Euro festzusetzen.

**Beispiel 5:**

*Ein ehemaliger Szenetreffpunkt von Studenten am Tübinger Bahnhof soll an einen Investor verkauft werden. Es sollen dort in Zukunft Ladengeschäfte entstehen. Daraufhin besetzt eine große Gruppe von gewaltbereiten Studenten aus dem linksextremistischen Milieu das Gebäude, um den geplanten Verkauf an den Investor zu verhindern. Nach mehreren schriftlichen Aufforderungen und gerichtlichen Räumungsbeschlüssen soll nunmehr eine polizeiliche Räumung durchgeführt werden. Auch nach mehreren Verlassensaufforderungen und Zwangsandrohungen verlassen die Studenten das Gebäude nicht. Die für diesen Einsatz zur Unterstützung angeforderte BFHu räumt daraufhin nach Stunden das Gebäude.*

## Ziffer 2 – Verwaltungsvollstreckung ohne vorausgehenden Verwaltungsakt nach § 6 II VwVG durch die Bundespolizei

| | **Gegenstand** | |
|---|---|---|
| | **Verwaltungs-Vollstreckungsgesetz (VwVG)** | |
| Nr. | **Gebühren- oder Auslagentatbestand** | **Gebühren/ Auslagen in Euro** |
| 2 | Verwaltungsvollstreckung ohne vorausgehenden Verwaltungsakt nach § 6 II VwVG durch die Bundespolizei | |
| 2.1 | **Ersatzvornahme** einer vertretbaren Handlung nach § 10 VwVG | nach Zeitaufwand |
| 2.2 | Unmittelbarer Zwang nach § 12 VwVG | nach Zeitaufwand |

## Zu Ziffer 2

In der Nr. 2 GAV geht es um die Verwaltungsvollstreckung ohne vorausgehenden Verwaltungsakt nach § 6 II VwVG. Bei dieser „abgekürzten“ Vollstreckungsvariante darf bekanntlich aus Gründen der gesteigerten Eilbedürftigkeit des polizeilichen Einschreitens nicht nur auf den Erlass einer vorgängigen polizeilichen Grundverfügung verzichtet werden; vielmehr ist – jedenfalls grundsätzlich – auch eine vorherige Zwangsandrohung entbehrlich, wie § 13 I 1 VwVG ausdrücklich klarstellt. Die in § 6 II VwVG geregelte Variante der Verwaltungsvollstreckung wird meist als Sofortvollzug oder gelegentlich auch als sofortiger Zwang bezeichnet. Die Nr. 2 bestimmt die Gebührentatbestände für den sog. „Sofortvollzug“ i. S. d. § 6 II VwVG. Dieser ist dadurch gekennzeichnet, dass aufgrund der zeitlichen Dringlichkeit im konkreten Einzelfall das Zwangsmittel ohne vorausgehenden Verwaltungsakt sofort angewendet wird. Aus der Natur der Sache folgt, dass in einer derartigen Sofortlage allein die Zwangsmittel der *Ersatzvornahme* bzw. des *unmittelbaren Zwanges* in Betracht kommen, da sich das Zwangsmittel des Zwangsgeldes nur für Zeitlagen eignet.

Für diesen Gebührentatbestand kommt wegen der offensichtlichen Heterogenität der denkbaren Einsatzverläufe nach den Vorgaben des Gebührenrechts lediglich die **Zeitgebühr** als Gebührenart in Frage. Bei den mit Zeitgebühren belegten Kostentatbeständen ist abzustellen auf die in der Anlage 1 Teil A zur AGebV hinterlegten Stundensätze mit Zuordnung nach Laufbahngruppen und den Einsatz von Hubschraubern und Booten.

## Zu Ziffer 2.1

Im Falle der Nr. 2.1. GAV bedeutet je Stunde und pro eingesetztem PVB mD 62,00 Euro, bei einem PVB gD 75,19 Euro und bei einem PVB hD 96,59 Euro. Vgl. im Übrigen die obigen Ausführungen zu Nr. 1.2.

## Zu Ziffer 2.2

Auch im Falle der Nr. 2.2 GAV kommen die eben genannten Ansätze zum Tragen. Vgl. im Übrigen die obigen Erläuterungen zu Nr. 1.4 (S. 245).

**Beispiel 1:**

> *Eine hoch aggressive Person bedroht die unmittelbar vor ihr stehenden Polizeikräfte mit einer zerbrochenen Glasflasche. Die eingesetzten Kräfte setzen daraufhin ohne vorherige Grundverfügung und ohne vorherige Androhung gegen die Person den Schlagstock bzw. das Reizstoffsprühgerät ein. Die Person muss zum Abtransport gefesselt werden, da sie weiterhin aggressiv ist und wild um sich schlägt.*

## Zu Ziffer 3

Die Nr. 3 in Abschnitt 2 enthält eine wichtige Ergänzung zu den vorgängig normierten Gebührentatbeständen, wie sie in der Nr. 1 sowie der Nr. 2 normiert sind. Und zwar besagt die Nr. 3, dass bei den vorgenannten Gebührentatbeständen *neben* den festgelegten Gebühren auch noch bestimmte Kosten **als Auslagen** zu erheben sind. Diese Ergänzungsregelung beruht auf der Erkenntnis, dass die fraglichen Kosten nicht regelmäßig mit der jeweiligen polizeilichen Maßnahme verbunden sind oder im Einzelfall in unterschiedlicher Höhe anfallen und somit nicht in die Gebühr nach § 9 I 2 BGebG einbezogen werden können.

### Ziffer 3 – Bei den Gebührentatbeständen der Nummern 1 und 2.2 sind neben den Gebühren folgende Kosten als Auslagen zu erheben:

| | **Gegenstand** | |
|---|---|---|
| | **Verwaltungs-Vollstreckungsgesetz (VwVG)** | |
| **Nr.** | **Gebühren- oder Auslagentatbestand** | **Gebühren/ Auslagen in Euro** |
| 3 | Bei den Gebührentatbeständen der Nummern 1 und 2.2 sind neben den Gebühren folgende Kosten als Auslagen zu erheben: | |
| 3.1 | Kosten für **Dolmetscher** | |
| 3.2 | bei den Nummern 1.2, 1.4 und 2.1 und 2.2: | |
| 3.2.1 | Kosten für den Einsatz von Hubschraubern, Booten, Schiffen und Wasserwerfern | |
| 3.2.2 | Kosten für die **Reinigung** verunreinigter Diensträume, Dienstfahrzeuge, Uniformen oder sonstiger Sachen, die im Dienstgebrauch verwendet werden | |
| 3.2.3 | Kosten anderer **Behörden** und **Dritter** | |

Zunächst muss an dieser Stelle auf ein offensichtliches **Redaktionsversehen** des Verordnungsgebers hingewiesen werden. Nach dem Wortlaut der Nr. 3 beziehen sich die nachfolgenden Festlegungen nur auf die vorgängige Nr. 1 (mit den dort genannten vier Unternummern) sowie auf die Nr. 2.2. Diese Wortlautregelung zwingt eigentlich im Umkehrschluss zu der Schlussfolgerung, dass sich die nachfolgenden Festlegungen *nicht* auch auf die Nr. 2.1 beziehen, denn diese ist ja gerade ausgenommen. Tatsächlich wird jedoch nachfolgend prompt auch die Nr. 2.1 ausdrücklich mit genannt, und zwar in der Nr. 3.2. Die in Nr. 3 enthaltene Regelung ist also letztlich in Wahrheit wie folgt zu lesen:

> *„Bei den Gebührentatbeständen der Nummern 1* ***und 2*** *sind neben den Gebühren folgende Kosten als Auslagen zu erheben:"*

Die Gebührentatbestände gemäß den Nrn. 1 und 2 sind grundsätzlich als Fest- und Zeitgebühren ausgestaltet; sie werden nunmehr ergänzt mit Auslagen hinterlegt. Auslagen sind meistens Kosten Dritter, die in Rechnung gestellt werden. Diese Rechnung des Dritten muss dem Gebührenbescheid beigefügt werden. Bei den an dieser Stelle im Gebührenverzeichnis vorgesehenen Auslagen handelt es sich um Auslagen nach § 12 I Nr. 1 BGebG und nicht um regelmäßige Leistungen gemäß § 9 I 2 BGebG, die in die Gebühr einzukalkulieren sind. Diese im Gebührenverzeichnis im Einzelnen bestimmten Auslagen fallen nicht regelmäßig bei den jeweiligen Maßnahmen an, sodass sie nicht von vornherein in eine Gebühr einkalkuliert werden können und daher gesondert als Auslagen ausgewiesen sind.

**Zu Ziffer 3.1**

Bei allen Kostentatbeständen im Anwendungsbereich des Verwaltungs-Vollstreckungsgesetzes kann sich die Notwendigkeit ergeben, dass Dolmetscher hinzugezogen werden. Da diese Kosten nicht regelmäßig mit der jeweiligen polizeilichen Maßnahme verbunden sind oder im Einzelfall in unterschiedlicher Höhe anfallen, sind diese als Auslagen zu erheben.

**Zu Ziffer 3.2**

Im Falle einer Gebührenerhebung nach Maßgabe der Nrn. 1.2, 1.4, 2.1 und 2.2 GAV können Kosten für den Einsatz eines Hubschraubers, Schiffes, Bootes oder Wasserwerfers, für die Reinigung verunreinigter Diensträume, Dienstfahrzeuge, Uniformen oder sonstiger Sachen, die im Dienstgebrauch verwendet werden, oder aber Kosten, die anderen Behörden und Dritten entstanden sind, als Auslagen erhoben werden.

**Zu Ziffer 3.2.1**

Zu den insoweit einschlägigen bundespolizeilichen Praxisbeispielen sei zunächst auf die Erläuterungen oben in Abschnitt 1 unter Nr. 1.2.1 der Gebührentatbestände im Anwendungsbereich des Bundespolizeigesetzes verwiesen. Ergänzend kann festgestellt werden:

Für den Einsatz von Personenkraftwagen der Bundespolizei werden keine Auslagen erhoben, da diese Kosten bereits von den nach Anlage 1 Teil A der AGebV bestimmten allgemeinen pauschalen Stundensätzen für Polizeivollzugsbeamtinnen und -beamte des Bundes umfasst sind. Die Kosten für den Einsatz eines Pkw der Bundespolizei sind daher in diesen Fällen über den Zeitaufwand bei der Bemessung der Gebührenhöhe zu berücksichtigen.

Auch die Kosten für den Einsatz besonderer Führungs- und Einsatzmittel sind ggf. als Auslagen zu erheben. Allerdings ist diese Aufzählung abschließend. Andere Einsatzmittel, wie bspw. Kosten für den Transport eines Diensthundes, sind damit nicht abrechenbar, sondern bereits in der Zeitgebühr nach Nr. 2.2 mit eingerechnet.

**Zu Ziffer 3.2.2**

Bei den Kosten für die Reinigung verunreinigter Diensträume, Dienstfahrzeuge, Uniformen oder sonstiger Sachen, die im Dienstgebrauch verwendet werden, erfolgt die Erstattung als Auslagen unabhängig davon, ob für diese Zwecke Polizeivollzugsbeamtinnen und -beamte eingesetzt worden oder Dritte beauftragt worden sind.

**Zu Ziffer 3.2.3**

Je nach Ausgestaltung des konkreten Sachverhalts kann es dazu kommen, dass andere Behörden (z. B. die Feuerwehr oder das Technische Hilfswerk) oder Dritte eingeschaltet werden müssen. In diesen Fällen sind die der Bundespolizei entstehenden Kosten als Auslagen zu erheben.

## 3.3 Anhang: ABC der Gebührenerhebung

| **Maßnahme**<br>**Einsatzmittel** | **Gebühr** | **Anmerkung** |
|---|---|---|
| Abgängige Person<br>Aufgriff<br>– ohne Suche (zufällig) | JA | Abschnitt 1 Nr. 1.1.7 – ZEITGEBÜHR<br>(je Std. PVB mD 62,00 Euro + PVB gD 75,19 Euro – je angefangene ¼ Std. Abrechnung)<br>+ AUSLAGEN Nr. 1.2.1–1.2.5 + Nr. 13<br>BEGRÜNDUNG Dauer + Anzahl PVB<br>WICHTIG Gebührenschuldner = Aufsichtspflichtige/Betreuer |
| Abschleppen Kfz | JA | ⇨ *Siehe unter Unmittelbare Ausführung*<br>(Halter oder Fahrer nicht vor Ort)<br>⇨ *Siehe unter Ersatzvornahme*<br>(Halter oder Fahrer weigern sich, Kfz wegzufahren) |
| Absperrung | JA | Abschnitt 1 Nr. 1.1.1 – ZEITGEBÜHR<br>(je Std. PVB mD 62,00 Euro + PVB gD 75,19 Euro<br>– je angefangene ¼ Std. Abrechnung)<br>+ AUSLAGEN Nr. 1.2.1–1.2.5 + Nr. 13<br>BEGRÜNDUNG Dauer + Anzahl PVB |

| **Maßnahme Einsatzmittel** | **Gebühr** | **Anmerkung** |
|---|---|---|
| Absuche<br>mit Hubschraubern<br>z. B. Streckenabschnitt der Bahn | JA | ⇨ *Siehe unter Hubschrauber* |
| Alarmgesicherte Türen<br>Öffnen ohne Gefahr | JA | Abschnitt 1 Nr. 1.1.3 ABSICHTLICH<br>Abschnitt 1 Nr. 1.1.4 VERSEHENTLICH<br>ZEITGEBÜHR<br>(je Std. PVB mD 62,00 Euro + PVB gD 75,19 Euro – je angefangene ¼ Std. Abrechnung)<br>AUSLAGEN Nr. 1.2.1–1.2.5 + Nr. 13<br>BEGRÜNDUNG Dauer + Anzahl PVB |
| Alkohol-Mitführverbot | JA | Abschnitt 1 Nr. 1.3.1 – ZEITGEBÜHR<br>(je Std. PVB mD 62,00 Euro + PVB gD 75,19 Euro – je angefangene ¼ Std. Abrechnung)<br>Mitführverbot muss zuvor aufgrund einer Allgemeinverfügung oder Ordnungsverfügung erlassen worden sein |
| Anschlagsdrohung | JA | Abschnitt 1 Nr. 1.1.1 – Real (Gefahr)<br>Abschnitt 1 Nr. 1.1.2 – bei Vortäuschung = (Anscheinsgefahr)<br>ZEITGEBÜHR (je Std. PVB mD 62,00 Euro + PVB gD 75,19 Euro –<br>je angefangene ¼ Std. Abrechnung)<br>+ AUSLAGEN Nr. 1.2.1–1.2.5 + Nr. 13<br>BEGRÜNDUNG Dauer + Anzahl PVB |
| Ankettungen<br>im Gleisbett lösen | JA | ⇨ *Siehe unter Unmittelbare Ausführung* |
| Arztkosten<br>Gewahrsamsfähigkeit | JA | AUSLAGE (BELEG Rechnung)<br>Abschnitt 1 Nr. 8.3.4 (Gewahrsam) |
| Aufbewahrung<br>Tieren<br>Sachen | JA | AUSLAGE (BELEG Rechnung)<br>Abschnitt 1 Nr. 8.3.2 (Gewahrsam) |
| Aufgriff<br>Abgängige oder betreute Person<br>– ohne Suche (zufällig) | JA | Abschnitt 1 Nr. 1.1.7 –<br>ZEITGEBÜHR (je Std. PVB mD 62,00 Euro + PVB gD 75,19 Euro<br>– je angefangene ¼ Std. Abrechnung)<br>+ AUSLAGEN Nr. 1.2.1–1.2.5 + Nr. 13<br>BEGRÜNDUNG Dauer + Anzahl PVB<br>WICHTIG Gebührenschuldner = Aufsichtspflichtige/Betreuer |

| **Maßnahme**<br>**Einsatzmittel** | **Gebühr** | **Anmerkung** |
|---|---|---|
| Auslagen | JA | BEACHTE: Nur die im Gebührenverzeichnis enthaltenen Auslagen (Abschnitt 1 Nr. 1.2, Nr. 2.2, Nr. 3.2, Nr. 6.2, Nr. 8.3, Nr. 9.2, Nr. 10.3, Nr. 11.3, 12.3 + Nr. 13 und Abschnitt 2 Nr. 3) mit BELEG! Alle anderen sind in der Fest- oder Zeitgebühr enthalten.<br>NUR *Aufbewahrung, Begleitung, Boote, Dolmetscher, Gewahrsamsfähigkeitsbescheinigung, Hubschrauber, Kleidung, Kosten von Behörden + Dritter, Reinigungskosten, Schiffe, Transport, Verpflegung, Wasserwerfer* |
| Auslösen<br>Gefahrenmeldeanlage<br>missbräuchlich | JA | Abschnitt 1 Nr. 1.1.3 ABSICHTLICH<br>Abschnitt 1 Nr. 1.1.4 VERSEHENTLICH<br>ZEITGEBÜHR (je Std. PVB mD 62,00 Euro + PVB gD 75,19 Euro – je angefangene ¼ Std. Abrechnung)<br>AUSLAGEN Nr. 1.2.1–1.2.5 + Nr. 13<br>BEGRÜNDUNG Dauer + Anzahl PVB |
| Bahnunfall<br>Gefahrgut / Chemie-Transport<br>Wasserwerfereinsatz zum Heranbringen von Wasser | JA | ⇨ *Siehe unter Wasserwerfer* |
| Begleitung<br>Personen, Tiere, Sachen | JA | AUSLAGE Abschnitt 1 Nr. 8.3.2 (Gewahrsam)<br>ZEITGEBÜHR 15,69 Euro je angefangene ¼ Std. |
| Bengalisches Feuer<br>Löschen | JA | Abschnitt 1 Nr. 1.1.1 – ZEITGEBÜHR (je Std. PVB mD 62,00 Euro + PVB gD 75,19 Euro – je angefangene ¼ Std. Abrechnung)<br>+ AUSLAGEN Nr. 1.2.1–1.2.5 + Nr. 13<br>BEGRÜNDUNG Dauer + Anzahl PVB |
| Bergung von Tieren | JA | Abschnitt 1 Nr. 1.1.8 – ZEITGEBÜHR (je Std. PVB mD 62,00 Euro + PVB gD 75,19 Euro – je angefangene ¼ Std. Abrechnung)<br>+AUSLAGEN Nr. 1.2.1–1.2.5 + Nr. 13<br>BEGRÜNDUNG Dauer + Anzahl PVB<br>Gebührenschuldner = Tierhalter |
| Beschädigung von Dienstkleidung/<br>Sachen des Dienstgebrauchs | NEIN | KEIN Gebührentatbestand<br>Fall des zivilrechtlichen Schadensersatzes<br>ggf. Adhäsionsverfahren §§ 403 ff. StPO |

| **Maßnahme**<br>**Einsatzmittel** | **Gebühr** | **Anmerkung** |
|---|---|---|
| Beschaffungskosten | NEIN | In Fest- und Zeitgebühren bereits enthalten<br>AUSNAHME: Die Beschaffung erfolgt in Form der Miete oder Leihe = AUSLAGE Kosten Dritter (Rechnung) ⇨ s. Mietkosten |
| Blindenhund<br>Transport zur Dienststelle, weil er zwingend bei einer blinden Person verbleiben muss | JA | AUSLAGE Abschnitt 1 Nr. 8.3.2 (Gewahrsam)<br>ZEITGEBÜHR 16,91 Euro je angefangene ¼ Std.<br>BEACHTE: Erfolgt Transport gemeinsam mit Person in einem Kfz – keine zusätzliche Gebühr, da keine Mehrkosten entstehen<br>Verbot der Doppelerhebung + Kostendeckungsprinzip |
| Bombendrohung | JA | Abschnitt 1 Nr. 1.1.1 – Real (Gefahr)<br>Abschnitt 1 Nr. 1.1.2 – bei Vortäuschung = (Anscheinsgefahr)<br>ZEITGEBÜHR (je Std. PVB mD 62,00 Euro + PVB gD 75,19 Euro – je angefangene ¼ Std. Abrechnung) +<br>AUSLAGEN Nr. 1.2.1–1.2.5 + Nr. 13<br>BEGRÜNDUNG Dauer + Anzahl PVB |
| Boote | JA | AUSLAGE<br>Abschnitt 1 Nr. 1.2.1 Gefahrenlagen<br>Abschnitt 2 Nr. 3.2.1 Ersatzvornahme + Unmittelbarer Zwang<br>⇨ Vorlage einer *Abrechnung* (BELEG beifügen)<br>BEACHTE: Nur die einsatzbedingten *Mehrkosten* sind individuell zurechenbar (keine Vollkostenabrechnung!)<br>⇨ BEGRÜNDUNG: Erforderlichkeit |
| Brandmelder<br>Auslösen missbräuchlich | JA | Abschnitt 1 Nr. 1.1.3 ABSICHTLICH<br>Abschnitt 1 Nr. 1.1.4 VERSEHENTLICH<br>ZEITGEBÜHR (je Std. PVB mD 62,00 Euro + PVB gD 75,19 Euro – je angefangene ¼ Std. Abrechnung)<br>AUSLAGEN Nr. 1.2.1–1.2.5 + Nr. 13<br>BEGRÜNDUNG Dauer + Anzahl PVB |
| Decken | NEIN | In der Fest- und Zeitgebühr bereits eingerechnet |
| Diensthund | NEIN | In der Fest- und Zeitgebühr bereits eingerechnet |
| Dienstfahrzeug | NEIN | In der Fest- und Zeitgebühr für ⇨ *Transport* eingerechnet |

| **Maßnahme**<br>**Einsatzmittel** | **Gebühr** | **Anmerkung** |
|---|---|---|
| Dienstfahrzeug Reinigung | JA | ⇨ *Siehe unter REINIGUNG* |
| Dienstpferd | NEIN | In der Fest- und Zeitgebühr bereits eingerechnet |
| Dolmetscher | | AUSLAGE (BELEG Rechnung)<br>Abschnitt 1 Nr. 13 (Alle Maßnahmen!)<br>Abschnitt 2 Nr. 3.1 (Zwang) |
| Durchbruch Luftsicherheitskontrolle | JA | Abschnitt 1 Nr. 1.1.1 – ZEITGEBÜHR (je Std. PVB mD 62,00 Euro + PVB gD 75,19 Euro – je angefangene ¼ Std. Abrechnung)<br>+ AUSLAGEN Nr. 1.2.1–1.2.5 + Nr. 13<br>BEGRÜNDUNG<br>Dauer + Anzahl PVB |
| Durchsuchung im Rahmen eines Gewahrsams | NEIN | Abschnitt 1 Nr. 8.1 – Die Festgebühr beinhaltet die Durchsuchung des Ingewahrsamgenommenen sowie alle rechtlich erforderlichen Maßnahmen z. B. Einholung der Richterlichen Entscheidung sowie Serviceleistungen (Essen, Trinken, Hygiene, Benachrichtigungen etc.) |
| DUZ | NEIN | In der Fest- und Zeitgebühr bereits eingerechnet |
| Entschärfer | JA | Abschnitt 1 Nr. 1.1.1–1.2.3 – ZEITGEBÜHR (je Std. PVB mD 62,00 Euro + PVB gD 75,19 Euro – je angefangene ¼ Std. Abrechnung)<br>+ AUSLAGEN Nr. 1.2.1<br>⇨ *Hubschrauber* (=BEGRÜNDUNG!)<br>+ 1.2.2 Reinigung Uniform + Sachen im Dienstgebrauch |
| Einbetonierung im Gleisbett | JA | ⇨ *Siehe unter Unmittelbare Ausführung* |
| Einmaldecken | NEIN | In der Fest- und Zeitgebühr bereits eingerechnet |
| ED-Maßnahme | JA | Nach § 24 I BPolG + § 81b I 2. Alt. StPO<br>Abschnitt 1 Nr. 5 FESTGEBÜHR 64,05 Euro |
| Ersatzvornahme | JA | Abschnitt 2 Nr.1.2 + 2.1 ZEITGEBÜHR (je Std. PVB mD 62,00 Euro + PVB gD 75,19 Euro – je angefangene ¼ Std. Abrechnung)<br>+ AUSLAGEN Nr. 3.2.1–3.2.3 |
| Evakuierung | JA | Abschnitt 1 Nr. 1.1.1 – ZEITGEBÜHR (je Std. PVB mD 62,00 Euro + PVB gD 75,19 Euro – je angefangene ¼ Std. Abrechnung)<br>+ AUSLAGEN Nr. 1.2.1–1.2.5 + Nr. 13<br>BEGRÜNDUNG Dauer + Anzahl PVB |

| **Maßnahme Einsatzmittel** | **Gebühr** | **Anmerkung** |
|---|---|---|
| Fahrtkosten | NEIN | Transportkosten werden als pauschale Zeitgebühr zu 16,91 Euro je angefangene ¼ Std. abgerechnet<br>⇨ *Transport* |
| Fehlalarm | JA | Abschnitt 1 Nr. 1.1.3 ABSICHTLICH<br>Abschnitt 1 Nr. 1.1.4 VERSEHENTLICH<br>ZEITGEBÜHR (je Std. PVB mD 62,00 Euro + PVB gD 75,19 Euro – je angefangene ¼ Std. Abrechnung)<br>AUSLAGEN Nr. 1.2.1–1.2.5 + Nr. 13 |
| Feuermelder<br>Auslösen missbräuchlich | JA | Abschnitt 1 Nr. 1.1.3 ABSICHTLICH<br>Abschnitt 1 Nr. 1.1.4 VERSEHENTLICH<br>ZEITGEBÜHR (je Std. PVB mD 62,00 Euro + PVB gD 75,19 Euro – je angefangene ¼ Std. Abrechnung)<br>AUSLAGEN Nr. 1.2.1–1.2.5 + Nr. 13<br>BEGRÜNDUNG Dauer + Anzahl PVB |
| Feuerwehr | JA | AUSLAGE Kosten anderer Behörden (BELEG-Rechnung)<br>Abschnitt 1 Nr. 1.2.3 (Gefahrenlage)<br>Abschnitt 2 Nr. 2.2 Verweis auf Nr. 1.2.3 (Unmittelbare Ausführung) |
| Fesseln – Einweg | NEIN | In der Fest- und Zeitgebühr bereits eingerechnet |
| Feuerwerkskörper<br>Mitführverbot | JA | Abschnitt 1 Nr. 1.3.1 – ZEITGEBÜHR (je Std. PVB mD 62,00 Euro + PVB gD 75,19 Euro – je angefangene ¼ Std. Abrechnung)<br>Mitführverbot zuvor aufgrund Allgemeinverfügung oder Ordnungsverfügung erlassen |
| Flughafen Außenzaun – Überklettern/Zerschneiden | JA | Abschnitt 1 Nr. 1.1.1 – ZEITGEBÜHR (je Std. PVB mD 62,00 Euro + PVB gD 75,19 Euro – je angefangene ¼ Std. Abrechnung)<br>+ AUSLAGEN Nr. 1.2.1–1.2.5 + Nr. 13<br>BEGRÜNDUNG Dauer + Anzahl PVB |
| Fußball-Fan-Begleitung | NEIN | Nur gegen einzelne Fans, die Kostentatbestände z. B. Gefahrenlagen nach Nr. 1.1.1 verwirklichen (*s. u. a.* ⇨ *Absperrung, Pyrotechnik, Räumung etc.*) |
| Gebührenfestsetzung/<br>Gebührenbescheid | NEIN | § 2 II BMIBGebV ⇨ in Gebühren + Auslagen bereits enthalten |

| **Maßnahme Einsatzmittel** | **Gebühr** | **Anmerkung** |
|---|---|---|
| Gebührenbescheid Mahnung vor Vollstreckung | JA | Abschnitt 2 Nr. 1.1 FESTGEBÜHR 3,60 Euro |
| Gepäckstücke, unbeaufsichtigt zurückgelassen | JA | Abschnitt 1 Nr. 1.1.2 – ZEITGEBÜHR (je Std. PVB mD 62,00 Euro + PVB gD 75,19 Euro – je angefangene ¼ Std. Abrechnung) + AUSLAGEN Nr. 1.2.1–1.2.5 + Nr. 13 BEGRÜNDUNG Dauer + Anzahl PVB |
| Gewahrsam Anordnung | JA | FESTGEBÜHR 79,80 Euro + AUSLAGEN (BELEG) Abschnitt 1 Nr. 8.3.1– 8.3.7 + Nr. 13 SICHERSTELLUNG von mitgeführten Gegenständen lösen zusätzlich Gebühren aus – Abschnitt 1 Nr. 9.1 |
| Gewahrsam Vollzug | JA | ZEITGEBÜHR (7,00 Euro – je angefangene ¼ Std.) AUSLAGEN (BELEG) Abschnitt 1 Nr. 8.3.1–8.3.7 + Nr. 13 |
| Gewahrsamsfähigkeit Arztkosten | JA | AUSLAGE (BELEG Rechnung) Abschnitt 1 Nr. 8.3.4 (Gewahrsam) |
| Glasflaschenverbot | JA | Abschnitt 1 Nr. 1.3.1 – ZEITGEBÜHR (je Std. PVB mD 62,00 Euro + PVB gD 75,19 Euro – je angefangene ¼ Std. Abrechnung) Mitführverbot muss zuvor aufgrund einer Allgemeinverfügung oder Ordnungsverfügung erlassen worden sein |
| Grenzerlaubnis | JA | Abschnitt 1 Nr. 12.2 FESTGEBÜHR 84,30 Euro BEACHTE Gebührenbefreiung Rettungsflüge |
| Grenzübergangstelle Zulassung | JA | Abschnitt 1 Nr. 12.1 – ZEITGEBÜHR (je Std. PVB mD 62,00 Euro + PVB gD 75,19 Euro – je angefangene ¼ Std. Abrechnung) + AUSLAGE Nr. 13 (Dolmetscher) |
| Grenzübergangsstelle Schließung | NEIN | Gebührenbefreiung – Abschnitt 1 Nr. 12 |
| Heizgeräte z. B. bei Ankettung/Einbetonierung | NEIN | In der Fest- und Zeitgebühr bereits eingerechnet |
| Heranführen alarmierter Einsatzkräfte mit Hubschraubern | JA | ⇨ *Siehe unter Hubschrauber* |

| **Maßnahme Einsatzmittel** | **Gebühr** | **Anmerkung** |
|---|---|---|
| Hilflose Lage unverschuldet | NEIN | Gebührenbefreiung – Abschnitt 1 Nr. 8 |
| Hubschrauber | JA | AUSLAGE<br>Abschnitt 1 Nr. 1.2.1 Gefahrenlagen<br>Abschnitt 2 Nr. 3.2.1 Ersatzvornahme + Unmittelbarer Zwang<br>⇨ Vorlage einer *Abrechnung Fliegerstaffel* (BELEG beifügen*)*<br>BEACHTE: Nur die einsatzbedingten *Mehrkosten* sind individuell zurechenbar (Keine Vollkostenabrechnung!)<br>⇨ *BEGRÜNDUNG: Erforderlichkeit* |
| Identitätsfeststellung | JA | ABER NUR zum Schutz privater Rechte<br>Abschnitt 1 Nr. 4<br>FESTGEBÜHR 57,85 Euro<br>UND, wenn sie im Zusammenhang mit einer Platzverweisung erfolgt ⇨ unten unter *Platzverweis* |
| Kfz<br>Transport Einsatzkräfte | NEIN | In der Fest- und Zeitgebühr für ⇨ *Transport* eingerechnet |
| Kfz/Krad<br>Verwahrung | JA | ⇨ *Siehe Verwahrung* |
| Kilometer-Kosten | NEIN | Transportkosten werden als pauschale Zeitgebühr zu 16,91 Euro je angefangene ¼ Std. abgerechnet<br>⇨ *Transport* |
| Kleidung<br>Gebührenpflichtige | | ⇨ AUSLAGE Vorlage einer *Rechnung* (BELEG beifügen)<br>Abschnitt 1 Nr.1.2.5 Gefahrenlagen bei:<br>– Abschnitt 1 Nr. 1.1.5 Suche + Rettung<br>– Abschnitt 1 Nr. 1.1.7 Abgängige Person<br>Abschnitt 1 Nr. 8.3.7 Gewahrsam |
| Körperliche Gewalt<br>bei Zwang | JA | ⇨ *s. unter Unmittelbarer Zwang* |
| Kunststoff-Einmal-Fessel | NEIN | In der Fest- und Zeitgebühr bereits eingerechnet |
| Kreiszeichen<br>= Eisenbahninternes Notzeichen ohne Gefahr | JA | Abschnitt 1 Nr. 1.1.3 ZEITGEBÜHR<br>(je Std. PVB mD 62,00 Euro + PVB gD 75,19 Euro – je angefangene ¼ Std. Abrechnung)<br>AUSLAGEN Nr. 1.2.1–1.2.5 + Nr. 13<br>BEGRÜNDUNG Dauer + Anzahl PVB |

| **Maßnahme<br>Einsatzmittel** | **Gebühr** | **Anmerkung** |
|---|---|---|
| Landespolizei<br>Verbringen zum ZPG | JA | ⇨ *s. unter Transport* |
| Leihkosten | JA | ⇨ *s. Mietkosten* |
| Luftsicherheitskontrolle<br>Waffe/Sprengstoff im<br>Gepäck | JA | Abschnitt 1 Nr. 1.1.1 – Real (Gefahr)<br>Abschnitt 1 Nr. 1.1.2 – bei Vortäuschung = (Anscheinsgefahr)<br>ZEITGEBÜHR (je Std. PVB mD 62,00 Euro + PVB gD 75,19 Euro – je angefangene ¼ Std. Abrechnung)<br>+ AUSLAGEN Nr. 1.2.1–1.2.5 + Nr. 13<br>BEGRÜNDUNG Dauer + Anzahl PVB |
| Mahnung<br>(Vollstreckung)<br>Leistungsbescheid =<br>Gebührenbescheid | JA | Abschnitt 2 Nr. 1.1<br>FESTGEBÜHR 3,60 Euro |
| Mahnung<br>Vollstreckung Leistungsbescheid = Gebührenbescheid | JA | Abschnitt 2 Nr. 1.1<br>FESTGEBÜHR 3,60 Euro |
| Meldeauflage | JA | Abschnitt 1 Nr. 1.3.2 – ZEITGEBÜHR (je Std. PVB mD 62,00 Euro + PVB gD 75,19 Euro – je angefangene ¼ Std. Abrechnung) |
| Mietkosten | JA | AUSLAGE Kosten Dritter (Rechnung)<br>Abschnitt 1 Nr. 1.2.3 (Gefahr)<br>Abschnitt 1 Nr. 2.2.3 (Unmittelbare Ausführung)<br>Abschnitt 1 Nr. 8.3.7 (Gewahrsam)<br>Abschnitt 1 Nr. 9.2.3 (Sicherstellung)<br>Abschnitt 1 Nr. 10.3.3 (Verwahrung)<br>Abschnitt 2 Nr. 3.2.3 (Zwang) |
| Mitführverbot | JA | Abschnitt 1 Nr. 1.3.1 – ZEITGEBÜHR (je Std. PVB mD 62,00 Euro + PVB gD 75,19 Euro – je angefangene ¼ Std. Abrechnung)<br>Mitführverbot muss zuvor aufgrund einer Allgemeinverfügung oder Ordnungsverfügung erlassen worden sein, z. B. bei Fußballanreise Glasflaschenverbot, Pyrotechnik, Alkoholverbot, Messer, Schläger ...<br>BEACHTE Bestimmtheit, z. B. Gefährliche Gegenstände müssen konkretisiert benannt sein |

| **Maßnahme Einsatzmittel** | **Gebühr** | **Anmerkung** |
|---|---|---|
| Mittellosigkeit | JA | Kein Befreiungsgrund nach § 9 IV oder V BGebG<br>⇨ *ggf. Aussetzung der Vollstreckung wegen Erfolglosigkeit* |
| Munition<br>Beschaffung / Kosten | NEIN | In der Fest- und Zeitgebühr bereits eingerechnet |
| Notausgang<br>Missbräuchliches Öffnen | JA | Abschnitt 1 Nr. 1.1.3 ABSICHTLICH<br>Abschnitt 1 Nr. 1.1.4 VERSEHENTLICH<br>ZEITGEBÜHR (je Std. PVB mD 62,00 Euro + PVB gD 75,19 Euro – je angefangene ¼ Std. Abrechnung)<br>AUSLAGEN Nr. 1.2.1 – 1.2.5 + Nr. 13<br>BEGRÜNDUNG Dauer + Anzahl PVB |
| Notbremse<br>ziehen ohne Grund | JA | Abschnitt 1 Nr. 1.1.3 ABSICHTLICH<br>Abschnitt 1 Nr. 1.1.4 VERSEHENTLICH<br>ZEITGEBÜHR (je Std. PVB mD 62,00 Euro + PVB gD 75,19 Euro – je angefangene ¼ Std. Abrechnung)<br>AUSLAGEN Nr. 1.2.1–1.2.5 + Nr. 13<br>BEGRÜNDUNG Dauer + Anzahl PVB |
| Notruf<br>Notrufzeichen<br>Notrufsignale<br>missbräuchlich | JA | Abschnitt 1 Nr. 1.1.3 ABSICHTLICH<br>Abschnitt 1 Nr. 1.1.4 VERSEHENTLICH<br>ZEITGEBÜHR (je Std. PVB mD 62,00 Euro + PVB gD 75,19 Euro – je angefangene ¼ Std. Abrechnung)<br>AUSLAGEN Nr. 1.2.1–1.2.5 + Nr. 13<br>BEGRÜNDUNG Dauer + Anzahl PVB |
| Pausen<br>Einsatzkräfte | NEIN | Müssen abgezogen werden von der Zeitgebühr, da sie auch so angefallen wären und damit nicht individuell zurechenbar |
| Personenkraftfahrzeug | NEIN | In der Fest- und Zeitgebühr für<br>⇨ *Transport* eingerechnet |
| Platzverweis<br>mündlich mit<br>ID-Feststellung | JA | Abschnitt 1 Nr. 7.1<br>FESTGEBÜHR 48,05 Euro |
| Platzverweis<br>Schriftlich erstmalig | JA | Abschnitt 1 Nr. 7.2.1<br>FESTGEBÜHR 96,05 Euro |
| Platzverweis<br>Schriftlich wiederholt | JA | Abschnitt 1 Nr. 7.2.2<br>FESTGEBÜHR 56,15 Euro |

| **Maßnahme Einsatzmittel** | **Gebühr** | **Anmerkung** |
|---|---|---|
| Portokosten PZU für Gebührenbescheid | NEIN | Nach § 2 Absatz 2 BMIBGebV ist die Festsetzung der Gebühren und auch weitere Auslagen der Festsetzung von der Gebühr bereits erfasst. Zur Festsetzung gehört neben dem Erstellen des Gebührenbescheids und Anhörung auch die Zustellung und Bekanntgabe (§§ 28 I, 41 I VwVfG). Zudem verbietet § 2 III BMIBGebV die Erhebung von Auslagen, die nicht im Gebühren- und Auslagenverzeichnis enthalten sind. |
| Psychologische Betreuung bei Großlagen, Eingreifbahnhof etc. | NEIN | Es fehlt hier an der individuellen Zurechenbarkeit und der Veranlassung durch den einzelnen Störer – Vielzahl von Personen, die von öffentlicher Leistung profitieren – nicht differenzierbarer Zusammenhang – erfolgt auch oder gerade für Nichtstörer + Einsatzkräfte |
| Pyrotechnik Verbot des Mitführens | JA | Abschnitt 1 Nr. 1.3.1 – ZEITGEBÜHR (je Std. PVB mD 62,00 Euro + PVB gD 75,19 Euro – je angefangene ¼ Std. Abrechnung) Mitführverbot muss zuvor aufgrund einer Allgemeinverfügung oder Ordnungsverfügung erlassen worden sein |
| Pyrotechnik Verwenden im Bahnbereich oder Zügen | JA | Abschnitt 1 Nr. 1.1.1 – ZEITGEBÜHR (je Std. PVB mD 62,00 Euro + PVB gD 75,19 Euro – je angefangene ¼ Std. Abrechnung) + AUSLAGEN Nr. 1.2.1–1.2.5 + Nr. 13 BEGRÜNDUNG Dauer + Anzahl PVB |
| Rauchtöpfe Löschen (in Verbindung mit Fußball-Begleitungen) | JA | Abschnitt 1 Nr. 1.1.1 – ZEITGEBÜHR (je Std. PVB mD 62,00 Euro + PVB gD 75,19 Euro – je angefangene ¼ Std. Abrechnung) + AUSLAGEN Nr. 1.2.1–1.2.5 + Nr. 13 BEGRÜNDUNG Dauer + Anzahl PVB |
| Räumung | JA | Abschnitt 2 Nr. 1.4 Unmittelbarer Zwang nach Erlass eines VA ZEITGEBÜHR (je Std. PVB mD 62,00 Euro + PVB gD 75,19 Euro – je angefangene ¼ Std. Abrechnung) + evtl. AUSLAGEN Abschnitt 2 Nr. 3.2.2 Reinigung Uniform bei zurechenbarer Beschmutzung |

| **Maßnahme Einsatzmittel** | **Gebühr** | **Anmerkung** |
|---|---|---|
| Reinigung<br>– Diensträume<br>– Dienstfahrzeug<br>– Uniform<br>– Sachen des Dienstgebrauchs | JA | AUSLAGEN nur für Sonderreinigungen, für individuell veranlasst Beschmutzungen<br>Abschnitt 1 Nr. 1.2.2 Gefahrenlagen<br>Abschnitt 1 Nr. 2.2 Unmittelbare Ausführung<br>Abschnitt 1 Nr. 8.3.1 Gewahrsam<br>Abschnitt 1 Nr. 9.2.1 Sicherstellung<br>Abschnitt 1 Nr. 10.3.1 Verwahrung Kfz, Krad<br>Abschnitt 1 Nr. 11.3.1 Verwertung, Vernichtung<br>Abschnitt 2 Nr. 3.2.2 Unmittelbarer Zwang<br>+ Ersatzvornahme<br>BEGRÜNDUNG für Erforderlichkeit! |
| Reisezeiten | JA | Bei ZEITGEBÜHR für Leistungserbringung notwendig und steht mit ihr im Zusammenhang (§ 3 I AGebV) – aber nur übliche Dauer. Bei erheblichen längeren sind sie auf die üblichen zu kürzen (§ 9 V BGebG) |
| Reizstoffe<br>– Beschaffung | NEIN | In der Fest- und Zeitgebühr bereits eingerechnet |
| Reizstoffe<br>– Einsatz | JA | ⇨ *s. unter Unmittelbarer Zwang* |
| Rettungsflug Grenzerlaubnis | NEIN | Gebührenbefreiung Abschnitt 1 Nr. 12.2 Halbs. 2 |
| Rettung Personen | JA | BEACHTE: Gefahrenlagen ist durch VORSATZ oder GROBE FAHRLÄSSIGKEIT herbeigeführt<br>AUSNAHME:<br>Suizid = Gebührenbefreiung<br>Abschnitt 1 Nr. 1.1.5 – ZEITGEBÜHR<br>(je Std. PVB mD 62,00 Euro + PVB gD 75,19 Euro – je angefangene ¼ Std. Abrechnung)<br>+ AUSLAGEN Nr. 1.2.1–1.2.5 + Nr. 13<br>BEGRÜNDUNG Dauer + Anzahl PVB<br>WICHTIG Bei Kindern + Betreuten = Gebührenschuldner = Aufsichtspflichtiger (Eltern, Betreuer, Heimleitung etc.) |
| Rettung von Tieren | JA | Abschnitt 1 Nr. 1.1.8 – ZEITGEBÜHR<br>(je Std. PVB mD 62,00 Euro + PVB gD 75,19 Euro – je angefangene ¼ Std. Abrechnung)<br>+ AUSLAGEN Nr. 1.2.1–1.2.5 + Nr. 13<br>BEGRÜNDUNG Dauer + Anzahl PVB<br>Gebührenschuldner = Tierhalter |

| Maßnahme Einsatzmittel | Gebühr | Anmerkung |
|---|---|---|
| Sanitäranlagen<br>Aufstellen bei Großlagen, Eingreifbahnhof | NEIN | Es fehlt hier an der individuellen Zurechenbarkeit und der Veranlassung durch den einzelnen Störer – Vielzahl von Personen – nicht differenzierbarer Zusammenhang erfolgt auch für Nichtstörer + Einsatzkräfte |
| Säumniszuschlag | JA | § 16 BGebG – Es muss aber im Leistungs-/Gebührenbescheid ein Fälligkeitsdatum festgelegt sein |
| Schadensausgleich durch BPOL an Dritte gezahlt (§ 51 BPolG) | NEIN | Zahlt die BPOL einen Dritten gemäß § 51 I oder II BPolG Schadensausgleich, dann handelt es sich nicht um Auslagen, sondern dafür besteht ein spezieller Regressanspruch in § 55 II BPolG. |
| Schiffe | JA | AUSLAGE<br>Abschnitt 1 Nr. 1.2.1 Gefahrenlagen<br>Abschnitt 2 Nr. 3.2.1 Ersatzvornahme + Unmittelbarer Zwang<br>⇨ Vorlage einer *Abrechnung*<br>(BELEG beifügen*)*<br>BEACHTE: Nur die einsatzbedingten *Mehrkosten* sind individuell zurechenbar (keine Vollkostenabrechnung!)<br>⇨ BEGRÜNDUNG: Erforderlichkeit |
| Schutz privater Rechte<br>Identitätsfeststellung | JA | Abschnitt 1 Nr. 4<br>FESTGEBÜHR 57,85 Euro |
| Seenotfackeln<br>Löschen<br>(in Verbindung mit Fußball-Begleitungen) | JA | Abschnitt 1 Nr. 1.1.1 –<br>ZEITGEBÜHR (je Std. PVB mD 62,00 Euro + PVB gD 75,19 Euro – je angefangene ¼ Std. Abrechnung) + AUSLAGEN Nr. 1.2.1–1.2.5 + Nr. 13<br>BEGRÜNDUNG Dauer + Anzahl PVB |
| Sicherstellung<br>Tiere + Sachen | JA | Abschnitt 1 Nr. 9.1 FESTGEBÜHR 51,65 Euro + AUSLAGE (BELEG) Nr. 9.2.1 (Reinigung)<br>+ Nr. 9.2.2 (Transport Tiere + Sachen)<br>+ Nr. 9.2.3 (anderer Behörden + Dritter)<br>+ Nr. 13 (Dolmetscher)<br>BEACHTE: Nr. 9.1 fällt zusätzlich zu der Gebühr nach Nr. 8 (Gewahrsam) bei Sicherstellung von Sachen der in Gewahrsam genommenen Person an. |
| Sprengstoffspürhund | NEIN | In der Fest- und Zeitgebühr bereits eingerechnet |

| Maßnahme Einsatzmittel | Gebühr | Anmerkung |
|---|---|---|
| Sprengstoff<br>Mitführen | JA | Abschnitt 1 Nr. 1.1.1 – real (Gefahr)<br>Abschnitt 1 Nr. 1.1.2 – bei Vortäuschung = (Anscheinsgefahr)<br>ZEITGEBÜHR (je Std. PVB mD 62,00 Euro + PVB gD 75,19 Euro – je angefangene ¼ Std. Abrechnung)<br>+ AUSLAGEN Nr. 1.2.1–1.2.5 + Nr. 13<br>BEGRÜNDUNG Dauer + Anzahl PVB |
| Suche<br>Personen<br>in Gefahrenlage | JA | BEACHTE: Gefahrenlagen ist durch VORSATZ oder<br>GROBE FAHRLÄSSIGKEIT herbeigeführt<br>AUSNAHME: Suizid = Gebührenbefreiung<br>Abschnitt 1 Nr. 1.1.5 – ZEITGEBÜHR<br>(je Std. PVB mD 62,00 Euro + PVB gD 75,19 Euro – je angefangene ¼ Std. Abrechnung)<br>+ AUSLAGEN Nr. 1.2.1–1.2.5 + Nr. 13<br>BEGRÜNDUNG Dauer + Anzahl PVB<br>WICHTIG Bei Kindern + Betreuten = Gebührenschuldner = Aufsichtspflichtiger (Eltern, Betreuer, Heimleitung etc.) |
| Suche<br>Personen<br>vermisst gemeldet<br>Auffinden/Rückkehr wird nicht gemeldet | | Abschnitt 1 Nr. 1.1.6 – ZEITGEBÜHR<br>(je Std. PVB mD 62,00 Euro + PVB gD 75,19 Euro – je angefangene ¼ Std. Abrechnung)<br>+ AUSLAGEN Nr. 1.2.1–1.2.5 + Nr. 13<br>BEGRÜNDUNG Dauer + Anzahl PVB<br>WICHTIG Gebührenschuldner = Melder |
| Suizid<br>– Gefahr | NEIN | Gebührenbefreiung – Abschnitt 1 Nr. 1.1.5 und Nr. 3 |
| Technisches Hilfswerk | JA | AUSLAGE Kosten anderer Behörden (BELEG-Rechnung)<br>Abschnitt 1 Nr. 1.2.3 (Gefahrenlage)<br>Abschnitt 2 Nr. 2.2 Verweis auf Nr. 1.2.3 (Unmittelbare Ausführung) |
| Technische Sperre | NEIN | In der Fest- und Zeitgebühr bereits eingerechnet |
| Technisches Gerät<br>– eigenes | NEIN | In der Fest- und Zeitgebühr bereits eingerechnet |
| Technisches Gerät<br>– fremdes | JA | ⇨AUSLAGE *(Kosten Dritter)* unter Vorlage einer *Rechnung* (BELEG beifügen)<br>Abschnitt 1 Nr. 1.2.3 Gefahrenlagen |

| **Maßnahme Einsatzmittel** | **Gebühr** | **Anmerkung** |
|---|---|---|
| Telefonkosten | NEIN | In der Fest- und Zeitgebühr bereits eingerechnet |
| Telekomunikations-Dienstleister Auskunft | JA | Abschnitt 1 Nr. 3<br>ZEITGEBÜHR (je Std. PVB mD 62,00 Euro + PVB gD 75,19 Euro – je angefangene ¼ Std. Abrechnung) + AUSLAGEN Nr. 3.2.1 + 3.2.2 + Nr. 13 |
| Tiere<br>Einfangen<br>Auffinden | JA | ⇨ *s. unter Bergen*<br>⇨ *s. unter Rettung*<br>⇨ *s. unter Sicherstellung* |
| Tierheim-Tierpension-Kosten | JA | AUSLAGE (BELEG Rechnung)<br>Abschnitt 1 Nr. 8.3.2 (Gewahrsam) |
| Transport<br>Personen, Tiere, Sachen | JA | AUSLAGE<br>Abschnitt 1 Nr. 8.3.2 (Gewahrsam)<br>Abschnitt 1 Nr. 9.2.2 (Sicherstellung)<br>Abschnitt 1 Nr. 10.3 (Verwahrung Kfz, Krad)<br>ZEITGEBÜHR 15,69 Euro je angefangene ¼ Std.<br>Abschnitt 1 Nr. 11.2 (Verwertung und Vernichtung) – (je Std. PVB mD 62,00 Euro + PVB gD 75,19 Euro – je angefangene ¼ Std. Abrechnung) |
| Transport<br>PVB | JA | Abschnitt 1 Nr. 12.3<br>im Falle einer Grenzerlaubnis zur Durchführung von Kontrollen an Flugplatz oder Hafen oder außerhalb von Verkehrsstunden.<br>AUSLAGE = ZEITGEBÜHR (16,91 Euro je angefangene ¼ Std. pro PVB)<br>UND<br>Transport luftverlastet + zu Wasser<br>⇨ *s. unter Boote*<br>⇨ *s. unter Hubschrauber*<br>⇨ *s. unter Schiffe*<br>Bei allen anderen Maßnahmen in den Fest- und Zeitgebühren enthalten |
| Tränengas-Einsatz | JA | ⇨ *s. unter Unmittelbarer Zwang* |
| Überstunden | NEIN | Überstunden sind bei den Gebühren bei Fest-gebühren enthalten. Bei Zeitgebühren sind sie unproblematisch, da ja ohnehin nach Zeitfaktor abgerechnet wird. Ein evtl. Überstundenzuschlag ist in der Gebühr bereits berücksichtigt. |

| **Maßnahme Einsatzmittel** | **Gebühr** | **Anmerkung** |
|---|---|---|
| Unmittelbare Ausführung | JA | Abschnitt 1 Nr. 2.1 ZEITGEBÜHR<br>(je Std. PVB mD 62,00 Euro + PVB gD 75,19 Euro – je angefangene ¼ Std. Abrechnung)<br>+ AUSLAGEN Nr. 1.2.1–1.2.5 + Nr. 13 |
| Unmittelbarer Zwang<br>– Körperliche Gewalt<br>– Hilfsmittel<br>– Waffen | JA | Abschnitt 2 Nr. 1.4 + 2.2 ZEITGEBÜHR<br>(je Std. PVB mD 62,00 Euro + PVB gD 75,19 Euro – je angefangene ¼ Std. Abrechnung)<br>+ AUSLAGEN Nr. 3.2.1–3.2.3 |
| Verbrauchsmaterial | NEIN | In der Fest- und Zeitgebühr bereits eingerechnet |
| Vernichtung | JA | Abschnitt 1 Nr. 11.2 ZEITGEBÜHR<br>(je Std. PVB mD 62,00 Euro + PVB gD 75,19 Euro – je angefangene ¼ Std. Abrechnung)<br>+ AUSLAGEN (BELEG) Nr. 11.3.1 (Reinigung)<br>+ Nr. 11.3.2 (anderer Behörden + Dritter)<br>+ Nr. 13 (Dolmetscher) |
| Verpflegung Einsatzkräfte | NEIN | In der Fest- und Zeitgebühr bereits eingerechnet |
| Verpflegung Gebührenpflichtige | JA | ⇨AUSLAGE unter Vorlage einer *Rechnung* (BELEG beifügen)<br>Abschnitt 1 Nr. 1.2.4 Gefahrenlagen |
| Verpflegungszeiten Einsatzkräfte | NEIN | Müssen abgezogen werden von der Zeitgebühr, da sie auch so angefallen wären und damit nicht individuell zurechenbar |
| Verwahrung<br>Kfz<br>Krad | JA | FESTGEBÜHR pro Tag<br>Abschnitt 1 Nr. 10.1 Kfz 1,20 Euro<br>Abschnitt 1 Nr. 10.2 Krad 0,60 Euro<br>+ AUSLAGE (BELEG) Nr. 10.3.1 (Reinigung)<br>+ Nr. 10.3.2 (Transport Tiere + Sachen)<br>+ Nr. 10.3.2 (anderer Behörden + Dritter)<br>+ Nr. 13 (Dolmetscher) |
| Verwertung | JA | Abschnitt 1 Nr. 11.1 Festgebühr 77,10 Euro<br>AUSLAGEN (BELEG) Nr. 11.3.1 (Reinigung)<br>+ Nr. 11.3.2 (anderer Behörden + Dritter)<br>+ Nr. 13 (Dolmetscher) |
| Videodatensicherung aufgrund von Gefahrenlagen | JA | Abschnitt 1 Nr. 1.1.1 – ZEITGEBÜHR<br>(je Std. PVB mD 62,00 Euro + PVB gD 75,19 Euro – je angefangene ¼ Std. Abrechnung)<br>+ AUSLAGEN Nr. 1.2.1–1.2.5 + Nr. 13<br>BEGRÜNDUNG Dauer + Anzahl PVB |

| **Maßnahme Einsatzmittel** | **Gebühr** | **Anmerkung** |
|---|---|---|
| Vorladung Zwangsweise Durchsetzung | JA | Abschnitt 1 Nr. 6.1 ZEITGEBÜHR (je Std. PVB mD 62,00 Euro + PVB gD 75,19 Euro – je angefangene ¼ Std. Abrechnung) + AUSLAGEN Nr. 6.2 (Andere Behörden + Dritter) + Nr. 13 (Dolmetscher) |
| Vortäuschen von Gefahren z. B. Anschlägen, Flugzeugentführung, Bombe im Gepäck | JA | Abschnitt 1 Nr. 1.1.2 – bei Vortäuschung = (Anscheinsgefahr) ZEITGEBÜHR (je Std. PVB mD 62,00 Euro + PVB gD 75,19 Euro – je angefangene ¼ Std. Abrechnung) + AUSLAGEN Nr. 1.2.1–1.2.5 + Nr. 13 BEGRÜNDUNG Dauer + Anzahl PVB |
| Waffen-Einsatz Bei Zwang | JA | ⇨ *s. unter Unmittelbarer Zwang* |
| Waffen, polizeiliche Beschaffung/Erhalt | NEIN | In der Fest- und Zeitgebühr bereits eingerechnet |
| Wartezeiten | JA | Bei ZEITGEBÜHR für Leistungserbringung notwendig und steht mit ihr im Zusammenhang (§ 3 I AGebV) – ABER hat BPOL die Wartezeit zu verantworten + bei höherer Gewalt nur übliche Dauer. Bei erheblichen längeren sind sie zu kürzen (§ 9 V BGebG) |
| Wasserwerfer | JA | AUSLAGE<br>Abschnitt 1 Nr. 1.2.1 Gefahrenlagen<br>Abschnitt 2 Nr. 3.2.1 Ersatzvornahme + Unmittelbarer Zwang<br>⇨ Vorlage einer *Abrechnung* (BELEG beifügen) BEACHTE: Nur die einsatzbedingten *Mehrkosten* sind individuell zurechenbar (keine Vollkostenabrechnung!)<br>⇨ BEGRÜNDUNG: Erforderlichkeit |
| Wegtragen von Personen | JA | Abschnitt 2 Nr. 1.4 Unmittelbarer Zwang nach Erlass eines VA – ZEITGEBÜHR (je Std. PVB mD 62,00 Euro + PVB gD 75,19 Euro – je angefangene ¼ Std. Abrechnung) + evtl. AUSLAGEN Abschnitt 2 Nr. 3.2.2 Reinigung Uniform bei zurechenbarer Beschmutzung |
| Willensbestimmung ausschließender Zustand unverschuldet | NEIN | Gebührenbefreiung – Abschnitt 1 Nr. 8 |

| **Maßnahme Einsatzmittel** | **Gebühr** | **Anmerkung** |
|---|---|---|
| Zentraler Gewahrsam der Landespolizei Verbringen | JA | ⇨ *s. unter Transport* |
| Zentraler Gewahrsam der Landespolizei (ZPG) Unterbringung | JA | AUSLAGE<br>Abschnitt 1 Nr. 8.3.7 (Rechnungsvorlage)<br>Rechnet die Landespolizei nicht ab, darf nicht der Vollzug des Gewahrsams stattdessen nicht nach Nr. 8.2 abgerechnet werden, da der Bundespolizei ja tatsächlich keine Vollzugskosten entstanden sind (Kostendeckungsprinzip) |
| Zerstörung von Dienstkleidung/Sachen des Dienstgebrauchs | NEIN | KEIN Gebührentatbestand<br>Fall des zivilrechtlichen Schadensersatzes<br>ggf. Adhäsionsverfahren §§ 403 ff. StPO |
| Zulagen | NEIN | In der Fest- und Zeitgebühr bereits enthalten |
| Zwangsgeld | JA | Abschnitt 2 Nr. 1.3 FESTGEBÜHR 67,20 Euro |
| Zwangsweise Durchsetzung einer Vorladung | JA | ⇨ *s. unter Vorladung* |

# 4. Kostenvorschriften des Bundes im Volltext

## 4.1 Gesetz über Gebühren und Auslagen des Bundes (Bundesgebührengesetz – BGebG)

vom 7. August 2013 (BGBl. I S. 3154), zuletzt durch Artikel 7 des Gesetzes vom 21. November 2023 (BGBl. 2023 I Nr. 315) geändert (BGebG), in Kraft getreten am 15.8.2013

**Inhaltsübersicht**


§ 1 Gebührenerhebung
§ 2 Anwendungsbereich
§ 3 Begriffsbestimmungen
§ 4 Entstehung der Gebührenschuld
§ 5 Gebührengläubiger
§ 6 Gebührenschuldner
§ 7 Sachliche Gebührenfreiheit
§ 8 Persönliche Gebührenfreiheit
§ 9 Grundlagen der Gebührenbemessung
§ 10 Gebühren in besonderen Fällen
§ 11 Gebührenarten
§ 12 Auslagen
§ 13 Gebührenfestsetzung
§ 14 Fälligkeit
§ 15 Vorschusszahlung und Sicherheitsleistung
§ 16 Säumniszuschlag
§ 17 Stundung, Niederschlagung und Erlass
§ 18 Zahlungsverjährung
§ 19 Unterbrechung der Zahlungsverjährung
§ 20 Rechtsbehelf
§ 21 Erstattung
§ 22 Gebührenverordnungen
§ 23 Übergangsregelung
§ 24 Außerkrafttreten

## § 1 Gebührenerhebung

Der Gebührengläubiger erhebt für individuell zurechenbare öffentliche Leistungen vom Gebührenschuldner Gebühren und Auslagen nach Maßgabe dieses Gesetzes und der Gebührenverordnungen nach § 22 Absatz 3 und 4.

## § 2 Anwendungsbereich

(1) Dieses Gesetz gilt für die Gebühren und Auslagen öffentlich-rechtlicher Verwaltungstätigkeit der Behörden des Bundes und der bundesunmittelbaren Körperschaften, Anstalten und Stiftungen des öffentlichen Rechts, soweit dieses Gesetz oder die Gebührenverordnungen nach § 22 Absatz 3 und 4 für individuell zurechenbare öffentliche Leistungen die Erhebung von Gebühren oder die Erstattung von Auslagen vorsehen.

(2) Dieses Gesetz gilt auch für die Erhebung von Gebühren und Auslagen durch die in Absatz 1 genannten Behörden nach anderen Rechtsvorschriften des Bundes, soweit dort nichts anderes bestimmt ist. Es gilt jedoch nicht für individuell zurechenbare öffentliche Leistungen

1. in Verfahren nach der Abgabenordnung,
2. in Verfahren nach dem Sozialgesetzbuch und der Postbeamtenkrankenkasse,
3. der Bundesbehörden der Justiz- und Gerichtsverwaltung sowie des Deutschen Patent- und Markenamtes, des Bundeskartellamtes und der Bundesnetzagentur, soweit sie als Regulierungsbehörde im Sinne des Energiewirtschaftsgesetzes auftritt,
4. der Stiftung Preußischer Kulturbesitz, der Akademie der Künste, der Deutschen Nationalbibliothek, der Stiftung zur Aufarbeitung der SED-Diktatur, der Stiftung Jüdisches Museum Berlin, der Stiftung Reichspräsident-Friedrich-Ebert-Gedenkstätte, der Stiftung Bundespräsident-Theodor-Heuss-Haus, der Stiftung Bundeskanzler-Adenauer-Haus und der Museumsstiftung Post und Telekommunikation,
5. des Deutschen Weinfonds und in Verfahren nach der Verordnung über den Klärschlamm-Entschädigungsfonds,
6. nach der Bundesrechtsanwaltsordnung, der Patentanwaltsordnung, der Bundesnotarordnung, der Wirtschaftsprüferordnung, dem Gesetz zur Einrichtung einer Abschlussprüferaufsichtsstelle beim Bundesamt für Wirtschaft und Ausfuhrkontrolle und dem Steuerberatungsgesetz sowie
7. nach dem Bundesfernstraßengesetz, dem Fernstraßenbauprivatfinanzierungsgesetz, dem Bundesfernstraßenmautgesetz, dem Mautsystemgesetz und dem Infrastrukturabgabengesetz.

(3) Dieses Gesetz findet keine Anwendung, soweit das Recht der Europäischen Union die Erhebung von Gebühren oder Auslagen für bestimmte Leistungen ausschließt.

## § 3 Begriffsbestimmungen

(1) Individuell zurechenbare öffentliche Leistungen sind

1. in Ausübung hoheitlicher Befugnisse erbrachte Handlungen,
2. die Ermöglichung der Inanspruchnahme von vom Bund oder von bundesunmittelbaren Körperschaften, Anstalten und Stiftungen unterhaltenen Einrichtungen und Anlagen sowie von Bundeswasserstraßen, soweit die Ermöglichung der Inanspruchnahme öffentlich-rechtlich geregelt ist,
3. Überwachungsmaßnahmen, Prüfungen und Untersuchungen sowie
4. sonstige Handlungen, die im Rahmen einer öffentlich-rechtlichen Verwaltungstätigkeit erbracht werden,

soweit ihnen Außenwirkung zukommt.



(2) Individuell zurechenbar ist eine Leistung,

1. die beantragt oder sonst willentlich in Anspruch genommen wird,
2. die zugunsten des von der Leistung Betroffenen erbracht wird,
3. die durch den von der Leistung Betroffenen veranlasst wurde oder
4. bei der ein Anknüpfungspunkt im Pflichtenkreis des von der Leistung Betroffenen rechtlich begründet ist; für Stichprobenkontrollen gilt dies nur, soweit diese nach anderen Gesetzen des Bundes oder Rechtsakten der Europäischen Union besonders angeordnet sind und von dem Gegenstand der Kontrolle eine erhebliche Gefahr ausgeht.

(3) Kosten im Sinne dieses Gesetzes sind solche, die nach betriebswirtschaftlichen Grundsätzen als Einzel- und Gemeinkosten ansatzfähig sind, insbesondere Personal- und Sachkosten sowie kalkulatorische Kosten. Zu den Gemeinkosten zählen auch die Kosten der Rechts- und Fachaufsicht.

(4) Gebühren sind öffentlich-rechtliche Geldleistungen, die der Gebührengläubiger vom Gebührenschuldner für individuell zurechenbare öffentliche Leistungen erhebt.

(5) Auslagen sind nicht von der Gebühr umfasste Kosten, die die Behörde für individuell zurechenbare öffentliche Leistungen im Einzelfall nach § 12 Absatz 1 oder 2 erhebt.

(6) Behörde im Sinne dieses Gesetzes ist jede Stelle, die Aufgaben der öffentlichen Verwaltung wahrnimmt.

### § 4 Entstehung der Gebührenschuld

(1) Die Gebührenschuld entsteht mit Beendigung der individuell zurechenbaren öffentlichen Leistung. Bedarf diese Leistung einer Zustellung, Eröffnung oder sonstigen Bekanntgabe, so gilt dies als deren Beendigung.

(2) Abweichend von Absatz 1 entsteht die Gebührenschuld,

1. wenn ein Antrag oder ein Widerspruch zurückgenommen wird oder sich auf sonstige Weise erledigt, mit der Zurücknahme oder der sonstigen Erledigung und
2. wenn eine individuell zurechenbare öffentliche Leistung aus Gründen, die der Betroffene zu vertreten hat, nicht zum festgesetzten Termin erbracht werden kann oder abgebrochen werden muss, im Zeitpunkt des für die Erbringung der Leistung festgesetzten Termins oder des Abbruchs der Leistung.

### § 5 Gebührengläubiger

Gebührengläubiger ist

1. der Rechtsträger der Behörde, die die individuell zurechenbare öffentliche Leistung erbringt, oder
2. der Beliehene, wenn die individuell zurechenbare öffentliche Leistung von diesem erbracht wird.

### § 6 Gebührenschuldner

(1) Zur Zahlung von Gebühren ist derjenige verpflichtet,

1. dem die öffentliche Leistung individuell zurechenbar ist,
2. der die Gebührenschuld eines anderen durch eine gegenüber der Behörde abgegebene oder ihr mitgeteilte Erklärung übernommen hat oder
3. der für die Gebührenschuld eines anderen kraft Gesetzes haftet.

(2) Mehrere Gebührenschuldner haften als Gesamtschuldner.

### § 7 Sachliche Gebührenfreiheit

Gebühren werden nicht erhoben

1. für mündliche, einfache schriftliche oder elektronische Auskünfte,
2. für einfache Auskünfte aus Registern und Dateien,
3. für einfache elektronische Kopien,
4. in Gnadensachen,
5. bei Dienstaufsichtsbeschwerden,
6. für Maßnahmen der Rechts- und Fachaufsicht gegenüber bundesunmittelbaren Körperschaften, Anstalten und Stiftungen des öffentlichen Rechts,
7. im Rahmen eines bestehenden oder früheren Dienst- oder Amtsverhältnisses,

8. im Rahmen einer bestehenden oder früheren gesetzlichen Dienstpflicht oder einer Tätigkeit, die anstelle der gesetzlichen Dienstpflicht geleistet werden kann,
9. für Entscheidungen im Rahmen der Bewilligung von Geldleistungen sowie für in diesem Zusammenhang erforderliche Abwicklungsmaßnahmen und Durchführungskontrollen,
10. für Entscheidungen über Stundung, Erlass oder Erstattung von Gebühren,
11. für Sachen im Gemeingebrauch, soweit in Gesetzen des Bundes nichts anderes bestimmt ist.

### § 8 Persönliche Gebührenfreiheit



(1) Die Bundesrepublik Deutschland und die bundesunmittelbaren Körperschaften, Anstalten und Stiftungen des öffentlichen Rechts, deren Ausgaben auf Grund gesetzlicher Verpflichtung ganz oder teilweise aus dem Haushalt des Bundes getragen werden, sind von der Zahlung der Gebühren für individuell zurechenbare öffentliche Leistungen befreit.

(2) Die Länder und die landesunmittelbaren Körperschaften, Anstalten und Stiftungen des öffentlichen Rechts, deren Ausgaben auf Grund gesetzlicher Verpflichtung ganz oder teilweise aus dem Haushalt des Landes getragen werden, sowie die Gemeinden und Gemeindeverbände sind gebührenbefreit, soweit der Empfänger der individuell zurechenbaren öffentlichen Leistung dem Bund ebenfalls Gebührenfreiheit einräumt. Nicht befreit sind wirtschaftliche Unternehmen der Länder sowie der Gemeinden und Gemeindeverbände. Der Empfänger der individuell zurechenbaren öffentlichen Leistung hat entsprechende Angaben von Amts wegen zu machen. Die Erhebung von Gebühren für die Inanspruchnahme öffentlicher Einrichtungen durch die Behörden des Bundes bleibt durch die Sätze 1 bis 3 unberührt.

(3) Die Gebührenfreiheit tritt nicht ein, soweit die in Absatz 1 oder 2 Genannten gegenüber der Behörde erklären, dass sie berechtigt sind, die Gebühren Dritten aufzuerlegen oder sonst auf Dritte umzulegen. Die in Absatz 1 oder 2 Genannten haben entsprechende Angaben von Amts wegen zu machen.

(4) Abweichend von Absatz 1 oder 2 bleibt die Gebührenpflicht bestehen, wenn die individuell zurechenbare öffentliche Leistung durch folgende Behörden erbracht wird:

1. Bundesanstalt für Geowissenschaften und Rohstoffe,
2. Physikalisch-Technische Bundesanstalt,
3. Bundesanstalt für Materialforschung und -prüfung,
4. Bundessortenamt,
5. Bundesamt für Seeschifffahrt und Hydrographie,
6. Berufsgenossenschaft für Transport und Verkehrswirtschaft,

7. Bundesamt für Strahlenschutz,
8. Akkreditierungsstelle,
9. die in § 31b Absatz 1 des Luftverkehrsgesetzes genannte Flugsicherungsorganisation sowie das Bundesaufsichtsamt für Flugsicherung im Aufgabenbereich der Flugsicherung,
10. Paul-Ehrlich-Institut, mit Ausnahme von individuell zurechenbaren öffentlichen Leistungen, die für die Länder, Gemeinden oder Gemeindeverbände erbracht werden,
11. Bundesinstitut für Arzneimittel und Medizinprodukte, mit Ausnahme von individuell zurechenbaren öffentlichen Leistungen, die für die Länder, Gemeinden oder Gemeindeverbände erbracht werden,
12. Bundesarchiv für die Nutzung von Archivgut im Sinne der Bundesarchiv-Benutzungsverordnung.

## § 9 Grundlagen der Gebührenbemessung

(1) Die Gebühr soll die mit der individuell zurechenbaren öffentlichen Leistung verbundenen Kosten aller an der Leistung Beteiligten decken, soweit die Kosten nicht als Auslagen nach § 12 Absatz 1 oder 2 abzurechnen sind. In die Gebühr sind die mit der Leistung regelmäßig verbundenen Auslagen einzubeziehen. Zur Ermittlung der Gebühr nach Satz 1 sind die Kosten im Sinne des § 3 Absatz 3 zu Grunde zu legen.

(2) Kommt der individuell zurechenbaren öffentlichen Leistung ein in Geld berechenbarer wirtschaftlicher Wert oder ein in Geld berechenbarer wirtschaftlicher Nutzen für den von der Leistung Betroffenen zu, kann dieser Wert oder Nutzen zusätzlich zu den Kosten angemessen berücksichtigt werden.

(3) Die nach Absatz 1 oder 2 bestimmte Gebührenhöhe darf zu der individuell zurechenbaren öffentlichen Leistung nicht außer Verhältnis stehen und insbesondere kein wesentliches Hindernis für die Inanspruchnahme der Leistung durch den Gebührenschuldner darstellen.

(4) Aus Gründen des öffentlichen Interesses oder der Billigkeit kann eine niedrigere Gebühr als die in den Absätzen 1 bis 3 vorgesehene Gebühr oder eine Gebührenbefreiung bestimmt werden.

(5) Die Behörde kann Gebührenbefreiungen oder -ermäßigungen gewähren, wenn die Festsetzung der nach den Absätzen 1 bis 4 bestimmten Gebühr im Einzelfall unbillig wäre.

(6) Unterliegt die individuell zurechenbare öffentliche Leistung der Umsatzsteuer, kann diese der Gebühr hinzugerechnet werden.

## § 10 Gebühren in besonderen Fällen

(1) Die Gebühren sind nach Maßgabe der Absätze 2 bis 7 festzusetzen, wenn

1. ein Antrag abgelehnt oder ein Widerspruch zurückgewiesen wird,
2. ein Verwaltungsakt zurückgenommen oder widerrufen wird,
3. ein Antrag oder ein Widerspruch zurückgenommen wird oder sich auf sonstige Weise erledigt,
4. eine individuell zurechenbare öffentliche Leistung aus Gründen, die der Betroffene zu vertreten hat, nicht zum festgesetzten Termin erbracht werden kann oder aus diesen Gründen abgebrochen werden muss und
5. ein Verwaltungsakt nach Ablauf einer bestimmten Frist auf Grund einer Rechtsvorschrift als erlassen gilt.

Bemessungsgrundlage sind die Kosten nach § 9 Absatz 1. Aus Gründen des öffentlichen Interesses oder der Billigkeit kann eine niedrigere Gebühr oder eine Gebührenbefreiung bestimmt werden.

(2) Wird ein Antrag ganz oder teilweise abgelehnt, ist eine Gebühr bis zu der Höhe zu erheben, die für die beantragte individuell zurechenbare öffentliche Leistung vorgesehen ist. Wird der Antrag allein wegen Unzuständigkeit der Behörde abgelehnt, wird keine Gebühr erhoben.

(3) Für die Entscheidung über einen Widerspruch ist, soweit dieser erfolglos geblieben ist, eine Gebühr bis zu der Höhe zu erheben, die für die angefochtene Leistung vorgesehen ist. Bei einem Widerspruch, der sich allein gegen die Festsetzung von Gebühren und Auslagen richtet, beträgt die Gebühr bis zu 25 Prozent des Betrags, hinsichtlich dessen dem Widerspruch nicht abgeholfen wurde. Hat der Widerspruch nur deshalb keinen Erfolg, weil die Verletzung einer Verfahrens- oder Formvorschrift nach § 45 des Verwaltungsverfahrensgesetzes unbeachtlich ist, wird keine Gebühr erhoben.

(4) Für die Rücknahme oder den Widerruf eines Verwaltungsaktes ist, soweit der Adressat dies zu vertreten hat, eine Gebühr bis zu der Höhe der für den Erlass des Verwaltungsaktes im Zeitpunkt der Rücknahme oder des Widerrufs vorgesehenen Gebühr zu erheben.

(5) Wird ein Antrag zurückgenommen oder erledigt er sich auf sonstige Weise, bevor die individuell zurechenbare öffentliche Leistung vollständig erbracht ist, sind bis zu 75 Prozent der für die Leistung vorgesehenen Gebühr zu erheben. Wird ein Widerspruch zurückgenommen oder erledigt er sich auf sonstige Weise, bevor der Widerspruchsbescheid erlassen ist, beträgt die Gebühr bis zu 75 Prozent des Betrags, der für die angefochtene Leistung festgesetzt wurde. Keine Gebühr ist zu erheben, wenn die Behörde mit der sachlichen Bearbeitung noch nicht begonnen hat, soweit sich aus Absatz 6 nichts anderes ergibt.

(6) Kann eine individuell zurechenbare öffentliche Leistung aus Gründen, die der Betroffene zu vertreten hat, nicht zum festgesetzten Termin erbracht werden oder muss sie aus diesen Gründen abgebrochen werden, ist eine Gebühr bis zur Höhe des für die vollständige Leistung vorgesehenen Betrags zu erheben.

(7) Für einen Verwaltungsakt, der nach Ablauf einer bestimmten Frist auf Grund einer Rechtsvorschrift als erlassen gilt, beträgt die Gebühr bis zu 75 Prozent des Betrags, der für den durch den Ablauf der Frist ersetzten Verwaltungsakt vorgesehen ist.

### § 11 Gebührenarten

Die Gebühren sind wie folgt zu bestimmen:

1. durch feste Sätze (Festgebühren),
2. nach dem Zeitaufwand für die individuell zurechenbare öffentliche Leistung (Zeitgebühren) oder
3. durch Rahmensätze (Rahmengebühren).

### § 12 Auslagen

(1) Kosten, die nicht bereits nach § 9 Absatz 1 Satz 2 in die Gebühr einbezogen sind, werden als Auslagen gesondert in der tatsächlich entstandenen Höhe erhoben für

1. Zeugen, Sachverständige, Umweltgutachter, Dolmetscher oder Übersetzer,
2. Leistungen anderer Behörden und Dritter,
3. Dienstreisen und Dienstgänge,
4. Zustellung oder öffentliche Bekanntmachung und
5. Ausfertigungen und Papierkopien, die auf besonderen Antrag erstellt werden.

Auslagen sind auch dann zu erheben, wenn die individuell zurechenbare öffentliche Leistung nach den §§ 7, 8, 9 Absatz 4 oder 5, § 10 Absatz 2 bis 6 gebührenfrei oder die Gebühr ermäßigt ist.

(2) Abweichend von Absatz 1 kann bestimmt werden, dass

1. bestimmte Auslagen nach Absatz 1 Satz 1 nicht gesondert erhoben werden,
2. auch andere als die in Absatz 1 Satz 1 bezeichneten Auslagen gesondert erhoben werden; dies gilt nicht für einfache elektronische Kopien,
3. Auslagen pauschal oder bis zu einem Höchstbetrag erhoben werden und
4. Auslagen nicht oder nicht in voller Höhe erhoben werden, wenn die individuell zurechenbare öffentliche Leistung gebührenfrei oder die Gebühr ermäßigt ist.

(3) Für Auslagen gelten die §§ 4 bis 6, 9 Absatz 4 bis 6, § 10 Absatz 3 sowie die §§ 13 und 14 sowie die §§ 16 bis 21 entsprechend.

## § 13 Gebührenfestsetzung

(1) Gebühren werden von Amts wegen schriftlich oder elektronisch festgesetzt. Die Gebührenfestsetzung soll zusammen mit der Sachentscheidung erfolgen. Gebühren, die bei richtiger Behandlung der Sache durch die Behörde nicht entstanden wären, werden nicht erhoben.

(2) Bei Festsetzung einer Rahmengebühr nach § 11 Nummer 3 ist § 9 Absatz 1 bis 3 anzuwenden.

(3) Die Festsetzung sowie ihre Aufhebung oder Änderung ist nicht mehr zulässig, wenn die Festsetzungsfrist abgelaufen ist. Die Festsetzungsfrist beträgt vier Jahre. Sie beginnt mit Ablauf des Kalenderjahres, in dem der Gebührenanspruch entstanden ist. Die Festsetzungsfrist läuft nicht ab, solange

1. über einen vor Ablauf der Frist gestellten Antrag auf Aufhebung oder Änderung der Festsetzung oder einen eingelegten Rechtsbehelf nicht unanfechtbar entschieden worden ist oder
2. der Anspruch wegen höherer Gewalt innerhalb der letzten sechs Monate der Festsetzungsfrist nicht verfolgt werden kann.

## § 14 Fälligkeit

Die Gebühr wird zehn Tage nach der Bekanntgabe der Gebührenfestsetzung an den Gebührenschuldner fällig, sofern die Behörde keinen anderen Zeitpunkt festlegt.

## § 15 Vorschusszahlung und Sicherheitsleistung

(1) Die Behörde kann eine individuell zurechenbare öffentliche Leistung, die auf Antrag zu erbringen ist, von der Zahlung eines Vorschusses oder von der Leistung einer Sicherheit bis zur Höhe der voraussichtlich entstehenden Gebühren und Auslagen abhängig machen.

(2) Dem Antragsteller ist eine Frist zur Zahlung des Vorschusses oder zur Leistung der Sicherheit zu setzen.

## § 16 Säumniszuschlag

(1) Werden Gebühren nicht bis zum Ablauf des Fälligkeitstages entrichtet, so ist für jeden angefangenen Monat der Säumnis ein Säumniszuschlag von 1 Prozent des abgerundeten rückständigen Betrags zu entrichten. Der Säumniszuschlag wird nur erhoben, wenn der rückständige Betrag 50 Euro übersteigt und die Säumnis länger als drei Tage beträgt.

(2) Für die Berechnung des Säumniszuschlages ist der rückständige Betrag auf volle 50 Euro abzurunden.

(3) Eine wirksam geleistete Gebühr gilt als entrichtet

1. bei Übergabe oder Übersendung von Zahlungsmitteln am Tag des Eingangs bei der für den Gebührengläubiger zuständigen Kasse (Bundeskasse oder Zahlstelle); bei Hingabe oder Übersendung von Schecks jedoch drei Tage nach dem Tag des Eingangs des Schecks bei der zuständigen Kasse,
2. bei Überweisung oder Einzahlung auf ein Konto der zuständigen Kasse und bei Einzahlung mit Zahlschein oder Postanweisung an dem Tag, an dem der Betrag der Kasse gutgeschrieben wird, oder
3. bei Vorliegen einer Einzugsermächtigung am Fälligkeitstag.

(4) In den Fällen der Gesamtschuld entstehen Säumniszuschläge gegenüber jedem säumigen Gesamtschuldner. Insgesamt ist jedoch kein höherer Säumniszuschlag zu entrichten, als verwirkt worden wäre, wenn die Säumnis nur bei einem Gesamtschuldner eingetreten wäre.

### § 17 Stundung, Niederschlagung und Erlass

Stundung, Niederschlagung und Erlass von festgesetzten Gebühren richten sich nach § 59 der Bundeshaushaltsordnung.

### § 18 Zahlungsverjährung

(1) Der Anspruch auf Zahlung von Gebühren verjährt nach fünf Jahren. Die Verjährung beginnt mit dem Ablauf des Kalenderjahres, in dem der Anspruch erstmals fällig geworden ist.

(2) Die Verjährung ist gehemmt, solange der Anspruch wegen höherer Gewalt innerhalb der letzten sechs Monate der Verjährungsfrist nicht verfolgt werden kann.

### § 19 Unterbrechung der Zahlungsverjährung

(1) Die Verjährung nach § 18 wird unterbrochen durch

1. schriftliche Geltendmachung des Anspruchs,
2. Zahlungsaufschub,
3. Stundung,
4. Aussetzung der Vollziehung,
5. Sicherheitsleistung,
6. Vollstreckungsaufschub,
7. eine Vollstreckungsmaßnahme,
8. Anmeldung im Insolvenzverfahren,
9. Aufnahme in einen Insolvenzplan oder einen gerichtlichen Schuldenbereinigungsplan,
10. Einbeziehung in ein Verfahren, das die Restschuldbefreiung für den Schuldner zum Ziel hat, oder

11. Ermittlungen des Gläubigers nach dem Wohnsitz oder dem Aufenthaltsort des Gebührenschuldners.

(2) Die Unterbrechung der Verjährung durch eine der in Absatz 1 genannten Maßnahmen dauert fort bis

1. die Stundung, die Aussetzung der Vollziehung oder der Vollstreckungsaufschub beendet ist,
2. bei Sicherheitsleistung, Pfändungspfandrecht, Zwangshypothek oder einem sonstigen Vorzugsrecht auf Befriedigung das entsprechende Recht erloschen ist,
3. das Insolvenzverfahren beendet ist,
4. der Insolvenzplan oder der gerichtliche Schuldenbereinigungsplan erfüllt ist oder hinfällig wird,
5. die Restschuldbefreiung erteilt oder versagt wird oder das Verfahren, das die Restschuldbefreiung zum Ziel hat, vorzeitig beendet wird oder
6. die Ermittlung der Behörde nach dem Wohnsitz oder dem Aufenthalt des Gebührenschuldners beendet ist.



(3) Mit Ablauf des Kalenderjahres, in dem die Unterbrechung endet, beginnt eine neue Verjährungsfrist.

(4) Die Verjährung wird nur in Höhe des Betrags unterbrochen, auf den sich die Unterbrechung bezieht.

## § 20 Rechtsbehelf

(1) Die Gebührenfestsetzung kann zusammen mit der Sachentscheidung oder selbständig angefochten werden. Der Rechtsbehelf gegen eine Sachentscheidung erstreckt sich auch auf die Gebührenfestsetzung.

(2) Wird die Gebührenfestsetzung selbständig angefochten, so ist das Rechtsbehelfsverfahren gebührenrechtlich als selbständiges Verfahren zu behandeln.

## § 21 Erstattung

(1) Überzahlte oder zu Unrecht erhobene Gebühren sind unverzüglich zu erstatten, zu Unrecht erhobene Gebühren aber nur, solange ihre Festsetzung noch anfechtbar ist.

(2) Der Erstattungsanspruch erlischt durch Verjährung, wenn er nicht bis zum Ablauf des dritten Kalenderjahres geltend gemacht wird, das auf die Entstehung des Anspruchs folgt; die Verjährung beginnt jedoch nicht vor der Unanfechtbarkeit der Gebührenfestsetzung.

## § 22 Gebührenverordnungen

(1) Durch Gebührenverordnungen nach Absatz 3 oder 4 sind für individuell zurechenbare öffentliche Leistungen Gebühren vorzusehen. Die Gebühren sind nach Maßgabe des § 9 Absatz 1 bis 4, des § 10 Absatz 1 Satz 3 sowie des § 11 zu bestimmen. Für Auslagen gilt § 12 Absatz 2. Des Weiteren kann die Stelle bestimmt werden, die die Gebühren und Auslagen einzieht.

(2) Soweit ein Rechtsakt der Europäischen Union oder ein völkerrechtlicher Vertrag im Einzelnen inhaltlich bestimmte Vorgaben für die Erhebung von Gebühren und Auslagen enthält, die von diesem Gesetz abweichen, ist die Erhebung von Gebühren und Auslagen nach Maßgabe des Rechtsaktes oder Vertrages durch Gebührenverordnung nach Absatz 3 oder 4 zu bestimmen.

(3) Die Bundesregierung erlässt ohne Zustimmung des Bundesrates durch Allgemeine Gebührenverordnung folgende Bestimmungen, soweit sie für den Bereich der Bundesverwaltung einheitlich gelten sollen:

1. Vorgaben zur Ermittlung der Gebühr nach § 9 Absatz 1 einschließlich der Bemessung von Zeitgebühren nach § 11 Nummer 2,
2. Gebührenregelungen für Beglaubigungen und Bescheinigungen sowie
3. Pauschalierung von Auslagen nach § 12 Absatz 2 Nummer 3.

(4) Die Bundesministerien erlassen ohne Zustimmung des Bundesrates Besondere Gebührenverordnungen für ihren Zuständigkeitsbereich, soweit keine Regelungen durch die Allgemeine Gebührenverordnung nach Absatz 3 getroffen wurden. Regelungen der Besonderen Gebührenverordnungen nach Satz 1 finden keine Anwendung, soweit nach Erlass einer Besonderen Gebührenverordnung inhaltsgleiche oder entgegenstehende Bestimmungen durch die Allgemeine Gebührenverordnung nach Absatz 3 getroffen wurden.

(5) Die durch Gebührenverordnungen nach Absatz 3 oder 4 festgelegten Gebühren sind regelmäßig, mindestens alle fünf Jahre, zu überprüfen und, soweit erforderlich, anzupassen. Bei einer Anpassung gelten für eine individuell zurechenbare öffentliche Leistung, die bereits beantragt oder begonnen, aber noch nicht vollständig erbracht wurde, die bisherigen Vorschriften fort, soweit durch Gebührenverordnungen nach Absatz 3 oder 4 nichts anderes bestimmt ist.

## § 23 Übergangsregelung

(1) Für die Erhebung von Gebühren und Auslagen für eine individuell zurechenbare öffentliche Leistung, die vor dem 15. August 2013 beantragt oder begonnen, aber noch nicht vollständig erbracht wurde, ist das Verwaltungskostengesetz in der bis zum 14. August 2013 geltenden Fassung weiter anzuwenden.

(2) – (8) (weggefallen)

### § 24 Außerkrafttreten

§ 23 Absatz 2 bis 8 tritt am 1. Oktober 2021 außer Kraft.

## 4.2 Allgemeine Gebührenverordnung (AGebV)

vom 11.2.2015 (BGBl. I 2015, 130), zuletzt geändert durch Artikel 1 der Verordnung zur Änderung der Allgemeinen Gebührenverordnung vom 11.2.2021 (BGBl. I 2021, 204), in Kraft getreten am 18.2.2021

**Abschnitt 1: Allgemeines**

§ 1 Regelungsgegenstand

**Abschnitt 2: Ermittlung der kostendeckenden Gebühr**

§ 2 Grundsätze
§ 3 Kosten der gebührenfähigen Leistung
§ 4 Pauschalierung und Typisierung
§ 5 Berücksichtigung der Auslagen
§ 6 Gegenstand der Kostenermittlung
§ 7 Kalkulatorische Kosten
§ 8 Verteilung der Gemeinkosten
§ 9 Festgebühr
§ 10 Zeitgebühr
§ 11 Rahmengebühr

**Abschnitt 3: Einheitliche Gebühren**

§ 12 Gebühren für Beglaubigungen

**Abschnitt 4: Inkrafttreten**

§ 13 Inkrafttreten

**Anlage 1:** Zu § 5 Absatz 1 Nummer 1, § 9 Absatz 1 Nummer 1 Buchstabe a und § 10 Absatz 2 Nummer 1

**Anlage 2:** Zu § 5 Absatz 1 Nummer 2, § 9 Absatz 1 Nummer 1 Buchstabe b und § 10 Absatz 2 Nummer 2

## Eingangsformel

Auf Grund des § 22 Absatz 3 des Bundesgebührengesetzes vom 7. August 2013 (BGBl. I S. 3154) verordnet die Bundesregierung:

## Abschnitt 1
## Allgemeines

### § 1 Regelungsgegenstand

Gegenstand dieser Verordnung sind für individuell zurechenbare öffentliche Leistungen (gebührenfähige Leistungen) im Anwendungsbereich des Bundesgebührengesetzes:

1. Vorgaben zur Ermittlung der kostendeckenden Gebühr nach § 9 Absatz 1 des Bundesgebührengesetzes einschließlich der Bemessung von Zeitgebühren,
2. die Festlegung von Gebühren für Beglaubigungen.

## Abschnitt 2
## Ermittlung der kostendeckenden Gebühr

### § 2 Grundsätze

(1) Die kostendeckende Gebühr muss diejenigen durchschnittlichen Kosten aller an der Leistungserbringung beteiligten öffentlichen Stellen decken, die

1. mit der gebührenfähigen Leistung verbunden sind und
2. nach betriebswirtschaftlichen Grundsätzen ansatzfähig sind.

(2) Die Gebührenberechnung soll dem Handbuch zur Kosten- und Leistungsrechnung in der Bundesverwaltung (GMBl 2013 S. 1235) entsprechen. Die Regelungen der §§ 3 bis 8 gehen vor.

(3) Die Regelungen zur Ermittlung der kostendeckenden Gebühr bilden die Grundlage für die Regelungen in den Besonderen Gebührenverordnungen nach § 22 Absatz 4 Satz 1 des Bundesgebührengesetzes.

### § 3 Kosten der gebührenfähigen Leistung

(1) Mit der gebührenfähigen Leistung verbunden sind die Kosten für Tätigkeiten und Prozesse, die für die Leistungserbringung notwendig sind und

1. durch die Leistungserbringung selbst verursacht werden oder
2. durch Neben- und Zusatzleistungen verursacht werden, die mit der eigentlichen Leistungserbringung in einem ausreichend engen Sachzusammenhang stehen.

(2) Insbesondere folgende Kosten nach Absatz 1 Nummer 2 werden als Gemeinkosten anteilig erfasst:

1. Kosten für die Leitung,
2. Kosten für die Bereitstellung und Bereithaltung der allgemeinen Verwaltungsbereiche,
3. Kosten für die Rechts- und Fachaufsicht sowie
4. Kosten für sonstige Bereiche, die die Leistungserbringung vorbereiten, nachbereiten oder sonst unterstützen.

### § 4 Pauschalierung und Typisierung

Lassen sich die Kosten nach § 3 nicht oder nur mit einem unverhältnismäßig großen Aufwand ermitteln, können sie unter Anwendung pauschalierender und typisierender Maßstäbe näherungsweise ermittelt werden.

### § 5 Berücksichtigung der Auslagen

(1) Soweit Auslagen in die Ermittlung der Gebühren einzubeziehen sind, können sie eingerechnet werden in:

1. die allgemeinen pauschalen Stundensätze nach Anlage 1,
2. die besonderen pauschalen Stundensätze nach Anlage 2 oder
3. die Kosten, die durch eine Kosten-und-Leistungs-Rechnung ermittelt worden sind.

(2) Haben die einzubeziehenden Auslagen keinen ausreichenden Bezug zur Anzahl der geleisteten Stunden oder fallen sie für die gebührenfähige Leistung nur einmal an, so sind sie zu dem Bestandteil der kostendeckenden Gebühr, der sich aus den Stundensätzen ergibt, hinzuzurechnen.

(3) Soweit Auslagen gesondert abzurechnen sind, dürfen sie nicht in die kostendeckende Gebühr einbezogen werden.

### § 6 Gegenstand der Kostenermittlung

(1) Gegenstand der Ermittlung der durchschnittlichen Kosten ist ausschließlich die unter den Gebührentatbestand fallende gebührenfähige Leistung. Mehrere sachlich zusammenhängende gebührenfähige Leistungen können zu einem einheitlichen Gebührentatbestand zusammengefasst werden.

(2) Folgende Kosten dürfen bei der Gebührenkalkulation nicht berücksichtigt werden:

1. Kosten, die bereits in Kostenpositionen der zu berechnenden oder einer anderen gebührenfähigen Leistung enthalten sind,
2. Kosten für eine andere nicht gebührenfähige Leistung,

3. Kosten in Form von Mindereinnahmen, die durch eine Gebührenbefreiung oder -ermäßigung entstehen,
4. Kosten in Form von Mindereinnahmen, die durch eine nicht fristgerechte oder nicht erfolgte Zahlung, insbesondere durch eine Stundung oder einen Erlass, entstehen.

## § 7 Kalkulatorische Kosten

(1) Als kalkulatorische Kosten sind ausschließlich die folgenden Kosten ansatzfähig:

1. kalkulatorische Versorgungszuschläge,
2. kalkulatorische Abschreibungen,
3. kalkulatorische Zinsen,
4. kalkulatorische Mieten,
5. kalkulatorische Wagnisse.

(2) Die Versorgungskosten für Beamtinnen und Beamte sind ausschließlich als kalkulatorischer Versorgungszuschlag anzusetzen. Der Zuschlag ist auf die Durchschnittsbezüge der Beamtinnen und Beamten anzusetzen, und zwar in folgender Höhe:

1. 27,9 Prozent für den einfachen und den mittleren Dienst,
2. 29,3 Prozent für den gehobenen Dienst,
3. 36,9 Prozent für den höheren Dienst.

Abweichend von Satz 2 ist der Zuschlag auf die Durchschnittsbezüge der Polizeivollzugsbeamtinnen und Polizeivollzugsbeamten in Höhe von 32,6 Prozent anzusetzen.

(3) Der Berechnung der kalkulatorischen Abschreibungen sind die Anschaffungs- und Herstellungskosten oder die Wiederbeschaffungszeitwerte zugrunde zu legen.

(4) Der kalkulatorische Zinssatz für die Verzinsung des gebundenen Kapitals wird vom Bundesministerium der Finanzen festgesetzt. Er wird vom Bundesministerium des Innern im Bundesanzeiger bekannt gemacht.

(5) Bei Ansatz einer kalkulatorischen Miete dürfen bezüglich desselben Sachverhalts keine kalkulatorischen Abschreibungen, keine kalkulatorischen Zinsen und keine kalkulatorischen Wagnisse berücksichtigt werden. Auch darf die kalkulatorische Miete keinen Unternehmergewinn enthalten.

(6) Nicht als kalkulatorisches Wagnis ansatzfähig ist der Ausfall von Gebührenforderungen.

### § 8 Verteilung der Gemeinkosten

(1) Für die Verteilung der Gemeinkosten sind sachgerechte Maßstäbe anzuwenden, die an den für die gebührenfähige Leistung erforderlichen Zeit-, Personal- oder Sachaufwand anknüpfen sollen.

(2) Ist eine Verteilung der Gemeinkosten nicht oder nur mit einem unverhältnismäßig großen Aufwand möglich, so werden sie mit einem angemessenen prozentualen Zuschlag auf die Einzelkosten angesetzt.

### § 9 Festgebühr

(1) Die Festgebühr ist wie folgt zu berechnen:

1. nach dem Zeitaufwand, der für die Erbringung der gebührenfähigen Leistung durchschnittlich erforderlich ist, auf der Grundlage
   a) der allgemeinen pauschalen Stundensätze nach Anlage 1 oder
   b) der besonderen pauschalen Stundensätze nach Anlage 2 oder
2. auf der Grundlage der Kosten, die durch eine Kosten- und-Leistungs-Rechnung ermittelt worden sind.



(2) Die Berechnungsmethoden können miteinander kombiniert werden.

### § 10 Zeitgebühr

(1) Die Zeitgebühr ist nach dem Zeitaufwand, der für die Erbringung der gebührenfähigen Leistung im Einzelfall erforderlich ist, zu bestimmen.

(2) Der Berechnung der Zeitgebühr sind folgende Stundensätze zugrunde zu legen:

1. die allgemeinen pauschalen Stundensätze nach Anlage 1,
2. die besonderen pauschalen Stundensätze nach Anlage 2 oder
3. die Stundensätze, die durch eine Kosten-und-Leistungs-Rechnung ermittelt worden sind.

(3) Die Berechnungsmethoden können miteinander kombiniert werden.

(4) Bei der Festsetzung einer Zeitgebühr ist für jede angefangene Viertelstunde ein Viertel des jeweiligen Stundensatzes anzusetzen.

### § 11 Rahmengebühr

Die Unter- und die Obergrenze der Rahmengebühr ergeben sich

1. durch Multiplikation des für die gebührenfähige Leistung ermittelten
   a) niedrigsten Stundensatzes mit dem niedrigsten Zeitaufwand, der für die Erbringung der gebührenfähigen Leistung durchschnittlich erforderlich ist, und
   b) höchsten Stundensatzes mit dem höchsten Zeitaufwand, der für die Erbringung der gebührenfähigen Leistung durchschnittlich erforderlich ist, oder

2. aus den durch eine Kosten-und-Leistungs-Rechnung ermittelten niedrigsten und höchsten Kosten.

Für die Ermittlung der Stundensätze nach Satz 1 Nummer 1 gilt § 9 entsprechend.

## Abschnitt 3
## Einheitliche Gebühren

### § 12 Gebühren für Beglaubigungen

(1) Die Gebühr beträgt 10,40 Euro je Beglaubigungsvermerk für die Beglaubigung von

1. durch die beglaubigende Behörde selbst hergestellten
   a) elektronischen oder nichtelektronischen Kopien,
   b) Ausdrucken elektronischer Dokumente,
2. elektronischen Dokumenten, die die beglaubigende Behörde zur Abbildung eines Schriftstücks selbst hergestellt hat,
3. Unterschriften und Handzeichen.

(2) Absatz 1 gilt nicht für die Vertretungen des Bundes im Ausland.

## Abschnitt 4
## Inkrafttreten

### § 13 Inkrafttreten

Diese Verordnung tritt am Tag nach der Verkündung in Kraft*.

---

* Der Tag der Verkündung im Bundesgesetzblatt war der 19.2.2015, die ursprüngliche Fassung der Verordnung trat also am 20.2.2015 in Kraft.

**Anlage 1**
(zu § 5 Absatz 1 Nummer 1, § 9 Absatz 1 Nummer 1 Buchstabe a
und § 10 Absatz 2 Nummer 1)

## Teil A
## Allgemeine pauschale Stundensätze

(Pauschalsätze der Kosten eines Standardarbeitsplatzes in der Bundesverwaltung)

| **Kostenblock** | | **Stundensatz in Euro** |
|---|---|---|
| **Abschnitt 1**<br>**Personaleinzel- und Sacheinzelkosten** | | |
| **1. mit Gemeinkostenzuschlag** | | |
| Wenn Dienstreisen als Auslage abzurechnen sind, muss der Stundensatz um 0,90 Euro gekürzt werden. Wenn Sachverständige als Auslage abzurechnen sind, muss der Stundensatz um 0,09 Euro gekürzt werden. | **Verwaltungsbeschäftigte** | |
| | einfacher Dienst E2 bis E4 | 50,73 |
| | mittlerer Dienst E5 bis E9a | 59,42 |
| | gehobener Dienst E9b bis E12 | 74,41 |
| | höherer Dienst E 13 bis E15Ü | 93,61 |
| Wenn Dienstreisen als Auslage abzurechnen sind, muss der Stundensatz um 0,87 Euro gekürzt werden. Wenn Sachverständige als Auslage abzurechnen sind, muss der Stundensatz um 0,08 Euro gekürzt werden. Wenn Hubschrauber als Auslage abzurechnen sind, muss der Stundensatz um 0,11 Euro gekürzt werden. Wenn Boote oder Schiffe als Auslage abzurechnen sind, muss der Stundensatz um 0,05 Euro gekürzt werden. Wenn Wasserwerfer als Auslage abzurechnen sind, muss der Stundensatz um 0,02 Euro gekürzt werden. | **Polizeivollzugsbeamtinnen und -beamte** | |
| | mittlerer Dienst | 62,00 |
| | gehobener Dienst | 75,19 |
| | höherer Dienst | 96,59 |
| **2. ohne Gemeinkostenzuschlag** | | |
| Wenn Dienstreisen als Auslage abzurechnen sind, muss der Stundensatz um 0,70 Euro gekürzt werden. Wenn Sachverständige als Auslage abzurechnen sind, muss der Stundensatz um 0,05 Euro gekürzt werden. | **Verwaltungsbeschäftigte** | |
| | einfacher Dienst E2 bis E4 | 39,60 |
| | mittlerer Dienst E5 bis E9a | 46,38 |

| **Kostenblock** | | **Stundensatz in Euro** |
|---|---|---|
| | gehobener Dienst E9b bis E12 | 58,09 |
| | höherer Dienst E 13 bis E15Ü | 73,08 |
| Wenn Dienstreisen als Auslage abzurechnen sind, muss der Stundensatz um 0,68 Euro gekürzt werden.<br>Wenn Sachverständige als Auslage abzurechnen sind, muss der Stundensatz um 0,05 Euro gekürzt werden.<br>Wenn Hubschrauber als Auslage abzurechnen sind, muss der Stundensatz um 0,10 Euro gekürzt werden.<br>Wenn Boote oder Schiffe als Auslage abzurechnen sind, muss der Stundensatz um 0,04 Euro gekürzt werden.<br>Wenn Wasserwerfer als Auslage abzurechnen sind, muss der Stundensatz um 0,04 Euro gekürzt werden. | **Polizeivollzugsbeamtinnen und -beamte** | |
| | mittlerer Dienst | 48,40 |
| | gehobener Dienst | 58,70 |
| | höherer Dienst | 75,40 |
| **Abschnitt 2**<br>**Personaleinzelkosten** | | |
| **1. mit Gemeinkostenzuschlag** | | |
| Wenn Dienstreisen als Auslage abzurechnen sind, muss der Stundensatz um 0,31 Euro gekürzt werden. | **Verwaltungsbeschäftigte** | |
| | einfacher Dienst E2 bis E4 | 37,39 |
| | mittlerer Dienst E5 bis E9a | 46,09 |
| | gehobener Dienst E9b bis E12 | 61,08 |
| | höherer Dienst E 13 bis E15Ü | 80,28 |
| Wenn Dienstreisen als Auslage abzurechnen sind, muss der Stundensatz um 0,30 Euro gekürzt werden. | **Polizeivollzugsbeamtinnen und -beamte** | |
| | mittlerer Dienst | 49,01 |
| | gehobener Dienst | 62,19 |
| | höherer Dienst | 83,59 |

| **Kostenblock** | | **Stundensatz in Euro** |
|---|---|---|
| **2. ohne Gemeinkostenzuschlag** | | |
| Wenn Dienstreisen als Auslage abzurechnen sind, muss der Stundensatz um 0,24 Euro gekürzt werden. | **Verwaltungsbeschäftigte** | |
| | einfacher Dienst E2 bis E4 | 29,19 |
| | mittlerer Dienst E5 bis E9a | 35,98 |
| | gehobener Dienst E9b bis E12 | 47,68 |
| | höherer Dienst E 13 bis E15Ü | 62,67 |
| Wenn Dienstreisen als Auslage abzurechnen sind, muss der Stundensatz um 0,23 Euro gekürzt werden. | **Polizeivollzugsbeamtinnen und -beamte** | |
| | mittlerer Dienst | 38,26 |
| | gehobener Dienst | 48,55 |
| | höherer Dienst | 65,25 |
| **Abschnitt 3**<br>**Sacheinzelkosten** | | |
| **1. mit Gemeinkostenzuschlag** | | |
| Wenn Dienstreisen als Auslage abzurechnen sind, muss der Stundensatz um 0,59 Euro gekürzt werden. Wenn Sachverständige als Auslage abzurechnen sind, muss der Stundensatz um 0,09 Euro gekürzt werden. | **Verwaltungsbeschäftigte** | 13,33 |
| Wenn Dienstreisen als Auslage abzurechnen sind, muss der Stundensatz um 0,58 Euro gekürzt werden. Wenn Sachverständige als Auslage abzurechnen sind, muss der Stundensatz um 0,06 Euro gekürzt werden. Wenn Hubschrauber als Auslage abzurechnen sind, muss der Stundensatz um 0,13 Euro gekürzt werden. Wenn Boote oder Schiffe als Auslage abzurechnen sind, muss der Stundensatz um 0,05 Euro gekürzt werden. Wenn Wasserwerfer als Auslage abzurechnen sind, muss der Stundensatz um 0,05 Euro gekürzt werden. | **Polizeivollzugsbeamtinnen und -beamte** | 13,00 |

| **Kostenblock** | | **Stundensatz in Euro** |
|---|---|---|
| **2. ohne Gemeinkostenzuschlag** | | |
| Wenn Dienstreisen als Auslage abzurechnen sind, muss der Stundensatz um 0,46 Euro gekürzt werden. Wenn Sachverständige als Auslage abzurechnen sind, muss der Stundensatz um 0,07 Euro gekürzt werden. | **Verwaltungsbeschäftigte** | 10,41 |
| Wenn Dienstreisen als Auslage abzurechnen sind, muss der Stundensatz um 0,45 Euro gekürzt werden. Wenn Sachverständige als Auslage abzurechnen sind, muss der Stundensatz um 0,06 Euro gekürzt werden. Wenn Hubschrauber als Auslage abzurechnen sind, muss der Stundensatz um 0,09 Euro gekürzt werden. Wenn Boote oder Schiffe als Auslage abzurechnen sind, muss der Stundensatz um 0,04 Euro gekürzt werden. Wenn Wasserwerfer als Auslage abzurechnen sind, muss der Stundensatz um 0,01 Euro gekürzt werden. | **Polizeivollzugsbeamtinnen und -beamte** | 10,15 |

## Teil B
## Herleitung der allgemeinen pauschalen Stundensätze

| **Kostenblock** | **Besoldungs- bzw. Entgeltgruppe/ Zweckbestimmung** | **Durchschnittskosten für den Bund pro Jahr in Euro** |
|---|---|---|
| **1. Personaleinzelkosten** | | |
| **1.1 Beamtinnen und Beamte** | | |
| | A 3 | 29209 |
| | A 4 | 34875 |
| | A 5 | 36285 |
| | A 6 | 37245 |
| | **einfacher Dienst A 2 bis A 6** | 36427 |
| | A 6 | 33056 |
| | A 7 | 36673 |
| | A 8 | 43251 |
| | A 9 | 47887 |
| | A 9 + Zulage | 52040 |

| **Kostenblock** | **Besoldungs- bzw. Entgeltgruppe/ Zweckbestimmung** | **Durchschnittskosten für den Bund pro Jahr in Euro** |
|---|---|---|
| | **mittlerer Dienst A 6 bis A 9 + Zulage** | 44860 |
| | A 9 | 40738 |
| | A 10 | 50215 |
| | A 11 | 57815 |
| | A 12 | 63344 |
| | A 13 | 70639 |
| | A 13 + Zulage | 74822 |
| | **gehobener Dienst A 9 bis A 13 + Zulage** | 57529 |
| | A 13 | 65194 |
| | A 14 | 73858 |
| | A 15 | 85319 |
| | A 16 | 95292 |
| | **höherer Dienst A 13 bis A 16** | 78088 |
| 1.1.2 Versorgung % von 1.1.1 | **Verwaltungsbeamtinnen und -beamte** | |
| | einfacher Dienst 27,9 | 10163 |
| | mittlerer Dienst 27,9 | 12516 |
| | gehobener Dienst 29,3 | 16856 |
| | höherer Dienst 36,9 | 28814 |
| | Polizeivollzugsbeamtinnen und -beamte | |
| | mittlerer Dienst 32,6 | 14624 |
| | gehobener Dienst 32,6 | 18754 |
| | höherer Dienst 32,6 | 25457 |
| 1.1.3 sonstige Personalnebenkosten | | |
| | Beihilfen aufgrund der Beihilfevorschriften sowie Heilfürsorge der Polizeivollzugsbeamtinnen und -beamten | 2450 |
| | Fürsorgeleistungen und Unterstützungen einschließlich Inanspruchnahme von besonderen Fachdiensten/-kräften | 100 |
| | Trennungsgeld, Fahrtkostenzuschüsse sowie Umzugskostenvergütungen | 400 |
| **1.2 Arbeitnehmerinnen und Arbeitnehmer** | | |
| 1.2.1 steuerpflichtiges Brutto | E 2 | 32523 |
| | E 2 Ü | 29897 |
| | E 3 | 34831 |
| | E 4 | 35699 |

| Kostenblock | Besoldungs- bzw. Entgeltgruppe/ Zweckbestimmung | Durchschnittskosten für den Bund pro Jahr in Euro |
|---|---|---|
| | **Gruppe E 2 bis E 4** | 34830 |
| | E 5 | 38483 |
| | E 6 | 39805 |
| | E 7 | 43533 |
| | E 8 | 45403 |
| | E 9a | 47884 |
| | **Gruppe E 5 bis E 9a** | 42261 |
| | E 9b | 52951 |
| | E 9c | 52503 |
| | E 10 | 55546 |
| | E 11 | 60576 |
| | E 12 | 66265 |
| | **Gruppe E 9b bis E 12** | 58 811 |
| | E 13 | 61817 |
| | E 14 | 74679 |
| | E 15 | 86568 |
| | E 15 Ü | 103564 |
| 1.2.2 Personalnebenkosten Bezüge | E 2 | 8738 |
| | E 2 Ü | 8475 |
| | E 3 | 9078 |
| | E 4 | 9470 |
| | **Gruppe E 2 bis E 4** | 9149 |
| | E 5 | 10190 |
| | E 6 | 10623 |
| | E 7 | 11864 |
| | E 8 | 12315 |
| | E 9a | 12793 |
| | **Gruppe E 5 bis E 9a** | 11319 |
| | E 9b | 13914 |
| | E 9c | 13464 |
| | E 10 | 14472 |
| | E 11 | 15551 |
| | E 12 | 16632 |
| | **Gruppe E 9b bis E 12** | 15088 |
| | E 13 | 15590 |
| | E 14 | 18109 |

| **Kostenblock** | **Besoldungs- bzw. Entgeltgruppe/ Zweckbestimmung** | **Durchschnittskosten für den Bund pro Jahr in Euro** |
|---|---|---|
| | E 15 | 19537 |
| | E 15 Ü | 19652 |
| 1.2.3 sonstige Personalnebenkosten | | |
| | Fürsorgeleistungen und Unterstützungen einschließlich Inanspruchnahme von besonderen Fachdiensten/-kräften | 100 |
| | Unfallversicherung Bund und Bahn | 250 |
| | Trennungsgeld, Fahrtkostenzuschüsse sowie Umzugskostenvergütungen | 400 |
| **2. Sacheinzelkosten** | | |
| **2.1 sächliche Verwaltungsausgaben** | | 5490 |
| | Geschäftsbedarf und Kommunikation sowie Geräte, Ausstattungs- und Ausrüstungsgegenstände, sonstige Gebrauchsgegenstände, Software, Wartung | |
| | Verbrauchsmittel, Haltung von Fahrzeugen und dergleichen | |
| | Mieten und Pachten | |
| | Aus- und Fortbildung | |
| | Dienstreisen | |
| | Sachverständige | |
| **2.2 Investitionen** | | 3660 |
| | kleine Neu-, Um- und Erweiterungsbauten (weniger als 2 Mio. Euro pro Baumaßnahme) | |
| | Erwerb von Fahrzeugen | |
| | Erlöse aus der Veräußerung von beweglichen Sachen | |
| | Erwerb von Geräten, Ausstattungs- und Ausrüstungsgegenständen für Verwaltungszwecke (ohne Informationstechnik) | |
| | Erwerb von Anlagen, Geräten, Ausstattungs- und Ausrüstungsgegenständen sowie Software im Bereich Informationstechnik | |

| Kostenblock | Besoldungs- bzw. Entgeltgruppe/ Zweckbestimmung | Durchschnittskosten für den Bund pro Jahr in Euro |
|---|---|---|
| **2.3 Büroräume** | | 8100 |
| | Bewirtschaftung der Grundstücke, Gebäude und Räume | |
| | Mieten und Pachten im Zusammenhang mit dem einheitlichen Liegenschaftsmanagement | |
| | Unterhaltung der Grundstücke und baulichen Anlagen | |
| **2.4 pauschaler Abschlag von 2.1 bis 2.3** | | – 4% |
| **3. Gemeinkosten** | | |
| **Zuschlagssatz auf Personaleinzel- und Sacheinzelkosten** | | 28,1% |
| **4. Personalstruktur Bundesbedienstete** | | |
| **4.1 Anzahl** | | |
| | Verwaltungsbeamtinnen und -beamte | 78121 |
| | Arbeitnehmerinnen und Arbeitnehmer | 70337 |
| **4.2 Vollzeitäquivalente** | | |
| | Verwaltungsbeamtinnen und -beamte | 74211 |
| | Arbeitnehmerinnen und Arbeitnehmer | 65126 |
| **5. Arbeitsleistung** | | |
| Arbeitsstunden | | pro Monat |
| | Beamtinnen und Beamte | 136 |
| | Arbeitnehmerinnen und Arbeitnehmer | 129 |

**Anlage 2**
(zu § 5 Absatz 1 Nummer 2, § 9 Absatz 1 Nummer 1 Buchstabe b
und § 10 Absatz 2 Nummer 2)

## Besondere pauschale Stundensätze

(Berechnungsschema für behördenspezifische Pauschalsätze)

| **Kostenblock** | **Besoldungs- bzw. Entgeltgruppe/Zweckbestimmung** | **Festtitel gemäß Haushaltssystematik des Bundes** |
|---|---|---|
| **1. Personaleinzelkosten** | | |
| **1.1 Beamtinnen und Beamte** | | |
| 1.1.1 steuerpflichtiges Brutto | A 2 | |
| | A 3 | |
| | A 4 | |
| | A 5 | |
| | A 6 | |
| | **einfacher Dienst A 2 bis A 6** | |
| | A 6 | |
| | A 7 | |
| | A 8 | |
| | A 9 | |
| | A 9 + Zulage | |
| | **mittlerer Dienst A 6 bis A 9 + Zulage** | |
| | A 9 | |
| | A 10 | |
| | A 11 | |
| | A 12 | |
| | A 13 | |
| | A 13 + Zulage | |
| | **gehobener Dienst A 9 bis A 13 + Zulage** | |
| | A 13 | |
| | A 14 | |
| | A 15 | |
| | A 16 | |
| | **höherer Dienst A 13 bis A 16** | |

| Kostenblock | Besoldungs- bzw. Entgeltgruppe/Zweckbestimmung | Festtitel gemäß Haushaltssystematik des Bundes |
|---|---|---|
| 1.1.2 Versorgung<br>% von 1.1.1 | **Verwaltungsbeamtinnen und -beamte** | |
| | einfacher Dienst 27,9 | |
| | mittlerer Dienst 27,9 | |
| | gehobener Dienst 29,3 | |
| | höherer Dienst 36,9 | |
| | **Polizeivollzugsbeamtinnen und -beamte** | |
| | einfacher Dienst 32,6 | |
| | mittlerer Dienst 32,6 | |
| | gehobener Dienst 32,6 | |
| | höherer Dienst 32,6 | |
| 1.1.3 sonstige Personalnebenkosten | | |
| | Beihilfen aufgrund der Beihilfevorschriften sowie Heilfürsorge der Polizeivollzugsbeamtinnen und -beamten | Z 441.1 sowie 443.3 |
| | Fürsorgeleistungen und Unterstützungen einschließlich Inanspruchnahme von besonderen Fachdiensten/-kräften | Z 443.1 |
| | Trennungsgeld, Fahrtkostenzuschüsse sowie Umzugskostenvergütungen | 453.1<br>wenn bei Dienstreisen Trennungsgeld als Auslage abgerechnet wird: 5 % dieses Titels |
| | vermischte Personalausgaben – soweit die Kosten mit der gebührenfähigen Leistung verbunden sind (§ 3) | 459.9 |
| **1.2 Arbeitnehmerinnen und Arbeitnehmer** | | |
| 1.2.1 steuerpflichtiges Brutto | E 2 | |
| | E 2 (übertarifliche Bezahlung) | |
| | E 3 | |
| | E 4 | |
| | **einfacher Dienst E 2 bis E 4** | |
| | E 5 | |
| | E 6 | |
| | E 7 | |
| | E 8 | |
| | E 9 a | |

| Kostenblock | Besoldungs- bzw. Entgeltgruppe/Zweckbestimmung | Festtitel gemäß Haushaltssystematik des Bundes |
|---|---|---|
| | **mittlerer Dienst E 5 bis E 9a** | |
| | E 9 b | |
| | E 10 | |
| | E 11 | |
| | E 12 | |
| | **gehobener Dienst E 9 b bis E 12** | |
| | E 13 | |
| | E 14 | |
| | E 15 | |
| | E 15 (übertarifliche Bezahlung) | |
| | **höherer Dienst E 13 bis E 15 (übertarifliche Bezahlung)** | |
| 1.2.2 Personalnebenkosten Bezüge | E 2 | |
| | E 2 (übertarifliche Bezahlung) | |
| | E 3 | |
| | E 4 | |
| | **einfacher Dienst E 2 bis E 4** | |
| | E 5 | |
| | E 6 | |
| | E 7 | |
| | E 8 | |
| | E 9 a | |
| | **mittlerer Dienst E 5 bis E 9a** | |
| | E 9 b | |
| | E 10 | |
| | E 11 | |
| | E 12 | |
| | **gehobener Dienst E 9 b bis E 12** | |
| | E 13 | |
| | E 14 | |
| | E 15 | |
| | E 15 (übertarifliche Bezahlung) | |
| | **höherer Dienst E 13 bis E 15 (übertarifliche Bezahlung)** | |

| Kostenblock | Besoldungs- bzw. Entgeltgruppe/Zweckbestimmung | Festtitel gemäß Haushaltssystematik des Bundes |
|---|---|---|
| 1.2.3 sonstige Personalnebenkosten | | |
| | Fürsorgeleistungen und Unterstützungen einschließlich Inanspruchnahme von besonderen Fachdiensten/-kräften | Z 443.1 |
| | Unfallversicherung Bund und Bahn | Z 452 02 |
| | Trennungsgeld, Fahrtkostenzuschüsse sowie Umzugskostenvergütungen | 453.1 |
| | | wenn bei Dienstreisen Trennungsgeld als Auslage abgerechnet wird: 5 % dieses Titels |
| | Vermischte Personalausgaben – soweit die Kosten mit der gebührenfähigen Leistung verbunden sind (§ 3) | 459.9 |
| **2. Sacheinzelkosten** | | |
| **2.1 sächliche Verwaltungsausgaben** | | |
| | Geschäftsbedarf und Kommunikation sowie Geräte, Ausstattungs- und Ausrüstungsgegenstände, sonstige Gebrauchsgegenstände, Software, Wartung | 511.1 |
| | Verbrauchsmittel, Haltung von Fahrzeugen und dergleichen | 514.1 |
| | | wenn Hubschrauber als Auslage abgerechnet werden: 7% dieses Titels |
| | | wenn Boote oder Schiffe als Auslage abgerechnet werden: 89 % dieses Titels |
| | Mieten und Pachten | 518.1 |
| | Aus- und Fortbildung | 525.1 |
| | Dienstreisen | 527.1 |
| | | wenn Dienstreisen als Auslage abgerechnet werden: Ansatz dieses Titels: 0 Euro |

| Kostenblock | Besoldungs- bzw. Entgelt-gruppe/Zweckbestimmung | Festtitel gemäß Haushalts-systematik des Bundes |
|---|---|---|
| | Sachverständige, Ausgaben für Mitglieder von Fachbeiräten und ähnlichen Ausschüssen – soweit die Kosten mit der gebührenfähigen Leistung verbunden sind (§ 3) | Z 526.2<br>wenn Sachverständige als Auslage abgerechnet werden:<br>60 % dieses Titels |
| | Außergewöhnlicher Aufwand aus dienstlicher Veranlassung in besonderen Fällen – soweit die Kosten mit der gebührenfähigen Leistung verbunden sind (§ 3) | Z 529.1 |
| | Aufträge und Dienstleistungen im Bereich Informationstechnik – soweit die Kosten mit der gebührenfähigen Leistung verbunden sind (§ 3) | 532.1 |
| | Behördenspezifische fachbezogene Verwaltungsausgaben (ohne Informationstechnik) – soweit die Kosten mit der gebührenfähigen Leistung verbunden sind (§ 3) | 532.2 |
| | Sonstige Dienstleistungsaufträge an Dritte – soweit die Kosten mit der gebührenfähigen Leistung verbunden sind (§ 3) | 532.3<br>wenn sonstige Dienstleistungsaufträge an Dritte als Auslage abgerechnet werden:<br>Ansatz dieses Titels:<br>0 Euro |
| | Vermischte Verwaltungsausgaben – soweit die Kosten mit der gebührenfähigen Leistung verbunden sind (§ 3) | 539.9 |
| | Öffentlichkeitsarbeit – soweit die Kosten mit der gebührenfähigen Leistung verbunden sind (§ 3) | Z 542.1 |

| **Kostenblock** | **Besoldungs- bzw. Entgeltgruppe/Zweckbestimmung** | **Festtitel gemäß Haushaltssystematik des Bundes** |
|---|---|---|
| | Veröffentlichungen, Fachinformationen – soweit die Kosten mit der gebührenfähigen Leistung verbunden sind (§ 3) | Z 543.1 |
| | Forschung, Untersuchungen und Ähnliches – soweit die Kosten mit der gebührenfähigen Leistung verbunden sind (§ 3) | 544.1 |
| | Konferenzen, Tagungen, Messen und Ausstellungen – soweit die Kosten mit der gebührenfähigen Leistung verbunden sind (§ 3) | Z 545.1 |
| | nicht aufteilbare sächliche Verwaltungsausgaben – soweit die Kosten mit der gebührenfähigen Leistung verbunden sind (§ 3) | 547.1 |
| **2.2 Investitionen** | | |
| | kleine Neu-, Um- und Erweiterungsbauten (weniger als 2 Mio. Euro pro Baumaßnahme) | 711.1 |
| | Erwerb von Fahrzeugen | 811.1<br>wenn Wasserwerfer als Auslage abgerechnet werden: 87 % dieses Titels |
| | Erlöse aus der Veräußerung von beweglichen Sachen | 132.1 |
| | Erwerb von Geräten, Ausstattungs- und Ausrüstungsgegenständen für Verwaltungszwecke (ohne IT) | 812.1 |
| | Erwerb von Anlagen, Geräten, Ausstattungs- und Ausrüstungsgegenständen sowie Software im Bereich Informationstechnik | 812.2 |

| Kostenblock | Besoldungs- bzw. Entgeltgruppe/Zweckbestimmung | Festtitel gemäß Haushaltssystematik des Bundes |
|---|---|---|
| | Baumaßnahmen von mehr als 2 Mio. Euro im Einzelfall – soweit die Kosten mit der gebührenfähigen Leistung verbunden sind (§ 3) | 712.1 |
| **2.3 Büroräume** | | |
| | Bewirtschaftung der Grundstücke, Gebäude und Räume | 517.1 |
| | Mieten und Pachten im Zusammenhang mit dem einheitlichen Liegenschaftsmanagement | 518.2 |
| | Unterhaltung der Grundstücke und baulichen Anlagen | 519.1 |
| **2.4 pauschaler Abschlag von 2.1 bis 2.3** | | – 4 % |
| **3. Gemeinkosten** | | |
| Zuschlagssatz auf Personaleinzel- und Sacheinzelkosten in Prozent | | |
| **3.1 relevante Organisationseinheiten, die interne Leistungen erbringen** | | |
| Leitung | | |
| Stabstellen | | |
| Interne Beauftragte (z. B. Datenschutzbeauftragte) | | |
| Controlling | | |
| Interne Revision | | |
| Bereich Organisation/Personal/Haushalt (einschließlich Fortbildungsreferate, Gleichstellungsbeauftragte) | | |
| Liegenschaftsverwaltung | | |
| Informationstechnik | | |
| Arbeitsschutz | | |
| Justiziariat (ohne Gerichts- und Widerspruchsverfahren) | | |
| Innerer Dienst | | |
| Sprachendienst | | |
| Bibliothek | | |
| Druckerei | | |
| Beihilfestelle (nur für aktive Beamtinnen und Beamte) | | |
| Stelle für Reisekosten, Umzugskosten, Trennungsgeld | | |
| Bezügestelle | | |
| Personalvertretung | | |

| Kostenblock | Besoldungs- bzw. Entgelt-gruppe/Zweckbestimmung | Festtitel gemäß Haushalts-systematik des Bundes |
|---|---|---|
| **3.2 Rechts- und Fachaufsicht** | | |
| **4. Personalstruktur** | | |
| **4.1 Anzahl** | | |
| | Beamtinnen und Beamte (ggf. Differenzierung in Verwaltungsbeamtinnen und -beamte sowie Polizeivoll-zugsbeamtinnen und -beamte) | |
| | Arbeitnehmerinnen und Arbeit-nehmer | |
| **4.2 Vollzeitäquivalente** | | |
| | Beamtinnen und Beamte (ggf. Differenzierung in Verwaltungsbeamtinnen und -beamte sowie Polizeivoll-zugsbeamtinnen und -beamte) | |
| | Arbeitnehmerinnen und Arbeit-nehmer | |
| | Beamtinnen und Beamte | |
| | Arbeitnehmerinnen und Arbeit-nehmer | |
| **5. Arbeitsleistung** | | |
| Arbeitsstunden | | pro Monat |
| | Beamtinnen und Beamte | |
| | Arbeitnehmerinnen und Arbeit-nehmer | |

## 4.3 Besondere Gebührenverordnung des Bundesministeriums des Innern, für Bau und Heimat für individuell zurechenbare öffentliche Leistungen in dessen Zuständigkeitsbereich (Besondere Gebührenverordnung BMI – BMIBGebV)

vom 2.9.2019 (BGBl. I 2019, 1359), zuletzt durch Artikel 1 der Verordnung vom 10. September 2021 (BGBl. I S. 4229) geändert, in Kraft getreten am 1.10.2019

Auf Grund des § 22 Absatz 4 Satz 1 in Verbindung mit Absatz 1 Satz 2 und 3 des Bundesgebührengesetzes vom 7. August 2013 (BGBl. I S. 3154) verordnet das Bundesministerium des Innern, für Bau und Heimat:



### § 1 Erhebung von Gebühren und Auslagen

Im Zuständigkeitsbereich des Bundesministeriums des Innern, für Bau und Heimat werden Gebühren und Auslagen für individuell zurechenbare öffentliche Leistungen (gebührenfähige Leistungen) erhoben, die auf Grund der folgenden Vorschriften erbracht werden:

1. Bundespolizeigesetz,
2. Verwaltungs-Vollstreckungsgesetz,
3. BDBOS-Gesetz,
4. BDBOS-Zertifizierungsverordnung,
5. Laufbahnbefähigungsanerkennungsverordnung,
6. Verordnung (EU) 2016/679 des Europäischen Parlaments und des Rates vom 27. April 2016 zum Schutz natürlicher Personen bei der Verarbeitung personenbezogener Daten, zum freien Datenverkehr und zur Aufhebung der Richtlinie 95/46/EG (Datenschutz-Grundverordnung),
7. BSI-Gesetz,
8. De-Mail-Gesetz,
9. Verordnung zur Erteilung von Unbedenklichkeitsbescheinigungen,
10. Waffengesetz,
11. Allgemeine Waffengesetz-Verordnung.

### § 2 Höhe der Gebühren und Auslagen

(1) Die Höhe der Gebühren und Auslagen richtet sich nach dem Gebühren- und Auslagenverzeichnis. Das Gebühren- und Auslagenverzeichnis regelt ferner die Tatbestände für eine Gebühren- und Auslagenbefreiung.

(2) Die nach dem Gebühren- und Auslagenverzeichnis zu erhebenden Gebühren und Auslagen umfassen jeweils auch die Kosten für die Festsetzung der Gebühren und Auslagen.

(3) Auslagen, die nicht im Gebühren- und Auslagenverzeichnis aufgeführt sind, sind mit der Gebühr abgegolten.

## § 3 Zeitgebühr

Sofern im Gebühren- und Auslagenverzeichnis nichts anderes bestimmt ist, gelten

1. für den Zeitaufwand von Verwaltungsbeschäftigten in der Bundesverwaltung die in der Anlage 1 Teil A der Allgemeinen Gebührenverordnung in der am 18. Februar 2021 geltenden Fassung bestimmten allgemeinen pauschalen Stundensätze für Verwaltungsbeschäftigte in der Bundesverwaltung und
2. für den Zeitaufwand von Polizeivollzugsbeamtinnen und -beamten des Bundes die allgemeinen pauschalen Stundensätze für Polizeivollzugsbeamtinnen und -beamte des Bundes nach Anlage 1 Teil A der Allgemeinen Gebührenverordnung in der am 18. Februar 2021 geltenden Fassung.

## § 4 Übergangsvorschrift

Für die Erhebung von Gebühren und Auslagen für eine gebührenfähige Leistung, die vor dem 1. Oktober 2019 beantragt oder begonnen, aber noch nicht vollständig erbracht wurde, ist das bis einschließlich zum 30. September 2019 geltende Recht weiter anzuwenden.

## § 5 Inkrafttreten

Diese Verordnung tritt am 1. Oktober 2019 in Kraft.

**Anlage**
(zu § 2 Absatz 1)

## Gebühren- und Auslagenverzeichnis

**Inhaltsübersicht**


Abschnitt 1: Bundespolizeigesetz (BPolG)
Abschnitt 2: Verwaltungs-Vollstreckungsgesetz (VwVG)
Abschnitt 3: BDBOS-Gesetz (BDBOSG)
Abschnitt 4: BDBOS-Zertifizierungsverordnung (BDBOSZertV)
Abschnitt 5: Laufbahnbefähigungsanerkennungsverordnung (LBAV)
Abschnitt 6: Verordnung (EU) 2016/679 (Datenschutz-Grundverordnung – DS-GVO)
Abschnitt 7: BSI-Gesetz (BSIG)
Abschnitt 8: De-Mail-Gesetz (De-Mail-G)
Abschnitt 9: Verordnung zur Erteilung von Unbedenklichkeitsbescheinigungen (UnbBeschErtV)
Abschnitt 10: Waffengesetz (WaffG)
Abschnitt 11: Allgemeine Waffengesetz-Verordnung (AWaffV)

## Abschnitt 1
## Bundespolizeigesetz (BPolG)

| Nr. | Gebühren- oder Auslagentatbestand | Gebühren/Auslagen in Euro |
|---|---|---|
| 1 | Abwehr von Gefahren nach § 14 BPolG | |
| 1.1 | Polizeieinsätze | |
| 1.1.1 | Polizeieinsatz, der durch eine vorsätzliche oder fahrlässige Schaffung einer Gefahrenlage veranlasst wurde | nach Zeitaufwand |
| 1.1.2 | Polizeieinsatz, der durch ein vorsätzliches oder fahrlässiges Erwecken des Anscheins einer Gefahrenlage veranlasst wurde | nach Zeitaufwand |
| 1.1.3 | Polizeieinsatz, der durch die missbräuchliche Auslösung einer Gefahrenmeldeanlage, Notrufanlage oder durch missbräuchliche Nutzung von Notrufzeichen veranlasst wurde | nach Zeitaufwand |
| 1.1.4 | Polizeieinsatz, der durch die Auslösung einer Gefahrenmeldeanlage veranlasst wurde, wenn zum Zeitpunkt der Auslösung keine Anhaltspunkte dafür vorlagen, dass ein sachlicher Grund für die Betätigung einer solchen Anlage bestand | nach Zeitaufwand |
| 1.1.5 | Suche oder Rettung einer Person, sofern die Gefahrenlage vorsätzlich oder grob fahrlässig herbeigeführt wurde; ein Einsatz zur Verhinderung eines Suizids ist ausgenommen | nach Zeitaufwand |
| 1.1.6 | Suche nach einer als vermisst gemeldeten Person ab dem Zeitpunkt ihrer Rückkehr oder ihres Auffindens bis zur Einstellung der Suchmaßnahmen, wenn die Rückkehr oder das Auffinden der Polizei nicht unverzüglich mitgeteilt wird | nach Zeitaufwand |
| 1.1.7 | Aufgreifen oder Auffinden einer betreuten oder unter Aufsicht stehenden abgängigen Person | nach Zeitaufwand |
| 1.1.8 | Rettung oder Bergung von Tieren | nach Zeitaufwand |
| 1.2 | Bei den Gebührentatbeständen der Nummer 1.1 sind neben den Gebühren folgende Kosten als Auslagen zu erheben: | |
| 1.2.1 | Kosten für den Einsatz von Hubschraubern, Booten, Schiffen und Wasserwerfern | |
| 1.2.2 | Kosten für die Reinigung verunreinigter Diensträume, Dienstfahrzeuge, Uniformen oder sonstiger Sachen, die im Dienstgebrauch verwendet werden | |
| 1.2.3 | Kosten anderer Behörden und Dritter | |

| Nr. | Gebühren- oder Auslagentatbestand | Gebühren/Auslagen in Euro |
|---|---|---|
| 1.2.4 | Kosten für die Verpflegung der gefundenen, geretteten, aufgegriffenen oder aufgefundenen Person | |
| 1.2.5 | Kosten für Kleidung für die gefundene, gerettete, aufgegriffene oder aufgefundene Person | |
| 1.3 | Ordnungsverfügungen | |
| 1.3.1 | Verfügung eines Mitführverbots | nach Zeitaufwand |
| 1.3.2 | Erteilung einer Meldeauflage | nach Zeitaufwand |
| 2 | Unmittelbare Ausführung einer Maßnahme nach § 19 BPolG | |
| 2.1 | Anordnung und Vollzug der unmittelbaren Ausführung einer Maßnahme | nach Zeitaufwand |
| 2.2 | Bei dem Gebührentatbestand der Nummer 2.1 sind neben der Gebühr die in den Nummern 1.2.1 bis 1.2.3 bezeichneten Kosten als Auslagen zu erheben. | |
| 3 | Erhebung von Telekommunikationsdaten nach § 22a BPolG, soweit die Gefahrenlage oder der Gefahrenverdacht vorsätzlich oder fahrlässig herbeigeführt wurde; das Auskunftsersuchen zur Verhinderung eines Suizids ist ausgenommen | |
| 3.1 | Auskunftsersuchen bei Telekommunikationsdienstleistern nach § 22a Absatz 1 BPolG über nach dem Telekommunikationsgesetz erhobene Daten | nach Zeitaufwand |
| 3.2 | Bei dem Gebührentatbestand der Nummer 3.1 sind neben der Gebühr folgende Kosten als Auslagen zu erheben: | |
| 3.2.1 | Kosten anderer Behörden | |
| 3.2.2 | Kosten Dritter bis zu dem sich nach § 23 des Justizvergütungs- und -entschädigungsgesetzes ergebenden Betrag | |
| 4 | Identitätsfeststellung nach § 23 Absatz 1 Nummer 5 BPolG | 57,85 |
| 5 | Erkennungsdienstliche Maßnahme nach § 24 Absatz 1 BPolG bzw. § 81b zweite Variante StPO | 64,05 |
| 6 | Zwangsweise Durchsetzung einer Vorladung nach § 25 Absatz 3 BPolG | |
| 6.1 | Anordnung und Vollzug der zwangsweisen Durchsetzung einer Vorladung | nach Zeitaufwand |
| 6.2 | Bei dem Gebührentatbestand der Nummer 6.1 sind neben der Gebühr die Kosten anderer Behörden und Dritter als Auslagen zu erheben. | |

| **Nr.** | **Gebühren- oder Auslagentatbestand** | **Gebühren/Auslagen in Euro** |
|---|---|---|
| 7 | Platzverweisung nach § 38 BPolG | |
| 7.1 | Mündliche Platzverweisung in Verbindung mit Identitätsfeststellung nach § 23 Absatz 1 BPolG | 48,05 |
| 7.2 | Schriftliche Platzverweisung | |
| 7.2.1 | Erstmalige Platzverweisung | 96,05 |
| 7.2.2 | Wiederholte Platzverweisung | 56,15 |
| 8 | Gewahrsam nach § 39 BPolG; der Gewahrsam zum Schutz einer Person, die sich erkennbar unverschuldet in einem die freie Willensbestimmung ausschließenden Zustand oder sonst in hilfloser Lage befindet, ist ausgenommen | |
| 8.1 | Anordnung des Gewahrsams | 79,80 |
| 8.2 | Vollzug des Gewahrsams in der stationären Gewahrsamseinrichtung (zusätzlich zur Gebühr nach Nummer 8.1) | 7,00 je angefangene Viertelstunde |
| 8.3 | Bei den Gebührentatbeständen der Nummern 8.1 und 8.2 sind neben den Gebühren folgende Kosten als Auslagen zu erheben: | |
| 8.3.1 | Kosten für die Reinigung verunreinigter Gewahrsamszellen, sonstiger Dienst- räume, Dienstfahrzeuge, Uniformen oder sonstiger Sachen, die im Dienstgebrauch verwendet werden | |
| 8.3.2 | Kosten für die Begleitung oder das Transportieren von Personen, Tieren oder Sachen durch eine Polizeivollzugsbeamtin oder einen Polizeivollzugsbeamten des Bundes (PVB) | 16,91 je angefangene Viertelstunde pro PVB |
| 8.3.3 | Kosten für die Aufbewahrung von Tieren oder Sachen | |
| 8.3.4 | Kosten für eine ärztliche Untersuchung auf Haft- und Gewahrsamsfähigkeit | |
| 8.3.5 | Kosten für die Verpflegung der in Gewahrsam genommenen Person | |
| 8.3.6 | Kosten für Kleidung der in Gewahrsam genommenen Person | |
| 8.3.7 | Kosten anderer Behörden und Dritter | |
| 9 | Sicherstellung von Tieren oder Sachen nach § 47 BPolG | |
| 9.1 | Anordnung und Vollzug der Sicherstellung von Tieren oder Sachen | 55,55 |

| Nr. | Gebühren- oder Auslagentatbestand | Gebühren/Auslagen in Euro |
|---|---|---|
| 9.2 | Bei dem Gebührentatbestand der Nummer 9.1 sind neben der Gebühr folgende Kosten als Auslagen zu erheben: | |
| 9.2.1 | Kosten für die Reinigung verunreinigter Diensträume, Dienstfahrzeuge, Uniformen oder sonstiger Sachen, die im Dienstgebrauch verwendet werden | |
| 9.2.2 | Kosten für das Transportieren von Tieren oder Sachen durch eine oder einen PVB | 16,91 je angefangene Viertelstunde pro PVB |
| 9.2.3 | Kosten anderer Behörden und Dritter | |
| 10 | Amtliche Verwahrung sichergestellter Fahrzeuge nach § 48 BPolG | |
| 10.1 | eines Kraftfahrzeugs | 1,20 pro Tag |
| 10.2 | eines Kraftrads | 0,60 pro Tag |
| 10.3 | Bei den Gebührentatbeständen der Nummern 10.1 und 10.2 sind neben den Gebühren folgende Kosten als Auslagen zu erheben: | |
| 10.3.1 | Kosten für die Reinigung verunreinigter Diensträume, Dienstfahrzeuge, Uniformen oder sonstiger Sachen, die im Dienstgebrauch verwendet werden | |
| 10.3.2 | Kosten für das Transportieren von Tieren oder Sachen durch eine oder einen PVB | 16,91 je angefangene Viertelstunde pro PVB |
| 10.3.3 | Kosten anderer Behörden und Dritter | |
| 11 | Verwertung oder Vernichtung sichergestellter Sachen nach § 49 BPolG | |
| 11.1 | Anordnung und Vollzug der Verwertung sichergestellter Sachen nach § 49 Absatz 3 Satz 1 BPolG | 77,10 |
| 11.2 | Anordnung und Vollzug der Vernichtung sichergestellter Sachen | nach Zeitaufwand |
| 11.3 | Bei den Gebührentatbeständen der Nummern 11.1 und 11.2 sind neben den Gebühren folgende Kosten als Auslagen zu erheben: | |
| 11.3.1 | Kosten für die Reinigung verunreinigter Diensträume, Dienstfahrzeuge, Uniformen oder sonstiger Sachen, die im Dienstgebrauch verwendet werden | |
| 11.3.2 | Kosten anderer Behörden und Dritter | |

| Nr. | Gebühren- oder Auslagentatbestand | Gebühren/Auslagen in Euro |
|---|---|---|
| 12 | Entscheidungen im Aufgabenbereich Grenzschutz nach § 2 BPolG, soweit diese Entscheidungen auf Antrag erfolgen oder sonst im Sinne des § 3 Absatz 2 BGebG individuell zurechenbar sind; ausgenommen ist die Schließung einer Grenzübergangsstelle | |
| 12.1 | Zulassung einer Grenzübergangsstelle nach § 61 Absatz 1 BPolG | nach Zeitaufwand |
| 12.2 | Grenzerlaubnis nach § 61 Absatz 3 BPolG; ausgenommen ist die Grenzerlaubnis für Rettungsflüge | 84,30 |
| 12.3 | Die Kosten, die während des Transports von polizeilichen Kräften oder von Führungs- oder Einsatzmitteln im Zusammenhang mit einer Grenzerlaubnis nach § 61 Absatz 3 BPolG zur Durchführung der notwendigen Grenzübertrittskontrolle nach § 2 BPolG<br>– an einem Flugplatz oder Hafen entstehen, der nicht als Grenzübergangsstelle zugelassen ist, oder<br>– außerhalb festgesetzter Verkehrsstunden entstehen,<br>sind als Auslagen zu erheben. | 16,91 je angefangene Viertelstunde pro PVB |
| 13 | Bei den Gebührentatbeständen der Nummern 1 bis 12.2 sind neben den Gebühren auch die Kosten für Dolmetscher als Auslagen zu erheben. | |

## Abschnitt 2
## Verwaltungs-Vollstreckungsgesetz (VwVG)

| Nr. | Gebühren- oder Auslagentatbestand | Gebühren/Auslagen in Euro |
|---|---|---|
| 1 | Verwaltungsvollstreckung eines vorausgehenden Verwaltungsaktes nach § 6 Absatz 1 VwVG durch die Bundespolizei | |
| 1.1 | Mahnung nach § 3 Absatz 3 VwVG | 3,60 |
| 1.2 | Ersatzvornahme einer vertretbaren Handlung nach § 10 VwVG | nach Zeitaufwand |
| 1.3 | Zwangsgeld nach § 11 VwVG | 67,20 |
| 1.4 | Unmittelbarer Zwang nach § 12 VwVG | nach Zeitaufwand |
| 2 | Verwaltungsvollstreckung ohne vorausgehenden Verwaltungsakt nach § 6 Absatz 2 VwVG durch die Bundespolizei | |
| 2.1 | Ersatzvornahme einer vertretbaren Handlung nach § 10 VwVG | nach Zeitaufwand |
| 2.2 | Unmittelbarer Zwang nach § 12 VwVG | nach Zeitaufwand |
| 3 | Bei den Gebührentatbeständen der Nummern 1 und 2.2 sind neben den Gebühren folgende Kosten als Auslagen zu erheben: | |
| 3.1 | Kosten für Dolmetscher | |
| 3.2 | bei den Gebührentatbeständen der Nummern 1.2, 1.4, 2.1 und 2.2: | |
| 3.2.1 | Kosten für den Einsatz von Hubschraubern, Booten, Schiffen und Wasserwerfern | |
| 3.2.2 | Kosten für die Reinigung verunreinigter Diensträume, Dienstfahrzeuge, Uniformen oder sonstiger Sachen, die im Dienstgebrauch verwendet werden | |
| 3.2.3 | Kosten anderer Behörden und Dritter | |

**Auf den Abdruck der Abschnitte 3–11 wird aus Gründen der Übersichtlichkeit und mangels Aufgabenbezug zur Bundespolizei verzichtet.**

4. Teil

# Stichwortverzeichnis


Abhilfebescheid 148
Abschleppen
– Kraftfahrzeuge 228
Adhäsionsverfahren 215
Alarmanlage
– Defekt 191
Alarmgesicherte Türen 191
Amoklage 184
Androhung
– Zwang 324
Angemessenheit 144
Anhörung
– Gebührenschuldner 135
Anscheinsgefahr 162, 183
Anschlagsdrohung 183
Arztkosten 292
Arztrechnung 278
Aufenthaltsgesetz 55
Aufschiebende Wirkung 261
Aufsichtspflichtig 162
Aufwendungsersatz 116
Auslagen 104, 107, 114 ff., 211
– Belege 143
– Ersatzvornahme 331
– Gebührenverzeichnis 116
– Legaldefinition 61
– Nachweis 145
– Verzeichnis 117
– Zwang 326, 335
Auslagenbefreiung 116, 124, 195
– Suizid 195
Auslagenerhebung
– Boot 106
– Hubschrauber 106
– Schiff 106
– Wasserwerfer 106
Außenzaun
– Überklettern 165

Begleitungskosten 204
Begründungspflicht 75, 143, 232, 284
Begünstigungsprinzip 60
Beitreibungsverfahren 152
Bekanntgabe 145
– Ausland 146
– Einfache 145
– Einschreiben 145
– Legaldefiniton 145
– Öffentliche 146
– Zustellung 145
Beschädigung 214, 285, 304
– Adhäsionsverfahren 215, 285, 305
Bestimmtheitsgebot 27, 109
Betretensverbot 269
Betreuer 162
Betteln
– aggessives 267
Boot 106, 211 f.
Brandmeldeanlage
– Auslösen 191
Brandmelder 192
Bundespolizeidirektion
– Gebührenbescheid 134

Datenerhebung
– Telekommunikation 235
Desinfektion 284
– übertragbare Krankheit 284
Diensthund 211, 233
– Transport 211

Dienstkleidung
– Beschädigung 214, 285, 304
Dokumentation 107 ff., 284
Dolmetscherkosten 211, 215, 228, 265, 310, 318, 335
Dominanzentscheidung 238
Doppelerhebung
– Verbot 279
Durchbruch
– Sicherheitsvorkehrung 165
Durchsuchungsraum 279

Eigensicherung 317
Einmaldecken 278
Entschärfer 184, 232, 315
Erhebung
– Telekommunikationsdaten 235
Erkennungsdienstliche Maßnahme 255 ff.
– Präventiv 258 ff.
– Zwecke des Erkennungsdienstes 258 ff.
Ersatzvornahme 225 f., 325 f., 330 f.
– Fremdvornahme 330
– Selbstvornahme 330
Erziehungsberechtigte 202, 274

Fahrlässige Schaffung einer Gefahrenlage 168
Fahrlässigkeit
– grobe 194
Fahrtzeiten 142
Fehlalarm 189
Festgebühr 103 f., 113, 154, 267, 277
Festsetzungsfrist
– Verjährung 76
Feueralarm 192
Feuerschutztür 192
Feurwerkskörper 314
Fremdvornahme 330
Führungsmittel 211
Fundbüro 301
Fußball
– Anreiseverkehr 257 f.
– Bremen 39
– Fanbegleitung 33, 38, 44

Gebühr
– Auslagen 114 ff.
– BUK 105
– DUZ 116
– Gefahrenabwehr 160
– Mahnung 329
– Mittellosigkeit 125 f.
– Peronalkosten 116
– Praktikant 105
– Verjährung 76, 144
– Wegtragen 331
– Zeitgebühr 103, 154
Gebührenart 145
Gebührenbefreiung 124, 135, 195, 320
– Gewahrsam 124
– Grenzerlaubnis Rettungsflüge 124
– Grenzübergangstelle Schließung 124
– Mittellosigkeit 125 f.
– Schutzgewahrsam 271
– Suizid 124, 194, 272
Gebührenbescheid 144
– Ausland 153
– Mahnung 152
– Vollstreckung 152
– Widerspruchsbescheid 148
– zahlungsbegründende Unterlagen 143
– Zustellung 145

Gebührenerhebung
– Mittellosigkeit 125 f.
– Verbot 130
– Verfahren 144
Gebührenerhebungspflicht 122
– Ausnahme 194
– Suizid 194
Gebührenermäßigung
– Billigkeit 123 ff.
– Mittellosigkeit 125 f.
Gebührenfestsetzung
– Verfahren 145
Gebührenfreiheit 23, 123
– Persönliche 123
– Sachliche 123
Gebührenpflicht 160, 320
– Ausnahme 129, 193
– Billigkeit 125
– Hinweis 144
– Mittellosigkeit 125 f.
Gebührenschuldner 143, 160
– Anhörung 135
– Betreuer 162
– Legaldefinition 61
Gebührenverzeichnis
– Auslagen 116
– Geltungsbereich 117
Gefährderansprache 267
Gefahrenabwehrmaßnahme 166
Gefahrenlage
– Fahrlässigkeit 164
Gefahrenmeldeanlage 185
Gefahrenverursachung 161
Gefährliche Gegenstände
– Mitführverbot 217
Gepäckkontrolle 56
Gepäckstück
– zurückgelassene 183
Gesamtschuldner 173
Gewahrsam 302
– Kontakte 279
– Vollzugsgebühr 278
– Gewahrsamnahme 204
Gewahrsamsfähigkeit
– Arztkosten 291
– Feststellung 278, 281
Gewahrsamskosten 271, 274
Gewahrsamsraum
– Kontrolle 279
Gewahrsamszeit 278
Glasflaschen 166
Gleis
– Ankettung 227
Grenzerlaubnis 320 ff.
Grenzübergangsstelle 321
– Schließung 320
– Zulassung 320
Grenzübertrittskontrolle 321
Grobe Fahrlässigkeit 194
Grundsatz der Notwendigkeit 75
Grundstückseigentümer 227

Heimleitung 274
Hubschrauber 106, 172, 211

Identitätsfeststellung
– Schutz privater Rechte 237
Individuell zurechenbare öffentliche Leistung 25
Individuelle Zurechenbarkeit 60
Infrastrukturbetreiber
– Gebührenpfllicht 320

Kettensäge 302
Kinder im Gleis 172
Kite-Surfer 53
Kleidungskosten 215, 293
Körperhygiene 279
Korrektur
– Zeitgebühr 168

Kosten
– Legaldefiniton 59
Kosten anderer Behörden 215
Kosten Dritter 215
Kostenakte 142
Kostendeckung 143
Kostendeckungsgebot 75, 109
Kostenerhebungspflicht
– Ausnahme 129
Kostensatz 106
Kostenüberschreitungsverbot 75
Kraftfahrzeug 107, 211
– Abschleppen 228
Krankenkasse 292
Krankenversichertenkarte 292

Langsamfahrbefehl 167
Lebensmittel 279
Legaldefinition
– Auslagen 61
– Gebühr 59
– Kosten 59
Leistungsbescheid 152
Luftsicherheit
– Gefahrenverursachung 165
Luftsicherheitsgebühr 55 ff., 171
Luftsicherheitskontrolle 56 ff., 171

Mahngebühr 329
Mahnung 329
Maßnahmebündel 162
Medikamentengabe 279
Meinungsfreiheit 53
Meldeauflage
– Betretensverbot 219
Minderjährigengewahrsam 238, 286
Missbrauch
– Feueralarm 188
– Kreiszeichen 187
– Notausgang 188
– Notbremse 188
– Notruf 186
– Notrufsäule 187
Mittellosigkeit 125 f.
Mittellosigkeit 124

Nahrungsmittel 279
Notausgang
– Missbrauch 188
– Öffnen 171
Notrufanlage 186
Notrufsäule 186
Notrufzeichen 185 f.
Notwendigkeit 144
Nukleartransport 53, 187, 318, 331
– Einbetonierung 226

Passagierkontrolle 56
Pauschaler Stundensatz 107
Personalkosten 116
Pflegeheime 202
Platzverweis 266, 267
– mündlicher mit Identitätsfeststellung 267
– schriftlicher 269
– wiederholter schriftlicher 269
Polizeikommissaranwärter 105
Polizeimeisteranwärter 105
Polizeipflichtig 161
Polizeiratanwärter 105
Portokosten 116, 146
Postzustellungsurkunde 145
Praktikant 105
Praktische Konkordanz 260
Primärebene 23 ff., 26, 195, 200, 268, 273
– Hubschrauber 117
– von Polizeikosten 26
Prinzip des Steuerstaates 28

Psychiatrische Einrichtung 202
Pyrotechnik 165 f., 293, 306
– Mitführverbot 218

Rasiermesser 302
Rauchtöpfe 165
Räumung 331
Rechtswidrigkeit
– Maßnahme 130
Reinigungskosten 213, 282, 303, 336
– Polizeikräfte 283
– Sonderreinigung 213, 282, 303, 310, 319
Rettung
– Personen 193
– Suizid 193
Rettung von Tieren 167 f., 208

Sachen
– Aufbewahrung 291
Sachkosten 107
Sachverhaltsbericht 142
Sammeltransport 287
Schadensersatz 214, 285, 304
Schiff 106, 211 f.
Schnellbremsung 187
Schutz privater Rechte 237 f., 302, 309
– Identitätsfeststellung 237, 254
Schutzgewahrsam 271 ff.
Seenotrettungsfackel 165
See-Rettung 53
Sekundärebene 23 ff., 52
– Hubschrauber 117
– von Polizeikosten 26
Sekundärkosten 200
Selbstvornahme 330
Sicherheitsleistung 146
Sicherstellung 51, 277, 294, 301 f., 309, 314
– Fund 301
– Tiere 297
Signale
– Missbrauch 186
Skalpell 302
Sofortige Vollziehung 261
Sofortvollzug 333
Sonderreinigung 213, 282 ff., 303
Sprengstoffspürhund 232
Staatskosten 24
Steuer 24
Steuerfinanzierung 24
Steuerstaat 28
– Prinzip des Steuerstaates
Straftatenverhütung 259
Strafverfolgungsvorsorge 259
Suizid 194, 235

Telekommunikationsdaten
– Aufenthaltsort 236
– Erben 235
– Suizid 235
Telekommunikationsdienstleister 235
Tiere
– Aufbewahrung 291
– Rettung 208
– Sicherstellung 297
– Tötung 210
– Verwahrung 298
Tierhalterhaftung 167, 207
Tierheim 298
Tötung von Tieren 210
Transportauslage 106
Transportkosten 204, 233, 280, 286, 301, 314, 322
– Einsatzkräfte 212
– Feuerwerkskörper 290

– Pyrotechnik 290
– Rückfahrt 289
– Tier 290, 305
– Zwang 327
Transportzeiten 142, 318
Übertragbare Krankheit
– Vortäuschen 284
Unbilligkeit
– persönliche 127
– sachliche 126
Unmittelbare Ausführung 52, 221 f., 225 ff., 229, 325 f.
Unmittelbarer Zwang 330
– Zeitgebühr 332
Unterhaltsreinigung 213, 282 ff., 303
Untersuchungskosten
– Gewahrsamfähigkeit 292

Veranlasserprinzip 26, 60
Verbot der Doppelerhebung 76, 169 f., 231, 279
Verbot der Gebührenerhebung für rechtswidrige Maßnahmen 76
Verhaltensstörer 200
Verhältnismäßigkeitsprinzip 232, 317
Vermisst gemeldete Person 200
Vernichtung 294, 300, 315
Verpflegungskosten 215, 292
Verschuldensprinzip 60
Verteilzeiten 109
Verwahrung 294
– Fahrräder 310
– Kraftfahrzeuge 308
– Krafträder 308
– Pyrotechnik 310
– Sachen 298
– Tiere 298
Verwaltungsbeschäftigte 105
Verwertung 312
Vorladung
– Durchsetzung 264, 265
– Zwangsweise Durchsetzung 265
Vortäuschen
– Gefahrenlage 173
Vorteilsprinzip 26, 60

Wasserwerfer 106, 211 ff.
Wegtragegebühr 54, 331
WiderspruchAbhilfebescheid 148
Widerspruchsbehörde 148
Widerspruchsbescheid 148

Zeitgebühr 103 ff., 107, 144, 154, 163, 166 f., 184 f., 189, 193, 199, 202, 206, 217, 226, 229, 313, 321, 326, 333
– Anwärter 105
– Fahrtzeit 232
– Mitführverbot 217
– Nachbereitung 109
– PVB 105
– Stundensätze 107
– Verwaltungsbeschäftigte 105
– Vorbereitung 109
– Wartezeiten 109
Zentraler Polizeigewahrsam 279 ff.
Zurechenbarkeit, individuelle 60
Zustandsstörer 189
Zustellung
– förmliche 145
– öffentliche 146
Zwang 54, 323 f., 331
– Androhung 324
– Wegtragegebühr 54
Zwangsgeld 331